FALAR COM DEUS

FRANCISCO FERNÁNDEZ-CARVAJAL

FALAR COM DEUS

Tempo Comum. Semanas XIX-XXXIV

Tradução: Ricardo Pimentel Cintra

QUADRANTE

São Paulo
2025

Título original
Hablar con Dios

Capa
Gabriela Haeitmann
Karine Santos

Dados Internacionais de Catalogação na Publicação (CIP)

Fernández-Carvajal, Francisco
Falar com Deus: meditações para cada dia do ano, Tempo Comum. Semanas XIX-XXXIV [tradução de Ricardo Pimentel Cintra] / Francisco Fernández-Carvajal. – São Paulo : Quadrante, 2025.

Título original: *Hablar con Dios*

ISBN (capa dura): 978-85-7465-463-8

ISBN (brochura): 978-85-7465-784-4

1. Ano litúrgico - Meditações 2. Meditações I. Título

CDD-242.2

Índice para catálogo sistemático:

1. Ano litúrgico : Uso diário : Cristianismo 242.2

QUADRANTE EDITORA
Rua Bernardo da Veiga, 47 - Tel.: 3873-2270
CEP 01252-020 - São Paulo - SP
www.quadrante.com.br / atendimento@quadrante.com.br

SUMÁRIO

TEMPO COMUM. SEMANAS XIX-XXXIV

Tempo Comum. Semanas XIX-XXXIV

TEMPO COMUM. DÉCIMO NONO DOMINGO. CICLO A

160. DEUS SEMPRE AJUDA

— Ele nunca abandona os seus amigos.
— Cristo é apoio firme a que devemos agarrar-nos.
— Confiança em Deus. Ele nunca chega tarde em nosso auxílio, se procuramos a sua ajuda com fé e empregamos em cada caso os meios oportunos.

I. A PRIMEIRA LEITURA da Missa[1] relata-nos o episódio em que o profeta Elias, cansado e afligido por muitas tribulações, se refugiou numa gruta do Horeb, o monte santo, onde outrora Deus se manifestara a Moisés. Ali recebeu esta indicação: *Sai e espera o Senhor*. Naquele momento, desencadeou-se um furacão que gretou os montes e fendeu as rochas, e depois eclodiu um terremoto e alastrou-se o fogo. Mas Deus não estava nem no vento, nem no terremoto, nem no fogo. Soprou a seguir um vento suave, como um *sussurro*, e o Senhor manifestou-se dessa forma, dando a conhecer assim o seu misterioso modo de ser e a sua delicada bondade para com o homem fraco. Elias sentiu-se reconfortado para a nova missão que o Senhor queria que realizasse.

O Evangelho[2] relata-nos uma tempestade que apanhou os apóstolos no lago de Genesaré, numa ocasião em que Jesus não estava com eles na barca. Foi depois da multiplicação dos pães e dos peixes. Como nos lembramos, o Senhor mandara que os apóstolos embarcassem e se dirigissem à outra margem do lago, enquanto Ele despedia a multidão. Depois, retirara-se ao alto de um monte para orar, mas entretanto levantou-se um vento forte e contrário que ameaçava a barca. Terminada a sua oração, o Senhor, que vira tudo do lugar em que se encontrava, dispôs-se a ir em ajuda dos apóstolos.

Na *quarta vigília da noite*, aproximou-se da barca, andando sobre as ondas, e os discípulos amedrontaram-se pensando que fosse um fantasma. Todos começaram a gritar. Então Jesus aproximou-se um pouco mais e disse-lhes: *Tende confiança, sou eu, não temais*. Eram palavras consoladoras, que nós também ouvimos muitas vezes sob formas diferentes, na intimidade do coração, quando nos víamos rodeados de acontecimentos que nos desconcertavam ou nos encontrávamos em situações difíceis.

Se a nossa vida se passar no cumprimento fiel do que Deus quer de nós — como Elias, que se retirou para o monte Horeb por indicação de Deus, ou como os apóstolos, que embarcaram porque Jesus lhes mandou que o fizessem —, nunca nos faltará a ajuda divina. Na fraqueza, na fadiga, nas situações de maior dificuldade, Jesus aproximar-se-á de nós de modo inesperado e nos dirá: *Sou Eu, não temais*. Ele nunca abandona os seus amigos[3], e muito menos quando o vento das tentações, do cansaço ou das dificuldades nos é contrário. "Se tiverdes confiança nEle e ânimos animosos, que Sua Majestade é muito amigo disso, não tenhais medo de que vos falte coisa alguma"[4]. O que poderá faltar-nos se somos os seus amigos no mundo, se queremos segui-lo dia após dia no meio de tantos que lhe viram as costas?

II. QUANDO OS APÓSTOLOS ouviram Jesus, ficaram cheios de paz. Então, Pedro dirigiu a Jesus um pedido cheio de audácia e de coragem: *Senhor, se és tu, manda-me ir até onde estás por sobre as águas*. E o Mestre, que se encontrava ainda a uns metros da barca, respondeu-lhe: *Vem*. Pedro teve muita fé, e trocou a segurança relativa da barca pela confiança absoluta nas palavras do Senhor: *E descendo da barca, caminhava sobre as águas para ir ter com Jesus*. Foram uns momentos impressionantes de firmeza e de amor.

Mas Pedro deixou de olhar para Jesus e, ao ver que o vento continuava a soprar com violência, encheu-se de medo. Esqueceu que a força que o sustentava sobre as águas não dependia das circunstâncias, mas da vontade do Senhor, que domina o céu e a terra, a vida e a morte, a natureza, os ventos e o mar... E começou a afundar, não por causa das ondas, mas por falta de confiança nAquele que tudo pode. E gritou: *Senhor, salva--me!* Imediatamente Jesus estendeu-lhe a mão e, segurando-o, disse-lhe: *Homem de pouca fé, por que duvidaste?*

Por vezes, o cristão deixa de olhar para Jesus e fixa os olhos em coisas que o põem em perigo de "perder o pé" na sua vida de relação com Deus e de afundar-se, se não reage com rapidez. Quando alguém começa a não enxergar os valores da fé ou a vocação recebida de Deus, "deve examinar-se com lealdade. Não tardará a descobrir que a sua vida cristã vem sofrendo há algum tempo um relaxamento, que a sua oração tem sido menos frequente e menos atenta, que tem sido menos severo consigo mesmo. Não terá reincidido porventura nalgum pecado cuja gravidade pretende conscientemente dissimular? Certamente não reprime com a mesma energia as suas paixões ou até cede complacentemente a algumas. Um ressentimento permanente contra outra pessoa, um assunto econômico em que a sua honestidade não é completa, uma amizade excessivamente absorvente, ou simplesmente o despertar dos instintos que não são dominados com rapidez... Um só destes fatores é suficiente para que surjam nuvens entre Deus e nós. Então a fé se obscurece"[5]. Corre-se nessa altura o perigo de atribuir essa situação às circunstâncias externas, quando o mal está no nosso coração.

Para voltar à superfície, Pedro teve que segurar a mão forte do Senhor, seu Amigo e seu Deus. Não era muito, mas era o esforço que Deus lhe pedia; é a colaboração da boa vontade que o Senhor sempre nos pede. "Quando Deus Nosso Senhor concede a sua graça aos homens, quando os chama com uma vocação específica, é como se lhes estendesse a mão, uma mão paternal, cheia de fortaleza, repleta sobretudo de amor, porque nos busca um por um, como a suas filhas e filhos, e porque conhece a nossa debilidade. O Senhor espera que façamos o esforço de agarrar a sua mão, essa mão que nos estende. Deus pede-nos um esforço, que será prova da nossa liberdade"[6].

Esse pequeno esforço que o Senhor pede aos seus discípulos de todos os tempos para tirá-los de uma má situação pode ser muito diverso: intensificar a oração; cortar decididamente com uma ocasião próxima de pecar; obedecer com prontidão e docilidade de coração aos conselhos recebidos na Confissão e na conversa com o diretor espiritual... Não nos esqueçamos nunca da advertência de São João Crisóstomo: "Quando falta a nossa cooperação, cessa também a ajuda divina"[7]. Ainda que seja o Senhor quem nos tira da água.

III. PEDRO RECUPEROU novamente a fé e a confiança em Jesus. Com Ele subiu à barca. E nesse instante *o vento cessou*, voltou a calma ao mar e ao coração dos discípulos, e reconheceram-no como o seu Senhor e o seu Deus: *E os que estavam na barca aproximaram-se dEle e o adoraram dizendo: Verdadeiramente, tu és o Filho de Deus.*

As dificuldades através das quais experimentamos a nossa fraqueza devem servir-nos para encontrar Jesus que nos estende a sua mão e penetra no nosso coração, dando-nos uma paz imensa no meio de qualquer transe. Temos de aprender a nunca desconfiar de Deus, que não se apresenta apenas nos acontecimentos favoráveis, mas também nas tormentas dos sofrimentos físicos e morais da vida: *Tende confiança, sou eu, não temais*. Deus nunca chega tarde em nosso auxílio, e sempre nos ajuda nas nossas necessidades. Ele sempre chega no momento oportuno, ainda que por vezes de modo misterioso e oculto. Talvez faça menção de passar ao largo, mas é para que o chamemos. Não tardará a aproximar-se de nós.

E se alguma vez sentimos que nos falta apoio, que submergimos, repitamos aquela súplica de Pedro: *Senhor, salva-me!* Não duvidemos do seu Amor, nem da sua mão misericordiosa, não esqueçamos que "Deus não manda impossíveis, mas ao mandar pede que faças o que possas e peças o que não possas, e ajuda para que possas"[8].

Que enorme segurança nos dá o Senhor! "Ele garantiu-me a sua proteção; não é nas minhas forças que eu me apoio. Tenho nas minhas mãos a sua palavra escrita. Este é o meu báculo. Esta é a minha segurança, este é o meu porto tranquilo. Ainda que o mundo inteiro se perturbe, eu leio esta palavra escrita que trago comigo, porque ela é o meu muro e a minha defesa. O que é que ela me diz? *Eu estarei convosco até o fim do mundo*.

Junto de Cristo, ganham-se todas as batalhas, desde que tenhamos uma confiança sem limites na sua ajuda: "Cristo está comigo, que posso temer? Que venham assaltar-me as ondas do mar e a ira dos poderosos; tudo isso não pesa mais do que uma teia de aranha"[9]. Não larguemos a sua mão; Ele não larga a nossa.

"Reza com toda a segurança com o salmista: «Senhor, Tu és o meu refúgio e a minha fortaleza, confio em Ti!»

"Eu te garanto que Ele te preservará das insídias do «demônio meridiano» — nas tentações e... nas quedas! —, quando a idade e as virtudes teriam que ser maduras, quando deverias saber de cor que somente Ele é a Fortaleza"[10].

Terminamos a nossa oração invocando como intercessora a Santíssima Virgem; Ela ajuda-nos a clamar confiadamente com as preces litúrgicas: *Renova, Senhor, as maravilhas do teu amor*[11]; faz que vivamos firmemente ancorados em Ti.

(1) 1 Rs 19, 9; 11-13; (2) Mt 14, 22-33; (3) cf. Santa Teresa, *Vida*, 11, 4; (4) idem, *Fundações*, 27, 12; (5) G. Chevrot, *Simão Pedro*, Quadrante, São Paulo, p. 38; (6) São Josemaria Escrivá, *É Cristo que passa*, n. 17; (7) São João Crisóstomo, *Homilias sobre São Mateus*, 50, 2; (8) Santo Agostinho, *Sobre a natureza e a graça*, 43; (9) São João Crisóstomo, *Homilia antes de partir para o desterro*; (10) São Josemaria Escrivá, *Forja*, n. 307; (11) Liturgia das Horas, *Domingo da III[a] semana*. Prece das Vésperas.

TEMPO COMUM. DÉCIMO NONO DOMINGO. CICLO B

161. O PÃO VIVO

— A Comunhão restaura as forças perdidas e confere outras novas. O *Viático*.
— O *Pão da vida*. Efeitos da Comunhão na alma.
— A recepção frequente ou diária deste sacramento. *Visita ao Santíssimo; comunhões espirituais* ao longo do dia.

I. LEMOS NA PRIMEIRA LEITURA da Missa[1] que o profeta Elias, fugindo de Jezabel, se dirigiu ao Horeb, o monte santo. Durante a longa e difícil viagem, sentiu-se cansado e quis morrer. *Basta, Senhor; tira a minha alma; porque eu não sou melhor do que os meus pais. E lançando-se ao chão, adormeceu.* Mas o Anjo do Senhor despertou-o, ofereceu-lhe pão e disse-lhe: *Levanta-te e come, porque te resta um longo caminho. Tendo-se ele levantado, comeu e bebeu, e com o vigor daquela comida, caminhou quarenta dias e quarenta noites, até o monte de Deus*. O que não teria conseguido com as suas próprias forças, conseguiu-o com o alimento que o Senhor lhe proporcionou quando mais desanimado se sentia.

O monte santo para o qual o profeta se dirige é imagem do Céu, e o trajeto de quarenta dias representa a longa viagem que vem a ser a nossa passagem pela terra; uma viagem semeada também de tentações, cansaços e dificuldades que por vezes nos fazem fraquejar o ânimo e a esperança. Mas, de maneira semelhante ao anjo, a Igreja convida-nos a alimentar a nossa alma com um pão totalmente singular, que é o próprio

Cristo presente na Sagrada Eucaristia. Nele encontramos sempre as forças necessárias para chegarmos até o Céu, apesar da nossa fraqueza.

Nos primeiros tempos do cristianismo, a Eucaristia era chamada *Viático*, pela analogia entre esse sacramento e o *viático* ou as provisões alimentícias e pecuniárias que os romanos levavam consigo para as necessidades do caminho. Mais tarde, reservou-se o termo para designar o conjunto de auxílios espirituais, de modo especial a Sagrada Eucaristia, com que a Igreja apetrecha os seus filhos para a última e definitiva etapa da viagem rumo à eternidade[2]. Entre os primeiros cristãos, era costume levar a Comunhão aos encarcerados, sobretudo quando se aproximava o dia do martírio[3].

São Tomás ensina que este sacramento se chama *Viático* na medida em que prefigura a alegria de gozarmos da visão de Deus na pátria definitiva e nos confere a possibilidade de alcançá-la[4]. É a grande ajuda ao longo da vida e, especialmente, no último trecho do caminho, ocasião em que os ataques do inimigo podem ser mais duros. Esta é a razão pela qual a Igreja sempre procurou que nenhum cristão morresse sem esse sacramento. Desde o princípio, os cristãos sentiram a necessidade (e a obrigação) de recebê-lo, mesmo que já tivessem comungado nesse dia[5].

Também podemos recordar hoje na nossa oração a responsabilidade que temos, por vezes grave, de fazer tudo o que estiver ao nosso alcance para que nenhum familiar, amigo ou colega morra sem os auxílios espirituais que a nossa Mãe a Igreja preparou para a última etapa da vida. É a melhor e a mais eficaz demonstração de caridade e de carinho, talvez a última, com essas pessoas aqui na terra. O Senhor recompensa-nos com uma alegria muito grande quando cumprimos este gratíssimo dever, ainda que por vezes possa ser difícil e penoso.

Temos de agradecer ao Senhor todas as ajudas que nos oferece ao longo da vida, especialmente a da Comunhão. Este agradecimento manifestar-se-á em prepararmo-nos para comungar todos os dias do melhor modo possível, e em fazê-lo com a plena consciência de que cada Comunhão nos dá, mais do que ao profeta Elias, as energias necessárias para percorrermos com vigor o caminho da nossa santidade.

II. *EU SOU O PÃO da vida*, diz-nos Jesus no Evangelho da Missa[6] [...]. *Quem comer deste pão viverá eternamente; e o pão que eu darei é a minha carne para a salvação do mundo.*

Hoje, o Senhor recorda-nos vivamente a necessidade que temos de recebê-lo na Sagrada Comunhão para podermos participar da vida divina, para vencermos as tentações, para que a vida da graça recebida no Batismo se desenvolva em nós. Quem comunga em estado de graça, além de participar dos frutos da Santa Missa, obtém uns bens próprios e específicos da Comunhão eucarística: recebe, espiritual e realmente, o próprio Cristo, fonte de toda a graça. A Sagrada Eucaristia é, por isso, o maior sacramento, centro e cume de todos os demais. A presença real de Cristo dá a este sacramento uma eficácia sobrenatural infinita.

Não há maior felicidade nesta vida do que receber o Senhor. Quando desejamos dar-nos aos outros, podemos oferecer-lhes objetos que nos pertencem como símbolo de algo mais profundo do nosso ser, ou fazê-los participar dos nossos conhecimentos, ou dedicar-lhes todo o nosso amor..., mas sempre chocamos com um limite. Na Comunhão, o poder divino ultrapassa todas as limitações humanas, porque sob as espécies eucarísticas recebemos o próprio Cristo indiviso. O amor atinge a sua máxima expressão neste sacramento, pois é a plena identificação com Aquele que tanto se ama, a quem tanto se espera. "Assim como quando se juntam dois pedaços de cera e com o fogo se derretem, dos dois se forma uma só coisa, assim também é o que acontece pela participação do Corpo de Cristo e do seu precioso Sangue"[7]. Verdadeiramente, não há maior felicidade nem maior bem do que receber dignamente o próprio Cristo na Sagrada Comunhão.

A alma nunca deixará de dar graças se se recordar com frequência da riqueza deste sacramento. A Sagrada Eucaristia produz na vida espiritual efeitos parecidos aos do alimento material em relação ao corpo. *Fortalece-nos* e afasta de nós a debilidade e a morte: o alimento eucarístico livra-nos dos pecados veniais, que causam a debilidade e a doença da alma, e preserva-nos dos mortais, que ocasionam a morte. O alimento material *repara as nossas forças* e robustece a nossa saúde. "A Comunhão frequente ou diária torna a vida espiritual exuberante, enriquece a alma com uma maior efusão de virtudes e dá àquele que comunga um penhor seguro da felicidade eterna"[8]. Tal como o alimento natural permite que o corpo cresça, a Sagrada Eucaristia *aumenta a santidade* e a união com Deus, "porque a participação do corpo e do sangue de Cristo não faz outra coisa senão transfigurar-nos naquilo que recebemos"[9].

A Comunhão ajuda-nos a santificar a vida familiar; incita-nos a realizar o trabalho diário com alegria e perfeição; fortalece-nos para enfrentarmos com garbo humano e sentido sobrenatural as dificuldades e tropeços da vida diária.

O Mestre está aqui e chama-te[10], ouvimos dizer diariamente; não recusemos o convite. Que possamos comparecer a esse encontro com alegria e bem preparados. Ainda estamos longe disso. E quanta coisa depende de que o façamos!

III. AS NOSSAS FRAQUEZAS são numerosas. É por isso que o nosso encontro com o Mestre na Comunhão deve ser tão frequente. *O banquete está preparado*[11] e muitos são os convidados, mas poucos os que comparecem. Como podemos desculpar-nos? O Amor desbarata todas as desculpas.

Podemos manter vivo ao longo do dia o desejo e a recordação deste sacramento mediante a *Comunhão espiritual*, que "consiste num desejo ardente de receber Jesus Sacramentado e num trato amoroso com Ele como se já o tivéssemos recebido"[12]. Esta prática traz-nos muitas graças e ajuda-nos a trabalhar e a relacionar-nos com os outros com mais sentido sobrenatural. "Que fonte de graças é a comunhão espiritual! — Pratica-a com frequência, e terás mais presença de Deus e mais união com Ele nas obras"[13].

Também é muito proveitosa a *Visita ao Santíssimo*, que é "prova de gratidão, sinal de amor e expressão da devida adoração ao Senhor"[14]. Nenhum lugar como a proximidade do Sacrário para esses encontros íntimos e pessoais em que o colóquio com o Senhor encontra o clima mais apropriado e em que nasce o impulso para a oração contínua no trabalho, na rua..., em qualquer lugar. O Senhor presente sacramentalmente pode ver-nos e ouvir-nos com uma intimidade maior, pois o seu Coração, que é "a fonte da vida e da santidade"[15], continua a pulsar de amor por nós. Ele diz-nos: *Vinde vós também à parte, a um lugar solitário, e descansai um pouco.*

Ao seu lado encontramos a paz, se a tivermos perdido, a fortaleza para concluirmos as nossas tarefas e a alegria no serviço aos outros. "E, o que faremos, perguntais, na presença de Deus Sacramentado? Amá-lo, louvá-lo, agradecer-lhe e pedir-lhe. O que faz um pobre na presença de um rico? O que faz um doente diante do médico? O que faz um sedento quando avista uma fonte cristalina?"[16]

Jesus tem o que nos falta. Ele é a fortaleza neste caminho da vida. Peçamos a Nossa Senhora que nos ensine a recebê-lo "com aquela pureza, humildade e devoção" com que Ela o recebeu, "com o espírito e o fervor dos santos".

(1) 1 Rs 19, 4-8; (2) cf. A. Bride, v. *Viatique*, em DTC, XC, 2842-2858; (3) cf. São Cipriano, *De lapsis*, 13; *Vita Basilii*, 4; PG 29, 315; *Atas dos mártires* etc; (4) cf. São Tomás, *Suma teológica*, III, q. 74, a. 4; (5) *Código de Direito Canônico*, can 921, 2; (6) Jo 6, 48-51; (7) São Cirilo de Alexandria, *Comentário ao Evangelho de São João*, 10, 2; (8) Paulo VI, Instr. *Eucharisticum mysterium*, 15-VIII-1967, 37; (9) *ib.*, 7; (10) Jo 11, 28; (11) Lc 14, 16; (12) Santo Afonso Maria de Ligório, *Visitas ao Santíssimo Sacramento*, Introd., III; (13) São Josemaria Escrivá, *Caminho*, n. 540; (14) Paulo VI, Enc. *Mysterium fidei*, 3-IX-1965, 67; (15) Ladainhas do Sagrado Coração; cf. Pio XII, Enc. *Haurietis aquas*, 15-V-1956, 20, 34; (16) Santo Afonso Maria de Ligório, *op. cit.*

TEMPO COMUM. DÉCIMO NONO DOMINGO. CICLO C

162. ESPERANDO O SENHOR

— Fundamentos da esperança teologal.
— Uma espera vigilante. O exame de consciência.
— A luta nas pequenas coisas.

I. A LITURGIA DA PALAVRA deste Domingo recorda-nos que a vida na terra é uma espera, não muito longa, até que o Senhor venha de novo.

A fé que guia os nossos passos é precisamente o *fundamento das coisas que se esperam*[1], como se pode ler na segunda Leitura. Por meio dessa virtude teologal, o cristão adquire uma firme garantia acerca das promessas do Senhor, e uma posse antecipada dos dons divinos. A fé dá-nos a conhecer com certeza duas verdades fundamentais da existência humana: que o nosso destino é o Céu e, por isso, todas as outras coisas devem ordenar-se para esse fim supremo e subordinar-se a ele; e que o Senhor deseja ajudar-nos, com meios superabundantes, a consegui-lo[2].

Nada nos deve desanimar no caminho para a santidade, porque nos apoiamos nestas "três verdades: Deus é onipotente, Deus ama-me imensamente, Deus é fiel às suas promessas. E é Ele, o Deus das misericórdias, quem acende em mim a confiança. Por isso eu não me sinto só, nem inútil, nem abandonado, mas envolvido num destino de salvação que desembocará um dia no Paraíso"[3]. A Bondade, a Sabedoria e a Onipotência divinas constituem o alicerce firme da esperança humana.

Deus é onipotente. Estão-lhe submetidas todas as coisas: o vento, o mar, a saúde, a doença, os céus, a terra... E Ele serve-

-se de tudo e dispõe tudo para a salvação da minha alma e da de todos os homens. Não deixa de empregar um único meio para o bem dos seus filhos, por mais que pareçam estar sós e abandonados. Toda a infinita força de Deus coloca-se a serviço da salvação e santificação dos homens. E ainda que o mau uso da nossa liberdade possa tornar inúteis os meios divinos, sempre é possível o perdão, e sempre é possível, portanto, conservar a esperança. Deus é onipotente; Deus pode tudo, é nosso Pai e é Amor[4].

Deus ama-me imensamente, como se eu fosse o seu único filho. Não me abandona nunca na minha peregrinação por esta terra; procura-me quando me perco por minha culpa, ama-me com obras, dispondo todas as coisas para o bem da minha alma. O amor de um pai ou de uma mãe, com todo o atrativo que possui, é somente um pálido reflexo do amor de Deus.

Deus é fiel às suas promessas, apesar dos nossos retrocessos, traições e deslealdades, da nossa falta de correspondência às instâncias divinas. Ele nunca nos deixa, não se cansa, é paciente com os homens, de uma paciência infinita. Enquanto caminhamos pela terra, não abandona ninguém, não considera ninguém irrecuperável. Sempre encontramos a Deus de braços abertos, como o filho pródigo encontrou seu pai.

O Senhor espera a nossa conversão sincera e uma correspondência cada vez mais generosa: espera que estejamos vigilantes para que não adormeçamos na tibieza, para que andemos sempre despertos. A esperança está intimamente relacionada com um coração vigilante; depende em boa parte do amor[5].

II. JESUS EXORTA-NOS à vigilância, porque o inimigo não descansa, está sempre à espreita[6], e porque o amor nunca dorme[7]. O Senhor adverte-nos no Evangelho da Missa[8]: *Estejam cingidos os vossos rins e tende nas vossas mãos lâmpadas acesas; fazei como os homens que esperam o seu senhor quando volta das bodas, para que, quando vier e bater à porta, logo lha abram.*

Os judeus costumavam usar umas túnicas folgadas e por isso cingiam-nas com um cinturão para poderem andar e executar determinados trabalhos. "Ter as roupas cingidas" é uma imagem expressiva utilizada para indicar que alguém se preparava para realizar um trabalho, para empreender uma viagem, para entrar em luta[9]. Do mesmo modo, "ter as lâmpadas acesas" indica a atitude própria daquele que está de vigia ou espera a chegada de alguém[10]. Quando o Senhor vier no final da nossa vida, deve encontrar-nos assim: em estado de vigília, como quem vive o momento presente; servindo por amor e empenhados em melhorar as realidades terrenas, mas sem perder o sentido sobrenatural da vida, o fim para que tudo se dirige; avaliando devidamente as coisas terrenas — a profissão, os negócios, o descanso... —, sem esquecer que nada disso tem um valor absoluto, e que deve servir-nos para amar mais a Deus, para ganhar o Céu e servir os homens.

Não é muito o tempo que nos separa do encontro definitivo com Cristo; cada dia que passa aproxima-nos mais da eternidade. Pode ser neste ano, ou no próximo, ou no seguinte... Seja como for, sempre nos parecerá que a vida passou muito depressa. O Senhor virá *na segunda ou na terceira vigília...* "E como não sabemos nem o dia nem a hora, é necessário, conforme a advertência do Senhor, que vigiemos constantemente para que, terminado o prazo improrrogável da nossa vida terrena (cf. Hb 9, 27), mereçamos entrar com Ele na festa e sermos contados entre os eleitos"[11]. Para os que tiverem vivido de costas para Deus, virá como algo completamente inesperado: *como um ladrão no meio da noite*[12]. *Sabei isto: se o dono da casa soubesse a que horas viria o ladrão, não permitiria que lhe roubassem a casa. Estai, pois, preparados...* E São João Crisóstomo comenta que "com isto, parece confundir aqueles que não põem tanto cuidado em guardar a sua alma como em guardar as suas riquezas do ladrão que esperam"[13].

"À vigilância opõe-se a negligência ou falta da devida solicitude, que procede de um certo desinteresse da vontade"[14]. Estamos vigilantes quando fazemos com profundidade o exame de consciência diário. "Observa a tua conduta com vagar. Verás que estás cheio de erros, que te prejudicam a ti e talvez também aos que te rodeiam.

"— Lembra-te, filho, de que não são menos importantes os micróbios do que as feras. E tu cultivas esses erros, esses desacertos — como se cultivam os micróbios no laboratório —, com a tua falta de humildade, com a tua falta de oração, com a tua falta de cumprimento do dever, com a tua falta de conhecimento próprio... E, depois, esses focos infectam o ambiente.

"— Precisas de um bom exame de consciência diário, que te leve a propósitos concretos de melhora, por sentires verdadeira dor das tuas faltas, das tuas omissões e pecados"[15].

III. ESTAREMOS VIGILANTES no amor e longe da tibieza e do pecado se nos mantivermos fiéis a Deus nas pequenas coisas que preenchem o dia. Quem se habitua a repassar as pequenas coisas de cada dia no seu exame de consciência descobre com facilidade os indícios e as raízes que denunciam um possível extravio não muito longínquo. As pequenas coisas são a antessala das grandes, tanto no sentido negativo como positivo.

São Francisco de Sales fala-nos da necessidade de lutar nas pequenas tentações, pois são muitas as ocasiões em que se apresentam num dia corrente e, se se vencem, essas vitórias são mais importantes — por serem muitas — do que se se tivesse vencido uma tentação mais grave. Além disso, ainda que "os lobos e os ursos sejam mais perigosos do que as moscas", no entanto "não nos causam tantos aborrecimentos, nem provam tanto a nossa paciência". É fácil — ensina o Santo — "não cometer um homicídio; mas é difícil repelir os pequenos ímpetos de cólera", que se apresentam com bastante facilidade. "É fácil não furtar os bens do próximo, mas é difícil não os desejar. É fácil não levantar falsos testemunhos em juízo; mas é difícil não mentir numa conversa; é fácil não embriagar-se, mas é difícil ser sóbrio"[16].

As pequenas vitórias diárias fortalecem a vida interior e despertam a alma para as coisas divinas. São ocasiões que se apresentam com muita frequência: trata-se de viver a pontualidade à hora de levantar-se ou de começar o trabalho; de deixar de lado essa revista insubstancial que pode semear confusão na alma ou, pelo menos, supõe uma perda de tempo e, sempre, uma boa ocasião de vencermos a curiosidade; trata-se de fazer um pequeno sacrifício à hora das refeições; de dominar a língua num encontro de amigos ou numa reunião social... Estamos convencidos de que "tantas vitórias quantas obtivermos sobre esses pequenos inimigos serão outras tantas pedras preciosas que se acrescentarão à coroa que Deus nos prepara no seu Reino"[17].

Se nos acostumarmos a fazer um ato de amor em cada tentação, em tudo aquilo que em nós ou nos outros pode ser origem de uma ofensa a Deus, ficaremos cheios de paz, e o que podia ter sido motivo de derrota é convertido por nós em vitória. Além deste imenso bem para a alma, diz o mesmo Santo que "quando o demônio vê que as suas tentações nos levam a esse amor divino, cessa de tentar-nos"[18].

Se formos fiéis nas pequenas coisas, permaneceremos cingidos, vigilantes, à espera do Senhor que está para chegar. A nossa vida terá consistido numa alegre espera, enquanto realizamos cheios de esperança a tarefa que o nosso Pai-Deus nos confiou no mundo. Então compreenderemos com profundidade as palavras de Jesus: *Bem-aventurado aquele servo a quem o senhor achar procedendo assim quando vier. Digo-vos na verdade que o constituirá administrador de tudo o que possui*. E Ele está para vir; não deixemos de vigiar.

(1) Hb 11, 1; (2) cf. São Tomás, *Suma teológica*, II-II, q. 17, a. 5 e 7; (3) João Paulo II, *Alocução*, 20-IX-1978; (4) G. Redondo, *Razón de la esperanza*, EUNSA, Pamplona, 1977, p. 79; (5) cf. Josef Pieper, *Sobre la esperanza*, 3ª ed., Rialp, Madri, 1961, p. 48; (6) 1 Pe 5, 8; (7) cf. Ct 5, 2; (8) Lc 12, 32-48; (9) cf. Jr 1, 17; Ef 6, 14; 1 Pe 1, 13; (10) Sagrada Bíblia, *Santos Evangelhos*, notas a Lc 12, 33-39 e 35; (11) Conc. Vat. II, Const. *Lumen gentium*, 48; (12) 1 Ts 6, 2; (13) São João Crisóstomo, em *Catena aurea*, vol. III, p. 204; (14) São Tomás, *op. cit.*, II-II, q. 54, a. 3; (15) São Josemaria Escrivá, *Forja*, n. 481; (16) cf. São Francisco de Sales, *Introdução à vida devota*, IV, 8; (17) *ib.*; (18) *ib.*, IV, 9.

TEMPO COMUM. DÉCIMA NONA SEMANA. SEGUNDA-FEIRA

163. O TRIBUTO DO TEMPLO

— Para sermos bons cristãos, temos de ser cidadãos exemplares.
— Os primeiros cristãos, exemplo para a nossa vida no meio do mundo.
— Estar presentes nos lugares em que se decide a vida da sociedade.

I. JESUS E OS SEUS DISCÍPULOS acabavam de chegar novamente a Cafarnaum — lemos no Evangelho da Missa[1] —, quando os cobradores do tributo do Templo se aproximaram de Pedro e lhe perguntaram: *O vosso Mestre não paga a didracma?* Tratava-se da contribuição anual de duas dracmas para a sustentação do culto, que todo judeu que tivesse completado vinte anos tinha de pagar, mesmo que vivesse fora da Palestina. A resposta afirmativa de Pedro aos cobradores, sem antes ter falado com Jesus, mostra-nos que, efetivamente, o Senhor costumava pagar o imposto. O episódio deve ter-se passado fora da casa porque, quando Pedro foi ter com Jesus, que se encontrava dentro, antecipou-se ao apóstolo com esta pergunta: *Que te parece, Simão? De quem recebem os reis da terra o tributo ou o censo? Dos filhos ou dos estranhos?*

Nas antigas monarquias, o tributo do censo era considerado uma contribuição especial em benefício da família real. Entende-se assim a pergunta de Jesus a Pedro: *De quem recebem os reis da terra o tributo ou o censo?* A resposta era bem fácil: *dos estranhos*, isto é, dos súditos, respondeu Pedro. *Portanto* — concluiu Jesus —, *os filhos estão isentos*. Perante essa obrigação, Jesus está na mesma posição dos filhos dos reis, e ao declarar-se isento ensina que Ele é o próprio Filho de Deus e que habita na casa do Pai[2], na sua própria casa. É o Filho do Rei, e não está obrigado a pagar o tributo.

Mas o Senhor quis cumprir à risca os seus deveres de cidadão, embora tenha revelado a sua condição divina ao indicar a Pedro como devia obter a quantia que lhe pediam. Esta passagem do Evangelho, relatada unicamente por São Mateus, mostra-nos também a pobreza de Jesus, que não possuía uma quantia tão pequena como as duas dracmas; e mostra-nos ainda o apreço que Jesus tem por Pedro ao mandá-lo pagar pelos dois: *Para que não os escandalizemos* — diz Jesus a Simão —, *vai ao mar e lança o anzol, e o primeiro peixe que pegares, abre-lhe a boca e acharás dentro um estáter; tira-o e dá-o por mim e por ti*. O estáter equivalia a quatro dracmas[3].

Santo Ambrósio comenta a este propósito que se trata de uma grande lição, "que ensina aos cristãos a submissão ao poder soberano, a fim de que ninguém se permita desobedecer aos editos de um rei da terra. Se o Filho de Deus pagou o tributo, achas que és maior do que Ele para deixar de pagá-lo? Se o Senhor, que nada possuía, pagou o tributo, tu, que andas à procura dos bens deste mundo, por que não reconheces as cargas do mesmo?, por que te consideras por cima do mundo...?"[4]

Desta e de outras passagens do Evangelho, podemos concluir que, se queremos imitar o Mestre, temos de ser bons cidadãos, que cumprem os seus deveres no trabalho e na sociedade: "Ama e respeita as normas de uma convivência honrada e não duvides de que a tua submissão leal ao dever será também veículo para que todos descubram a honradez cristã, fruto do amor divino, e encontrem a Deus"[5].

II. DEPOIS DA VINDA do Espírito Santo no dia de Pentecostes, os apóstolos tiveram uma consciência mais clara de terem sido enviados pelo Senhor para estarem presentes no âmago da própria sociedade. Como o Mestre, eles não eram do mundo[6], e em muitas ocasiões o mundo os rejeitaria e não teria com eles o sorriso de benevolência que se reserva para o que é próprio. Sem serem do mundo, sem serem mundanos, os primeiros cristãos rejeitaram costumes e modos de conduta incompatíveis com a fé que tinham recebido, mas nunca se sentiram como um corpo estranho na sociedade a que pertenciam por direito próprio. Os apóstolos não deixaram de recordar-lhes com especial firmeza as palavras do Senhor que os vinculavam ao próprio coração da sociedade humana, porque só ali essas palavras podiam alcançar o seu pleno cumprimento: eles deveriam ser o sal que dá sabor e preserva da corrupção a vida dos homens; o fermento que se mistura e se confunde com a farinha para fermentar toda a massa; a luz que tem de brilhar diante dos povos, para que, convencidos pelas obras, glorifiquem o Pai que está nos Céus.

Os primeiros cristãos não procuraram o isolamento, nem levantaram barreiras defensivas que lhes garantissem a sobrevivência nos momentos de feroz incompreensão. A atitude que adotaram, mesmo nas épocas de perseguição, não foi nem agressiva nem medrosa, mas de serena presença; o fermento operava confundido com a massa. *A presença cristã no mundo foi radicalmente afirmativa*, e toda a injustiça dos perseguidores revelou-se incapaz de alterar a atitude serena e construtiva daqueles primeiros fiéis, que sempre se mostraram cidadãos exemplares. A violência das perseguições não fez deles pessoas inadaptadas ou antissociais, nem conseguiu desfazer a sua solidariedade essencial com o resto dos homens, seus semelhantes. "Acusam-nos de que nos separamos da massa popular do Estado" — argumenta Tertuliano —, e isso é falso, porque o cristão sabe-se embarcado na mesma nave que os outros cidadãos e participa com eles de um comum destino terreno, "porque se o Império é sacudido com violência, o mal alcança também os súditos e consequentemente atinge-nos a nós"[7]. Caluniados e incompreendidos, os cristãos mantiveram-se fiéis à sua vocação divina e à sua vocação humana, ocupando no mundo o lugar que lhes correspondia, exercendo os seus direitos e cumprindo cabalmente os seus deveres[8].

Os primeiros cristãos não só foram bons cristãos, como cidadãos exemplares, pois esses deveres eram para eles obrigações de uma consciência retamente formada, através das quais se santificavam. Obedeciam às leis civis justas *não só por temor ao castigo, mas também por um dever de consciência*[9], escrevia São Paulo aos primeiros cristãos de Roma. E acrescenta: *É por esta razão que pagais os tributos*[10]. "Como aprendemos dEle (de Cristo) — escreve São Justino Mártir em meados do século II —, nós procuramos pagar os tributos e contribuições, íntegros e com rapidez, aos vossos encarregados [...]. Adoramos somente a Deus, mas vos obedecemos gozosamente a vós nas demais coisas, reconhecendo abertamente que sois os reis e os governantes dos homens, e pedindo na oração que, juntamente com o poder imperial, tenhais também uma arte de governar cheia de sabedoria"[11].

III. A IGREJA SEMPRE EXORTOU os cristãos, "cidadãos da cidade temporal e da cidade eterna, a procurarem desempenhar fielmente as suas tarefas terrenas, guiados pelo espírito do Evangelho"[12]. Os outros devem ver em nós essa luz de Cristo refletida num trabalho honesto, em que se cumprem fielmente as obrigações de justiça com a empresa, com os que trabalham sob a nossa responsabilidade, com a sociedade, pelo pagamento dos impostos que sejam justos; no caso dos estudantes, mediante um estudo responsável; no dos professores, pela preparação diária das aulas, que leva a melhorá-las de ano para ano, sem cair na rotina e na mediocridade; no das mães de família, pelo cuidado do lar, dos filhos, do marido, pela retribuição justa a quem as ajuda nas tarefas da casa...

Não podem ser bons cristãos os que não são bons cidadãos; enganam-se os que, "sob pretexto de que não temos aqui cidade permanente, pois buscamos a futura (cf. Hb 13, 14), consideram que podem descurar as tarefas temporais, sem perceberem que a própria fé é um motivo que os obriga ao cumprimento mais perfeito de todas elas, conforme a vocação profissional de cada um"[13].

O cristão não pode dar-se por satisfeito se se limita a cumprir os seus deveres familiares e religiosos; tem de estar presente, de acordo com as suas possibilidades, onde quer que se decida a vida do bairro, do povo ou da sociedade; a sua vida tem uma dimensão social e até política que nasce da fé e que diz respeito ao exercício das virtudes e à essência da vida cristã. "A partir desta perspectiva, a dimensão social e política da caridade adquire toda a sua beleza. Trata-se de um amor eficaz às pessoas, que se atualiza na prossecução do bem comum da sociedade"[14].

Como cristãos que têm de santificar-se no meio do mundo, devemos ter sempre em conta "a nobreza e dignidade moral do compromisso social e político e as grandes possibilidades que este oferece para crescer na fé e na caridade, na esperança e na fortaleza, no desprendimento e na generosidade". E "quando o compromisso social e político é vivido com verdadeiro espírito cristão, converte-se numa dura escola de perfeição e num exigente exercício das virtudes"[15].

Se formos cidadãos que cumprem exemplarmente todos os seus deveres, poderemos iluminar a muitos o caminho que leva a seguir o Senhor. Nos nossos dias, "uma massa nova e ainda por modelar surgiu nas velhas terras cristãs, ao mesmo tempo que o mundo, em toda a sua extensão, se transformou no campo de uma ação apostólica que deve chegar a todos os homens e na qual todos os cristãos estão comprometidos. Hoje a Igreja e cada um dos seus filhos encontram-se novamente em estado de missão, e o que se pede ao fermento é que ponha em ação toda a plenitude da sua força renovadora"[16]. Isto é possível quando nos sentimos — porque o somos! — cidadãos de pleno direito, que cumprem os seus deveres e exercem os seus direitos, e não se escondem diante das obrigações e vicissitudes da vida pública.

(1) Mt 17, 23-26; (2) cf. Jo 16, 15; (3) cf. F. Spadafora, *Diccionario biblico*, E.L.E., Barcelona, 1968, p. 160; (4) Santo Ambrósio, *Comentário ao Evangelho de São Lucas*, IV, 73; (5) São Josemaria Escrivá, *Sulco*, n. 322; (6) cf. Jo 17, 16; (7) Tertuliano, *Apologético*, 28; (8) cf. D. Ramos, *El testimonio de los primeros cristianos*, Rialp, Madri, 1969, p. 170; (9) Rm 13, 5; (10) Rm 13, 6; (11) São Justino, *Apologia*, I, 17; (12) Conc. Vat II. Const. *Gaudium et spes*, 42; (13) *ib.*; (14) Conferência Episcopal Espanhola, Instr. Past. *Los católicos en la vida pública*, 22-IV-1986, 60 e 63; (15) *ib.*; (16) J. Orlandis, *La vocación cristiana del hombre de hoy*, 3ª ed., Rialp, Madri, 1973, pp. 74-75.

TEMPO COMUM. DÉCIMA NONA SEMANA. TERÇA-FEIRA

164. A OVELHA DESGARRADA

— Deus ama-nos sempre, também quando nos extraviamos.
— O amor pessoal de Deus por cada homem.
— A nossa vida é a história do amor de Cristo..., que tantas vezes nos olhou com predileção.

I. LEMOS NO EVANGELHO da Missa de hoje uma das parábolas da misericórdia divina que mais comovem o coração humano[1]. Um homem que tem cem ovelhas — um rebanho grande — perde uma delas, provavelmente por culpa da própria ovelha, que ficou para trás enquanto todo o rebanho seguia adiante em busca de pastos. E Jesus pergunta: esse pastor *não deixará as noventa e nove nos montes para ir em busca daquela que se desgarrou?* São Lucas registra estas palavras do Senhor: *E tendo-a encontrado, põe-na sobre os ombros alegremente*[2] até devolvê-la ao redil.

Nenhuma das ovelhas recebeu tantas atenções como essa que se extraviou. Os cuidados de que a misericórdia divina cerca o pecador, nos cerca a nós, são esmagadores. Como não havemos de nos deixar carregar aos ombros pelo Bom Pastor, se alguma vez nos perdemos? Como não havemos de amar a Confissão frequente, que é onde encontramos novamente o Bom Pastor, Cristo? Pois devemos ter em conta que somos fracos e, portanto, cheios de tropeços. Mas essa mesma fraqueza, se a reconhecemos como tal, sempre atrai a misericórdia de Deus, que acode em nosso auxílio com mais ajudas, com um amor mais particularizado. "Jesus, nosso Bom Pastor, apressa-se a procurar a centésima ovelha, que se tinha extraviado... Maravilhosa condescendência a de Deus que assim procura o homem; dignidade grande do homem assim procurado por Deus!"[3]

Contamos sempre com o amor de Cristo, que nem mesmo nos piores momentos da nossa existência nos deixa de amar. Contamos sempre com a sua ajuda para voltar ao bom caminho, se o perdemos, e para recomeçar quantas vezes for preciso. Ele mantém-nos na luta, e "um chefe no campo de batalha estima mais o soldado que, depois de ter fugido, volta e ataca com ardor o inimigo, do que aquele que nunca voltou as costas, mas também nunca levou a cabo uma ação valorosa"[4]. Não se santifica quem nunca comete erros, mas quem sempre se arrepende, confiante no amor que Deus tem por ele, e se levanta para continuar lutando. O pior não é ter defeitos, mas pactuar com eles, não lutar, admiti-los como parte do nosso modo de ser. Por esse caminho só se chega à mediocridade espiritual, que o Senhor não quer para os que o seguem.

II. JESUS AMA A CADA UM tal como é, com os seus defeitos; no seu amor, não idealiza os homens; vê cada um com as suas contradições e fraquezas, com as suas imensas possibilidades para o bem e com a sua debilidade, que aflora com tanta frequência. "Cristo conhece o que há no interior do homem. Somente Ele o conhece!"[5], e assim o ama, assim nos ama.

Como Jesus entende o coração humano e como tem uma visão positiva da sua capacidade! "O olhar de Jesus vê através do véu das paixões humanas e penetra até os refolhos do homem, lá onde este se encontra só, pobre e nu"[6]. Ele compreende-nos sempre e anima-nos a continuar lutando em todas as situações. Se pudéssemos aperceber-nos um pouco mais do amor pessoal de Cristo por cada homem, das suas atenções, dos seus cuidados!

Esse amor pessoal do Senhor é a suprema realidade da nossa vida, a que é capaz de levantar o nosso espírito em qualquer momento e de nos deixar profundamente alegres. Isso apesar do fundo de miséria que se esconde no coração humano. "É este «apesar de tudo» que torna o amor de Cristo pelos homens tão incomparável, tão maternalmente terno e generoso, a ponto de ter ficado para sempre inscrito na memória da humanidade [...]. O seu amor distingue-se da filantropia ensinada pelos sábios e filósofos. Não é puro ensinamento, mas vida; é um sofrer e morrer com os homens. Não se contenta com analisar a miséria humana e depois procurar os remédios para aliviá-la: Ele mesmo põe-se em contato e penetra nessa miséria. Não suporta conhecê-la sem participar dela. O amor de Jesus transpõe os limites do seu próprio coração para atrair os outros, ou melhor, para sair de si mesmo, identificando-se com os outros a fim de viver e sofrer com eles"[7].

Jesus considera os homens como irmãos e amigos — é assim que os chama —, e une tão intimamente a sua sorte à deles que qualquer coisa que se faça por um outro, é por Ele que se faz[8]. Os Evangelistas dizem-nos constantemente que o Senhor sentia compaixão pelo povo[9]: *E teve compaixão deles, porque eram como ovelhas sem pastor*[10]. Nunca deixa de comover-se com a desgraça e a dor, mesmo que sejam as de uma mulher pagã como a Cananeia[11]. Não deixa de atender os que o procuram, sem se importar de que o critiquem por ter violado o sábado[12]. E convive com os publicanos e os pecadores, ainda que os que se julgam bons cumpridores da Lei se escandalizem. Nem sequer a sua própria agonia lhe impede de dizer ao bom ladrão: *Hoje estarás comigo no paraíso*[13].

O seu amor não tolera nenhuma exceção, e não tem nenhuma preferência por esta ou aquela classe social. Acolhe os ricos como Nicodemos, Zaqueu ou José de Arimateia, e acolhe os pobres como Bartimeu, um mendigo que, depois de curado, o segue pelo caminho. Nas suas viagens, às vezes, faz-se acompanhar por algumas mulheres que o servem com os seus bens[14]. Atende com toda a prontidão os mais necessitados do corpo e sobretudo da alma. A sua preferência pelos mais necessitados não é no entanto excludente, não se limita aos desafortunados, aos marginalizados..., pois há realmente males que são comuns a todos os estratos sociais: a solidão, a falta de carinho...

A nossa vida é a história do amor de Cristo, que tantas vezes nos olhou com predileção, que em tantas ocasiões saiu à nossa procura. Perguntemo-nos hoje como estamos correspondendo neste momento da vida a tantos cuidados por parte do Senhor: se nos esforçamos por receber os sacramentos com a frequência e o amor devidos, se reconhecemos Cristo na direção espiritual, se vemos com agradecimento a solicitude daqueles que na Igreja cuidam da nossa alma: os Pastores. Sabemos exclamar nessas situações: *É o Senhor!*?

III. *JESUS AMOU-ME e entregou-se por mim*, diz São Paulo[15]. Esta é a grande verdade que nos cumula sempre de consolação. Jesus ama-nos a ponto de dar a sua vida por nós; e ama-nos como se cada um de nós fosse o único destinatário desse amor. Devemos meditar muitas vezes nessa maravilhosa realidade — *Deus me ama* —, que ultrapassa as expectativas mais audazes do coração humano. Ninguém que estivesse à margem da Revelação divina se atreveu a vislumbrar e a reconhecer esta sublime vocação de cada homem: ser filho de Deus, chamado a viver numa relação de amizade com Ele e a participar da própria vida das Três Pessoas divinas. Em termos de lógica humana, isso parece uma ilusão, quase uma mentira, e, no entanto, é a grande verdade que nos deve levar a ser consequentes.

Jesus nunca cessou de amar-nos, de ajudar-nos, de proteger-nos, de comunicar-se conosco; nem sequer nos momentos de maior ingratidão, ou naqueles em que talvez tivéssemos cometido as maiores deslealdades. Talvez tenha sido precisamente nessas tristes circunstâncias que tiveram lugar as maiores atenções do Senhor, como nos mostra a parábola que hoje consideramos. Entre as cem ovelhas que compunham o rebanho, só aquela, a que se tresmalhou, é que foi a que teve a honra de ser levada aos ombros pelo bom pastor. *Eu estarei convosco todos os dias*[16], diz-nos o Senhor em cada situação, a cada momento.

Esta certeza da proximidade do Senhor deve animar-nos a recomeçar sempre na luta interior, sem nos deixarmos esmagar pela experiência negativa dos nossos defeitos e pecados. Cada momento que vivemos é único e, portanto, bom para recomeçar, porque, como se lê no livro do Deuteronômio, *o Senhor, que é o vosso guia, ele mesmo estará contigo; não te deixará nem te desamparará; não temas nem te assustes*[17].

Durante muitos séculos, a Igreja pôs nos lábios dos sacerdotes e dos fiéis, ao começar a Missa, umas palavras do Salmo 42: *Subirei ao altar de Deus, / do Deus que alegra a minha juventude*[18], e isto qualquer que fosse a idade do celebrante e dos assistentes. É o grito da alma que se dirige diretamente a Cristo, que se sabe amada e que deseja amor.

"Deus me ama... E o apóstolo João escreve: «Amemos, pois, a Deus, porque Deus nos amou primeiro». — Como se fosse pouco, Jesus dirige-se a cada um de nós, apesar das nossas inegáveis misérias, para nos perguntar como a Pedro: «Simão, filho de João, tu me amas mais do que estes?»...

"— É o momento de responder: «Senhor, Tu sabes tudo, Tu sabes que eu te amo!», acrescentando com humildade: — Ajuda-me a amar-te mais, aumenta o meu amor!"[19] São jaculatórias que nos podem servir no dia de hoje: aproximar-nos-ão mais de Cristo. Ele espera de nós essa correspondência.

(1) Mt 18, 12-24; (2) Lc 15, 6; (3) São Bernardo, *Sermão para o primeiro Domingo do Advento*, 7; (4) São João Crisóstomo, *Comentário à primeira Epístola aos Coríntios*, 3; (5) João Paulo II, *Homilia*, 22-X-1978; (6) K. Adam, *Jesus Cristo*, p. 34; (7) *ib.*, p. 35; (8) Mt 25, 40; (9) Mc 8, 2; Mt 9, 36; 14, 14 etc.; (10) Mc 6, 34; (11) Mc 7, 26; (12) Mc 1, 21; (13) Lc 23, 43; (14) Lc 8, 3; (15) Gl 2, 20; (16) Mt 28, 20; (17) Deut 31, 8; *Primeira leitura* da Missa da terça-feira da décima nona semana do Tempo Comum, ano I; (18) Sl 42, 4; (19) São Josemaria Escrivá, *Forja*, n. 497.

Tempo Comum. Décima Nona Semana. Quarta-feira

165. O PODER DE PERDOAR OS PECADOS

— Promessa e instituição do sacramento da Penitência. Dar graças por este sacramento.
— Razões para esse agradecimento.
— Somente o sacerdote pode perdoar os pecados. A Confissão, um juízo misericordioso.

I. JESUS CONHECE BEM a nossa fraqueza e debilidade. Por isso instituiu o sacramento da Penitência. Quis que pudéssemos corrigir os nossos passos, quantas vezes fosse necessário; tinha o poder de perdoar os pecados e exerceu-o frequentes vezes: com a mulher surpreendida em adultério[1], com o bom ladrão arrependido na cruz[2], com o paralítico de Cafarnaum[3]... Veio *procurar e salvar o que estava perdido*[4], também atualmente, nos nossos dias.

Os profetas tinham preparado e anunciado esta reconciliação, totalmente nova, do homem com Deus. Assim o refletem as palavras de Isaías: *Vinde e entendamo-nos, diz o Senhor. Ainda que os vossos pecados sejam como o escarlate, tornar-se-ão brancos como a neve; e se forem roxos como o carmesim, ficarão brancos como a branca lã*[5]. Foi essa também a missão de João Batista, que veio pregar *um batismo de penitência para a remissão dos pecados*[6]. Como pode então haver quem se estranhe de que a Igreja pregue a necessidade da Confissão?

Jesus revela especialmente a sua misericórdia na atitude que manifesta com os pecadores. "*Eu tenho pensamentos de paz e não de aflição* (Jr 29, 11), declarou Deus por boca do profeta Jeremias. A liturgia aplica essas palavras a Jesus, porque nEle se manifesta claramente que é assim que Deus nos ama. Não vem condenar-nos, não vem lançar-nos em rosto a nossa indigência ou a nossa mesquinhez: vem salvar-nos, perdoar-nos, desculpar-nos, trazer-nos a paz e a alegria"[7].

O Senhor quis que o seu perdão estivesse ao alcance não só daqueles que o encontrassem pelos caminhos e cidades da Palestina, como também de todos os que viessem ao mundo ao longo dos séculos. Por isso conferiu aos apóstolos e aos seus sucessores ao longo dos séculos o poder de perdoar os pecados. Prometeu-o de modo solene a Pedro, quando este o reconheceu como Messias[8], e pouco tempo depois — lemos hoje no Evangelho da Missa[9] — estendeu-o aos demais apóstolos: *Tudo o que atardes na terra será atado também nos céus; e tudo o que desatardes na terra será desatado também nos céus*. A promessa tornou-se realidade no próprio dia da Ressurreição: *Recebei o Espírito Santo. Àqueles a quem perdoardes os pecados, ser-lhes-ão perdoados; e àqueles a quem os retiverdes, ser-lhes-ão retidos*[10]. Foi o primeiro presente de Cristo à sua Igreja.

O sacramento da Penitência é uma portentosa expressão do amor e da misericórdia de Deus para com os homens. "Porque Deus, mesmo ofendido, continua a ser nosso Pai; mesmo irritado, continua a amar-nos como filhos. Só procura uma coisa: não ter de castigar-nos pelas nossas ofensas, ver que nos convertemos e lhe pedimos perdão"[11]. Vamos dar graças ao Senhor na nossa oração de hoje pelo dom tão grande que significa podermos ser perdoados dos nossos erros e misérias.

II. O INCOMPARÁVEL BEM que o Senhor nos concedeu ao instituir o sacramento da Penitência resulta de muitos aspectos cuja consideração nos ajudará a ser agradecidos ao Senhor e a amar cada vez mais este sacramento.

Em primeiro lugar, a Confissão não é um mero remédio espiritual que o sacerdote possua para curar a alma doente ou mesmo morta para a vida da graça. Isso é muito, mas o nosso Pai-Deus achou pouco. E assim como o pai da parábola não concedeu o perdão ao seu filho por meio de um emissário, mas correu em pessoa ao seu encontro, assim o Senhor, que anda em busca do pecador, faz-se presente e abre-nos os braços na pessoa do confessor. É o próprio Cristo quem nos absolve através do sacerdote, porque todo o sacramento é uma ação de Cristo. Na Confissão, encontramos Jesus[12], como o encontrou o bom ladrão, ou a mulher pecadora, ou a samaritana, e tantos outros...; como o encontrou o próprio Pedro, depois das suas negações.

Também temos que dar graças pela universalidade deste poder concedido à Igreja na pessoa dos apóstolos e dos seus sucessores. O Senhor está disposto a perdoar tudo, de todos e sempre, se encontra as devidas disposições. "A onipotência de Deus — diz São Tomás — manifesta-se sobretudo no ato de perdoar e usar de misericórdia, porque a maneira que Deus tem de demonstrar o seu poder supremo é perdoar livremente"[13].

Jesus diz-nos: *Eu vim para que todos tenham vida, e a tenham em abundância*[14]. Na Confissão, dá-nos a oportunidade de esvaziarmos a alma de toda a imundície, de limpá-la bem: "Pensa que Deus quer que transbordes de mel: se estás cheio de vinagre, onde irá depositar o mel? Primeiro, é necessário esvaziar o recipiente daquilo que contém [...]: é preciso limpá-lo, ainda que com custo, à força de esfregá-lo, para que seja capaz de receber essa realidade misteriosa"[15].

Com esse pequeno esforço, que consistirá num exame de consciência diligente, na dor e nos propósitos de emenda bem feitos, sempre em torno da recepção frequente do sacramento, o Espírito Santo irá forjando na nossa alma a delicadeza de consciência: não a consciência escrupulosa, que vê pecado onde não há, mas a finura interior que fortalece a decisão de abominar o pecado mortal e de fugir das ocasiões de cometê-lo, ao mesmo tempo que faz crescer o sincero empenho em detestar o pecado venial. Deste modo, a Confissão robustece-nos a confiança na luta, e quem a pratica nota que se trata sem dúvida do "sacramento da alegria"[16].

Com a eficácia silenciosa da sua ação incessante, o Espírito Santo vai-nos dando através do sacramento da Penitência o "sentido do pecado": ensina-nos a doer-nos mais, a avaliar com outra profundidade o que significa ofender a Deus, e infunde em nós um espírito filial de desagravo e de reparação. Por isso, a Confissão pontual, contrita, bem preparada, é uma manifestação inequívoca do espírito de penitência. Agradeçamos ao Espírito Santo que tenha incutido nos Pastores da Igreja a preocupação de fomentar a prática da Confissão frequente[17]: com ela, progredimos na humildade, combatemos com eficácia os maus costumes — até desarraigá-los —, enfrentamos os focos de tibieza, robustecemos a vontade e a graça santificante aumenta em nós em virtude do próprio sacramento[18]. Quantos benefícios o Senhor nos concede através deste sacramento!

III. O PODER DE PERDOAR os pecados foi confiado aos apóstolos e aos seus sucessores[19]. Só quem recebeu a Ordem sacramental tem a faculdade de perdoar os pecados. São Basílio compara a Confissão ao cuidado dos doentes, comentando que, assim como nem todos conhecem as doenças do corpo, também as doenças da alma não podem ser curadas por qualquer um[20]. Mas, à diferença dos médicos, esse poder não vem ao sacerdote da sua ciência, nem do seu prestígio, nem da comunidade, mas direta e gratuitamente de Deus, através do sacramento da Ordem.

Por disposição divina, para melhor ajudar o penitente a ser sincero e a aprofundar nas raízes da sua conduta, bem como para defender a pureza do Corpo Místico de Cristo, o confessor, que está no lugar de Cristo, deve julgar as disposições do pecador — a dor e o propósito de emenda — antes de admiti-lo pela absolvição a uma comunhão mais plena com a Igreja. Por isso, o sacramento da Penitência é um verdadeiro julgamento a que o pecador se submete[21]; mas é um julgamento que tem por fim o perdão daquele que se declara culpado. "Repara que entranhas de misericórdia tem a justiça de Deus! — Porque, nos julgamentos humanos, castiga-se a quem confessa a sua culpa; e no divino, perdoa-se. — Bendito seja o Sacramento da Penitência!"[22]

O sacerdote não poderia absolver quem não estivesse arrependido do seu pecado; não pode absolver aquele que se nega a restituir o que roubou, podendo fazê-lo; aquele que não se decide a abandonar a ocasião próxima de pecado; e, em geral, os que não se propõem seriamente afastar-se do pecado e emendar a sua vida. Eles próprios se excluem desta fonte de misericórdia.

O julgamento efetuado neste sacramento é, de certo modo, uma antecipação e preparação do juízo definitivo que terá lugar no fim da vida. Então compreenderemos em toda a sua profundidade a graça e a misericórdia de que Deus usou conosco nos momentos em que os nossos pecados foram perdoados. O nosso agradecimento será então sem limites, e manifestar-se-á em dar glória a Deus eternamente pela sua grande misericórdia. Mas o Senhor quer que sejamos também agradecidos nesta vida. Demos-lhe graças e peçamos-lhe que nunca faltem na sua Igreja sacerdotes santos, dispostos a administrar este sacramento com todo o amor e dedicação.

(1) Jo 8, 11; (2) Lc 23, 43; (3) Mc 2, 1-12; (4) Lc 19, 10; (5) Is 1, 18; (6) Mt 1, 4; (7) São Josemaria Escrivá, *É Cristo que passa*, n. 165; (8) Mt 16, 17-19; (9) Mt 18, 18; (10) Jo 20, 23; (11) São João Crisóstomo, *Homilias sobre São Mateus*, 22, 5; (12) cf. Conc. Vat. II, Const. *Sacrossanctum Concilium*, 7; (13) São Tomás, *Suma teológica*, I, q. 25, a. 3, ad. 3; (14) Jo 10, 10; (15) Santo Agostinho, *Comentário à primeira Epístola de São João*, 4; (16) cf. Paulo VI, *Audiência geral*, 23-III-1977; (17) cf. Pio XII, Enc. *Mystici Corporis*, 29-VI-1943, 39; (18) *ib.*; (19) cf. *Ordo Paenitentiae*; (20) São Basílio, *Regra breve*, 288; (21) cf. Conc. de Trento, *sess. XIV*, cap. 5; Dz 899; (22) São Josemaria Escrivá, *Caminho*, n. 309.

166. A DÍVIDA PARA COM DEUS

— Os incontáveis benefícios do Senhor.
— A Missa é a ação de graças mais perfeita que se pode oferecer a Deus.
— Gratidão para com todos; perdoar sempre qualquer ofensa.

I. *O REINO DOS CÉUS é semelhante a um rei que quis acertar as contas com os seus servos*, lemos no Evangelho da Missa de hoje[1]. Tendo dado início à sua tarefa, apresentou-se-lhe um que lhe devia *dez mil talentos*, uma soma imensa, impossível de ser paga.

Este primeiro devedor somos nós mesmos; a nossa dívida para com Deus é tão grande que nos é impossível pagá-la. Devemos-lhe o benefício de nos ter criado, preferindo-nos a muitos outros que poderia ter chamado à existência em nosso lugar. Com a colaboração dos nossos pais, formou-nos um corpo, para o qual criou diretamente uma alma imortal, irrepetível, destinada a ser eternamente feliz no Céu junto com o corpo. Estamos no mundo por um expresso desejo seu. Devemos-lhe ainda a conservação na existência, pois sem Ele voltaríamos ao nada, como lhe devemos as energias e as qualidades do corpo e do espírito, a saúde, a vida e todos os bens que possuímos.

Acima desta ordem natural, estamos em dívida com o Senhor pelo benefício da Encarnação do seu Filho, pela Redenção, pela filiação divina que nos outorgou, pela possibilidade de participarmos da vida divina aqui na terra e mais tarde no Céu, com a glorificação da alma e do corpo. Devemos-lhe o dom imenso de ser filhos da Igreja, na qual temos a alegria de poder receber os sacramentos e, de modo especial, a Sagrada Eucaristia. Na Igreja, pela Comunhão dos Santos, participamos das boas obras dos outros fiéis, recebemos a todo o momento incontáveis graças provenientes dos outros membros, dos que estão em oração ou daqueles que oferecem a Deus o seu trabalho ou a sua dor... Também recebemos continuamente o benefício dos santos que já estão no Céu, das almas do Purgatório e dos anjos. Tudo isto nos chega pelas mãos de Santa Maria, nossa Mãe, e em última instância pela fonte inesgotável dos méritos infinitos de Cristo, nossa Cabeça[2], nosso Redentor e Mediador.

Devemos a Deus a graça com que contamos para praticar o bem, a constância nos propósitos, os desejos cada vez maiores de imitar Jesus Cristo, e todo o progresso nas virtudes. Devemos-lhe de modo muito especial a graça imensa da vocação a que cada um de nós foi chamado, e da qual derivaram depois tantas outras graças e ajudas...

Na verdade, somos uns devedores insolventes, que não temos com que pagar. Só podemos adotar a atitude do servo da parábola: *O servo, lançando-se-lhe aos pés, suplicava-lhe: Tem paciência comigo, e eu te pagarei tudo*. Como somos filhos de Deus, podemos aproximar-nos dEle com uma confiança ilimitada. Os pais não se lembram dos empréstimos que um dia, por amor, fizeram aos seus filhos pequenos.

"Descansa na filiação divina. Deus é um Pai — o teu Pai! — cheio de ternura, de infinito amor.

"Chama-lhe Pai muitas vezes, e diz-lhe — a sós — que o amas, que o amas muitíssimo!: que sentes o orgulho e a força de ser seu filho"[3].

O nosso irmão mais velho, Jesus Cristo, paga de sobra por todos nós.

II. *TEM PACIÊNCIA COMIGO, e eu te pagarei tudo...*

Na Santa Missa, oferecemos com o sacerdote a *hóstia pura, santa, imaculada*: uma ação de graças de valor infinito, e a ela unimos a insuficiência do nosso pobre agradecimento: *Recebei, ó Pai, esta oferenda*, suplicamos todos os dias, *como recebestes a oferta de Abel, o sacrifício de Abraão e os dons de Melquisedeque*[4]. *Por Cristo, com Cristo, em Cristo, a vós, ó*

Pai todo-poderoso, toda a honra e toda a glória agora e para sempre na unidade do Espírito Santo... Com Cristo, unidos a Ele, podemos dizer: *Eu te pagarei tudo.*

A Missa é a mais perfeita ação de graças que se pode oferecer a Deus. Toda a vida de Cristo foi uma ação de graças contínua ao Pai, numa atitude interior que se traduzia frequentemente em palavras e gestos, como nos relatam os Evangelistas. *Pai, dou-te graças, porque me tens ouvido,* exclama Jesus antes da ressurreição de Lázaro[5]. E igualmente no milagre dos pães e dos peixes, dá graças antes de fazer repartir pela multidão o alimento multiplicado[6]. Na Última Ceia, *tomou o pão, deu graças, e o partiu [...]; e, tomando o cálice, deu graças...*[7]

No milagre da cura dos leprosos, vê-se claramente que o Senhor não é indiferente ao agradecimento: *Não se encontrou quem voltasse e desse glória a Deus a não ser este estrangeiro?*[8], pergunta com estranheza; ao mesmo tempo, não deixa de prevenir os seus discípulos sobre o pecado de ingratidão em que podem incorrer aqueles que, tendo recebido tantos benefícios, acabam por não agradecer nenhum, porque se acostumaram a recebê-los e até a achar que lhes são devidos. Tudo é dom de Deus. Estar em sintonia com Deus implica acolher os seus favores com a gratidão de quem é consciente dos dons que recebe. *Se conhecesses o dom de Deus, e quem é aquele que te diz: "Dá-me de beber", tu lhe pedirias e ele te daria da água viva*[9], explica o Senhor à Samaritana, que estava a ponto de fechar-se à graça[10].

O nosso agradecimento a Deus por tantas e tantas dádivas, que não podemos pagar, deve unir-se à ação de graças de Cristo na Santa Missa. *Como poderei retribuir ao Senhor por todos os benefícios que me fez?*[11], podemos perguntar-nos todos os dias com o salmista. E não encontraremos melhor forma de fazê-lo do que participando diariamente com mais atenção e piedade da Santa Missa, oferecendo ao Pai o sacrifício do Filho, ao qual — apesar de valermos tão pouco — uniremos a nossa oblação pessoal: *Dignai-vos, ó Pai, aceitar e santificar estas oferendas...*[12], diremos com o coração cheio de alegria.

III. AINDA QUE TODA A MISSA seja ação de graças, esta ressalta especialmente no momento do *Prefácio*. Num especial clima de alegria, reconhecemos e proclamamos que *na verdade, ó Pai, Deus eterno e todo-poderoso, é nosso dever dar-vos graças, é nossa salvação dar-vos glória, em todo o tempo e lugar, por Cristo, Senhor Nosso.*

Em todo o tempo e lugar... Esta deve ser a nossa atitude perante Deus: ser agradecidos em todo o momento, em qualquer circunstância, também quando nos custe entender algum acontecimento. "É muito grato a Deus o reconhecimento pela sua bondade que denota recitar um «*Te Deum*» de ação de graças, sempre que ocorre algum acontecimento um pouco extraordinário, sem dar importância a que seja — como o chama o mundo — favorável ou adverso: porque, vindo das suas mãos de Pai, mesmo que o golpe de cinzel fira a carne, é também uma prova de Amor, que tira as nossas arestas para nos aproximar da perfeição"[13]. Tudo é um apelo contínuo *ut in gratiarum actione semper maneamus...*, para que permaneçamos sempre numa contínua ação de graças[14].

Ut in gratiarum actione semper maneamus... Devemos transpor para a nossa vida de cada dia esta atitude de agradecimento que temos para com Deus. Aproveitemos os acontecimentos pequenos do dia para nos mostrarmos agradecidos a todas as pessoas que nos prestam tantos serviços na vida familiar e de relação. Mostremo-nos agradecidos a quem nos vende o jornal, ao funcionário que nos atende, ao motorista que nos deu preferência no trânsito de uma grande cidade...

Mas o Senhor mostra-nos nesta passagem do Evangelho outro modo de saldarmos as nossas dívidas para com Ele: Deus quer que perdoemos e desculpemos as possíveis ofensas que os outros nos tenham feito, pois, no pior dos casos, a soma dessas ofensas não ultrapassa *cem denários*, algo completamente irrelevante em comparação com os dez mil talentos (uns sessenta milhões de denários) que devemos. Se soubermos desculpar as pequenas coisas dos demais (ou mesmo uma injúria grave), o Senhor não levará em conta a imensa dívida que temos com Ele. Esta é a condição que Jesus estabelece ao concluir a parábola. E é o que dizemos a Deus sempre que rezamos o Pai-Nosso: *Perdoai-nos as nossas ofensas, assim como nós perdoamos a quem nos tem ofendido*. Quando desculpamos e esquecemos, imitamos o Senhor, pois "nada nos assemelha tanto a Deus como estarmos sempre dispostos a perdoar"[15].

Terminamos a nossa meditação com uma oração muito frequente no povo cristão: *Dou-vos graças, meu Deus, por me terdes criado, feito cristão e conservado neste dia. Perdoai-me as faltas que hoje cometi e, se algum bem fiz, aceitai-o. Guardai-me durante o repouso e livrai-me dos perigos. A vossa graça seja sempre comigo e com todos os que me são caros.*

(1) Mt 18, 23-35; (2) cf. São Tomás, *Suma teológica*, III, q. 8; (3) São Josemaria Escrivá, *Forja*, n. 331; (4) Missal Romano, *Oração Eucarística I*; (5) Jo 11, 41; (6) cf. Mt 15, 36; (7) Lc 22, 19; Mt 26, 17; (8) Lc 17, 18; (9) Jo 4, 10; (10) cf. J. M. Pero-Sanz, *La hora sexta*, Rialp, Madri, 1978, p. 267; (11) Sl 115, 2; (12) Missal Romano, *op. cit.*; (13) São Josemaria Escrivá, *op. cit.*, n. 609; (14) Missal Romano, *Oração depois da Comunhão na festa de São Justino*; (15) São João Crisóstomo, *Homilias sobre São Mateus*, 19, 7.

TEMPO COMUM. DÉCIMA NONA SEMANA. SEXTA-FEIRA

167. MATRIMÔNIO E VIRGINDADE

— O matrimônio, caminho vocacional. Dignidade, unidade, indissolubilidade.
— A fecundidade da virgindade e do celibato apostólico.
— A santa pureza, defensora do amor humano e do divino.

I. O EVANGELHO DA MISSA[1] apresenta-nos uns fariseus que se aproximaram de Jesus e lhe fizeram uma pergunta para pô-lo à prova: *É lícito a um homem repudiar a sua mulher por um motivo qualquer?* Era uma questão que dividia as diferentes escolas de interpretação da Escritura. O divórcio era comumente admitido; a questão que propõem a Jesus refere-se à casuística sobre os motivos. Mas o Senhor serve-se dessa pergunta banal para entrar no problema de fundo: a indissolubilidade. Cristo, Senhor absoluto de toda a legislação, devolve ao matrimônio a sua essência e dignidade originais, tal como foi concebido por Deus: *Não lestes* — responde Jesus — *que no começo o Criador criou um homem e uma mulher, e disse: Por isso deixará o homem pai e mãe, e juntar-se-á com a sua mulher, e os dois serão uma só carne? Por isso já não são dois, mas uma só carne. Portanto, o que Deus uniu o homem não separe* [...].

O Senhor proclamou para sempre a unidade e a indissolubilidade do matrimônio acima de qualquer consideração humana.

Existem muitas razões em favor da indissolubilidade do vínculo matrimonial: a própria natureza do amor conjugal, o bem dos filhos, o bem da sociedade... Mas a raiz profunda do matrimônio indissolúvel está na própria vontade do Criador, que o fez assim: uno e indissolúvel. Este vínculo é tão forte que só a morte o pode romper. São Francisco de Sales emprega uma imagem muito expressiva para explicá-lo: "Quando se colam duas peças de madeira de abeto, se a cola é fina, a união chega a ser tão sólida que será mais fácil quebrar as peças noutros lugares do que no lugar da junção"[2]; assim é o matrimônio.

Para levar adiante esse compromisso, é necessário ter consciência da vocação matrimonial, que é um dom de Deus[3], de tal forma que a vida familiar e os deveres conjugais, a educação dos filhos, o esforço por sustentar e melhorar economicamente a família são situações que os esposos devem sobrenaturalizar[4], vivendo através delas uma vida de entrega a Deus; devem estar persuadidos de que Deus os assiste para que possam cumprir adequadamente esses deveres que configuram a situação em que devem santificar-se.

Pela fé e pelos ensinamentos da Igreja, nós, cristãos, adquirimos um conhecimento profundo e completo do matrimônio, da importância de que a família se reveste para cada homem, para a Igreja e para a sociedade. Temos, portanto, a grande responsabilidade de defender essa instituição humana e divina, principalmente nuns momentos históricos em que se lançam contra ela ataques incessantes nos meios de comunicação de massas: nas revistas, nos jornais que dão especial publicidade aos escândalos mais chamativos, nos seriados de televisão que alcançam grande audiência e vão pouco a pouco deformando a consciência do público... Ao difundirmos a reta doutrina neste ponto — a da lei natural iluminada pela fé —, fazemos um bem enorme a toda a sociedade.

Meditemos hoje na nossa oração se defendemos a nossa família dessas agressões externas, e se nos esmeramos em viver delicadamente algumas virtudes que contribuem para a solidez da família: o respeito mútuo, o espírito de serviço, a amabilidade, a compreensão, o otimismo, a atenção vigilante para com todos...

II. A DOUTRINA DO SENHOR a respeito da indissolubilidade e dignidade do matrimônio foi tão chocante aos ouvidos de todos que até os próprios discípulos lhe disseram: *Se tal é a condição do homem a respeito da mulher, não é vantajoso casar-se*. Jesus aproveitou esse comentário para proclamar o valor do celibato e da virgindade por amor do Reino dos Céus, a entrega plena a Deus, *indiviso corde*[5], que é um dos dons mais preciosos da Igreja.

Os que receberam a chamada para servir a Deus no matrimônio santificam-se precisamente mediante o cumprimento abnegado e fiel dos deveres conjugais, que para eles se tornam caminho certo de união com Deus. Os que receberam a vocação para o celibato apostólico encontram na entrega total a Deus e aos outros por Deus a graça necessária para viverem felizes e alcançarem a santidade no meio dos seus afazeres temporais, se ali o Senhor os procurou e deixou: são cidadãos correntes, com uma vocação profissional definida, que se entregam a Deus e ao apostolado sem limites e sem condições. É uma chamada que revela uma especial predileção divina e para a qual o Senhor dá ajudas muito determinadas. A Igreja cresce assim em santidade pela fidelidade desses cristãos que correspondem à chamada peculiar que o Senhor lhes faz. É uma entrega plena que "sempre teve na Igreja um lugar de honra, como sinal e estímulo de caridade, e fonte peculiar de fecundidade espiritual no mundo"[6].

A virgindade e o celibato não só não contradizem a dignidade do matrimônio, como a pressupõem e confirmam. O matrimônio e a virgindade "são dois modos de exprimir e de viver o único mistério da Aliança de Deus com o seu povo"[7]. E se não se estima a virgindade, não se compreende em toda a sua profundidade a dignidade matrimonial. Por sua vez, "quando não se considera a sexualidade humana como um grande valor dado pelo Criador, perde significado a renúncia pelo Reino dos Céus"[8]. "Quem condena o matrimônio — dizia já São João Crisóstomo — priva também a virgindade da sua glória; e quem o louva torna a virgindade mais admirável e luminosa"[9].

O amor vivido na virgindade ou no celibato apostólico é a alegria dos filhos de Deus, porque lhes permite ver o Senhor neste mundo de um modo novo, contemplar o rosto divino através das criaturas. É para os cristãos e para os não crentes um sinal luminoso da pureza da Igreja. É fonte de uma especial juventude interior e de uma eficácia gozosa no apostolado. "Embora tenha renunciado à fecundidade física, a pessoa virgem torna-se espiritualmente fecunda, pai e mãe de muitos, cooperando na realização da família segundo o desígnio de Deus. Os esposos cristãos têm, portanto, o direito de esperar das pessoas virgens o bom exemplo e o testemunho da fidelidade à sua vocação até à morte. Assim como para os esposos a fidelidade se torna às vezes difícil e exige sacrifício, mortificação e renúncia, o mesmo pode acontecer às pessoas virgens. A fidelidade destas, mesmo nas eventuais provações, deve edificar a fidelidade daqueles"[10].

Deus, diz Santo Ambrósio, "amou tanto esta virtude, que não quis vir ao mundo senão acompanhado por ela, nascendo de Mãe virgem"[11]. Peçamos com frequência a Santa Maria que haja sempre no mundo pessoas que correspondam a esta chamada concreta do Senhor; que saibam ser generosas para entregarem ao Senhor um amor que não compartilham com ninguém e que lhes permite dar-se sem medida aos outros.

III. PARA PODERMOS REALIZAR a nossa vocação, é necessário que vivamos a santa pureza, de acordo com as exigências do nosso estado de vida. Deus dá as graças necessárias aos que foram chamados ao matrimônio, bem como àqueles a quem pediu todo o coração, para que uns e outros sejam fiéis e vivam essa virtude, que não é a principal, mas é indispensável para termos acesso à intimidade de Deus.

Pode acontecer que haja ambientes em que a castidade seja uma virtude desvalorizada e que muitos pensem que vivê-la com todas as suas consequências é algo incompreensível ou utópico. Meditemos nestas palavras de São João Crisóstomo, que parecem escritas para muitos cristãos dos nossos dias: "Que quereis que façamos? Que subamos aos montes e nos tornemos monges? E isso que dizeis é o que me faz chorar: que penseis que a modéstia e a castidade são próprias dos monges. Não. Cristo estabeleceu leis comuns a todos. E assim, quando disse: *Quem olhar com cobiça para uma mulher* (Mt 5, 28), não falava com o monge, mas com o homem da rua [...]. Eu não te proíbo que te cases, nem me oponho a que te divirtas. Só quero que o faças com temperança, não com impudor, não com culpas e pecados sem conta. Não estabeleço como lei que tenhais que viver nos montes e desertos, mas que sejais bons, modestos e castos, mesmo vivendo nas cidades"[12].

Que enorme bem podemos realizar no mundo vivendo delicadamente esta santa virtude! Levaremos a todos os lugares que frequentamos o nosso próprio ambiente, com o *bonus odor Christi*[13], o bom aroma de Cristo, que é próprio das almas fortes e enérgicas que vivem a castidade.

Trata-se de uma virtude que está rodeada de outras que chamam pouco a atenção, mas que definem um modo de comportamento sempre atraente. Assim são, por exemplo, os detalhes de modéstia e de pudor no vestir, no asseio, no esporte; a recusa clara e sem paliativos de participar em conversas que não condizem com um cristão e com qualquer pessoa de bem, o repúdio aos espetáculos imorais, o cuidado em guardar a vista com naturalidade pela rua etc. Quem vive com esmero essas virtudes "menores" terá assegurado em grande parte a virtude da pureza, pois também neste campo o que é grande depende do que é pequeno.

Lembremo-nos por fim de que a virtude da pureza, tão importante para uma eficaz ação apostólica no meio do mundo, é guardiã do Amor, do qual por sua vez se nutre e no qual encontra o seu sentido; protege e defende tanto o amor divino como o humano. Não pensemos que nos pede uma atitude repressiva, mas a abertura e a juventude de quem se entregou a um grande Amor.

(1) Mt 19, 3-12; (2) São Francisco de Sales, *Introdução à vida devota*, 3, 38; (3) cf. Conc. Vat. II, Const. *Lumen gentium*, 11; (4) cf. São Josemaria Escrivá, *É Cristo que passa*, n. 23; (5) 1 Cor 7, 33; (6) Conc. Vat. II, *op. cit.*, 42; (7) João Paulo II, Exort. apost. *Familiaris consortio*, 22-XI-1981, 16; (8) *ib.*; (9) São João Crisóstomo, *Tratado sobre a virgindade*, 10; (10) João Paulo II, *op. cit.*; (11) Santo Ambrósio, *Tratado sobre as virgens*, 1; (12) São João Crisóstomo, *Homilias sobre o Evangelho de São Mateus*, 7, 7; (13) 2 Cor 2, 15.

Tempo Comum. Décima Nona Semana. Sábado

168. A BÊNÇÃO DAS CRIANÇAS

— O amor de Jesus pelas crianças e pelos que, por serem filhos de Deus, se fazem semelhantes a elas.
— Vida de infância e filiação divina.
— Infância espiritual e humildade.

I. JESUS AMOU COM PREDILEÇÃO — assim no-lo mostra o Evangelho em várias ocasiões — os doentes, os que mais precisavam dEle e as crianças. Quanto a estas, amou-as com verdadeira ternura porque, além de precisarem sempre de ajuda, possuem as qualidades que Ele exige como condições indispensáveis para se fazer parte do seu Reino.

Em duas ocasiões o Evangelho da vida pública nos mostra Jesus abençoando as crianças e apresentando-as aos seus discípulos como exemplo. Uma foi na Galileia, em Cafarnaum, e a outra na Judeia, provavelmente perto de Jericó, quando o Senhor se preparava para subir a Jerusalém. O último desses relatos está contido no Evangelho da Missa de hoje[1]: *Apresentaram-lhe umas crianças*, diz São Mateus. Quem as levou eram certamente mulheres: as mães, avós ou irmãs. Entraram na casa onde Jesus estava, provavelmente empurrando as crianças para a frente, e puseram-nas diante do Senhor, *para que lhes impusesse as mãos e orasse por elas*, como se se tratasse de um gesto habitual de Jesus. Talvez com isso tivessem distraído os ouvintes que escutavam o Mestre, porque diz o Evangelho que *os discípulos as repreendiam*. Mas o Senhor interveio: *Deixai vir a mim as criancinhas, e não as impeçais, porque delas é o reino dos céus. E tendo-lhes imposto as mãos, partiu dali.*

Ao declarar que o Reino dos Céus pertence às crianças, o Senhor ensina em primeiro lugar, com o sentido próprio das palavras, que as crianças não estão de maneira nenhuma excluídas do Reino e que, portanto, devemos ter um grande cuidado em prepará-las e conduzi-las a Ele. Antes de mais nada, devem ser batizadas quanto antes, como o tem repetido a nossa Mãe a Igreja em todas as épocas[2], pois deseja tê-las quanto antes no seu seio. "O sentir comum dos Santos Padres — ensina o *Catecismo romano* — prova que esta lei deve ser entendida não só em relação aos que já estão na idade adulta, mas também às crianças na infância, e que a Igreja a recebeu por Tradição Apostólica. Deve-se crer, além disso, que o próprio Cristo Nosso Senhor não quis que fosse negado o sacramento e a graça do Batismo às crianças, das quais dizia: *Deixai vir a mim as criancinhas e não as impeçais...*"[3] O dever dos pais inicia-se com "a obrigação de fazer com que os filhos sejam batizados nas primeiras semanas de vida"[4].

Nessa passagem do Evangelho, o Senhor diz-nos também que o seu Reino pertence aos que, como as crianças, têm um olhar limpo e um coração puro, sem complicações nem orgulho: diante de Deus, somos como crianças, e assim devemos comportar-nos diante dEle. "A criança está, no começo da vida, aberta a qualquer aventura. Também tu; não ponhas nenhum obstáculo para avançar na vida do Evangelho e para continuar durante a tua vida nessa novidade"[5].

II. NA SUA PRIMEIRA VINDA à terra, na Encarnação, o Filho de Deus não se apresentou como um anjo nem como um poderoso; veio sob a débil e frágil condição de uma criança. Embora tivesse podido manifestar-se de outra forma, preferiu a debilidade de uma criança, como se necessitasse de proteção e amor.

Deus quis que nós, imitando o seu Filho, nos comportássemos como aquilo que somos: filhos débeis, que necessitam continuamente da sua ajuda. O Pai *quer que sejamos chamados filhos de Deus, e que o sejamos na realidade*[6], e nessas poucas palavras está contido um dos pontos centrais da nossa fé, que nos dá a pauta para o nosso comportamento diante de Deus.

Para sermos como crianças, é necessário que nos disponhamos a mudar profundamente, que deixemos de pensar, julgar e agir à maneira das pessoas mais velhas; e que assimilemos o ensinamento divino e nos impregnemos dele com a espontaneidade e a inocência de um filho pequeno, sem os preconceitos, a malícia e as espertezas dos adultos. Para isso, temos de cultivar em primeiro lugar uma firme vontade de nos comportarmos como filhos de Deus, dóceis à sua Vontade, com pureza de mente e de corpo, humildade e simplicidade de espírito.

Fazer-se semelhante às crianças na vida espiritual é mais do que uma boa devoção: é um querer expresso do Senhor. Ainda que nem todos os santos o tenham manifestado de uma maneira explícita, essa foi a atitude de todos eles, porque o Espírito Santo desperta-a sempre, inspirando-nos essa retidão de coração que as crianças possuem na sua inocência[7].

"O menino bobo chora e esperneia, quando a mãe carinhosa lhe espeta um alfinete no dedo para lhe tirar o espinho que se cravou... O menino ajuizado, talvez com os olhos cheios de lágrimas — porque a carne é fraca —, olha agradecido para a sua boa mãe, que o faz sofrer um pouco para evitar maiores males.

"— Jesus, que eu seja menino ajuizado"[8], pedimos-lhe nestes minutos de oração: que eu saiba compreender que na doença, na dor, no aparente fracasso profissional..., encontra-se a mão providente de um Pai que nunca deixou de velar pelos seus filhos. Aceitemos com um coração alegre e agradecido tudo o que a vida nos queira oferecer, o doce e o amargo, como enviado ou permitido por quem é infinitamente sábio, por quem mais nos ama.

Esta vida de infância espiritual exige simplicidade, humildade, abandono, mas não é imaturidade. "O menino bobo chora e esperneia...": o infantilismo é falta de maturidade da mente, do coração, das emoções, e está intimamente ligado à falta de autodisciplina, à falta de luta. É uma atitude que pode acompanhar as pessoas durante toda a vida, até à velhice, até à morte, impedindo-as de ser verdadeiramente crianças diante de Deus.

A verdadeira infância espiritual traz consigo maturidade na mente — que é ponderar os acontecimentos à luz da fé e com a assistência dos dons do Espírito Santo — e, juntamente com essa maturidade, a simplicidade, a descomplicação: "O menino ajuizado olha agradecido..."

Por contraste, não progride no caminho de infância quem vive na maranha da complicação, com todas as flutuações da imaturidade nos seus desejos, nas suas ideias, nas suas imaginações, com uma conduta variável a cada momento. Esse está permanentemente preocupado com o seu "eu"..., que é a única coisa que lhe importa, ao contrário do menino ajuizado que, na sua simplicidade e na sua fraqueza, está totalmente ocupado na glória de seu Pai-Deus, tal como viveu sempre o seu Mestre aqui na terra: a verdadeira criança, o verdadeiro filho, vive e fala com seu Pai[9].

III. A NOSSA PIEDADE deve estar impregnada de amor, e como poderíamos amar se não começássemos por reconhecer o Senhor como um Pai cheio de amor para com os seus filhos pequenos? Talvez muitos cristãos vivam afastados de Deus ou mantenham com Ele umas relações dificultadas pela imaturidade dos seus caprichos, ou marcadas pela rigidez e pela frieza, por não terem descoberto nas suas vidas o sentido da filiação divina e o caminho da infância espiritual, que para tantas almas foi o começo definitivo de uma verdadeira vida interior.

Em verdade vos digo: Quem não receber o reino de Deus como uma criança não entrará nele[10]. "Por que se diz — pergunta Santo Ambrósio — que as crianças são aptas para o Reino dos Céus? Talvez porque geralmente não têm malícia, não sabem enganar nem se atrevem a enganar-se; desconhecem a luxúria, não desejam as riquezas e ignoram a ambição. Mas a virtude de tudo isto não consiste no desconhecimento do mal, mas na sua repulsa; não consiste na impossibilidade de pecar, mas em não consentir no pecado. Por conseguinte, o Senhor não se refere à infância como tal, mas à inocência que as crianças possuem na sua simplicidade"[11].

Na vida cristã, a maturidade dá-se precisamente quando nos fazemos crianças diante de Deus, filhos pequenos que confiam e se abandonam nEle como uma criança se abandona nos braços de seu pai. Então encaramos os acontecimentos do mundo como são, no seu verdadeiro valor, e não temos outra preocupação fora a de agradar ao nosso Pai e Senhor.

A vida de infância espiritual é um caminho que exige a virtude sobrenatural da fortaleza para vencer os ímpetos do orgulho e da autossuficiência, todos esses movimentos interiores que, à vista dos nossos fracassos, nos podem levar ao desalento, à aridez e à solidão. A piedade filial, pelo contrário, fortalece a esperança, a certeza de chegar à meta, e dá-nos paz e alegria nesta vida. Perante as dificuldades da vida, não nos sentiremos nunca sozinhos. O Senhor não nos abandona, e esta confiança será para nós como a água para o viajante no deserto. Sem ela, não poderíamos prosseguir viagem.

Peçamos à Virgem, nossa Mãe, que nos segure sempre pela mão, como aos filhos pequenos, com tanto mais cuidado quanto maiores forem a maturidade humana e a experiência que os anos nos forem dando.

(1) Mt 19, 13-15; (2) cf. S. C. para a Doutrina da Fé, *Instr. sobre o batismo das crianças*, 20-X-1980; (3) *Catecismo romano*, II, 2, 32; (4) *Código de Direito Canônico*, can. 867, 1; (5) Ch. Lubich, *Palabras para vivir*, Ciudad Nueva, Madri, 1981, p. 47; (6) 1 Jo 3, 1; (7) cf. B. Perquin, *Abba, Padre*, p. 142; (8) São Josemaria Escrivá, *Forja*, n. 329; (9) cf. B. Perquin, *op. cit.*, p. 143; (10) Lc 18, 17; (11) Santo Ambrósio, *Comentário ao Evangelho de São Lucas*, 18, 17.

TEMPO COMUM. VIGÉSIMO DOMINGO. CICLO A

169. O VALOR DA ORAÇÃO

— Como pedir. O Senhor atende com especial solicitude a oração dos filhos.
— Qualidades da oração: perseverança, fé e humildade. Procurar a ajuda de outros para que unam as suas orações às nossas.
— Pedir em primeiro lugar pelas necessidades da alma e depois pelas materiais, na medida em que nos aproximem de Deus.

I. NO EVANGELHO DA MISSA[1], São Mateus diz-nos que Jesus se retirou com os seus discípulos para a região de Tiro e Sidon. Passou das margens do lago de Tiberíades para as do Mediterrâneo. Aproximou-se então uma mulher de origem pagã, descendente dos antigos habitantes da Palestina — do país de Canaã —, em cuja região os israelistas se tinham estabelecido. E dizia-lhe em grandes brados: *Senhor, Filho de Davi, tem piedade de mim! Minha filha é cruelmente atormentada pelo demônio.*

O Evangelista relata que Jesus, apesar dos gritos da mulher, *não lhe respondeu nada*. Este primeiro encontro deu-se, conforme indica São Marcos, *numa casa*, e ali a mulher *lançou-se aos seus pés*[2]. O Senhor, aparentemente, não lhe fez o menor caso. Depois, rodeado dos seus acompanhantes, deve ter saído de casa, pois São Mateus escreve que os discípulos se aproximaram do Senhor e lhe disseram: *Despede-a, porque vem gritando atrás de nós.*

A mulher persevera no seu clamor, mas Jesus limita-se a dizer-lhe: *Eu não fui enviado senão às ovelhas que pereceram da casa de Israel.* Esta mãe, no entanto, não se deu por vencida: *Aproximou e lançou-se aos seus pés dizendo: Senhor, ajuda-me!* Quanta fé! Quanta humildade! Que enorme empenho no seu pedido!

Jesus explica-lhe por meio de uma imagem que o Reino tinha de ser anunciado em primeiro lugar aos filhos, aos que compunham o povo eleito. *Não é bom tomar o pão dos filhos* — diz-lhe — *e lançá-lo aos cães.* Mas a mulher, com uma profunda humildade, com uma fé sem limites, com uma constância a toda a prova, não recua: *Assim é, Senhor* — responde —, *mas também os cachorrinhos comem das migalhas que caem da mesa dos seus donos.* Introduz-se na parábola, conquista o coração de Cristo, provoca um dos maiores elogios do Senhor e alcança o milagre que pedia: *Ó mulher, grande é a tua fé! Seja-te feito como queres. E desde aquela hora ficou sã a sua filha.* Foi o prêmio à sua perseverança.

As boas mães que aparecem no Evangelho sempre se nos mostram solícitas para com os seus filhos. Sabem dirigir-se ao Senhor pedindo-lhe ajuda e dons. Uma vez, será a mãe de Tiago e João, que se aproxima de Jesus para pedir-lhe que reserve no seu Reino um bom lugar para os seus filhos. Outra, será a viúva de Naim, que chora pelo seu filho morto e consegue de Cristo, talvez com um olhar, que volte à vida... A mulher que o Evangelho de hoje nos apresenta é um modelo perfeito de constância, em que devem meditar aqueles que logo se cansam de pedir.

Santo Agostinho conta-nos nas suas *Confissões* como a sua mãe, Santa Mônica, santamente preocupada com a conversão do seu filho, não cessava de chorar e de rogar a Deus por ele; e também não deixava de pedir a pessoas boas e sábias que falassem com ele para que abandonasse os seus erros. Um dia, um bom bispo disse-lhe estas palavras que tanto a consolaram: "Vai em paz, mulher!, pois é impossível que se perca o filho de tantas lágrimas"[3]. Mais tarde, o próprio Santo Agostinho dirá: "Se eu não pereci no erro, foi devido às lágrimas cotidianas cheias de fé de minha mãe"[4].

Deus ouve de modo especial as orações dos que sabem amar, ainda que algumas vezes pareça que fica em silêncio. Ele espera que a nossa fé se torne mais firme, maior a nossa esperança, mais confiante o nosso amor. Quer de todos um desejo mais fervente — como o das boas mães — e uma humildade mais consciente do seu nada.

II. A ORAÇÃO DE PETIÇÃO ocupa um lugar muito importante na vida dos homens. Ainda que o Senhor nos conceda muitos dons e benefícios sem os termos pedido, decidiu conceder-nos outras graças mediante a nossa oração ou a oração daqueles que se encontram mais perto dEle. São Tomás ensina[5] que a nossa petição não tem por fim mudar a vontade divina, mas obter o que o Senhor já tinha determinado conceder-nos se lho pedíssemos. Por isso é necessário pedir incansavelmente, pois não sabemos qual é a medida da oração que Deus espera que preenchamos para nos conceder o que nos quer conceder.

Temos que pedir também a outras pessoas que rezem pelas intenções santamente ambiciosas que trazemos no nosso coração. O próprio São Tomás explica que uma das causas pelas quais Jesus não respondeu imediatamente à cananeia foi porque Ele queria que os discípulos intercedessem por ela, para nos mostrar como é necessária a intercessão dos santos para alcançarmos algumas coisas[6].

O milagre extraordinário que a mãe da endemoninhada pedia ao Senhor necessitou também de uma oração persistente acompanhada de muita fé e de muita humildade. Perseverar é a primeira condição de toda a petição: *É preciso orar sempre e não desfalecer*[7], ensinou o próprio Jesus. "Persevera na oração. — Persevera, ainda que o teu esforço pareça estéril. — A oração é sempre fecunda"[8]. A petição daquela mulher foi eficaz desde o primeiro momento. Jesus só esperou que o seu coração estivesse bem preparado para receber o grande dom que pedia.

Temos de pedir com fé. A própria fé "faz brotar a oração, e a oração, logo que brota, alcança a firmeza da fé"[9]; ambas estão intimamente unidas. A cananeia tinha uma grande fé: "Ela crê na divindade de Cristo quando o chama Senhor; e na sua humanidade quando lhe diz: Filho de Davi! Não pede nada apoiada nos seus méritos; mas invoca a misericórdia do Senhor, dizendo: Tem piedade. E não diz: Tem piedade da minha filha, mas de mim, porque a dor da filha é dor da mãe; e para movê-lo ainda mais à compaixão, conta-lhe a sua dor; por isso continua: *Minha filha é cruelmente atormentada pelo demônio*. Nestas palavras, mostra ao Médico as suas feridas e a magnitude e espécie da sua doença; a magnitude, quando lhe diz: *cruelmente atormentada*; a espécie, pelas palavras: *pelo demônio*"[10].

A constância na oração nasce de uma vida de fé, da confiança em Jesus, que nos ouve mesmo quando parece que se cala. E, por fim, da humildade, que é mais uma qualidade da boa oração. A oração deve brotar de um coração humilde e arrependido dos seus pecados: *Cor contritum et humiliatum, Deus, non despicies*[11]; o Senhor, que nunca despreza um coração contrito e arrependido, resiste aos soberbos e dá a sua graça aos humildes[12], a quem se sabe *servus pauper et humilis*[13], pobre e humilde.

III. O SENHOR DESEJA que peçamos muitas coisas. Em primeiro lugar, o que se refere à alma, "pois são grandes as doenças que a afligem, e são elas que o Senhor quer curar acima de tudo. Se cura as do corpo, é porque quer desterrar as da alma"[14]. Costuma acontecer que, "mal somos atingidos por uma doença corporal, não deixamos de tentar nada, até nos vermos livres da moléstia; estando, no entanto, a nossa alma doente, às vezes, tudo são vacilações e atrasos [...]: fazemos do necessário acessório, e do acessório necessário. Deixamos aberta a fonte dos males e desejamos secar os arroios"[15].

Podemos pedir para a alma a graça para lutar contra os defeitos, maior retidão de intenção no que fazemos, fidelidade à nossa vocação, luz para receber com mais fruto a Sagrada Comunhão, uma caridade mais delicada, docilidade na direção espiritual, mais ímpeto apostólico... O Senhor quer também que lhe peçamos por outras necessidades: ajuda para superarmos um fracasso, saúde, emprego e tantas coisas mais... Mas tudo na medida em que nos sirva para amar mais a Deus. Não queremos nada que, talvez com o passar do tempo, nos afastaria do que verdadeiramente nos deve importar: estar sempre junto de Cristo. "Diz-Lhe: — Senhor, nada quero fora do que Tu quiseres. Não me dês nem mesmo aquilo que te venho pedindo nestes dias, se me afasta um milímetro da tua Vontade"[16].

A Jesus, agrada-lhe especialmente que peçamos pelas outras pessoas. "A necessidade obriga-nos a rogar por nós mesmos, e a caridade fraterna a pedir pelos outros; mas é mais aceitável a Deus a oração recomendada pela caridade do que aquela que é motivada pela necessidade"[17], ensina São João Crisóstomo.

Temos que rezar, em primeiro lugar, pelas pessoas a quem estamos unidos por um vínculo mais forte, e por aquelas que o Senhor colocou sob os nossos cuidados. Os pais têm especial obrigação de pedir pelos seus filhos, sobretudo se estes estiverem afastados da fé ou se o Senhor tiver manifestado uma especial predileção por eles, chamando-os a um caminho de entrega.

E para que Deus nos ouça com mais rapidez, acompanhemos a nossa petição com obras: oferecendo horas de trabalho ou de estudo por essa intenção, aceitando por Deus a dor e as contrariedades, praticando a caridade e a misericórdia em todas as oportunidades.

Os cristãos de todos os tempos sentiram-se movidos a apresentar as suas petições a Deus por meio de santos intercessores, do Anjo da Guarda, e muito especialmente da nossa Mãe, Santa Maria. São Bernardo diz que "a nossa Advogada subiu ao Céu para que, como Mãe do Juiz e Mãe de Misericórdia, tratasse dos negócios da nossa salvação"[18]. Não deixemos de pedir diariamente a sua ajuda. Ela é "*Auxilium christianorum*".

(1) Mt 15, 21-28; (2) Mc 7, 24-25; (3) Santo Agostinho, *As confissões*, 3, 12, 21; (4) idem, *Tratado sobre o dom da perseverança*, 20, 53; (5) São Tomás, *Suma teológica*, II-II, q. 83, a. 2; (6) idem, *Catena aurea*, vol. II, p. 338; (7) Lc 18, 1; (8) São Josemaria Escrivá, *Caminho*, n. 101; (9) Santo Agostinho, *Sermão 115*; (10) São Tomás, *Catena aurea*, vol. II, pp. 336-337; (11) Sl 50, 19; (12) cf. Pe 5, 5; Ti 4, 6; (13) cf. Liturgia das Horas, *Hino do Ofício das leituras na Solenidade do "Corpus et Sanguis Christi"*; (14) São João Crisóstomo, *Homilias sobre São Mateus*, 14, 3; (15) *ib,*; (16) São Josemaria Escrivá, *Forja*, n. 512; (17) idem, em *Catena aurea*, vol. I, p. 354; (18) São Bernardo, *Sermão da Assunção da B. Virgem Maria*, 1, 1.

TEMPO COMUM. VIGÉSIMO DOMINGO. CICLO B

170. PENHOR DE VIDA ETERNA

— A Sagrada Comunhão é uma antecipação do Céu e garantia de alcançá-lo.
— A Sagrada Eucaristia é também penhor da futura glorificação do corpo.
— Enquanto nos dirigimos para a casa do Pai, as nossas fraquezas devem levar-nos a procurar fortaleza na Comunhão.

I. A PRIMEIRA LEITURA da Missa[1] fala-nos do convite dirigido por Deus aos homens desde tempos remotos: *Vinde, comei o pão que eu vos dou e bebei o vinho que vos preparei...* Este banquete é uma imagem frequentemente empregada na Sagrada Escritura para anunciar a chegada do Messias, cheia de bens, e de modo especial é prefiguração da Sagrada Eucaristia, na qual Cristo se dá como Alimento. Desse manjar fala-nos São João, transmitindo-nos as palavras finais de Jesus na sinagoga de Cafarnaum, onde anunciou o dom inefável que deixaria aos homens. *Eu sou o pão vivo que desci do céu*, diz-nos Jesus; *quem comer deste pão viverá eternamente*. E um pouco mais adiante acrescenta: *Quem come a minha carne e bebe o meu sangue tem a vida eterna; e eu o ressuscitarei no último dia. Porque a minha carne é verdadeira comida e o meu sangue é verdadeira bebida... Este é o pão que desceu do céu. Não como os vossos pais, que comeram o maná e morreram. Quem come deste pão viverá eternamente*[2].

A Comunhão, como alimento que é da alma, dá-nos defesas para resistir ao que em nós não é de Deus, àquilo que se opõe à plena união com Cristo: ajuda-nos a combater a inclinação para o mal e fortalece-nos contra o pecado. Na medida em que aumenta a graça que procede de Deus e nos inflama em caridade, desperta a contrição pelas nossas faltas, limpa-nos dos pecados veniais de que estamos arrependidos e preserva-nos dos mortais.

Porém, a Sagrada Eucaristia não é apenas alimento da alma na sua caminhada para Deus, mas penhor da vida eterna. *Penhor* é o objeto que se entrega em garantia do cumprimento de uma promessa[3]. Na Comunhão, temos já a garantia de alcançarmos a vida gloriosa, se não atraiçoamos a fidelidade ao Senhor.

Uma antiga Antífona do culto eucarístico reza assim: *Ó sagrado banquete, em que se recebe Cristo [...], a alma se enche de graça e nos é dado um penhor da glória futura.* O banquete é uma imagem muito empregada na Sagrada Escritura para descrever a felicidade que alcançaremos em Deus. O próprio Senhor anunciou que não tornaria a beber do fruto da videira *até o dia em que o beberei novo convosco no reino de meu Pai*[4]. Alude a um vinho novo[5], porque já não haverá necessidade do alimento e da bebida comuns: teremos Cristo para sempre, numa união vivíssima, sem fim, sem os véus da fé. E a Comunhão é já agora a garantia e a antecipação dessa união definitiva.

Que alegria podermos estar com Cristo e entrar de alguma maneira no Céu já aqui na terra! "Agiganta a tua fé na Sagrada Eucaristia. — Pasma-te diante dessa realidade inefável! Temos Deus conosco, podemos recebê-lo diariamente e, se quisermos, falamos intimamente com Ele, como se fala com o amigo, como se fala com o irmão, como se fala com o pai, como se fala com o Amor"[6].

II. NA COMUNHÃO, "sacramento de piedade, sinal de unidade, vínculo de caridade, banquete pascal em que Cristo nos é dado em alimento, o espírito se cumula de graça e nos é concedido o penhor da futura glória"[7], ensina-nos o Concílio Vaticano II.

Esta glória eterna não está reservada somente à alma, mas também ao corpo, ao homem inteiro[8]. O Senhor referia-se ao homem inteiro quando prometeu que todo aquele que comesse dEle viveria por Ele e nunca morreria, e que Ele o ressuscitaria no último dia[9]. A Eucaristia proclama a morte do Senhor *até que Ele venha*[10], no fim dos tempos, quando os corpos ressuscitarem e voltarem a unir-se à alma. Assim, os que tiverem sido fiéis amarão a Deus e gozarão da sua presença com a alma e com o corpo, para sempre.

Os Padres da Igreja chamam à Comunhão "remédio da imortalidade, antídoto para não morrer, mas para viver para sempre em Jesus Cristo"[11]. Assim como a muda da videira — ensina Santo Irineu —, posta na terra, frutifica no seu devido tempo, e o grão de trigo caído na terra e desfeito se levanta multiplicado e "depois, pela sabedoria de Deus, chega a ser Eucaristia, que é Corpo e Sangue de Cristo, assim também os nossos corpos, alimentados com ela e colocados na terra e desfeitos nela, ressuscitarão a seu devido tempo..."[12]: essa garantia da futura ressurreição que é a Eucaristia atua como semente da futura glorificação do corpo e alimenta-o para a incorruptibilidade da vida eterna. Semeia no homem um germe de imortalidade, pois a vida da graça estende-se para além da morte.

São Gregório de Nissa explica que, tendo o homem comido um alimento mortal (com o pecado original), deve, por conseguinte, tomar um remédio que lhe sirva de antídoto, assim como os que tomaram algum veneno devem tomar um contraveneno. Este remédio da nossa vida não é outro senão o Corpo de Cristo, "que venceu a morte e é a fonte da Vida"[13].

Se alguma vez o pensamento da morte nos entristece e sentimos que esta casa da terra que agora habitamos se desmorona, devemos pensar, cheios de esperança, que a morte é um momento de transição: a seguir, a vida da alma continua, e um pouco mais tarde, o corpo, que também será glorificado, voltará também à vida; como acontece com alguém que tem de abandonar o seu lar por causa de uma catástrofe, mas consola-se e até se alegra ao saber que outra casa melhor o espera e que nunca se verá obrigado a abandoná-la. A Sagrada Eucaristia não só é antecipação, mas "sinal que se dá em garantia" da promessa que o Senhor nos fez: *Quem come a minha carne e bebe o meu sangue tem a vida eterna; e eu o ressuscitarei no último dia.*

III. *CUIDAI, POIS, IRMÃOS, de andar com prudência; não como insensatos, mas como circunspectos, resgatando o tempo, pois os dias são maus*, adverte-nos São Paulo na segunda Leitura da Missa[14]. Agora, como então, *os dias são maus*, e o tempo, breve. O espaço de tempo que nos separa da vida definitiva junto de Deus é pequeno, e as possibilidades de nos deixarmos arrastar por um ambiente que não conduz ao Senhor são abundantes.

O Apóstolo convida-nos a aproveitar bem o tempo, esse que nos foi reservado. Mais ainda, temos de recuperar o tempo perdido. Resgatar o tempo — explica Santo Agostinho — "é sacrificar, sempre que for preciso, os interesses presentes aos interesses eternos, pois a eternidade se compra com a moeda do tempo"[15]. Assim aproveitaremos todos os momentos e circunstâncias para dar glória a Deus, para reafirmar o nosso amor por Ele, no meio da variedade das coisas que são passageiras e não deixam rasto.

Cristo, na Sagrada Comunhão, ensina-nos a contemplar o presente com olhos de eternidade; mostra-nos o que é verdadeiramente importante em cada situação, em cada acontecimento. Ilumina o futuro e dá perspectiva transcendente às nossas obras bem feitas, fazendo-nos avançar todos os dias em direção a essa existência nova e eterna perante a qual o mundo de hoje nos há de parecer uma sombra[16].

Na Sagrada Eucaristia, encontramos as forças necessárias para percorrermos o caminho que ainda nos falta até chegarmos à casa do Pai; "é para nós *penhor eterno*, de maneira que assegura-nos o Céu; estas são as arras que o Céu nos envia como garantia de que um dia será a nossa morada"[17].

As nossas fraquezas devem fazer-nos procurar a fortaleza na Comunhão. Neste sacramento, "é Cristo em pessoa quem acolhe o homem, maltratado pelas asperezas do caminho, e o conforta com o calor da sua compreensão e do seu amor. Na Eucaristia encontram a sua plena realização as dulcíssimas palavras: *Vinde a Mim, todos os que estais fatigados e sobrecarregados, e Eu vos aliviarei* (Mt 11, 28). Este alívio pessoal e profundo, que constitui a razão última de toda a nossa fadiga pelos caminhos do mundo, poderemos encontrá-lo — ao menos como participação e antecipação — nesse Pão divino que Cristo nos oferece na mesa eucarística"[18]. Com Ele, se formos fiéis, entraremos um dia no Céu, e o que era garantia de uma promessa tornar-se-á realidade: a vida junto da Vida por toda a eternidade.

Ecce panis angelorum, factus cibus viatorum, vere panis filiorum: eis aqui o Pão dos anjos, feito alimento dos que caminham, verdadeiramente o pão dos filhos[19]: dá-nos, Senhor, a fortaleza necessária para percorrermos com garbo humano e sobrenatural o nosso caminho nesta terra, com o olhar posto na meta.

(1) Pr 9, 1-6; (2) Jo 6, 51-58; (3) cf. M. Moliner, *Diccionario del uso del español*, Gredos, Madri, 1970, v. *Prenda*; (4) Mt 26, 29; (5) cf. Is 25, 6; (6) São Josemaria Escrivá, *Forja*, n. 268; (7) Conc. Vat. II, Const. *Sacrossanctum Concilium*, 47; (8) cf. M. Schmaus, *Teología dogmática*, 2ª ed., Rialp, Madri, 1963, vol. VI, p. 439; (9) cf. Jo 6, 54; (10) 1 Cor 11, 26; (11) Santo Inácio de Antioquia, *Carta aos Efésios*, 20, 20; (12) Santo Irineu, *Contra as heresias*, 5, 2, 3; (13) cf. São Gregório de Nissa, *Discursos catequéticos*, 37; (14) Ef 5, 15-20; (15) Santo Agostinho, *Sermão 16*, 2; (16) cf. 1 Cor 7, 31; (17) Cura d'Ars, *Sermão sobre a Comunhão*; (18) João Paulo II, *Homilia*, 9-VII-1980; (19) Missal Romano, *Solenidade do Smo. Corpo e Sangue de Cristo*, Sequência *Lauda Sion*.

TEMPO COMUM. VIGÉSIMO DOMINGO. CICLO C

171. O FOGO DO AMOR DIVINO

— Fé no amor que Deus tem e sempre teve por nós.
— O amor pede amor, e este demonstra-se com obras.
— Atear o amor de Deus nos outros.

I. O FOGO APARECE frequentemente na Sagrada Escritura como símbolo do Amor de Deus, que purifica os homens de todas as suas impurezas[1]. O amor, como o fogo, *nunca diz basta*[2], tem a força das chamas e ateia-se no trato com Deus: *Ardia-me o coração dentro do peito, ateava-se o fogo na minha meditação*[3], exclama o salmista... No dia de Pentecostes, o Espírito Santo — o Amor divino — derrama-se sobre os apóstolos sob a forma de línguas de fogo[4] que lhes purificam o coração, os inflamam e os preparam para a missão de estender o Reino de Cristo por todo o mundo.

Jesus diz-nos hoje no Evangelho da Missa: *Vim trazer fogo à terra, e que hei de querer senão que arda?*[5] Em Cristo, o amor divino alcança a sua máxima expressão: *Deus amou de tal modo o mundo, que lhe deu o seu Filho Unigênito*[6]. Jesus entrega voluntariamente a sua vida por nós, e *ninguém tem maior amor do que aquele que dá a vida pelos seus amigos*[7]. Por isso confidencia-nos também a impaciência santa que o domina enquanto não vir cumprido o seu batismo, a sua própria morte na Cruz pela qual nos redime e nos eleva: *Tenho que ser batizado com um batismo, e como me sinto ansioso enquanto não se realizar!*

O Senhor quer que o seu amor se ateie no nosso coração e provoque um incêndio que o invada por completo. Ama-nos com um amor pessoal e individual, como se cada um de nós fosse o único objeto da sua caridade. Em nenhum instante cessou de amar-nos, de ajudar-nos, de proteger-nos, de comunicar-se conosco; não só quando correspondíamos às suas graças, mas também quando nos afastávamos dEle, entregues à pior de todas as ingratidões que é o pecado. O Senhor sempre nos mostrou a sua benevolência. Ele, que é infinito e infinitamente simples, não nos ama a meias, mas com todo o seu ser; ama-nos sem medida. Este mistério de amor realizou-se de uma maneira absolutamente excepcional na sua Mãe, Santa Maria.

A Virgem, nossa Mãe, é o espelho em que devemos olhar-nos. Viveu uma vida normal, de tal maneira que os seus conterrâneos e familiares nunca puderam imaginar o que se passava no seu coração; nem sequer José o teria sabido, se Deus não lho tivesse manifestado. Quando lhe foi revelado, na Anunciação, até que ponto era amada por Deus, Maria acreditou nesse amor que a escolhia para Mãe do Verbo encarnado. Que grande fé a sua, ao pensar que nela estava a salvação de Israel, muito mais, sem comparação possível, do que em Judite ou em Ester em outros momentos da história de Israel! Mas a Virgem não só acreditou no amor de absoluta predileção divina, como acreditou sem limite algum.

Santa Maria ensina-nos a crer no amor sem limites de Deus e anima-nos a examinar a nossa correspondência a esse amor, pois "não é razoável que amemos com tibieza um Deus que nos ama com tanto ardor"[8]. O nosso coração é uma fogueira de chamas vivas, como o da Virgem, ou apenas um rescaldo de tibieza, de mediocridade conformista?

Deus me ama, e esse é o dado fundamental da minha existência. O resto tem pouca ou nenhuma importância.

II. O AMOR RECLAMA AMOR, e este demonstra-se por meio de obras, pelo empenho diário em chegar ao trato íntimo com Deus e por identificar a vontade própria com a dEle. A segunda Leitura[9] anima-nos a esta luta diária, sabendo que *estamos rodeados por uma tão grande nuvem de testemunhas*: os santos, que presenciam o nosso combate, e todos aqueles que temos ao nosso lado e a quem tanto podemos ajudar com o nosso exemplo. *Sacudindo todo o lastro que nos detém e o pecado que nos envolve* — continua a Leitura —, *corramos com perseverança pelo caminho que nos é proposto, pondo os olhos no autor e consumador da fé, Jesus*. É nEle que cravamos os olhos, como o corredor que, uma vez começada a corrida, não se deixa distrair por nada que lhe desvie a atenção da meta; assim, afastaremos com decisão e energia toda e qualquer ocasião de pecado, pois *ainda não resististes até o sangue, combatendo contra o pecado*. Temos de chegar até esse ponto, se for preciso, mesmo que se trate apenas de não cometer um simples pecado venial. É melhor morrer do que ofender a Deus, por mais leve que seja a ofensa.

Temos que dizer *sim* ao Amor; temos que dar-lhe uma resposta afirmativa nas mil pequenas situações diárias: ao negarmo-nos a nós mesmos para servir os que convivem ou trabalham conosco, na mortificação pequena, que nos ajuda a dominar a impaciência e a irritação; na pontualidade em todos os nossos compromissos espirituais e humanos; no esforço com que procuramos melhorar o recolhimento interior nos tempos dedicados à oração mental; na aceitação alegre dos contratempos, quando a vontade de Deus não confirma os nossos planos ou o nosso querer... Assim se forjam as pequenas vitórias que Deus espera todos os dias daqueles que o amam. Mas também por amor temos que dizer *não* muitas vezes: à curiosidade da vista; ao corpo que pede mais conforto e menos sacrifício; ao desejo de encerrar o expediente antes da hora... Muitas são as sugestões, as moções do Espírito Santo que nos convidam a corresponder a esse Amor infinito com que Jesus nos ama.

O amor expressa-se na dor dos pecados, na contrição, pois tantas vezes — sem o percebermos — dizemos *não* ao amor e *sim* aos nossos caprichos... São ocasiões para fazermos um ato de dor mais profundo pelas coisas em que não soubemos corresponder, e para desejarmos muito essa Confissão frequente na qual sempre encontramos a Misericórdia divina e o remédio para os nossos males. "Quem não se arrepende de verdade não ama de verdade; é evidente que, quanto mais estimamos uma pessoa, tanto mais nos dói tê-la ofendido. É este, pois, mais um dos efeitos do amor"[10], diz São Tomás de Aquino.

E voou para mim um dos serafins, o qual trazia na mão uma brasa viva que tinha tomado do altar com uma tenaz. E tocou a minha boca e disse-me: Eis que esta brasa tocou os teus lábios; e foi tirada a tua iniquidade e perdoado o teu pecado[11]. Pedimos ao Senhor que o fogo do seu amor purifique a nossa alma de tanta sujidade e nos abrase por completo: "Ó Jesus..., fortalece as nossas almas, aplaina o caminho e, sobretudo, embriaga-nos de Amor! Converte-nos assim em fogueiras vivas, que incendeiem a terra com o fogo divino que Tu trouxeste"[12].

III. NÓS, CRISTÃOS, devemos ser fogo que queime os outros, como Jesus abrasou os seus discípulos. Ninguém que nos tenha conhecido deverá permanecer indiferente; o nosso amor tem de ser fogo vivo que converta em *pontos de ignição*, em outras tantas fontes de amor e de apostolado, todos aqueles com quem convivemos. O Espírito Santo soprará, através de nós, em muitos que pareciam apagados, e do seu rescaldo de vida cristã sairão chamas que se propagarão em ambientes que de outro modo teriam permanecido frios e mortos.

Pouco importa que pareça que valemos pouco, que não podemos fazer quase nada, que não sabemos, que nos falta formação. O Senhor só quer contar totalmente com cada um. Não esqueçamos que uma faísca minúscula pode dar início a uma grande fogueira. Como é grato ao Senhor que lhe digamos na intimidade da nossa alma que somos inteiramente dEle, que pode contar com o pouco que somos!

"Escrevias: «Eu te ouço clamar, meu Rei, com viva voz, que ainda vibra: '*Ignem veni mittere in terram, et quid volo nisi ut accendatur?*' — vim trazer fogo à terra, e que quero senão que arda?»

"Depois acrescentavas: «Senhor, eu te respondo — eu inteiro — com os meus sentidos e potências: '*Ecce ego quia vocasti me!*' — aqui me tens porque me chamaste!»

"— Que esta tua resposta seja uma realidade cotidiana"[13].

O verdadeiro amor a Deus manifesta-se imediatamente numa intensa atividade apostólica, em desejos de que muitos outros conheçam e amem a Jesus Cristo. "Com a maravilhosa normalidade do divino, a alma contemplativa expande-se em ímpetos de ação apostólica: *Ardia-me o coração dentro do peito, ateava-se o fogo na minha meditação* (Sl 38, 4). Que fogo é este, senão o mesmo de que fala Cristo: *Fogo vim trazer à terra e que hei de querer senão que arda?* (Lc 12, 49). Fogo de apostolado, que se robustece na oração [...]"[14], no trato íntimo com Cristo.

É aí que se alimentam as ânsias apostólicas. Junto do Sacrário, teremos luz e forças; falaremos a Jesus dos filhos, dos pais, dos irmãos, dos amigos, dos colegas na Universidade ou no colégio, daquela pessoa que acabamos de conhecer, das que encontraremos hoje por motivos profissionais ou nos pequenos acasos da vida diária. Nenhuma pessoa deverá partir de mãos vazias; a todas, de um modo ou de outro, com a palavra, com o exemplo, com a oração, deveremos anunciar-lhes Cristo que as procura, que as espera e que se serve de nós como instrumentos.

"Ainda ressoa no mundo aquele clamor divino: «Vim trazer fogo à terra, e que quero senão que arda?» — E bem vês: quase tudo está apagado...

"Não te animas a propagar o incêndio?"[15]

Dizemos a Jesus que conte conosco, com as nossas poucas forças e os nossos escassos talentos: *Ecce ego quia vocasti me*, aqui me tens porque me chamaste. E pedimos a Santa Maria, *Regina Apostolorum*, que saibamos ser audazes nesta tarefa de dar a conhecer o amor de Cristo.

(1) Cf. J. Dhelly, *Diccionario biblico*, v. *Fuego*, p. 472 e segs.; (2) Pr 30, 16; (3) Sl 38, 4; (4) At 2, 2-4; (5) Lc 12, 49; (6) Jo 3, 16; (7) Jo 15, 13; (8) Santo Afonso Maria de Ligório, *Visita ao Santíssimo Sacramento*, 4; (9) Hb 12, 1-4; (10) São Tomás, *Sobre a caridade*, 205; (11) Liturgia das Horas, *Ofício das leituras*; cf. Is 6, 1-13; (12) São Josemaria Escrivá, *Forja*, n. 31; (13) *ib.*, n. 52; (14) São Josemaria Escrivá, *É Cristo que passa*, n. 120; (15) São Josemaria Escrivá, *Caminho*, n. 801.

TEMPO COMUM. VIGÉSIMA SEMANA. SEGUNDA-FEIRA

172. ALEGRIA E GENEROSIDADE

— O jovem rico. A alegria da entrega.
— O Senhor passa e pede.
— A tristeza faz muito mal à alma. Procurar a alegria através da generosidade.

I. DEPOIS DE ABENÇOAR umas crianças, Jesus partiu do lugar, e, enquanto caminhava, aproximou-se dEle um jovem, prostrou-se de joelhos[1] e perguntou-lhe: *Bom Mestre, que devo fazer para alcançar a vida eterna?* Jesus, de pé, contempla esse jovem com uma grande esperança; os discípulos, que se detiveram, ficam calados e olham. A cena, narrada no Evangelho da Missa[2], é de uma grande beleza. Talvez o jovem tivesse escutado Jesus nalguma outra ocasião, mas só agora se atreve a comunicar-se diretamente com Ele. Na sua alma há desejos de entrega, de amar mais...; talvez esteja insatisfeito com a sua vida. Por isso, quando o Senhor lhe diz que deve guardar os mandamentos, responde que já os cumpre, e pergunta: *Quid adhuc mihi deest?* Que me falta ainda? É a pergunta que tantos e tantas fizeram a si próprios ao verificarem que a vida que levavam não os satisfazia.

Jesus, tão atento aos menores movimentos das almas, comoveu-se ao contemplar os desejos e a pureza daquele coração. Foi nessa altura que dirigiu ao jovem o olhar de que nos fala São Marcos, e o amou[3]. O olhar de Jesus, um olhar profundo, inesquecível, é por si só uma chamada. E convidou-o a segui-lo abandonando todos os seus tesouros. Foi um convite para que deixasse o coração livre e disponível para Deus.

Tratava-se de trocar o amor aos bens pelo amor a Jesus, de deixar as posses materiais para enriquecer-se, de uma maneira real e efetiva, com os bens eternos[4].

Mas o jovem não foi generoso: ficou com as suas riquezas, de que desfrutaria por uns anos, e perdeu Jesus, tesouro infinito, a quem temos para sempre neste mundo e na eternidade. No seu egoísmo, esse rapaz não esperava a resposta que o Mestre lhe deu. Os planos de Deus não coincidem geralmente com os nossos, com os que projetamos na nossa imaginação, com aqueles que a vaidade ou o egoísmo fabricam. Os planos divinos, forjados desde a eternidade para nós, são mais belos do que os que possamos imaginar, ainda que algumas vezes nos desconcertem.

Ao ouvir as palavras de Jesus, o jovem retirou-se triste porque *tinha muitos bens*. Todos viram como resistiu àquele amável e amoroso convite do Senhor, como partiu com a marca da tristeza no rosto. Talvez, dias depois, descobrisse falsas justificações para a sua falta de generosidade, uns argumentos que lhe devolveriam a tranquilidade perdida (nunca a paz, que é fruto da entrega): pensou provavelmente que era muito jovem, ou que mais tarde veria tudo com mais clareza e tornaria a procurar o Mestre... Que fracasso! Que ocasião desperdiçada!, pois ou seguimos Jesus ou perdemo-lo.

Jesus nunca nos deixa indiferentes quando passa por nós. Quem tenha sentido o olhar de Jesus pousar sobre ele nunca mais o esquece, já não pode viver como antes. E se se abre a esse olhar, a sua vida enche-se de gozo e de paz, nessa disponibilidade absoluta diante da vontade de Deus que se manifesta em momentos bem precisos da nossa vida; talvez agora.

II. "AQUELE RAPAZ REJEITOU a insinuação, e conta-nos o Evangelho que *abiit tristis* (Mt 19, 22), que se retirou entristecido [...]: perdeu a alegria porque se negou a entregar a sua liberdade a Deus"[5]. Liberdade que, se não lhe serviu para chegar à meta, a Cristo que passava pela sua vida, para bem pouco havia já de servir-lhe.

A tristeza nasce no coração, como uma erva daninha, quando nos afastamos de Cristo, quando lhe negamos aquilo que nos pede de uma vez ou pouco a pouco, quando nos falta generosidade. Esta doença da alma "é um vício causado pelo amor desordenado de si mesmo"[6]. Podemos adoecer, podemos experimentar cansaço e dor, mas a tristeza do coração é diferente. Na sua origem, sempre encontramos a soberba e o egoísmo: por trás dessa falta de vontade, sem causa aparente, à hora de cumprirmos o dever, pode estar a impossibilidade de afirmarmos o nosso critério e a nossa personalidade, a vaidade; por trás dessa dor, pode esconder-se a rebeldia de não querermos aceitar a vontade de Deus; nesse desalento em face das faltas próprias, pode ocultar-se mais a humilhação sofrida do que a dor de termos ofendido o Senhor... "Se Deus me perdoou, se o seu amor misericordioso, sempre presente, se derrama sobre mim, como posso estar triste? Se alguém alimenta a sua tristeza na dor dos seus pecados, agarrado à sua culpa, esse homem deve saber que se trata possivelmente de um pretexto e, sempre, de um erro"[7]. As nossas faltas e pecados devem levar-nos à alegria do arrependimento e do amor que renasce com nova vibração.

O Senhor passa perto da nossa vida em inúmeras ocasiões. Umas vezes pede-nos muito, para nos dar muito mais: a entrega do coração e da vida, como ao jovem rico. Outras, pede-nos coisas pequenas: o cumprimento amoroso do dever, a prática de umas normas de piedade distribuídas ao longo do dia, a uma hora previamente marcada por nós mesmos; a mortificação da imaginação e da memória... Em todas essas circunstâncias, "é preciso saber entregar-se, arder diante de Deus, como essa luz que se coloca sobre o candelabro para iluminar os homens que andam em trevas; como essas lamparinas que se queimam junto do altar, e se consomem alumiando até se gastarem"[8].

E não há ninguém a quem o Senhor não chame e peça alguma coisa, seja muito, seja pouco: a cada um no seu lugar e no estado em que é chamado, na peculiar vocação que recebeu de Deus. Esta vocação é o assunto mais importante da nossa vida, e a fidelidade em corresponder-lhe deve ser o propósito em que nos empenhamos mais tenazmente, com a ajuda da graça, até o último instante dos nossos dias.

III. *RETIROU-SE TRISTE*. Nada mais sabemos do jovem rico. A sua história termina envolta num manto de tristeza. Talvez pudesse ter sido um dos *Doze*; mas não quis. E Jesus respeitou a sua liberdade, uma liberdade de que ele não soube usar.

"O comerciante — comenta São Basílio — não se entristece quando gasta nas feiras aquilo que possui para adquirir as suas mercadorias; mas tu (refere-se ao jovem rico) entristeces-te dando pó em troca da vida eterna"[9]: preferiu conservar o pó — que é o que são todas as posses e riquezas — a escolher a vida eterna que Cristo lhe oferecia; preferiu ficar com o pó em que os seus bens se converteriam ao cabo de uns anos.

A tristeza faz muito mal à alma. *Assim como a traça come o vestido, e o cupim a madeira, assim a tristeza corrói o coração do homem*[10]. Por isso temos de lutar prontamente, se alguma vez se instala na alma: *Afugenta para longe de ti a tristeza, porque a tristeza tem matado a muitos, e não há utilidade nela*[11]. Desse estado só se podem esperar males.

Se a nossa vida consiste realmente em seguir os passos de Cristo, é lógico que estejamos sempre alegres: é a única alegria verdadeira do mundo, sem limite e sem medida; compatível, por outro lado, com a dor, com a doença, com o fracasso... "A alegria cristã exclui de modo definitivo e combate implacavelmente toda a tristeza enfermiça ou imaginária; a inveja, o desânimo, a preocupação absorvente com o "eu" não podem conviver com ela, e um dos seus benefícios é o de excluir todas essas penas, cheias de veneno e fontes de morte"[12].

Uma alma triste está à mercê de muitas tentações. Quantos pecados tiveram a sua origem na tristeza! Quantos ideais ela destruiu! Se alguma vez sentimos a mordida da tristeza, examinemos sinceramente na oração qual é a causa. Descobriremos muitas vezes que é a falta de generosidade com Deus ou com os outros.

"«*Laetetur cor quaerentium Dominum*» — Alegre-se o coração dos que procuram o Senhor.

"— Luz, para que investigues os motivos da tua tristeza"[13].

Perguntemo-nos, não só quando nos encontrarmos nessa situação, mas agora — porque sempre podemos crescer em alegria —, se estamos procurando seriamente o Senhor em tudo o que nos acontece cada dia, mediante a oração e o empenho por manter-nos na presença de Deus. Perguntemo-nos: Em que coisas não estou sendo generoso com Deus? Em que coisas não sou desprendido no trato com os outros? Preocupo-me excessivamente com as minhas coisas, com a minha saúde, com o meu futuro, com as minhas ninharias?... É possível que, por meio desse exame, não demoremos a encontrar a causa dos nossos abatimentos e o remédio para eles.

Entretanto, procuremos melhorar o nosso trato com o Senhor, tentemos dar-nos sem cálculo às pessoas com quem nos relacionamos, ainda que seja em pequenos serviços; abramos o coração a quem nos conhece e aprecia, ao sacerdote a quem confiamos a direção espiritual da nossa alma.

Com a alegria que Cristo nos dá, fazemos muito bem à nossa volta. Comunicá-la aos outros será frequentemente uma das maiores provas de caridade para com eles. Muitas pessoas podem encontrar a Deus nessa nossa alegria profunda; procuremos não perdê-la.

Santa Maria, causa da nossa alegria, rogai por nós, concedei-nos a graça de seguir o vosso Filho de perto, a alegria de nunca virar-lhe as costas, nem sequer nas pequenas coisas de cada dia.

(1) Cf. Mt 10, 17; (2) Mt 19, 16-22; (3) Mc 10, 21; (4) cf. M. J. Indart, *Jesus en su mundo*, p. 251; (5) São Josemaria Escrivá, *Amigos de Deus*, n. 24; (6) São Tomás, *Suma teológica*, II-II, q. 28, a. 4, ad. 1; (7) C. López Pardo, *Sobre la vida y la muerte*, Rialp, Madri, 1973, p. 157; (8) São Josemaria Escrivá, *Forja*, n. 44; (9) São Basílio, em *Catena aurea*, vol. VI, p. 313; (10) Pr 25, 20; (11) Ecl 30, 24-25; (12) J. M. Perrin, *El evangelio de la alegria*, Rialp, Madri, 1962, pp. 59-60; (13) São Josemaria Escrivá, *Caminho*, n. 666.

TEMPO COMUM. VIGÉSIMA SEMANA. TERÇA-FEIRA

173. O SENTIDO CRISTÃO DOS BENS

— Os bens da terra devem ordenar-se para o fim sobrenatural do homem.
— A riqueza e os talentos pessoais devem estar a serviço do bem. Como é a pobreza de quem vive no meio do mundo e deve santificar-se nos afazeres temporais.
— Desenvolver os talentos que o Senhor nos deu para o bem dos outros.

I. OS APÓSTOLOS VIRAM com pena como o jovem que não quis abandonar as suas riquezas para seguir o Mestre se retirava. Viram-no partir com essa tristeza característica dos que não querem corresponder ao que Deus lhes pede.

Nesse clima, enquanto retomavam a caminhada, o Senhor disse-lhes: *É difícil a um rico entrar no reino dos céus*. E acrescentou: *Digo-vos mais: é mais fácil um camelo passar pelo fundo de uma agulha do que um rico entrar no reino dos céus*. Os discípulos *ficaram muito admirados*[1].

Quem põe o seu coração nos bens da terra torna-se incapaz de encontrar o Senhor, porque o homem pode ter como fim a Deus, a quem alcança através das coisas materiais utilizadas como simples meios que são, ou escolher as riquezas como meta da sua vida, nas suas diversas manifestações de desejo de luxo, de comodidade, de possuir mais... O coração orienta-se de acordo com um desses fins. Quem o tem repleto de bens materiais não pode amar a Deus: *Não se pode servir a Deus e às riquezas*[2], ensinou o Senhor em outra ocasião.

O termo arameu original que o Senhor utilizou para referir-se às riquezas foi *Mammon*, que "designa com irrisão um ídolo. Por que se trata de um ídolo? Por um duplo motivo. Em primeiro lugar, porque um ídolo é um substitutivo de Deus; trata-se de escolher um ou outro [...]. Em segundo lugar, pelo seu conteúdo. Além do dinheiro, simples unidade monetária, o ídolo *Mammon* simboliza um instrumento da vontade de poder, um meio de posse do mundo, uma expressão da avidez de coisas e também uma distorção das relações dos homens entre si. O domínio que o ídolo exerce sobre o homem opõe-se ao que é próprio da pessoa humana, criada à imagem e semelhança de Deus, e portanto à sua relação com o Criador"[3].

Quem concentra os seus desejos nas coisas da terra como se fossem um bem absoluto, comete uma espécie de idolatria[4], corrompendo a sua alma como a corrompe com a impureza[5], e, com frequência, acaba por unir-se aos "príncipes deste mundo", que *se levantam contra Deus e contra o seu Cristo*[6].

O amor desordenado pelos bens materiais, sejam poucos ou muitos, é um gravíssimo obstáculo para o seguimento de Cristo, como se observa no episódio do jovem rico e nas palavras duras e enérgicas com que o Senhor condena o mau uso das riquezas. Por isso, o cristão deve examinar com frequência se está realmente desprendido das coisas da terra, se aprecia mais os bens da alma que os do corpo, se utiliza os seus bens para fazer o bem, se eles o aproximam ou antes o separam de Deus, se é austero nas suas necessidades pessoais, fugindo dos gastos supérfluos, dos caprichos, das falsas necessidades. Que pena se alguma vez não víssemos Jesus que passa ao nosso lado por termos o coração posto em coisas que em breve deveremos deixar! Coisas que valem tão pouco em comparação com as riquezas sem limites que Cristo dá aos que o seguem!

II. O CRISTÃO QUE VIVE no meio do mundo não deve esquecer, no entanto, que os bens materiais em si mesmos são *bens* que ele deve produzir em benefício da sua família e da sociedade, das boas obras que mantém com o seu esforço, e que lhe cabe santificar-se com eles. Nada mais distante do verdadeiro espírito de pobreza laical que a atitude encolhida de quem vê com medo o mundo e as suas riquezas. O verdadeiro progresso e o desenvolvimento — também material — são bons e queridos por Deus. E o Senhor não pregou nunca nem a sujidade nem a miséria. Todos temos de lutar, na medida das nossas possibilidades, contra a pobreza, a miséria e qualquer situação de indigência que degrade o ser humano.

A pobreza do fiel cristão, que deve santificar-se no meio das suas tarefas seculares, não depende de uma circunstância meramente exterior: de ter ou não ter bens materiais. É algo mais profundo que afeta o coração, o espírito do homem; consiste em ser humilde diante de Deus, em sentir-se sempre necessitado diante dEle, em ser piedoso, em ter uma fé rendida que se manifesta nas obras e na vida.

Se se possuem essas virtudes e além disso abundância de bens, a atitude do cristão deve ser a do desprendimento, da caridade generosa. E quanto àquele que não possui bens materiais abundantes, nem por isso está justificado diante de Deus, se não se esforça por adquirir as virtudes que constituem a verdadeira pobreza. Na sua escassez, pode manifestar também a sua generosidade, o seu domínio sobre as coisas, e estar desprendido do pouquíssimo de que dispõe.

Jesus esteve muito perto dos pobres, dos doentes, dos que passavam necessidade, mas entre os mais chegados à sua pessoa não faltaram pessoas de fortuna mais ou menos considerável. As mulheres que o sustentavam com os seus bens eram pessoas de posses. Alguns dos apóstolos, como Mateus ou os filhos de Zebedeu, tinham alguns meios econômicos. José de Arimateia, que é mencionado expressamente como discípulo do Senhor, era um homem rico[7]; ele e Nicodemos tiveram o privilégio de receber o Corpo morto de Jesus[8], para cujo sepultamento este último trouxe uma grande quantidade de aromas (umas cem libras, mais de trinta quilos!). A família de Betânia, pela qual Jesus nutria uma especial amizade, era, provavelmente, de bom nível social, pois foram muitos os judeus que acudiram à sua casa quando da morte de Lázaro. O Senhor faz-se convidar por Zaqueu, que o recebe em sua casa, e admite-o entre os seus seguidores[9]. As próprias roupas de Jesus eram de bom preço, pois vestia uma túnica inconsútil, orlada...

"Os bens da terra não são maus; pervertem-se quando o homem os erige como ídolos e se prostra diante deles; enobrecem-se quando os convertemos em instrumentos a serviço do bem, numa tarefa cristã de justiça e de caridade. Não podemos correr atrás dos bens materiais como quem vai à busca de um tesouro; o nosso tesouro [...] é Cristo, e nEle se devem concentrar todos os nossos amores [...]"[10]. Ele é o verdadeiro valor que define toda a nossa vida. Temos de imitá-lo nas nossas circunstâncias pessoais. E nunca devemos dar por subentendido que já estamos desprendidos dos bens, porque a tendência de todo o homem, de toda a mulher, é fabricar os seus próprios ídolos, criar "necessidades desnecessárias", sem tomar em consideração que "o homem, ao usá-las, não deve ter as coisas que possui legitimamente como exclusivamente suas, mas também como comuns, no sentido de que não são proveitosas apenas para ele, mas também para os outros"[11].

Examinemos hoje a retidão com que usamos os bens e se temos o coração posto no Senhor, desapegado do muito ou do pouco que possuímos, tendo em conta que "um sinal claro de desprendimento é não considerar — de verdade — coisa alguma como própria"[12].

III. DEVEMOS DESENVOLVER sem medo, sem falsa modéstia nem timidez, todos os talentos que o Senhor nos deu; pôr em ação todas as nossas energias para que a sociedade progrida e seja cada vez mais humana, e se deem as condições necessárias para que todos os homens tenham uma vida digna, própria dos filhos de Deus. Temos de aprender a dar do que é nosso, a fomentar e a ajudar instituições e fundações que elevem e redimam o homem da sua falta de cultura ou das suas condições menos humanas. Temos de procurar, na medida das nossas forças e sempre com o nosso exemplo, que deixem de existir essas desigualdades e diferenças sociais que bradam ao céu: por um lado, pessoas que lutam diariamente por sobreviver; por outro, desperdícios e esbanjamentos escandalosos que ofendem a criatura e o Criador.

São muitas as dificuldades que se levantam a quem se dispõe a viver o ideal da pobreza cristã: dificuldades internas — no nosso coração, em que subsistem as raízes do egoísmo, da posse desordenada e da ostentação — e externas — as de um ambiente lançado desenfreadamente na busca dos bens de consumo. Este ambiente externo, que traz às costas uma forte carga de sensualidade, "é o «caldo de cultura» propício para que proliferem os desvios morais de todos os tipos: o erotismo, a exaltação do prazer cultivado por si mesmo, a degradação pelo abuso das bebidas alcoólicas e das drogas etc. É evidente que tais excessos surgem como consequência da profunda insatisfação que o homem experimenta quando se afasta de Deus [...]. O resultado salta à vista: homens e mulheres — incontáveis já — desprovidos de ideais, sem critério nem sentido claro das coisas da vida"[13], que se levantam contra o Senhor e contra o seu Cristo.

O fim do cristão nesta vida não pode ser enriquecer-se, acumular bens, possuir tanto quanto puder. Isso levaria ao maior empobrecimento da sua pessoa. A temperança na posse e no uso dos bens dá ao cristão uma maturidade humana e sobrenatural que lhe permite seguir Cristo de perto e realizar um grande apostolado neste mundo. É necessário oferecer à sociedade um exemplo firme de austeridade que a tire da cegueira em que pode encontrar-se e lhe sirva de apoio para arrepiar caminho. Comecemos nós mesmos por ser desses homens heroicos — basta um punhado deles — que "põem em desprezar as riquezas o mesmo empenho que os homens põem em possuí-las[14].

A Virgem, que soube viver como ninguém esta virtude da pobreza, ajudar-nos-á hoje a formular um propósito bem concreto, que talvez consista em corrigir detalhes, ou talvez nos leve generosamente a rever toda a nossa vida, de alto a baixo, para imitarmos verdadeiramente o Senhor, que, *sendo rico, se fez pobre*[15].

(1) Mt 19, 23-25; (2) Mt 6, 24; (3) J. M. Lustiger, *Secularidad y teologia de la Cruz*, Madri, 1987, pp. 155-156; (4) Cl 3, 5; (5) cf. Ef 4, 19; 5, 3; (6) cf. Sl 2, 2; (7) Mt 27, 57; (8) Jo 19, 38; (9) Lc 19, 5; (10) São Josemaria Escrivá, *É Cristo que passa*, n. 35; (11) Conc. Vat. II, Const. *Gaudium et spes*, 69; (12) São Josemaria Escrivá, *Forja*, n. 524; (13) A. Fuentes, *El sentido cristiano de la riqueza*, Rialp, Madri, 1988, pp. 186-187; (14) cf. São Josemaria Escrivá, *Caminho*, n. 633; (15) 2 Cor 8, 9.

TEMPO COMUM. VIGÉSIMA SEMANA. QUARTA-FEIRA

174. EM TODAS AS HORAS

— Todos recebem uma chamada do Senhor para trabalhar na sua vinha, para corredimir com Ele o mundo.

— Qualquer hora e circunstância é boa para o apostolado. O exemplo dos primeiros cristãos.

— Todos os que tenham passado perto de nós deveriam poder dizer que se sentiram movidos a viver mais perto de Cristo.

I. NO EVANGELHO DA MISSA[1], o Senhor compara-se a um pai de família que sai a diferentes horas do dia para contratar operários para trabalharem na sua vinha: ao amanhecer, à hora terça, sexta, nona... Com os primeiros — os que foram contratados em primeiro lugar — combinou o salário de um denário. Os outros foram contratados pelo preço justo. Quando já estava próximo o final da jornada, à hora undécima, o pai de família saiu novamente e encontrou outros que estavam sem trabalhar e disse-lhes: *Por que estais aqui todo o dia ociosos?* E eles responderam-lhe: *Porque ninguém nos contratou.* E enviou-os também para trabalharem na sua vinha.

O Senhor quer dar-nos um ensinamento fundamental: todos os homens recebem uma chamada da parte de Deus. Uns, no amanhecer das suas vidas, quando são jovens, e sobre eles recai uma especial predileção divina por terem sido chamados tão cedo. Outros, quando já percorreram uma boa parte do caminho. E todos, em circunstâncias bem diversas: as que se dão no mundo em que vivemos. O denário que todos recebem ao terminar o dia — ao concluírem a jornada da sua vida — é a glória eterna, a participação na própria vida de Deus[2], numa felicidade sem fim, bem como a alegria incomparável, já aqui, de trabalharem para o Mestre, de consumirem a vida por Cristo.

Trabalhar na vinha do Senhor, em qualquer idade em que nos encontremos, é colaborar com Cristo na Redenção do mundo: difundindo a sua doutrina em qualquer ocasião; participando de alguma catequese ou trabalho de formação; animando este ou aquele a cumprir o preceito dominical e a frequentar os sacramentos; sugerindo a outros a leitura do Evangelho e de algum livro espiritual; contribuindo economicamente para criar novos instrumentos apostólicos; propondo a algum amigo, com a prudência necessária e depois de pedir insistentemente luzes na oração, a possibilidade de entregar-se mais plenamente a Deus...

Quem se sente chamado a trabalhar na vinha do Senhor deve, de modos muito diversos, "participar no desígnio divino da salvação. Deve caminhar para a salvação e ajudar os outros a salvar-se. Ajudando os outros, salva-se a si próprio"[3].

Não seria possível caminharmos em seguimento de Cristo se ao mesmo tempo não transmitíssemos a alegre notícia da sua chamada a todos os homens, "pois quem nesta vida só procura o seu próprio interesse não entrou na vinha do Senhor"[4]. Trabalham por Cristo os que "se desvivem por conquistar as almas e se apressam a levar outros à vinha"[5].

II. O SENHOR SAI a diferentes horas para contratar trabalhadores para a sua vinha. Qualquer hora, qualquer momento é bom para o apostolado, para levar trabalhadores à vinha do Senhor, a fim de que sejam úteis e deem fruto. Deus chama a cada um de acordo com as suas circunstâncias pessoais, com o seu modo de ser peculiar, com os seus defeitos e também com a capacidade de adquirir novas virtudes. Mas são incontáveis os que talvez morram sem saber que Cristo vive e que traz a salvação a todos, porque ninguém lhes transmitiu a chamada do Senhor. Como podemos, portanto, ficar parados sem falar de Deus? "Talvez me digas: E por que havia eu de me esforçar? Não sou eu quem te responde, mas São Paulo: *o amor de Cristo nos compele* (2 Cor 5, 14). Todo o espaço de uma existência é pouco para dilatares as fronteiras da tua caridade"[6].

Os primeiros cristãos aprenderam bem que o apostolado não tem limites de pessoas, lugares ou situações. Era frequente começarem pela própria família: "Aos servos e servas, bem como aos filhos, se os têm, persuadem-nos a fazer-se cristãos pelo amor que têm por eles, e quando se fazem tais, chamam-nos irmãos sem distinção"[7]. Foram inúmeras as famílias que, do mais humilde dos servos até os filhos ou os pais, receberam a fé e viveram no amor a Cristo. Depois, foi a vez dos vizinhos, dos clientes ou dos companheiros de ofício ou de armas... A vida dos acampamentos, as próprias virtudes militares e bem cedo o testemunho dos mártires favoreceram a expansão do Evangelho entre os soldados. O exército romano proporcionou incontáveis mártires na Itália, na África, no Egito e até nas margens do Danúbio. A última perseguição começou com uma depuração das legiões[8].

Todas as situações eram boas para aproximar as almas de Cristo, mesmo as que humanamente poderiam parecer menos adequadas, como a de comparecer perante um tribunal. São Paulo, prisioneiro em Cesareia, fala em defesa própria diante do procurador Festo e do rei Agripa. Descobre-lhes os mistérios da fé de tal forma que, *dizendo ele estas coisas em sua defesa* (anunciando a ressurreição de Cristo), *disse Festo em voz alta: Estás louco, Paulo; o muito saber desorienta o teu juízo.* E comenta São Beda: "Considerava loucura que um homem posto a ferros não falasse das calúnias de que era acusado, mas das convicções que o iluminavam por dentro"[9].

Mais tarde, Agripa dirá a Paulo: *Por pouco não me persuades a fazer-me cristão.* E Paulo respondeu-lhe: *Prouvera a Deus que, por pouco ou por muito, não somente tu, mas também todos quantos me ouvem se fizessem hoje como eu, menos estas cadeias*[10].

E nós, não saberemos levar, com paciência, com cordialidade, os nossos parentes, vizinhos, amigos... até o Senhor? O sentido apostólico da nossa vida será a medida do nosso amor por Cristo. Não desaproveitemos nenhuma ocasião: todas as horas são boas para levar operários até à vinha do Senhor. Todas as idades são boas para encher as mãos de frutos.

III. CAUSA SURPRESA ver o pai de família sair quase ao cair do dia, quando restava pouco tempo para trabalhar; e surpreende também ver como se justificaram os que a essa hora tardia vagueavam ociosos: *Ninguém nos contratou*, ninguém nos trouxe a boa notícia de que o dono do campo procurava operários para que trabalhassem na sua vinha. É a mesma resposta que dariam hoje muitos que foram batizados, mas que vegetam numa fé que vai murchando porque ninguém se preocupou com eles. "Tiveste uma conversa com este, com aquele, com aquele outro, porque te consome o zelo pelas almas [...]. — Persevera: que ninguém possa depois desculpar-se afirmando «*quia nemo nos conduxit*» — que ninguém nos chamou"[11]. Nenhum dos nossos parentes, amigos, vizinhos..., dos que passaram conosco uma só tarde ou fizeram conosco a mesma viagem, ou trabalharam na mesma empresa, ou estudaram na mesma Faculdade... deveria dizer que não se sentiu contagiado pelo nosso amor a Cristo. Quando o amor é grande, manifesta-se na menor oportunidade.

Muitos sentir-se-ão atraídos pelas nossas palavras, que falam com vigor e com alegria do Mestre; outros serão ajudados pelo nosso exemplo de um trabalho bem acabado ou de serenidade perante a dor, ou talvez pelo nosso trato cordial, que mergulha as suas raízes na virtude da caridade... E todos notarão o impulso que lhes vem da nossa oração e da nossa profunda alegria, consequência de seguirmos o Senhor de perto. Seja como for, ninguém que nos tenha conhecido em qualquer circunstância deverá poder dizer ao concluir os seus dias que não teve quem se preocupasse com ele.

Os contratados no começo do dia protestaram quando chegou o momento de receberem o salário. Sem razão, porque receberam o que tinha sido combinado: um denário. Não compreenderam que servir o Senhor já é uma honra imerecida. Trabalhar para Cristo é reinar; e é motivo de ação de graças termos sido chamados da praça pública para as terras de Deus. Sendo apóstolos no meio do mundo, o próprio serviço a Deus é a nossa recompensa, porque, na realidade, não procuramos nada para nós mesmos: queremos apenas amar mais a Cristo e servi-

-lo, convidando outros a trabalhar no seu campo. O Senhor nunca nos esquecerá. Devemos ter em conta que no denário do salário "está gravada a imagem do Rei"[12]: o próprio Deus se dá a cada um de nós nesta vida. E, ao entardecer, dar-nos-á uma glória sem fim: *Cada um receberá segundo a medida do seu trabalho*[13].

"Vamos juntos à presença da Mãe de Cristo. Mãe nossa, tu, que viste crescer Jesus, que o viste aproveitar a sua passagem entre os homens, ensina-me a utilizar os meus dias em serviço da Igreja e das almas. Mãe boa, ensina-me a ouvir no mais íntimo do coração, como uma censura carinhosa, sempre que for necessário, que o meu tempo não me pertence, porque é do Pai Nosso que está nos Céus"[14]. Peçamos ajuda a São José para que nos ensine a gastar a vida no serviço a Jesus, enquanto realizamos com alegria os nossos afazeres no mundo.

(1) Mt 20, 1-16; (2) cf. F. M. Moschner, *Las parábolas del reino de los cielos*, p. 215; (3) João Paulo II, *Sobre a virtude da prudência*, 25-X-1978; (4) São Gregório Magno, *Homilias sobre os Evangelhos*, 19, 2; (5) *ib.*; (6) São Josemaria Escrivá, *Amigos de Deus*, n. 43; (7) Aristides, cit. por D. Ramos, *El testimonio de los primeros cristianos*, p. 195; (8) A. G. Hamman, *La vida cotidiana de los primeros cristianos*, 2ª ed., Palabra, Madri, 1986, p. 81; (9) São Beda, *Comentário aos Atos dos Apóstolos*; (10) At 26, 24-32; (11) São Josemaria Escrivá, *Sulco*, n. 205; (12) São Jerônimo, *Comentário ao Evangelho de São Mateus*, 4, 3; (13) 1 Cor 3, 8; (14) São Josemaria Escrivá, *Amigos de Deus*, n. 54.

TEMPO COMUM. VIGÉSIMA SEMANA. QUINTA-FEIRA

175. CONVIDADOS AO BANQUETE DAS BODAS

— É o próprio Cristo quem nos convida.
— Preparar bem a Comunhão; fugir da rotina.
— Amor a Jesus Sacramentado.

I. MUITAS PARÁBOLAS DO EVANGELHO encerram uma chamada insistente de Jesus a todos os homens, a cada um conforme umas circunstâncias determinadas. Hoje, o Senhor fala-nos de um rei que preparou um banquete para celebrar as núpcias do seu filho, e mandou os seus criados chamar os convidados[1].

A imagem do banquete era familiar ao povo judeu, pois os profetas tinham anunciado que Javé prepararia um banquete extraordinário para todos os povos quando chegasse o Messias: preparará para todos *um banquete de manjares deliciosos, um festim de vindima, de carnes gordas e medulosas, de vinhos velhos sem depósito*[2]. Este banquete significa a plenitude de bens sobrenaturais que a Encarnação e a Redenção nos trariam, bem como o dom inestimável da Sagrada Eucaristia.

Jesus põe de relevo nesta parábola como muitas vezes correspondemos com frieza e indiferença à generosidade de Deus: Ele mandou os seus criados chamar os convidados, mas estes não quiseram comparecer. O Senhor relatou a parábola com pena, pois tinha diante dos olhos as inúmeras desculpas que os homens lhe dariam ao longo dos séculos. Os alimentos preparados com tanto esmero ficam abandonados na mesa do festim e o salão permanece vazio, porque Jesus não coage ninguém.

O rei enviou novamente os seus criados: *Dizei aos convidados: Eis que o meu banquete já está preparado, os meus bois e animais cevados já estão mortos, e tudo está pronto; vinde às núpcias*. Mas os convidados não fizeram caso nenhum: foram um para os seus campos, outros para os seus negócios. E houve quem não só se recusasse a comparecer, mas se se insurgisse contra o convite, pois alguns *lançaram mão dos servos que o rei enviara e, depois de os terem ultrajado, mataram-nos*. Reagiram com violência aos convites do Amor.

Jesus convida-nos a uma maior intimidade com Ele, a uma maior entrega e confiança. E chama-nos todos os dias para que compareçamos à mesa que nos preparou. É Ele quem convida, e quem, além disso, se dá a si próprio como manjar, pois este grande banquete é também figura da Comunhão.

Jesus é o alimento sem o qual não podemos subsistir, é "o remédio para a nossa necessidade cotidiana"[3], fora do qual a nossa alma se debilita e morre. Oculto sob as aparências do pão, espera todos os dias que nos aproximemos dEle para recebê-lo com amor e agradecimento: *O banquete está preparado*, diz-nos a cada um... Mas são muitos os que se ausentam, os que não avaliam suficientemente o supremo bem da Sagrada Eucaristia; deixam de atender ao convite do Senhor por motivos banais.

"Considera — exorta-nos São João Crisóstomo — que grande honra te foi feita, de que mesa participas. Aquele que os anjos olham com tremor e que não se atrevem a olhar de frente pelo resplendor que irradia, é o mesmo de quem nos alimentamos, com quem nos fundimos e nos tornamos um mesmo corpo e carne"[4].

Os ausentes são numerosos, e por isso o Senhor espera que ao menos nenhum dos seus íntimos falte ao festim. Com uma intensidade que nem sequer podemos imaginar, deseja que estejamos presentes para recebê-lo com muito amor e alegria. E envia-nos em busca de outros: *Ide às encruzilhadas das ruas e, a quantos encontrardes, convidai-os para as núpcias*. Espera muitos, e envia-nos para que, mediante um apostolado amável, paciente, eficaz, mostremos a tantos amigos e conhecidos a enorme alegria que é ter encontrado o Senhor. Foi o que provavelmente fizeram conosco: "Ouvi de onde fostes chamados: de um cruzamento de caminhos. E o que éreis então? Coxos e mutilados da alma, que é muito pior do que sê-lo do corpo"[5]. Mas o Senhor teve misericórdia de nós e quis chamar-nos à sua intimidade.

II. NÃO PODEMOS apresentar-nos diante do Senhor de qualquer maneira. *O rei entrou para ver os que estavam à mesa, e reparou num homem que não trazia a veste nupcial. E disse-lhe: Amigo, como foi que entraste aqui sem a veste nupcial?*[6]

Trazemos dentro de nós hábitos, atitudes, erros e facetas do nosso caráter que talvez não estejam à altura da subida honra que Jesus nos faz. Temos de examinar-nos; não nos apresentemos diante do Senhor vestidos de farrapos. "Quando na terra se recebem pessoas investidas em autoridade, preparam-se luzes, música, trajes de gala. Para hospedarmos Cristo na nossa alma, de que maneira não deveremos preparar-nos? Já nos ocorreu pensar como nos comportaríamos, se só pudéssemos comungar uma vez na vida?"[7] Passaríamos a noite acordados, saberíamos bem o que diríamos ao Senhor, que pedidos lhe faríamos...; todos os preparativos nos pareceriam poucos... Assim devemos recebê-lo todos os dias.

O convidado que não tinha o traje nupcial certamente foi à festa cheio de alegria, mas não teve em conta tudo o que o convite exigia. Não podemos receber o Senhor de qualquer maneira: sem saber bem o que fazemos, e sobretudo sem estar em graça. A nossa Mãe a Igreja adverte-nos que "ninguém que tenha consciência de pecado mortal, por muito contrito que pareça estar, deve aproximar-se da Sagrada Eucaristia sem prévia Confissão sacramental"[8].

Tão alto dom requer ainda que nos preparemos remota e proximamente do melhor modo possível: pela Confissão frequente, que é um grande meio de preparar a Comunhão frequente, ainda que não tenhamos faltas graves; pelas obras de penitência, que nos purificam; pelos atos sempre multiplicados de humildade, que amortecem e deslocam o nosso "eu", e criam espaço para Deus.

Comungar com frequência nunca deve significar comungar com tibieza. E cai na tibieza quem não se prepara, quem não emprega todos os meios ao seu alcance para evitar que o Senhor o encontre distraído quando vier ao seu coração. Seria uma grande falta de delicadeza aproximar-se da Comunhão com a imaginação posta em outras coisas. Sabemos que nunca estaremos suficientemente preparados para receber como convém Aquele que desce à nossa alma, pois a nossa pobre morada é limitada; mas precisamente por isso devemos exceder-nos nesses preparativos de pureza interior que estão ao nosso alcance: "Se qualquer pessoa de alta dignidade ou que ocupa um alto posto, ou algum amigo rico e poderoso anunciasse que vinha visitar-nos em casa, com que cuidado limparíamos e esconderíamos tudo o que pudesse chocar essa pessoa ou amigo! Comece por lavar as manchas e sujeiras quem realizou más ações, se quer preparar para Deus uma morada na sua alma"[9].

III. *PREPARASTE A MESA para mim...*[10] Que alegria pensar que o Senhor nos dá tantas facilidades para o recebermos! Que alegria saber que Ele deseja que o recebamos!

"O encontro eucarístico é um encontro de amor"[11]. E para podermos comungar com amor, sempre com mais amor, é de grande utilidade esforçarmo-nos por viver na presença de Deus durante o dia, procurando a união com o Senhor no meio dos nossos deveres cotidianos, desagravando-o sempre que erramos, pondo o coração nEle em cada um dos nossos atos, de tal maneira que o nosso dia seja uma permanente comunhão *espiritual*.

Ao terminarmos estes minutos de oração, podemos fazer nossa esta oração que uma noite o Papa João Paulo II dirigiu a Jesus presente na Hóstia Santa: "Senhor Jesus! Apresentamo-nos diante de Ti sabendo que nos chamas e que nos amas tal como somos. *Tu tens palavras de vida eterna; e nós acreditamos e conhecemos que Tu és o Cristo, Filho de Deus* (Jo 6, 69). A tua presença na Eucaristia começou com o sacrifício da Última Ceia e continua como comunhão e doação de tudo o que és. Aumenta a nossa fé [...]. Tu és a nossa esperança, a nossa paz, o nosso Mediador, irmão e amigo. O nosso coração enche-se de gozo e de esperança ao saber que vives *sempre intercedendo por nós* (Hb 7, 25). A nossa esperança traduz-se em confiança, gozo de Páscoa e caminho contigo para o Pai em marcha acelerada.

"Queremos sentir como Tu sentes, e avaliar as coisas como Tu as avalias. Porque Tu és o centro, o princípio e o fim de tudo. Apoiados nesta esperança, queremos infundir no mundo esta escala de valores evangélicos, pela qual Deus e os seus dons salvíficos ocupam o primeiro lugar no coração e nas atitudes da vida concreta.

"*Queremos amar como Tu*, que dás a vida e te comunicas com tudo o que és. Quereríamos dizer com São Paulo: *O meu viver é Cristo* (Fl 1, 21). A nossa vida não tem sentido sem Ti. Queremos aprender a «estar com quem sabemos que nos ama», porque «com tão bom amigo presente, tudo se pode sofrer» [...].

"Deste-nos a *tua Mãe* como Mãe nossa, para que nos ensine a meditar e adorar no coração. Ela, recebendo a Palavra e pondo-a em prática, tornou-se a mais perfeita Mãe"[12].

(1) Mt 22, 1-14; (2) Is 25, 6; (3) Santo Ambrósio, *Sobre os sagrados mistérios do altar*, 4, 44; (4) São João Crisóstomo, *Homilias sobre São Mateus*, 82, 4; (5) *ib.*; (6) Mt 22, 11-12; (7) São Josemaria Escrivá, *É Cristo que passa*, n. 91; (8) Dz 880, 693; (9) São Gregório Magno, *Homilia 30 sobre os Evangelhos*; (10) Sl 22; *Salmo responsorial* da Missa da quinta-feira da vigésima semana do Tempo Comum; (11) João Paulo II, *Alocução*, Madri, 31-X-1982; (12) João Paulo II, *op. cit.*

TEMPO COMUM. VIGÉSIMA SEMANA. SEXTA-FEIRA

176. COM TODO O CORAÇÃO

— O principal mandamento da Lei. Amar com todo o nosso ser.
— Amar a Deus também com o coração.
— Manifestações de piedade.

I. AMAR A DEUS não é simplesmente uma coisa muito importante para o homem: é a única que importa absolutamente, aquilo para que foi criado e, portanto, a sua ocupação fundamental aqui na terra e, depois, a sua única ocupação eterna no Céu. Sem isso, a vida do ser humano fica vazia. Como eram inteiramente acertadas as palavras que uma alma que muito amou o Senhor deixou escritas depois de uma vida de inúmeros sofrimentos físicos: "O que frustra uma vida — escreveu numa pequena nota — não é a dor, mas a falta de amor"! Este é o grande fracasso: não termos amado; termos feito talvez muitas coisas na vida, mas não termos levado a bom termo o que realmente importava: o amor a Deus.

Lemos hoje no Evangelho da Missa[1] que, *com ânimo de tentá-lo*, de tergiversar as suas palavras, um fariseu aproximou-se de Cristo e perguntou-lhe: *Mestre, qual é o principal mandamento da Lei?* Talvez esperasse ouvir alguma coisa que lhe permitisse acusar Jesus de ir contra a Escritura. Mas Jesus respondeu-lhe: *Amarás o Senhor teu Deus com todo o teu coração, e com toda a tua alma, e com todo o teu entendimento. Este é o maior e o primeiro mandamento*. Deus não pede para si um cantinho no nosso coração, na nossa alma, na nossa mente, ao lado de outros amores: quer a totalidade do amor.

Não um pouco de amor, um pouco de vida, mas a totalidade do ser. "Deus é tudo, o Único, o Absoluto, e deve ser amado *ex toto corde*, absolutamente"[2], sem limites nem medida.

Cristo, Deus feito homem que vem salvar-nos, ama-nos com um amor único e pessoal; "é um amante ciumento" que pede todos os nossos afetos. Espera que lhe entreguemos aquilo que temos, seguindo a vocação pessoal a que um dia nos chamou e a que continua a chamar-nos diariamente no meio dos nossos afazeres.

"Deus tem o direito de nos dizer: — Pensas em Mim? Tens presença de Mim? Procuras-me como teu apoio? Procuras-me como Luz da tua vida, como couraça..., como tudo?

"— Portanto, reafirma-te neste propósito: nas horas que a gente da terra qualifica como boas, clamarei: Senhor! Nas horas que chama de más, repetirei: Senhor!"[3]

Todas as circunstâncias devem servir-nos para amá-lo com todo o coração, com toda a alma, com todo o espírito..., com toda a nossa existência. Não só quando vamos ao templo para visitá-lo, para comungar..., mas no meio do trabalho, quando chega a dor, o fracasso, ou uma boa notícia inesperada. Temos que dizer-lhe muitas vezes na intimidade do nosso coração: "Jesus, eu te amo, aceito esta contradição com paz por Ti, terminarei esta tarefa com perfeição porque sei que Te agrada, que não Te é indiferente que a faça de um modo ou de outro..." Agora, na nossa oração, podemos dizer-lhe: "Jesus, eu te amo..., mas ensina-me a amar-Te"; que eu aprenda a querer-Te com o coração e com as obras.

II. *DÁ-ME, MEU FILHO, o teu coração, e põe os teus olhos nos meus caminhos*[4].

Ao comentar o preceito de amar a Deus com todo o coração, São Tomás ensina que o princípio do amor é duplo, pois pode-se amar tanto com o sentimento como pelo que a razão nos diz. Com o sentimento, quando o homem não sabe viver sem aquilo que ama. Pelos ditames da razão, quando ama aquilo que o entendimento lhe diz. E nós devemos amar a Deus de ambas as maneiras: também com o nosso coração humano, com o afeto com que queremos às criaturas da terra[5], com o único coração que temos. O coração, a afetividade, é parte integrante do nosso ser. "Sendo homens — comenta São João

Crisóstomo contra a seita maniqueia, que considerava os sentimentos humanos essencialmente maus —, não nos é possível carecer por completo de emoções; podemos dominá-las, mas é impossível viver sem elas. Além disso, a paixão pode ser proveitosa, se soubermos usá-la quando necessário"[6].

O amor que contemplamos em Jesus Cristo quando lemos o Evangelho é humano e sobrenatural: cheio de calor, de vibração, de ternura..., quando se dirige ao seu Pai celestial e quando está com os homens. Comove-se ao ver uma mãe viúva que perdeu o seu único filho, chora por um amigo que morreu, sente a falta de gratidão de uns leprosos que tinham sido curados por Ele da sua doença, mostra-se sempre cordial, aberto a todos, mesmo nos momentos terríveis e sublimes da Paixão... Nós, que desejamos seguir Cristo muito de perto, ser de verdade discípulos seus, temos de recordar que a vida cristã não consiste "em pensar muito, mas em amar muito"[7].

No nosso íntimo, experimentamos muitas vezes a nossa indigência, a necessidade de ajuda, de proteção, de carinho, de felicidade... E esses sentimentos, às vezes muito profundos, podem e devem ser veículo para procurarmos a Deus, para lhe dizer que o amamos, que temos necessidade da sua ajuda, para permanecer junto dEle. Se a nossa conduta fosse somente fruto de escolhas racionais e frias, ou pretendêssemos ignorar a vertente afetiva do nosso ser, não viveríamos integramente como Deus quer, e a longo prazo seria possível que nem sequer o amássemos. Deus nos fez com corpo e alma, e é com todo o nosso ser — coração, alma, forças — que devemos amá-lo, diz-nos Jesus Mestre.

Pode acontecer de vez em quando que nos encontremos frios e apáticos, como se o coração tivesse adormecido, pois os sentimentos apresentam-se e desaparecem de maneira às vezes imprevisível. Não podemos então resignar-nos a seguir o Senhor de má vontade, como quem cumpre uma obrigação onerosa ou toma um remédio amargo. É necessário empregar os meios para sair desse estado, se, mais do que uma purificação passiva — que o Senhor pode permitir —, se trata simplesmente de tibieza, de falta de amor verdadeiro. Temos de amar a Deus com a vontade firme e, sempre que seja possível, com os sentimentos que o coração encerra; com a ajuda do Senhor, a maior parte das vezes será possível despertar os afetos, acender novamente o coração, ainda que falte uma ressonância interior de complacência.

Em outras ocasiões, Deus trata-nos como uma mãe carinhosa que, sem que o filho o espere, lhe dá um doce como prêmio ou, simplesmente, quer manifestar-lhe todo o seu afeto. E esse filho, que sempre amou a sua mãe, fica imensamente feliz e até se oferece voluntariamente para fazer o que seja preciso, no seu desejo de mostrar-se agradecido. Mas sem dúvida repudiará todo o pensamento que possa induzi-lo a pensar que a sua mãe não o ama quando não lhe dá guloseimas, ou — se tem um mínimo de senso comum — quando lhe faz uma correção ou quer levá-lo ao médico. Assim devemos comportar-nos com o nosso Pai-Deus, que nos ama muito mais. Nas épocas difíceis, devemos recordar os tempos dos consolos sensíveis, para tirar forças e persistir com mais generosidade na luta diária, sabendo que a essência do amor não está nos sentimentos.

III. *O MEU CORAÇÃO tornou-se como cera, derrete-se dentro das minhas entranhas*[8], diz a Escritura.

É preciso cultivar o amor, protegê-lo, alimentá-lo. Evitando o sentimentalismo, devemos praticar as manifestações afetivas da piedade — sem reduzir o amor a essas manifestações —, pôr todo o coração ao beijarmos um crucifixo ou ao olharmos uma imagem de Nossa Senhora..., e não querer ir para Deus somente "à força de braços", pois a longo prazo isso traz fadiga e empobrece o trato com Cristo. Não devemos esquecer que o coração é um precioso auxiliar nas relações com Deus.

"A tua inteligência está obtusa, inativa. Fazes esforços inúteis para coordenar as ideias na presença do Senhor; um verdadeiro entontecimento! — Não te esforces nem te preocupes. — Escuta-me bem: é a hora do coração"[9]. É o momento talvez de dizer ao Senhor umas poucas palavras simples, como quando éramos crianças; de repetir com atenção jaculatórias cheias de piedade, de carinho; porque os que andam pelos caminhos do amor de Deus sabem até que ponto é importante fazer todos os dias as mesmas coisas: palavras, ações, gestos que o amor transfigura diariamente em outros tantos atos por estrear[10].

Para amar a Deus com todo o coração, temos de recorrer com frequência à Santíssima Humanidade de Jesus — e talvez ler durante uma temporada uma biografia de Cristo —: contemplá-lo como perfeito Deus e como Homem perfeito, observar o seu comportamento com os que o procuram: a sua compaixão misericordiosa, o seu amor por todos. De modo especial, meditaremos a sua Paixão e Morte na Cruz, a sua generosidade sem limites quando mais sofre. Noutros casos, dirigir-nos-emos a Deus com as mesmas palavras com que o amor humano se expressa, e até poderemos converter em verdadeira oração as canções que falam desse amor nobre e limpo.

O amor a Deus — como todo o amor verdadeiro — não é só sentimento; não é sentimentalismo vazio, pois deve conduzir a muitas manifestações operativas; e além disso, deve comandar todos os aspectos da vida do homem. "«Obras é que são amores, não as boas razões». Obras, obras! — Propósito: continuarei a dizer-Te muitas vezes que Te amo — quantas não Te terei repetido hoje! —; mas, com a tua graça, será sobretudo a minha conduta, serão as bagatelas de cada dia que — com eloquência muda — hão de clamar diante de Ti, mostrando-Te o meu amor"[11].

(1) Mt 22, 34-40; (2) F. Ocáriz, *Amor a Dios, amor a los hombres*, 4ª ed., Palabra, Madri, 1979, p. 22; (3) cf. São Josemaria Escrivá, *Forja*, n. 506; (4) Pr 23, 26; (5) cf. São Tomás, *Comentário ao Evangelho de São Mateus*, 22, 4; (6) São João Crisóstomo, *Homilias sobre o Evangelho de São Mateus*, 16, 7; (7) cf. João Paulo II, *Homilia*, Ávila, 1-XI-1982; Santa Teresa de Jesus, *Castelo interior*, IV, 1, 7; (8) Sl 21, 15; (9) São Josemaria Escrivá, *Caminho*, n. 102; (10) cf. J. M. Escartin, *Meditación del Rosario*, 3ª ed., Palabra, Madri, 1971, p. 63; (11) São Josemaria Escrivá, *Forja*, n. 498.

177. FAZER E ENSINAR

— Dar exemplo com a nossa vida. Temos de mostrar com as nossas obras que Cristo vive.
— Jesus começou a fazer e a ensinar. O testemunho das obras bem feitas e da caridade com todos.
— Só o exemplo não basta: é preciso dar doutrina, aproveitando todas as ocasiões e criando-as.

I. LEMOS NO EVANGELHO da Missa[1] que o Senhor previne os seus discípulos contra os escribas e fariseus, que se tinham sentado na cátedra de Moisés e ensinavam ao povo as Escrituras, mas levavam uma vida nada condizente com o que ensinavam: *Observai, pois, e fazei tudo o que eles vos disserem; mas não imiteis as suas ações, porque dizem e não fazem*. E comenta São João Crisóstomo: "Há coisa mais triste do que um mestre, quando o único modo de salvar os seus discípulos é dizer-lhes que não olhem para a vida daquele que lhes fala?"[2]

O Senhor pede a todos uma vida exemplar no meio dos afãs diários e de um apostolado fecundo. Observamos ao nosso redor muitos exemplos admiráveis de santidade, mas temos de rezar para que os governantes, as pessoas de influência, os pais de família, os professores, os sacerdotes e todos os cristãos que de alguma maneira devem ser *bons pastores* para os outros, sejam cada dia mais santos. O mundo necessita de *exemplos vivos*.

Em Jesus Cristo dá-se a plenitude da unidade de vida, a mais profunda união entre as palavras e as obras. As suas palavras expressam a medida das suas obras, que são sempre maravilhosas e perfeitas. *Hoje vimos coisas maravilhosas*[3], diz a multidão depois de Ele ter perdoado os pecados do paralítico e de o ter curado. Os próprios fariseus exclamavam no seu desconcerto: *Que faremos? Este homem faz muitos milagres*[4]. Mas eles rejeitaram o testemunho que as obras do Senhor proclamavam e tornaram-se culpados: *Se eu não tivesse feito entre eles o que nenhum outro fez, não teriam culpa*[5]. Em outras ocasiões tinha-os convidado a crer em virtude das obras que todos o tinham visto fazer: *Crede ao menos por causa das minhas obras*[6]. O Senhor considera as suas obras como um modo de dar a conhecer a sua doutrina: *Estas mesmas obras que faço dão testemunho de mim*[7]. As suas ações e palavras, tanto na sua vida oculta em Nazaré como no seu ministério público, proclamam a verdade única da Revelação.

É com as obras da nossa vida diária, praticadas com heroísmo, que temos de mostrar a todos que Cristo vive. A vocação de apóstolo — e todos nós a recebemos no momento em que fomos batizados — é a de dar testemunho, com obras e palavras, da vida e doutrina de Cristo: "Vede como se amam", diziam os romanos dos primeiros cristãos. E as pessoas ficavam edificadas com essa conduta, e os Atos dos Apóstolos contam-nos que eles *eram vistos com simpatia por todo o povo*[8]. E como consequência, *o Senhor aumentava cada dia mais o número dos que se haviam de salvar*[9].

Muitos deram o supremo testemunho da fé que professavam mediante o martírio. E até esse extremo temos nós de estar dispostos a chegar, se o Senhor no-lo pede. O mártir, na sua aparente loucura, transformava-se para todos numa força poderosa que conduzia a Cristo: muitos convertiam-se ao verem a serenidade e a alegria com que os primeiros cristãos caminhavam para a morte. Daí o nome de *mártir*, que significa testemunha de Cristo.

Ordinariamente, o Senhor pede de nós esse mesmo testemunho, mas no meio da vida corrente, absorvidos em afazeres similares aos que os outros realizam. "Temos que conduzir-nos de tal maneira que, ao ver-nos, os outros possam dizer: este é cristão porque não odeia, porque sabe compreender, porque não é fanático, porque está acima dos instintos, porque é sacrificado, porque manifesta sentimentos de paz, porque ama"[10]. Temos que dar este testemunho da nossa fé com o garbo e o heroísmo radical dos primeiros mártires da era cristã.

II. O AMOR PEDE OBRAS: *coepit Iesus facere et docere*[11], Jesus começou a fazer e a ensinar; Ele "proclamou o Reino do Pai, quer pelo testemunho da sua vida, quer pela força da sua palavra"[12]. Não se limitou a falar nem quis ser somente o Mestre que ilumina com uma doutrina maravilhosa; pelo contrário, "«*coepit facere et docere*» — Jesus começou a fazer e depois a ensinar: tu e eu temos que dar o testemunho do exemplo, porque não podemos levar uma dupla vida; não podemos ensinar o que não praticamos. Por outras palavras, temos de ensinar aquilo que, pelo menos, lutamos por praticar"[13].

O Senhor, nos seus longos anos de trabalho em Nazaré, ensina-nos o valor redentor do trabalho e anima-nos a alcançar o maior prestígio possível dentro da nossa profissão ou estudo: pede-nos um trabalho bem acabado, intenso, ordenado, sempre pontual, e que tenha essas características por ser executado na sua presença.

Devemos imitá-lo principalmente na forma de tratar a todos. A caridade foi o sinal distintivo que o Senhor nos deixou, e é por ela que nos reconhecerão como discípulos de Cristo: *Nisto conhecerão todos que sois meus discípulos, se vos amardes uns aos outros*[14]. Junto com o prestígio profissional, é, além disso, o meio imprescindível de sermos eficazes no apostolado.

Devemos também refletir a sua doutrina no modo sobrenatural com que procuramos enfrentar a doença que se apresenta quando menos a esperávamos, nas situações de aperto econômico, se o Senhor o permite..., no modo de nos distrairmos e na alegria habitual, mesmo que nos custe muito sorrir. Cristo será o maior motivo do cristão para estar sempre alegre. E essa alegria — fruto da paz da alma — será um sinal convincente de que Cristo vive:

"Antes de tentarmos fazer santos todos aqueles a quem amamos, é preciso que os tornemos felizes e alegres: nada prepara melhor a alma para a graça do que a alegria.

"Sabes perfeitamente [...] que, quando tens entre as mãos os corações daqueles que queres tornar melhores e os sabes atrair com a mansidão de Cristo, já percorreste metade do teu caminho apostólico. Quando te têm afeto e confiam em ti, quando se mostram contentes, o terreno está preparado para a sementeira. Os seus corações abrem-se, como terra boa, para receberem o branco trigo da tua palavra de apóstolo, de educador [...].

"Nunca percamos de vista que o Senhor prometeu a sua eficácia às caras alegres, aos modos afáveis e cordiais, à palavra clara e persuasiva que dirige e forma sem magoar: *Bem-aventurados os mansos porque possuirão a terra*. Não devemos esquecer nunca que somos homens que tratam com outros homens, mesmo quando queremos fazer bem às almas. Não somos anjos. E por isso a nossa fisionomia, o nosso sorriso, os nossos modos são elementos que condicionam a eficácia do nosso apostolado"[15].

O bom exemplo, consequência de uma autêntica vida de fé, sempre arrasta. Não se trata de dar testemunho de nós mesmos, mas do Senhor. É preciso atuar de tal maneira que, "através das ações do discípulo, se possa descobrir o rosto do Mestre"[16], e que possamos dizer como São Paulo: *Sede meus imitadores, como eu o sou de Cristo*[17].

III. FAZER E ENSINAR, exemplo e doutrina. "Não basta fazer para ensinar — escreve São João Crisóstomo —; e isto não sou eu quem o diz, mas o próprio Cristo: *Quem fizer e ensinar* — diz — *será chamado grande* (Mt 5, 19). Se o mero fazer fosse ensinar, a segunda parte do ensinamento do Senhor seria supérflua, pois bastaria dizer: *Quem fizer*; ao distinguir as duas coisas, dá-nos a entender que, na perfeita edificação das almas, as obras têm a sua parte e as palavras a sua, e que uma e outra se requerem mutuamente"[18].

Não se trata de coisas contrapostas nem separadas: falar é um sinal, uma notícia de Cristo; e viver também é um sinal, um modo de ensinar, que confirma a veracidade do primeiro. O apostolado "não consiste somente no testemunho de vida;

o verdadeiro apóstolo procura ocasiões para anunciar Cristo com a palavra, quer aos não crentes para levá-los à fé, quer aos fiéis para instruí-los, confirmá-los e estimulá-los a uma vida mais santa"[19]. Que pode significar para um pagão a boa conduta de um cristão, se não lhe fala do *tesouro* que encontrou? Não damos exemplo de nós mesmos, mas de Cristo. Somos suas testemunhas no mundo; e uma testemunha não o é de si mesma: dá testemunho de uma verdade ou de uns acontecimentos que deve ensinar. Viver a fé e proclamar a sua doutrina é o que Jesus nos pede.

Se procurarmos ao longo dos dias as menores ocasiões de falar, não desperdiçando uma única oportunidade que se nos apresente, faremos com que o Senhor seja conhecido. A nossa tarefa consiste, em boa parte, em tornar alegre e amável o caminho que conduz a Cristo. E chegaremos a consegui-lo se nos empenharmos em formar um *pequeno rebanho* de amigos que seja objeto da nossa solicitude apostólica constante. Com a frequência oportuna, falaremos a esses amigos da maravilha que é descobrir em Cristo o resumo e o ápice de todos os ideais, da paz, da segurança e da eficácia que se obtêm quando nos propomos imitá-lo e segui-lo de perto.

Quando aquela mulher do povo, maravilhada com a doutrina de Jesus, elogia a Mãe do Senhor, Jesus responde: *Bem-aventurados antes aqueles que ouvem a palavra de Deus e a põem em prática*[20]. Ninguém cumpriu essa recomendação do Senhor como Maria Santíssima; a Ela, que é para nós exemplo amável de todas as virtudes, nos confiamos para cumprirmos os nossos propósitos de dar exemplo na conduta diária. E confiamos-lhe também a nossa decisão de falar simples e destemidamente de Deus aos nossos amigos, como Ela falou ao dirigir-se ao servos das bodas de Caná: *Fazei o que Ele vos disser*[21]. Porque é isso em última análise o que temos de acabar por dizer, de uma maneira ou de outra, passo a passo, aos nossos colegas e amigos.

(1) Mt 23, 1-12; (2) São João Crisóstomo, *Homilias sobre São Mateus*, 72, 1; (3) Lc 5, 26; (4) Jo 11, 47; (5) Jo 15, 24; (6) Jo 14, 11; (7) Jo 5, 36; (8) At 2, 47; (9) *ib.*; (10) São Josemaria Escrivá, *É Cristo que passa*, n. 122; (11) At 1, 1; (12) Conc. Vat. II, Const. *Lumen gentium*,

35; (13) São Josemaria Escrivá, *Forja*, n. 694; (14) Jo 13, 35; (15) S. Canals, *Reflexões espirituais*, 3ª ed., Quadrante, São Paulo, 1988, pp. 56-57; (16) São Josemaria Escrivá, *É Cristo que passa*, n. 105; (17) 1 Cor 4, 16; (18) São João Crisóstomo, *Sobre o sacerdócio*, 4, 8; (19) Conc. Vat. II, Decr. *Apostolicam actuositatem*, 6; (20) Lc 11, 28; (21) Jo 2, 5.

TEMPO COMUM. VIGÉSIMO PRIMEIRO DOMINGO. CICLO A

178. O PAPA, FUNDAMENTO PERPÉTUO DA UNIDADE

— Jesus promete a Pedro que ele será a rocha sobre a qual edificará a sua Igreja.
— Amor ao Papa.
— Onde está Pedro, aí está a Igreja, aí encontramos a Deus. Acolher a palavra do papa e dá-la a conhecer.

I. O EVANGELHO DA MISSA[1] apresenta-nos Jesus com os seus discípulos em Cesareia de Filipe. Tinham chegado àquela região depois de deixar Betsaida e de empreender o caminho do Norte pela margem oriental do lago[2]. Enquanto caminham, Jesus pergunta aos apóstolos: *Quem dizem os homens que é o Filho do homem?* E depois de eles lhe terem referido as diversas opiniões das pessoas, Jesus pergunta-lhes diretamente: *E vós quem dizeis que eu sou?*

"Todos nós — comentava o Papa João Paulo II em Belo Horizonte — conhecemos esse momento em que já não basta falar de Jesus repetindo o que os outros disseram, em que já não basta referir uma opinião, mas é preciso dar testemunho, sentir-se comprometido pelo testemunho dado e depois ir até aos extremos das exigências desse compromisso. Os melhores amigos, seguidores, apóstolos de Cristo, foram sempre aqueles que perceberam um dia dentro de si a pergunta definitiva, incontornável, diante da qual todas as outras se tornam secundárias e derivadas: «Para você, quem sou Eu?»"[3]

Todo o futuro de uma vida "depende da nossa resposta nítida e sincera, sem retórica nem subterfúgios, que se possa dar a essa pergunta"[4].

Essa pergunta encontrou particular ressonância no coração de Pedro, que, movido por uma graça especial, respondeu: *Tu és o Cristo, o Filho do Deus vivo*. Jesus chama-o *bem-aventurado* por essa resposta cheia de verdade, na qual confessou abertamente a divindade dAquele em cuja companhia andava há vários meses. Esse foi o momento escolhido por Cristo para comunicar ao seu apóstolo que sobre ele recairia o Primado de toda a sua Igreja: *E eu te digo que tu és Pedro, e sobre esta pedra edificarei a minha Igreja, e as portas do inferno não prevalecerão contra ela. E eu te darei as chaves do reino dos céus; e tudo o que ligares na terra será ligado também nos céus; e tudo o que desligares na terra será desligado também nos céus*.

Pedro será a *rocha*, o alicerce firme sobre o qual Cristo construirá a sua Igreja, de tal maneira que nenhum poder poderá derrubá-la. E foi o próprio Senhor que quis que ele se sentisse apoiado e protegido pela veneração, amor e oração de todos os cristãos. Se desejamos estar muito unidos a Cristo, devemos está-lo em primeiro lugar a quem faz as suas vezes aqui na terra. "Que a consideração diária do duro fardo que pesa sobre o Papa e sobre os bispos, te inste a venerá-los, a estimá-los com verdadeiro afeto, a ajudá-los com a tua oração"[5].

II. *E EU TE DAREI as chaves do reino dos céus; e tudo o que ligares na terra será ligado também nos céus...*

As chaves são símbolo do poder e da autoridade: *E porei as chaves da casa de Davi sobre os seus ombros*, lê-se na primeira Leitura[6] a propósito de Eliacim, mordomo do palácio real. O poder prometido a Pedro, e que lhe será conferido depois da Ressurreição[7], é imensamente superior. Não recebe as chaves de um reino terreno, mas do Reino dos Céus, do Reino que não é deste mundo, embora se incoe aqui, e que durará eternamente. Pedro tem o poder de *ligar e desligar*, quer dizer, de absolver ou condenar, de acolher ou excluir. E esse poder é tão grande que aquilo que ele decidir na terra será ratificado no Céu. Para exercê-lo, conta com uma assistência especial do Espírito Santo.

Desde o primeiro dia em que conheceu Jesus, o apóstolo chamar-se-á para sempre *Petrus, pedra. E eu te digo que tu és Pedro, e sobre esta pedra edificarei a minha Igreja*[8]. Com esta mudança de nome, o Senhor quis indicar a nova missão que lhe seria encomendada: a de ser o fundamento firme do novo edifício, a Igreja. "É como se o Senhor lhe dissesse — escreve São Leão Magno —: «Eu sou a pedra que não se quebra, Eu sou a pedra angular [...], o alicerce fora do qual ninguém pode edificar; mas também tu és *pedra*, porque pela minha virtude adquiriste tal firmeza que terás juntamente comigo, por participação, os poderes que Eu tenho em propriedade»"[9].

Os cristãos veneraram o Papa desde os começos da Igreja. Nos textos revelados, o Príncipe dos Apóstolos é mencionado em primeiro lugar[10] e está revestido de especial autoridade perante os outros: é ele que propõe a eleição de um novo apóstolo para que ocupe o lugar de Judas[11], que toma a palavra no dia de Pentecostes e converte os primeiros cristãos[12], que responde perante o Sinédrio em nome de todos[13], que castiga com plena autoridade Ananias e Safira[14], que admite o primeiro gentio na Igreja, o centurião Cornélio[15], que preside o Concílio de Jerusalém e rejeita as pretensões de alguns cristãos provenientes do judaísmo sobre a necessidade da circuncisão, afirmando que a salvação só se obtém em Jesus Cristo[16].

Estes poderes espirituais tão grandes são dados para o bem da Igreja, e, como esta deve durar até o fim dos tempos, esses poderes transmitir-se-ão aos que sucederem a Pedro ao longo da história. O Magistério da Igreja sempre sublinhou esta verdade, e a Constituição dogmática do Concílio Vaticano II sobre a Igreja afirma: "Este santo Concílio, seguindo os passos do Concílio Vaticano I, ensina e declara com ele que Jesus Cristo, Pastor Eterno, [...] instituiu em Pedro o perpétuo e visível princípio e fundamento da unidade da fé e da comunhão. Esta doutrina sobre a instituição, perpetuidade, poder e natureza do sagrado primado do Romano Pontífice, e sobre o seu Magistério infalível, é proposta novamente por este santo Concílio para ser crida firmemente por todos os fiéis"[17]. O Romano Pontífice é o sucessor de Pedro; unidos a ele, estamos unidos a Cristo.

O nosso amor pelo Papa não é apenas um afeto humano, baseado na sua santidade, simpatia etc. Quando vamos ver o

Papa, escutar a sua palavra, fazemo-lo para ver e ouvir o Vigário de Cristo, o "doce Cristo na terra", na expressão de Santa Catarina de Sena, seja ele quem for.

"O teu maior amor, a tua maior estima, a tua mais profunda veneração, a tua obediência mais rendida, o teu maior afeto hão de ser também para o Vice-Cristo na terra, para o Papa.

"Nós, os católicos, temos de pensar que, depois de Deus e da nossa Mãe a Virgem Santíssima, na hierarquia do amor e da autoridade, vem o Santo Padre"[18].

III. UMA ANTIGA FÓRMULA resume em muito poucas palavras o conteúdo da doutrina sobre o Romano Pontífice: *Ubi Petrus, ibi Ecclesia, ibi Deus*[19]. Onde está Pedro, aí está a Igreja, aí encontramos também a Deus. "O Romano Pontífice — ensina o Concílio Vaticano II —, como sucessor de Pedro, é o princípio e o fundamento perpétuo e visível da unidade, tanto dos bispos como do conjunto dos fiéis"[20]. "E o que seria dessa unidade se não houvesse alguém colocado à frente de toda a Igreja, que a abençoasse e guardasse, e que unisse todos os seus membros numa só profissão de fé e os ligasse com um laço de caridade e de união?"[21] A união desfar-se-ia em mil pedaços e ficaríamos como ovelhas dispersas, sem uma fé segura em que crer, sem um caminho claro por onde andar.

Nós queremos estar com Pedro, porque com ele está a Igreja, com ele está Cristo; e sem ele não encontraremos a Deus. E porque amamos a Cristo, amamos o Papa: com a mesma caridade. E assim como estamos com o olhar fixo em Jesus, nos seus desejos, nos seus gestos, em toda a sua vida, assim nos sentimos unidos ao Romano Pontífice até nos menores detalhes: amamo-lo sobretudo por Aquele que representa e de quem é instrumento. "Ama, venera, reza, mortifica-te — cada dia com mais carinho — pelo Romano Pontífice, pedra basilar da Igreja, que prolonga entre todos os homens, ao longo dos séculos e até o fim dos tempos, aquela tarefa de santificação e de governo que Jesus confiou a Pedro"[22].

Os Atos dos Apóstolos põem de manifesto o amor e a devoção que os primeiros cristãos sentiam por Pedro: *Traziam os doentes para a rua e punham-nos em leitos e enxergões, a fim de que, quando Pedro passasse, ao menos a sua sombra cobrisse alguns deles*[23]. Contentavam-se com que *a sombra de Pedro* os cobrisse. Sabiam que Cristo estava bem junto dele!

Com a sua palavra, recebemos uma luz meridiana no meio das doutrinas confusas que — hoje como no passado — são proclamadas por tantos falsos profetas e tantos falsos doutores. Tenhamos fome de conhecer os ensinamentos do Papa e de os dar a conhecer no nosso ambiente. Aí está a luz que ilumina as consciências; façamos o propósito de receber a sua palavra com docilidade e obediência interna, com amor[24].

(1) Mt 16, 13-20; (2) cf. Mc 8, 27; Lc 9, 18; (3) João Paulo II, *Homilia da Missa em Belo Horizonte*, 1-VII-1980; (4) *ib.*; (5) São Josemaria Escrivá, *Forja*, n. 136; (6) Is 22, 19-23; (7) cf. Jo 21, 15-18; (8) Jo 1, 42; (9) São Leão Magno, *Homilia 4*; (10) Mt 10, 2 e segs.; At 1, 13; (11) At 1, 15-22; (12) At 2, 14-36; (13) At 4, 8 e segs.; (14) At 5, 1 e segs.; (15) At 10, 1 e segs.; (16) At 15, 7-10; (17) Conc. Vat II. Const. *Lumen gentium*, 18; (18) São Josemaria Escrivá, *op. cit.*, n. 135; (19) Santo Ambrósio, *Comentário ao Salmo XII*, 40, 30; (20) Conc. Vat. II, *op. cit.*, 23; (21) Gregório XVI, Enc. *Commissum divinitus*, 15-VI-1835; (22) São Josemaria Escrivá, *op. cit.*, n. 134; (23) At 5, 15; (24) cf. Conc. Vat. II, *op. cit.*, 25.

TEMPO COMUM. VIGÉSIMO PRIMEIRO DOMINGO. CICLO B

179. SEGUIR JESUS CRISTO

— Nós, como os apóstolos, seguimos Jesus para sempre, como meta para que tendem todos os nossos passos.
— Os sinais do caminho e a liberdade.
— A verdadeira liberdade. Renovar a nossa entrega ao Senhor.

I. A PRIMEIRA LEITURA da Missa[1] relata-nos o momento em que o povo de Deus, tendo já atravessado o Jordão, estava a ponto de entrar na Terra Prometida. Josué convocou todas as tribos de Israel em Siquém, e disse-lhes: *Se vos desagrada servir o Senhor, escolhei hoje a quem quereis servir: se aos deuses, a quem os vossos pais serviram na Mesopotâmia, se aos deuses dos amorreus, em cuja terra habitais. Quanto a mim e à minha casa, serviremos o Senhor*. E o povo respondeu: *Longe de nós abandonarmos o Senhor [...], porque ele é o nosso Deus*.

No Evangelho da Missa[2], Jesus também propõe aos seus discípulos uma decisão sobre quem seguir. Depois do anúncio da Eucaristia na sinagoga de Cafarnaum, muitos discípulos abandonaram o Mestre por lhes terem parecido duras de aceitar as suas palavras sobre o mistério eucarístico. Jesus voltou-se então para os que o tinham seguido dia após dia, e perguntou-lhes: *Quereis vós também retirar-vos?* E Pedro, em nome de todos, disse-lhe: *Senhor, a quem iremos? Tu tens palavras de vida eterna; e nós cremos e sabemos que tu és o Santo de*

Deus. Os apóstolos dizem uma vez mais a Cristo que sim. Que seria deles sem Jesus? Para onde dirigiriam os seus passos? Quem satisfaria as ânsias dos seus corações? A vida sem Cristo, então como agora, não tem sentido.

Nós também dissemos *sim*, para sempre, a Jesus. Abraçamos a Verdade, a Vida, o Amor. A liberdade que Deus nos outorgou foi por nós dirigida na única direção certa. Naquele dia em que o Senhor pôs os olhos de modo especial em nós, dissemos-lhe que Ele seria a meta para a qual encaminharíamos os nossos passos; e depois daquele momento, em muitas outras ocasiões, voltamos a dizer-lhe: *Senhor, a quem iríamos?* Sem Ti, nada tem sentido.

Hoje é uma boa ocasião para vermos como é a qualidade da nossa entrega ao Senhor, se realmente deixamos de lado com alegria tudo o que nos possa afastar de Deus... "Queres fazer o favor de pensar — eu também faço o meu exame — se manténs imutável e firme a tua opção de vida?; se, ao ouvires essa voz de Deus, amabilíssima, que te estimula à santidade, respondes livremente que sim?"[3] Dizer *sim* ao Senhor em todas as circunstâncias significa também dizer *não* a outros caminhos, a outras possibilidades. Ele é o Amigo; só Ele tem palavras de vida eterna.

II. À SEMELHANÇA daqueles discípulos que reafirmaram a sua plena adesão a Cristo, muitos homens e mulheres de todas as épocas e raças, depois de terem andado talvez por muito tempo na escuridão, um dia encontraram Jesus e viram aberto e sinalizado o caminho que conduzia ao Céu. O mesmo aconteceu conosco; finalmente a nossa liberdade não servia apenas para irmos de um lado para outro sem rumo fixo, mas para caminhar para um objetivo: Cristo! Então compreendemos o caráter surpreendentemente alegre da liberdade que escolhe Jesus e rejeita o que a separa dEle, porque "a liberdade não se basta a si mesma: precisa de um norte, de um roteiro"[4]. O norte da nossa liberdade, o que marca constantemente a direção dos nossos passos, é o Senhor, pois sem Ele, *a quem iríamos?*; em que empregaríamos estes breves dias que Deus nos deu? Existe alguma coisa que valha a pena sem Ele?

Para muitos, infelizmente, a liberdade significa seguir os impulsos ou os instintos, deixar-se levar pelas paixões ou por aquilo que lhes agrada num dado momento. Na verdade, estes homens — tantos! — esquecem que "a liberdade é certamente um direito humano irrenunciável e basilar, que, no entanto, não se caracteriza pelo poder de escolher o mal, mas pela *possibilidade de realizar responsavelmente o bem*, reconhecido e desejado como tal"[5]. Um homem que tenha um conceito errôneo e pobre da liberdade rejeitará toda a verdade que proponha uma meta válida e obrigatória para todos os homens, porque lhe parecerá um inimigo da sua liberdade[6].

Se escolhemos Cristo, se Ele é o verdadeiro objetivo dos nossos atos, veremos como um bem imenso e uma valiosa orientação tudo o que nos indique o modo de avançarmos ao seu encontro ou nos aponte os obstáculos que nos separam dEle. O viajante que se dirige a uma região desconhecida consulta um mapa, pergunta aos que conhecem o caminho e segue os sinais da estrada, e não o faz a contragosto, mas com todo o interesse, pois deseja chegar ao seu destino. Não se sente de maneira nenhuma diminuído na sua liberdade, nem considera uma humilhação depender dos mapas, sinais e guias para chegar aonde pretende. Se estava inseguro ou começava a sentir-se perdido, as sinalizações que encontra são para ele motivo de alívio e agradecimento.

Não é verdade que geralmente confiamos mais nos mapas ou nas sinalizações da estrada do que no nosso sentido de orientação? Quando aceitamos esses sinais, não experimentamos nenhuma sensação de imposição; recebemo-los antes como uma grande ajuda, como um novo conhecimento, que não demoramos a converter em coisa própria.

Ora bem, é o que se passa com os Mandamentos de Deus, com as leis e ensinamentos da Igreja, com os conselhos que recebemos na direção espiritual ou que pedimos numa situação difícil... São sinais que, de maneiras diferentes, garantem a nossa liberdade, a livre escolha que fizemos de seguir Jesus, abandonando outros caminhos que não nos levam aonde queremos ir. "A autoridade da Igreja, nos seus ensinamentos de fé ou de moral, é um *serviço*. É a sinalização do caminho que leva ao Céu. Merece toda a confiança, porque goza de uma autoridade divina. Não se impõe a ninguém. Simplesmente é oferecida aos homens. E cada um pode, se quiser, apropriar-se dela, torná-la sua..."[7]

Não devemos surpreender-nos se alguma vez esses sinais indicadores de que Deus se serve, nos levam a abandonar caminhos ou avenidas que pareciam mais suaves, para nos conduzirem a outros mais íngremes e difíceis. Ainda que essa escolha possa sofrer os protestos do nosso comodismo, sempre teremos a alegria — também quando sentirmos as asperezas do caminho — de ver que a nossa vida tem um objetivo formidável, escolhido talvez há muito tempo ou há poucas semanas. Vamos em direção ao cume, e ali espera-nos Cristo.

III. AS SINALIZAÇÕES que o Senhor nos vai dando devem merecer da nossa parte toda a confiança: são brilhantes pontos de luz que iluminam o caminho para que possamos vê-lo e percorrê-lo com segurança. Quem procura corresponder sinceramente às graças de Deus nota que, nesse seguimento de Cristo, encontra a liberdade. Ao escutar as moções divinas, pode ver, finalmente, o caminho iluminado: "Não se sentem os mandamentos como uma imposição vinda de fora, mas como uma exigência nascida de dentro, e à qual, portanto, a pessoa se submete de bom grado, *livremente*, porque sabe que, desse modo, pode realizar-se plenamente"[8]. E então toma a decisão absolutamente pessoal de aderir a Cristo e assim realizar a plenitude a que todos fomos chamados.

"O homem — ensina o Papa João Paulo II — não pode ser autenticamente livre nem promover a verdadeira liberdade se não reconhecer e viver a transcendência do seu ser sobre o mundo e a sua relação com Deus, pois a liberdade é sempre a do homem criado à imagem do seu Criador [...]. Cristo, Redentor do homem, torna-nos livres. *Se o Filho vos libertar, sereis verdadeiramente livres*, diz o apóstolo São João (8, 36). E São Paulo acrescenta: *Onde está o Espírito do Senhor, aí está a liberdade* (2 Cor 3, 17). Ser libertado da injustiça, do medo, da aflição, do sofrimento, não serviria de nada se se permanecesse escravo no fundo do coração, escravo do pecado. Para ser verdadeiramente livre, o homem deve ser libertado dessa escravidão e transformado numa nova criatura. A liberdade radical do homem situa-se, pois, num nível mais profundo: o da abertura a Deus pela conversão do coração, já que é no coração do homem que se situam as raízes de toda a sujeição, de toda a violação da liberdade"[9].

Enquanto cada um dos dias em que seguimos o Senhor nos faz experimentar com mais força a alegria da nossa escolha e a expansão da nossa liberdade, vemos ao nosso redor como vivem na escravidão os que um dia voltaram as costas a Deus e não quiseram conhecê-lo.

"Escravidão ou filiação divina: eis o dilema da nossa vida. Ou filhos de Deus ou escravos da soberba, da sensualidade, desse egoísmo angustiante em que tantas almas parecem debater-se.

"O Amor de Deus marca o caminho da verdade, da justiça e do bem. Quando nos decidimos a responder ao Senhor: *a minha liberdade para Ti*, ficamos livres de todas as cadeias que nos haviam atado a coisas sem importância, a preocupações ridículas, a ambições mesquinhas"[10]. Ao escolhermos Cristo como fim da nossa vida, acabamos por ganhar tudo.

Senhor, a quem iremos? Tu tens palavras de vida eterna. Reafirmemos também hoje o nosso seguimento de Cristo, com muito amor, confiantes na sua ajuda cheia de misericórdia; e digamos com plena liberdade: *A minha liberdade para Ti*. Imitaremos assim Aquela que soube dizer: *Eis aqui a escrava do Senhor, faça-se em mim segundo a tua palavra*.

(1) Js 24, 1-2; 15-17; 18; (2) Jo 6, 61-70; (3) São Josemaria Escrivá, *Amigos de Deus*, n. 24; (4) *ib.*, n. 26; (5) João Paulo II, *Alocução*, 6-VI-1988; (6) cf. Cormac Burke, *Consciência e liberdade*, pp. 91-92; (7) *ib.*, pp. 66-67; (8) João Paulo II, *op. cit.*; (9) idem, *Mensagem para a jornada da Paz*, 8-XII-1980, 11; (10) São Josemaria Escrivá, *op. cit.*, n. 38.

TEMPO COMUM. VIGÉSIMO PRIMEIRO DOMINGO. CICLO C

180. COM SENTIDO CATÓLICO, UNIVERSAL

— O Senhor quer que todos os homens se salvem. A Redenção é universal.
— Apóstolos de Cristo no meio do mundo, onde Deus quer que estejamos.
— O Senhor envia-nos novamente. Comecemos pelos que estão mais perto.

I. ALÉM DE OUTRAS consequências funestas, o pecado original deu o fruto amargo da posterior divisão dos homens. A soberba e o egoísmo, que têm as suas raízes no pecado de origem, são a causa mais profunda dos ódios, da solidão e das divisões. A Redenção, pelo contrário, veio realizar a verdadeira união mediante a caridade de Jesus Cristo, que nos torna filhos de Deus e irmãos uns dos outros. É o que foi predito pelo profeta Isaías e que lemos hoje na primeira Leitura da Missa[1]: *Eu virei reunir todos os povos de todas as línguas; todos comparecerão para ver a minha glória*. Os próprios gentios, *os que nunca ouviram falar de mim nem viram a minha glória, anunciarão a minha glória às gentes e farão vir todos os irmãos convocados de todas as nações, como um presente para o Senhor, trazendo-os a cavalo, em carros, em liteiras, em mulas e dromedários, ao meu monte santo, a Jerusalém — diz o Senhor —, tal como os filhos de Israel trazem a sua oferenda em vasos puros à casa do Senhor*. É uma grandiosa chamada à fé e à salvação de todos os povos, sem distinção de língua, condição ou raça. Esta profecia realizar-se-á com a chegada do Messias, Jesus Cristo.

No Evangelho[2], São Lucas transmite-nos a resposta de Jesus a alguém que lhe perguntou, enquanto iam para Jerusalém: *Senhor, são poucos os que se salvam?* Jesus não quis responder diretamente. Foi mais longe que a pergunta e fixou-se no essencial: perguntam-lhe sobre o número e Ele responde sobre o modo: *Entrai pela porta estreita...* E a seguir ensina que, para entrar no Reino — a única coisa que verdadeiramente importa —, não é suficiente pertencer ao povo eleito nem alimentar uma falsa confiança nEle: *Então começareis a dizer: Nós comemos e bebemos na tua presença, e tu ensinaste nas nossas praças. E ele vos dirá: Apartai-vos de mim, todos os que praticais a iniquidade...* Não bastam esses privilégios divinos; é necessária uma fé com obras.

Todos os homens foram chamados a ir para o Céu, o Reino definitivo de Cristo. Foi para isso que nascemos, porque *Deus quer que todos os homens se salvem*[3]. Quando Cristo morreu na Cruz, o véu do Templo rasgou-se ao meio[4], sinal de que terminava a separação entre judeus e gentios[5]. Desde então, todos os homens são chamados a fazer parte da Igreja, o novo povo de Deus que, "permanecendo uno e único, deve estender-se por todo o mundo e em todos os tempos, para cumprir assim o desígnio da vontade de Deus, que no princípio criou uma natureza humana e decidiu depois congregar num só povo os seus filhos que estavam dispersos"[6].

A segunda Leitura[7] indica qual é a nossa missão nesta tarefa universal de salvação: *Erguei as vossas mãos fatigadas e robustecei os vossos joelhos trêmulos; dirigi os vossos passos pelo caminho certo, para que os que manquejam não se extraviem, antes sejam curados*. É uma chamada à exemplaridade, a fim de fortalecermos, com a nossa conduta e a nossa caridade, os que se sentem mais fracos. Muitos virão apoiar-se em nós; outros compreenderão que o caminho estreito que leva ao Céu se converte em estrada ampla para os que amam a Cristo.

II. *EU OS ENVIAREI às nações dalém mar, à África e à Líbia, cujos povos atiram com seta, à Itália e à Grécia, às ilhas longínquas...*[8] *E virão muitos do Oriente e do Ocidente, do Norte e do Sul, e se sentarão à mesa no reino de Deus*[9]. Esta profecia já se cumpriu, e, ao mesmo tempo, são muitos os que ainda não conhecem o rosto de Cristo; é possível que muitos tenham ouvido falar dEle, mas na realidade não o conhecem. Nós também poderíamos repetir a muitos as palavras de João Batista: *No meio de vós está quem vós não conheceis*[10].

O Senhor quis que participássemos da sua missão de salvar o mundo, e dispôs que o empenho apostólico fosse elemento essencial e inseparável da vocação cristã. Quem se decide a segui-lo converte-se num apóstolo com responsabilidades concretas de ajudar os outros a encontrar a *porta estreita* que conduz ao Céu: "Inseridos pelo Batismo no Corpo Místico de Cristo, robustecidos pela Confirmação na força do Espírito Santo, recebem do próprio Senhor a missão que os destina ao apostolado"[11]. Todos os cristãos, de qualquer idade ou condição, em todas as circunstâncias em que se encontrem, são chamados "a dar testemunho de Cristo em todo o mundo"[12].

O desejo de aproximar os homens do Senhor não nos leva a fazer coisas estranhas ou chamativas, e muito menos a descurar os deveres familiares, sociais e profissionais. É precisamente nas relações humanas normais que encontramos o campo para uma ação apostólica muitas vezes silenciosa, mas sempre eficaz. No meio do mundo, no lugar em que Deus nos colocou, devemos levar os outros a Cristo: com o exemplo, mostrando coerência entre a fé e as obras; com a alegria constante; com a nossa serenidade perante as dificuldades; por meio da palavra que anima sempre e que mostra a grandeza e a maravilha de encontrar e seguir Jesus.

Dos primeiros cristãos, dizia-se: "O que a alma é para o corpo, isso são os cristãos para o mundo"[13]. Poderia dizer-se o mesmo de nós na família, no lugar de estudo ou de trabalho, na associação cultural ou esportiva a que pertencemos? Somos a alma que dá a vida de Cristo onde quer que estejamos presentes?

III. *IDE PELO MUNDO inteiro e pregai o Evangelho a todas as criaturas*[14], lemos no Salmo responsorial da Missa. São palavras de Cristo bem claras: Ele não exclui nenhum povo ou nação, nenhuma pessoa, da tarefa que os seus discípulos devem realizar em todas as épocas. O Senhor chama os muito idosos e os muito jovens, a criança que balbucia as primeiras palavras e quem se encontra na plenitude da vida, o vizinho, o diretor da empresa e o empregado... Os apóstolos depararam com gente muito diversa: uns eram-lhes superiores em cultura, outros pertenciam a povos que nem sequer tinham ouvido falar da Palestina, estes ocupavam cargos importantes, aqueles exerciam ofícios manuais de nenhuma transcendência na vida da nação... Mas não excluíram ninguém do anúncio da Boa-nova. E estes íntimos de Cristo, que outrora se tinham mostrado por vezes covardes e sem ânimo, alcançaram depois plena consciência da missão universal que lhes era confiada.

"Cada geração de cristãos tem que redimir e santificar o seu próprio tempo: para isso, precisa compreender e compartilhar os anseios dos outros homens, seus iguais, a fim de lhes dar a conhecer, com *dom de línguas*, como devem corresponder à ação do Espírito Santo, à efusão permanente das riquezas do Coração divino. Compete-nos a nós, cristãos, anunciar nestes dias, a esse mundo a que pertencemos e em que vivemos, a mensagem antiga e nova do Evangelho"[15].

Nesta tarefa evangelizadora, temos que contar com "um fato completamente novo e desconcertante, que é a existência de um ateísmo militante, que invadiu já muitos povos"[16]; ateísmo que pretende que os homens se voltem contra Deus ou que ao menos o esqueçam. São ideologias que utilizam poderosos meios de comunicação de massas, que levam a cabo uma sistemática difusão capilar de "slogans" e de chavões aparentemente irretorquíveis, numa enxurrada que parece amedrontar e deprimir muitos cristãos sem uma formação sólida.

"A todos esses homens e a todas essas mulheres, estejam onde estiverem, nos seus momentos de exaltação ou nas suas crises ou derrotas, temos que fazer chegar o anúncio solene e firme de São Pedro, durante os dias que se seguiram ao Pentecostes: Jesus é a pedra angular, o Redentor, a totalidade da nossa vida, porque fora dEle *não foi dado aos homens outro nome debaixo do céu pelo qual possamos ser salvos* (At 4, 12)"[17].

O Senhor serve-se de nós para iluminar muitas pessoas. Pensemos hoje naqueles que estão mais perto de nós e comecemos por eles, sem nos importarmos de que às vezes pareça que somos pouco para tudo o que é preciso fazer. O Senhor multiplicará as nossas forças, e a nossa Mãe Santa Maria,

Regina Apostolorum, converterá em semente prodigiosamente fecunda a nossa ação constante, paciente, audaz.

(1) Is 66, 18-21; (2) Lc 13, 22-30; (3) 1 Tm 2, 4; (4) Lc 23, 45; (5) cf. Ef 2, 14-16; (6) Conc. Vat. II, Const. *Lumen gentium*, 13; (7) Hb 12, 5-13; (8) Is 66, 18; (9) Lc 13, 29; (10) Jo 1, 26; (11) Conc. Vat. II, Decr. *Apostolicam actuositatem*, 3; (12) *ib.*; (13) *Epístola a Diogneto*, 5; (14) Mc 16, 15; (15) São Josemaria Escrivá, *É Cristo que passa*, n. 132; (16) João XXIII, Const. apost. *Humanae salutis*, 25-XII-1961; (17) São Josemaria Escrivá, *op. cit.*

TEMPO COMUM. VIGÉSIMA PRIMEIRA SEMANA.
SEGUNDA-FEIRA

181. DOCILIDADE NA DIREÇÃO ESPIRITUAL

— Necessidade de que alguém guie a nossa alma no seu caminhar para Deus.
— A quem devemos recorrer. Visão sobrenatural na direção espiritual.
— Constância, sinceridade e docilidade.

I. *GRAÇA E PAZ vos sejam dadas da parte de Deus nosso Pai, e da do Senhor Jesus Cristo* — escreve São Paulo aos cristãos de Tessalônica. *É nosso dever e é justo, irmãos, dar sempre graças a Deus por vós, porque a vossa fé cresce vigorosamente e em cada um de vós continua a aumentar a caridade mútua*[1].

Com a assistência do Espírito Santo à sua Igreja, os primeiros fiéis gozaram do desvelo sacrificado dos seus pastores. Por contraste, os fariseus não souberam guiar o povo eleito porque por culpa própria ficaram sem luz e lançaram sobre os filhos de Israel um fardo áspero e duro que, além disso, não os levava a Deus. No Evangelho da Missa[2], o Senhor chama-os *guias de cegos*, incapazes de mostrar aos outros o verdadeiro caminho.

Uma das maiores graças que podemos receber de Deus é a de termos quem nos oriente no caminho da vida interior, pois é um instrumento eficacíssimo na construção do nosso edifício espiritual. Desde os primeiros séculos, a Igreja sempre recomendou a prática da direção espiritual pessoal, como meio de extrema utilidade para progredir na vida cristã.

É muito difícil que alguém possa guiar-se por si mesmo na vida interior. Quantas vezes a falta de objetividade com que nos vemos, o amor próprio, a tendência a deixar-nos levar pelo que mais nos agrada ou pelo que nos é mais fácil..., não vão esfumando o caminho que nos leva a Deus (porventura tão claro a princípio!), lançando-nos no desânimo, na tibieza e no imobilismo! "Aquele que quer ficar sozinho, sem apoio e sem guia, será como a árvore que está só e sem dono no campo, e que, por mais frutos que tenha, nunca chegará a vê-los amadurecer, porque os transeuntes os colherão [...]. A alma que tem virtude, mas está sozinha e sem mestre, é como o carvão aceso que está só; antes se irá esfriando do que inflamando-se"[3].

No conselheiro espiritual devemos ver essa pessoa, colocada pelo Senhor, que conhece bem o caminho, a quem abrimos a alma e que se torna mestre, médico, amigo e bom pastor nas coisas que se referem a Deus. Aponta-nos os possíveis obstáculos, sugere-nos metas mais altas na vida interior e pontos concretos para que lutemos com eficácia; anima-nos sempre, ajuda-nos a descobrir novos horizontes e desperta em nós a fome e sede de Deus que a tibieza, sempre à espreita, quereria apagar.

Podermos contar com essa pessoa a quem abrir a alma numa confidência cheia de sentido sobrenatural e humano, é uma graça muito especial do Senhor. Que alegria termos a quem comunicar os nossos sentimentos mais profundos, a fim de orientá-los para o Senhor, alguém que reza por nós e tem uma graça especial para nos ajudar! Na direção espiritual, encontramos o próprio Cristo que, como aos apóstolos, nos ouve atentamente, nos compreende e nos dá luzes e forças novas para continuarmos a caminhar.

II. A DIREÇÃO ESPIRITUAL deve basear-se num grande espírito sobrenatural e num profundo sentido humano; por isso, essas confidências de vida interior "não se têm com qualquer pessoa, mas com quem merece confiança pelo que é ou pelo que Deus a faz ser para nós"[4]. Para São Paulo, a pessoa que Deus escolheu foi Ananias, que o fortaleceu no caminho da sua conversão; para Tobias, o encarregado por Deus de orientá-lo e aconselhá-lo na sua longa viagem foi o Arcanjo Rafael, sob figura humana.

Devem-se ter essas conversas de direção espiritual num clima sobrenatural: o que procuramos através delas é a voz de Deus. Para pedir um conselho ou extravasar uma preocupação exclusivamente humana, sem maior transcendência, basta dirigirmo-nos a quem possa compreender-nos e seja discreto e prudente; no que se refere à alma, porém, temos que discernir na oração quem é o bom pastor para nós, "pois corre-se o perigo, se só nos prendemos a motivos humanos, de que não nos entendam nem compreendam, e então a alegria converte-se em amargura, e a amargura desemboca na incompreensão que não alivia; e em ambos os casos experimenta-se desassossego, o íntimo mal-estar de quem falou em demasia, com quem não devia, daquilo que não devia"[5]. Não devemos escolher *guias cegos* que, mais do que ajudar, nos fariam tropeçar e cair.

O sentido sobrenatural com que acudimos à direção espiritual evitará também que andemos procurando um conselheiro que favoreça o nosso egoísmo, que silencie com a sua pretensa autoridade o clamor da nossa própria alma; e evitará até que comecemos a mudar de diretor espiritual até encontrarmos o mais *benévolo*[6]. Esta tentação pode assaltar-nos especialmente quando se trata de assuntos mais delicados que, por exigirem sacrifícios que talvez não estejamos dispostos a fazer, nos levam a tentar amoldar a vontade de Deus à nossa vontade: por exemplo, quando se trata de seguir uma vocação a que Deus nos chama e que exige uma maior entrega; de cortar com uma amizade ou um namoro inconveniente; de seguir à risca os critérios da ética profissional; de aceitar de braços abertos os filhos que Deus manda, sem que a ideia da "paternidade responsável" sirva de pretexto aos casados para serem irresponsáveis diante de Deus e os leve a lançar mão de métodos temporários — ou definitivos! — contrários à moral cristã. Hoje, infelizmente, é preciso estar de guarda contra eventuais maus pastores.

Peçamos ao Senhor que sejamos pessoas de consciência reta, que procuram a sua Vontade e que não se deixam levar por motivos humanos: que procuram de verdade o modo de agradar ao Senhor, e não uma "falsa tranquilidade" ou um "querer ficar bem". O sentido sobrenatural conduz à simplicidade.

III. A VIDA INTERIOR necessita de tempo para amadurecer e não se improvisa da noite para o dia. Teremos derrotas, que nos ajudarão a ser mais humildes, e vitórias, que manifestam a eficácia da graça que frutifica em nós; teremos de começar e recomeçar muitas vezes, sem desânimos e sem esperar — ainda que às vezes cheguem — resultados imediatos, que algumas vezes o Senhor não quer que vejamos para nosso maior bem. Por isso, a prática da direção espiritual não pode ser esporádica ou descontínua, uma vez que tem de seguir passo a passo os momentos bons e os menos bons do nosso esforço.

Essa *constância* torna-se necessária sempre que haja mais dificuldades externas: por dispormos de menos tempo, por excesso de trabalho, de exames... Deus premia esse esforço com novas luzes e graças. E nas dificuldades internas: preguiça, soberba, desânimo porque as coisas vão mal, porque não se fez nada do que se tinha combinado. É então que mais necessitamos dessa conversa fraterna, ou dessa Confissão, da qual saímos mais esperançosos e alegres, e com um novo impulso para continuar lutando. Um quadro é feito pincelada a pincelada, e um tecido forte é resultado da trama de muitos fios: na continuidade da direção espiritual, semana após semana, quinzena após quinzena, a alma vai-se forjando; e pouco a pouco, com derrotas e vitórias, o Espírito Santo constrói o edifício da santidade.

Além da constância, é imprescindível a *sinceridade*: devemos sempre começar por referir o que é mais importante — e que talvez coincida com aquilo que mais nos custa contar —. Muitas vezes, os frutos podem tardar em vir por não termos dado desde o início uma clara imagem do que realmente nos acontece, de como somos na realidade, ou por nos termos detido a relatar coisas puramente acidentais, sem chegar ao fundo. Sinceridade sem dissimulações, sem exageros ou meias verdades: descendo às coisas concretas, chamando pelo nome os nossos erros e equívocos, os nossos defeitos de caráter, sem querer mascará-los com falsas justificativas. Por quê?, como?, quando?... são circunstâncias que tornam mais pessoal o relato do estado da alma.

Outra condição para que a direção espiritual tenha fruto é a *docilidade*. Foram dóceis os leprosos que Jesus mandou que se apresentassem aos sacerdotes como se já estivessem curados[7], e os apóstolos quando o Senhor lhes disse que mandassem as pessoas sentar-se e começassem a dar-lhes de comer, apesar de já terem feito os cálculos e saberem bem que era ínfima a quantidade de provisões com que contavam[8]. Pedro é dócil ao lançar as redes apesar de saber que não havia peixes naquele lugar e que a hora não era oportuna[9]... São Paulo deixar-se-á guiar; a sua forte personalidade, manifestada de tantos modos e em tantas ocasiões, serve-lhe agora para ser dócil. Primeiro, os seus companheiros de viagem levá-lo-ão a Damasco, depois Ananias fará com que recobre a vista, e então será um homem útil para empreender as batalhas do Senhor[10].

Não pode ser dócil quem se empenha em ser obstinado, incapaz de assimilar uma ideia diferente da que tem ou da que a sua experiência lhe dita. O soberbo é incapaz de ser dócil, porque, para podermos aprender e deixar-nos ajudar, é necessário que estejamos convencidos da nossa insuficiência em tantos assuntos da alma.

Recorramos a Santa Maria para sermos constantes na direção da nossa alma e para sermos sinceros e dóceis, como o *barro nas mãos do oleiro*[11].

(1) 2 Ts 1, 1-3; (2) Mt 23, 23-26; (3) São João da Cruz, *Frases de luz e de amor*, em *Obras completas*; (4) F. Suárez, *A Virgem Nossa Senhora*, p. 95; (5) *ib.*, pp. 96-97; (6) cf. São Josemaria Escrivá, *Entrevistas com Mons. Josemaria Escrivá*, n. 93; (7) Lc 17, 11-19; (8) Lc 9, 10-17; (9) cf. Lc 5, 1 e segs.; (10) At 9, 17-19; (11) Jr 18, 1-7.

Tempo Comum. Vigésima Primeira Semana. Terça-feira

182. PRIMEIRO, SER JUSTOS

— A virtude da justiça e a dignidade humana.
— A *justiça social* transcende o estritamente estipulado.
— A economia, que tem as suas próprias leis, deve ter em vista o bem das pessoas.

I. A LEI DE MOISÉS prescrevia que se pagasse o dízimo[1]: devia-se entregar para a sustentação do Templo a décima parte do produto dos frutos mais comuns do campo, como os cereais, o vinho e o azeite. Os fariseus pagavam, além disso, o dízimo da hortelã e do cominho, plantas aromáticas que se cultivavam nos jardins das casas e que serviam para condimentar a comida. Era por parte deles uma manifestação equívoca de generosidade para com Deus, porque ao mesmo tempo deixavam de cumprir outros graves mandamentos em relação ao próximo. Por essa hipocrisia, o Senhor dir-lhes-ia: *Ai de vós, escribas e fariseus hipócritas, que pagais o dízimo da hortelã, do endro e do cominho, e desprezais os pontos mais graves da lei: a justiça, a misericórdia e a fidelidade. Eram estas as coisas que devíeis praticar, sem omitir aquelas*[2].

O Senhor não despreza o dízimo da hortelã, do endro e do cominho, que poderia ter sido uma verdadeira expressão de amor: como quem presenteia umas flores a uma pessoa que ama, ou ao Senhor no Sacrário; o que Jesus rejeita é a hipocrisia que esse falso zelo ocultava, pois com isso justificavam-se em relação à omissão dos outros deveres essenciais: a justiça, a misericórdia e a fidelidade. Não devemos nunca cair numa hipocrisia semelhante à desses homens: as nossas oferendas voluntárias são gratas a Deus quando cumprimos as obrigatórias e necessárias, determinadas pela justiça, que é uma virtude pela qual damos a cada um o que é seu: *Eram estas as coisas que devíeis praticar, sem omitir aquelas*.

A virtude da justiça fundamenta-se na intocável dignidade da pessoa humana, criada à imagem e semelhança de Deus e destinada a uma felicidade eterna. E se considerarmos o respeito que todo o homem merece "à luz das verdades reveladas por Deus, devemos avaliar necessariamente em maior grau esta dignidade, já que os homens foram redimidos pelo sangue de Jesus Cristo, feitos filhos e amigos de Deus pela graça sobrenatural e constituídos herdeiros da glória eterna"[3].

O respeito aos direitos das pessoas começa por um justo ordenamento das leis civis, para o qual os cristãos devem contribuir, como cidadãos exemplares, com todas as suas forças. É doloroso verificar como o espírito humano, na sua autossuficiência e rebeldia aos planos divinos, persiste em querer derrubar os princípios da dignidade da natureza humana, afirmados há séculos e constantemente confirmados pela doutrina da Igreja. Tem-se visto como aos poucos — muitas vezes por plebiscito, como se a verdade pudesse depender do que pensa ou é levada a pensar a maioria numa determinada sociedade e num determinado momento histórico — se vão implantando leis que permitem pôr termo à vida do ser humano a partir da sua concepção, como se degrada o mistério da reprodução da vida humana, fechando os olhos a experiências que a nivelam pela dos animais, como se destrói a coesão e a solidez da família, autorizando o divórcio até mesmo por mútuo consentimento, como se deixam desprotegidos os menores diante da onda de pornografia e violência que domina os meios de comunicação, e assim por diante.

Persistem os fautores das leis iníquas, e calam-se muitos cristãos, por julgarem que não podem ou não lhes compete fazer nada. Não é o momento de pensarmos, no silêncio fecundo da oração, que o pouco que achamos estar ao nosso alcance deve ser feito? Que não é uma faculdade, mas uma obrigação em consciência?

II. PARA VIVER A JUSTIÇA, não basta simplesmente lamentar-se diante das situações de injustiça; as queixas e as lamentações são estéreis se não se traduzem em mais oração e em obras para remediar essas situações. Cada cristão deve pensar em como vive a justiça nas circunstâncias normais da sua vida: na família, no trabalho profissional, nas relações sociais...

Viver a justiça com aqueles com quem nos relacionamos habitualmente significa, entre outros deveres, respeitar-lhes o direito à fama, à intimidade... "Estas exigências não devem limitar-se unicamente à ordem econômica [...]; a vida e a moral cristã têm exigências mais amplas. O respeito à vida, à fidelidade, à verdade, a responsabilidade e a boa preparação, a laboriosidade e a honestidade, o repúdio à menor fraude, o sentido social e mesmo a generosidade devem sempre inspirar o cristão no exercício das suas atividades profissionais e trabalhistas"[4].

Também a calúnia, a maledicência, a murmuração... constituem uma verdadeira e flagrante injustiça, pois "entre os bens temporais, a boa reputação parece ser o mais valioso de todos eles, e pela sua perda o homem fica privado de realizar muitas coisas boas"[5]. O apóstolo Tiago diz da língua que é *um mundo inteiro de maldade*[6]: pode servir para louvar a Deus, para falar com Ele, para comunicar-se..., ou pode causar um mal enorme, se não há um empenho decidido em não falar nunca mal de ninguém.

Faltar à justiça através da palavra não é coisa pouco frequente. Por isso o Senhor nos pede que não nos deixemos guiar pelos rumores e juízos precipitados que se difundem em alguns meios de comunicação social, que nunca emitamos um juízo negativo sobre pessoas ou instituições, que não sejamos inquisidores nem verdugos das vidas alheias. E se alguém tem o dever de julgar, deve empenhar-se em colher todas as informações possíveis, ouvindo as duas partes, matizando os seus juízos e ressalvando sempre a intenção das pessoas, que somente Deus conhece.

Devemos viver os deveres de justiça com aqueles que o Senhor colocou sob os nossos cuidados, colaborando na formação de todos, tratando com mais esmero aqueles que, por doença, idade ou condições particulares, mais precisam de ser acompanhados. Sabemos bem que não viveria esta virtude, por exemplo, o pai ou a mãe que tivesse tempo para as suas distrações e gostos, e não dedicasse o tempo necessário à educação dos filhos; ou que se dedicasse ao trabalho profissional de uma maneira incompatível com a permanência diária no lar, à disposição da mulher e dos filhos, por várias horas além das do sono.

III. A ECONOMIA TEM as suas próprias leis e mecanismos, mas essas leis não são suficientes nem supremas, nem esses mecanismos intocáveis. Não se pode conceber a ordem econômica — insiste o Magistério da Igreja — como uma ordem independente e soberana, pois deve estar submetida aos princípios superiores da justiça social, de modo a que se possam corrigir os seus defeitos e deficiências e se tenha em conta a dignidade da pessoa[7].

A justiça social exige que não se deixe o trabalhador à mercê das leis da concorrência, como se o seu trabalho fosse uma simples mercadoria[8]; e uma das principais preocupações do Estado e dos empresários "deve ser esta: a de dar trabalho a todos"[9], como disse João Paulo II em São Paulo. O desemprego forçoso é um dos maiores males de um país e causa de muitos outros nas pessoas, nas famílias e na própria sociedade.

Podem dar-se circunstâncias em que, cumprindo aquilo que é estritamente legal, aquilo que está estabelecido, se falte à justiça com esse mínimo estipulado: pode acontecer que se despeçam empregados de acordo com a lei, mas que com isso se cometa uma enorme injustiça; ou que se paguem ou se atualizem salários de acordo com as leis, mas com isso se ofenda a dignidade da pessoa...: "A justiça — diz o Fundador do Opus Dei — não se manifesta exclusivamente no respeito exato dos direitos e deveres, à semelhança dos problemas aritméticos, que se resolvem fazendo somas e subtrações"[10].

Por sua vez, quem trabalha numa oficina, na Universidade, numa empresa, não viveria a justiça se não cumprisse com esmero a sua tarefa, com competência profissional, aproveitando o tempo, cuidando dos instrumentos de trabalho que são propriedade da fábrica, da biblioteca, do hospital, do escritório, do lar em que se ajuda a dona de casa nas tarefas do lar.

Os estudantes faltariam à justiça com a sociedade, com a família, e às vezes gravemente, se não aproveitassem intensamente o tempo dedicado ao estudo. De modo geral, as qualificações obtidas podem ser matéria para um bom exame de consciência. Quantas vezes o nível medíocre dos conhecimentos adquiridos na Faculdade não é a causa de que não se consiga ser um bom profissional no dia de amanhã, faltando-se assim à justiça com a empresa em que se trabalha! São pontos que devemos examinar com frequência, para vivermos delicadamente, diante de Deus e dos homens, os deveres com relação ao próximo: *a justiça, a misericórdia e a fidelidade* nos pactos e promessas.

Peçamos à Santíssima Virgem essa retidão de consciência necessária para que, no que está ao nosso alcance — que nunca é pouco e tem aspectos diversos —, a sociedade seja sempre ou venha a ser em breve prazo um remanso de convivência digno dos filhos de Deus.

(1) Lv 27, 30-33; Dt 14, 22 e segs.; (2) Mt 23, 23; (3) João XXIII, Enc. *Pacem in terris*, 11-IV-1963, 10; (4) Conferência Episcopal Espanhola, Instr. past. *Os católicos na vida pública*, 22-IV-1986, nn. 113-114; (5) São Tomás, *Suma teológica*, II-II, q. 73, a. 2; (6) Tg 3, 6; (7) cf. Pio XI, Enc. *Quadragesimo anno*, 15-VI-1931, 37; (8) João Paulo II, Enc. *Sollicitudo rei socialis*, 30-XII-1987, 34; (9) idem, *Alocução* no estádio do Morumbi, São Paulo, 3-VII-1980; (10) São Josemaria Escrivá, *Amigos de Deus*, n. 168.

TEMPO COMUM. VIGÉSIMA PRIMEIRA SEMANA.
QUARTA-FEIRA

183. AMAR O TRABALHO PROFISSIONAL

— O exemplo de São Paulo.
— A qualidade humana do trabalho.
— Amar a nossa ocupação profissional.

I. O TRABALHO É um dom de Deus, um grande bem para o homem, ainda que seja "o sinal de um bem *árduo*, conforme a terminologia de São Tomás [...]. E é não somente um bem útil ou para ser usufruído, mas um bem digno, isto é, um bem que corresponde à dignidade do homem, que expressa essa dignidade e a aumenta"[1]. Uma vida sem trabalho corrompe-se, e, no trabalho, o homem "torna-se mais homem"[2], mais digno e mais nobre, se o realiza como Deus quer.

O trabalho é consequência do preceito de dominar a terra[3] dado por Deus à humanidade, que se tornou penoso pelo pecado original[4], mas que constitui o "eixo da nossa santidade e o meio sobrenatural e humano apto para levarmos Cristo conosco e fazermos o bem a todos"[5]. É como que a coluna vertebral do homem, que dá base de sustentação a toda a sua vida, e o meio através do qual devemos alcançar a nossa santidade e a dos outros. Um modo errôneo de equacionar o trabalho profissional pode repercutir em toda a vida do homem, mesmo nas suas relações com Deus.

Por isso, compreendemos bem os males que a preguiça, o trabalho mal feito, as tarefas realizadas pela metade podem ocasionar... "O ferro que jaz ocioso, consumido pela ferrugem, torna-se mole e inútil; mas, se é empregado no trabalho, é muito mais útil e belo, e não fica muito atrás da prata pelo seu brilho. A terra baldia não produz nada de útil, mas mato, cardos, espinhos e árvores infrutíferas; mas a que é cultivada coroa-se de suaves frutos. E, para dizê-lo numa só palavra, todo o ser se corrompe pela ociosidade e se aperfeiçoa pela operação que lhe é própria"[6]; o homem, pelo seu trabalho.

São Paulo, como lemos na primeira Leitura da Missa[7], fala aos primeiros cristãos de Tessalônica do modo como se comportou com eles enquanto lhes pregava a Boa-nova de Jesus: *Estais lembrados* — diz-lhes — *dos nossos trabalhos e fadigas; trabalhando noite e dia para não sermos pesados a nenhum de vós...*[8] E mais tarde, na segunda Epístola: *Vós mesmos sabeis como deveis imitar-nos; pois não vivi entre vós sem trabalhar, nem comi de graça o pão de ninguém, mas trabalhei e cansei-me de noite e de dia para não ser pesado a ninguém*[9]. O Espírito Santo, com este exemplo, inculcava-nos um princípio prático bem claro a seguir: *Se alguém não quiser trabalhar, que não coma.*

Hoje, na nossa oração serena e sossegada, temos que ter presente que o Senhor também espera de nós esse mesmo espírito de laboriosidade, de trabalho intenso, que se viveu entre os primeiros cristãos. Um dos escritos cristãos mais antigos — a *Didaquê* — deixou-nos este admirável testemunho: "Todo aquele que chegar a vós em nome do Senhor, seja recebido; depois, examinando-o, vireis a conhecê-lo [...]. Se quem chega é um viajante, não permanecerá entre vós mais do que dois dias ou, se for necessário, três. Mas, se quiser estabelecer-se entre vós, tendo um ofício, que trabalhe e assim se alimente. E se não tiver ofício, provede conforme a vossa prudência, de modo que não viva entre vós nenhum cristão ocioso. Se não quiser fazer assim, é um traficante de Cristo; estai alerta contra esses"[10].

II. NOS SEUS ANOS de Nazaré, o Senhor deu-nos um exemplo admirável da importância do trabalho e da perfeição humana e sobrenatural com que devemos realizar a nossa tarefa profissional. "Jesus, crescendo e vivendo como um de nós, revela-nos que a existência humana, a vida comum e de cada dia, tem um sentido divino. Por muito que tenhamos considerado estas verdades, devemos encher-nos sempre de admiração ao pensar nos trinta anos de obscuridade que constituem a maior parte da vida de Jesus entre os seus irmãos, os homens. Anos de sombra, mas, para nós, claros como a luz do sol"[11].

A sua própria maneira de falar, as parábolas e imagens que emprega na sua pregação revelam um homem que conheceu muito de perto o trabalho; fala sempre "para quem se afana, para uma vida ordinária sempre regida pela lei da normalidade, pela aparição previsível dos mesmos problemas para as mesmas pessoas. Este é o ambiente da pregação de Cristo; os seus ensinamentos ficaram graficamente inseridos neste contexto. Não era o "filósofo", nem o "visionário", mas o artesão. Alguém que trabalhava, como todos"[12].

Durante a sua vida pública, o Mestre chamou para junto de si pessoas que estavam habituadas ao trabalho: São Pedro, pescador de ofício, voltará às suas tarefas de pesca logo que tiver a primeira oportunidade[13]; São Mateus é convidado a seguir o Senhor num momento em que estava ocupado no seu ofício de cobrador de impostos, e o mesmo aconteceu com os outros apóstolos.

Quando São Paulo partiu de Atenas e chegou a Corinto, encontrou um judeu chamado Áquila, originário do Ponto, e sua esposa Priscila. Juntou-se a eles. E como era do mesmo ofício, hospedou-se em casa deles e trabalhava em companhia de Áquila; ambos eram fabricantes de lonas[14]. Foi durante essa estadia de ano e meio em Corinto que São Paulo escreveu as exigentes exortações que dirigiu aos cristãos de Tessalônica, convencido de que muitos dos males que vinham afligindo aquela comunidade cristã se deviam à circunstância de que alguns eram mais dados a falar e a andar de casa em casa do que a ocupar-se no seu trabalho.

Devemos examinar com frequência a qualidade humana do nosso trabalho: se o começamos e terminamos no horário previsto, ainda que alguns dos nossos colegas, ou mesmo todos, não o façam; se o realizamos com ordem, sem deixar para o fim os assuntos mais difíceis ou menos gratos; se trabalhamos intensamente, procurando evitar conversas, chamadas telefônicas inúteis ou menos necessárias; se procuramos melhorar constantemente a qualidade desse trabalho com o estudo oportuno, procurando estar atualizados nas novas questões que surgem em todas as profissões; se nos excedemos em cumpri-lo, como acontece com tudo o que se ama, mas com prudência e retidão, sem prejudicar o tempo que devemos à família, ao apostolado, à nossa formação espiritual e religiosa... Numa palavra, contemplemos Jesus na sua oficina de Nazaré, peçamos licença ao Senhor para entrar ali com os olhos da fé, e então veremos se o nosso trabalho tem a qualidade e a profundidade que Ele pede aos que o seguem.

III. TEMOS QUE AMAR e cuidar do nosso trabalho porque é um preceito do nosso Pai-Deus. Mediante o trabalho de todos os dias, a personalidade desenvolve-se, ganha-se o preciso para as necessidades da família e para as pessoais, bem como para prestar ajuda às boas obras de formação, de apostolado etc. Temos que amar o trabalho e convertê-lo ao mesmo tempo em tema e campo de oração, porque, acima de tudo, é caminho de santidade.

Podemos oferecer todos os dias ao Senhor imensas coisas que procuramos que estejam bem feitas: o estudante poderá oferecer-lhe horas de estudo intensas e seguidas; a mãe de família, a solicitude eficaz pelos filhos, pelo marido, o cuidado dos mil detalhes que fazem da sua casa um verdadeiro lar; o médico, a par da competência profissional, o trato amável e acolhedor com os pacientes; as enfermeiras, essas horas cheias de serviço contínuo, como se cada um dos doentes fosse o próprio Cristo...

É no meio e na execução do próprio trabalho que devem surgir com frequência os pedidos de ajuda ao Senhor, as ações de graças, os desejos de dar glória a Deus com aquilo que temos entre mãos... Nós, os cristãos correntes, os simples leigos, não nos santificamos *apesar* do trabalho, mas *através* do trabalho; encontramos o Senhor nos mais variados incidentes que o compõem, uns agradáveis, outros menos, mas todos eles o campo por excelência em que se exercitam as virtudes humanas e as sobrenaturais.

O amor ao nosso trabalho profissional levar-nos-á frequentemente a permanecer, talvez por muitos anos ou por toda a vida, na mesma tarefa. Isto não significa que não devamos aspirar a conseguir uma situação ou um lugar de trabalho de mais destaque. Mas esse desejo legítimo, que faz parte da boa mentalidade profissional, não deve causar intranquilidade nem desassossego, como se o êxito profissional e financeiro fosse o único motivo que nos leva a trabalhar. Os cristãos não devem medir os seus trabalhos unicamente pelo dinheiro, como se fosse o que em última análise lhes importa. Enquanto não nos chegam essas oportunidades de subir na escala profissional, se fizemos jus a isso, devemos santificar precisamente essas tarefas que nos ocupam, sem uma mentalidade provisória que comprometeria a sua eficácia santificadora.

E por fim, lembremo-nos de que São Paulo, no meio da preocupação por sustentar-se e não ser gravoso a ninguém, continuava a ser o Apóstolo das gentes, o eleito de Deus, e servia-se da sua profissão para aproximar os outros de Cristo. Assim devemos nós fazer, qualquer que seja o nosso ofício e o nosso lugar na sociedade.

(1) João Paulo II, Enc. *Laborem exercens*, 14-IX-1981, I, 9; (2) *ib.*; (3) cf. Gn 1, 28; (4) cf. Gn 3, 17; (5) São Josemaria Escrivá, *Carta*, 14-II-1950; (6) São João Crisóstomo, *Homilia sobre Priscila e Áquila*; (7) 1 Ts 2, 9-13; *Primeira leitura* da Missa da quarta-feira da vigésima primeira semana do Tempo Comum, ano I; (8) 1 Ts 2, 9; (9) 2 Ts 3, 7-8; (10) *Didaquê* ou *Doutrina dos doze apóstolos*; (11) São Josemaria Escrivá, *É Cristo que passa*, n. 14; (12) R. Gómez Pérez, *La fe y los dias*, p. 20; (13) cf. Jo 21, 3; (14) cf. At 18, 1-3.

184. CARIDADE VIGILANTE

— Necessidade de manter sempre a vida espiritual em atitude de vigília.
— A caridade dos primeiros cristãos: o *dia de guarda*.
— Como viver o *dia de guarda*.

I. TODO O EVANGELHO é um apelo para que estejamos em guarda, despertos e vigilantes em face do inimigo, que não descansa, e em face da chegada do Senhor, que não sabemos quando terá lugar: esse momento decisivo em que deveremos apresentar-nos ao Senhor com as mãos cheias de frutos... *Vigiai, pois, porque não sabeis a hora em que virá o vosso Senhor*, diz-nos o Evangelho da Missa[1]. *Sabei que, se o pai de família soubesse a que horas da noite viria o ladrão, vigiaria sem dúvida, e não deixaria arrombar a sua casa.*

Para um cristão que se manteve em vigília, esse último dia não *virá como um ladrão na noite*[2]; não haverá espanto nem confusão, porque cada dia terá sido um encontro com Deus através dos acontecimentos mais simples e correntes. São Paulo compara esta vigília à guarda montada pelo soldado bem armado que não se deixa surpreender[3]; fala com frequência da vida cristã como um estar de vigília à semelhança do soldado em campanha[4], pois vive-se sobriamente e não se é surpreendido pelo inimigo porque se está acordado mediante a oração e a mortificação.

Ao referir-se ao *ladrão na noite*, o Senhor quer ensinar-nos a não distrair a atenção do grande negócio da salvação, a não considerar a vigilância como coisa meramente negativa: vigiar não é apenas abster-se do sono pelo receio de que possa acontecer algo de desagradável enquanto se dorme. Vigiar "quer dizer estar sempre em atitude de espera; significa estar com a cabeça assomada à janela com a esperança de ser o primeiro a gritar: «Estão chegando!»"[5] Vigiar é estar alegre e ansiosamente atento à vinda do Senhor; é procurar com todas as forças que os que temos sob os nossos cuidados também encontrem Jesus, porque, mediante a Comunhão dos Santos, podemos ser como a sentinela que avista o inimigo e alerta os seus, como o vigia que aguarda esperançoso a chegada do seu amo para dar a boa notícia aos outros; é esperar o Senhor como aquele servo prudente que cuida da propriedade, ocupando-se entretanto em realizar "todos os pequenos trabalhos para aproveitar o tempo: limpar o pó aqui, deixar brilhante o chão acolá, acender o fogo mais além, de modo que a casa esteja confortável quando o dono entrar. Cada um tem uma tarefa a cumprir; cada um de nós deve organizar-se para executá-la o melhor possível, muito mais se, como tudo indica, não nos resta muito tempo"[6].

Vigiar, estar alerta, repelir o sono da tibieza. Conseguimo-lo quando fazemos bem o *exame geral* diário, quando temos um *exame particular* bem concreto, que nos leve a combater um defeito importante ou a adquirir a virtude que mais nos falta.

II. OS PRIMEIROS CRISTÃOS, que souberam cumprir bem o *mandamento novo* do Senhor[7], a ponto de os pagãos os identificarem pelo amor que tinham entre eles e pelo respeito com que tratavam a todos, viveram a caridade preocupando-se pelas necessidades dos outros e, nos tempos difíceis, ajudando os irmãos para que todos fossem fiéis à fé. Existia entre eles o costume — Tertuliano chama-o *statio*, termo castrense que significa estar de guarda[8] — de jejuar e fazer penitência dois dias por semana, a fim de se prepararem para receber com a alma mais limpa a Sagrada Eucaristia, e de orar por aqueles que corriam algum perigo iminente ou passavam por uma necessidade mais grave. Sabemos, por exemplo, que São Frutuoso sofreu o martírio num dia em que jejuava porque era a sua *statio*, o seu dia de guarda[9]. Vários documentos dos primeiros séculos nos falam desse costume.

O Senhor espera que vivamos a caridade particularmente com os que têm conosco os mesmos laços da fé: "«Vede como se amam, dizem, como estão dispostos a morrer uns pelos outros» [...]. No que diz respeito ao nome de irmãos com que nós nos chamamos, eles alimentam uma ideia falsa [...]. Por direito de natureza, nossa mãe comum, nós também somos vossos irmãos..., mas com quanto maior razão são considerados e chamados irmãos os que reconhecem a Deus como único Pai, os que bebem do mesmo Espírito de santidade, e os que, saídos do mesmo seio da ignorância, ficaram maravilhados com a luz da verdade!"[10] Se todas as necessidades dos homens nos devem doer, como não havemos de viver uma caridade vigilante com os que possuem os nossos mesmos ideais!

Pode ser muito útil, como àqueles primeiros cristãos, fixar um dia da semana em que procuremos estar mais atentos aos nossos irmãos na fé, ajudando-os com uma oração mais intensa, com mais sacrifícios, com demonstrações mais sinceras de afeto. Isso é estar especialmente vigilante na caridade, como a sentinela que guarda o acampamento, como o vigia que lança o grito de alerta à aproximação do inimigo.

"«*Custos, quid de nocte!*» — Sentinela, alerta!

"Tomara que tu também te acostumasses a ter, durante a semana, o teu dia de guarda: para te entregares mais, para viveres com mais amorosa vigilância cada detalhe, para fazeres um pouco mais de oração e de mortificação.

"Olha que a Santa Igreja é como um grande exército em ordem de batalha. E tu, dentro desse exército, defendes uma «frente», onde há ataques e lutas e contra-ataques. Compreendes?

"Essa disposição, ao aproximar-te mais de Deus, incitar-te-á a converter as tuas jornadas, uma após outra, em dias de guarda"[11].

III. *VAI* — DIZ O PROFETA ISAÍAS — *e põe uma sentinela que te anuncie tudo o que vir. Se vir um carro de guerra guiado por dois cavaleiros, uma fila de homens montados sobre asnos e outra sobre camelos, que preste atenção, muita atenção. E então grite: "Eu os vejo!" Assim estou eu, Senhor, no meu posto de guarda, e nele permaneço o dia inteiro e todas as noites*[12]. A sentinela está em constante vigília, de dia e de noite, ante a iminência da chegada dos destruidores da Babilônia que tudo arrasarão e imporão os seus ídolos. O vigia está atento para salvar o seu povo; assim devemos nós estar.

Para vivermos esta vigília e crescermos na fraternidade, pode ajudar-nos, como aos primeiros cristãos, esse dia em que pensamos especialmente nos outros. Nessa jornada, devemos dizer com os lábios e com os atos: *Cor meum vigilat*, o meu coração está vigilante[13]. Todos precisamos uns dos outros, todos podemos ajudar-nos. Na realidade, todos participamos continuamente dos bens espirituais da Igreja, da oração dos seus filhos, da sua mortificação, do seu trabalho bem feito e oferecido a Deus, da dor de um doente... Neste momento, agora, alguém está rezando por nós, e a nossa alma vitaliza-se pela generosidade de pessoas que talvez desconheçamos, ou de alguém que temos muito perto. Um dia, na presença de Deus, no momento do juízo particular, veremos essas imensas ajudas que nos mantiveram à tona em muitas ocasiões, e em outras nos ajudaram a aproximar-nos um pouco mais do Senhor. Se formos fiéis, também veremos com um júbilo irreprimível como foram eficazes em outros irmãos nossos todos os sacrifícios, orações e trabalhos que oferecemos por eles, mesmo aqueles que porventura nos pareceram estéreis.

Tudo o que fazemos repercute, pois, na vida dos outros. Este pensamento deve ajudar-nos a cumprir com fidelidade os nossos deveres, oferecendo a Deus as nossas obras, e a orar com devoção, sabendo que o nosso trabalho, doenças e preces — bem unidos à oração e ao Sacrifício de Cristo, que se renova no altar — constituem um formidável apoio para todos. Pode até acontecer que esse sentido de solidariedade sobrenatural venha a constituir um dos motivos fundamentais para a nossa própria fidelidade a Deus em momentos de desânimo, para recomeçarmos muitas vezes, para sermos generosos na mortificação. Então poderemos dizer como o Senhor: *Pro eis sanctifico ego meipsum...*, santifico-me por eles[14], este é o motivo pelo qual vou acabar bem este trabalho, viver aquela mortificação que me custa. Jesus olhará então para nós com especial ternura, e não nos soltará da sua mão. Poucas coisas são tão gratas ao Senhor como aquelas que se referem de modo direto aos seus irmãos, nossos irmãos.

Esta caridade vigilante, esse "dia de guarda", é fortaleza para todos. "«*Frater qui adjuvatur a fratre quasi civitas firma*» — O irmão ajudado por seu irmão é tão forte quanto uma cidade amuralhada. — Pensa um pouco e decide-te a viver a fraternidade que sempre te recomendo"[15].

Dia de guarda. Uma jornada para sermos mais vibrantes na caridade, com o exemplo, com muitas obras singelas de serviço a todos, com pequenos sacrifícios que tornem a todos a vida mais amável; um dia para ver se ajudamos com a correção fraterna os que precisam dela; uma jornada para recorrermos mais frequentemente a Maria, "porto dos que naufragam, consolo do mundo, resgate dos cativos, alegria dos enfermos"[16], com a recitação do Rosário, com a oração *Lembrai-vos*, pedindo pelos que mais precisam de ajuda.

(1) Mt 24, 42-51; (2) 1 Ts 5, 2; (3) cf. 1 Ts 5, 4-11; (4) cf. J. Precedo, *El cristiano en la metáfora castrense de San Pablo*, S.P.C.I.C., Roma, 1963, pp. 343-358; (5) R. Knox, *Ejercicios para seglares*, 2ª ed., Rialp, Madri, 1962, p. 77; (6) *ib.*, p. 79; (7) cf. Jo 13, 34; (8) cf. A. G. Hamman, *La vida cotidiana de los primeros cristianos*, p. 200; (9) cf. *Martírio de São Frutuoso*, em *Actas de los mártires*, BAC, Madri, 1962, p. 784; (10) Tertuliano, *Apologético*, 39; (11) São Josemaria Escrivá, *Sulco*, n. 960; (12) Is 21, 6-8; (13) Ct 5, 2; (14) cf. Jo 17, 19; (15) São Josemaria Escrivá, *Caminho*, n. 460; (16) Santo Afonso Maria de Ligório, *Visitas ao Santíssimo Sacramento*, 2.

185. O AZEITE DA CARIDADE

— O azeite que mantém acesa a luz da caridade é a intimidade com Jesus.
— O brilho das boas obras.
— Ser luz para os outros.

I. O EVANGELHO DA MISSA[1] relata-nos um costume judeu; o Senhor alude a ele para nos dar um ensinamento sobre o espírito de vigilância que devemos cultivar sempre. Jesus diz-nos: *O Reino dos céus é semelhante a dez virgens que, tomando as suas lâmpadas, saíram ao encontro do esposo e da esposa...* Estas virgens são as jovens não casadas, damas de honra da noiva, que esperam o esposo na casa dela. O ensinamento centra-se na atitude que se deve ter à chegada do Senhor. Ele vem até nós, e devemos aguardá-lo com espírito vigilante, com o amor desperto, pois — diz São Gregório Magno comentando esta parábola — "dormir é morrer"[2].

Cinco dessas virgens — lemos na parábola — eram *néscias*, pois não levaram consigo o azeite necessário para o caso de que o esposo tardasse em chegar. As outras cinco foram previdentes, *prudentes*, e *junto com as lâmpadas levaram azeite nas suas vasilhas*. Umas e outras adormeceram, pois a espera foi longa. E quando à meia-noite se ouviu a voz: *Eis o esposo que chega, ide ao seu encontro*, somente as que tinham levado azeite de reserva puderam preparar as suas lâmpadas e entrar na sala de bodas. As outras, apesar dos seus esforços, ficaram de fora.

O Espírito Santo ensina que não nos basta ter começado a percorrer o caminho que leva a Cristo: é preciso que nos mantenhamos nele numa atitude permanente de alerta, porque a tendência de todos os homens e mulheres é a de mitigar a entrega que a vocação cristã traz consigo. Quase sem o percebermos, introduz-se na alma o desejo de tornar compatível o seguimento de Cristo com a frouxidão de um ambiente aburguesado. É necessário estarmos atentos, porque a pressão do ambiente que tem como norma de vida a procura insaciável do conforto pode ser muito forte. Seríamos então semelhantes a essas virgens, inicialmente cheias de bom espírito, mas que se cansam cedo e já não podem ir ao encontro do *Esposo*, apesar de se terem preparado para esse momento durante todo o dia.

Se não estivéssemos alerta, o Senhor encontrar-nos-ia sem o brilho das boas obras, adormecidos, com a lâmpada apagada. Que pena se um cristão, depois de anos e anos de luta, viesse a descobrir no final da sua vida que os seus atos estavam desprovidos de valor sobrenatural por lhes ter faltado o azeite do amor e da caridade!

A virtude teologal da caridade deve iluminar todos os nossos atos, em todas as circunstâncias, em cada momento: quando nos sentimos bem dispostos e na doença, no cansaço e no fracasso; entre pessoas de trato amável e com as que têm um gênio difícil; no trabalho e na família..., sempre. "Na alma bem disposta há sempre um propósito vivo, firme e decidido de perdoar, sofrer e ajudar, uma atitude que incita sempre a realizar atos de caridade. Se a alma se firmou neste desejo de amar e neste ideal de amar desinteressadamente, terá com isso a prova mais convincente de que as suas comunhões, confissões, meditações e toda a sua vida de oração estão em ordem, são sinceras e fecundas"[3].

Ora bem, o azeite que mantém acesa a caridade é o espírito de oração: a intimidade com Jesus. Não é difícil observar que a caridade é pouco vivida, mesmo entre muitos que têm o nome de cristãos. "No entanto, considerando as coisas com sentido sobrenatural, descobriremos também a raiz dessa esterilidade: a ausência de uma vida de relação intensa e contínua, de tu a Tu, com Nosso Senhor Jesus Cristo; e o desconhecimento da obra do Espírito Santo na alma, cujo primeiro fruto é precisamente a caridade"[4].

II. O SEGUIMENTO DE CRISTO nasce do Amor e nele encontra o seu alimento. O aburguesamento constitui um fracasso desses grandes desejos de seguir o Mestre. Quem se apega a uma vida cômoda, quem foge da abnegação e do sacrifício, ou se deixa levar obsessivamente pela ânsia de satisfações pessoais, não encontrará as forças necessárias para dar-se a Deus e aos outros com todo o coração e com toda a alma.

"Há também outros que afligem o seu corpo com a abstinência, mas dessa mesma abstinência querem obter retribuições humanas; dedicam-se a ensinar os outros, dão muitas coisas aos indigentes, mas na realidade são *virgens néscias*, porque somente buscam como paga um louvor passageiro"[5]. São aqueles a quem falta retidão de intenção; as suas obras acabam vazias.

O Senhor pede-nos perseverança no amor, uma perseverança que deve ir crescendo continuamente, ao ritmo da alegria que se experimenta em servir a Deus em cada época e em cada situação. *Esforçai-vos e fortalecei o vosso coração, vós todos que esperais no Senhor*[6], aconselha-nos o Espírito Santo. Sem desânimos, perseverantes no esforço diário, para que o Amor nos encontre preparados quando vier. "Acaso não são estas virgens prudentes — comenta Santo Agostinho — as que perseveram até o fim? Por nenhuma outra causa, por nenhuma outra razão se permitiu a sua entrada a não ser por terem perseverado até o fim... E porque as suas lâmpadas ardem até o último momento, são-lhes abertas as portas e lhes é dito que entrem"[7]: alcançaram o fim das suas vidas.

Quando o cristão perde essa atitude atenta, quando cede ao pecado venial e deixa que o seu trato de amizade com Cristo se esfrie, fica às escuras, sem luz para si mesmo e para os outros, que tinham direito ao influxo do seu bom exemplo. Quando vai deixando de lado o espírito de mortificação e descura a oração..., a sua luz esmorece e acaba por apagar-se, "e depois de tanto trabalho, depois de tantos suores, depois daquela valente luta e das vitórias conseguidas contra as más inclinações da natureza, as virgens néscias tiveram que retirar-se envergonhadas, com as suas lâmpadas apagadas e a cabeça baixa"[8]. O Amor de Deus não consiste em ter começado — ainda que com muito ímpeto —, mas em perseverar, em recomeçar uma vez e outra, continuamente.

III. AS NÉSCIAS "não é que tivessem permanecido inativas, porque tentaram fazer alguma coisa... Mas ouvem a voz que lhes responde com dureza: *Não vos conheço* (Mt 25, 12). Não souberam ou não quiseram preparar-se com a devida solicitude e esqueceram-se de tomar a razoável precaução de adquirir o azeite a tempo. Faltou-lhes generosidade para cumprir acabadamente o pouco que lhes fora pedido. Tinham tido muitas horas à sua disposição, mas desaproveitaram-nas.

"Pensemos na nossa vida com valentia. Por que não conseguimos, às vezes, os minutos de que precisamos para terminar amorosamente o nosso trabalho, que é o meio da nossa santificação? Por que descuramos as obrigações familiares? Por que nos entra a precipitação à hora de rezar ou de assistir ao Santo Sacrifício da Missa? Por que nos faltam a serenidade e a calma para cumprirmos os deveres do nosso estado, e nos entretemos sem pressa nenhuma em ir atrás dos caprichos pessoais? Podemos responder: são ninharias. Sim, é verdade; mas essas ninharias são o azeite, o nosso azeite, que mantém viva a chama e acesa a luz"[9].

O desejo de amar sempre mais a Cristo, a luta contra os defeitos e fraquezas, recomeçando sempre, é o que mantém acesa a chama, é o azeite da vasilha, que não permite que o brilho da caridade se extinga.

Dessa atitude vigilante, que o Senhor deseja que mantenhamos no coração, devem beneficiar-se os que estão mais perto de nós. Pesa muito, em certas ocasiões, um ambiente movido por uma concepção grosseiramente materialista da vida, como pesam os maus exemplos daqueles que deveriam ser sinais indicadores; é grande, às vezes, a inclinação das paixões "que puxam para baixo"..., mas a força da caridade bem vivida pode muito mais. *Frater qui adjuvatur a fratre, quasi civitas firma*[10], o irmão ajudado pelo seu irmão é tão forte como uma cidade amuralhada, que o inimigo não pode assaltar. É maior o poder do bem que o do mal. Daqui a importância da nossa vida: é necessário que sejamos como lâmpadas acesas, que iluminam o caminho de muitos.

Que forças podemos tirar da consideração de que, se amolecemos, não só nós, mas os outros, talvez mais fracos do que nós, perderão a Luz ou nunca a encontrarão! Existe uma maneira *heroica* e uma maneira *estúpida*, aburguesada, imprevidente, como a das virgens néscias, de percorrer os caminhos de Deus. Vale a pena que nos detenhamos num exame de consciência profundo: "Na tua vida, há duas peças que não se encaixam: a cabeça e o sentimento.

"A inteligência — iluminada pela fé — mostra-te claramente não só o caminho, mas a diferença entre a maneira heroica e a maneira estúpida de percorrê-lo. Sobretudo, põe diante de ti a grandeza e a formosura divina das tarefas que a Trindade deixa em nossas mãos.

"O sentimento, pelo contrário, apega-se a tudo o que desprezas, mesmo que continues a considerá-lo desprezível. É como se mil e uma insignificâncias estivessem esperando qualquer oportunidade, e logo que a tua pobre vontade se debilita — por cansaço físico ou por perda de sentido sobrenatural —, essas ninharias se amontoam e se agitam na tua imaginação, até formarem uma montanha que te oprime e te desanima: as asperezas do trabalho; a resistência em obedecer; a falta de meios; os fogos de artifício de uma vida regalada; pequenas e grandes tentações repugnantes; rajadas de sentimentalismo; a fadiga; o sabor amargo da mediocridade espiritual... E, às vezes, também o medo: medo porque sabes que Deus te quer santo e não o és.

"Permite-me que te fale com crueza. Sobram-te «motivos» para voltar atrás, e falta-te arrojo para corresponder à graça que Ele te concede, porque te chamou para seres outro Cristo, *ipse Christus!* — o próprio Cristo. Esqueceste a admoestação do Senhor ao Apóstolo: «Basta-te a minha graça!», que é uma confirmação de que, se quiseres, podes"[11].

Se, confiantes na graça de Deus, nos dermos heroicamente ao Senhor e a todos os que temos ao nosso lado, poderemos esperar Cristo que chega e que nos introduzirá no *banquete de bodas*, no Amor sem medida e sem fim.

(1) Mt 25, 1-13; (2) São Gregório Magno, *Homilias sobre o Evangelho*, 12, 2; (3) B. Baur, *En la intimidad con Dios*, p. 247; (4) São Josemaria Escrivá, *Amigos de Deus*, n. 236; (5) São Gregório Magno, *op. cit.*, 12, 1; (6) Sl 30, 25; (7) Santo Agostinho, *Sermão 93*, 6; (8) São João Crisóstomo, *Homilias sobre os Evangelhos*, 78, 2; (9) São Josemaria Escrivá, *op. cit*, n. 41; (10) cf. Liturgia das Horas, II, *Preces Visperae*: Pr 18, 19; (11) São Josemaria Escrivá, *Sulco*, n. 166.

TEMPO COMUM. VIGÉSIMA PRIMEIRA SEMANA. SÁBADO

186. OS PECADOS DE OMISSÃO

— A parábola dos talentos. Recebemos muitos bens e dons do Senhor. Somos administradores e não donos.
— Responsabilidade de fazer render os talentos pessoais.
— Omissões. Atuação dos cristãos na vida social e na pública.

I. O SENHOR, DEPOIS DE FAZER um apelo à vigilância, propõe no Evangelho da Missa[1] uma parábola que é uma nova chamada à responsabilidade perante as graças que recebemos. Um homem rico — diz-nos — teve de sair de viagem e, antes de partir, confiou aos seus servos todos os seus bens para que os administrassem e fizessem render. A um deu cinco talentos, a outro dois e a outro um, *segundo a capacidade de cada um*. O talento era uma unidade contábil que equivalia a cerca de cinquenta quilos de prata, e utilizava-se para medir grandes quantias de dinheiro[2]. Nos tempos de Cristo, valia perto de seis mil denários, e um denário aparece no Evangelho como o salário de um dia de um trabalhador do campo. Mesmo o servo a quem menos bens se confiou (um talento) recebeu do Senhor uma quantia de dinheiro muito grande. Um primeiro ensinamento desta parábola: recebemos bens incontáveis.

Entre outros dons, recebemos a vida natural, o primeiro presente de Deus; a inteligência, para compreender as verdades criadas e através delas ascender até o Criador; a vontade, para querer o bem, para amar; a liberdade, com a qual nos dirigimos como filhos para a Casa paterna; o tempo, para servir a

Deus e dar-lhe glória; bens materiais, para realizar boas obras em favor da família, da sociedade, dos mais necessitados...

Em outro plano, incomparavelmente mais alto e de maior valor, recebemos a vida da graça — participação na vida eterna de Deus —, que nos torna membros da Igreja e beneficiários da Comunhão dos Santos, e a chamada de Deus para segui-lo de perto. Temos à nossa disposição os sacramentos, especialmente o dom inestimável da Sagrada Eucaristia; foi-nos dada como Mãe a Mãe de Deus; recebemos os sete dons do Espírito Santo que nos impelem constantemente a ser melhores; e um anjo que nos guarda e protege...

Recebemos a vida e os dons que a acompanham como um legado, para fazê-los render. E desse legado hão de pedir-nos contas no final dos nossos dias. Somos administradores de uns bens, alguns dos quais só possuiremos durante este curto tempo de vida. Depois o Senhor dir-nos-á: *Dá-me contas da tua administração*. Não somos donos, mas apenas gestores de um cabedal divino.

Há, assim, duas maneiras de entender a vida: sentirmo-nos administradores e fazer render o que recebemos com responsabilidade, diante de Deus, ou viver como se fôssemos donos, em benefício da nossa própria comodidade, do nosso egoísmo e dos nossos caprichos. Perguntemo-nos hoje, na nossa oração, qual dessas duas atitudes é a nossa.

II. O SENHOR ESPERA VER o seu patrimônio bem administrado; e espera um rendimento de acordo com o que recebemos. O prêmio é imenso: esta parábola ensina que *o muito* daqui, da nossa vida na terra, é pouco em relação com o prêmio do Céu. Assim o compreenderam os dois primeiros servos da parábola: puseram em jogo os talentos recebidos e ganharam com eles outro tanto. Por isso, cada um deles pôde ouvir dos lábios do seu Senhor estas palavras: *Muito bem, servo bom e fiel; porque foste fiel no pouco, eu te constituirei sobre o muito; entra na alegria do teu Senhor*. Fizeram o melhor negócio: ganhar a felicidade eterna. Os bens desta vida, ainda que sejam muitos, são sempre *pouco* em comparação com o que Deus dará aos que o servem e amam.

O terceiro servo enterrou o seu talento na terra, não negociou com ele: perdeu o tempo e não tirou nenhum proveito daquilo que tinha recebido. A sua vida foi um cúmulo de omissões, de oportunidades desperdiçadas, de bens materiais e de tempo mal gastos. Apresentou-se diante do seu Senhor de mãos vazias. A sua existência foi um viver inútil em relação ao que realmente importava: ocupou-se talvez em outras coisas, mas não levou a cabo o que realmente se esperava dele.

Enterrar o talento que Deus nos confiou é ter capacidade de amar e não amar, poder tornar felizes os que estão junto de nós e deixá-los na tristeza e na infelicidade; ter bens e não fazer o bem com eles; poder levar os outros a Deus e desaproveitar as oportunidades, por pensar que ninguém nos manda meter-nos na vida dos outros, quando é Cristo que no-lo manda; é abandonar a prática religiosa ou mantê-la num mínimo medíocre, quando a vida interior de oração e sacrifício está chamada a crescer...

Para o estudante, fazer render os talentos significa estudar em consciência, aproveitando bem o tempo, sem deixar-se contagiar nesciamente pela ociosidade dos outros. Para o profissional, para a dona de casa, fazer render os talentos significa realizar um trabalho exemplar, intenso, em que se tem presente a pontualidade e a perfeição na execução. De maneira especial, Deus há de pedir-nos contas daqueles que, por diversos motivos, tenha colocado sob os nossos cuidados. Santo Agostinho diz que quem está à frente dos seus irmãos e não se preocupa com eles é *foenus custos*, um guardião de palha, como um espantalho que nem sequer serve para afugentar os pássaros que vêm e comem as uvas[3].

Seria triste se, olhando para trás, a nossa vida passada desfilasse diante de nós como uma grande avenida de ocasiões perdidas, se percebêssemos nesse momento que a capacidade que Deus nos deu tinha estacionado numa via morta por preguiça, abandono ou egoísmo. Nós queremos servir o Senhor; mais do que isso: é a única coisa que nos importa. Peçamos-lhe que nos ajude a dar frutos de santidade: de amor e sacrifício. E que estejamos convencidos de que *não basta, não é suficiente* simplesmente "não cometer o mal", é necessário "negociar o talento", fazer positivamente o bem.

III. PÔR EM JOGO os talentos recebidos abarca todas as manifestações da vida pessoal e social. A vida cristã leva-nos a desenvolver a personalidade, a capacidade de amizade, de cordialidade, as possibilidades de fazer o bem... Temos que exercitar essas qualidades através de iniciativas cheias de fé, que nos hão de levar a vencer os respeitos humanos e a provocar conversas a sós que animem os nossos parentes, amigos ou colegas de trabalho a aproximar-se de Deus, a retificar defeitos do caráter que comprometem o rendimento profissional ou a paz familiar, a ser muito responsáveis na educação humana e religiosa dos filhos.

Temos que ser homens empreendedores, que lançam ou secundam com o seu tempo e trabalho atividades de beneme-rência, obras de promoção do meio social e sobretudo de formação humana e cristã da juventude. O mundo dos nossos dias afunda-se na apatia e na desilusão, no desconcerto e na crítica negativa. Um punhado de homens de esperança, decididos e audazes, pode devolver-lhe o entusiasmo, a grandeza de alma e o otimismo cristão. E nós temos de ser esse pequeno fermento que leveda toda a massa. Que o Senhor possa dizer-nos um dia, após uma vida em que não nos omitimos: *Tive fome e me destes de comer, tive sede e me destes de beber, estava nu e me vestistes*[4].

O tempo com que podemos contar para realizar o que Deus quer de nós é sempre escasso; não sabemos até quando se prolongarão esses dias que fazem parte do talento que recebemos. Todos os dias podemos tirar muito rendimento dos dons que Deus colocou em nossas mãos: uma infinidade de pequenas tarefas, uma sequência de pequenos atos de fé e de serviço podem preencher a medida do rendimento que Deus espera de nós. Não pensemos em grandes façanhas. Humildemente, pensemos nos dons que Deus nos deu e partamos deles — do que temos e somos com a graça de Deus — para multiplicá-los numa cadeia de boas obras constantes, cuja continuidade estará assegurada porque não se tratará de uma obra humana, mas de uma colaboração com os planos divinos.

A Confissão frequente ajudar-nos-á a evitar as omissões que empobrecem a vida de um cristão. "Nela (na Confissão frequente) deve prestar-se especial atenção aos deveres descuidados, ainda que com frequência sejam deveres de *pouca* importância, às inspirações da graça que ficaram sem correspondência, às ocasiões de fazer o bem que foram desaproveitadas, aos momentos perdidos, ao amor ao próximo não demonstrado ou demonstrado insuficientemente. Devem despertar nela um profundo e sério pesar e uma decidida vontade de lutar conscientemente contra as menores omissões de que tenhamos consciência. Se recorrermos à Confissão com esse propósito, ser-nos-á concedida na absolvição do sacerdote a graça de reconhecermos melhor essas omissões e de as tomarmos a sério"[5]. Com essa graça do sacramento, ser-nos-á mais fácil evitar esses pecados de omissão e cumular a vida de frutos abundantes para Deus. *Porque foste fiel no pouco, eu te constituirei sobre o muito.*

(1) Mt 25, 14-30; (2) cf. 2 Sm 12, 30; 2 Rs 18, 14; (3) cf. Santo Agostinho, *Miscellanea agustianensis*, Roma, 1930, vol. I, p. 568; (4) cf. Mt 25, 35 e segs.; (5) B. Baur, *La confesión frecuente*, pp. 112-113.

Tempo Comum. Vigésimo Segundo Domingo. Ciclo A

187. CONTAR COM A CRUZ

— Sem sacrifício, não há amor. Necessidade da Cruz e do sacrifício.
— O paganismo contemporâneo e a busca do bem-estar material a qualquer custo. O medo a tudo o que possa causar sofrimento.
— *De que serve ao homem ganhar o mundo inteiro se vier a perder a sua alma?*

I. O EVANGELHO DA MISSA[1] apresenta-nos Jesus pouco depois da confissão da sua divindade feita por Pedro. Nesse momento, o Mestre dirige um grande elogio ao discípulo: *Bem-aventurado és tu, Simão, filho de João, porque não foram a carne e o sangue que to revelaram, mas meu Pai que está nos céus*[2]; e a seguir declara que ele será o fundamento da sua Igreja. Agora, começa a anunciar aos que lhe são mais íntimos que é necessário que Ele vá a Jerusalém para padecer muito da parte dos judeus e finalmente morrer para ressuscitar ao terceiro dia.

Os apóstolos não entendem bem essa linguagem, pois ainda conservam uma imagem temporal do Reino de Deus. *E tomando-o Pedro à parte, começou a repreendê-lo, dizendo: Deus tal não permita, Senhor; isso não te sucederá de maneira nenhuma*. Levado pelo seu imenso carinho por Jesus, Simão procura afastá-lo do caminho da Cruz, sem compreender ainda que ela será um grande bem para a humanidade e a suprema demonstração do amor de Deus por nós. "Pedro raciocinava humanamente — comenta São João Crisóstomo — e concluía que tudo aquilo — a Paixão e a Morte — era indigno de Cristo e reprovável"[3].

Pedro encara a missão de Cristo na terra com olhos demasiado humanos, e não chega a entender que, por vontade expressa de Deus, a Redenção se tem de fazer mediante a Cruz e que "não houve meio mais conveniente de salvar a nossa miséria"[4]. O Senhor responde energicamente ao discípulo, tratando-o como se estivesse novamente com o tentador do deserto: *Retira-te de mim, Satanás; tu serves-me de escândalo, porque não tens a sabedoria das coisas de Deus, mas das coisas dos homens*.

Em Cesareia, Pedro tinha falado movido pelo Espírito Santo; agora, deixa-se dominar por uma visão terrena. O anúncio da Cruz, da mortificação e do sacrifício como um bem, como meio de salvação, sempre chocará os que a encarem com olhos humanos, como Pedro nesta ocasião. São Paulo teve que prevenir os primeiros cristãos contra aqueles que *procedem como inimigos da cruz de Cristo; o fim deles* — diz-lhes — *é a perdição; o deus deles é o ventre; e fazem consistir a sua glória na sua própria confusão, tendo prazer somente nas coisas da terra*[5].

Pensando apenas com uma lógica humana, é difícil entender que a dor, o sofrimento, aquilo que se apresenta como custoso, possa chegar a ser um bem. Por um lado, a experiência mostra-nos que essas realidades, tão frequentes no nosso caminho, nos purificam, nos enrijecem e nos tornam melhores. Por outro lado, no entanto, não fomos feitos para sofrer, pois todos aspiramos à felicidade.

O medo à dor, sobretudo se se trata de uma dor forte ou persistente, é um impulso profundamente arraigado em nós, e a nossa primeira reação é de repulsa. Por isso, a mortificação, a penitência cristã, tropeça com dificuldades; não é fácil, e, ainda que a pratiquemos assiduamente, não acabamos nunca de acostumar-nos a ela[6].

A fé, no entanto, permite-nos ver — e experimentar — que sem sacrifício não há amor, não há alegria verdadeira, a alma não se purifica, não encontramos a Deus. O caminho da santidade passa pela Cruz, e todo o apostolado fundamenta-se nela. É o "livro vivo em que aprendemos definitivamente quem somos e como devemos atuar. Este livro está sempre aberto diante de nós"[7]. Devemos aproximar-nos dele e lê-lo; nele aprenderemos quem é Cristo, o seu amor por nós e o caminho para segui-lo. Quem procura a Deus sem sacrifício, sem Cruz, não o encontrará.

II. ... *PORQUE NÃO TENS a sabedoria das coisas de Deus, mas das coisas dos homens*. Mais tarde, Pedro compreenderia o profundo significado da dor e do sacrifício; sentir-se-ia alegre com os outros apóstolos por ter padecido *por causa do nome de Jesus*[8].

Nós, cristãos, sabemos que a nossa salvação e o caminho do Céu estão na aceitação amorosa da dor e do sacrifício. Existe por acaso uma vida cristã plenamente fecunda sem sofrimento? "Porventura os esposos estão certos do seu amor antes de terem sofrido juntos? Porventura a amizade não se torna mais firme pelas provas sofridas em comum ou simplesmente por se ter sofrido junto com os outros o calor do dia ou por se ter compartilhado com eles a fadiga e o perigo de uma escalada?"[9] Para ressuscitar com Cristo, temos que acompanhá-lo no seu caminho para a Cruz: aceitando as contrariedades e tribulações com paz e serenidade; sendo generosos na mortificação voluntária, que nos faz entender o sentido transcendente da vida e reafirma o senhorio da alma sobre o corpo. Como nos tempos apostólicos, devemos ter em conta que a Cruz que anuncia Cristo é escândalo para uns e loucura e insensatez para outros[10].

Hoje vemos também muitas pessoas que *não sentem as coisas de Deus, mas as dos homens*. Têm o olhar posto nas coisas da terra, nos bens materiais, sobre os quais se lançam sem medida, como se fossem os únicos reais e verdadeiros. A humanidade sofre o embate de uma onda de materialismo que parece querer invadir e penetrar tudo. "Este paganismo contemporâneo caracteriza-se pela busca do bem-estar material a qualquer custo, e pelo correspondente esquecimento — melhor seria dizer medo, autêntico pavor — de tudo o que possa causar sofrimento. Com esta perspectiva, palavras como Deus, pecado, cruz, mortificação, vida eterna... acabam por ser incompreensíveis para um grande número de pessoas, que desconhecem o seu significado e sentido"[11].

A ideologia hedonista, segundo a qual o prazer é o fim supremo da vida, impregna especialmente os costumes e os modos de vida em nações economicamente mais desenvolvidas, mas é também o "estilo de vida de grupos cada vez mais numerosos nos países mais pobres"[12]. Este materialismo radical afoga o sentido religioso dos povos e das pessoas, e opõe-se diretamente à doutrina de Cristo, que nos convida uma vez mais no Evangelho da Missa a carregar a Cruz, como condição necessária para segui-lo. *Se alguém quiser vir após mim* — diz-nos —, *negue-se a si mesmo, tome a sua cruz e siga-me*.

Deus conta com a dor, com o sacrifício voluntário, com a pobreza, com a doença que chega sem avisar... Tudo isso, longe de separar-nos do Senhor, pode unir-nos mais intimamente a Ele. Vamos a Jesus junto do Sacrário e oferecemos-lhe tudo aquilo que nos é custoso e difícil; e então verificamos que "por Cristo e em Cristo ilumina-se o enigma da dor e da morte"[13]. Só assim perdemos o medo ao sofrimento e sabemos aceitá-lo com alegria, descobrindo nele a amável vontade do Senhor: "Esta foi a grande revolução cristã: converter a dor em sofrimento fecundo; fazer, de um mal, um bem. Despojamos o demônio dessa arma...; e, com ela, conquistamos a eternidade"[14].

III. POR MEIO DO APOSTOLADO pessoal, temos que dizer a todos, com o exemplo e a palavra, que não ponham o coração nas coisas da terra, que tudo é caduco, que envelhece e dura pouco. *Omnes ut vestimentum veterascent*[15], como um vestido, assim envelhecem todas as coisas. Somente a alma que luta por manter-se em Deus permanecerá numa juventude sempre maior, até que chegue o encontro com o Senhor. Todas as outras coisas passam, e depressa.

Que pena quando vemos que tantos põem em perigo a sua salvação eterna e a sua própria felicidade aqui na terra por quatro bugigangas que nada valem! Jesus recorda-nos hoje na passagem do Evangelho que estamos considerando: *Que aproveita ao homem ganhar o mundo inteiro, se vier a perder a sua alma? Ou que poderá dar o homem em troca da sua alma?*[16] "Que aproveita ao homem tudo o que povoa a terra, todas as ambições da inteligência e da vontade? Que vale tudo isso, se tudo acaba, se tudo se afunda, se são bambolinas de teatro todas as riquezas deste mundo terreno, se depois é a eternidade para sempre, para sempre, para sempre?"[17]

O mundo e os bens materiais nunca são o fim último para o homem. O próprio bem temporal, que nós os cristãos temos obrigação de promover, não consiste fundamentalmente nas obras exteriores — nas realizações da técnica, da ciência, da indústria —, mas no próprio homem, no seu viver humano, no aperfeiçoamento das suas faculdades, das suas relações sociais, da sua cultura, mediante os bens materiais e o trabalho, que sempre estão a serviço da dignidade da pessoa.

Só com um amor reto, que a temperança protege e garante, saberemos dar verdadeiro sentido à necessária preocupação pelos bens terrenos. Se Deus é de verdade o centro da nossa existência, a vida matrimonial ordenar-se-á efetivamente para o seu fim primário — gerar filhos para Deus e educá-los para Ele — e a vida familiar será uma mútua e generosa entrega. Só assim — tendo presente o Senhor — os espetáculos e a arte serão dignos do homem, meio e expressão da riqueza do seu espírito. Só assim se entenderá o fundamento objetivo da moral, e as leis dos povos serão fiel reflexo da lei divina. Só assim o homem superará os seus temores, e achará no sofrimento um meio de purificação e de corredenção com Cristo.

(1) Mt 16, 21-27; (2) Mt 16, 17; (3) São João Crisóstomo, *Homilias sobre São Mateus*, 54, 4; (4) Santo Agostinho, *Tratado sobre a Trindade*, 12, 1-5; (5) Fl 3, 17-19; (6) cf. R. M. de Balbin, *Sacrificio y alegría*, p. 30; (7) João Paulo II, *Alocução*, 1-IV-1980; (8) cf. At 5, 41; (9) J. Leclercq, *Treinta meditaciones sobre la vida cristiana*, 2ª ed., Desclée de Brouwer, Bilbao, 1958, pp. 217-218; (10) cf. 1 Cor 1, 23; (11) A. del Portillo, *Carta pastoral*, 25-XII-1985, n. 4; (12) João Paulo II, *Homilia* no Yankee Stadium de Nova York, 2-X-1979, 6; (13) Conc. Vat. II, Const. *Gaudium et spes*, 22; (14) São Josemaria Escrivá, *Sulco*, n. 887; (15) Hb 1, 11; (16) Mt 16, 26; (17) São Josemaria Escrivá, *Amigos de Deus*, n. 200.

TEMPO COMUM. VIGÉSIMO SEGUNDO DOMINGO. CICLO B

188. A VERDADEIRA PUREZA

— A alma limpa.
— A santa pureza no meio do mundo.
— Pedir e empenhar-se para que o coração nunca fique manchado.

I. SÃO MARCOS, que dirigiu o seu Evangelho aos cristãos procedentes do paganismo, teve que explicar em diversas passagens certos costumes judaicos para que os seus leitores compreendessem melhor os ensinamentos do Senhor. No Evangelho da Missa[1], diz-nos que os judeus, e de modo especial os fariseus, *não comem sem se purificarem; e praticam muitas outras observâncias tradicionais como lavar os copos e os jarros, os vasos de cobre e os leitos*.

Estas purificações não se faziam por meros motivos de higiene ou de urbanidade, mas por terem um significado religioso: eram símbolo da pureza moral com que é necessário aproximar-se de Deus. O Salmo 24, que fazia parte da liturgia de entrada no santuário de Jerusalém, diz assim: *Quem subirá ao monte do Senhor, ou quem estará no seu lugar santo? O homem de mãos inocentes e de coração puro...*[2] A pureza de coração era uma condição para as pessoas se aproximarem de Deus, participarem do seu culto e verem o seu rosto. Mas os fariseus retiveram apenas aquilo que era exterior, e aumentaram até os ritos e a sua importância, ao mesmo tempo que descuravam o fundamental: a limpeza de coração, da qual todas as coisas externas eram sinal e símbolo[3].

Na cena relatada pelo Evangelho, os fariseus e alguns escribas vindos de Jerusalém estranharam que alguns dos discípulos do Senhor comessem o pão *com as mãos impuras, isto é, por lavar*; e perguntaram ao Senhor: *Por que os teus discípulos não andam segundo a tradição dos antigos, mas comem o pão sem lavar as mãos?* Diante dessa atitude vazia e formalista, o Senhor respondeu-lhes energicamente: *Hipócritas, deixais de lado o mandamento de Deus para vos aferrardes à tradição dos homens*. A verdadeira pureza — as *mãos inocentes* do Salmo 24 são muito mais do que *lavar as mãos* — deve começar pelo coração, *pois dele procedem os maus pensamentos, os adultérios, as fornicações, os homicídios, os furtos, as avarezas, as malícias, as fraudes, as desonestidades, a inveja, a blasfêmia, a soberba, a loucura*. As ações do homem procedem do coração. E se este está manchado, o homem inteiro fica manchado.

A impureza não se refere apenas à desordem da sensualidade — ainda que esta, quer dizer, a luxúria, deixe uma marca profunda —, mas também ao desejo imoderado de bens materiais, à atitude que leva a ver os outros com maus olhos, com intenção retorcida, à inveja, ao rancor, à inclinação egocêntrica de pensar em si mesmo e esquecer os outros, à apatia interior... As obras externas ficam marcadas pelo que há no coração. Quantas faltas externas de caridade não têm a sua origem em suscetibilidades ou em rancores depositados no fundo da alma, e que deveriam ser cortados mal aparecessem!

Jesus rejeita a mentalidade que se ocultava por trás daquelas prescrições, desprovidas de conteúdo interior, e ensina-nos a amar a pureza de coração, que nos permitirá ver a Deus no meio das nossas tarefas. Ele quer — assim no-lo disse tantas vezes! — reinar nos nossos afetos, acompanhar-nos nas nossas atividades, dar um sentido novo a tudo o que fazemos. Peçamos-lhe que nos ajude a ter sempre um coração limpo de todas essas desordens.

II. A PUREZA DE ALMA — castidade e retidão interior nos afetos e sentimentos — tem que ser plenamente amada e procurada com alegria e com empenho, apoiando-nos sempre na graça de Deus. Só pode ser alcançada mediante uma luta positiva e constante, prolongada ao longo de uma vida que se mantém vigilante pelo exame de consciência diário, para não pactuar com pensamentos e atitudes que afastam de Deus e dos outros; é também fruto de um grande amor à Confissão frequente bem feita, mediante a qual o Senhor nos purifica e nos "lava" o coração, cumulando-nos da sua graça.

A pureza interior traz consigo um fortalecimento e um crescimento do amor, e uma elevação do homem à dignidade a que foi chamado, essa dignidade de que o homem tem cada vez maior consciência[4], e da qual no entanto parece afastar-se cada vez mais. "O coração humano continua a sentir hoje os mesmos impulsos que Jesus denunciava como causa e raiz da impureza: o egoísmo em todas as suas formas, as intenções desvirtuadas, as motivações rasteiras que tantas vezes inspiram a conduta dos homens. Mas parece que nestes momentos a vida do mundo denota um aspecto que deve ser avaliado como novo pela sua difusão e gravidade: a degradação do amor humano e uma avalanche de impureza e sensualidade que se abateu sobre a face da terra. É uma forma de rebaixamento do homem que afeta a intimidade radical do seu ser, o que é mais nuclear na sua personalidade e que, pela extensão que alcançou, deve ser considerada como um fenômeno histórico sem precedentes"[5].

Com a ajuda da graça, é tarefa de todos os cristãos mostrar, com uma vida limpa e com a palavra, que a castidade é uma virtude essencial a todos — homens e mulheres, jovens e adultos —, e que cada um deve vivê-la de acordo com as exigências do estado a que o Senhor o chamou; "é exigência de amor. É a dimensão da sua verdade interior no coração do homem"[6], e sem ela não seria possível amar nem a Deus nem aos outros.

A lealdade aos nossos compromissos de homens e mulheres que seguem o Senhor, a fortaleza e o indispensável senso comum devem levar-nos a agir com prudência, a evitar as ocasiões de perigo para a saúde da alma e para a integridade da vida espiritual: a deixar de ouvir ou ver determinados programas de televisão; a guardar os sentidos; a não participar de uma conversa que rebaixa a dignidade dos que estão presentes; a não descuidar os detalhes de pudor e de modéstia na maneira de vestir, no asseio pessoal, no esporte; a manifestar sem complexos a nossa repulsa pelos espetáculos obscenos... Convém lembrar-se de que a palavra "obsceno" procede do antigo teatro grego e romano, e significava aquilo que, por respeito aos espectadores, *não devia representar-se em cena*, por pertencer à intimidade pessoal: mesmo essa civilização pagã — que tinha normas morais tão relaxadas — compreendia que há coisas que não devem ser feitas diante de outras pessoas.

Talvez haja situações em que não nos seja fácil viver como bons cristãos em ambientes que perderam o sentido moral da vida; contudo, o Senhor nunca nos prometeu um caminho cômodo, mas as graças necessárias para vencer. Deixarmo-nos arrastar pelos respeitos humanos ou pelo medo de não parecermos naturais, com uma "naturalidade pagã", revelaria uma personalidade débil, vulgar, e sobretudo, pouco amor ao Mestre.

III. É DO FUNDO DO CORAÇÃO humano que o Espírito Santo quer fazer brotar a fonte de uma vida nova, que penetre pouco a pouco o homem inteiro. Desta maneira, a pureza interior, e a virtude da castidade em particular — *pureza*, em português e em outras línguas, identifica-se com a virtude da *castidade*, ainda que em si mesma abarque um campo mais amplo[7] —, é uma das condições necessárias e um dos frutos da vida interior[8].

Essa pureza cristã, a castidade, sempre constituiu uma das glórias da Igreja e uma das manifestações mais claras da sua santidade. Hoje, como nos tempos dos primeiros cristãos, muitos homens e mulheres procuram viver a virgindade e o celibato no meio do mundo — sem serem mundanos —, *por amor do Reino dos céus*[9]. E uma grande multidão de esposos cristãos — pais e mães de família — vivem santamente a castidade segundo o seu estado matrimonial. Uns e outros são testemunhas do amor cristão, que se ajusta à vocação de cada um, pois, como ensina a Igreja, "tanto o matrimônio como a virgindade e o celibato são dois modos de expressar e de viver o único mistério da Aliança de Deus com o seu povo"[10].

Nós, cada um no estado em que foi chamado — solteiro, casado, viúvo, sacerdote —, pedimos hoje ao Senhor que nos conceda um coração bom, limpo, capaz de compreender todas as criaturas e de aproximá-las de Deus; capaz de uma bondade sem limites para com os que nos procuram, talvez destruídos por dentro, pedindo e às vezes mendigando um pouco de luz e de alimento para se reerguerem. Talvez nos possa servir agora, e em muitas ocasiões, como jaculatória, a prece que a liturgia dirige ao Espírito Santo na festa de Pentecostes: "Limpa na minha alma o que está sujo, rega o que se tornou árido, sem fruto, cura o que está doente, dobra o que é rígido, aquece o que está frio, dirige o que se extraviou..."[11]

E juntamente com a oração, um desejo eficaz de lutar com empenho para que o coração não fique nunca manchado: não só pelos pensamentos e desejos impuros, como por qualquer sentimento ou atitude de cólera, de inveja, de rancor, de ressentimento ou rebeldia..., que são coisas que mancham e deixam a alma mergulhada em tristeza e em trevas. Amemos o sacramento da Confissão, em que o coração se purifica cada vez mais e se dilata para lançar-se às boas obras.

A nossa Mãe Santa Maria, que desde o momento da sua conceição esteve cheia de graça, há de ensinar-nos a ser fortes se em algum momento nos custa um pouco mais manter o coração limpo e cheio de amor pelo seu Filho.

(1) Mc 7, 1-8; (2) cf. Sl 24, 3-4; (3) cf. João Paulo II, *Audiência geral*, 10-XII-1980; (4) cf. Conc. Vat. II, Decl. *Dignitatis humanae*, 1; (5) J. Orlandis, *Las ocho bienaventuranzas*, pp. 114-115; (6) João Paulo II, *Audiência geral*, 3-XII-1980; (7) idem, *Audiência geral*, 10-XII-1980; (8) cf. S. Pinckaers, *En busca de la felicidad*, pp. 141-142; (9) Mt 19,12; (10) João Paulo II, Exort. apost. *Familiaris consortio*, 16; (11) cf. Missal Romano, *Sequência*, Missa do dia de Pentecostes.

TEMPO COMUM. VIGÉSIMO SEGUNDO DOMINGO. CICLO C

189. OS PRIMEIROS LUGARES

— Lutar contra o desejo desordenado de louvores e de honras.
— Meios para viver a humildade.
— Os bens da humildade.

I. AS LEITURAS DA MISSA de hoje falam-nos de uma virtude que constitui o alicerce de todas as outras: a humildade. É uma virtude tão necessária que Jesus aproveita qualquer circunstância para pô-la em destaque.

No episódio narrado pelo Evangelho, o Senhor foi convidado para um banquete em casa de um dos principais fariseus. Jesus repara que os convidados vão ocupando os primeiros lugares, os de maior honra. Quando possivelmente já estavam sentados e podia estabelecer-se uma conversa, o Senhor expôs-lhes uma parábola[1] que terminou com estas palavras: *Quando fores convidado, vai tomar o último lugar, para que, quando vier o que te convidou, te diga: Amigo, vem mais para cima. Então serás honrado na presença de todos os convivas. Porque todo aquele que se exalta será humilhado; e aquele que se humilha será exaltado.*

Esta parábola recorda-nos a necessidade de ocuparmos o nosso lugar, de evitarmos que a ambição nos cegue e nos leve a converter a vida numa corrida louca atrás de postos cada vez mais altos; postos que em muitos casos não teríamos condições de exercer e que talvez nos viessem a humilhar mais tarde.

A ambição, uma das formas de soberba, é causa frequente de mal-estar em quem se deixa levar por ela. "Por que ambicionas os primeiros lugares? Para estar por cima dos outros?", pergunta-nos São João Crisóstomo[2]. Todos os homens têm o desejo — certamente bom e legítimo — de desfrutar de apreço e consideração no meio em que vivem, mas a ambição aparece no momento em que esse desejo se torna *desordenado*.

A verdadeira humildade não se opõe ao legítimo desejo de progredir na vida social, de gozar do devido prestígio profissional, de receber louvor e honra. Tudo isso é compatível com uma profunda humildade; mas quem é humilde não gosta de exibir-se. No posto que ocupa, sabe que o seu objetivo não é brilhar e ser considerado, mas cumprir uma missão diante de Deus e a serviço dos outros.

Esta virtude não tem nada a ver com a timidez, a pusilanimidade ou a mediocridade. A humildade leva-nos a ter plena consciência dos talentos que Deus nos deu, mas para fazê-los render com o coração reto; impede-nos a desordem de nos jactarmos deles e de cairmos na presunção; leva-nos a ser sabiamente moderados e a dirigir para Deus os desejos de glória que se escondem no coração humano: *Non nobis, Domine, non nobis. Sed nomini tuo da glóriam*[3]. Não para nós, Senhor, não para nós, mas para Ti seja toda a glória.

A humildade faz que tenhamos consciência clara de que os nossos talentos e virtudes, tanto naturais como na ordem da graça, pertencem a Deus, porque *da sua plenitude, todos recebemos*[4]. Tudo o que é bom vem de Deus; a deficiência e o pecado, esses, sim, são nossos. Por isso, "a viva consideração das graças recebidas torna-nos humildes, porque o conhecimento gera o reconhecimento"[5].

Penetrar, com a ajuda da graça, naquilo que somos e na grandeza da bondade divina, permite que nos coloquemos no nosso lugar; antes de mais nada, diante de nós mesmos: "Por acaso os mulos deixam de ser animais torpes e disformes por estarem carregados de perfumes e móveis preciosos do príncipe?"[6] Esta é a verdadeira realidade da nossa vida: *Ut iumentum factus sum apud te, Domine*[7], diz a Sagrada Escritura: somos como um jumento que o amo, quando quer, carrega com tesouros valiosíssimos.

II. PARA CRESCERMOS na virtude da humildade, é necessário que, a par do reconhecimento do nosso nada, saibamos olhar e admirar os dons que o Senhor nos concede, os talentos de que espera fruto. "Apesar das nossas misérias pessoais, somos portadores de essências divinas de um valor inestimável: somos instrumentos de Deus. E como queremos ser bons instrumentos, quanto mais pequenos e miseráveis nos sintamos, com verdadeira humildade, tanto mais Nosso Senhor porá em nós tudo o que nos faltar"[8]. Iremos pelo mundo com essa altíssima dignidade de ser "instrumentos de Deus" para que Ele atue no mundo. Humildade é reconhecer que valemos pouco — nada —, e ao mesmo tempo sabermo-nos "portadores de essências divinas de um valor inestimável".

Esta visão, a mais real de todas, leva-nos ao agradecimento contínuo, às maiores audácias espirituais porque nos apoiamos no Senhor, a olhar para os outros com todo o respeito e a não mendigar pobres louvores e admirações humanas que valem tão pouco e duram tão pouco. A humildade elimina os complexos de inferioridade — que com frequência resultam da soberba ferida —, torna-nos alegres e serviçais, sequiosos de amor de Deus: "Nosso Senhor porá em nós tudo o que nos faltar".

Para aprendermos a caminhar pela senda da humildade, temos que saber aceitar as humilhações externas que certamente encontraremos no decorrer das nossas jornadas, pedindo ao Senhor que nos ensine a considerá-las como um dom divino que nos permite desagravá-lo, purificar-nos e cumular-nos de amor ao Senhor, sem nos deixarmos abater, recorrendo ao Sacrário se alguma vez nos doem um pouco mais.

A sinceridade plena conosco próprios é um meio seguro de crescermos nesta virtude. Devemos chegar a essa profundidade que só é possível no exame de consciência feito na presença de Deus; a essa sinceridade com o Senhor que nos levará a pedir-lhe perdão muitas vezes, porque as nossas fraquezas são muitas.

Aprender a retificar é também um caminho seguro de humildade. "Só os tolos é que são cabeçudos; os muito tolos, muito cabeçudos"[9]. Os assuntos humanos não têm uma solução única; "também os outros podem ter razão: veem a mesma questão que tu, mas de um ponto de vista diferente, com outra luz, com outra sombra, com outros contornos"[10], e essa confrontação de pareceres é sempre enriquecedora. O soberbo que nunca dá o braço a torcer, que sempre se julga possuidor da verdade em coisas de per si opináveis, nunca participará de um diálogo aberto e enriquecedor. Além disso, retificar quando nos enganamos não é só questão de humildade, mas de elementar honradez.

Todos os dias deparamos com muitas ocasiões de praticar essa virtude: sendo dóceis aos conselhos de quem nos orienta espiritualmente; acolhendo de bom grado as indicações e correções que nos fazem; lutando contra a vaidade, sempre viva; reprimindo a vontade de dizer sempre a última palavra; procurando não ser o centro das atenções; reconhecendo os nossos erros e equívocos em matérias em que parecíamos ter plena certeza de estar na verdade; esforçando-nos por ver sempre o nosso próximo com uma visão otimista e positiva; não nos considerando imprescindíveis...

III. EXISTE UMA FALSA HUMILDADE que nos move a dizer "que não somos nada, que somos a própria miséria e o lixo do mundo; mas sentiríamos muito que nos tomassem a palavra ao pé da letra e a divulgassem. Em sentido contrário, fingimos esconder-nos e fugir para que nos procurem e perguntem por nós; damos a entender que preferimos ser os últimos e situar-nos num canto da mesa, para que nos deem a cabeceira. A verdadeira humildade procura não dar aparentes mostras de sê-lo, nem gasta muitas palavras em proclamá-lo"[11]. E o mesmo São Francisco de Sales volta a aconselhar-nos: "Não abaixemos nunca os olhos, mas humilhemos os nossos corações; não demos a entender que queremos ser os últimos, se desejamos ser os primeiros"[12]. A verdadeira humildade está cheia de simplicidade e brota do mais profundo do coração, porque é antes de mais nada uma atitude diante de Deus.

Da humildade derivam inúmeros bens. O primeiro deles é podermos ser fiéis ao Senhor, pois a soberba é o maior obstáculo que se interpõe entre Deus e nós. A humildade atrai sobre si o amor de Deus e o apreço dos outros, ao passo que a soberba os repele. Por isso, a primeira Leitura da Missa[13] aconselha-nos: *Nos teus assuntos, procede com humildade, e haverão de amar-te mais que ao homem generoso*. E na mesma passagem: *Torna-te pequeno nas grandezas humanas, e alcançarás o favor de Deus, porque é grande a misericórdia de Deus, e Ele revela os seus segredos aos humildes.*

O homem humilde compreende melhor a vontade divina e sabe o que Deus lhe vai pedindo em cada circunstância. Por isso, está centrado, sabe estar no seu lugar e é sempre uma ajuda; chega a conhecer melhor os próprios assuntos humanos, pela sua natural simplicidade. O soberbo, pelo contrário, fecha as portas ao que Deus lhe pede, pois só tem olhos para os seus gostos, as suas ambições, a realização dos seus caprichos; mesmo nas coisas humanas, engana-se com frequência, pois vê tudo sob o prisma deformado do seu olhar doente.

A humildade dá consistência a todas as virtudes. De modo especial, o humilde respeita os outros, as suas opiniões e as suas coisas; possui uma especial fortaleza, pois apoia-se constantemente na bondade e onipotência de Deus: *Quando sou fraco, então sou forte*[14], proclamava São Paulo. A nossa Mãe Santa Maria, em quem o Senhor fez grandes coisas porque viu a sua humildade, há de ensinar-nos a ocupar o lugar que nos corresponde diante de Deus e dos outros. Ela nos ajudará a progredir nesta virtude e a amá-la como um dom precioso.

(1) Lc 14, 1; 7-11; (2) São João Crisóstomo, *Homilias sobre o Evangelho de São Mateus*, 65, 4; (3) Sl 113, 1; (4) Jo 1, 16; (5) São Francisco de Sales, *Introdução à vida devota*, III, 4; (6) *ib.*; (7) Sl 72, 23; (8) São Josemaria Escrivá, *Carta*, 24-III-1931; (9) São Josemaria Escrivá, *Sulco*, n. 274; (10) *ib.*, n. 275; (11) São Francisco de Sales, *op. cit.*, p. 159; (12) *ib.*; (13) Eclo 3, 19-21; 30-31; (14) 2 Cor 12, 10.

TEMPO COMUM. VIGÉSIMA SEGUNDA SEMANA.
SEGUNDA-FEIRA

190. OBRAS DE MISERICÓRDIA

— Jesus misericordioso. Imitá-lo.
— Preocupar-nos pela situação espiritual dos que estão ao nosso lado.
— Outras manifestações da misericórdia.

I. JESUS VOLTOU A NAZARÉ, *onde se tinha criado, e, conforme o costume, entrou na sinagoga no sábado*[1]. Entregaram-lhe o livro do profeta Isaías para que lesse. Jesus abriu o livro numa passagem diretamente messiânica: *O Espírito do Senhor está sobre mim, porque me ungiu para evangelizar os pobres; Ele me enviou para pregar aos cativos a liberdade e devolver a vista aos cegos, para pôr em liberdade os oprimidos, para anunciar um ano de graça do Senhor.*

Jesus, enrolando o livro, devolveu-o e sentou-se. Havia uma grande expectativa entre os presentes, seus conterrâneos, com os quais tinha convivido tantos anos. Todos na sinagoga tinham os olhos fixos nEle. Muito provavelmente a Virgem estaria entre os assistentes. Então, o Senhor disse-lhes com toda a clareza: *Hoje cumpriu-se esta Escritura que acabais de ouvir.*

Isaías[2] anunciava nessa passagem a chegada do Messias, que livraria o povo das suas aflições, e as palavras do Senhor "são a sua primeira declaração messiânica, à qual se seguem os atos e as palavras conhecidas por meio do Evangelho. Mediante tais atos e palavras, Cristo torna o Pai presente no meio dos homens. É muito significativo — continua a comentar

João Paulo II — que estes homens sejam em primeiro lugar os pobres despossuídos de meios de subsistência, os que estão privados de liberdade, os cegos que não veem a beleza da criação, os que vivem com a amargura no coração ou sofrem por causa da injustiça social e, por fim, os pecadores"[3].

Mais tarde, quando os enviados de João Batista lhe perguntarem se é Ele o Cristo ou se devem esperar outro, Jesus responde-lhes que comuniquem a João o que viram e ouviram: *Os cegos veem, os coxos andam, os leprosos ficam limpos, os surdos ouvem, os mortos ressuscitam, os pobres são evangelizados...*[4]

O amor de Cristo expressa-se especialmente no encontro com o sofrimento, em todos os campos em que se manifesta a fragilidade humana, tanto física como moralmente. Desta maneira revela a atitude que Deus Pai, que é *amor*[5] e *rico em misericórdia*[6], manifesta continuamente em relação aos homens.

A misericórdia será o núcleo central da pregação de Cristo e a principal razão dos seus milagres. E, seguindo os seus passos, a Igreja também "cerca de amor todos os afligidos pela fraqueza humana; mais ainda, reconhece nos pobres e sofredores a imagem do seu Fundador pobre e sofredor. Faz o possível por mitigar-lhes a pobreza e neles procura servir a Cristo"[7].

Que outra coisa podemos nós fazer, se queremos imitar o Mestre e ser bons filhos da Igreja? Temos diariamente diversas oportunidades de pôr em prática os ensinamentos de Jesus a respeito do nosso comportamento perante a dor e a necessidade. É uma atitude compassiva e misericordiosa que não espera por ocasiões excepcionais, como visitar um preso ou um doente, ou socorrer alguém que está à beira de morrer de fome, mas vai-se exercitando nas pequenas ocasiões do dia e com aqueles que se têm ao lado. Se vejo um colega de trabalho de cara abatida, se uma pessoa da família se mostra particularmente cansada e sem ânimo, se um amigo me telefona a contar uma aflição em que está, sei ver nessas situações uma oportunidade única de ser "outro Cristo", sem fechar os olhos ou mostrar-me indiferente e apressado? *Hoje cumpriu-se esta Escritura que acabais de ouvir...*

II. ... *UNGIU-ME PARA EVANGELIZAR os pobres; enviou-me para pregar aos cativos a liberdade e devolver a vista aos cegos, para pôr em liberdade os oprimidos...* Não há maior pobreza do que a provocada pela falta de fé, nem cativeiro e opressão maiores do que esses que o demônio exerce sobre quem peca, nem cegueira mais completa do que a da alma que ficou privada da graça: "O pecado produz a mais dura das tiranias", afirma São João Crisóstomo[8].

Se a maior desgraça, o pior desastre que existe é afastar-se de Deus, a nossa maior obra de misericórdia será, em muitas ocasiões, aproximar os nossos familiares e amigos dos sacramentos, fontes de vida, e especialmente da Confissão. Se sofremos com as penas, doenças e desgraças que os afligem, como não nos havemos de doer se vemos que não conhecem Jesus Cristo, que não o procuram ou se afastaram dEle? A verdadeira compaixão, a grande obra de misericórdia começa pelo apostolado.

Entre essas obras, a Igreja destacou desde há muito tempo a que nos anima a "ensinar a quem não sabe". Quando o número de analfabetos *decresceu* em tantos países, *aumentou* em proporções assombrosas a ignorância religiosa, mesmo em nações de antiga tradição cristã. "Por imposição laicista ou por desorientação e negligência lamentáveis, milhares de jovens batizados vêm chegando à adolescência no desconhecimento total das mais elementares noções da Fé e da Moral e dos rudimentos mínimos da piedade. Atualmente, ensinar a quem não sabe significa, sobretudo, ensinar aos que nada sabem de religião, isto é, "evangelizá-los", falar-lhes de Deus e da vida cristã. A catequese passou a ser na atualidade uma obra de misericórdia de primeira importância"[9].

Quanto bem não faz a mãe que ensina o catecismo aos seus filhos, e talvez aos amigos dos seus filhos! Que enorme recompensa não reservará o Senhor aos que dedicam com generosidade o seu tempo a um trabalho de formação doutrinária cristã, aos que aconselham um livro adequado que ilustra a inteligência e desperta os afetos do coração! É abrir aos outros o caminho que conduz a Deus; não há outra necessidade maior que esta.

III. IMITAR JESUS na sua atividade misericordiosa para com os mais necessitados significa consolar e acompanhar os que se encontram sós, os doentes, os que passam pelas agruras de uma pobreza envergonhada ou descarada. Faremos nossa a dor que suportam, ajudá-los-emos a santificá-la, e procuraremos solucionar esse estado na medida em que nos for possível. Quanto podemos confortar essas pessoas com uma visita oportuna, com uma conversa simples e amável, bem preparada, procurando dar às nossas palavras e comentários um tom sobrenatural que deixe no doente ou no idoso uma luz de fé e confiança em Deus! Com delicadeza e oportunidade, atrever-nos-emos a prestar-lhes alguns serviços, a arrumar-lhes a cama, a ler-lhes um trecho de algum livro ameno e mesmo divertido[10].

Cada dia é mais necessário pedir ao Senhor um coração misericordioso para todos, pois na medida em que a sociedade se desumaniza, os corações tornam-se duros e insensíveis, e cada qual tende a viver exclusivamente para si próprio. A justiça é uma virtude fundamental, mas só a justiça não basta; é necessária, além dela, a caridade. Por muito que melhore a legislação trabalhista e social, sempre será necessário proporcionar aos outros o calor de um coração humano, fraternal e amigo, que se abeira compassivamente dos homens como filhos de Deus que são, pois a misericórdia "não se limita a socorrer os necessitados de bens econômicos; o seu primeiro propósito é respeitar e compreender cada indivíduo como tal, na sua intríseca dignidade de homem e de filho do Criador"[11].

A misericórdia leva-nos a perdoar prontamente e de todo o coração, mesmo quando aquele que nos ofende não manifesta o menor arrependimento. O cristão não guarda rancores na alma; não se sente inimigo de ninguém. Devemos esforçar-nos por estimar mesmo os que são infelizes por culpa própria, ou em consequência da sua própria maldade. O Senhor só quer saber se esta ou aquela pessoa é infeliz, se sofre, "pois isso basta para que seja digna do teu interesse. Esforça-te por protegê-la contra as suas más paixões, mas desde o momento em que sofre, sê misericordioso. Amarás o teu próximo, não por ele o merecer, mas por ser o teu próximo"[12].

O Senhor pede-nos uma atitude compassiva que se estenda a todas as manifestações da vida, incluído o juízo que fazemos sobre o nosso próximo, a quem devemos olhar sempre sob o ângulo que mais o favorece. "Ainda que vejais algo de mau — aconselha São Bernardo —, não julgueis imediatamente o vosso próximo, mas antes desculpai-o no vosso interior. Desculpai a intenção se não puderdes desculpar a ação. Pensai que a terá praticado por ignorância, por surpresa ou por fraqueza. Se o erro for tão claro que não o possais dissimular, mesmo então procurai dizer para vós mesmos: a tentação deve ter sido muito forte"[13].

Temos de lembrar-nos frequentemente de que, se formos misericordiosos, nós mesmos obteremos do Senhor essa misericórdia de que tanto necessitamos para a nossa vida, especialmente para as fraquezas, erros e fragilidades em que incorremos a cada passo e que Ele bem conhece.

Maria, *Rainha e Mãe de Misericórdia*, dar-nos-á um coração capaz de compadecer-se eficazmente dos que sofrem ao nosso lado.

(1) Lc 4, 16-30; *Evangelho* da Missa da segunda-feira da vigésima segunda semana do TC; (2) cf. Is 61, 1-2; (3) João Paulo II, Enc. *Dives in misericordia*, 30-XI-1980, 3; (4) Lc 7, 22 e segs.; (5) 1 Jo 4, 16; (6) Ef 2, 4; (7) Conc. Vat. II, Const. *Lumen gentium*, 8; (8) São João Crisóstomo, *Comentário ao Salmo 126*; (9) J. Orlandis, *Las ocho bienaventuranzas*, pp. 104-105; (10) cf. Cura d'Ars, *Sermão sobre a esmola*; (11) São Josemaria Escrivá, *É Cristo que passa*, n. 72; (12) G. Chevrot, *O Sermão da Montanha*, 2ª ed., Quadrante, São Paulo, p. 115; (13) São Bernardo, *Sermão 40 sobre o Cântico dos Cânticos*.

TEMPO COMUM. VIGÉSIMA SEGUNDA SEMANA. TERÇA-FEIRA

191. ENSINAVA COM AUTORIDADE

— Jesus ensina a sua doutrina com poder e força divinos.
— Ao lermos o Evangelho, é Jesus quem nos fala, ensina e consola.
— Como encontrá-lo na leitura do Evangelho.

I. OS EVANGELISTAS aludem muitas vezes à surpresa que a doutrina de Jesus e os seus prodígios[1] causavam nas pessoas e nos próprios discípulos, os quais sentiam até certo receio de interrogá-lo...[2] Era um temor reverencial suscitado pela majestade de Cristo, bem patente nas suas palavras e obras, e que se apoderava das multidões e as cativava. São Lucas relata-nos no Evangelho da Missa[3] que, depois de Jesus ter curado um endemoninhado, *todos ficaram atemorizados e diziam uns aos outros: Que palavra é esta, que manda com autoridade e poder aos espíritos imundos e eles saem?* E São Marcos diz em outra ocasião que as pessoas estavam admiradas da sua doutrina, *pois ensinava como quem tem autoridade e não como os escribas*[4]. Através da Humanidade de Cristo, quem falava era a Segunda Pessoa da Trindade, e as multidões, conscientes do seu extraordinário poder, tentavam identificá-lo recorrendo aos nomes e às hierarquias mais altas que conheciam. Será João Batista, Elias, Jeremias ou algum dos profetas?[5] Ficaram muito aquém.

O povo que escutava Jesus percebeu com clareza a diferença radical que havia entre o modo de ensinar dos escribas e fariseus e a segurança e força com que Jesus declarava a sua doutrina. Jesus não expõe uma mera opinião nem dá mostras da menor insegurança ou dúvida[6]. Não fala em nome de Deus, como o faziam os profetas; não é mais um profeta. Fala em nome próprio: *Eu vos digo...* Ensina os mistérios de Deus e como devem ser as relações entre os homens, e confirma os seus ensinamentos com milagres; explica a sua doutrina com simplicidade e com poder porque fala daquilo que viu[7], e não necessita de longos raciocínios. "Não prova nada, não se justifica, não argumenta. Ensina. Impõe-se, porque a sabedoria que dEle emana é irresistível. Quando se consegue apreciar essa sabedoria, quando se possui o coração suficientemente puro para avaliá-la, sabe-se que não pode existir outra. Não se sente a necessidade de comparar, de estudar. Vê-se.

"Vê-se que Ele é o absoluto; vê-se que diante dEle tudo é pó; vê-se que Ele é a Vida. Assim como as estrelas se apagam quando surge o sol, assim acontece com todas as sabedorias e todas as escolas. Senhor, a quem iríamos? Tu tens palavras de vida eterna"[8].

Jesus continua a falar a cada um de nós, pessoalmente, na intimidade da oração, e de uma maneira palpável quando lemos o Evangelho... Temos que aprender a fazê-lo projetando os seus ensinamentos e apelos sobre o pano de fundo do nosso viver cotidiano.

"Quando abrires o Santo Evangelho, pensa que não só deves saber, mas viver o que ali se narra: obras e ditos de Cristo. Tudo, cada ponto que se relata, foi registrado, detalhe por detalhe, para que o encares nas circunstâncias concretas da tua existência.

"— O Senhor chamou-nos, a nós católicos, para que o seguíssemos de perto; e, nesse Texto Santo, encontras a Vida de Jesus; mas, além disso, deves encontrar a tua própria vida.

"[...] pega no Evangelho diariamente, e lê-o e vive-o como norma concreta. — Assim procederam os santos"[9].

II. A DOUTRINA DE JESUS tinha tal força e autoridade que alguns dos que o ouviam exclamavam que nunca em Israel se tinha escutado nada de parecido[10]. Os escribas também ensinavam ao povo o que estava escrito em Moisés e nos profetas, comenta São Beda; mas Jesus pregava ao povo como Deus e Senhor do próprio Moisés[11].

As suas palavras estavam cheias de vida, penetravam até o fundo da alma. Quando João Batista o apontou a dois dos seus discípulos como o Cordeiro de Deus, estes seguiram-no e permaneceram com Ele naquele dia[12]. São João, o Evangelista que nos transmitiu os grandes diálogos de Jesus, neste momento do seu relato simplesmente cala-se. Limita-se a dizer que o encontraram *por volta da hora undécima*, cerca das quatro da tarde; quando escreveu o seu Evangelho, já velho, quis unicamente deixar assinalado para sempre o momento preciso e inesquecível do seu primeiro encontro com o Mestre. O que o Senhor lhes teria dito? Só sabemos do resultado pelas palavras de André, o outro discípulo que seguiu Jesus: *Encontramos o Messias!*[13], diz ele ao seu irmão Simão. Naquela tarde, Deus penetrou no íntimo do coração daqueles homens. O mesmo aconteceu aos que tinham sido enviados para prendê-lo e voltaram sem Ele[14]. *Por que não o trouxestes preso?*, increparam-nos os fariseus. E eles responderam rotundamente: *Nunca homem algum falou como este homem.*

As palavras de Jesus encerram uma sabedoria infinita, que é entendida pelo filósofo e por aquele que não tem letras, por jovens, crianças, homens e mulheres..., por todos. Fala das coisas mais sublimes com as palavras mais simples; a sua doutrina — profunda como jamais haverá outra — está ao alcance de todos. Na sua pregação, recorre com frequência a figuras e imagens conhecidas dos ouvintes, que dão à sua pregação uma atração e beleza incomparáveis. Os pormenores mais corriqueiros servem-lhe para expressar os traços mais excelsos de uma doutrina nova e profundamente misteriosa e inabarcável.

Toda a vida do Senhor foi um ensinamento contínuo: "O seu silêncio, os seus milagres, os seus gestos, a sua oração, o seu amor pelo ser humano, a sua predileção pelos pequenos e pelos pobres, a aceitação do sacrifício total na Cruz pela salvação do mundo, a sua Ressurreição, são a atuação da sua palavra e o cumprimento da Revelação. Estas considerações [...] reafirmam em nós o fervor de que rodeamos Cristo que revela Deus aos homens e o homem a si mesmo: Ele é o Mestre que salva, santifica e guia, que está vivo, que fala, que exige, que comove, que corrige, julga, perdoa e caminha diariamente conosco na História; o Mestre que vem e que virá na glória"[15].

No Santo Evangelho, encontramos diariamente o próprio Cristo que nos fala, ensina e consola. Quando o lemos — uns poucos minutos em sequência cada dia —, aprendemos a conhecê-lo cada vez melhor, a imitar a sua vida, a amá-lo. O Espírito Santo — autor principal da Escritura Santa — ajudar-nos-á, se recorrermos a Ele pedindo ajuda, a ser um personagem mais na cena que lemos, a tirar dela um ensinamento, talvez pequeno, mas concreto, para esse dia.

III. "A TUA ORAÇÃO — ensina Santo Agostinho — é como uma conversa com Deus. Quando lês, Deus fala-te; quando oras, és tu que lhe falas"[16]. O Senhor fala-nos de muitas maneiras quando lemos o Santo Evangelho: dá-nos exemplo com a sua vida, para que o imitemos na nossa; ensina-nos como devemos comportar-nos com os nossos irmãos; recorda-nos que somos filhos de Deus e que nada nos deve tirar a paz. Bate-nos à porta do coração para que saibamos perdoar essa pequena injúria que recebemos; pede-nos que sejamos misericordiosos com os defeitos alheios, pois Ele o foi em grau supremo; incita-nos a santificar o trabalho, realizando-o com perfeição humana, pois foi a sua única ocupação durante tantos anos da sua vida em Nazaré...

Todos os dias podemos tirar da leitura do Evangelho um propósito, um ensinamento, um pensamento que depois nos venha à cabeça ao longo das horas de trabalho e de descanso. Esta a razão pela qual, sendo possível, é preferível reservar para esses breves minutos de leitura as primeiras horas do dia: assim poderemos "encontrar na Vida de Jesus a nossa própria vida". Há até quem o leia *de pé*, recordando o velho costume dos primeiros cristãos, que aliás se mantém quando ouvimos o Evangelho na Missa.

Fará muito bem à nossa alma procurar que a leitura do Evangelho nos dê frequentemente tema para a oração: umas vezes, porque nos introduziremos na cena como se tivéssemos visto o grupo reunido em torno de Jesus e nos aproximássemos cheios de interesse, ou como se nos detivéssemos junto à porta onde Jesus ensinava, ou nas margens do lago... Talvez só nos tenha chegado aos ouvidos uma parte da parábola ou umas frases isoladas, mas foram suficientes para que algo de muito profundo começasse a mudar na nossa alma.

Em outras ocasiões, atrever-nos-emos a dizer ao Senhor alguma coisa: talvez o que aqueles personagens lhe diziam ou gritavam, porque era grande a necessidade por que passavam: *Domine, ut videam!*[17], que eu veja, Senhor; dá luz à minha alma, acende-me; *Ó Deus, tem piedade de mim, que sou um pecador*[18], suplicaremos, servindo-nos das palavras do publicano que não se sentia digno de estar na presença do seu Deus; *Domine, tu omnia nosti*... Senhor, *Tu sabes tudo, Tu sabes que eu te amo*[19]..., e as palavras de Pedro ganharão no nosso coração um tom pessoal, e manifestaremos a Jesus os sentimentos e desejos de amor e de purificação que dominam o nosso coração...

Muitas vezes, enfim, contemplaremos a Santíssima Humanidade do Senhor, e vê-lo *perfeito Homem* há de animar-nos a amá-lo mais, a ter desejos de ser-lhe mais fiéis. Vê-lo-emos trabalhar em Nazaré, ajudando José, cuidando mais tarde da sua Mãe..., ou cansado porque pregou durante muitas horas nesse dia ou porque a caminhada foi muito longa...

Todos os dias, enquanto lemos o Evangelho, Jesus passa ao nosso lado. Não deixemos de vê-lo e ouvi-lo, como aqueles discípulos que se encontraram com Ele no caminho de Emaús. "«Fica conosco, porque escureceu...» Foi eficaz a oração de Cléofas e do seu companheiro.

"— Que pena se tu e eu não soubéssemos «deter» Jesus que passa! Que dor, se não lhe pedimos que fique!"[20]

(1) Cf. Mc 9, 6; 6, 51 etc.; (2) cf. Mc 9, 32; (3) Lc 4, 31-37; (4) Mc 1, 22; (5) cf. Mt 16, 14; (6) cf. Sagrada Bíblia, *Santos Evangelhos*, EUNSA, Pamplona, 1983, nota a Mt 7, 28-29; (7) cf. Jo 3, 11; (8) J. Leclercq, *Treinta meditaciones sobre la vida cristiana*, pp. 53-54; (9) São Josemaria Escrivá, *Forja*, n. 754; (10) cf. Lc 19, 48; Jo 7, 46; (11) São Beda, *Comentário ao Evangelho de São Marcos*, 1, 21; (12) cf. Jo 1, 35 e segs.; (13) Jo 1, 41; (14) Jo 7, 46 e segs.; (15) João Paulo II, Exort. apost. *Catechesi tradendae*, 16-X-1979, 9; (16) Santo Agostinho, *Comentário sobre os Salmos*, 85, 7; (17) Mt 10, 51; (18) Lc 18, 13; (19) Jo 21, 17; (20) São Josemaria Escrivá, *Sulco*, n. 671.

Tempo Comum. Vigésima Segunda Semana.
Quarta-feira

192. IMPUNHA-LHES AS MÃOS

— Ajudar a todos, tratar a cada um como Cristo o teria feito no nosso lugar.
— Pacientes e constantes no apostolado.
— Difundir por toda a parte a doutrina de Cristo.

I. RELATA-NOS O EVANGELHO da Missa[1] que, tendo-se posto o sol, começaram a trazer à presença de Cristo numerosos doentes para que os curasse. É bem possível que aquele dia fosse um sábado, pois ao cair do sol o descanso sabático, tão escrupulosamente observado pelos fariseus, já não obrigava. Os doentes eram muito numerosos. São Marcos[2] frisa que *toda a cidade se tinha reunido diante da porta*. São Lucas, por sua vez, acrescenta um detalhe singular ao dizer-nos que o Senhor os curou impondo as mãos sobre cada um — *singulis manus imponens* —. Repara atentamente nos doentes e dedica a cada um toda a sua atenção, porque qualquer pessoa é única para Ele.

Comentando esta passagem do Evangelho, Santo Ambrósio diz que "desde o começo da Igreja Jesus já buscava a multidão. E por quê? Porque [...], para curar, não há tempo nem lugar determinados. Em todos os lugares e tempos se há de aplicar o remédio"[3]. Ao mostrar-nos a infatigável atividade de Cristo, o Evangelho ensina-nos qual o caminho que devemos seguir com os que vivem afastados da fé, com tantas e tantas almas que ainda não se aproximaram dEle para serem curadas.

"Nenhum filho da Igreja Santa pode viver tranquilo sem experimentar inquietação perante as massas despersonalizadas: rebanho, manada, vara, escrevi certa vez. Quantas paixões nobres não existem na sua aparente indiferença! Quantas possibilidades!

"É necessário servir a todos, impor as mãos sobre cada um — «*singulis manus imponens*», como fazia Jesus —, para devolvê-los à vida, para iluminar as suas inteligências e robustecer as suas vontades, para que sejam úteis!"[4]

Devemos servir a todos, tratá-los como Cristo os trataria no nosso lugar, com o mesmo apreço, com o mesmo respeito, a cada um individualmente, tendo em conta as suas circunstâncias peculiares, o seu modo de ser, a situação em que se encontram, sem aplicar a todos a mesma receita. São pessoas que vêm ao nosso encontro por motivos profissionais, de vizinhança, de interesse, ou por termos gostos comuns. E outras que vamos buscar lá onde se encontram para levá-las até Deus, "como o médico busca o doente. Com a salvação de uma só alma por mediação de outro, pode obter-se o perdão de muitos pecados"[5].

Aprendamos neste tempo de oração a ter pelo nosso próximo o mesmo interesse que tinham os que se reuniam à porta da casa onde Jesus se encontrava, levando-lhe os doentes para que os curasse. Vejamos junto dEle se os tratamos com a mesma solicitude — *singulis manus imponens* — com que Jesus os atendia.

II. O SENHOR ESPERA os nossos amigos, os nossos colegas de estudo ou de trabalho, os nossos filhos ou irmãos... como fazia quando estava na terra: um a um. Devemos ter em conta as circunstâncias peculiares, a idade, a saúde etc. de cada um deles. Devemos saber avaliar cada um pelo preço infinito do Sangue redentor com que foram resgatados.

Ao acompanhá-los até Jesus, chocaremos com resistências, talvez durante muito tempo; são consequência da dificuldade dos homens em secundar o querer de Deus, dadas as sequelas que o pecado original deixou na alma, e que se agravaram depois pelos pecados pessoais. Noutros casos, essa passividade será consequência da ignorância ou do erro em que estão. Seja como for, temos a grata obrigação de rezar e oferecer mortificações, horas de trabalho ou de estudo por eles, de intensificar a amizade..., tanto mais quanto maior for a resistência que opuserem.

Todo o apostolado exige *uma atitude paciente*, que nunca é desleixo ou indolência, mas parte da virtude da fortaleza. A paciência implica uma perseverança tenaz em conseguir os frutos desejados. Muitas vezes será necessário caminhar pouco a pouco, "como que por um plano inclinado", sem nunca desanimar por nos parecer que os nossos amigos não avançam ou retrocedem. O Senhor já conta com essas situações e dá as graças oportunas. Ele já impôs as mãos sobre cada um desde o momento em que decidimos junto do Sacrário levá-los até Ele.

Nos casos difíceis e lentos, é salutar recordarmos a paciência que Deus teve conosco, considerar quanto nos perdoou, quantas vezes o fizemos esperar. Que esperas as do nosso Deus! Quantas vezes teve de bater à porta da nossa alma! Se nos tivesse abandonado quando não respondemos à sua primeira chamada, ou à segunda, ou à sétima..., que longe dEle estaríamos agora! O nosso empenho nunca será estéril, porque o apostolado perseverante nos leva pessoalmente a amar mais a Deus, e porque é sempre eficaz, mais cedo ou mais tarde.

Alguns chegarão à presença do Senhor depois de uns dias de contato, outros depois de não poucos anos. Uns, na primeira conversa; outros, depois de uma longa espera. Uns poderão correr desde o princípio, outros mal terão forças para dar um pequeno passo. Devemos tratar cada um de acordo com a sua situação humana e sobrenatural, sem nos cansarmos, sem fórmulas gerais. O médico não utiliza a mesma receita para todos, nem o alfaiate o mesmo corte ou o mesmo modelo. *Perseverai pois com paciência, irmãos* — aconselha o apóstolo São Tiago —, *até à vinda do Senhor. Vede como o lavrador espera o precioso fruto da terra, aguardando com paciência até receber a chuva temporã e a serôdia. Aguardai também vós com paciência e fortalecei os vossos corações*[6].

Com prudência sobrenatural, e portanto sem falsas prudências humanas, sem adiamentos nem receios covardes, insistiremos com os nossos amigos, parentes e colegas, usando ao mesmo tempo de uma grande caridade e compreensão. Se os inimigos de Deus porfiam tanto em afastá-los dEle, como não havemos nós de ser perseverantes, nós que só queremos fazer-lhes bem? Senhor, tu sabes que só queremos o melhor para eles!

III. HOJE SÃO MUITOS os que nada sabem de Cristo. E o Senhor põe em nosso coração a urgência de combater tanta ignorância, difundindo por toda a parte a boa doutrina, com iniciativas e por meios bem diversos. "Esta missão — recorda-nos o Papa João Paulo II — não é exclusiva dos ministros sagrados ou do mundo religioso, mas deve abarcar o âmbito dos leigos, da família, da escola. Todo o cristão deve participar da tarefa de formação cristã. Deve sentir a urgência de evangelizar, que *não é glória para mim, mas necessidade* (1 Cor 9, 16)"[7]. Só se olharmos para Cristo, porém, só se o amarmos, é que venceremos a preguiça e o comodismo, e sairemos da *torre de marfim* que cada um tende a construir à sua volta.

Olhemos para Cristo na nossa oração e contemplemos também os que nos rodeiam: o que fizemos até agora para aproximá-los do Senhor? Olhemos para a nossa família, para os colegas de trabalho ou de estudo: não teremos desperdiçado muitas ocasiões de lhes dar a conhecer a figura e a doutrina de Cristo? Não nos teremos cansado de tentar fazê-lo?

Naquela tarde, foram muitos os que receberam a cura e uma palavra de alento, um gesto de compreensão por parte do Mestre: *Posto o sol, todos quantos tinham enfermos de várias moléstias lhos traziam, e Ele, impondo as mãos a cada um, curava-os*. Que alegria para os doentes... e para os que os tinham aproximado de Jesus! O apostolado, com toda a carga de sacrifício que traz consigo, é ao mesmo tempo uma tarefa imensamente alegre. Que grande missão não é levar os amigos até Jesus para que Ele lhes imponha as mãos e os cure!

Ajudar-nos-á a fazer um apostolado incessante a consideração de que o bem que realizamos tem sempre um efeito *multiplicador*. Os que viram naquela tarde que Cristo se detinha junto deles e lhes impunha as mãos divinas perceberam que as suas vidas já não podiam ser como antes. Converteram-se em novos apóstolos, que iriam difundindo por toda a parte a boa-nova de que existia *o Caminho, a Verdade e a Vida*, e de que eles o tinham conhecido. Foram-no apregoando por todos os lugares aonde iam. Isso é o que nós devemos fazer:

"És, entre os teus, alma de apóstolo, a pedra caída no lago. — Provoca, com o teu exemplo e com a tua palavra, um primeiro círculo...; e este, outro... e outro, e outro... Cada vez mais largo.

"Compreendes agora a grandeza da tua missão?"[8]

(1) Lc 4, 38-44; (2) cf. Mc 1, 33; (3) Santo Ambrósio, *Tratado sobre a virgindade*, 8, 10; (4) São Josemaria Escrivá, *Forja*, n. 901; (5) São João Crisóstomo, em *Catena aurea*, vol. V, p. 238; (6) Tg 5, 7-8; (7) João Paulo II, *Discurso em Granada*, 15-XI-1982; cf. Exort. apost. *Christifideles laici*, 30-XII-1988, n. 33; (8) São Josemaria Escrivá, *Caminho*, n. 831.

TEMPO COMUM. VIGÉSIMA SEGUNDA SEMANA. QUINTA-FEIRA

193. O PODER DA OBEDIÊNCIA

— A obediência dá forças e frutos.
— Necessidade desta virtude para quem quer seguir Cristo de perto.
— Não impor limites ao querer de Deus.

I. JESUS ESTAVA JUNTO do lago de Genesaré com uma grande multidão que desejava ouvir a Palavra de Deus. Pedro e os seus companheiros de trabalho lavavam as redes depois de terem labutado uma noite inteira sem pescar nada. E Jesus, que queria meter-se a fundo na alma de Simão, entrou na sua barca e pediu-lhe que a afastasse um pouco da margem. E, sentado, ensinava da barca à multidão[1]. Enquanto escutava o Mestre, a quem já conhecia desde que seu irmão André o levara até Ele[2], talvez Pedro tivesse continuado com a tarefa de deixar arrumados os apetrechos de pesca, sem suspeitar dos planos grandiosos do Senhor.

Quando acabou de falar, Jesus disse a Simão: *Guia mar adentro e lançai as vossas redes para a pesca*. Tudo convidava à desculpa: o cansaço, que é maior quando não se pescou nada, as redes já lavadas e preparadas para a noite seguinte, a inoportunidade da hora para a pesca. Mas o olhar de Jesus, o tom imperativo e ao mesmo tempo amável com que deu a ordem, a enorme atração que Cristo exerce sobre as almas nobres, levaram Pedro a fazer-se ao largo novamente. O único motivo por que o fez foi Jesus: *Mestre* — disse-lhe —, *estivemos trabalhando durante toda a noite e nada pescamos, mas, sob a tua palavra, lançarei as redes*. Sob a tua palavra. Essa foi a grande razão.

Em muitas ocasiões, quando aparece essa fadiga peculiar que resulta de não vermos frutos na vida interior ou na ação apostólica, quando nos parece que tudo foi um fracasso e nos assaltam raciocínios humanos que nos pretendem convencer a abandonar a tarefa, devemos ouvir a voz de Jesus que nos diz: *Duc in altum*, guia mar adentro, recomeça, torna a tentar... em meu Nome.

"O segredo de todos os progressos e de todas as vitórias é, na verdade, o saber recomeçar, o tirar ensinamentos de um fracasso e o tentar de novo"[3]. Através desses aparentes fracassos, talvez o Senhor queira dizer-nos que devemos trabalhar por motivos mais sobrenaturais, por obediência, por Ele e só por Ele.

"Que poder o da obediência! — O lago de Genesaré negava os seus peixes às redes de Pedro. Toda uma noite em vão.

"— Agora, obediente, tornou a lançar a rede à água e pescaram «*piscium multitudinem copiosam*» — uma grande quantidade de peixes.

"— Acredita: o milagre repete-se todos os dias"[4].

Se alguma vez nos encontramos cansados e sem forças para recomeçar, olhemos para o Senhor que nos acompanha nesta nossa barca. Jesus convida-nos então a pôr em prática, com docilidade interior, com empenho, esses conselhos que recebemos na confissão, na direção espiritual, certos de que recuperaremos as forças. "Muitas vezes — diz Santa Teresa —, parecia-me não poder sofrer o trabalho conforme a minha baixeza natural. Disse-me o Senhor: Filha, a obediência dá forças"[5].

II. PEDRO FEZ-SE AO LARGO com Jesus na barca, e em breve percebeu que as redes se enchiam de peixes; tantos, que parecia que iam rompê-las. *E fizeram sinais aos companheiros da outra barca para que viessem ajudá-los. Eles vieram e encheram as duas barcas, tanto que se afundavam*. Houve peixe para todos; Deus sempre recompensa a obediência com frutos sem conta.

Esta passagem do Evangelho está cheia de ensinamentos: *durante a noite*, na ausência de Cristo, o trabalho havia sido estéril. O mesmo acontece na vida dos cristãos, quando querem empreender tarefas apostólicas sem contar com o Senhor, em plena escuridão, deixando-se levar unicamente pela sua experiência ou por esforços demasiado humanos.

"Empenhas-te em andar sozinho, fazendo a tua própria vontade, guiado exclusivamente pelo teu próprio juízo... e, bem vês!, o fruto chama-se «infecundidade».

"Filho, se não abates o teu juízo, se és soberbo, se te dedicas ao «teu» apostolado, trabalharás durante toda a noite — toda a tua vida será uma noite! —, e no fim amanhecerás com as redes vazias"[6].

Pedro mostrou-se humilde ao obedecer à voz de quem, por não ser homem de mar, bem se poderia pensar que pouco ou nada sabia daquele trabalho em que ele, Simão, tinha adquirido tanta experiência e saber ao longo dos anos. Fia-se, no entanto, do Senhor, tem mais confiança na palavra de Jesus do que nos seus anos de faina pesqueira. Esta obediência e confiança nas palavras de Jesus acabaram de preparar Pedro para receber a sua chamada definitiva. Foi como se o Senhor só tivesse querido chamá-lo para sempre depois de obter dele um ato de obediência e de confiança plenas.

Para quem quer ser discípulo de Cristo, a necessidade da obediência não resulta de considerações de conveniência ou de eficácia, mas de que a obediência faz parte do mistério da Redenção, pois o próprio Cristo "revelou o seu mistério e levou a cabo a Redenção por meio da sua obediência"[7]. Quem quiser seguir os passos do Mestre não pode, pois, pôr limites à sua obediência; o Senhor quer que lhe obedeçamos no fácil e no heroico, como Ele próprio o fez: "Obedeceu em coisas gravíssimas e dificílimas: até à morte de Cruz"[8].

A obediência leva-nos a querer identificar em tudo a nossa vontade com a vontade de Deus, que nos é dada a conhecer através dos pais, dos superiores, dos deveres que nos são impostos pelos afazeres familiares, sociais e profissionais. Numa palavra, leva-nos a uma submissão alegre e delicada às disposições da autoridade legítima nas diversas ordens da vida humana, principalmente ao Papa e ao Magistério da Igreja. E no que se refere à alma, leva-nos de modo muito particular a ser dóceis aos conselhos recebidos na Confissão e na direção espiritual.

Quando permanecemos com Cristo, Ele sempre enche de peixes abundantes as nossas redes. Junto dEle, até o que parecia estéril e sem sentido torna-se eficaz e frutuoso. "A obediência torna meritórios os nossos atos e sofrimentos, de tal forma que, por mais inúteis que estes últimos venham a parecer-nos, podem chegar a ser muito fecundos. Uma das maravilhas realizadas por Nosso Senhor foi ter tornado proveitosa a coisa mais inútil que existe à face da terra: a dor. Ele a glorificou mediante a obediência e o amor"[9].

III. PEDRO FICOU ASSOMBRADO com a pesca. Neste milagre, o Senhor manifestou-se muito particularmente a ele. O apóstolo olhou para Jesus e lançou-se aos seus pés, dizendo-lhe: *Afasta-te de mim, que sou um homem pecador*. Compreendeu a sua pequenez diante da suprema dignidade de Cristo. Jesus disse-lhe: *Não temas; doravante serás pescador de homens*. Pedro e os que o haviam acompanhado na pesca, *atracando as barcas, deixaram tudo e seguiram-no*.

Jesus começou por pedir-lhe que lhe cedesse a barca, e acabou por ficar com a sua vida. E Pedro haveria de deixar atrás de si uma marca inesquecível em tantas almas que o próprio Cristo poria ao seu alcance. Começou por obedecer num pequeno pormenor e o Senhor manifestou-lhe os grandiosos planos que tinha para ele, pobre pescador da Galileia, desde toda a eternidade. Nunca teria podido suspeitar da transcendência e do valor da sua vida. Milhões e milhões de pessoas acenderiam a sua fé na daqueles que seguiram Jesus naquele dia, e muito particularmente na de Pedro, que seria a rocha, o fundamento inamovível da Igreja.

Nós também não podemos imaginar as consequências da nossa fidelidade em seguir as pegadas de Cristo. O Senhor pede-nos cada vez mais correspondência, mais docilidade e mais obediência ao que nos vai manifestando de muitas maneiras. E, se formos fiéis, um dia far-nos-á contemplar a transcendência do nosso seguimento com obras: "Se corresponderes à chamada que o Senhor te fez, a tua vida — a tua pobre vida! — deixará na história da humanidade um sulco profundo e largo, luminoso e fecundo, eterno e divino"[10].

Não ponhamos limites ao Senhor, tal como Pedro não os pôs. "Se és homem de mar alto, agarra com firmeza o teu leme [...]. Se te dás a Deus, dá-te como os santos se deram. Que nada prenda a tua atenção e te desvie da marcha que empreendeste: és de Deus. Se te dás, dá-te para a eternidade. Nem as vagas nem a ressaca abalarão os teus alicerces. Deus apoia-se em ti; mete também ombros ao trabalho, e navega contra a corrente [...]. *Duc in altum!* Lança-te às águas com a audácia dos ébrios de Deus"[11].

A nossa Mãe Santa Maria, *Stella maris*, Estrela do mar, ensinar-nos-á a ser generosos com o Senhor quando nos pedir emprestada uma barca e depois quiser que lhe demos a vida inteira.

(1) Lc 5, 1-11; (2) cf. Jo 1, 41; (3) G. Chevrot, *Simão Pedro*, p. 20; (4) São Josemaria Escrivá, *Caminho*, n. 629; (5) Santa Teresa, *Fundações*, pról. 2; (6) São Josemaria Escrivá, *Forja*, n. 574; (7) Conc. Vat. II, Const. *Lumen gentium*, 3; (8) São Tomás, *Comentário à Epístola aos Hebreus*, 5, 8, lec. 2; (9) R. Garrigou-Lagrange, *Las tres edades de la vida interior*, p. 683; (10) São Josemaria Escrivá, *Forja*, n. 59; (11) J. Urteaga, *O valor divino do humano*, p. 136.

TEMPO COMUM. VIGÉSIMA SEGUNDA SEMANA. SEXTA-FEIRA

194. OS AMIGOS DO ESPOSO

— O Senhor conta-nos entre os seus amigos íntimos.
— Aprendemos de Jesus a ter muitos amigos. O cristão está sempre aberto aos outros.
— A caridade melhora e fortalece a amizade.

I. APÓS O BANQUETE que Mateus ofereceu ao Senhor e aos seus amigos logo depois da sua chamada, alguns judeus aproximaram-se de Jesus e perguntaram-lhe por que os seus discípulos não jejuavam como faziam os fariseus e os discípulos de João. E Jesus respondeu-lhes: *Porventura podeis obrigar os amigos do esposo a jejuar enquanto o esposo está com eles?* E aludindo expressamente à morte que iria padecer, disse-lhes: *Quando o esposo lhes for arrebatado, então jejuarão*[1].

Entre os hebreus, o noivo comparecia à cerimônia de bodas acompanhado por outros jovens da sua idade, seus amigos íntimos, que formavam uma espécie de escolta de honra. Chamavam-se *amigos do esposo*[2], e a sua missão era honrar aquele que se ia casar, alegrar-se com as suas alegrias, participar de um modo muito particular dos festejos que se organizavam após a cerimônia. Ora bem, a imagem nupcial é empregada frequentemente no Antigo Testamento para exprimir as relações de Deus com o seu povo[3]. E também a Nova Aliança do Messias com o seu povo, a Igreja, é descrita sob essa imagem. João Batista já chamara esposo a Cristo, e a si mesmo *amigo do esposo*[4].

Jesus chama amigos íntimos — *amigos do esposo* — aos que o seguem, a nós; fomos convidados a participar mais intimamente das suas alegrias, do banquete nupcial, que é figura dos bens sem fim do Reino dos Céus. Em diversas ocasiões o Senhor distinguiu os seus com o honroso título de *amigos*. Um dia, estendendo a mão sobre os seus discípulos, pronunciou estas consoladoras palavras: *Eis a minha mãe e os meus irmãos...*[5] E ensinou-nos que aqueles que creem e o seguem com obras — *os que cumprem a vontade de meu Pai* — ocupam no seu coração um lugar de predileção e estão unidos a Ele por laços mais fortes que os do sangue. No discurso da Última Ceia, dir-lhes-á com simplicidade e sinceridade comovedoras: *Como o Pai me amou, assim também eu vos amei... Chamei-vos amigos porque vos dei a conhecer tudo o que ouvi de meu Pai*[6].

O Senhor quis ser exemplo de amizade verdadeira e esteve aberto a todos os que se aproximavam dEle, atraindo-os com especial ternura e afeto. "Deixava escapar então — comenta São Bernardo com palavras muito belas — toda a suavidade do seu coração; abria a sua alma totalmente e dela se espargia como vapor invisível o mais delicado perfume, o perfume de uma alma formosa, de um coração generoso e nobre"[7]. E convertia-se em amigo fiel e abnegado de todos. Do seu ser emanava um poder de atração que São Jerônimo comparou ao de um ímã extraordinário[8].

Jesus chama-nos amigos. E ensina-nos a acolher a todos, a ampliar e desenvolver constantemente a nossa capacidade de amizade. Mas só aprenderemos dEle se procurarmos o seu convívio na intimidade de uma oração confiada: "Para que este nosso mundo caminhe por um trilho cristão — o único que vale a pena —, temos de viver uma leal amizade com os homens, baseada numa prévia leal amizade com Deus"[9].

II. JESUS TEVE AMIGOS em todas as classes sociais e em todas as profissões: eram de idade e de condições muito diversas. Desde pessoas de grande prestígio social, como Nicodemos ou José de Arimateia, até mendigos como Bartimeu. Na maior parte das cidades e aldeias, encontrava pessoas que lhe queriam bem e que se sentiam correspondidas por Ele, amigos que nem sempre o Evangelho menciona pelos nomes, mas cuja existência se pode entrever.

Em Betânia, a família de Lázaro estava unida ao Mestre por fortes laços de amizade, como se vê pela mensagem ao mesmo tempo confiante e dolorosa que Maria e Marta lhe fazem chegar quando Lázaro adoece gravemente: *Senhor, aquele a quem amas está doente*[10]. Jesus *amava* Marta, Maria e Lázaro. Quando chegou a Betânia, Lázaro já estava morto havia quatro dias. E, para surpresa de todos, *Jesus chorou*. Disseram então os judeus: *Vede como o amava*[11]. Jesus chora por um amigo! Derrama em silêncio lágrimas de homem; os que ali se encontravam ficaram profundamente admirados.

Nunca devemos cansar-nos de considerar quanto o Senhor nos quer. “Jesus é teu amigo. — O Amigo. — Com coração de carne como o teu. — Com olhos de olhar amabilíssimo, que choraram por Lázaro... — E, tanto como a Lázaro, te ama a ti”[12].

Jesus gostava de conversar com as pessoas que o procuravam ou com as que encontrava pelo caminho. Aproveitava essas conversas, que muitas vezes começavam por temas intranscendentes, para chegar ao fundo das suas almas e enchê-las de amor. Todas as circunstâncias lhe foram propícias para fazer amigos e transmitir-lhes a mensagem divina que tinha trazido à terra. Nós não devemos esquecer que “amizade e caridade fazem uma só coisa: luz divina que dá calor”[13].

Com os amigos compartilha-se o melhor que se possui, e nós não temos nada que valha tanto como a amizade com Jesus Cristo, robustecida ao longo dos anos, depois de tantos momentos de oração — quantas coisas Lhe dissemos até hoje —, de tantas ocasiões junto do Sacrário. Não lhes abriremos o coração, falando-lhes a sós desse Amigo que queremos que seja também Amigo de cada um deles?

Quem priva da intimidade com Cristo não sabe nem consegue guardar para si esse achado que o impressiona e o torna feliz cada vez que se abeira dele para contemplá-lo. Não nos hão de faltar palavras para falar de Cristo aos nossos amigos, sobretudo se formos homens e mulheres de oração, que leem assiduamente o Evangelho e meditam nas suas passagens como se fossem protagonistas. Quando pudermos dizer com

São Paulo: "*O meu viver é Cristo*"[14], estaremos em condições de fazer com que os nossos amigos o sejam também do Senhor, e assim sejam também mais verdadeiramente amigos nossos.

III. *UM AMIGO FIEL é um protetor poderoso; quem o encontra descobre um tesouro. Nada vale tanto como o amigo fiel; o seu preço é incalculável*[15]. É com essas palavras que a Sagrada Escritura nos fala do valor da amizade, ao mesmo tempo que nos ensina que é preciso procurá-la, empregar os meios adequados para encontrá-la. E, uma vez encontrada, é necessário cultivá-la, superando o tempo, as distâncias, e tudo aquilo que tende a esfriá-la: a diversidade de gostos, opiniões, interesses...

A amizade requer que ajudemos o amigo. "Se descobres algum defeito no teu amigo, corrige-o em segredo [...]. As correções fazem bem e são de maior proveito que uma amizade muda"[16], que se cala enquanto vê o amigo afundar-se.

A amizade deve ser perseverante. "Não mudemos de amigo como fazem as crianças, que se deixam levar pela onda fácil dos sentimentos"[17]. *Não tenhas vergonha de defender o amigo*[18]. "Não o abandones no momento da necessidade, não o esqueças, não lhe negues o teu afeto, porque a amizade é o alicerce da vida. Carreguemos uns as cargas dos outros, como nos ensinou o Apóstolo... Se a prosperidade de um é proveitosa a todos os seus amigos, por que na adversidade não irá encontrar a ajuda de todos esses amigos? Ajudemo-lo com os nossos conselhos, unamos os nossos esforços aos seus, participemos das suas aflições.

"Quando for necessário, suportemos até grandes sacrifícios por lealdade para com o amigo. Talvez tenhamos que enfrentar inimizades para defender a causa do amigo inocente, e, com muita frequência, receber insultos quando procuremos rebater e responder àqueles que o atacam e acusam [...]. É na adversidade que se provam os amigos verdadeiros, pois na prosperidade todos parecem fiéis"[19].

A caridade sobrenatural fortalece e enriquece a amizade. O amor a Cristo torna-nos mais humanos, com maior capacidade de compreensão, mais abertos a todos. Se Cristo for o nosso melhor amigo, aprenderemos a fortalecer uma relação que talvez estivesse a ponto de se desfazer, a tirar um obstáculo, a superar o egoísmo e a comodidade de permanecermos fechados em nós mesmos. Junto do Senhor, saberemos tornar melhores, levar à santidade, os nossos amigos, porque lhes transmitiremos a fé em Cristo. Ao longo dos séculos, quantos não foram os que transitaram pelo caminho da amizade para chegar ao Senhor!

Olha para Cristo. Bem sabes que Ele te considera entre os seus amigos íntimos. Somos *os amigos do Esposo*. Aplicadas a Cristo, alcançam a sua plenitude as palavras que lemos no Livro do Eclesiástico: *Nada se pode comparar ao amigo fiel*[20]. O Senhor levou a sua fidelidade ao extremo de dar a vida por cada um de nós. Aprendamos dEle a ser amigos dos nossos amigos, e não deixemos de lhes dar o melhor que temos: o amor a Jesus.

(1) Lc 5, 33-39; (2) 1 Mc 9, 39; (3) cf. Ex 34, 16; Is 54, 5; Jr 2, 2; Os 2, 18 e segs.; (4) Jo 3, 29; (5) cf. Mt 12, 49-50; (6) Jo 15, 9.15; (7) São Bernardo, *Comentário ao Cântico dos Cânticos*, 31, 7; (8) cf. São Jerônimo, *Comentário ao Evangelho de São Mateus*, 9, 9; (9) São Josemaria Escrivá, *Forja*, n. 943; (10) Jo 11, 3; (11) Jo 11, 35-36; (12) São Josemaria Escrivá, *Caminho*, n. 422; (13) cf. São Josemaria Escrivá, *Forja*, n. 565; (14) Fl 1, 21; (15) Eclo 6, 14-17; (16) Santo Ambrósio, *Sobre o ofício dos ministros*, III, 125; (17) *ib.*; (18) Eclo 22, 31; (19) Santo Ambrósio, *op. cit.*, III, 126-127; (20) Eclo 6, 14.

TEMPO COMUM. VIGÉSIMA SEGUNDA SEMANA. SÁBADO

195. A FÉ DE SANTA MARIA

— O sábado, um dia dedicado à Virgem. Honrá-la e meditar nas suas virtudes.
— A obediência da fé.
— A vida de fé de Santa Maria.

I. HOJE, SÁBADO, é um dia apropriado para que meditemos na vida de fé de Santa Maria e lhe peçamos ajuda para crescer mais e mais nesta virtude teologal. Desde os primeiros séculos, os cristãos reservaram este dia da semana para honrar de modo muito especial a Virgem. Alguns teólogos, antigos e recentes, enumeram diversas razões de conveniência que aconselham a fazê-lo. Entre outras, a de que o sábado foi para Deus o dia de descanso, e a Virgem foi Aquela em quem — como escreve São Pedro Damião — "pelo mistério da Encarnação, Deus descansou como num leito sacratíssimo"[1]. O sábado é também preparação para o domingo, símbolo e sinal da festa do Céu, e a Santíssima Virgem é a preparação e o caminho para Cristo, porta da felicidade eterna[2]. São Tomás sublinha que dedicamos o sábado à nossa Mãe porque "conservou nesse dia a fé no mistério de Cristo enquanto Ele estava morto"[3]. Por último, podemos apontar um argumento de amor: nós, cristãos, precisamos de um dia especial para honrar Santa Maria.

Desde há muito tempo, em igrejas, capelas, ermidas e oratórios, reza-se ou canta-se a Salve Rainha ou outras preces marianas na tarde do sábado. E muitos cristãos procuram esmerar-se nesse dia em honrar a Rainha do Céu: escolhem uma jaculatória para repeti-la muitas vezes durante o dia, visitam uma pessoa que esteja doente, sozinha ou necessitada, oferecem uma mortificação que assinala particularmente esse dia mariano, vão rezar nalguma ermida ou igreja dedicada à Virgem, põem mais atenção nas orações que lhe dirigem: o terço, o *Angelus* ou *Regina Coeli*, a Salve Rainha...

Existem muitas devoções marianas, e o cristão não tem obrigação de vivê-las todas, mas "não possui a plenitude da fé cristã quem não vive algumas delas, quem não manifesta de algum modo o seu amor por Maria.

"Os que consideram ultrapassadas as devoções à Santíssima Virgem dão sinais de terem perdido o profundo sentido cristão que elas encerram, e de terem esquecido a fonte de que nascem: a fé na vontade salvífica de Deus Pai; o amor a Deus Filho, que se fez realmente homem e nasceu de uma mulher; a confiança em Deus Espírito Santo, que nos santifica com a sua graça"[4].

"Se procuras Maria, encontrarás «necessariamente» Jesus, e aprenderás — sempre com maior profundidade — o que há no Coração de Deus"[5]. Consideremos hoje como vivemos o sábado, e se temos nesse dia da semana detalhes específicos de carinho para com a Virgem.

II. PROCUREMOS NOSSA SENHORA no dia de hoje meditando na sua grande fé, maior do que a de qualquer outra criatura.

Mesmo antes de o anjo lhe ter anunciado que fora escolhida para Mãe de Deus, Ela meditava a Sagrada Escritura e aprofundava no seu conhecimento como antes dEla jamais o fizera qualquer outra inteligência humana. O seu entendimento, que nunca se viu afetado pelos danos causados pelo pecado, e além disso foi iluminado pela fé e pelos dons do Espírito Santo, devia meditar com profundidade as profecias relativas ao Messias. Por essa luz divina e pelo seu amor sem limites a Deus e aos homens, suspirava e clamava pela vinda do Salvador com maior veemência que os Patriarcas e todos os justos que a tinham precedido. E o Senhor deleitava-se nessa oração cheia de fé e esperança. A Virgem Maria, com essa oração, dava mais glória a Deus que o universo inteiro com o resto das suas criaturas.

Quando chegou a plenitude dos tempos, sob o olhar amoroso da Santíssima Trindade e ante a expectativa dos coros celestiais, a Virgem recebeu a embaixada do anjo: *Ave, Maria, cheia de graça, o Senhor é contigo; bendita és tu entre as mulheres*[6]. São Lucas narra que a Virgem *se perturbou* ao escutar a mensagem do anjo, e *discorria pensativa que saudação seria aquela*[7]. Na sua alma não há resistência, não há oposição, tudo está aberto à ação direta de Deus. Não há nela limitação alguma ao querer divino. Deus tinha preparado o seu coração cumulando-a de graça, e a sua livre cooperação com esses dons converteram-na em *boa terra* para receber a semente divina. Prestou imediatamente o seu pleno consentimento, abandonada no Senhor: *Fiat mihi secundum verbum tuum*, faça-se em mim segundo a tua palavra.

"Na Anunciação, com efeito, Maria *entregou-se a Deus* completamente, manifestando «a obediência da fé» Àquele que lhe falava através do seu mensageiro, prestando-lhe o «obséquio pleno da inteligência e da vontade» (Const. *Dei Verbum*). Ela respondeu, pois, *com todo o seu «eu» humano e feminino*. Nessa resposta de fé estavam contidas uma cooperação perfeita com a «prévia e concomitante graça divina» e uma disponibilidade perfeita à ação do Espírito Santo, o qual «aperfeiçoa constantemente a fé mediante os seus dons» (*ib.*)"[8]. A Anunciação é o momento em que a fé de Maria atinge o seu ponto culminante: realiza-se então o que Ela tinha meditado tantas vezes na intimidade do seu coração; "mas é também o ponto de partida de todo o seu «itinerário para Deus», de toda a sua caminhada de fé"[9]. Esta é a primeira consequência da fé de Santa Maria na sua vida: uma plena obediência aos planos de Deus, que Ela capta com especial profundidade.

Olhando para a nossa Mãe do Céu, podemos ver se a nossa fé também nos leva a realizar a vontade de Deus sem lhe pôr limites; se sabemos querer *o que* Ele quer, *quando* quer e do *modo* que quer. À luz da sua figura amabilíssima, podemos examinar também como aceitamos as contrariedades normais de cada dia, como amamos a doença, a dor, o fracasso, tudo aquilo que contraria os nossos planos ou modos de agir... Pensemos se tanto as coisas boas da nossa vida como as realidades penosas ou difíceis de enfrentar nos santificam, ou se, pelo contrário, nos afastam do Senhor.

III. A VIDA DE NOSSA SENHORA não foi fácil. Não lhe foram poupadas as provas e dificuldades, mas a sua fé saiu vitoriosa e fortalecida desses percalços, convertendo-se em modelo para todos nós. "Como Mãe, ensina; e, também como Mãe, as suas lições não são ruidosas. É preciso ter na alma uma base de finura, um toque de delicadeza, para compreender o que Ela nos manifesta — mais do que com promessas — com obras.

"Mestra de fé. *Bem-aventurada tu, que creste* (Lc 1, 45); assim a saúda Isabel, sua prima, quando Nossa Senhora sobe à montanha para visitá-la. Tinha sido maravilhoso aquele ato de fé de Santa Maria: *Eis a escrava do Senhor, faça-se em mim segundo a tua palavra* (Lc 1, 38). No Nascimento do seu Filho, contempla as grandezas de Deus na terra: há um coro de anjos, e tanto os pastores como os poderosos da terra vêm adorar o Menino. Mas depois a Sagrada Família tem que fugir para o Egito, para escapar das tentativas criminosas de Herodes. E a seguir, o silêncio: trinta longos anos de vida simples, comum, como a de um lar qualquer de uma pequena aldeia da Galileia"[10].

Nos anos de Nazaré, a fé da Virgem brilha em silêncio. O Filho que Deus lhe deu é um menino que cresce e se desenvolve como os outros seres humanos, que aprende a falar, a caminhar e a trabalhar como os outros. Mas a Virgem Maria sabe que aquele menino é o Filho de Deus, o Messias esperado há séculos. Quando o contempla inerme nos seus braços, sabe que Ele é o Onipotente. As suas relações com Ele estão repletas de amor, porque é o seu filho, e de respeito, porque é o seu Deus. Quando lhe ouve as primeiras palavras entrecortadas, olha-o como à Sabedoria infinita; quando o vê entretido nos seus jogos de criança, ou fatigado — depois de um dia de trabalho ao lado de São José, quando já é um adolescente —, reconhece nEle o Criador do céu e da terra.

A fé da Virgem atualizava-se ao ritmo dos acontecimentos dos dias normais, inflamava-se no trato íntimo com Jesus, e foi crescendo de dia para dia mediante essa oração contínua que era a sua relação permanente com o seu Filho. Encarando com sentido sobrenatural os pequenos e grandes incidentes da sua vida, santificou "as coisas mais pequenas, aquelas que muitos consideram erroneamente como intranscendentes e sem valor: o trabalho de cada dia, os pormenores de atenção com as pessoas queridas, as conversas e visitas por motivos de parentesco ou de amizade"[11].

A fé de Santa Maria revelou-se em plenitude *iuxta crucem Iesu*, junto da Cruz de Jesus. Sem palavras, com a sua presença no Calvário por desígnio divino[12], manifestou que toda a sua vida foi *uma obediência à fé*. Contemplando-a ao pé do Filho agonizante, compreende-se que "acreditar quer dizer «abandonar-se» à própria verdade da palavra do Deus vivo, sabendo e reconhecendo humildemente «até que ponto são insondáveis os seus desígnios e *imperscrutáveis os seus caminhos* (Rm 11, 33). Maria, que pela eterna vontade do Altíssimo veio a encontrar-se, por assim dizer, no próprio centro daqueles «caminhos imperscrutáveis» e daqueles «desígnios insondáveis» de Deus, conforma-se com eles na penumbra da fé, aceitando plenamente e com o coração aberto tudo o que é disposição divina"[13].

"Falta-nos fé. No dia em que vivermos esta virtude — confiando em Deus e na sua Mãe —, seremos valentes e leais. Deus, que é o Deus de sempre, fará milagres por nossas mãos.

"— Dá-me, ó Jesus, essa fé, que de verdade desejo! Minha Mãe e Senhora minha, Maria Santíssima, faz que eu creia!"[14], que saiba encarar e dirigir todos os acontecimentos da minha vida com uma fé serena e inamovível.

(1) São Pedro Damião, *Opúsculo 33. De bono sufragiorum*, PL 145, 566; (2) cf. G. Roschini, *La Madre de Dios*, Madri, 1958, vol. II, p. 596; (3) São Tomás, *Sobre os mandamentos*, em *Escritos de catequese*; (4) São Josemaria Escrivá, *É Cristo que passa*, n. 142; (5) São Josemaria Escrivá, *Forja*, n. 661; (6) Lc 1, 28; (7) Lc 1, 29; (8) João Paulo II, Enc. *Redemptoris Mater*, 25-III-1987, 13; (9) *ib.*, 14; (10) São Josemaria Escrivá, *Amigos de Deus*, n. 284; (11) São Josemaria Escrivá, *É Cristo que passa*, n. 148; (12) cf. Conc. Vat. II, Const. *Lumen gentium*, 58; (13) João Paulo II, *op. cit.*, 14; (14) São Josemaria Escrivá, *Forja*, n. 235.

Tempo Comum. Vigésimo Terceiro Domingo. Ciclo A

196. REZAR EM FAMÍLIA

— A oração em família é muito grata a Deus.
— Algumas manifestações de piedade no lar.
— Uma família que reza unida, permanece unida: o terço.

I. JESUS MANIFESTA com frequência que a salvação e a união com Deus é, em última instância, um assunto pessoal: ninguém pode substituir-nos no trato com Deus. Mas Ele também quis que nos apoiássemos uns aos outros e nos entreajudássemos nesse caminhar para a meta definitiva. É uma unidade tão desejada pelo Senhor que Ele prometeu conceder-nos mais facilmente o que lhe pedimos se lho pedimos em comum. É o que lemos no Evangelho da Missa[1]: *Se dois de vós se unirem entre si sobre a terra para pedir qualquer coisa, esta lhes será concedida por meu Pai que está nos céus. Porque onde se acham dois ou três reunidos em meu nome, aí estou eu no meio deles*.

A Igreja viveu desde sempre a prática da oração em comum[2], que não se opõe nem substitui a oração pessoal privada. De modo particular, é muito grata ao Senhor a oração que a família reza em comum; é um dos tesouros que se recebem de outras gerações para tirar dele fruto abundante e transmiti-lo às gerações seguintes.

"Há práticas de piedade — poucas, breves e habituais — que sempre se viveram nas famílias cristãs, e entendo que são maravilhosas: a bênção da mesa, a recitação do terço em conjunto [...], as orações pessoais ao levantar-se e ao deitar-

-se. Serão costumes diversos conforme os lugares; mas penso que sempre se deve fomentar algum ato de piedade, realizado conjuntamente pelos membros da família, de forma simples e natural, sem beatices.

"Dessa maneira conseguiremos que Deus não seja considerado um estranho, a quem se vai ver uma vez por semana na igreja, ao domingo. Que Deus seja visto e tratado como é na realidade, também no seio do lar, porque, como disse o Senhor, *onde estão dois ou três reunidos em meu nome, aí estou eu no meio deles* (Mt 18, 20)"[3].

"A oração familiar — ensina o Papa João Paulo II, comentando esta passagem do Evangelho — tem como conteúdo original *a própria vida de família* [...]: alegrias e dores, esperanças e tristezas, nascimento e festas de anos, aniversário de núpcias dos pais, partidas, ausências e regressos, escolhas importantes e decisivas, a morte de pessoas queridas etc., assinalam a intervenção do amor de Deus na história da família, assim como devem marcar o momento favorável para a ação de graças, para a impetração, para o abandono confiante da família ao Pai comum que está nos Céus. A dignidade e a responsabilidade da família cristã como Igreja doméstica só podem, pois, ser vividas com a ajuda incessante de Deus, que será concedida sem falta a todos os que a implorarem com humildade e confiança na oração"[4].

A oração em comum comunica uma particular fortaleza a toda a família. A primeira e principal ajuda que prestamos aos pais, aos filhos, aos irmãos, consiste em rezar com eles e por eles. A oração em família fomenta o sentido sobrenatural, que permite compreender o que acontece ao nosso redor e no seio do lar, e nos ensina a ver que nada é alheio aos planos de Deus: Ele mostra-se sempre como um Pai que nos diz que a família é mais sua do que nossa. E assim é também nos acontecimentos que seriam incompreensíveis se não estivéssemos perto dEle: a morte de uma pessoa querida, o nascimento de um irmão deficiente, a doença, a penúria econômica... Junto do Senhor, amamos a sua santa vontade, e as famílias, longe de se desunirem, estreitam ainda mais os laços entre si e com Deus.

II. *SE ALGUÉM NÃO CUIDA dos seus e principalmente da sua casa, negou a sua fé e é pior que um infiel*[5], escreve São Paulo a Timóteo, recordando o vínculo que nos prende àqueles que o Senhor colocou sob os nossos cuidados. Uma das principais obrigações dos pais em relação aos filhos — ou, nalgumas circunstâncias, dos irmãos mais velhos em relação aos mais novos — é a de ensinar-lhes na infância como ganharem confiança e intimidade com Deus. É uma tarefa tão necessária que é quase insubstituível. Essas primeiras sementes continuam a dar os seus frutos ao longo dos anos, talvez até à hora da morte. Para muitos, essa foi toda a sua bagagem espiritual, da qual se serviram na adolescência e nos anos da maturidade e mesmo na velhice. "A Sagrada Escritura fala-nos dessas famílias dos primeiros cristãos — a *Igreja doméstica*, diz São Paulo (1 Cor 16, 19) —, às quais a luz do Evangelho dava novo impulso e nova vida.

"Em todos os ambientes cristãos se conhecem por experiência os bons resultados que dá essa natural iniciação na vida de piedade, feita no calor do lar. A criança aprende a colocar o Senhor na linha dos primeiros afetos fundamentais, aprende a tratar a Deus como Pai e a Virgem Maria como Mãe; aprende a rezar seguindo o exemplo dos pais. Quando se compreende isto, vê-se a enorme tarefa apostólica que os pais podem realizar e como têm obrigação de ser sinceramente piedosos, para poderem transmitir — mais do que ensinar — essa piedade aos filhos"[6].

A família verdadeiramente cristã sabe transmitir, de pais para filhos, orações simples e breves, facilmente compreensíveis, que formam o primeiro germe da piedade: jaculatórias a Jesus, à nossa Mãe Santa Maria, a São José, ao Anjo da Guarda... Orações de sempre, milhares de vezes repetidas nos lares cristãos de todas as épocas e condições. Os filhos não tardam em aprender esses ensinamentos e orações que veem convertidos em vida nos seus pais. E quando crescem, já têm perfeitamente assimilados o sentido e a prática da bênção da mesa, das orações da manhã e da noite — as três Ave-Marias ao deitar-se —, do recurso ao Anjo da Guarda, do olhar cheio de devoção a uma imagem de Nossa Senhora...

Quantas crianças, atualmente homens e mulheres, não se lembram com emoção da explicação, simples mas exata, que a sua mãe ou o irmão mais velho lhes deram sobre a presença de Cristo no Sacrário! Ou da primeira vez que viram a sua mãe rezando por uma necessidade urgente, ou do seu pai dobrando o joelho com reverência diante do Sacrário! Rezar deve ser um hábito absolutamente natural numa família em que Cristo está presente, porque Ele é mais uma pessoa da casa, Aquele a quem se ama sobre todas as coisas.

III. *UBI CARITAS ET AMOR, Deus ibi est*, “onde há caridade e amor, ali está Deus”[7], canta a Liturgia da Quinta-feira Santa. Quando nós, cristãos, nos reunimos para orar, Cristo encontra-se entre nós. Ele escuta comprazido essa oração alicerçada na unidade. Assim faziam também os Apóstolos: *Perseveravam unânimes na oração com as mulheres e com Maria, a Mãe de Jesus*[8]. Era a nova família de Cristo.

A oração familiar por excelência é o terço. “A família cristã — ensina o Papa João Paulo II — encontra-se e consolida a sua identidade na oração. Esforçai-vos por dispor todos os dias de um tempo para dedicá-lo juntos a falar com o Senhor e a escutar a sua voz. Que bonito quando numa família se reza, ao anoitecer, nem que seja uma só parte do Rosário!

“Uma família que reza unida permanece unida; uma família que ora é uma família que se salva.

“Comportai-vos de tal maneira que as vossas casas sejam lugares de fé cristã e de virtude, mediante a oração em comum”[9].

Quando numa casa de família os pais dão início à recitação do terço, talvez no começo só o façam eles mesmos; depois junta-se um filho, um pouco mais tarde a avó, e a seguir outro filho ou filha... E pode até chegar-se a estabelecer uma hora fixa de comum acordo; por exemplo, antes do jantar ou logo depois, como se faz em alguns países... O terço e a oração do *Angelus* — indicava em outra ocasião o Pontífice — “devem ser para todo o cristão, e ainda mais para as famílias cristãs, como que um oásis espiritual no decurso da jornada, para ganhar valor e confiança”[10]. “Oxalá ressurgisse o belíssimo costume de rezar o terço em família!”[11]

A Igreja quis conceder inúmeras graças e indulgências aos que rezam o terço em família. Esforcemo-nos por fomentar esta oração tão grata ao Senhor e à sua Santíssima Mãe, e que é, no dizer de João XXIII, “uma grande oração pública e universal em face das necessidades ordinárias e extraordinárias da Igreja santa, das nações e do mundo inteiro"[12]. É um bom ponto de apoio para a unidade familiar e a melhor ajuda para enfrentar as necessidades de toda a família.

(1) Mt 18, 19-20; (2) cf. At 12, 5; (3) São Josemaria Escrivá, *Entrevistas com Mons. Josemaria Escrivá*, n. 103; (4) João Paulo II, Exort. apost. *Familiaris consortio*, 22-XI-1981, 59; (5) 1 Tm 5, 8; (6) São Josemaria Escrivá, *Entrevistas com Mons. Josemaria Escrivá*, n. 103; (7) 1 Jo 4, 12; (8) At 1, 14; (9) João Paulo II, *Discurso às famílias*, 24-III-1984; (10) idem, *Angelus em Otranto*, 5-X-1980; (11) idem, *Discurso*, 12-X-1980; (12) João XXIII, *Alocução*, 29-IX-1961.

Tempo Comum. Vigésimo Terceiro Domingo. Ciclo B

197. OUVIR A DEUS E FALAR DELE

— O milagre da cura de um surdo-mudo.
— Não devemos permanecer calados ante a ignorância religiosa.
— Falar com clareza e simplicidade; também na direção espiritual.

I. A LITURGIA DA MISSA deste domingo é um apelo à esperança, à plena confiança no Senhor. Num momento de tribulação, o profeta Isaías levanta-se para reconfortar o povo eleito que vive no desterro[1]. Anuncia o alegre retorno à pátria. *Dizei aos covardes de coração: Sede fortes e não temais; eis que o vosso Deus trará a vingança e a retribuição. Ele próprio virá e vos salvará*. E o profeta vaticina prodígios que terão o seu pleno cumprimento com a chegada do Messias. *Descerrar-se-ão os olhos dos cegos e abrir-se-ão os ouvidos dos surdos; os coxos saltarão como os cervos, e desatar-se-á a língua dos mudos; as águas jorrarão no deserto e as torrentes na estepe*. Com Cristo, todos os homens são curados, e as fontes da graça, sempre inesgotáveis, convertem o mundo numa nova criação.

O Evangelho da Missa[2] narra a cura de um surdo-mudo. O Senhor levou-o a um lugar à parte, pôs os dedos nos seus ouvidos e tocou-lhe a língua com saliva. Depois olhou para o céu e *disse: "Effetha", que quer dizer, "abre-te". E imediatamente se lhe abriram os ouvidos e se lhe soltou a prisão da língua, e falava claramente*.

Os dedos significam a poderosa ação divina[3], e a saliva evoca a eficácia que lhe era atribuída para aliviar as feridas. Ainda que a cura tenha resultado das palavras de Cristo, o Senhor quis utilizar nesta ocasião, como aliás em outras, elementos materiais visíveis, para dar a entender de alguma maneira a ação mais profunda que os sacramentos iriam efetuar nas almas[4]. Desde os primeiros séculos e durante muitas gerações[5], a Igreja serviu-se desses mesmos gestos do Senhor para administrar o Batismo, enquanto orava sobre a criança que era batizada: *O Senhor Jesus, que fez ouvir os surdos e falar os mudos, te conceda que a seu tempo possas escutar a sua Palavra e proclamar a fé*[6].

Nesta cura que o Senhor realizou, podemos ver uma imagem da sua ação nas almas: ela livra o homem do pecado, abre-lhe os ouvidos para que escute a Palavra de Deus e solta-lhe a língua para que louve e proclame as maravilhas divinas. É uma ação que tem início no momento do Batismo — por intervenção do Espírito Santo, *Digitus paternae dexterae*[7], o dedo da destra de Deus Pai, como o chama a liturgia —, mas que se prolonga pelo resto da nossa vida. Santo Agostinho, ao comentar esta passagem do Evangelho, diz que a língua de quem está unido a Deus "falará do bem, porá de acordo os que estão desavindos, consolará os que choram... Deus será louvado, Cristo será anunciado"[8]. É o que nós faremos se tivermos o ouvido atento às contínuas moções do Espírito Santo e a língua preparada para falar de Deus sem respeitos humanos.

II. EXISTE UMA SURDEZ da alma que é pior que a do corpo, porque não há pior surdo do que aquele que não quer ouvir. São muitos os que têm os ouvidos fechados à Palavra de Deus, e são também muitos os que se vão endurecendo cada vez mais ante as inúmeras chamadas da graça. O nosso apostolado paciente, tenaz, cheio de compreensão, acompanhado de oração, fará com que muitos dos nossos amigos ouçam a voz de Deus e se convertam em novos apóstolos que a apregoem por toda a parte.

Não podemos ficar mudos quando devemos falar de Deus e da sua mensagem sem constrangimento algum, antes vendo nisso um título de glória: os pais aos seus filhos, desde a primeira infância e continuando depois, com *dom de línguas*, na puberdade e na juventude; o amigo ao amigo, com sentido de oportunidade, mas sem receios; o colega de escritório aos que trabalham ao seu lado, com o seu comportamento exemplar e alegre e com a palavra que estimula a sair da apatia; o estudante aos colegas de Universidade com quem convive tantas horas por dia...

Os motivos para falar da beleza da fé, da alegria incomparável de possuir a verdade de Cristo são muitos. Mas dentre todos eles destaca-se a responsabilidade recebida no Batismo[9] de não deixar que ninguém perca a fé ante a avalanche de ideias e de erros doutrinais e morais que inunda o mundo e perante os quais muitos se sentem indefesos.

"Os inimigos de Deus e da sua Igreja, manipulados pelo ódio imperecível de satanás, mexem-se e organizam-se sem tréguas.

"Com uma constância «exemplar», preparam os seus quadros, mantêm escolas, dirigentes e agitadores, e, com uma ação dissimulada — mas eficaz —, propagam as suas ideias e levam — aos lares e aos lugares de trabalho — a sua semente destruidora de toda a ideologia religiosa.

"— O que não deveremos fazer nós, os cristãos, para servir o nosso Deus, sempre com a verdade?"[10] Vamos permanecer impassíveis?

Peçamos ao Senhor fé e audácia para anunciar com clareza e simplicidade as *magnalia Dei*[11], as maravilhas de Deus de que somos testemunhas, como fizeram os apóstolos depois do dia de Pentecostes. Santo Agostinho aconselha-nos: "Se amais a Deus, atraí para que o amem todos os que se reúnem convosco e todos os que vivem na vossa casa. Se amais o Corpo de Cristo, que é a unidade da Igreja, estimulai a todos para que gozem de Deus e dizei-lhes com Davi: *Engrandecei comigo o Senhor e louvemos todos juntos o seu santo nome* (Pr 21, 28); e nisto não sejais parcos nem tímidos, mas conquistai para Deus todos os que puderdes e por todos os meios possíveis, conforme a vossa capacidade, exortando-os, suportando-os, suplicando-lhes, conversando com eles e falando-lhes com toda a mansidão e suavidade da razão de ser das coisas que dizem respeito à fé"[12]. Não fiquemos calados quando tantas são as coisas que Deus quer dizer através das nossas palavras.

III. CHEGOU O TEMPO em que *se descerrarão os olhos dos cegos, e os ouvidos dos surdos se abrirão, e o coxo saltará como um cervo, e a língua do mudo cantará*... Esses prodígios realizam-se nos nossos dias com uma profundidade muito maior do que aquela que o profeta tinha previsto; realizam-se na alma que é dócil ao Espírito Santo.

São Marcos transmite-nos a palavra aramaica que Jesus utilizou: *Effetha*, abre-te! É uma ordem que o Senhor nos faz chegar de muitas maneiras à intimidade da alma, sob a forma de um conselho imperativo do Espírito Santo. A boca deve abrir-se e a língua deve soltar-se para falar com clareza sobre o estado da alma na direção espiritual.

Os que dispõem desse meio seguro de progresso espiritual devem ser conscientes da necessidade absoluta de serem muito sinceros, de exporem com simplicidade a sua situação interior, os desejos de santidade que os movem e as tentações do inimigo, as vitórias que alcançam e os desânimos que os assaltam. E o ouvido deve estar desimpedido para escutar atentamente os vários ensinamentos e sugestões que o Mestre lhes quer fazer chegar por esse meio[13].

Com essa sinceridade e docilidade, a batalha está sempre ganha, por mais difícil que seja; com a duplicidade, o isolamento e a soberba do critério próprio, está sempre perdida. É o Senhor quem cura e utiliza os meios que quer, sempre desproporcionados. São Vicente Ferrer afirmava que Deus "não concede nunca a sua graça àquele que, tendo à sua disposição uma pessoa capaz de instruí-lo e dirigi-lo, despreza esse meio eficacíssimo de santificação, julgando que se basta a si própria e que pelas suas próprias forças pode procurar e encontrar o que é necessário para a sua salvação... Aquele que tiver um diretor e lhe obedecer sem reservas e em todas as coisas — ensina o Santo — chegará mais facilmente à meta do que se estiver sozinho, ainda que possua uma inteligência muito aguda e muitos livros sábios sobre coisas espirituais..."[14]

Há um qualificativo que define perfeitamente como deve ser a nossa sinceridade nos assuntos relativos à nossa alma: *selvagem*. É a sinceridade do homem reto, sem duas caras, que não se importa de ficar mal, que sabe que é uma insensatez fingir ou "dourar a pílula" diante de quem lhe pode dar a orientação certeira para sair dos seus problemas, desde que os conte:

"Tens de amar e procurar a ajuda de quem orienta a tua alma. Na direção espiritual, põe a descoberto o teu coração, por inteiro — podre, se estiver podre! —, com sinceridade, com ânsias de curar-te; senão, essa podridão não desaparecerá nunca.

"Se recorres a uma pessoa que só pode limpar a ferida superficialmente..., és um covarde, porque no fundo vais ocultar a verdade, com prejuízo para ti próprio"[15].

Não nos esqueçamos, por fim, de que os conselhos que recebemos para a nossa orientação espiritual são instrumento da ação do Espírito Santo na nossa alma. E que é por isso — não por nos convencerem ou para fazermos uma experiência — que os escutamos com docilidade, decididos a praticá-los a todo o custo: "Não te limites a falar ao Paráclito, escuta-o! [...] Reza-lhe assim: — Divino Hóspede, Mestre, Luz, Guia, Amor: que eu saiba acolher-te, e escutar as tuas lições, e inflamar-me, e seguir-te, e amar-te"[16].

Na Santíssima Virgem temos o modelo completo desse escutar com o ouvido atento o que Deus nos pede, para pô-lo em prática com uma disponibilidade total. "Na Anunciação, Maria *entregou-se a Deus* completamente, manifestando "a obediência da fé" Àquele que lhe falava mediante o seu mensageiro, prestando-lhe o "obséquio pleno da inteligência e da vontade" (Const. *Dei Verbum*, 5)"[17]. Recorremos a Ela ao terminarmos a nossa oração, pedindo-lhe que nos ensine a ser muito sinceros, a ouvir atentamente tudo o que nos é dito da parte de Deus, e a pô-lo em prática com docilidade de crianças.

(1) Is 35, 4-7; (2) Mc 7, 31-37; (3) cf. Ex 8, 19; Sl 8, 4; Lc 11, 20; (4) cf. M. Schmaus, *Teología dogmática*, vol. VI; (5) cf. A. G. Martimort, *La Iglesia en oración*, 3ª ed., Herder, Barcelona, 1986, p. 596; (6) cf. Ritual do Batismo, *Batismo das crianças*; (7) cf. *Hino Veni Creator*; (8) Santo Agostinho, *Sermão 311*, 11; (9) cf. Conc. Vat. II, Const. *Lumen gentium*, 33; (10) São Josemaria Escrivá, *Forja*, n. 466; (11) cf. At 2, 1; (12) Santo Agostinho, *Comentário aos Salmos*, 33, 6-7; (13) cf. R. Garrigou-Lagrange, *Las tres edades de la vida interior*, vol. I, p. 295 e segs.; (14) São Vicente Ferrer, *Tratado sobre a vida espiritual*, II, 1; (15) São Josemaria Escrivá, *Forja*, n. 128; (16) São Josemaria Escrivá, *op. cit.*, n. 430; (17) João Paulo II, Enc. *Redemptoris Mater*, 25-III-1987, 13.

TEMPO COMUM. VIGÉSIMO TERCEIRO DOMINGO. CICLO C

198. EXAMINAR A CONSCIÊNCIA

— O seguimento de Cristo e o conhecimento próprio. Exame de consciência.
— Espírito de exame. Humildade. Vencer a preguiça nesta prática de piedade.
— Modo e disposições para fazê-lo. Contrição. Propósitos.

I. O SENHOR FALA-NOS no Evangelho da Missa das exigências que comporta o propósito de segui-lo, atendendo à chamada que dirige a todos. E faz-nos esta advertência: *Quem de vós, se quiser edificar uma torre, não se senta primeiro e calcula os gastos, para ver se tem com que terminá-la? Não suceda que, tendo lançado os alicerces e não podendo acabá-la, todos quantos o vejam comecem a mofar dele [...]. Ou qual é o rei que, estando para guerrear contra outro rei, não se senta primeiro e considera se com dez mil homens pode fazer frente àquele que o ataca com vinte mil?*[1]

Quando se mete ombros a uma grande tarefa, é preciso começar por avaliar as possibilidades e por medir os recursos disponíveis para levá-la a bom termo. Ser discípulo de Cristo, procurar segui-lo fielmente no meio das ocupações diárias, é o maior empreendimento que o homem pode acometer. E para levá-lo a bom termo, é preciso que conheçamos bem os meios de que dispomos e que os saibamos utilizar, sendo conscientes do que nos falta para pedi-lo com confiança a Deus, e arrancando tudo o que representa um empecilho. Ora bem, esta é a missão do *exame de consciência*, que nos leva a conhecer a verdade da nossa vida. "Conhecimento próprio, que é o primeiro passo que a alma tem que dar para chegar ao conhecimento de Deus"[2].

Os bons empresários fazem um balanço frequente da situação dos seus negócios, examinam os seus lucros e perdas, sabem em que pontos podem melhorar ou identificam com presteza a causa de um mau negócio e procuram pôr-lhe remédio antes que sobrevenham maiores males à empresa. O nosso grande negócio é a correspondência à chamada de Deus em cada dia. Não há nada que seja tão importante para nós como aproximarmo-nos mais e mais de Cristo.

No exame de consciência, confrontamos a nossa vida com o que Deus espera de nós, com a resposta diária que oferecemos à sua chamada; é o que nos permite pedir perdão e recomeçar muitas vezes. Por isso, "o exame é o passo prévio e o ponto de partida cotidiano para atearmos a chama do amor a Deus com realidades — obras — de entrega"[3]. "Quem se contentasse com uma visão rotineira, superficial (do estado da sua alma), acabaria por deslizar pelo plano inclinado da negligência e da preguiça espiritual, até chegar à tibieza, essa miopia da alma que prefere não discernir entre o bem e o mal, entre o que procede de Deus e o que provém das nossas próprias paixões ou do demônio"[4].

Façamos o propósito firme, para todos os dias da nossa vida, de "fazer com consciência o exame de consciência"[5]. Não demoraremos a compreender a grande ajuda que representa no caminho que leva a Cristo.

II. PARA *FAZER COM CONSCIÊNCIA* este balanço no fim de cada dia, será muito útil fomentar ao longo do dia o espírito de exame, como "o bom banqueiro que cotidianamente, ao anoitecer, computa as suas perdas e lucros; mas isso não o pode ele fazer com detalhe se não registra a todo o momento as contas nos livros. Um olhar a todas e cada uma das anotações mostra o estado de todo o dia"[6].

Para construirmos a torre que Deus espera de nós, para travarmos essa batalha contra os inimigos da alma, devemos ser conscientes dos recursos com que contamos, das ajudas de que necessitamos, dos muros cuja vigilância descuramos ou dos flancos que deixamos desguarnecidos e à mercê do inimigo: defeitos que conhecemos e que deveríamos ter corrigido; inspirações que nos convidavam a fazer o bem e a servir os outros com mais alegria, e que ficaram sem resposta; mediocridade espiritual consentida, por termos omitido esta ou aquela prática de piedade costumeira, por não termos sido generosos nas pequenas mortificações do dia-a-dia, preferindo o comodismo pessoal...

Não é fácil o conhecimento próprio; temos que estar prevenidos contra "o demônio mudo"[7], que tentará fechar-nos a porta da verdade para que não vejamos as nossas fraquezas, os defeitos arraigados na alma, e nos inclinemos a desculpar as faltas de amor a Deus, os pecados e as imperfeições, encarando-os como detalhes de pouca importância ou devidos às circunstâncias externas. Cai nas malhas do "demônio mudo" aquele que se contenta com generalidades, sem ir à raiz da sua apatia ou tibieza, sem querer realmente aprofundar nesses estados de alma vazios e inertes para lhes pôr um ponto final.

Para sairmos dessa situação nebulosa, é imprescindível que nos perguntemos com frequência: Onde está verdadeiramente o meu coração?... Em mim, nas minhas doenças, nos meus êxitos, nas minhas pequenas satisfações, ou em Deus que me ama com um amor infinito? Quais são as intenções que me levam a agir? Em que coisas está ocupada habitualmente a minha mente e a minha imaginação? Quais são as coisas que me alegram e quais as que me entristecem? Este dia foi meu ou foi de Deus? São perguntas essenciais que iluminam e dão seriedade ao exame de consciência. Oxalá o saldo dos lançamentos parciais do nosso balanço diário, presidido por essas perspectivas fundamentais, possa ser como o daquele homem de Deus que reconhecia com humilde simplicidade: "Senhor, se não me lembrei para nada de mim, se pensei só em Ti e, por Ti, me ocupei somente em trabalhar pelos outros!"[8]

III. O EXAME DE CONSCIÊNCIA *não é uma simples reflexão* sobre o nosso comportamento no dia que termina; é um *diálogo entre a alma e Deus*. Por isso, ao iniciá-lo, devemos *pôr-nos, em primeiro lugar, na presença de Deus*, exatamente como se fôssemos recolher-nos para fazer uns minutos de oração mental. Às vezes, bastará uma jaculatória ou uma breve oração. Noutras ocasiões, podem servir-nos as palavras com que o cego de Jericó se dirigiu a Jesus pedindo-lhe luz para os seus olhos cegos: *Domine, ut videam!* Senhor, que eu veja![9] Dá-me luz para perceber o que me separa de Ti, o que devo arrancar e lançar fora, em que pontos concretos devo melhorar: trabalho, caráter, presença de Deus, alegria, otimismo, apostolado, preocupação por tornar a vida mais grata aos que convivem comigo...

Depois, no exame propriamente dito, pode ser-nos muito útil começar por considerar como o Senhor terá visto o nosso dia. Com a ajuda do nosso Anjo da Guarda, procuremos vê-lo refletido em Deus como num espelho, pois "nunca acabamos de nos conhecer se não procuramos conhecer a Deus"[10]. A essa luz, examinemos a seguir o nosso comportamento concreto: para com Deus, para com o próximo, para conosco mesmos. Podemos fazê-lo percorrendo brevemente as horas do dia ou então as diferentes situações em que nos fomos encontrando, dando especial importância ao cumprimento do nosso plano de vida espiritual e aos propósitos formulados no exame do dia anterior etc. De qualquer modo, tenhamos presente que o exame de consciência é uma prática de piedade que varia de pessoa para pessoa, e que portanto deve contar com o conselho daquele que orienta a nossa alma.

O elemento mais importante do exame de consciência — que não exige muito tempo, mas poucos minutos — é a dor, a contrição pelas nossas fraquezas e omissões, por mais pequenas que nos pareçam: "Reage. — Ouve o que te diz o Espírito Santo: «*Si inimicus meus maledixisset mihi, sustinuissem utique*» — que o meu inimigo me ofenda, não é estranho e é mais tolerável. Mas tu... «*tu vero homo unanimis, dux meus, et notus meus, qui simul mecum dulces capiebas cibos*» — tu, meu amigo, meu apóstolo, que te sentas à minha mesa e comes comigo doces manjares!"[11]

Se a dor for sincera, brotarão sem esforço alguns propósitos, poucos (muitas vezes apenas um), mas firmes: "«Quanto não devo a Deus, como cristão! A minha falta de correspondência, perante essa dívida, tem-me feito chorar de dor: de dor de Amor. '*Mea culpa!*'»

"— Bom é que vás reconhecendo as tuas dívidas. Mas não esqueças como se pagam: com lágrimas... e com obras"[12].

Serão obras de retificação que agradarão a Deus tanto mais quanto mais nos pareçam detalhes sem grande importância: amanhã sorrirei a esse colega que me é antipático; amanhã lerei o Evangelho — cinco minutos — antes de começar a trabalhar; amanhã passarei pela igreja ao voltar para casa e farei uma breve visita ao Santíssimo; amanhã farei uma pequena mortificação durante o jantar, ou guardarei melhor a vista ao regressar do trabalho; amanhã... Dor profunda, ainda que as faltas sejam leves, e propósitos decididos, para os quais pediremos a ajuda de Deus, porque senão, ainda que sejam pequenos, não os cumpriremos.

E assim chegará a hora de nos retirarmos para descansar, e o faremos com a alma cheia de paz e de alegria, com desejos de retomar no dia seguinte, com novo entusiasmo, o nosso caminho de amor a Deus e ao próximo.

(1) Lc 14, 28-32; (2) São João da Cruz, *Cântico espiritual*, 4, 1; (3) A. del Portillo, *Carta*, 8-XII-1976, n. 8; (4) *ib.*; (5) *ib.*; (6) São João Clímaco, *Escada do paraíso*, 4; (7) cf. São Josemaria Escrivá, *Caminho*, n. 236; (8) São Josemaria Escrivá, *Carta*, 9-I-1932; (9) cf. Mc 10, 51; (10) Santa Teresa, *Moradas*, 1, 2, 9; (11) São Josemaria Escrivá, *Caminho*, n. 244; (12) *ib.*, n. 242.

Tempo Comum. Vigésima Terceira Semana.
Segunda-feira

199. ESTENDE A TUA MÃO

— O Senhor não pede coisas impossíveis. Dá-nos a graça para sermos santos.
— Lutar no pouco, naquilo que está ao nosso alcance, no que nos aconselham na direção espiritual.
— Docilidade ao que o Senhor nos pede cada dia.

I. JESUS ENTROU NUM SÁBADO na sinagoga, onde havia um homem que tinha *a mão seca*. São Lucas especifica que era a direita[1]. E os escribas e os fariseus tinham os olhos postos nEle para ver se curava em dia de sábado. A interpretação farisaica da Lei só permitia aplicar remédios médicos nesse dia dedicado ao Senhor se houvesse perigo de morte; e não era esse o caso daquele homem, que fora à sinagoga com a esperança posta em Jesus.

O Senhor, que conhecia bem os pensamentos e as intrigas daqueles que amavam mais a *letra da Lei* do que o *Senhor da Lei*, disse ao homem da mão seca: *Levanta-te e põe-te no meio. Ele, levantando-se, pôs-se no meio*. E Jesus, percorrendo com o olhar todos os que estavam à sua volta, disse ao homem: *Estende a tua mão*. E esse homem, apesar das suas experiências anteriores, esforçou-se por fazer o que o Senhor lhe dizia, e *a sua mão ficou sã*. Curou-se graças à força divina das palavras de Cristo, mas também pela sua docilidade em levar a cabo o esforço que lhe era pedido.

Assim são os milagres da graça: perante defeitos que nos parecem insuperáveis ou perante objetivos apostólicos que se nos afiguram excessivamente ambiciosos ou difíceis, o Senhor pede essa mesma atitude: confiança nEle, manifestada em fazer o que está ao nosso alcance e o que o Mestre nos insinua na intimidade da oração ou por meio dos conselhos recebidos na direção espiritual.

Alguns Padres da Igreja viram nas palavras do Senhor: "*Estende a tua mão*", uma chamada à prática das virtudes. "Estende-a muitas vezes — comenta Santo Ambrósio —, favorecendo o teu próximo; defende de qualquer injúria os que vejas sofrer sob o peso da calúnia, estende também a tua mão ao pobre que te pede; estende-a ao Senhor, pedindo-lhe o perdão dos teus pecados: é assim que se deve estender a mão, e é assim que ela fica curada"[2], isto é, realizando pequenos atos daquelas virtudes que desejamos adquirir, dando pequenos passos em direção às metas que queremos atingir. Se não nos faltar empenho, a graça realizará maravilhas com esses esforços que parecem valer pouco. As virtudes forjam-se nas situações do dia-a-dia, a santidade lavra-se pela fidelidade em ações que de per si seriam irrelevantes, se não estivessem continuamente vivificadas pela graça.

"Cada dia um pouco mais — como se se tratasse de talhar uma pedra ou uma madeira —, é preciso ir limando asperezas, tirando defeitos da nossa vida pessoal, com espírito de penitência, com pequenas mortificações [...]. Depois, Jesus Cristo vai completando o que falta"[3]. É Ele quem realmente realiza a obra da santidade e quem move as almas, mas quer contar com a nossa colaboração, pela obediência ao que nos indica, ainda que pareça insignificante, como estender a mão. O nosso poder está no que é pequeno.

II. A TIBIEZA faz com que pareçam irrealizáveis os menores esforços: de um grão de areia faz uma montanha. O tíbio pensa que, ainda que seja o Senhor quem lhe pede para estender a mão, ele *não pode* fazê-lo. E, consequentemente, não a estende... e não se cura. Acostuma-se à sua mediania, convivendo com ela como se não houvesse outros horizontes que o da sua mão seca.

Pelo contrário, o amor não se conforma com as limitações pessoais, e, apoiado na graça, vai limando os defeitos e forjando as virtudes. Uma gota de água permeia pouco a pouco a pedra e acaba por perfurá-la, a chuva miúda fecunda a terra sedenta, e assim também as boas obras repetidas criam o bom hábito, a virtude sólida, conservam-na e aumentam-na[4]. A caridade em ação impele a traduzi-la no esforço constante por mexer a mão, numa "fisioterapia" talvez demorada, mas em que se persevera porque continua a ecoar nos ouvidos a ordem do Senhor: *Estende a tua mão*.

Há uma condição indispensável para essa perseverança no exercício a longo prazo: *querer*. Lutar por vencer os defeitos, por adquirir virtudes que nos são muito necessárias, é *querer lutar*, ao menos *ter desejos* de querer lutar, em movimentos mínimos da vontade que pouco a pouco darão lugar a outros de maior amplitude. Por isso as personalidades fracas definham não só humanamente, mas também no terreno da luta espiritual, que aliás comanda o resto da vida.

"Vontade. É uma característica muito importante. Não desprezes as pequenas coisas, porque, através do contínuo exercício de negar e te negares a ti próprio nessas coisas — que nunca são futilidades nem ninharias —, fortalecerás, virilizarás, com a graça de Deus, a tua vontade, para seres, em primeiro lugar, inteiro senhor de ti mesmo.

"E depois, guia, chefe, líder! — que prendas, que empurres, que arrastes, com o teu exemplo e com a tua palavra e com a tua ciência e com o teu império"[5].

"Dizes que sim, que queres. — Está bem.

"— Mas... queres como um avaro quer o seu ouro, como uma mãe quer ao seu filho, como um ambicioso quer as honras, ou como um pobre sensual quer o seu prazer?

"— Não? Então não queres"[6].

III. AQUELE HOMEM da mão tolhida foi dócil às palavras de Jesus: pôs-se no meio de todos e depois estendeu a mão, tal como o Senhor lhe havia pedido. A ação do Espírito Santo na intimidade da alma sugere continuamente esses pequenos esforços que nos ajudam eficazmente a preparar-nos para novas graças, numa cadeia ininterrupta. Quando um cristão se esforça por todos os meios por secundar essas sugestões para que as virtudes se desenvolvam na sua vida — afastando-se das ocasiões de pecar, tirando os obstáculos, abafando decididamente uma tentação ainda nos começos —, Deus envia-lhe novas ajudas para fortalecer essas virtudes incipientes e oferece-lhe os dons do Espírito Santo, que aperfeiçoam esses hábitos formados pela graça.

O Senhor quer ver-nos sempre animados de desejos eficazes e concretos de ser santos; na vida interior, não bastam as ideias gerais e os propósitos vagos. A docilidade à voz do Senhor não é simples boa vontade sentimental e fugaz, mas um tecido maravilhoso de pequenas obras de correspondência.

"Viste como levantaram aquele edifício de grandeza imponente? — Um tijolo, e outro. Milhares. Mas, um a um. — E sacos de cimento, um a um. E blocos de pedra, que são bem pouco ante a mole do conjunto. — E pedaços de ferro. — E operários trabalhando, dia a dia, as mesmas horas...

"Viste como levantaram aquele edifício de grandeza imponente?... À força de pequenas coisas!"[7]

Quando se fala ou se escreve sobre santidade, é frequente sublinhar alguns aspectos chamativos: as grandes provas, as circunstâncias extraordinárias, o martírio; como se a vida cristã vivida com todas as suas consequências consistisse forçosamente nesses momentos episódicos e fosse tarefa destinada apenas a personalidades de envergadura excepcional; e como se o Senhor se conformasse, no caso da maioria das pessoas, com uma vida cristã de segunda classe. Nós, pelo contrário, temos de meditar profundamente que o Senhor nos chama a todos à santidade: a todos os que não teremos o nosso nome inscrito no livro de ouro da história[8]: chama a mãe de família aflita porque mal tem tempo para arrumar a casa, chama o empresário, o estudante, o carteiro, o funcionário público de uma repartição de bairro, o homem que cuida de uma banca de verduras. O Espírito Santo diz-nos a todos: *Esta é a vontade de Deus, a vossa santificação*[9]. E trata-se de uma vontade eficaz, porque Deus conta com todas as circunstâncias pelas quais vai passar uma vida, por mais modesta que seja, e dá a todos as graças necessárias para se comportarem santamente.

"Exemplo sublime para todos nós desta docilidade é a Santíssima Virgem, Maria de Nazaré, que pronunciou o "faça-se" da sua disponibilidade total aos desígnios de Deus, de modo que o Espírito Santo pôde começar nEla a realização concreta do plano de salvação"[10]. Pedimos hoje à nossa Mãe Santa Maria que nos ajude a ser cada vez mais dóceis ao Espírito Santo, crescendo nas virtudes pela luta enérgica nas pequenas metas de cada dia.

(1) Lc 6, 6-11; (2) Santo Ambrósio, *Comentário ao Evangelho de São Lucas*; (3) São Josemaria Escrivá, *Forja*, n. 403; (4) cf. R. Garrigou-Lagrange, *Las tres edades de la vida interior*, vol. I, p. 532; (5) São Josemaria Escrivá, *Caminho*, n. 19; (6) *ib.*, n. 316; (7) *ib.*, n. 823; (8) cf. São Josemaria Escrivá, *É Cristo que passa*, n. 174; (9) 1 Ts 4, 3; (10) João Paulo II, *Alocução*, 30-V-1981.

200. A ORAÇÃO DE CRISTO. A NOSSA ORAÇÃO

— O Senhor, do Céu, continua a interceder por nós. A sua oração é sempre eficaz.
— Frutos da oração.
— As orações vocais.

I. LÊ-SE NO SANTO EVANGELHO[1] que Cristo *retirou-se a um monte para orar e passou toda a noite em oração*. No dia seguinte, escolheu os Doze Apóstolos. É a oração de Cristo pela Igreja nascente.

Em muitas passagens evangélicas, Cristo mostra-se unido ao seu Pai Celestial numa oração íntima e confiante. Convinha que Jesus, perfeito Deus e perfeito Homem, também orasse para nos dar exemplo de oração humilde, confiante, perseverante, já que Ele nos mandou orar sempre, sem desfalecer[2], sem nos deixarmos vencer pelo cansaço, da mesma forma que respiramos incessantemente.

Jesus dirigiu súplicas ao Pai e a sua oração sempre foi escutada[3]. Os seus discípulos conheciam bem este poder da oração do Senhor. Depois da morte de Lázaro, a sua irmã, Marta, disse a Jesus: *Senhor, se tivesses estado aqui, meu irmão não teria morrido; mas eu sei que tudo quanto pedires a Deus, Ele te concederá*[4]. No momento em que ia ressuscitar Lázaro, *Jesus, elevando os olhos ao céu, disse: Pai, dou-te graças porque me tens escutado. Eu sei que me escutas sempre*[5]. Pedirá por Pedro antes da Paixão: *Simão, Simão, eis que Satanás vos procurou para vos joeirar como trigo; mas eu roguei por ti, para que a tua fé não desfaleça, e tu, uma vez convertido, confirma os teus irmãos*[6]. E Pedro converteu-se depois da sua queda. Jesus rogou igualmente ao Pai pelos apóstolos: *Não peço que os tires do mundo, mas que os preserves do mal... Santifica-os na verdade...*[7] Jesus sabe do abatimento em que os seus discípulos mergulharão poucas horas mais tarde, mas a sua oração os sustentará; obter-lhes-á forças para serem fiéis até darem a vida por Ele.

Nessa oração sacerdotal da Última Ceia, o Senhor pediu ao Pai por todos os que haviam de crer nEle ao longo dos séculos. Pediu por nós, e a sua graça não nos falta. "Cristo vivo continua a amar-nos ainda hoje, agora, e apresenta-nos o seu coração como a fonte da nossa redenção: *Semper vivens ad interpellandum pro nobis* — Ele vive sempre para interceder por nós (Hb 7, 25). Esse coração que tanto amou os homens e que é tão pouco correspondido por eles, envolve-nos a nós e envolve o mundo inteiro a cada momento"[8].

Do Céu, Jesus Cristo, "sentado à direita do Pai"[9], intercede por todos os que somos membros da sua Igreja, e "permanece sempre como nosso advogado e nosso mediador"[10]. Santo Ambrósio recorda-nos que Jesus defende sempre a nossa causa diante do Pai e que a sua oração não pode deixar de ser atendida[11]; pede ao Pai que os méritos que adquiriu durante a sua vida terrena nos sejam aplicados continuamente.

Que alegria dá pensar que Cristo *vive sempre para interceder por nós!*[12], que podemos unir as nossas orações e o nosso trabalho à sua oração. Por vezes, faltam à nossa oração a humildade, a confiança, a perseverança que lhe seriam necessárias; apoiemo-la na oração de Cristo; peçamos-lhe que nos inspire o modo conveniente de orar, de acordo com as intenções divinas; que apresente as nossas preces ao seu Pai, para que sejamos um com Ele por toda a eternidade[13]. Mais ainda, façamos de toda a nossa vida uma oferenda intimamente unida à de Jesus, por intermédio de Santa Maria: "Pai Santo! Pelo Coração Imaculado de Maria, eu Vos ofereço Jesus, vosso Filho muito amado, e me ofereço a mim mesmo nEle, com Ele e por Ele, por todas as suas intenções e em nome de todas as criaturas"[14]. Assim, a nossa oração e todos os nossos atos, intimamente unidos aos de Jesus, adquirem um valor infinito.

II. O MESTRE ENSINOU-NOS com o seu exemplo a entrar por caminhos de oração. Repetiu-nos muitas vezes que devemos orar e não desfalecer. Quando nos recolhemos para orar, aproximamo-nos sedentos da fonte de águas vivas[15]. Ali encontramos a paz e as forças de que necessitamos para perseverar com alegria e otimismo no esforço por fazer da nossa vida uma imitação de Jesus Cristo.

Quanto bem fazemos à Igreja e ao mundo com a nossa oração! Já se disse que os que fazem verdadeira oração são como "as colunas do mundo", sem as quais tudo desabaria. São João da Cruz ensinava com palavras muito bonitas que "é mais precioso diante de Deus e da alma, e traz mais proveito à Igreja, um pouquinho desse amor puro, ainda que pareça que não faz nada, do que todas essas outras obras juntas"[16], que pouco ou nada valeriam à margem de Cristo. E é assim porque a oração nos torna fortes perante as dificuldades, nos ajuda a santificar o trabalho, a ser exemplares nos nossos afazeres, a tratar com cordialidade e apreço os que convivem ou trabalham conosco. Na oração descobrimos a urgência de levar Cristo aos ambientes em que estamos, urgência tanto mais premente quanto mais longe de Deus se encontram os que nos rodeiam.

Santa Teresa faz-se eco das palavras de um "grande letrado", para quem "as almas que não têm oração são como um corpo paralítico ou tolhido, que, embora tenha pés e mãos, não os pode mexer"[17]. A oração é necessária para amarmos mais e mais o Senhor, para nunca nos separarmos dEle; sem ela, a alma cai na tibieza, perde a alegria e as energias necessárias para fazer o bem.

O diálogo íntimo de Jesus com Deus Pai foi contínuo: para pedir, para louvar, para agradecer; em todas as circunstâncias, Jesus dirige-se ao Pai. Nós devemos aspirar ao mesmo: a procurar sempre o colóquio com Deus, especialmente nos momentos que dedicamos exclusivamente a falar com Ele, como na Missa e agora, nestes minutos de oração. Mas devemos procurá-lo também ao longo do dia, nas situações que entretecem o nosso dia: ao começarmos e terminarmos o nosso trabalho ou estudo, enquanto esperamos o elevador, ao encontrarmos na rua uma pessoa conhecida. Aquela invocação cheia de ternura do Senhor — *Abba, Pai!* — estava constantemente nos seus lábios, com ela começava muitas vezes as suas ações de graças, os seus pedidos ou o seu louvor. Quanto bem fará à nossa alma chamar Deus assim: *Pai!*, com ternura e confiança, com amor!

Todos os momentos solenes da vida do Senhor foram precedidos pela oração. "O Evangelista sublinha que foi precisamente durante a oração de Jesus que se manifestou o mistério do amor do Pai e se revelou a comunhão das Três Pessoas Divinas. É na oração que aprendemos o mistério de Cristo e a sabedoria da Cruz. É na oração que nos apercebemos, em todas as suas dimensões, das necessidades reais dos nossos irmãos e das nossas irmãs de todo o mundo [...]; é na oração que ganhamos forças para a missão que Cristo compartilha conosco"[18].

O Cura d'Ars costumava dizer que todos os males que muitas vezes nos preocupam na terra vêm precisamente de não orarmos ou de o fazermos mal[19]. Formulemos o propósito de dirigir-nos com amor e confiança a Deus através da oração mental, das orações vocais e dessas breves fórmulas que são as *jaculatórias*, e teremos a alegria de viver junto do nosso Pai-Deus, que é o único lugar onde vale a pena viver.

III. O ESPÍRITO SANTO ensina-nos a procurar o trato íntimo com Jesus não só na oração mental como também na oração vocal, e até por meio dessas orações que aprendemos, quando pequenos, das nossas mães. Mesmo sendo onisciente enquanto Deus, Jesus, enquanto homem, deve ter aprendido dos lábios de sua Mãe a fórmula de muitas orações transmitidas de geração em geração no seio do povo hebreu, e deu-nos exemplo de apreço pela oração vocal. Na sua última oração ao Pai, utilizou as palavras de um Salmo. E ensinou-nos a oração por excelência, o *Pai-Nosso*, em que se contém tudo o que devemos pedir.

A *oração vocal* é uma manifestação da piedade do coração e ajuda-nos a manter viva a presença de Deus durante o dia, e mesmo nesses momentos da oração mental em que estamos secos e não conseguimos pensar em nada: "[...] Quando não souberes ir mais longe, quando sentires que te apagas, se não puderes lançar ao fogo troncos olorosos, lança os ramos e a folhagem de pequenas orações vocais, de jaculatórias, que continuem alimentando a fogueira. — E terás aproveitado o tempo"[20].

O texto das orações vocais — muitas de origem bíblica, outras litúrgicas ou compostas pelos santos — tem servido a inúmeros cristãos para louvar, para agradecer, para pedir ajuda e desagravar o Senhor. Quando recorremos a elas, vivemos de modo íntimo a Comunhão dos Santos e apoiamos a nossa fé na fé da Igreja[21].

Para as rezarmos melhor e evitarmos a rotina, pode ajudar-nos este conselho: "Procura recitá-las com o mesmo amor com que o apaixonado fala pela primeira vez..., e como se fosse a última ocasião em que pudesses dirigir-te ao Senhor"[22].

(1) Lc 6, 12-19; (2) cf. Lc 16, 1; (3) cf. São Tomás, *Suma teológica*, III, q. 21, a. 4; (4) Jo 11, 21; (5) Jo 11, 42; (6) Lc 22, 32; (7) cf. Jo 17, 15 e segs.; (8) João Paulo II, *Homilia na Basílica do Sagrado Coração de Montmartre*, Paris, 1-VI-1980; (9) Missal Romano, *Símbolo niceno-constantinopolitano*; (10) São Gregório Magno, *Comentário ao Salmo 5*; (11) cf. Santo Ambrósio, *Comentário à Epístola aos Romanos*, 8, 34; (12) Hb 7, 25; (13) cf. R. Garrigou-Lagrange, *O Salvador*, p. 351; (14) P. M. Sulamitis, *Oferenda ao Amor misericordioso*; (15) cf. Sl 41, 2; (16) São João da Cruz, *Cântico espiritual*, Canção 29, 2 b; (17) Santa Teresa de Jesus, *Castelo interior*, Morada primeira, I, 6; (18) João Paulo II, *Homilia*, 13-I-1981; (19) Cura d'Ars, *Sermão sobre a oração*; (20) São Josemaria Escrivá, *Caminho*, n. 92; (21) cf. G. Chevrot, *En lo secreto*, Rialp, Madri, 1960, pp. 100-101; (22) São Josemaria Escrivá, *Forja*, n. 432.

TEMPO COMUM. VIGÉSIMA TERCEIRA SEMANA.
QUARTA-FEIRA

201. PAZ NA CONTRADIÇÃO

— As incompreensões e adversidades que podem surgir por seguirmos Cristo não nos devem surpreender. Junto dEle, a dor torna-se júbilo.
— A "contradição dos bons".
— Frutos das incompreensões.

I. O SENHOR ANUNCIA em diversas ocasiões que quem deseja segui-lo verdadeiramente e de perto terá que enfrentar as investidas dos que se comportam como inimigos de Deus e até dos que, sendo cristãos, não vivem com coerência a sua fé.

O cristão, no seu caminho de santidade, encontrará por vezes um clima de hostilidade, que o Senhor não duvidou em chamar com uma palavra dura: *perseguição*[1]. Na última das bem-aventuranças referidas por São Lucas no Evangelho da Missa[2], Jesus diz: *Bem-aventurados sereis quando os homens vos odiarem, quando vos expulsarem e injuriarem, e proscreverem o vosso nome como maldito, por causa do Filho do homem*. E não devemos pensar que esta perseguição, nas diversas formas em que pode apresentar-se, é algo excepcional, que se dará numas épocas especiais ou em lugares determinados: *Não é o discípulo mais do que o mestre* — anunciou Jesus —, *nem o servo mais do que o seu senhor. Se ao amo da casa o chamaram Belzebu, quanto mais aos seus domésticos*[3]. E São Paulo prevenia assim o seu discípulo Timóteo: *Todos os que quiserem viver piedosamente em Cristo Jesus sofrerão perseguição*[4].

A perseguição, porém, não quer dizer desgraça, mas bem-aventurança, alegria e felicidade, porque é o cunho da autenticidade no seguimento de Cristo; significa que as pessoas e as obras vão por bom caminho, e por isso não devem tirar-nos a paz nem surpreender-nos. Se alguma vez o Senhor permite que sintamos a dor da perseguição aberta — a calúnia, a difamação... —, ou essa outra mais disfarçada — que emprega como armas a ironia empenhada em ridicularizar os valores cristãos, ou a pressão ambiental concentrada em amedrontar os que se atrevem a defender uma visão cristã da vida e em desprestigiá-los perante a opinião pública —, devemos saber que é uma ocasião permitida por Deus para que nos cumulemos de frutos, como dizia um mártir enquanto se dirigia para a morte: "Onde maior é o trabalho, maior é o lucro"[5].

Deveremos nesses casos agradecer ao Senhor a confiança que depositou em nós ao considerar-nos capazes de sofrer um pouco por Ele. E imitaremos os apóstolos, ainda que em ponto muito pequeno, quando, depois de terem sido açoitados por pregarem publicamente a Boa-nova, saíram alegres do Sinédrio *por terem sido dignos de padecer ultrajes pelo nome de Jesus*[6]. Não se calaram no seu apostolado, antes anunciavam Jesus com mais fervor e alegria, lembrando-se certamente das palavras do Senhor: *Alegrai-vos naquele dia e regozijai-vos, pois será grande a vossa recompensa no céu.*

Junto de Jesus Cristo, a dor torna-se contentamento: "É melhor para mim, Senhor, sofrer a tribulação, contanto que estejas comigo, do que reinar sem Ti, passar bem sem Ti, gloriar-me sem Ti. É melhor para mim, Senhor, abraçar-me a Ti na tribulação, ter-Te comigo no forno ardente, do que estar sem Ti, ainda que fosse no próprio Céu. Que me importa o Céu sem Ti? E, contigo, que me importa a terra?"[7]

II. O SENHOR TAMBÉM nos previne no Evangelho da Missa: *Ai quando os homens falarem bem de vós, porque assim fizeram os pais deles com os falsos profetas.* A fé, quando é autêntica, "derruba demasiados interesses egoístas para não causar escândalo"[8]. É difícil, talvez impossível, ser bom cristão e não entrar em choque com um ambiente aburguesado, comodista e paganizado. Temos que pedir continuamente a paz para a Igreja e para os cristãos de todos os países, mas não nos devemos assustar nem surpreender se, pela doutrina de Cristo que queremos dar a conhecer, deparamos com a resistência do ambiente, as críticas ou as calúnias. O Senhor ajudar-nos-á a tirar frutos abundantes dessas situações.

Quando São Paulo chegou a Roma, os judeus que ali viviam diziam da Igreja nascente: *Sabemos que sofre perseguição por toda a parte*[9]. Depois de vinte séculos, vemos que a situação não mudou, ainda que tenham cessado as perseguições abertas. São cada vez mais os ambientes em que se qualificam de "fanáticos", "ultrapassados", "integristas" os que simplesmente querem viver a fé e seguir os princípios morais tal como a Igreja os define por meio do seu Magistério. Descobrem-se falsos conflitos entre a ciência e a fé, entre o progresso da civilização e a doutrina imutável da Igreja. Insistem em erros históricos dos homens, muitas vezes falseando-os e certamente aumentando-os, para atacar a Igreja, a sua instituição divina, os seus fins sobrenaturais e de salvaguarda dos valores humanos inerentes à condição dos filhos de Deus.

Custa entender a calúnia ou a perseguição — aberta ou escondida — numa época em que se fala tanto de tolerância, de compreensão, de convivência e de paz. Mas são mais difíceis de entender as contradições quando procedem dos homens "bons", quando, de um modo ou de outro, o cristão persegue o cristão, e o irmão ataca o irmão. O Senhor aludiu claramente a essa situação, em que as difamações, as calúnias e os entraves à ação apostólica não provêm dos pagãos nem dos inimigos de Cristo, mas dos irmãos na fé que desse modo julgam *prestar um serviço a Deus*[10].

"A contradição dos «bons» — expressão cunhada pelo Fundador do Opus Dei, que a experimentou dolorosamente na sua vida — é uma prova que Deus permite às vezes, e que é particularmente penosa para o cristão que a sofre. O motivo costumam ser exaltações demasiado humanas que podem distorcer o bom juízo e a intenção limpa de homens que professam a mesma fé e formam o mesmo povo de Deus. Às vezes, há zelos ao invés de zelo pelas almas, emulação imprudente que olha com inveja e considera como um mal o bem feito pelos outros. Pode haver também dogmatismo estreito que se recusa a reconhecer aos outros o direito de pensar de maneira diferente em matérias deixadas por Deus à livre apreciação dos homens [...]. A contradição dos «bons» [...] costuma manifestar-se em desamor para com alguns irmãos na fé, em oposição disfarçada e crítica destrutiva"[11].

Em qualquer caso, a atitude do cristão que antes de mais nada quer ser fiel a Cristo deve ser a de perdoar, desagravar e agir com retidão de intenção, com o olhar posto em Cristo.

"Não esperes o aplauso dos outros pelo teu trabalho.

"— Mais ainda! Não esperes sequer, às vezes, que te compreendam outras pessoas e instituições que também trabalham por Cristo.

"— Procura somente a glória de Deus e, amando a todos, não te preocupes se alguns não te entendem"[12].

III. DEVEMOS TIRAR MUITO FRUTO das contradições. "Tinha-se desencadeado a perseguição violenta. E aquele sacerdote rezava: — Jesus, que cada incêndio sacrílego aumente o meu incêndio de Amor e Reparação"[13]. Essas oposições não só não nos devem fazer perder a paz ou ser causa de desalento e pessimismo, como devem servir-nos para enriquecer a alma, para crescer em maturidade interior, em fortaleza, em espírito de reparação e desagravo, em compreensão e caridade.

Tanto agora como nesses momentos difíceis que, sem serem habituais, podem, no entanto, apresentar-se na nossa vida, far-nos-á muito bem meditar aquelas palavras pacientes e serenas de São Pedro dirigidas aos cristãos da primeira hora, quando padeciam calúnias e perseguição: *É preferível, caso Deus assim o queira, padecer fazendo o bem a padecer fazendo o mal*[14].

Deus servir-se-á dessas horas de dor para fazer o bem a outras pessoas: "Algumas vezes, Ele chama-nos por meio dos milagres, outras pelos castigos, outras pelas prosperidades deste mundo e, por último, em outras ocasiões, chama-nos por meio das adversidades"[15].

Não há situação em que não tenhamos motivos para estar alegres e otimistas, com o otimismo que nasce da fé e da oração confiante. "O cristianismo já esteve demasiadas vezes em situações que pareciam acarretar-lhe um perigo fatal, para que nos deixemos atemorizar agora por uma nova prova [...].

Os caminhos pelos quais a Providência resgata e salva os seus escolhidos são imprevisíveis. Umas vezes, o nosso inimigo converte-se em amigo; outras, vê-se despojado da capacidade de fazer o mal que o tornava temível; outras, destrói-se a si próprio; ou, sem o querer, produz efeitos benéficos, para desaparecer a seguir sem deixar rasto. Geralmente, a Igreja não faz outra coisa senão perseverar, com paz e confiança, no cumprimento das suas tarefas, permanecer serena e esperar a salvação de Deus"[16].

Os momentos de dificuldades e contradições — que não devemos exagerar — são particularmente propícios para praticarmos uma série de virtudes: devemos pedir por aqueles que nos fazem mal — talvez sem o saberem —, para que deixem de ofender a Deus; desagravar o Senhor, sendo mais fiéis nos nossos deveres cotidianos; dedicar-nos a uma ação apostólica mais intensa; proteger com caridade os irmãos "fracos" na fé que, pela sua idade, pela sua pouca formação ou pela sua situação particular, poderiam sofrer um dano maior na sua alma.

A Virgem nossa Mãe, que nos ajuda a todo o momento, ouvir-nos-á particularmente nas ocasiões mais difíceis. "Dirige-te à Virgem Maria — Mãe, Filha, Esposa de Deus, Mãe nossa —, e pede-lhe que te obtenha da Trindade Santíssima mais graças: a graça da fé, da esperança, do amor, da contrição, para que, quando na vida parecer que sopra um vento forte, seco, capaz de estiolar essas flores da alma, não estiole as tuas..., nem as dos teus irmãos"[17].

(1) Cf. J. Orlandis, *Las ocho bienaventuranzas*, p. 141; (2) Lc 6, 20-26; (3) Mt 10, 24-25; (4) 2 Tm 3, 12; (5) Santo Inácio de Antioquia, *Carta a São Policarpo de Esmirna*, 1; (6) At 5, 41; (7) São Bernardo, *Sermão 17*; (8) G. Chevrot, *O Sermão da Montanha*, p. 234; (9) At 28, 22; (10) cf. Jo 16, 2; (11) J. Orlandis, *op. cit.*, p. 150; (12) São Josemaria Escrivá, *Forja*, n. 255; (13) *ib.*, n. 1026; (14) 1 Pe 3, 17; (15) São Gregório Magno, *Homilia 36 sobre os Evangelhos*; (16) São John Henry Newman, *Biglietto Speech*, 12-V-1879; (17) São Josemaria Escrivá, *op. cit.*, n. 227.

TEMPO COMUM. VIGÉSIMA TERCEIRA SEMANA.
QUINTA-FEIRA

202. O MÉRITO DAS BOAS OBRAS

— A recompensa sobrenatural das boas obras.
— Os méritos de Cristo e de Maria.
— Oferecer a Deus a nossa vida corrente. Merecer em bem dos demais.

I. O SENHOR FALA-NOS muitas vezes do mérito que tem até a menor das nossas obras, se as realizamos por Ele: nem sequer um copo de água oferecido por Ele ficará sem recompensa[1]. Se formos fiéis a Cristo, encontraremos um tesouro acumulado no Céu por uma vida oferecida dia a dia ao Senhor. A vida é o tempo para merecer, pois no Céu já não se merece, mas usufrui-se da recompensa. Também não se adquirem méritos no Purgatório, onde as almas se purificam das sequelas deixadas pelos seus pecados. Este é o único tempo para merecer: os dias que nos restam aqui na terra.

No Evangelho da Missa de hoje[2], o Senhor ensina-nos que, para obter essa recompensa sobrenatural, as obras do cristão devem ser superiores às dos pagãos. *Se amardes os que vos amam, que recompensa tereis? Porque os pecadores também amam os que os amam. E, se fizerdes bem aos que vo-lo fazem, que recompensa tereis? Também os pecadores fazem o mesmo...* A caridade deve abarcar todos os homens, sem limite algum; não deve restringir-se aos que nos fazem bem, aos que nos ajudam ou se comportam corretamente conosco, porque para isso não seria necessária a ajuda da graça: também os pagãos amam aqueles que os amam. O mesmo acontece com as boas obras do cristão; não devem ser apenas "humanamente" boas e exemplares, mas generosas na sua raiz por amor de Deus e, portanto, sobrenaturalmente meritórias.

Deus assegurou-nos por meio do profeta Isaías: *Electi mei non laborabunt frustra*[3], os meus escolhidos não trabalharão nunca em vão, pois nem a mais pequena obra feita por Deus ficará sem fruto. Veremos muitos desses frutos já aqui na terra; outros, talvez a maior parte, quando nos encontrarmos na presença de Deus no Céu. São Paulo recorda aos primeiros cristãos que *cada um receberá a sua recompensa conforme o seu trabalho*[4]. E insiste: *Cada um receberá a recompensa devida às boas ou más ações que tiver praticado enquanto estava revestido do seu corpo*[5]. Este é o tempo de merecer. "As vossas boas obras devem ser os vossos investimentos, dos quais um dia recebereis lucros consideráveis"[6], ensina Santo Inácio de Antioquia.

II. *ELECTI MEI non laborabunt frustra...* As obras de cada dia — o trabalho, os pequenos serviços que prestamos aos outros, as alegrias, o descanso, a dor e a fadiga aceitos com garbo e oferecidos a Deus — podem ser meritórias pelos infinitos méritos que Cristo nos alcançou na sua vida terrena, pois *da sua plenitude recebemos graça sobre graça*[7]. A uns dons acrescentam-se outros, numa progressão sem fim, pois todos brotam da única fonte que é Cristo, cuja plenitude de graça não se esgota nunca. "Ele não tem o dom recebido por participação, mas é a própria fonte, a própria raiz de todos os bens: a Vida, a Luz, a Verdade. E não retém em si mesmo as riquezas dos seus bens, antes os entrega a todos os outros; e, tendo-os dispensado, permanece pleno; não diminui em nada por havê-los distribuído aos outros, mas, cumulando e fazendo participar a todos desses bens, permanece na mesma perfeição"[8].

Uma só gota do seu Sangue, ensina a Igreja, teria sido suficiente para a Redenção de todo o gênero humano. São Tomás exprimiu-o no hino eucarístico *Adoro te devote*: *Pie pellicane, Iesu Domine, me immundum munda tuo sanguine...* "Bom pelicano, Senhor Jesus! / Limpai-me a mim, imundo, com o vosso Sangue, / com esse Sangue do qual uma só gota / pode salvar do pecado o mundo inteiro". O menor ato de amor de

Jesus, na sua infância, na sua vida de trabalho em Nazaré, tinha um valor infinito para obter para todos os homens — os passados, os presentes e os que haviam de vir — a graça santificante, a vida eterna e as ajudas necessárias para se chegar a ela[9].

Ninguém como a Virgem, Mãe de Deus e nossa Mãe, participou com tanta plenitude dos méritos do seu Filho. Pela sua impecabilidade, os seus méritos foram maiores — até mais estritamente "meritórios" — que os de todas as demais criaturas, porque, estando imune das concupiscências e de outros entraves, a sua liberdade era maior, e a liberdade é o princípio radical do mérito. Foram meritórios todos os sacrifícios e pesares que teve de enfrentar por ser a Mãe de Deus: desde a pobreza de Belém e a aflição da fuga para o Egito até a espada que atravessou o seu coração ao contemplar os sofrimentos de Jesus na Cruz. E foram meritórias todas as alegrias e satisfações que lhe causaram a sua imensa fé e o seu amor que tudo penetrava, pois o que torna meritória uma ação não é a sua dificuldade, mas o amor com que é feita. "Não é a dificuldade que há em amar o inimigo o que conta para o seu valor meritório, mas o modo como se manifesta nela a perfeição do amor, que triunfa sobre essa dificuldade. Assim, pois, se a caridade fosse tão completa que suprimisse completamente a dificuldade, seria então mais meritória"[10], ensina São Tomás de Aquino. Assim foi a caridade de Maria.

Deve dar-nos uma grande alegria considerar com frequência os méritos infinitos de Cristo, que são a fonte da nossa vida espiritual. Do mesmo modo, deve fortalecer-nos a esperança e reanimar-nos nos momentos de desânimo ou de cansaço a contemplação das graças que Santa Maria nos alcançou.

"Dizias-me: «Vejo-me, não somente incapaz de andar para a frente no caminho, mas incapaz de salvar-me — pobre da minha alma! — sem um milagre da graça. Estou frio e — o que é pior — como que indiferente: exatamente como se fosse um espectador do 'meu caso', que não se importasse nada com o que contempla. Serão estéreis estes dias?

"«E, no entanto, a minha Mãe é minha Mãe, e Jesus é — atrevo-me? — o meu Jesus! E há almas santas, agora mesmo, pedindo por mim».

"— Continua a andar pela mão da tua Mãe — repliquei-te —, e «atreve-te» a dizer a Jesus que é teu. Pela sua bondade, Ele porá luzes claras na tua alma"[11].

III. *ELECTI MEI non laborabunt frustra*. O mérito é o direito à recompensa pelas obras que realizamos, e todas as nossas obras podem ser meritórias, de tal modo que convertamos a vida num tempo de merecimento. A teologia ensina[12] que é mérito propriamente dito (*de condigno*) aquele em que se deve uma retribuição em justiça ou, pelo menos, em virtude de uma promessa; assim, na ordem natural, o trabalhador merece o seu salário. Existe também outro mérito, que costuma ser chamado de conveniência (*de congruo*), em que se deve uma recompensa, não por estrita justiça nem como consequência de uma promessa, mas por uma razão de amizade, de estima, de liberalidade; assim, na ordem natural, o soldado que se distinguiu numa batalha pelo seu valor merece (*de congruo*) ser condecorado: a sua condição militar pede-lhe essa valentia, mas, se podia recuar e não recuou, se podia limitar-se a cumprir a sua missão e esmerou-se nela, o general magnânimo vê-se impelido a recompensá-lo superabundantemente — ultrapassando o estipulado — por aquela ação.

Na ordem sobrenatural, os nossos atos merecem, por querer de Deus, uma recompensa que supera todas as honras e toda a glória que o mundo nos pode oferecer. O cristão em estado de graça consegue com a sua vida corrente, cumprindo o seu dever, um aumento de graça na sua alma e a vida eterna: pela *momentânea e leve tribulação, Ele prepara-nos um peso eterno de glória incalculável*[13].

Cada dia, as obras são meritórias se as realizamos bem e com retidão de intenção: se as oferecemos a Deus ao começar a jornada, na Santa Missa, ao iniciarmos uma tarefa ou ao terminá-la. Serão meritórias especialmente se as unirmos aos méritos de Cristo e aos da Virgem Maria. Apropriamo-nos assim das graças de valor infinito que o Senhor nos alcançou, principalmente na Cruz, e dos da sua Santíssima Mãe, que corredimiu tão singularmente com Ele. O nosso Pai-Deus vê então essas ações revestidas de um caráter infinito, inteiramente novo. Tornamo-nos solidários com os méritos de Cristo.

Conscientes desta realidade sobrenatural, procuramos oferecer tudo ao Senhor?, tanto as ações corriqueiras de cada dia como as circunstâncias que saem da normalidade: uma doença grave, a perseguição, a calúnia? Nestes casos, devemos recordar-nos especialmente do que líamos ontem no Evangelho da Missa[14]: *Alegrai-vos naquele dia e regozijai--vos, pois será grande a vossa recompensa no céu*. São ocasiões para amar mais a Deus, para nos unirmos mais a Ele.

Ajudar-nos-á também a realizar com perfeição as nossas tarefas o sabermos que — por *mérito de conveniência*, baseado na amizade com o Senhor —, com essas obras feitas em graça de Deus, por amor, com perfeição, podemos merecer a conversão de um filho, de um irmão, de um amigo: assim fizeram os santos. Não são motivos que nos incitam a procurar o rosto de Deus, a glória de Deus, em cada uma das nossas ações?

"Dedicaremos todos os afãs da nossa vida — grandes e pequenos — à honra de Deus Pai, de Deus Filho, de Deus Espírito Santo.

"— Lembro-me com emoção do trabalho daqueles universitários brilhantes — dois engenheiros e dois arquitetos —, ocupados com muito gosto na instalação material de uma residência de estudantes. Mal acabaram de colocar o quadro-negro numa sala de aula, a primeira coisa que os quatro artistas escreveram foi: «*Deo omnis gloria!*» — toda a glória para Deus.

"— Sei que te encantou, Jesus"[15].

(1) Cf. Mt 10, 42; (2) Lc 6, 27-38; (3) Is 65, 23; (4) 1 Cor 3, 8; (5) 2 Cor 5, 10; cf. Rm 2, 5-6; (6) Santo Inácio de Antioquia, *Epístola a São Policarpo*; (7) Jo 1, 16; (8) São João Crisóstomo, *Homilias sobre o Evangelho de São João*, 14, 1; (9) cf. R. Garrigou-Lagrange, *El Salvador*, p. 365; (10) São Tomás, *Questões disputadas sobre a caridade*, q. 8, ad. 17; (11) São Josemaria Escrivá, *Forja*, n. 251; (12) cf. R. Garrigou--Lagrange, *op. cit.*, p. 366; (13) 2 Cor 4, 17; (14) cf. Lc 6, 20-26; (15) São Josemaria Escrivá, *Forja*, n. 611.

TEMPO COMUM. VIGÉSIMA TERCEIRA SEMANA. SEXTA-FEIRA

203. FILIAÇÃO DIVINA

— Generosidade de Deus, que quis fazer-nos seus filhos.
— Consequências da filiação divina: abandono em Deus.
— "Comportar-nos como filhos de Deus com os filhos de Deus": fraternidade.

I. SÃO PAULO ESCREVE a Timóteo e, abrindo-lhe o coração, conta-lhe como o Senhor confiou nele e o fez apóstolo, apesar de ter sido *blasfemo e perseguidor* dos cristãos. *A graça de Nosso Senhor* — diz-lhe — *superabundou em mim, dando-me a fé e a caridade em Cristo Jesus*[1]. Cada um de nós pode afirmar também que Deus derramou sobre ele a sua graça abundantemente. Deus criou-nos e quis dar-nos depois gratuitamente a maior dignidade que se possa imaginar: a de sermos seus filhos, *domestici Dei*, da sua própria família[2].

A filiação divina natural dá-se em Deus Filho: "Jesus Cristo, Filho unigênito do Pai, nascido do Pai antes de todos os séculos..., gerado, não criado; consubstancial ao Pai"[3]. Mas Deus quis, por meio de uma nova criação, fazer-nos participar da filiação do Unigênito, tornando-nos seus filhos adotivos: *Vede que amor nos mostrou o Pai em querer que sejamos chamados filhos de Deus, e que o sejamos efetivamente*[4]; quis que o cristão recebesse a graça, de modo a participar da natureza divina: *divinae consortes naturae*, diz São Pedro numa das suas epístolas[5].

A vida que os filhos recebem por meio da geração humana já não é dos pais; pelo contrário, o que se dá aos homens pela graça santificante é a própria vida de Deus. Sem que com isso se destrua nem se force a nossa natureza humana, somos admitidos na intimidade da Santíssima Trindade. Toda a vida é afetada pela filiação divina: o nosso ser e a nossa atuação[6].

Isto tem múltiplas consequências práticas. Assim, por exemplo, a nossa oração será a de um filho pequeno que se dirige ao seu pai, pois descobrimos que Deus, além de ser o Ser Supremo, Criador e Todo-Poderoso, é verdadeiramente *Pai amoroso* de cada um de nós; e a vida interior já não é uma luta solitária contra os defeitos nem uma corrida ofegante em busca do "autoaperfeiçoamento", mas desejo vivo de dar alegrias ao nosso Pai-Deus, de quem nos sabemos muito queridos, e abandono confiante nos seus braços fortes.

Esta realidade dá à nossa vida uma especial firmeza e um modo peculiar de enfrentar tudo o que ela traz consigo. "Descansa na filiação divina. Deus é um Pai — o teu Pai! — cheio de ternura, de infinito amor.

"Chama-lhe Pai muitas vezes, e diz-lhe — a sós — que o amas, que o amas muitíssimo!: que sentes o orgulho e a força de ser seu filho"[7].

II. FAZER-SE FILHO DE DEUS significa identificar-se com o Filho, isto é, significa *ver* os acontecimentos e julgá-los com os olhos do Filho, *obedecer* como o Filho, que se fez obediente até à morte[8], *amar e perdoar* como Ele, comportar-se sempre como os filhos que se sabem na presença de seu Pai-Deus[9], e se sentem confiantes e serenos, compreendidos, perdoados, estimulados sempre a seguir adiante...

Quem se sabe filho de Deus não deve ter nenhum temor na sua vida. Deus conhece melhor do que nós as nossas necessidades reais, é mais forte do que nós e é nosso Pai[10]. Devemos fazer como aquele menino que no meio de uma tempestade no mar alto continuava a brincar, enquanto os marinheiros temiam pelas suas vidas; era o filho do timoneiro do barco. Quando, ao desembarcar, lhe perguntaram como tinha estado tão tranquilo no meio daquele mar embravecido, respondeu: "Ter medo? Mas se o leme estava nas mãos de meu pai!"

Quando nos esforçamos por identificar a nossa vontade com a de Deus, Ele, que conhece bem a rota que conduz ao porto seguro, toma nas mãos o leme da nossa vida.

Uma alma que luta seriamente pela santidade pode sentir-se às vezes, por permissão de Deus, como que perdida, inepta, desconcertada no meio de um cúmulo de dificuldades; apesar do seu desejo de ser inteiramente de Deus, não compreende o que acontece à sua volta. "Nesses momentos, em que nem sequer se sabe qual é a vontade de Deus, e se protesta: Senhor, como podes querer isto que é mau, que é abominável *ab intrinseco!* — à semelhança da Humanidade de Cristo, que se queixava no Horto das Oliveiras —, quando parece que a cabeça enlouquece e o coração se rompe... Se alguma vez sentis este cair no vazio, aconselho-vos aquela oração que eu repeti muitas vezes junto do túmulo de uma pessoa amada: *Fiat, adimpleatur, laudetur atque in aeternum superexaltetur iustissima atque amabilissima...*"[11] "«Faça-se, cumpra-se, seja louvada e eternamente glorificada a justíssima e amabilíssima vontade de Deus sobre todas as coisas. — Assim seja. Assim seja»"[12].

É o momento de sermos muito fiéis à vontade de Deus, de nos deixarmos exigir e ajudar por meio da direção espiritual pessoal, com uma docilidade absoluta. Se Deus, que é nosso Pai, permite esse estado interior de trevas, também nos concederá as graças e ajudas necessárias para sairmos dele. Esse abandono, sem pôr limite algum, nas mãos de Deus, dar-nos-á uma paz inquebrantável e nos fará sentir o braço de Deus, poderoso e suave, que nos ampara no meio do mais completo vazio. Também nós repetiremos então, bem devagar, saboreando-a docemente, essa oração confiante: *Faça-se, cumpra-se, seja louvada...*

III. *ENSINAR-ME-EIS O CAMINHO DA VIDA, saciar-me-eis de felicidade na vossa presença, de perpétua alegria à vossa direita*[13], proclama o salmista.

Não existe alegria mais profunda — mesmo no meio da necessidade e do vazio, quando o Senhor o permite —, que a do filho de Deus que se abandona nas mãos de seu Pai; porque nenhum bem pode ser comparado à infinita riqueza de nos sabermos familiares de Deus, filhos de Deus.

Esta alegria sobrenatural relacionada com a Cruz é o "gigantesco segredo do cristão"[14]. Quem se sente filho de Deus não perde a paz, nem sequer nos momentos mais duros. A consciência da sua filiação divina liberta-o de tensões interiores e quando, pela sua fraqueza, se desencaminha, se realmente se sente filho, volta arrependido e confiante à casa do Pai.

"A filiação divina é também fundamento da fraternidade cristã, que está muito por cima do vínculo de solidariedade que une os homens entre si"[15]. Os cristãos sentem-se verdadeiramente irmãos, porque são filhos do único Pai, que quis estabelecer conosco o vínculo sobrenatural da caridade. No Evangelho da Missa, o Senhor pede-nos um olhar puro para vermos os nossos irmãos. *Por que vês a palha no olho do teu irmão, e não notas a trave no teu?* [...]. *Tira primeiro a trave do teu olho, e então cuidarás de tirar a palha do olho do teu irmão*[16].

O Mestre convida-nos a olhar os outros sem esses preconceitos que forjamos com as nossas próprias faltas e, em última análise, com a nossa soberba, que nos faz tender a aumentar as fraquezas alheias e a diminuir as próprias. Exorta-nos "a olhar os outros de uma forma mais profunda, com um olhar novo [...]; é preciso que tiremos a trave do nosso próprio olho. Ocupamo-nos muitas vezes na tarefa superficial de querer tirar a qualquer custo a palha do olho de toda a gente. E o que temos de fazer é renovar a forma de contemplar os outros"[17].

"Devemos pensar nos outros — em primeiro lugar, nos que estão ao nosso lado — como verdadeiros filhos de Deus que são, com toda a dignidade desse título maravilhoso.

"Com os filhos de Deus temos que nos comportar como filhos de Deus: o nosso amor tem de ser sacrificado, diário, feito de mil detalhes de compreensão, de sacrifício silencioso, de dedicação que não se nota. Este é o *bonus odor Christi*, que fazia dizer aos que viviam entre os nossos primeiros irmãos na fé: «Vede como se amam!»"[18]

Comportarmo-nos como filhos de Deus com os filhos de Deus, ver as pessoas como Cristo as via, com amor e compreensão; tanto os que estão perto de nós como os que parece que se afastam, pois a fraternidade estende-se a todos os homens, porque todos são filhos de Deus — criaturas dEle — e todos foram chamados também à intimidade da casa do Pai.

Seguindo este caminho amplo da filiação divina, passaremos pela vida com serenidade e paz, *fazendo o bem*[19], como Jesus Cristo, o Modelo que devemos olhar continuamente, de quem devemos aprender a ser filhos de Deus Pai. Se recorrermos a Santa Maria, Mãe de Deus e nossa Mãe, Ela nos ensinará a abandonar-nos no Senhor, como filhos pequenos que não se podem valer a si próprios.

(1) 1 Tm 1, 12-14; *Primeira leitura* da Missa da sexta-feira da vigésima terceira semana do Tempo Comum, ano ímpar; (2) Ef 2, 19; (3) Conc. de Niceia, a. 325. *Denz.-Shc.*, 125; (4) 1 Jo 3, 1; (5) 2 Pe 1, 4; (6) cf. F. Ocáriz, *El sentido de la filiación divina*, Pamplona, 1982, p. 178; (7) São Josemaria Escrivá, *Forja*, n. 331; (8) cf. Fl 2, 8; (9) cf. M. C. Calzona, *Filiación divina y vida cristiana en medio de mundo*, em *La misión del laico en la Iglesia y en el mundo*, EUNSA, Pamplona, 1987, p. 304; (10) V. Lehodey, *El santo abandono*, Católica Casals, Barcelona, 1951, II, 3; (11) Postulação da Causa da Beatificação e Canonização do Servo de Deus Josemaria Escrivá de Balaguer, Sacerdote, Fundador do Opus Dei, *Artigos do postulador*, Roma, 1979, n. 452; (12) São Josemaria Escrivá, *Caminho*, n. 691; (13) Sl 15, 11; *Salmo responsorial* da Missa da sexta-feira da vigésima terceira semana do Tempo Comum, ano ímpar; (14) cf. G. K. Chesterton, *Ortodoxia*, pp. 308-309; (15) M. C. Calzona, *op. cit.*, p. 303; (16) Lc 6, 41-42; (17) A. M. G. Dorronsoro, *Dios y la gente*, Rialp, Madri, 1974, pp. 134-135; (18) São Josemaria Escrivá, *É Cristo que passa*, n. 36; (19) cf. At 10, 38.

TEMPO COMUM. VIGÉSIMA TERCEIRA SEMANA. SÁBADO

204. CHEIA DE GRAÇA

— O coração da nossa Mãe Santa Maria esteve repleto de graças concedidas pelo Espírito Santo.

— A plenitude de graças de Maria é um grande presente para nós. Gratidão ao Senhor por este privilégio mariano.

— Correspondência fidelíssima de Maria a todas as graças.

I. *NÃO HÁ ÁRVORE BOA que dê fruto mau, nem árvore má que dê fruto bom, pois cada árvore se conhece pelo seu fruto: não se colhem figos dos espinhos, nem da sarça se vindimam uvas. O homem bom tira coisas boas do bom tesouro do seu coração, e o mau tira coisas más do seu mau tesouro, pois da abundância do coração fala a boca*[1].

Por meio desta dupla comparação — da árvore, que se é boa dá bons frutos, e do homem que fala daquilo que traz no coração —, Jesus ensina-nos que a santidade não pode ser dissimulada nem substituída por nada: o que se tem é o que se dá. A este propósito, comenta São Beda: "O tesouro do coração é a mesma coisa que a raiz da árvore. A pessoa que tem um tesouro de paciência e de caridade no coração produz frutos excelentes: ama o seu próximo e reúne as outras qualidades que Jesus ensina; ama os inimigos, faz o bem a quem o odeia, bendiz aquele que o amaldiçoa, reza por aquele que o calunia... Mas a pessoa que tem no coração um fundo de maldade faz exatamente o contrário: odeia os seus amigos, fala mal de quem lhe quer bem e incorre em todas as outras coisas condenadas pelo Senhor"[2].

O coração da nossa Mãe Santa Maria foi cumulado de graças pelo Espírito Santo. Exceto Cristo, nunca houve ou haverá uma árvore com seiva tão boa como a vida da Virgem Maria. Todas as graças nos vieram e nos vêm por meio dEla; veio-nos sobretudo Jesus, *bendito fruto* das suas entranhas puríssimas. Dos seus lábios nasceram os melhores louvores a Deus, os mais gratos e os de maior ternura. Recebemos dEla o melhor conselho: *Fazei o que Ele vos disser*[3], um conselho que nos repete silenciosamente no íntimo do coração.

Em Nazaré, a Virgem Maria recebeu a embaixada do anjo, que lhe deu a conhecer a vontade de Deus para Ela desde toda a eternidade: ser Mãe do seu Filho, Salvador do gênero humano. "O mensageiro saúda Maria como a «cheia de graça»; chama-a assim, como se esse fosse o seu verdadeiro nome. Não chama a sua interlocutora pelo nome que lhe é próprio segundo o registro civil: «Miriam» (Maria), mas *por este nome novo*: «cheia de graça». Que significa este nome? Por que o Arcanjo chama assim a Virgem de Nazaré? [...].

"Quando lemos que o mensageiro diz a Maria «cheia de graça», o contexto evangélico, em que confluem revelações e promessas antigas, dá-nos a entender que se trata de uma bênção singular entre todas as «bênçãos espirituais em Cristo». No mistério de Cristo, Maria está *presente* já «antes da criação do mundo» como aquela que o Pai «escolheu» para *Mãe* do seu Filho na Encarnação, e que, junto com o Pai, foi escolhida pelo Filho e confiada eternamente ao Espírito de santidade"[4].

A razão desta dignidade estriba na graça inicial de Maria, que foi tão excelsa que a fez ser a Mãe de Deus, numa ordem distinta da dos santos e dos anjos. Maria — afirma o Concílio Vaticano II — é "Mãe de Deus Filho e, portanto, a Filha predileta do Pai e o Sacrário do Espírito Santo; com um dom de graça tão exímia, supera de longe todas as criaturas celestes e terrenas"[5].

"Toda a bondade, toda a formosura, toda a majestade, toda a beleza, toda a graça adornam a nossa Mãe. — Não te enamora ter uma Mãe assim?"[6]

II. SÃO TOMÁS AFIRMA que o bem de uma graça é maior que o bem natural de todo o universo[7]. A menor graça santificante contida na alma de uma criança depois do seu Batismo vale mais do que os bens naturais de todo o universo, mais do que toda a natureza criada, incluídos os anjos. A graça confere uma participação na vida íntima de Deus que é superior também a todos os milagres. Como não seria então a alma de Maria, quando Deus a rodeou de toda a dignidade possível e do seu amor infinito?

Desde a eternidade do seu Ser, Deus compraz-se em Maria. "Desde sempre, num contínuo presente, Deus alegra-se no pensamento de sua Mãe, Filha e Esposa. Não é por acaso nem por capricho que a Igreja, na sua liturgia, aplicou e aplica a Nossa Senhora palavras da Escritura cujo sentido direto se refere à Sabedoria incriada"[8]. Assim, lemos no Livro dos Provérbios: *Fui formada desde a eternidade, desde as origens, antes que a terra existisse. Ainda não existiam os abismos quando fui concebida, e ainda as fontes das águas não tinham brotado. Antes que as montanhas se assentassem, antes que houvesse outeiros, fui dada à luz; ainda não tinham sido criados a terra e os rios e os primeiros elementos da poeira do mundo. Quando Ele desfraldava os céus, ali estava eu, quando traçava os limites dos mares, quando estabelecia no alto as regiões etéreas, quando punha equilíbrio nos mananciais das águas, quando ditava regras ao mar, para que as suas águas não transpusessem os seus limites, quando assentava os alicerces da terra, junto dEle estava eu como artífice, brincando sobre o globo da sua terra, achando as minhas delícias em estar junto dos filhos dos homens. E agora, meus filhos, escutai-me: felizes aqueles que seguem os meus caminhos*[9].

A Virgem Maria é, de um modo muito profundo, *trono de graça*. A Ela podem aplicar-se umas palavras da Epístola aos Hebreus: *Aproximemo-nos com confiança do trono da graça, a fim de alcançarmos misericórdia e acharmos graça no tempo oportuno*[10]. O *trono*, símbolo de autoridade, pertence a Cristo, que é *Rei dos vivos e dos mortos*. Mas é um trono de graça e de misericórdia[11], e por isso podemos aplicar a expressão a Maria — e assim se encontra em textos litúrgicos antigos[12] —, por quem nos chegam todas as graças. A proteção de Maria é "como um rio espiritual que se derrama há dois mil anos sobre os homens"[13]. É a seiva que não cessa de dar fruto nessa árvore que Deus quis plantar com tanto amor. De que maneira alcançaremos melhor a misericórdia divina, senão recorrendo à Mãe de Deus, que é também nossa Mãe?

A plenitude de graça com que Deus quis inundar a sua alma é também um imenso presente para nós. Agradeçamos a Deus por ter-nos dado a sua Mãe como Mãe nossa, por tê-la criado tão excepcionalmente formosa em todo o seu ser. E a melhor forma de agradecê-lo é amá-la muito, falar com Ela ao longo do dia, aprender a imitá-la no amor ao seu Filho, na sua plena disponibilidade para tudo o que se refere a Deus.

Dizemos-lhe: *Ave, Maria, cheia de graça...*, e ficamos cativados por tanta grandeza, tanta formosura, tal como deve ter ficado o Arcanjo Gabriel quando se apresentou diante dEla. "Ó nome da Mãe de Deus! Tu és todo o meu amor!"[14]

III. A VIRGEM MARIA teve em todo o instante a plenitude de graça que lhe correspondia, e esta foi crescendo e aumentando de dia para dia, pois as graças e dons sobrenaturais não limitam a capacidade do seu recipiente, antes o dilatam e ampliam para novas comunicações. Quanto mais ama a Deus, tanto mais a alma se capacita para amá-lo mais e receber mais graça. Quando se ama, adquirem-se novas forças para amar, e quem mais ama, mais quer e mais pode amar: *a graça chama a graça*, e a plenitude de graça chama uma plenitude sempre maior.

O tesouro de graças que Maria recebeu no instante da criação da sua alma foi imenso. Já naquele momento se cumpriram as palavras que o anjo lhe dirigiu no dia da Anunciação: *Ave, cheia de graça*[15]. Maria, desde o princípio, foi mais amada por Deus do que todas as criaturas, pois o Senhor pôs nEla todas as suas complacências e inundou-a superabundantemente de todas as suas graças, "mais do que todos os espíritos angélicos e do que todos os santos"[16]. Muitos santos e doutores da Igreja pensam que a graça inicial de Maria foi superior à graça final de todos os demais seres. São Tomás afirma que "a sua dignidade é de certo modo infinita"[17]. Esta graça foi-lhe dada em função da sua Maternidade divina.

Além disso, o contato maternal — físico e espiritual — de Maria com a Santíssima Humanidade de Cristo constituiu para Ela uma fonte contínua e inesgotável de crescimento em graça. "Maria está unida a Cristo de um modo totalmente especial e excepcional, e igualmente é *amada neste «Amado» eternamente*, neste Filho consubstancial ao Pai, em quem se concentra toda «a glória da graça»"[18].

Os frutos desse convívio maternal foram máximos, segundo o princípio que São Tomás expressa assim: quanto mais perto da fonte se encontra o recipiente, tanto mais participa da sua torrente[19]. Nunca criatura alguma esteve mais perto de Deus. E esse aumento contínuo da plenitude de graça da nossa Mãe foi mais intenso em alguns momentos concretos da sua vida: na Encarnação, no Nascimento, na Cruz, no dia de Pentecostes, quando recebia a Sagrada Eucaristia...

À plenitude de graça da Virgem correspondeu uma plenitude de liberdade — quanto mais santo se é, maior a liberdade de que se goza —, e, consequentemente, deu-se nEla uma resposta fidelíssima a esses dons de Deus, pela qual obteve um mérito incomensurável.

Recorremos a Ela agora, nós que somos seus filhos, e que tanto precisamos de ajuda: "Antes, sozinho, não podias... — Agora, recorreste à Senhora, e, com Ela, que fácil!"[20]

(1) Lc 6, 43-49; (2) São Beda, *Comentário ao Evangelho de São Lucas*, 2, 6; (3) Jo 2, 5; (4) João Paulo II, Enc. *Redemptoris Mater*, 25-III-1987, 8; (5) Conc. Vat. II, Const. *Lumen gentium*, n. 53; (6) São Josemaria Escrivá, *Forja*, n. 491; (7) cf. São Tomás, *Suma teológica*, I-II, q. 113, a. 9; (8) C. Lopez Pardo, *El Avemaría*, Palabra, Madri, 1975, p. 24; (9) Pr 8, 23-32; (10) Hb 4, 16; (11) cf. Sagrada Bíblia, *Epístola aos Hebreus*; (12) cf. *Introito* da Missa de 22 de agosto, anterior à reforma de Paulo VI; (13) R. Garrigou-Lagrange, *A Mãe do Salvador*, p. 58; (14) Santo Afonso Maria de Ligório, *As glórias de Maria*, p. 305; (15) Lc 1, 28; (16) cf. Pio XI, Bula *Ineffabilis Deus*, 8-XII-1854; (17) São Tomás, *op. cit.*, I, q. 25, a. 6, ad. 4; (18) João Paulo II, *op. cit.*, 8; (19) São Tomás, *op. cit.*, III, q. 7, a. 1; (20) São Josemaria Escrivá, *Caminho*, n. 513.

TEMPO COMUM. VIGÉSIMO QUARTO DOMINGO. CICLO A

205. O PERDÃO SEM LIMITES

— Perdoar sempre imediatamente e de coração.
— Se aprendermos a amar e desculpar, nem sequer teremos de perdoar, porque não nos sentiremos ofendidos.
— O Sacramento do perdão leva-nos a ser misericordiosos com os outros.

I. DEUS CONCEDE o seu perdão a quem perdoa. A indulgência que tivermos com os outros é a que terão conosco. Esta é a medida. E este é o sentido dos textos da Missa de hoje. A primeira Leitura[1] diz-nos: *Aquele que quiser vingar-se sofrerá a vingança do Senhor, que levará cuidadosamente a conta dos seus pecados. Perdoa ao teu próximo o mal que te fez, e os teus pecados te serão perdoados quando o pedires. Como pode um homem guardar rancor contra outro homem e pedir a Deus que o cure?*

O Senhor aperfeiçoa esta lei estendendo-a a todos os homens e a qualquer ofensa, porque com a sua morte na Cruz fez-nos irmãos uns dos outros sem exceção e saldou o pecado de todos. Por isso, quando Pedro — convencido de que propunha algo desproporcionado — perguntou a Jesus se devia perdoar o seu irmão até sete vezes quando este o ofendesse, ouviu do Senhor que devia perdoar *não até sete vezes, mas até setenta vezes sete*[2], quer dizer, sempre. A caridade de Cristo não é setenta vezes superior ao comportamento mais esmerado dos melhores cumpridores da Lei, mas de outra natureza, infinitamente mais elevada. A sua origem e o seu fim diferem dos meramente humanos.

Jesus ensina-nos que o mal, os ressentimentos, o rancor, o desejo de vingança devem ser vencidos por uma caridade ilimitada que se há de manifestar no perdão incansável das ofensas alheias. Ele animou-nos a pedir no *Pai-Nosso: Perdoai-nos as nossas ofensas, assim como nós perdoamos a quem nos tem ofendido.* Por isso, como hoje recorda a Liturgia das Horas[3], quando rezamos o *Pai-Nosso*, temos de estar *unidos entre nós e com Jesus Cristo, e dispostos a perdoar sempre uns aos outros.* Só assim atrairemos sobre nós a misericórdia infinita de Deus.

Para perdoar de coração, com absoluto esquecimento da injúria recebida, é necessária por vezes uma grande fé, alimentada pela caridade. É por isso que as almas mais unidas a Cristo nem sequer têm necessidade de perdoar: por maiores que sejam as injúrias e calúnias que recebem, não se sentem pessoalmente ofendidas, pois sabem que o único mal é o mal moral, o pecado; as demais ofensas não chegam a feri-las.

Vejamos hoje se guardamos no coração algum agravo, algum rancor por uma injúria real ou imaginária. Pensemos se o nosso perdão é imediato, sincero, de coração, e se pedimos ao Senhor por aquelas pessoas que nos fizeram algum mal ou nos ofenderam. "Cinquenta mil ofensas que te façam, tantas deves perdoar [...]. A tua paciência deve ultrapassar a malícia delas; antes deve cansar-se o outro de ofender-te do que tu de sofrê-lo"[4].

II. EM GERAL, as coisas que nos magoam não chegam a ser graves: um favor que não nos agradecem, uma recompensa que esperávamos e nos é negada, uma palavra menos grata que nos deixam cair quando nos sentíamos mal dispostos ou cansados... Pode também acontecer que alguns dos agravos que nos fazem sejam sérios: calúnias sobre as pessoas que mais amamos neste mundo, interpretação distorcida de ações praticadas com toda a retidão de intenção...

Seja o que for, para perdoarmos com rapidez, sem que nada nos fique na alma, precisamos de um coração grande, orientado para Deus. Essa grandeza de alma levar-nos-á a pedir pelas pessoas que, de uma forma ou de outra, nos prejudicaram.

"Os enfermos não costumam ser amados mais ternamente que os sãos?", pergunta um clássico castelhano. E a seguir aconselha: "Sê médico dos teus inimigos, e o bem que lhes fizeres serão brasas que porás sobre as suas cabeças e que os inflamarão no amor (Cl 3, 13). Pensa nos meios de perfeição que te proporciona aquele que te persegue [...]. O ódio de Herodes aproveitou mais às crianças inocentes do que o amor dos seus próprios pais, pois tornou-os mártires"[5].

A atitude cristã de perdão serve para aproximar de Deus os que tenham podido cometer injustiças. Foi o que fizeram os primeiros fiéis quando tiveram que suportar a onda de calúnias e perseguições que se abateu sobre eles. Santo Inácio de Antioquia aconselhava às primeiras comunidades, enquanto ele próprio se dirigia a Roma para ser martirizado: "Proporcionai-lhes a possibilidade de serem instruídos ao menos pelas vossas obras: aos seus arrebatamentos de ira, respondei com a vossa mansidão; à sua jactância, com a humildade; às suas blasfêmias, com orações; aos seus erros, com a firmeza na fé; à sua ferocidade, com a doçura; e não vos esforceis de maneira nenhuma por combatê-los. Mostremo-nos seus irmãos pela nossa brandura; quanto a imitar, empenhemo-nos em imitar somente o Senhor"[6]. São Paulo, seguindo o Mestre, exortava assim os cristãos de Tessalônica: *Vede que ninguém retribua a outrem mal por mal, antes pelo contrário aspirai sempre a praticar o bem entre vós e com todos*[7]. *E* instava com os Colossenses: *Suportai-vos uns aos outros e perdoai-vos mutuamente sempre que tiverdes motivo de queixa contra alguém. Como o Senhor vos perdoou, assim perdoai vós também*[8].

Viveríamos mal o nosso caminho de discípulos de Cristo se, ao menor atrito — no lar, no escritório, no trânsito... —, a nossa caridade se esfriasse e nos sentíssemos ofendidos e desprezados. Às vezes — em matérias mais graves, em que a desculpa se torna mais difícil —, faremos nossa a oração de Jesus: *Pai, perdoa-lhes, porque não sabem o que fazem*[9]. Noutros casos, bastar-nos-á sorrir, retribuir o cumprimento, ter um pormenor amável para restabelecer a amizade ou a paz perdida. As ninharias diárias não podem ser motivo para perdermos a alegria, que deve ser profunda e habitual na nossa vida.

III. O SENHOR, depois de responder a Pedro sobre a capacidade ilimitada de perdão que devemos ter, expôs a parábola dos dois devedores para nos mostrar o fundamento desta manifestação da caridade. Devemos perdoar sempre e tudo porque é muito — sem medida — o que Deus nos perdoou e nos perdoa. E diante dessa prova da misericórdia do Senhor, tudo o que devemos perdoar aos outros é simplesmente insignificante.

Somente as almas humildes, conscientes do muito que lhes foi perdoado, é que sabem perdoar. "Do mesmo modo que o Senhor está sempre disposto a perdoar-nos, assim também devemos estar prontamente dispostos a perdoar-nos uns aos outros. E como é grande a necessidade do perdão e da reconciliação no mundo de hoje, nas nossas comunidades e famílias, no nosso próprio coração! Por isso o sacramento específico de que a Igreja dispõe para perdoar, o sacramento da penitência, é um dom sumamente apreciado.

"No sacramento da penitência, o Senhor concede-nos o seu perdão de modo muito pessoal. Através do ministério do sacerdote, dirigimo-nos ao nosso Salvador vergados sob o peso dos nossos pecados. Manifestamos a nossa dor e pedimos perdão ao Senhor. Então, por meio do sacerdote, ouvimos Cristo que nos diz: *São-te perdoados os teus pecados* (Mc 2, 5). *Vai e não tornes a pecar* (Jo 8, 11). Porventura não podemos ouvir também que Ele nos diz, ao cumular-nos da sua graça salvífica: «Derrama sobre os outros setenta vezes sete este mesmo perdão e misericórdia»?"[10]

Que grande escola de amor e generosidade é a Confissão! Como dilata o coração para que possa compreender os defeitos e erros dos outros! Devemos sair do confessionário com outra vontade de amar, com maior capacidade de perdoar[11].

A tarefa da Igreja e de cada cristão em todos os tempos — e nos nossos parece ainda mais urgente — é "professar e proclamar a misericórdia em toda a sua verdade"[12], derramar sobre todos os que encontramos diariamente pelos caminhos da vida a misericórdia ilimitada que recebemos de Cristo.

Peçamos a Nossa Senhora um coração grande como o seu, para não repararmos demasiado naquilo que nos feriu, para aumentarmos o nosso espírito de desagravo e de reparação pelas ofensas ao Coração misericordioso de Jesus, e sobretudo para crescermos numa caridade humilde que perdoe quase instintivamente. Façamos nossa a confissão daquela alma que dizia, reconhecendo a dádiva do Senhor: "Eu não precisei aprender a perdoar, porque o Senhor me ensinou a amar".

(1) Ecl 27, 33; 28, 1-9; (2) Mt 18, 21-35; cf. *Evangelho* da Missa do vigésimo quarto domingo, ciclo A; (3) Liturgia das Horas, *Preces das II Vésperas;* (4) São João de Ávila, *Sermão 25 para o Domingo XXV depois de Pentecostes;* (5) Francisco de Osuna, *Ley del amor santo,* 40-43, em *Misticos franciscanos,* BAC, vol. 1, pp. 580-610; (6) Santo Inácio de Antioquia, *Carta aos efésios,* X, 1-3; (7) 1 Ts 5, 15; (8) Cl 3, 13; (9) Lc 23, 34; (10) João Paulo II, *Ângelus,* 16-IX-1984; (11) cf. F. Sopeña, *La confesión,* Rialp, Madri, 1957, p. 132; (12) João Paulo II, Enc. *Dives in misericordia,* 30-XI-1980, 13.

TEMPO COMUM. VIGÉSIMO QUARTO DOMINGO. CICLO B

206. COM JESUS

— A nossa vida está intimamente relacionada com Cristo.
— Imitá-lo, viver a sua vida. Filiação divina.
— *Tomar a cruz* e segui-lo.

I. APROXIMAVA-SE A FESTA de Pentecostes do terceiro ano da vida pública de Jesus. Das vezes anteriores, o Senhor tinha subido a Jerusalém para anunciar a Boa-nova às multidões que acorriam à Cidade Santa nessa festividade. Desta vez — possivelmente para manter os discípulos longe do ambiente hostil que se vinha formando à sua volta —, procurou abrigo nas terras tranquilas e afastadas de Cesareia de Filipe. E enquanto caminhava[1], depois de ter permanecido em oração, como indica expressamente São Lucas[2], perguntou em tom familiar aos discípulos que o acompanhavam: *Quem dizem os homens que eu sou?* E eles, com simplicidade, contaram-lhe o que lhes chegava aos ouvidos: *Uns dizem que és João Batista; outros, Elias*... Então Ele voltou a interrogá-los: *E vós, quem dizeis que eu sou?*

Na vida, há perguntas que, se ficam por responder, nada acontece. Pouco ou nada nos comprometem: por exemplo, a capital de um país longínquo, a idade de certa pessoa... Mas há questões cujo conhecimento e vivência são muito mais importantes: em que coisas reside a dignidade do ser humano, qual o sentido dos bens terrenos, por que a vida é tão breve... E dentre essas questões, existe uma em cuja resposta não devemos errar, pois nos dá a chave de todas as verdades que nos dizem respeito. É a mesma que Jesus fez aos apóstolos naquela manhã a caminho de Cesareia de Filipe: *E vós, quem dizeis que eu sou?* Então e agora, só existe uma resposta verdadeira: *Tu és o Cristo,* o Ungido, o Messias, o Filho Unigênito de Deus: a Pessoa de quem depende toda a minha vida, o meu destino, a minha felicidade, o meu triunfo ou a minha desgraça.

A nossa felicidade não está na saúde, no êxito, na realização de todos os nossos desejos... A nossa vida terá valido a pena se tivermos conhecido, servido e amado a Cristo. Todos os problemas têm solução se estamos com Ele; nenhum tem uma solução definitiva se o Senhor não é o eixo, se não é Ele quem dá sentido ao nosso viver, com êxitos ou com fracassos, na saúde e na doença.

Os apóstolos, pela boca de Pedro, deram a Jesus a resposta certa depois de dois anos de convivência e trato. Nós, como eles, "temos de percorrer um caminho de escuta atenta, diligente. Temos de ir à escola dos primeiros discípulos, que são as suas testemunhas e os nossos mestres, e ao mesmo tempo temos de receber a experiência e o testemunho nada menos que de vinte séculos de história sulcados pela pergunta do Mestre e enriquecidos pelo imenso coro das respostas dos fiéis de todos os tempos e lugares"[3].

Nós, que talvez venhamos seguindo o Mestre há não poucos anos, devemos examinar hoje, na intimidade do nosso coração, o que Cristo significa para nós. Digamos como São Paulo: *Tudo isso que para mim era lucro, considero-o agora por amor de Cristo como perda, por causa do sublime conhecimento de Jesus Cristo, meu Senhor. Por Ele renunciei a todas as coisas e tenho-as por esterco, a fim de ganhar Cristo*[4].

II. DEUS MANIFESTOU o seu amor pelos homens enviando ao mundo o seu Filho Unigênito *para que vivamos por Ele*[5]. Cristo é o único caminho para ir ao Pai: *Ninguém vai ao Pai senão por Mim*[6], declarará o Senhor aos seus discípulos na última Ceia. Sem Ele, nada podemos[7].

A primeira preocupação do cristão deve, pois, consistir em viver a vida de Cristo, em incorporar-se a Ele, como os ramos à videira. O ramo depende da união com a videira, que lhe envia a seiva vivificante; separado dela, seca e é lançado ao fogo[8]. A vida do cristão resume-se em ser pela graça o que Jesus é por natureza: filho de Deus. Esta é a meta fundamental: imitar Jesus, assimilar a sua atitude de *filho* diante de Deus Pai. O próprio Cristo no-lo disse: *Subo para «meu» Pai e «vosso» Pai, «meu» Deus e «vosso» Deus*[9].

Neste itinerário, o Senhor interpela-nos todos os dias sobre a nossa fé e a nossa confiança nEle, sobre o que Ele representa na nossa vida. Ele é o Amigo, o Irmão mais velho, que nos inspira, que nos acompanha, que nos levanta e nos restitui a alegria. Mas não podemos olhar para outro lado, não podemos ter medo de fitá-lo e dizer-lhe sem reservas: "Que queres de mim, Senhor?"

Nestes minutos de oração, a sós com Cristo, temos de reconhecer que muitas vezes fugimos dEle, que não chegamos a compreender por que se interessa tanto por cada um de nós, que vamos adiando para amanhã, sempre para amanhã, o nosso compromisso de amor com Ele. Por isso podemos dizer-lhe hoje com o soneto do clássico castelhano:

Que tenho eu que a minha amizade procuras?
Que interesse tens, meu Jesus,
que à minha porta, coberto de rocio,
passas as noites do inverno escuras?
Oh, como foram as minhas entranhas duras,
pois não te abri! Que estranho desvario
se da minha ingratidão o gelo frio
secou as chagas das tuas plantas puras!
Quantas vezes o anjo me dizia:
Alma, assoma agora à janela,
verás com quanto amor em chamar porfia!
E quantas, formosura soberana,
"Amanhã lhe abriremos", respondia,
Para o mesmo responder amanhã![10]

III. DEPOIS DA CONFISSÃO de Pedro, Jesus declarou aos seus discípulos pela primeira vez que *o Filho do homem tinha de padecer muito, ser rejeitado pelos anciãos, pelos sumos sacerdotes e pelos escribas, e ser morto, e ressuscitar depois de três dias. E falava-lhes destas coisas abertamente*[11].

Era uma linguagem estranha para os que tinham visto tantas maravilhas. E Pedro, *tomando-o à parte, começou a repreendê-lo*. Então o Senhor, dirigindo-se ao apóstolo, mas com a intenção de que todos o ouvissem, disse-lhe estas duríssimas palavras: *Afasta-te de mim, Satanás!* Foram as mesmas palavras que tinha utilizado para repelir o demônio depois das tentações no deserto[12]. Este por ódio, aquele por um amor mal entendido, tinham tentado dissuadi-lo da sua obra redentora na Cruz, para a qual se orientava toda a sua vida, e que haveria de trazer-nos todos os bens e graças necessários para alcançarmos o Céu. Na primeira Leitura da Missa[13], Isaías anuncia com vários séculos de antecedência a Paixão que o Servo de Javé haveria de sofrer: *Aos que me feriam, ofereci as espáduas [...], não desviei o meu rosto dos ultrajes e dos escarros*.

Sabemos bem que "perante Jesus, não podemos contentar-nos com uma simpatia simplesmente humana, por legítima e preciosa que seja, nem é suficiente considerá-lo somente como um personagem digno de interesse histórico, teológico, espiritual, social, ou como fonte de inspiração artística"[14]. Jesus Cristo compromete-nos de modo absoluto. Pede-nos que, ao segui-lo, renunciemos à nossa vontade para nos identificarmos com Ele. Por isso, depois de recriminar Pedro, o Senhor chamou todos os outros e disse-lhes: *Quem quiser vir após mim, negue-se a si mesmo, tome a sua cruz e siga-me. Pois quem quiser salvar a sua vida perdê-la-á, e quem perder a sua vida por mim e pelo Evangelho, esse a salvará*[15].

A dor e qualquer tipo de sofrimento são condição necessária para chegarmos à intimidade com Cristo. Com a dor — a cruz —, acompanhamo-lo ao Calvário, não nos separamos dEle nesses momentos em que mais sente a deslealdade, a covardia e a omissão dos homens: identificamo-nos plenamente com Ele.

Mas, além disso, quando tiramos os olhos dos nossos próprios sofrimentos para os pôr nos sofrimentos inauditos de Cristo, esvaziamos a nossa cruz pessoal de qualquer elemento de tragédia e solidão, e vemos nela um tesouro, uma "carícia divina" que passamos a agradecer do fundo da alma. Obrigado, Senhor!, é o que dizemos diante de quaisquer circunstâncias adversas. O Senhor retira então o que há de mais áspero, incômodo e doloroso nos nossos sofrimentos e eles deixam de pesar e oprimir; pelo contrário, preparam a alma para a oração e dilatam o coração para que seja mais generoso e compreensivo com os outros.

Já o cristão que recusa sistematicamente o sacrifício e não se conforma com as contrariedades e a dor, nunca encontra Cristo no caminho da sua vida, como também não encontra a felicidade. Quantos cristãos não se sentem no final do dia tristes, abatidos e sem impulso vital, por não terem sabido santificar, não já as grandes contradições, mas as pequenas contrariedades que foram surgindo ao longo da jornada!

Vamos dizer a Jesus que queremos segui-lo em todos os passos da sua vida e da nossa, que nos ajude a levar a *cruz de cada dia* com garbo. Pedimos-lhe que nos acolha entre os seus discípulos mais íntimos. "Senhor", suplicamos-lhe, "toma-me como sou, com os meus defeitos, com as minhas debilidades; mas faz-me chegar a ser como Tu desejas"[16], como fizeste com Simão Pedro.

(1) Cf. Mc 8, 27; (2) cf. Lc 9, 18; (3) João Paulo II, *Audiência geral*, 7.01.87; (4) Fl 3, 7-8; (5) Jo 4, 9; (6) Jo 14, 6; (7) cf. Jo 15, 5; (8) cf. Jo 15, 1-6; (9) Jo 20, 17; (10) Lope de Vega, *Soneto a Jesus crucificado*; (11) Mc 8, 31-32; (12) cf. Mt 4, 10; (13) Is 50, 5-10; (14) João Paulo II, *Audiência geral*, 7.01.87; (15) Mc 8, 34-35; (16) João Paulo II, *Alocução*, 13-IX-1978.

Tempo Comum. Vigésimo Quarto Domingo. Ciclo C

207. O FILHO PRÓDIGO

— A misericórdia inesgotável de Deus.
— A dignidade recuperada.
— Servir a Deus é uma honra.

I. *TEM PIEDADE DE MIM, ó Deus, segundo a tua misericórdia. / Segundo a multidão das tuas clemências, apaga a minha iniquidade. / Lava-me inteiramente da minha culpa e purifica-me do meu pecado.*

Cria em mim, ó Deus, um coração puro, e renova em mim um espírito firme... / Não desprezarás, ó Deus, um coração contrito e humilhado[1].

A liturgia deste domingo propõe à nossa consideração, uma vez mais, a misericórdia inesgotável do Senhor: um Deus que perdoa e que manifesta a sua infinita alegria por cada pecador que se converte! Na primeira Leitura[2], vemos como Moisés intercede pelo povo de Deus, que bem cedo esqueceu a Aliança e construiu um bezerro de ouro enquanto ele se encontrava no monte Sinai. Moisés não procura desculpar o pecado do povo, mas apoia a sua oração no próprio Deus, nas suas antigas promessas, na sua misericórdia. Na segunda Leitura[3], São Paulo fala-nos da sua própria experiência pessoal: *Palavra fiel e digna de toda a aceitação: Jesus Cristo veio a este mundo para salvar os pecadores, dos quais eu sou o primeiro. Por isso alcancei misericórdia, para que em mim, sendo o primeiro, Jesus Cristo mostrasse toda a sua paciência.* É a experiência íntima de cada um de nós. Todos sabemos como Deus jamais se cansou de perdoar-nos, de facilitar-nos continuamente o caminho da reconciliação.

No Evangelho da Missa[4], São Lucas relata diversas parábolas que revelam a compaixão do Senhor perante o estado a que o pecador fica reduzido, e a sua alegria ao recuperar os que pareciam definitivamente perdidos. O personagem central destas parábolas é o próprio Deus, que lança mão de todos os meios para recuperar os seus filhos feridos pelo pecado: é o pastor que parte em busca da ovelha tresmalhada até encontrá-la, e que depois a carrega sobre os ombros porque a vê fatigada e exausta após o seu extravio; é a mulher que perdeu uma dracma e acende a candeia, varre a casa e procura diligentemente a moeda até encontrá-la; é o pai que, movido pela impaciência do amor, sai todos os dias ao terraço da sua casa e aguça o olhar para ver se qualquer figura que vislumbra ao longe não é o filho que abandonou o lar... "No seu grande amor pela humanidade, Deus vai atrás do homem — escreve Clemente de Alexandria — como a mãe voa sobre o passarinho pequeno quando este cai do ninho; e se a serpente ameaça devorá-lo, *esvoaça gemendo sobre os seus filhotes* (cf. Dt 32, 11). Assim Deus busca paternalmente a criatura, cura-a da sua queda, persegue a besta selvagem e recolhe o filho, animando-o a voltar, a voar para o ninho"[5].

Assim vos digo eu que haverá júbilo entre os anjos de Deus por um só pecador que faça penitência. Como podemos retrair-nos do arrependimento sincero diante de tanto júbilo divino? A atitude misericordiosa de Deus será motivo mais forte para a contrição, por mais longe que estejamos. Antes de termos levantado a mão pedindo ajuda, Ele já terá estendido a sua — mão forte de pai — para nos levantar e nos ajudar a ir para a frente.

II. O PECADO, tão detalhadamente descrito na parábola do *filho pródigo,* "consiste na rebelião contra Deus, ou ao menos no esquecimento ou indiferença para com Ele e para com o seu amor"[6], no desejo néscio de viver fora do amparo de Deus, de emigrar para *uma terra distante,* longe da casa paterna. Mas esta «fuga de Deus» tem como consequência para o homem uma situação de confusão profunda sobre a sua própria identidade, ao lado de uma amarga experiência de empobrecimento e desespero: o filho pródigo, conforme narra a parábola, depois de tudo, começou a passar necessidade e viu-se obrigado — ele, que tinha nascido em liberdade — a servir um dos habitantes daquela região"[7]. Como se passa mal quando se está longe de Deus! "Onde se passará bem sem Cristo — pergunta Santo Agostinho —, ou quando se poderá passar mal com Ele?"[8]

A liturgia da Missa de hoje convida-nos a meditar na grandeza do nosso Pai-Deus e no seu amor por nós. Quando o filho decide regressar à casa paterna e trabalhar na herdade como um jornaleiro, o pai, profundamente comovido ao ver as condições em que retorna, corre ao seu encontro e demonstra-lhe prodigamente o seu amor: *Lançou-lhe os braços ao pescoço* — diz Jesus na parábola — e *cobriu-o de beijos.* Acolhe-o como filho imediatamente. "Estas são as palavras do livro sagrado: *cobriu-o de beijos,* comia-o a beijos. Pode-se falar com mais calor humano? Pode-se descrever de maneira mais gráfica o amor paternal de Deus pelos homens?

"Perante um Deus que corre ao nosso encontro, não nos podemos calar, e temos que dizer-lhe com São Paulo: *Abba, Pater!* (Rm 8, 15), Pai, meu Pai!, porque, sendo Ele o Criador do universo, não se importa de que não o tratemos com títulos altissonantes, nem reclama a devida confissão do seu poder. Quer que lhe chamemos Pai, que saboreemos essa palavra, deixando a alma inundar-se de alegria"[9]. Pai, meu Pai!, é como o temos chamado tantas vezes, enchendo-nos de paz e de consolo.

Até esse momento, o pai nada tinha dito; agora as suas palavras transbordam de alegria. Não põe condições ao filho, não quer lembrar-se mais do passado... Pensa no futuro, em restituir-lhe quanto antes a dignidade de filho. Por isso, nem o deixa terminar a frase que tinha preparado, e ordena: *Tirai depressa o vestido mais precioso e vesti-lho, e metei-lhe um anel no dedo e sandálias nos pés; trazei também um vitelo gordo e matai-o, e comamos e banqueteemo-nos, porque este meu filho estava morto e reviveu; tinha-se perdido e* foi *encontrado.* O vestido mais precioso converte-o em hóspede de honra, o anel devolve-lhe a dignidade perdida, as sandálias declaram-no livre[10]. O amor paterno de Deus inclina-se para todos os filhos pródigos, para qualquer miséria humana, especialmente para a miséria moral. Então, aquele que é objeto da compaixão divina "não se sente humilhado, mas reencontrado e «revalorizado»"[11].

Na Confissão, através do sacerdote, o Senhor devolve-nos tudo o que perdemos por culpa própria: a graça e a dignidade de filhos de Deus. Cumula-nos da sua graça e, se o arrependimento é profundo, coloca-nos num lugar mais alto do que aquele em que estávamos anteriormente: "Da nossa miséria tira riqueza; da nossa debilidade, fortaleza. O que não nos há de preparar então, se não o abandonamos, se frequentamos a sua companhia todos os dias, se lhe dirigimos palavras de carinho confirmadas com as nossas ações, se lhe pedimos tudo, confiados na sua onipotência e na sua misericórdia? Se prepara uma festa para o filho que o traiu, só por tê-lo recuperado, o que não nos outorgará a nós, se sempre procuramos ficar a seu lado?"[12]

III. *E COMEÇARAM a celebrar a festa*. Neste momento, quando parece que a parábola terminou, o Senhor introduz mais um personagem: o irmão mais velho. Vem do campo, do trabalho nas terras do pai, como sempre fez. Quando chega a casa, a festa está no apogeu. Ouve já de longe a música e os cantos, e surpreende-se. Um criado informa-o de que estão celebrando o retorno do irmão mais novo, que chegou esfarrapado. Finalmente voltou!

Mas o irmão mais velho fica aborrecido. "O canto, a alegria e a festa não te moveram o coração? — comenta Santo Agostinho —. O banquete do novilho gordo não te fez pensar? Ninguém te exclui. Tudo em vão; o servo fala, mas o aborrecimento persiste, e ele não quer entrar"[13]. É a nota discordante da tarde. É também o momento das queixas ocultas e reprimidas durante tanto tempo, que agora afloram: *Há tantos anos que te sirvo, sem jamais transgredir nenhuma das tuas ordens, e nunca me deste um só cabrito; mas agora que chegou esse teu filho, que devorou os seus bens com meretrizes, logo lhe mandaste matar um novilho gordo.*

O Pai é Deus, que tem sempre as mãos abertas, cheias de misericórdia. O filho mais novo é a imagem do pecador, que percebe que só pode ser feliz junto de Deus, nem que seja no último lugar, mas com seu Pai-Deus. E o mais velho? É um homem trabalhador, que sempre serviu sem nunca sair dos limites da fazenda; mas sem alegria. Serviu porque não tinha outra solução, e, com o tempo, o seu coração tornou-se pequeno. Foi perdendo o sentido da caridade enquanto servia. O seu irmão é já para ele *esse teu filho.*

Que contraste entre o coração magnânimo do Pai e a mesquinhez do filho mais velho! É a imagem do justo que se torna míope a ponto de não compreender que servir a Deus e gozar da sua amizade e presença é uma festa contínua, que, no fundo, *servir é reinar*[14]. É a figura de todo aquele que esquece que estar com Deus — nas coisas grandes e nas coisas pequenas — é uma honra imerecida. Uma boa parte da recompensa está no próprio serviço que se presta. *Filho, tu estás sempre comigo, e tudo o que é meu é teu.* "Portanto, todas as honras são nossas, se nós somos de Deus"[15]. É o próprio Deus que se dá, e com Ele nos dá todas as riquezas: que mais podemos pedir?

Deus espera de nós uma entrega alegre, *sem tristeza nem constrangimento, pois Deus ama aquele que dá com alegria*[16]. Junto de Deus, sempre há suficientes motivos de festa, de ação de graças, de alegria, especialmente quando se nos apresentam ocasiões de ser magnânimos — de ter um coração grande, compreensivo — com um dos nossos irmãos. "Que doce alegria pensar que o Senhor é justo, quer dizer, que conhece perfeitamente a fragilidade da nossa natureza! Por que então temer? O bom Deus, infinitamente justo, que se dignou perdoar com tanta misericórdia as culpas do filho pródigo, não será também justo comigo, que estou sempre junto dEle?"[17], com alegria, com desejos de servi-lo até nas coisas mais pequenas?

(1) Sl 50, 3-4; 12; 19; *Salmo responsorial* da Missa do vigésimo quarto domingo do Tempo Comum, ciclo C; (2) Ex 32, 7-11; 13-14; (3) 1 Tm 1, 15-16; (4) Lc 15, 1-32; (5) Clemente de Alexandria, *Protréptico*, 10; (6) João Paulo II, *Homilia*, 17-IX-1989; (7) *ibid.*; (8) Santo Agostinho, *Comentário ao Evangelho de São João*, 51, 11; (9) São Josemaria Escrivá, *É Cristo que passa*, n. 64; (10) cf. Santo Agostinho, *Sermão 11*, 7; (11) João Paulo II, Enc. *Dives in misericordia*, 30-XI-1980, 6; (12) São Josemaria Escrivá, *Amigos de Deus*, n. 309; (13) Santo Agostinho, *Sermão 11*, 10; (14) cf. Conc. Vat. II, Const. *Lumen gentium*, 36; (15) Santo Agostinho, *Sermão 11*, 13; (16) 2 Cor 9, 7; (17) Santa Teresa de Lisieux, *História de uma alma*, 8.

TEMPO COMUM. VIGÉSIMA QUARTA SEMANA.
SEGUNDA-FEIRA

208. A FÉ DE UM CENTURIÃO

— A humildade, primeira condição para crer.
— O crescimento da fé.
— Humildade para perseverar na fé.

I. É POSSÍVEL que a cena narrada no Evangelho da Missa de hoje[1] tenha acontecido ao cair da tarde, quando Jesus, tendo acabado de instruir o povo, entrou na cidade de Cafarnaum. Nesse momento, chegaram uns anciãos dos judeus que, aproximando-se do Senhor, intercederam por um centurião cujo servo, *que ele amava muito,* estava à morte.

Este gentio surge aos nossos olhos como uma alma de grandes virtudes. É um homem que sabe mandar, pois diz a um soldado *vai, e ele vai; e a outro: vem, e ele vem.* E ao mesmo tempo tem um grande coração, sabe querer aos que o rodeiam, como é o caso desse servo doente, por quem faz tudo o que pode para que se cure. É um homem generoso, que tinha construído a sinagoga da cidade: faz-se respeitar e querer, pois, como escreve São Lucas, os judeus que recorreram a Jesus insistiram dizendo-lhe: *Ele merece que lhe faças esta graça, porque é amigo da nossa nação.*

Depois de ter recebido essas recomendações, Jesus pôs-se a caminho. E quando já estava perto da casa, o centurião enviou uma nova embaixada ao Mestre para dizer-lhe: *Senhor, não te incomodes, porque eu não sou digno de que entres em minha casa. Foi por isso que nem eu mesmo me achei digno de ir ter contigo; mas dize uma só palavra e o meu servo será curado.*

Esta fé cheia de humildade conquistou o coração de Jesus, de tal maneira que o Senhor *ficou admirado; e, voltando-se para a multidão que o seguia, disse. Em verdade vos digo que não encontrei tamanha fé em Israel.*

A humildade é a primeira condição para crer; é o caminho amplo pelo qual se chega à fé e se colabora para aumentá-la: abre-nos a via de acesso a Jesus. Santo Agostinho, ao comentar esta passagem do Evangelho, diz que a humildade foi a porta por onde Jesus entrou para tomar posse daquilo que já possuía[2].

Peçamos hoje ao Senhor uma sincera humildade que nos aproxime dEle, que aumente e fortaleça a nossa fé e que nos disponha a fazer em tudo a sua santíssima Vontade. "Confiaste-me que, na tua oração, abrias o coração com as seguintes palavras: «Considero, Senhor, as minhas misérias, que parecem aumentar apesar das tuas graças, sem dúvida pela minha falta de correspondência. Reconheço a ausência em mim da menor preparação para o empreendimento que pedes. E quando leio nos jornais que tantos e tantos homens de prestígio, de talento e de dinheiro falam e escrevem e organizam para defender o teu reinado... olho para mim e vejo-me tão ignorante e tão pobre, numa palavra, tão pequeno... que me encheria de confusão e de vergonha se não soubesse que Tu me queres assim. Ó Jesus! Por outro lado, sabes bem que coloquei a teus pés, com a maior das boas vontades, a minha ambição... Fé e Amor: Amar, Crer, Sofrer. Nisto, sim, quero ser rico e sábio, mas não mais sábio nem mais rico do que aquilo que Tu, na tua Misericórdia sem limites, tenhas determinado: porque devo pôr todo o meu prestígio e honra em cumprir fielmente a tua justíssima e amabilíssima Vontade»"[3].

II. *EM VERDADE VOS DIGO que não encontrei tamanha fé em Israel.* Que elogio imenso! Com que alegria não teria o Senhor pronunciado essas palavras! Meditemos hoje como é a nossa fé e peçamos a Jesus que nos conceda a graça de crescer nela dia a dia.

Santo Agostinho ensinava que ter fé é "credere *Deo,* credere *Deum,* credere *in Deum*"[4], numa forma clássica entre os teólogos. Quer dizer: dar crédito a Deus, isto é, aceitar a sua autoridade que vem ao nosso encontro e se dá a conhecer; crer em todas as verdades que Deus nos comunica nesse encontro pessoal; e, por último, crer em Deus, amando-o, confiar nEle sem medida. Progredir na fé é crescer nestas facetas.

O primeiro aspecto exige que tenhamos uma séria preocupação por melhorar a nossa formação doutrinal, por crescer no conhecimento de Deus. Um meio muito acessível de consegui-lo é sermos fiéis à prática da *leitura espiritual* — dez a quinze minutos por dia —, que nos permitirá adquirir ao longo dos anos todas as noções fundamentais de que necessitamos para assentar em bases firmes a nossa fé e a nossa piedade. Essa leitura deve abranger sucessiva ou alternadamente obras seguras sobre a espiritualidade cristã, teologia para leigos e documentos do Magistério pontifício relativos aos mistérios da fé e aos princípios morais.

O segundo aspecto implica crescer na relação pessoal com o Senhor, nosso Criador e Redentor, procurar diariamente o colóquio com Ele na oração, a plena união na Sagrada Eucaristia e depois a sua presença em tantas ocasiões no meio do trabalho, nas dificuldades e nas alegrias... É vê-lo sempre muito perto da nossa vida diária[5].

O terceiro aspecto é o coroamento e a fruição dos outros dois: é o amor que toda a fé verdadeira traz consigo. "Senhor, creio em ti e amo-te, falo-te, mas não como a um estranho, porque, ao relacionar-me contigo, vou-te conhecendo e é impossível que te conheça e não te ame; mas se eu te amo, vejo claramente que devo lutar por viver, dia após dia, de acordo com a tua palavra, a tua vontade e a tua verdade"[6].

III. *E, VOLTANDO PARA CASA, os que tinham sido enviados encontraram o servo curado.*

Todos os milagres que Jesus fez procediam de um Coração cheio de amor e de misericórdia; nunca realizou um prodígio que ferisse alguém. Também não realizou nenhum milagre em proveito próprio. Vemo-lo passar fome e não converter as pedras em pão, ter sede e pedir de beber a uma mulher samaritana, junto do poço de Jacó[7]. E quando Herodes lhe exige um prodígio, permanece em silêncio, muito embora soubesse que aquele homem podia libertá-lo...

O fim dos milagres que o Senhor realizou foi o bem daqueles que se aproximavam dEle: *para que creiam que Tu me enviaste*[8]. As suas obras de misericórdia corporais transformaram-se num bem muito maior para a alma. Por isso, naquela tarde, quando o centurião pôde ver curado o seu servo, o milagre uniu-o mais a Jesus. Não nos custa admitir que, depois do Pentecostes, tenha sido um dos primeiros gentios a receber o Batismo, e que terá sido fiel ao Mestre até o fim dos seus dias.

A fé verdadeira leva-nos à união com Jesus Cristo Redentor, com o seu poder sobre todas as criaturas, e confere-nos uma segurança e uma firmeza que nos colocam ao abrigo de todas as circunstâncias humanas, de qualquer acontecimento que possa sobrevir. Mas, para termos essa fé, necessitamos também da humildade do centurião: sabermo-nos nada diante de Jesus; não desconfiarmos nunca do seu auxílio, por mais que demore em chegar ou chegue de uma maneira diferente da que esperávamos.

Santo Agostinho afirmava que todos os dons de Deus podiam reduzir-se a este: "receber a fé e perseverar nela até o último instante da vida"[9]. A humildade de saber que podemos trair a fé recebida, que somos capazes de separar-nos do Mestre, ajudar-nos-á a não abandonar nunca o trato habitual com Ele, bem como esses meios de formação que nos ensinam a conhecer melhor a Deus e nos proporcionam os argumentos de que precisamos para dá-lo a conhecer. O verdadeiro obstáculo para perseverar na fé é a soberba. *Deus resiste aos soberbos e dá a sua graça aos humildes*[10]. Por isso temos de pedir a humildade com muita frequência.

Em Nossa Senhora encontramos essa união profunda entre a fé e a humildade. Santa Isabel, impelida pelo Espírito Santo, cumprimenta-a com estas palavras: *Bem-aventurada és tu que creste...* E o Espírito Santo coloca na boca da Virgem Mãe uma resposta que é um cântico de humildade: — Uma imensa felicidade embarga a minha alma, e todas as gerações me chamarão bem-aventurada... Mas a razão última não é nada *meu:* Deus pôs os olhos na humildade da sua serva, abriu o meu coração e cumulou-o de graças...[11]

Recorremos a Nossa Senhora para que nos ensine a crescer nesta virtude em que a fé assenta os seus alicerces firmes.

"A Escrava do Senhor é hoje a Rainha do Universo. *Quem se humilha será exaltado* (Mt 23, 12). Saibamos colocar-nos ao serviço de Deus sem condições e seremos elevados a uma altura inacreditável; participaremos da vida íntima de Deus, seremos *como deuses!,* mas pelo caminho regulamentar: o da humildade e docilidade ao querer do nosso Deus e Senhor"[12].

(1) Lc 7, 1-10; (2) cf. Santo Agostinho, *Sermão 46,* 12; (3) São Josemaria Escrivá, *Forja,* Quadrante, São Paulo, 1987, n. 822; (4) Santo Agostinho, *Sermão 144,* 2; (5) cf. Pedro Rodríguez, *Fe y vida de fe,* EUNSA, Pamplona, 1974, pp. 124-125; (6) *ibid.*, p. 125; (7) cf. Jo 4, 7; (8) Jo 11, 42; (9) Santo Agostinho, *Sobre o dom da perseverança,* 17, 47; 50, 641; (10) Tg 4, 6; (11) cf. Lc 1, 45 e segs.; (12) Antonio Orozco Delclos, *Olhar para Maria,* Quadrante, São Paulo, 1992.

209. O RETORNO À VIDA

— Recorrer ao Coração misericordioso de Jesus em todas as necessidades da alma e do corpo.
— A misericórdia da Igreja.
— A misericórdia divina no sacramento do perdão. Condições de uma boa Confissão.

I. JESUS DIRIGIA-SE a uma pequena cidade chamada Naim[1], acompanhado dos seus discípulos e de uma grande multidão. Ao entrar na cidade, encontrou-se com um grupo numeroso de pessoas que levavam para ser enterrado um defunto, filho único de uma mulher viúva, e é muito provável que se detivesse esperando que o cortejo fúnebre passasse. Então, olhando para a mãe, *moveu-se de compaixão para com ela.*

Os Evangelistas referem em muitas ocasiões esses sentimentos do Coração de Jesus quando depara com a desgraça e o sofrimento; nunca se desvia deles. Ao ver a multidão — escreve São Mateus, relatando outro episódio semelhante — Jesus *compadeceu-se das multidões,* porque eram como ovelhas sem pastor[2]; quando se encontra com o leproso que o procurava, *compadeceu-se dele* e disse-lhe: *Quero; sê limpo*[3]; quando a multidão o seguia, sem se preocupar com o alimento, apesar de que o dia ia declinando, disse aos seus discípulos: *Tenho compaixão deste povo,* e multiplicou os pães e os peixes[4]; quando viu perto dEle um cego, *compadecido,* tocou-lhe os olhos e devolveu-lhe a vista[5].

A misericórdia é a atitude "própria de Deus" — afirma São Tomás de Aquino[6] —, e manifesta-se plenamente em Jesus

Cristo tantas vezes quantas depara com o sofrimento. "Jesus revelou, sobretudo com o seu estilo de vida e com as suas ações, como o amor está presente no mundo em que vivemos, o amor operante, o amor que se dirige ao homem e abraça tudo aquilo que forma a sua humanidade. Esse amor faz-se notar especialmente no contato com o sofrimento, a injustiça, a pobreza, no contato com toda a condição humana histórica, que manifesta de vários modos as limitações e a fragilidade, tanto físicas como morais, do homem"[7]. Todo o Evangelho, mas especialmente as passagens que nos mostram o Coração misericordioso de Jesus, devem mover-nos a recorrer a Ele nas necessidades da alma e do corpo. Ele continua no meio dos homens, e somente espera que nos deixemos ajudar.

Senhor, ouve a minha oração, e chegue a ti o meu clamor. Não me escondas o teu rosto no dia da minha angústia. Inclina para mim o teu ouvido; quando eu te invocar, ouve-me prontamente, recitam os sacerdotes na Liturgia das Horas de hoje[8]. E o Senhor, que nos escuta sempre, vem em nosso auxílio sem se fazer esperar.

II. JESUS, AO VER a mulher, *movido de compaixão para com ela, disse-lhe: Não chores. E aproximou-se e tocou no esquife. E os que o levavam pararam. Então disse ele: Jovem, eu te digo, levanta-te. E sentou-se o que tinha estado morto e começou a falar. E Jesus entregou-o à sua mãe.*

Muitos Padres viram nesta mãe que recupera o filho morto uma imagem da Igreja, que também recebe os seus filhos mortos pelo pecado, prolongando assim a ação misericordiosa de Cristo. A Igreja, que é Mãe, com a sua dor "intercede por cada um dos seus filhos como fez a mãe viúva pelo seu filho único"[9]. Ela "alegra-se diariamente — comenta Santo Agostinho — com os homens que ressuscitam nas suas almas. Aquele, morto corporalmente; estes, espiritualmente"[10]. Se o Senhor se compadece de uma multidão faminta, como não há de compadecer-se de quem sofre uma doença da alma ou já traz em si a morte para a vida eterna?

A Igreja é misericordiosa "quando aproxima os homens das fontes da misericórdia do Salvador, das quais é depositária e dispensadora"[11], especialmente da Eucaristia e do Sacramento da Penitência ou Reconciliação. "A Eucaristia aproxima-nos sempre daquele amor que é mais forte do que a morte", diz João Paulo II. E o sacramento da Penitência, continua o Papa, "aplaina o caminho a cada homem, mesmo quando está sobrecarregado com graves culpas. Neste sacramento, todos os homens podem experimentar de modo singular a misericórdia, isto é, aquele amor que é mais forte do que o pecado"[12]. É Jesus que passa novamente pelas nossas ruas e cidades e se apieda dos males de que padece esta humanidade enferma; que se apieda sobretudo dos homens vergados sob o peso do único mal absoluto que existe, o pecado.

A Sagrada Eucaristia é fonte de fortaleza, como o é o alimento em relação ao corpo. Conta-se que, nos tempos antigos, um rei enviou de presente a um vizir árabe a espada que lhe tinha servido para vencer inúmeras batalhas. O agraciado quis experimentá-la no primeiro combate em que entrou, mas, com grande surpresa sua, saiu derrotado. Mandou então dizer ao rei que estava decepcionado. Ao que o rei respondeu: "Eu te mandei a minha espada, mas não o meu braço". A Sagrada Comunhão é o braço de Deus, é todo o seu poder, que atua dentro de nós e dá vigor à nossa capacidade de luta, multiplicando-a.

Este é o pão que desceu do céu; não é como o pão que os vossos pais comeram e morreram. Quem come deste pão viverá eternamente[13], disse o Senhor em Cafarnaum. A Eucaristia, quando a recebemos nas devidas disposições de alma e corpo, reforça em nós os mecanismos de defesa, ajudando-nos a resistir às tentações e preservando-nos sobretudo de cair num estado anêmico de tibieza que é fonte de mediocridade espiritual e, mais cedo ou mais tarde, de quedas que podem ser sérias. Perguntemo-nos se sabemos corresponder a essa prova da misericórdia de Deus procurando comungar assiduamente, com fé na graça do Sacramento. "Quantos anos comungando diariamente! — Qualquer outro seria santo — disseste-me —, e eu, sempre na mesma!

"— Meu filho — te respondi —, continua com a Comunhão diária e pensa: Que seria de mim se não tivesse comungado?"[14]

III. A MISERICÓRDIA DE DEUS é infinita; inexaurível "é a prontidão do Pai em acolher os filhos pródigos que voltam para casa. São infinitas também a prontidão e a força do perdão que brotam continuamente do admirável valor do Sacrifício do Filho. Não há nenhum pecado humano que prevaleça sobre esta força ou sequer a limite. Por parte do homem, o que pode limitá-la é somente a falta de boa vontade, a falta de prontidão na conversão e na penitência, isto é, a permanência na obstinação, que leva a opor-se à graça e à verdade"[15]. Somente nós podemos impedir que o olhar misericordioso de Jesus, que cura e liberta, chegue ao fundo da nossa alma.

Na medida em que vamos conhecendo mais o Senhor e seguindo os seus passos, sentimos uma maior necessidade de purificar a alma. E o primeiro meio de que dispomos para consegui-lo é esmerar-nos em cada uma das nossas confissões, evitando a rotina, aprofundando no amor e na dor. Aprofundar como se cada Confissão, sempre única, fosse a última; fugindo da precipitação e da superficialidade.

Para isso, devemos ter em conta as cinco condições necessárias para uma boa Confissão, que é bom repassarmos de vez em quando para obtermos um fruto crescente desse instrumento da misericórdia divina: *exame de consciência,* humilde, feito na presença de Deus, descobrindo as causas e porventura os hábitos que motivaram as nossas faltas; a *dor dos pecados,* a contrição, com um sentido mais vivo da gravidade do pecado; o *propósito de emenda* concreto e firme, que muitas vezes é o melhor índice de uma boa Confissão; a *confissão dos pecados,* que consiste numa verdadeira acusação da falta cometida, com o desejo de receber o perdão, e não um relato mais ou menos geral da situação da alma ou das coisas que nos preocupam; e *cumprir a penitência,* pela qual nos associamos ao sacrifício infinito de expiação de Cristo: essa penitência que o sacerdote nos impõe — tão mitigada maternalmente pela Igreja — não é simplesmente uma obra de piedade, mas desagravo, reparação e satisfação pelas culpas contraídas, em união com os sofrimentos de Cristo no Calvário.

Quando Jesus instituiu o sacramento da Penitência, tinha os seus olhos cheios de bondade postos em cada um dos que haveríamos de vir depois, nos nossos erros, nas nossas fraquezas e nas ocasiões em que iríamos talvez mudar-nos para muito longe da Casa do Pai. E deixava-nos ao mesmo tempo o sacramento da paciência divina, o sacramento em que o nosso

Pai-Deus se coloca todos os dias às portas da eternidade para esperar ansiosamente o regresso dos filhos que partiram.

Peçamos a Nossa Senhora, *refúgio dos pecadores* — nosso refúgio —, que nos ajude a aproximar-nos do sacramento da Confissão cada vez mais bem preparados. E pensemos também na grande obra de misericórdia que levamos a cabo quando conseguimos que um amigo, um parente ou um conhecido recobre ou aumente, pela recepção deste sacramento, a Vida sobrenatural da sua alma.

(1) Cf. Lc 7, 11-17; (2) Mt 9, 36; (3) Mt 1, 41; (4) Mc 8, 2; (5) Mt 18, 27; (6) São Tomás de Aquino, *Suma teológica*, II-II, q. 30, a. 4; (7) João Paulo II, Enc. *Dives in misericordia,* 30.12.80, 11, 3; (8) Sl 102, 2-3; Liturgia das Horas, *Ofício das leituras*; (9) Santo Ambrósio, *Comentário ao Evangelho de São Lucas,* V, 92; (10) Santo Agostinho, *Sermão 98,* 2; (11) João Paulo II, Enc. *Dives in misericordia,* VII, 13; (12) *ibid.*; (13) Jo 6, 59; (14) São Josemaria Escrivá, *Caminho,* n. 534; (15) João Paulo II, Enc. *Dives in misericordia,* VII, 13.

210. PRATICAR O BEM COM A PALAVRA

— A palavra é um grande dom de Deus e não se deve empregá-la para o mal.
— Imitar Cristo na sua conversa amável com todos. A nossa palavra deve enriquecer, animar, consolar...
— Passar pela vida *fazendo o bem* com a nossa conversação. Não falar nunca mal de ninguém.

I. ALUDINDO a alguma canção popular ou a alguma brincadeira dos meninos hebreus da época, Jesus censura os que interpretam distorcidamente os seus ensinamentos, a falta de lógica das desculpas que apresentam. *São semelhantes a esses garotos que estão sentados na praça e que gritam uns para os outros dizendo: Tocamos flauta para vós e não dançastes, entoamos lamentações e não chorastes*. A seguir, o Senhor transmite-nos o que alguns comentavam de João Batista e dEle mesmo: *Porque veio João Batista, que não come pão nem bebe vinho, e dizeis: Está possuído pelo demônio. Veio o Filho do homem, que come e bebe, e dizeis: Eis um glutão e bebedor de vinho, amigo dos publicanos e dos pecadores*[1]. O jejum de João é interpretado como obra do demônio; e a Jesus, por sua vez, chamam-no glutão. São Lucas não tem reparo algum em mencionar as acusações levantadas contra o Mestre[2].

Logicamente, a Sabedoria divina manifesta-se de maneira diferente em João e em Jesus. João prepara o conhecimento do mistério divino mediante a penitência; Jesus, perfeito Deus e perfeito homem, é portador da salvação, da alegria e da paz. "Por um caminho ou por outro — comenta São João Crisóstomo — deveríeis ter vindo a parar no Reino dos Céus"[3]. O Senhor termina assim esta breve passagem do Evangelho que lemos na Missa de hoje: *Mas a sabedoria foi justificada por todos os seus filhos.*

No entanto, muitos fariseus e doutores da Lei não souberam descobrir essa sabedoria que lhes chegava. Ao invés de cantarem a glória de Deus que tinham diante dos olhos, serviram-se das suas palavras para se entregarem à maledicência, tergiversando o que viam e ouviam. Os seus olhos não viam as maravilhas que se realizavam diante deles, e os seus corações estavam fechados para o bem. Como eram diferentes aquelas outras pessoas a quem o Senhor tinha tantas vezes de impor silêncio porque ainda não chegara a hora da sua manifestação pública! E quando ela chega, estando já próxima a Paixão, *toda a multidão dos seus discípulos começou alegremente a louvar a Deus em altas vozes por todas as maravilhas que tinham visto, dizendo: Bendito o rei que vem em nome do Senhor, paz no céu e glória nas alturas*[4]. Alguns fariseus pediram a Jesus que os fizesse calar, mas Ele respondeu: *Digo-vos que, se eles se calarem, gritarão as pedras.*

A palavra é um grande dom de Deus, que nos deve servir para cantar os seus louvores e para fazer sempre o bem, nunca o mal. "Acostuma-te a falar cordialmente de tudo e de todos; em particular, de todos os que trabalham no serviço de Deus.

"E quando não for possível, cala-te! Também os comentários bruscos ou levianos podem beirar a murmuração ou a difamação"[5].

II. JESUS GOSTAVA de conversar com os seus discípulos. São João relata-nos no seu Evangelho as suas confidências na última Ceia. "Conversava enquanto se dirigia para outra cidade — aquelas longas caminhadas do Senhor! —, enquanto passeava debaixo dos pórticos do Templo. Conversava nas casas, com as pessoas que estavam ao seu redor, como Maria, sentada aos seus pés, ou como João, que reclinou a cabeça sobre o peito de Jesus"[6]. Nunca se recusou a falar com os que se aproximavam dEle, nas mais diversas circunstâncias de cultura do seu interlocutor ou de tempo...: Nicodemos, a mulher samaritana que fora buscar água ao poço da cidade, um ladrão que lhe fala quando a sua dor era mais forte... Comunicava-se com todos e todos saíam reconfortados das palavras que trocavam com Ele.

A palavra, dádiva de Deus ao homem, deve servir-nos para fazer o bem: para consolar os que sofrem; para ensinar os que não sabem; para corrigir amavelmente os que erram; para fortalecer os fracos, tendo em conta que — como diz a Sagrada Escritura — "a língua do sábio cura as feridas"[7]; para levantar amavelmente os que caíram, como Jesus faz constantemente.

Mostraremos o caminho a muitos que andam perdidos pela vida. "Recordo-me de que certa vez — relata um bom escritor — andávamos perdidos nos Pireneus, ao meio-dia, pelas altas solidões [...]. De repente, envolto no gritar do vento, ouvimos um som de guizos; e os nossos olhos alvoroçados, pouco acostumados àquelas grandezas, tardaram muito em descobrir uma manada de cavalos que pastava lá em baixo, num raro verdor. Para lá nos dirigimos esperançosos [...]. Pedimos orientação ao homem, que parecia de pedra; e ele, movendo os olhos no seu rosto estático, levantou lentamente o braço apontando vagamente para um atalho, e mexeu os lábios. No meio das atroadoras rajadas de vento que afogavam toda a voz, apenas sobrenadavam duas palavras que o pastor repetia obstinadamente: «Aquele canal...»; essas eram as suas palavras, e apontava vagamente naquela direção, para o alto. Como eram belas as duas palavras gravemente ditas contra o vento! [...] O canal era o caminho, o canal por onde desciam as águas das neves derretidas. E não era um qualquer, mas *aquele canal,* que o homem distinguia bem dentre todos pela fisionomia especial e própria que tinha para ele; era *aquele canal.* Vedes? Para mim, isto é falar"[8]: enriquecer, orientar, animar, alegrar, consolar, tornar amável o caminho... "Descubro também que a minha pessoa se enriquece através da conversação. Porque possuir sólidas convicções é belo; mas mais belo ainda é poder comunicá-las e vê-las compartilhadas e apreciadas por outros"[9].

Muitas das pessoas que nos rodeiam andam perdidas no seu pessimismo, na ignorância, na falta de sentido daquilo que fazem. As nossas palavras, sempre animadoras, hão de indicar a muitos os caminhos que levam à alegria, à paz, ao descobrimento da própria vocação... Por "aquele canal", por aquele caminho encontra-se a Deus. E muitos encontrarão Cristo nessas confidências normais, cheias de sentido positivo, que teremos oportunidade de manter no meio da vida corrente de todos os dias.

III. A PALAVRA "é um dos dons mais preciosos que o homem recebeu de Deus, dádiva belíssima para manifestar altos pensamentos de amor e de amizade ao Senhor e às suas criaturas"[10]. Não podemos utilizá-la de modo frívolo, vazio ou inconsiderado — como acontece quando nos deixamos levar pela loquacidade —, e menos ainda para com ela faltar à verdade ou à caridade, pois a língua — como afirma o apóstolo Tiago — pode converter-se *num mundo de iniquidade*[11], causando muito mal ao nosso redor: discussões estéreis, ironias, zombarias, maledicência, calúnias... Quanto amor desfeito, quanta amizade perdida, porque não se soube calar a tempo!

Como Jesus tinha em alta estima a palavra e a conversação!: *Eu vos digo que, de qualquer palavra ociosa que disserem os homens, prestarão contas dela no dia do juízo*[12]. Palavra ociosa é aquela que não aproveita nem ao que a pronuncia nem ao que a escuta, e que provém de um interior vazio e empobrecido. Essa maneira descontrolada de falar, esses modos de expandir-se dificilmente compatíveis com uma pessoa que procura agir sempre na presença de Deus, costumam ser sintoma de tibieza, de falta de conteúdo interior. *O homem bom tira coisas boas do bom tesouro do seu coração; e o homem mau tira coisas más do seu mau tesouro*[13].

Dessas conversas, nas quais se podia ter feito o bem e não se fez, o Senhor pedirá contas. "Depois de ver em que se empregam, por completo!, muitas vidas (língua, língua, língua, com todas as suas consequências), parece-me mais necessário e mais amável o silêncio. — E compreendo muito bem que peças contas, Senhor, da palavra ociosa"[14]. Da conversa vã e superficial à murmuração, ao mexerico, à intriga, à insídia ou à calúnia costuma haver um caminho muito curto. É difícil controlar a língua se não há um esforço por estar na presença de Deus.

De um cristão que quer seguir Cristo, deveria poder-se dizer que em nenhuma circunstância o ouviram falar mal de ninguém. Pelo contrário, deveria poder-se dizer que passou pela vida, como Cristo, *fazendo o bem*[15], igualmente com a palavra, com a conversa amável e cheia de interesse pelos outros. Uma simples saudação a um conhecido por quem passamos deveria levar-lhe o bem, deixá-lo mais bem disposto, mais risonho.

Recorramos ao nosso Anjo da Guarda antes de começarmos a conversar com alguém. Ele saberá ajudar-nos a não dizer nenhuma palavra ociosa: "Se tivesses presente o teu Anjo da Guarda e os do teu próximo, evitarias muitas tolices que deslizam na tua conversa"[16]. E então as nossas conversas, por mais intranscendentes que sejam, serão instrumento para uma sementeira de alegria e de paz.

(1) Lc 7, 31-35; (2) cf. Sagrada Bíblia, *Santos Evangelhos,* nota a Mt 11, 16-19; (3) São João Crisóstomo, *Homilias sobre São Mateus,* 37, 4; (4) Lc 19, 37-38; (5) São Josemaria Escrivá, *Sulco*, Quadrante, São Paulo, 1987, n. 902; (6) Albino Luciani, *Ilustríssimos senhores;* (7) cf. Pr 12, 18; (8) J. Maragail, *Elogio de la palabra,* Salvat, Madri, 1970, p. 24; (9) Albino Luciani, *Ilustríssimos senhores*; (10) São Josemaria Escrivá, *Amigos de Deus,* n. 298; (11) Tg 3, 6; (12) Mt 12, 36; (13) Mt 12, 35; (14) São Josemaria Escrivá, *Caminho,* n. 447; (15) At 10, 38; (16) São Josemaria Escrivá, *Caminho,* n. 564.

211. RECEBER BEM A JESUS

— Um fariseu convidou Jesus para almoçar.
— O Senhor vem à nossa alma.
— Preparação da Comunhão.

I. O EVANGELHO DA MISSA relata-nos que certa vez Jesus foi convidado para almoçar por um rico fariseu chamado Simão[1]. Quando a refeição já tinha começado, e de modo inesperado para todos, entrou na sala *uma mulher pecadora que havia na cidade.*

Foi mais uma ocasião para que Jesus demonstrasse a grandeza do seu Coração e da sua misericórdia; apesar da sua má vida, essa mulher sentiu-se desde o primeiro momento compreendida, acolhida e perdoada. Talvez já tivesse escutado Jesus em outras ocasiões, e os propósitos de mudança que brotaram então chegavam agora ao auge. O amor por Cristo deu-lhe a audácia necessária para se apresentar no meio daquela sala, coisa deveras impressionante se se têm em conta os costumes judeus da época. Os comensais devem ter ficado confusos e admirados. A pecadora pública tornava-se o centro dos olhares e pensamentos de todos. Talvez tenha sido por isso que ninguém reparou no descumprimento das normas tradicionais de hospitalidade por parte do anfitrião.

Mas Jesus, sim, foi consciente desses esquecimentos. As palavras do Senhor deixam entrever que os notou, como notara a falta de agradecimento daqueles leprosos que tinham sido curados por Ele. A descortesia de Simão ressalta ainda mais pelo contraste com as provas de amor da pecadora, que *levou um vaso de alabastro cheio de bálsamo e, colocando-se a seus pés por detrás dele, começou a banhar-lhe os pés com lágrimas, e os enxugava com os cabelos da sua cabeça, e os ungia com o bálsamo.* A delicadeza dessa mulher para com o Senhor foi como um espelho em que se refletiu mais claramente a falta dos pormenores de hospitalidade e de atenção que Simão deveria ter tido com Ele, como hóspede de honra que era.

Perante os juízos negativos e mesquinhos dos comensais para com a mulher, Jesus não teve nenhum reparo em mostrar-lhes a verdadeira realidade, a realidade diante de Deus, que é a que conta. *Voltando-se para a mulher, disse a Simão: Vês esta mulher? Entrei em tua casa e não me deste água para os pés; e esta, com as suas lágrimas, banhou os meus pés e enxugou-os com os seus cabelos. Não me deste o ósculo da paz; e esta, desde que entrou, não cessou de beijar os meus pés. Não ungiste a minha cabeça com óleo; e esta ungiu os meus pés com perfume.* E, a seguir, a maior recompensa que uma alma pode receber: *Pelo que te digo: são-lhe perdoados os seus muitos pecados, porque muito amou.* Depois, umas palavras imensamente consoladoras para os pecadores de todos os tempos, para nós: ... *Aquele a quem menos se perdoa, menos ama.* As fraquezas diárias — as próprias quedas, se o Senhor as permite — devem levar-nos a amar mais, a unir-nos mais a Cristo mediante a contrição e o arrependimento.

Então Jesus disse à mulher: *São-te perdoados os teus pecados.* E a mulher retirou-se com uma grande alegria, com a alma limpa e uma vida nova por estrear.

II. NAS PALAVRAS DE JESUS a Simão nota-se — como no caso dos leprosos curados[2] — um certo tom de tristeza: *Entrei em tua casa e não me deste água para os pés.* O Senhor, que não põe limites aos seus sofrimentos quando se trata de padecer pela salvação das almas, sente agora a falta dessas manifestações de carinho, dessa cortesia no trato. Não terá hoje alguma coisa a censurar-nos pelo modo como o recebemos?

O exemplo simples de um catequista a uns meninos que se preparavam para receber o Senhor pela primeira vez pode ajudar-nos hoje a refletir. Dizia-lhes que, na casa onde morou um personagem ilustre, para que não se apague a memória do acontecimento, costuma-se colocar uma placa com uma inscrição: "Aqui morou Cervantes"; "Nesta casa hospedou-se o Papa N."; "Neste hotel hospedou-se o Imperador X"... Sobre o peito do cristão que recebeu a Sagrada Comunhão poderia escrever-se: "Aqui hospedou-se Jesus Cristo"[3].

Se o quisermos, o Senhor pode vir diariamente à nossa casa, à nossa alma: *Adoro-Vos com devoção, Deus escondido*[4], dir-lhe-emos na intimidade do nosso coração. E procuraremos recebê-lo melhor do que a qualquer pessoa importante da terra, de tal maneira que nunca tenha que dizer-nos: *Entrei em tua casa e não me deste água para os pés...*, não tiveste muitas atenções comigo, estiveste com a mente posta em outras coisas, não me atendeste...

"Temos de receber o Senhor, na Eucaristia, como aos grandes da terra, e melhor! Com adornos, luzes, roupa nova...

"— E se me perguntas que limpeza, que adornos e que luzes hás de ter, responder-te-ei: limpeza nos teus sentidos, um por um; adorno nas tuas potências, uma por uma; luz em toda a tua alma"[5].

"Já nos ocorreu pensar como nos comportaríamos, se só pudéssemos comungar uma vez na vida?

"Quando eu era criança — recordava São Josemaria Escrivá —, ainda não estava estendida a prática da Comunhão frequente. Lembro-me do modo como as pessoas se preparavam para comungar: havia esmero em preparar bem a alma e o corpo. As melhores roupas, o cabelo bem penteado, o corpo fisicamente limpo, talvez até com um pouco de perfume... Eram delicadezas próprias de gente enamorada, de almas finas e enérgicas, que sabiam pagar com amor o Amor". E em seguida recomendava vivamente: "Comunguemos com fome, mesmo que nos sintamos gelados, mesmo que a emotividade não nos acompanhe: comunguemos com fé, com esperança, com inflamada caridade"[6].

É o que procuraremos fazer, alegrando-nos em extremo porque o Senhor nos visita e se coloca à nossa disposição.

III. NUM SERMÃO sobre a preparação para receber o Senhor, São João de Ávila exclamava: "Que alegre partiria um homem deste sermão se lhe dissessem: «O rei irá a tua casa amanhã e te fará grandes mercês!» Acredito que não comeria de tanto gozo e cuidado, nem dormiria em toda a noite, pensando: «O rei vem a minha casa, como poderei recebê-lo bem?» Irmãos, eu vos digo da parte do Senhor que Deus quer vir até vós e que traz um reino de paz"[7]. É uma realidade imensa! É uma notícia para nos cumular de alegria!

O próprio Cristo, que está glorioso no Céu, vem sacramentalmente à nossa alma. Ele deseja estar conosco, e repete-nos a cada um aquelas memoráveis palavras da última Ceia: *Desejei ardentemente comer convosco esta Páscoa...*[8] "Vem com amor; recebe-o com amor"[9]. O amor implica a aspiração ardente de ter o Senhor conosco do melhor modo possível.

"A morada que Ele deseja é a alma de cada um; aí quer Ele descansar, e que a pousada esteja bem arrumada, muito limpa, expurgada de tudo o que é terreno. Não há relicário, não há ostensório, por mais rico que seja, por mais pedras preciosas que contenha, que se iguale a esta pousada para Jesus Cristo. Com amor vem hospedar-se na tua alma; com amor quer ser recebido"[10], não com tibieza ou de espírito distraído. É o maior acontecimento do dia e da própria vida! Os anjos enchem-se de admiração quando vamos comungar, Quanto mais próximo estiver esse momento, mais vivo deve ser o nosso desejo de receber o Senhor.

E com o desejo de recebê-lo, deve crescer em nós a vontade de purificar-nos, de chorar as nossas faltas, como a pecadora do Evangelho. "O maior louco que já houve e haverá é Ele. É possível maior loucura do que entregar-se como Ele se entrega, e àqueles a quem se entrega?

"Porque, na verdade, já teria sido loucura ficar como um Menino indefeso; mas, nesse caso, até mesmo muitos malvados se enterneceriam, sem atrever-se a maltratá-Lo. Achou que era pouco: quis aniquilar-se mais e dar-se mais. E fez-se comida, fez-se Pão.

"Divino Louco! Como é que te tratam os homens?... E eu mesmo?"[11]

Quanto mais amiúde comungamos, porventura não sentimos mais a nossa indignidade, a carência de um amor que é sempre pequeno para o Amor divino? Ou será que nos habituamos e tornamos compatíveis as nossas comunhões com uma vida cheia de imperfeições, de desleixos consentidos?

A Virgem Nossa Senhora há de ensinar-nos a receber e a ter conosco o seu Filho com a pureza e a devoção com que Ela o recebeu. Nenhuma criatura soube tratá-lo melhor do que Ela.

(1) Lc 7, 36-50; (2) cf. Lc 17, 17-18; (3) cf. C. Orffizar, *El catecismo explicado con ejemplos*; (4) Hino *Adoro te devote*; (5) São Josemaria Escrivá, *Forja,* n. 834; (6) São Josemaria Escrivá, *É Cristo que passa,* n. 91; (7) São João de Ávila, *Sermão 2 para o III Domingo do Advento*; (8) Lc 22, 15; (9) São João de Ávila, *Sermão 41, na Infraoitava do Corpus*; (10) *ibid.*; (11) São Josemaria Escrivá, *Forja*, n. 824.

TEMPO COMUM. VIGÉSIMA QUARTA SEMANA. SEXTA-FEIRA

212. SERVIR O SENHOR

— As santas mulheres que aparecem no Evangelho.
— Servir o Senhor com as nossas qualidades. A contribuição da mulher para a vida da Igreja e da sociedade.
— A entrega ao serviço dos outros.

I. *E ACONTECEU DEPOIS* — narra São Lucas no Evangelho da Missa[1] — *que Jesus caminhava pelas cidades e aldeias pregando e anunciando o reino de Deus. Acompanhavam-no os doze e algumas mulheres que tinham sido livradas de espíritos malignos e de enfermidades: Maria, chamada Madalena, da qual tinham saído sete demônios, e Joana, mulher de Cusa, procurador de Herodes; e Susana, e outras muitas que o assistiam com as suas posses.*

Na vida pública de Jesus, vemos este grupo de mulheres desempenhar um papel comovedor pela sua ternura e adesão ao Mestre. É bonito considerar como o Senhor quis apoiar-se na generosidade e no desprendimento dessas mulheres. Ele, que nunca deixou de agradecer qualquer favor, como não lhes retribuiria tanto desvelo e delicadeza em atender às suas necessidades domésticas e às dos seus discípulos! E nas horas da Paixão, essas mulheres parecem exceder-se e superam os discípulos em constância e valor; à exceção de João, foram as únicas que tiveram a coragem de permanecer ao pé da Cruz, de contemplar de perto os derradeiros instantes de Jesus e de ouvir as suas últimas palavras. E quando, já morto, o Senhor é retirado do patíbulo, estão presentes no embalsamamento e dispõem-se a completá-lo no primeiro dia da semana, depois do repouso obrigatório do sábado.

O Senhor quis apressar-se a recompensar essa decidida fidelidade, e, na aurora da Ressurreição, não foi aos discípulos, mas às mulheres, que apareceu em primeiro lugar. Os anjos também foram vistos unicamente por elas; João e Pedro verificaram que o sepulcro estava vazio, mas não viram os anjos. As mulheres foram favorecidas com essa visão talvez por estarem mais bem preparadas que os homens e, sobretudo, porque lhes coube a missão de continuar o papel dos anjos e de preparar a fé nascente da Igreja. Têm um espírito aberto e um zelo inteligente. "Desde o início da missão de Cristo, a mulher demonstra para com Ele e para com o seu mistério uma sensibilidade especial, que corresponde a uma característica da sua feminilidade. É preciso dizer também que uma confirmação particular disso se verifica em relação ao mistério pascal, não só no momento da Cruz, mas também na manhã da Ressurreição"[2]. Elas apressam-se a cumprir a indicação de avisar os discípulos e de lhes recordar o que Jesus tinha anunciado antes da Paixão. Também estão presentes nas últimas manifestações de Jesus ressuscitado. E são, sem dúvida, as mesmas que voltaram da Galileia após a Ascensão, com os discípulos e com as outras mulheres de Jerusalém e arredores, como as irmãs de Lázaro de Betânia. Com elas estava Maria, a Mãe de Jesus[3].

O exemplo destas mulheres fiéis, que servem o Senhor com os seus bens e não o desamparam nos piores momentos, é um apelo à nossa fidelidade e a um serviço incondicional a Deus. Deve ser um serviço feito exclusivamente por amor, sem esperar retribuição alguma, como não a esperavam as santas mulheres de Cristo morto e sepultado. *Serviam!* Eu te servirei, Senhor, todos os dias da minha vida.

II. *SE ALGUÉM ME SERVE, siga-me; e onde eu estou, estará também ali o que me serve. Se alguém me serve, meu Pai o honrará*[4].

Desde os primeiros momentos da Igreja, a mulher prestou uma colaboração de valor inestimável na tarefa de expandir o Reino de Deus. "Vemos em lugar de destaque aquelas mulheres que se tinham encontrado pessoalmente com Cristo, que o tinham seguido e, depois da sua partida, *eram assíduas na oração* no Cenáculo de Jerusalém, até o dia de Pentecostes, juntamente com os apóstolos. Naquele dia, o Espírito Santo falou por meio de *filhos e filhas* do povo de Deus, cumprindo o anúncio do profeta Joel (cf. At 2, 17). Aquelas mulheres, e depois outras mais, tiveram parte ativa e importante na vida da Igreja primitiva, na edificação da primeira comunidade cristã desde os começos — e das comunidades que se seguiram — mediante os seus carismas e com o seu serviço multiforme"[5].

Pode-se afirmar que o cristianismo começou na Europa com uma mulher, Lídia, que empreendeu imediatamente a sua missão de converter o novo continente começando pelo seu lar[6]. Algo de semelhante aconteceu entre os samaritanos, que ouviram falar pela primeira vez do Redentor por intermédio de uma mulher[7]; os apóstolos, que tinham ido à aldeia em busca de alimento, possivelmente não se atreveram a anunciar aos habitantes do lugar — como o faria mais tarde a mulher — que o Messias estava ali mesmo, nos arredores da cidade. A Igreja sempre teve uma profunda compreensão do papel que a mulher cristã, como mãe, esposa e irmã, devia desempenhar na propagação do cristianismo. Os escritos apostólicos mencionam muitas dessas mulheres: Lídia em Filipos, Priscila e Cloé em Corinto, Febe em Cêncris, a mãe de Rufo — que também foi como uma mãe para Paulo —, as filhas de Filipe de Cesareia etc.

Todos temos de pôr ao serviço do Senhor e dos outros aquilo que recebemos. "A mulher está destinada a levar à família, à sociedade civil, à Igreja, algo de característico, que lhe é próprio e que só ela pode dar: a sua delicada ternura, a sua generosidade incansável, o seu amor pelo concreto, a sua agudeza de engenho, a sua capacidade de intuição, a sua piedade profunda e simples, a sua tenacidade..."[8] A Igreja espera da mulher um compromisso em favor do que constitui a verdadeira dignidade da pessoa humana. O Corpo Místico de Cristo "não cessa de enriquecer-se com o testemunho das numerosas mulheres que realizam a sua vocação para a santidade. As mulheres santas são uma personificação do ideal feminino, mas são também um modelo para todos os cristãos, um modelo de *sequela Christi* — de seguimento de Cristo —, um exemplo de como a Esposa deve corresponder com amor ao amor do Esposo"[9].

O Senhor pede a todos que o sirvamos a Ele, à Igreja santa, à sociedade e aos nossos irmãos os homens, com os nossos bens, com a nossa inteligência, com todos os talentos que nos deu. Então entenderemos a profundidade desta verdade: *Servir é reinar*[10].

III. "O HOMEM, a única criatura na terra que Deus quis por si mesma, não pode encontrar-se plenamente senão por um dom sincero de si mesmo"[11]. O Papa João Paulo II aplica estas palavras do Concílio Vaticano II especialmente à mulher, que "não pode encontrar-se a si mesma senão dando amor aos outros"[12].

É no amor, na entrega, no serviço aos outros que a pessoa humana, e talvez de um modo especial a mulher, realiza a vocação recebida de Deus. Quando a mulher coloca ao serviço dos outros as qualidades recebidas do Senhor, então "a sua vida e trabalho serão realmente construtivos e fecundos, cheios de sentido, quer passe o dia dedicada ao marido e aos filhos, quer se entregue plenamente a outras tarefas, se renunciou ao casamento por alguma razão nobre. Cada uma no seu próprio caminho, sendo fiel à vocação humana e divina, pode realizar e realiza efetivamente a plenitude da personalidade feminina. Não esqueçamos que Santa Maria, Mãe de Deus e Mãe dos homens, é não apenas modelo, mas também prova do valor transcendente que pode alcançar uma vida aparentemente sem relevo"[13].

Hoje, ao considerarmos a generosidade dessas mulheres que seguiram o Senhor, pensemos como é a nossa. Vejamos se contribuímos, também materialmente — com meios econômicos — para a expansão do Reino de Cristo, se somos magnânimos com o nosso tempo no serviço aos outros... E se, ao levarmos a cabo todas as nossas tarefas, as impregnamos de uma profunda alegria, da particular felicidade que essa generosidade produz.

Não esqueçamos, ao terminarmos a nossa oração, que, tanto na vida pública como nas horas da Paixão, e muito provavelmente nos dias que se seguiram à Ressurreição, essas mulheres mencionadas por São Lucas gozaram de um especial privilégio: permaneceram num trato com Maria mais assíduo e mais íntimo do que os próprios discípulos. Aqui encontraram o segredo da generosidade e da constância com que seguiram o Mestre. Recorremos à Virgem para que nos ajude a ser fiéis e desprendidos. Junto dEla, só encontraremos ocasiões de servir, e assim conseguiremos esquecer-nos de nós mesmos.

(1) Lc 8, 1-3; (2) João Paulo II, Carta apost. *Mulieris dignitatem*, 15.08.88, 16; (3) cf. P. Indart, *Jesús en su mundo*, Herder, Barcelona, 1963, p. 81 e segs.; (4) Jo 12, 26; (5) João Paulo II, Carta apost. *Mulieris dignitatem*, 27; (6) cf. At 16, 14-15; (7) cf. Jo 4, 39; (8) São Josemaria Escrivá, *Entrevistas com Mons. Escrivá*, Quadrante, São Paulo, 2016, n. 87; (9) João Paulo II, Carta apost. *Mulieris dignitatem*, 27; (10) cf. Conc. Vat. II, Const. *Lumen gentium*, 36; (11) Conc. Vat. II, Const. *Gaudium et spes*, 24; (12) João Paulo II, Carta apost. *Mulieris dignitatem*, 30; (13) São Josemaria Escrivá, *Entrevistas com Mons. Escrivá*, n. 87.

Tempo Comum. Vigésima Quarta Semana. Sábado

213. A TERRA BOA

— Os corações endurecidos pela falta de contrição tornam-se incapazes de acolher a palavra divina.
— Necessidade da oração e do sacrifício para que a graça dê fruto na alma.
— Paciência e constância: recomeçar com humildade.

I. REUNIU-SE em torno do Senhor *uma grande multidão, que foi ter com Ele de diversas cidades*[1]. E Jesus aproveitou a ocasião para doutriná-los mediante a parábola do semeador sobre o mistério da ação da graça nas almas.

Saiu o semeador a semear a sua semente... É o próprio Cristo quem estende continuamente o seu reinado de paz e de amor entre os homens, contando com a liberdade e a correspondência pessoal de cada um. E encontra nas almas situações tão diferentes como diferentes são os terrenos que recebem a mesma semente.

Uma parte da semente *caiu ao longo do caminho, e foi calcada e comida pelas aves do céu:* perdeu-se completamente, sem dar fruto. Mais tarde, quando explicar aos discípulos a parábola, Jesus dirá que se trata daqueles a quem o *demônio tira a palavra do coração.* São almas endurecidas pela falta de arrependimento dos seus pecados, que assim se tornam incapazes de receber Deus que as visita. A este mau terreno assemelha-se o coração "que foi calcado pela frequente passagem dos maus pensamentos e está tão seco que não pode receber a semente nem esta germinar"[2]. O demônio encontra nessas almas o terreno apropriado para conseguir que a semente de Deus fique infecunda.

Pelo contrário, a alma que, apesar das suas fraquezas, se arrepende uma vez e outra, que procura evitar as ocasiões de pecado e recomeça sempre que seja necessário, atrairá a misericórdia divina. A humildade de quem reconhece os seus pecados e defeitos pessoais prepara a alma para que Deus semeie nela e a faça dar fruto.

Por isso, hoje, ao meditarmos nesta parábola de Jesus, é um bom momento para nos perguntarmos se sabemos reconhecer prontamente as nossas faltas, se lutamos por não nos acostumarmos a elas, por mais leves que sejam, se sabemos reagir de cada vez com um ato de contrição humilde e confiante.

É um bom momento ainda para pedirmos a Jesus que nos ajude a lançar para longe de nós tudo aquilo que nos separe dEle, e que nos faça detestar sinceramente aqueles aspectos da nossa maneira de ser que possam dificultar a amizade que Ele nos oferece diariamente. "Chegaste a uma grande intimidade com este nosso Deus, que está tão perto de ti, tão dentro da tua alma... Mas procuras que aumente, que se torne mais profunda? Evitas que se intrometam mesquinhezes que possam turvar essa amizade?

"Sê corajoso! Não te recuses a cortar tudo o que, mesmo levemente, cause dor a Quem tanto te ama"[3].

II. OUTRA PARTE DA SEMENTE *caiu sobre terreno pedregoso e, quando nasceu, secou por falta de umidade.* São os *que recebem com gosto a palavra, mas não têm raízes; creem durante um certo tempo, mas, à hora da tentação, voltam para trás.*

No momento da prova sucumbem, porque basearam a sua relação com Cristo no sentimento e não numa vida de oração, capaz de perseverar nos momentos difíceis, nas provas da vida e nas épocas de aridez. "Muitos alegram-se com o que escutam e propõem-se agir bem; mas, quando começam a ser incomodados pelas adversidades, abandonam as boas obras que tinham começado"[4]. Quantos bons propósitos não soçobram quando o caminho da vida interior deixa de ser plano e aprazível! Essas almas procuram mais o seu contentamento e satisfação do que o próprio Deus. "Uns por umas razões, outros por outras — queixava-se Santo Agostinho a verdade é que quase não se procura Jesus por Jesus"[5].

Devemos procurar Jesus por Ele mesmo, no meio da aridez, se chega a aridez; devemos querer escalar o cume não só quando o caminho que leva até ele é plano e sombreado, mas quando se converte num atalho pouco visível no meio das rochas, sem outro amparo que o desejo firme de subir até onde Cristo nos espera: procurar "Jesus por Jesus". E só o conseguiremos com a fidelidade à oração diária, mesmo nos dias em que não nos apetece.

Outra parte da semente *caiu entre os espinhos, e, tendo os espinhos crescido com ela, sufocaram-na.* São os que, tendo ouvido a palavra de Deus e deixado que neles arraigasse, não chegam a dar fruto *pelos cuidados e pelas riquezas e deleites desta vida.* É impossível caminhar em seguimento de Cristo sem uma vida mortificada, pois nesse caso vai-se perdendo pouco a pouco o atrativo pelas coisas de Deus e, paralelamente, inicia-se facilmente o caminho das compensações... e termina-se deslumbrado pelo aparente valor das coisas terrenas. "Não te espantes de que aos prazeres chame espinhos [...] — comenta São Basílio —. Assim como os espinhos, por onde quer que os apanhemos, fazem sangrar as mãos, assim também os prazeres ferem os pés, as mãos, a cabeça, os olhos... Quando se põe o coração nas coisas temporais, sobrevém a velhice prematura, embotam-se os sentidos, a razão afunda-se nas trevas..."[6]

A oração e a mortificação preparam a alma para receber a boa semente e dar fruto. Sem ela, a vida torna-se estéril. "O sistema, o método, o procedimento, a única maneira de termos vida — abundante e fecunda em frutos sobrenaturais — é seguir o conselho do Espírito Santo, que nos chega através dos Atos dos Apóstolos: «*Omnes erant perseverantes unanimiter in oratione*» — todos perseveravam unanimemente na oração. — Sem oração, nada!"[7]

Não existe um caminho para Deus que não passe pela oração e pelo sacrifício.

III. "DEPOIS DE REFERIR-SE às circunstâncias que tornam a semente ineficaz, a parábola fala finalmente da terra boa. Não dá assim lugar ao desalento, antes abre caminho à esperança e mostra que todos podem converter-se em terra boa"[8]. A semente que *caiu em terra boa são aqueles que, ouvindo a palavra com um coração bom e generoso, a retêm e dão fruto pela paciência.*

Todos, independentemente da nossa situação anterior, podemos dar bons frutos para Deus, pois Ele semeia constantemente a boa semente da sua graça. A eficácia depende sobretudo das nossas disposições. "A única coisa que importa é não sermos caminho, nem pedregal, nem cardos, mas terra boa [...]. Que o coração não seja caminho do qual o inimigo leve, como os pássaros, a semente pisada pelos transeuntes; nem pedregal onde a pouca terra faça germinar rapidamente o que o sol irá crestar; nem campo de espinhos das paixões humanas e dos cuidados da vida dissoluta"[9].

O Senhor aponta três características da terra boa: ouvir com um coração contrito e humilde as chamadas divinas; esforçar-se para que — mediante a oração e a mortificação — essas exigências penetrem na alma e não se atenuem com o decorrer do tempo; e, por último, começar e recomeçar, sem desanimar se os frutos demoram a chegar, se percebemos que os defeitos não acabam de desaparecer, apesar dos anos e do empenho na luta por desarraigá-los.

"Os cristãos não nascem; fazem-se", diz um autor dos primeiros tempos da Igreja[10]. Ninguém nasce santo, ninguém é por natureza terra boa cem por cento. Deus, que nunca nos nega a sua graça, quer que trabalhemos o campo da nossa alma, que nos abramos generosamente à sua ação e saibamos, *pela paciência,* pela constância, colaborar com ela. "Alguns comportam-se, ao longo da vida, como se o Senhor tivesse falado de entrega e de conduta reta somente àqueles a quem não custasse — não existem! — ou aos que não precisassem lutar.

"Esquecem que, para todos, Jesus disse: o Reino dos Céus arrebata-se com violência, com a luta santa de cada instante"[11].

Dar-vos-ei um coração novo e porei um novo espírito no meio de vós — lê-se hoje na Liturgia das Horas —; *e tirarei da vossa carne o coração de pedra, e dar-vos-ei um coração de carne*[12]. Se o quisermos e formos dóceis, o Senhor mudará em nós tudo o que for necessário para nos transformar em terra boa e fértil. Até o mais profundo do nosso ser, o coração, poderá ver-se renovado se nos deixarmos arrastar pela graça de Deus, que é sempre tão abundante.

O importante é irmos uma vez e outra até o Senhor, com a humildade de quem precisa de ajuda, com a vontade firme de nunca nos separarmos dEle, ainda que pareça que não avançamos, que o tempo passa e não colhemos os frutos desejados. "Deus é o agricultor — ensina Santo Agostinho —, e, se se afasta do homem, este converte-se num deserto. O homem é também agricultor, e, se se afasta de Deus, converte-se igualmente num deserto"[13]. Não nos separemos dEle; recorramos ao seu Coração misericordioso muitas vezes ao longo do dia.

(1) Lc 8, 4-15; (2) São Gregório Magno, *Homilias sobre os Evangelhos*, 15, 2; (3) São Josemaria Escrivá, *Forja,* n. 417; (4) São Gregório Magno, *Homilias sobre os Evangelhos*, 15, 2; (5) Santo Agostinho, *Comentários sobre o Evangelho de São João*, 25, 10; (6) São Basílio, *Homilias sobre São Lucas,* 3, 12; (7) São Josemaria Escrivá, *Forja*, n. 297; (8) São João Crisóstomo, *Homilias sobre o Evangelho de São Mateus,* 44; (9) Santo Agostinho, *Sermão 101*, 3; (10) Tertuliano, *Apologélica,* 18, 4; (11) São Josemaria Escrivá, *Sulco*, n. 130; (12) Liturgia das Horas, *Laudes,* Ez 36, 26; (13) Santo Agostinho, *Comentário aos Salmos,* 145, 11.

TEMPO COMUM. VIGÉSIMO QUINTO DOMINGO. CICLO A

214. A VINHA DO SENHOR

— Os planos de Deus. A honra de trabalhar na sua vinha.
— Na vinha do Senhor, há lugar e trabalho para todos.
— Sentido positivo das circunstâncias que rodeiam a nossa vida. Aí, e não em outro lugar, o Senhor quer que nos santifiquemos e que realizemos um apostolado fecundo.

I. NA VIDA DAS PESSOAS, dão-se momentos particulares em que Deus concede graças especiais para encontrá-lo. A iminência do retorno do povo eleito à terra de Israel foi um desses momentos privilegiados.

Muitos hebreus contentavam-se com a possibilidade de voltar a ver a cidade santa, Jerusalém; essa era toda a sua esperança e alegria. Mas Deus queria mais, pedia o abandono do pecado, a conversão do coração. Por isso apregoa por boca do profeta Isaías, conforme lemos na primeira Leitura da Missa[1]: *Os meus pensamentos não são os vossos pensamentos; nem os vossos caminhos são os meus caminhos... Porque, assim como os céus estão mais alto do que a terra, assim os meus caminhos se elevam acima dos vossos caminhos, e os meus pensamentos acima dos vossos pensamentos.* Quantas vezes ficamos aquém das maravilhas que Deus nos preparou! Quantas vezes os nossos planos se revelam tão estreitos!

Nos textos da Liturgia da Missa deste domingo, a Igreja recorda-nos o mistério da sabedoria de Deus, sempre unida a anseios redentores: *Eu sou a salvação do povo, diz o Senhor: se me invocarem na tribulação, eu os ouvirei e serei sempre o seu*

Senhor[2]. E, no Evangelho[3], Deus quer que consideremos como esses planos redentores estão intimamente relacionados com o trabalho na sua vinha, sejam quais forem as circunstâncias e a idade em que Deus se tenha aproximado de nós e nos tenha chamado. *O reino dos céus é semelhante a um pai de família que, ao romper da manhã, saiu a contratar operários para a sua vinha.* Como eram necessários mais braços, tornou a sair em outras ocasiões, desde as primeiras horas da manhã até o entardecer, em busca de mais operários. No fim do dia, todos receberam o mesmo pagamento: um denário. Então, os que tinham trabalhado desde o começo do dia protestaram ao verem que os últimos recebiam o mesmo salário que eles. Mas o dono da vinha respondeu-lhes: *Amigo, eu não te faço nenhuma injustiça; não ajustaste tu comigo um denário? Quero dar a este último tanto como a ti. Ou não me é lícito fazer dos meus bens o que quero?*

O Senhor não deseja dar-nos aqui uma lição de moral salarial ou profissional, mas sublinhar que, no mundo da graça, tudo é um puro dom, mesmo o que parece ser um direito que nos assiste pelas nossas boas obras. Aquele que foi chamado ao amanhecer, nos começos da sua vida, não pode arrogar-se maiores direitos do que aquele que o foi na maturidade ou talvez na última quadra da sua vida, no crepúsculo. E estes últimos não devem desanimar pensando que talvez já seja demasiado tarde. Para todos o pagamento deve-se à misericórdia divina, e é sempre imenso e sem proporção com o que se tenha trabalhado na terra a serviço do Senhor. A grandeza dos planos divinos está sempre acima dos nossos juízos humanos, que são de um alcance muito estreito.

Os que fomos chamados a diferentes horas para trabalhar na vinha do Senhor, só temos motivos de agradecimento. A chamada, em si mesma, já é uma honra. "Não há ninguém — afirma São Bernardo — que, por pouco que reflita, não encontre em si mesmo poderosos motivos que o obriguem a mostrar-se agradecido a Deus. E especialmente nós, porque o Senhor nos escolheu para si e nos guardou para o servirmos somente a Ele"[4].

II. *IDE VÓS TAMBÉM para a minha vinha.*

Entre os males que afligem a humanidade, há um que se destaca particularmente: o número terrivelmente pequeno de pessoas que conhecem de verdade a pessoa de Cristo e mantêm com Ele um trato de autêntica intimidade; muitos talvez morram sem saber que Cristo vive e que traz a salvação a todos. De que haja em nós um empenho sério, dependerá em boa parte que muitos o procurem e encontrem: "O trabalho que nos espera na vinha do Senhor é tanto! O «dono da casa» insiste com mais energia no seu convite: *Ide vós também para a minha vinha*"[5].

Podemos permanecer indiferentes diante de tantos que não conhecem a figura de Cristo? "Que cada um examine o que faz — exorta São Gregório Magno — e veja se já trabalha na vinha do Senhor. Porque aquele que nesta vida só procura o seu próprio interesse ainda não entrou na vinha do Senhor. Pois para Ele trabalham [...] os que se desvelam em ganhar almas e se apressam a levar outros à vinha"[6].

No campo do Senhor, há trabalho para todos: sejam jovens ou velhos, ricos ou pobres, homens ou mulheres, estejam na plenitude da vida ou bem próximos do anoitecer, disponham ou não de tempo livre, tenham ou não de fazer grandes esforços e sacrifícios para estar diariamente com a família... Até as crianças, afirma o Concílio Vaticano II, "têm a sua própria capacidade apostólica"[7], e que fecundidade a do seu apostolado em tantas ocasiões! E os doentes, quanto bem podem realizar! "Por conseguinte, impõe-se a todos os cristãos a dulcíssima obrigação de trabalhar para que a mensagem divina da salvação seja conhecida e recebida por todos os homens de qualquer lugar da terra"[8].

Deus não chega nem demasiado cedo nem demasiado tarde às nossas vidas. O que Ele quer é que, a partir do momento em que nos visitou na sua misericórdia, nos sintamos verdadeiramente comprometidos a trabalhar na sua vinha, com todas as forças e com todo o entusiasmo, sem nos esquivarmos com promessas futuras nem desanimarmos com o tempo perdido.

III. O PAPA JOÃO PAULO II, comentando esta parábola[9], convidava a encarar de frente este nosso mundo com as suas inquietações e esperanças: um mundo — acrescentava o Pontífice — cujas circunstâncias econômicas, sociais, políticas e culturais apresentam problemas e dificuldades mais graves do que as que foram descritas pelo Concílio Vaticano II num dos seus documentos[10]. “Seja como for — comentava o Papa —, *esta* é a vinha e *este* é o campo em que os fiéis leigos estão chamados a viver a sua missão. Jesus quer que sejam sal da terra e luz do mundo, como todos os seus discípulos (cf. Mt 5, 13-14)”.

Não são gratas ao Senhor as queixas estéreis — que revelam falta de fé — ou mesmo um sentido negativo e cético do ambiente que nos rodeia. *Esta* é a vinha e *este* é o campo em que o Senhor quer que estejamos, inseridos nessa sociedade que apresenta os seus valores e deficiências. É na nossa própria família — e não em outra — que devemos santificar-nos, e é essa família que devemos levar a Deus; é o trabalho que nos espera hoje, na Universidade ou no escritório, e não outro, que devemos converter em trabalho de Deus... Esta é a vinha do Senhor, onde Ele quer que trabalhemos sem falsas desculpas, sem saudosismos, sem exorbitar as dificuldades, sem esperar oportunidades melhores.

Para levarmos a cabo este apostolado, temos todas as graças necessárias. É nisto que se fundamenta todo o nosso otimismo. *“Deus chama-me e envia-me* como trabalhador para a sua vinha; chama-me e envia-me a trabalhar para o advento do seu Reino na história: esta vocação e missão pessoal define a dignidade e a responsabilidade de cada fiel leigo e constitui o ponto forte de toda a ação formativa [...].

“Com efeito, Deus, na eternidade, pensou em nós e amou-nos como pessoas únicas e irrepetíveis, chamando-nos a cada um de nós pelo nosso próprio nome, como o bom pastor *chama pelo nome as suas ovelhas* (Jo 10, 3)”[11]. Em cada jornada, somos chamados por Deus para levar a cabo os seus planos de redenção; em cada situação, recebemos ajudas sobrenaturais eficazes para que as circunstâncias que nos rodeiam nos sirvam de motivo para amar mais a Deus e para realizar um apostolado fecundo.

São Paulo, na segunda Leitura da Missa[12], escreve aos cristãos de Filipos: ... *Não sei o que escolher. Encontro-me nesta alternativa: por um lado, desejo ser desatado da carne para estar com Cristo, o que é incomparavelmente melhor; por outro, vejo que permanecer nesta vida é mais necessário, por causa de vós.* Tanta era a sua esperança em Cristo, tanto o seu amor por aqueles primeiros cristãos que tinha levado à fé!

Paulo escreve num momento em que estava preso e sofria por causa daqueles que, por espírito de rivalidade, queriam dificultar a sua obra. Mas isso não lhe tirou a paz e a serenidade, e o apóstolo não deixou de continuar a trabalhar na vinha do Senhor com os meios de que dispunha. Rejeitemos o pessimismo e a tristeza, se alguma vez não obtemos o resultado que esperávamos.

"Não admitas o desalento no teu apostolado. Não fracassaste, como Jesus também não fracassou na Cruz. Ânimo!... Continua contra a corrente, protegido pelo Coração Materno e Puríssimo da Senhora: *Sancta Maria, refugium nostrum et virtus!* Tu és o meu refúgio e a minha fortaleza.

"Tranquilo. Sereno... Deus tem muito poucos amigos na terra. Não te esquives ao peso dos dias, ainda que às vezes se nos tornem muito longos"[13].

(1) Is 55, 6-9; (2) *Antífona de entrada* da Missa do 25º domingo do Tempo Comum, ciclo A; (3) Mt 20, 1-16; (4) São Bernardo, *Sermão 2, para o IV Domingo depois de Pentecostes*, 1; (5) João Paulo II, Exort. apost. *Christifideles laici*, 30.12.88, 3; (6) São Gregório Magno, *Homilias sobre o Evangelho*, 19, 2; (7) Conc. Vat. II, Decr. *Apostolicam actuositatem*, 12; (8) *ibid.*, 3; (9) cf. João Paulo II, Exort. apost. a *Christifideles laici*, 3; (10) cf. Conc. Vat. II, Const. *Gaudium et spes*; (11) João Paulo II, Exort. apost. *Christifideles laici*, 58; (12) Fl 1, 20-24; 27; (13) São Josemaria Escrivá, *Via Sacra,* XIIIª est., n. 3.

TEMPO COMUM. VIGÉSIMO QUINTO DOMINGO. CICLO B

215. O MAIS IMPORTANTE DE TODOS

— Mandar é servir.
— O exercício da autoridade e a obediência na Igreja procedem da mesma fonte: o amor a Cristo.
— A autoridade na Igreja é um grande bem. Obedecer como Cristo obedeceu.

I. A PRIMEIRA LEITURA da Missa[1] apresenta-nos um ensinamento acerca dos padecimentos dos filhos de Deus injustamente perseguidos por causa da sua honradez e santidade. *Armemos laços ao justo, porque nos incomoda: é contrário às nossas obras, lança-nos em rosto as nossas transgressões da lei e desonra-nos publicando os erros da nossa conduta. Declara que tem a ciência de Deus e chama-se a si próprio filho de Deus. Só o vê-lo nos é insuportável... Ponhamo-lo à prova por meio de ultrajes e tormentos para verificarmos a sua mansidão e provarmos a sua paciência. Condenemo-lo à morte mais infame, e então se verá se é verdade que há quem se ocupe dele.* Estas palavras, escritas séculos antes da chegada de Cristo, são aplicadas pela liturgia ao Justo por excelência, Jesus, Filho Unigênito de Deus, condenado a uma morte ignominiosa depois de padecer todas as afrontas.

No Evangelho da Missa[2], São Marcos relata-nos que Jesus atravessava a Galileia com os seus, e pelo caminho ia-os instruindo sobre a sua morte e ressurreição. Dizia-lhes com toda a clareza: *O Filho do homem será entregue às mãos dos homens e dar-lhe-ão a morte, e ele ressuscitará ao terceiro dia.* Mas os discípulos, que tinham formado outra ideia acerca do futuro reino do Messias, *não compreendiam estas palavras e temiam interrogá-lo.*

Surpreende que, enquanto o Mestre lhes anunciava os padecimentos e a morte que viria a sofrer, os discípulos discutissem às suas costas *sobre qual deles seria o maior.* Por isso, ao chegarem a Cafarnaum, *quando estavam em casa,* Jesus quis saber o que tinham discutido pelo caminho. Eles, talvez envergonhados, calaram-se. E, *sentando-se, chamou os doze e disse-lhes: Se alguém quiser ser o primeiro, seja o último de todos e o servo de todos.* E, para tornar mais expressivo o ensinamento, tomou um menino, colocou-o no meio deles e, depois de o *abraçar,* disse-lhes: *Todo aquele que recebe um destes meninos em meu nome, a mim me recebe, e todo aquele que me recebe, não me recebe a mim, mas àquele que me enviou.*

O Senhor quis ensinar aos que iriam exercer a autoridade na Igreja, na família, na sociedade, que essa faculdade era um serviço que deviam prestar. Fala-nos a todos de humildade e abnegação para sabermos acolher nos mais fracos o próprio Cristo. "Nessa criança que Jesus abraça estão representadas todas as crianças do mundo, e também todos os homens necessitados, desvalidos, pobres, enfermos, nos quais nada de brilhante e destacado há para admirar"[3].

II. O SENHOR, nesta passagem do Evangelho, quer ensinar principalmente aos Doze como devem governar a Igreja. Indica-lhes que exercer a autoridade é servir. A palavra *autoridade* procede do vocábulo latino *auctor,* que quer dizer autor, promotor ou fonte de alguma coisa[4]. Sugere a função daquele que vela pelos interesses e pelo desenvolvimento de um grupo ou sociedade. Governo e obediência não são ações contrapostas: na Igreja, ambas nascem do mesmo amor a Cristo. Manda-se por amor a Cristo e obedece-se por amor a Cristo.

A autoridade é um elemento necessário em toda a sociedade, e na Igreja foi querida diretamente pelo Senhor. Quando não é exercida numa sociedade, ou é exercida indevidamente, causa-se aos seus membros um mal que pode ser grave, sobretudo se o fim dessa corporação ou grupo social é essencial para os indivíduos que a compõem.

"Esconde-se um grande comodismo — e, por vezes, uma grande falta de responsabilidade — naqueles que, constituídos em autoridade, fogem da dor de corrigir, com a desculpa de evitar o sofrimento dos outros.

"Talvez poupem desgostos nesta vida.... mas põem em risco a felicidade eterna — a sua e a dos outros — pelas suas omissões, que são verdadeiros pecados"[5].

A autoridade na Igreja deve ser exercida como o fez o próprio Cristo, que não veio para ser servido, mas para servir: *Non veni ministrari sed ministrare*[6]. O seu serviço à humanidade teve por fim a salvação, pois Ele veio *dar a sua vida para redenção de muitos*[7], de todos. Pouco antes de pronunciar estas palavras, e numa situação semelhante à que se lê no Evangelho da Missa de hoje, o Senhor tinha manifestado aos Doze: *Sabeis que os príncipes das nações as tratam despoticamente, e que os grandes abusam da sua autoridade. Não há de ser assim entre vós, mas todo aquele que quiser ser o maior entre vós, seja vosso servo, e aquele que quiser ser entre vós o primeiro, seja vosso escravo*[8].

Os apóstolos foram entendendo pouco a pouco estes ensinamentos do Mestre, e compreenderam-nos plenamente depois da vinda do Espírito Santo no dia de Pentecostes. São Pedro escreverá aos presbíteros[9], anos mais tarde, que lhes cabe apascentar o rebanho de Deus não como quem domina sobre a herança, mas sendo sinceramente exemplares. E São Paulo afirmará que, não estando submetido a ninguém, se fez servo de todos para ganhar a todos[10]. Quanto "mais alto" se está na hierarquia eclesiástica, tanto mais obrigação se tem de servir. Uma profunda consciência desta verdade é a que se reflete no título adotado há séculos pelos Papas: *Servus servorum Dei*, o servo dos servos de Deus[11].

Os bons pastores na Igreja devem saber "harmonizar perfeitamente a firmeza que — no seio da família — descobrimos no pai com a amorosa intuição da mãe, que trata os seus filhos desiguais de maneira desigual"[12].

Devemos pedir que nunca faltem na Igreja os bons pastores: que saibam servir a todos com abnegação, e que o façam especialmente com os mais necessitados. A nossa oração diária pelo Sumo Pontífice, pelos bispos, pelos que de alguma maneira estão constituídos em autoridade, pelos sacerdotes e por aqueles que o Senhor quis que nos ajudassem no caminho da santidade, subirá até o Senhor e ser-lhe-á especialmente agradável.

III. QUANDO SE EXERCE a autoridade, serve-se como Cristo serviu; e serve-se também quando se obedece, como o Senhor, que se fez obediente até à *morte e morte de cruz*[13]. E para obedecer, temos de compreender que a autoridade é um bem, um bem muito grande, sem o qual a Igreja, tal como Cristo a fundou, não poderia subsistir.

Qualquer comunidade que queira subsistir tende naturalmente a procurar alguém que a dirija, sob pena de em breve deixar de existir. "A vida de todos os dias oferece um sem-número de exemplos desta tendência do espírito comunitário em busca da autoridade: desde os clubes, sindicatos ou associações profissionais [...]. Numa verdadeira comunidade cujos membros estão unidos por fins e ideais comuns, a autoridade não é objeto de temor, mas de respeito e acatamento, por parte dos que estão submetidos a ela. Numa pessoa normalmente constituída, a consciência individual não tende naturalmente a desconfiar da autoridade ou a rebelar-se contra ela; a sua disposição é antes a de aceitá-la, de recorrer a ela, de apoiá-la"[14]. Na Igreja, o sentido sobrenatural — a vida de fé — faz-nos ver nos seus preceitos e conselhos o próprio Cristo, que vem ao nosso encontro nessas indicações.

Para obedecer, temos de ser humildes, pois em cada um de nós existe um princípio desagregador — fruto amargo do amor-próprio, herança do pecado original — que por vezes pode levar-nos a encontrar qualquer desculpa para não submeter docilmente a vontade a uma indicação de quem Deus estabeleceu para nos conduzir a Ele. "Hoje, que o ambiente está cheio de desobediência, de murmuração, de bisbilhotice, de enredos, temos que amar mais do que nunca a obediência, a sinceridade, a lealdade, a simplicidade — e tudo isso com sentido sobrenatural, que nos fará mais humanos"[15].

Para que a virtude da obediência tenha essas características — e não provoque em nós sequer um trejeito de desgosto ou a mais leve sombra de espírito crítico —, recorremos nestes minutos finais da nossa meditação ao amparo da nossa Mãe, Santa Maria, que quis ser *Ancilla Domini,* a Escrava do

Senhor[16]. Ela nos fará ver que *servir* — tanto ao exercermos a autoridade como ao obedecermos — é *reinar*[17].

(1) Sb 2, 17-20; (2) Mc 9, 29-36; (3) Sagrada Bíblia, *Santos Evangelhos,* nota a Mc 9, 36-37; (4) cf. J. Corominas, *Diccionario critico etimologico castellano e hispano,* Gredos, Madri, 1987, vol. I, v. *Autor*; (5) São Josemaria Escrivá, *Forja,* n. 577; (6) Mt 20, 28; (7) *ibid.*; (8) Mt 20, 24-27; (9) cf. 1 Pe 5, 1-3; (10) cf. 1 Cor 9, 19 e segs.; (11) cf. Cormac Burke, *Autoridad y libertad en la Iglesia,* Rialp, Madri, 1988, p. 179; (12) Álvaro del Portillo, *Escritos sobre el sacerdocio,* Palabra, Madri, 1979, p. 35; (13) Fl 2, 8; (14) Cormac Burke, *Autoridad y libertad en la Iglesia,* pp. 183-184; (15) São Josemaria Escrivá, *Forja,* n. 530; (16) Lc 1, 38; (17) cf. Conc. Vat. II, Const. *Lumen gentium,* 36.

TEMPO COMUM. VIGÉSIMO QUINTO DOMINGO. CICLO C

216. OS FILHOS DA LUZ

— Parábola do administrador infiel.
— Utilizar todos os meios lícitos no serviço de Deus.
— Meios humanos e meios sobrenaturais.

I. A PRIMEIRA LEITURA da Missa[1] faz ressoar aos nossos ouvidos as fortes censuras dirigidas pelo profeta Amós aos comerciantes que se enriquecem à custa dos pobres: alteram o peso, vendem mercadorias deterioradas, fazem subir os preços aproveitando momentos de necessidade... São inúmeros os meios injustos de que se servem para fazer prosperar os seus negócios.

No Evangelho da Missa[2], o Senhor serve-se de uma parábola para falar da habilidade de um administrador que é chamado a prestar contas da sua gestão, e que é acusado de malversar os bens do seu senhor. O administrador pôs-se a refletir sobre o que o esperava: *Cavar não posso, de mendigar tenho vergonha. Já sei o que hei de fazer, para que haja quem me receba em sua casa quando for removido da administração.* Chamou os devedores do seu amo e fez com eles um acordo que os favorecia. Ao primeiro que se apresentou, disse-lhe: *Quanto deves ao meu senhor? Ele respondeu: Cem medidas de azeite. Então disse-lhe: Toma a tua obrigação, senta-te depressa e escreve cinquenta. Depois disse a outro: E tu quanto deves? E ele respondeu: Cem alqueires de trigo. Disse-lhe o feitor: Toma as tuas letras e escreve oitenta.*

O dono teve notícia do que o administrador tinha feito e louvou-o pela sua sagacidade. E Jesus, talvez com um pouco de tristeza, acrescentou: *Os filhos deste mundo são mais hábeis nas suas coisas do que os filhos da luz*. O Senhor não louva a imoralidade desse intendente que, no pouco tempo que lhe restava, preparou uns amigos que depois o recebessem e ajudassem. "Por que o Senhor narrou esta parábola? — pergunta Santo Agostinho —. Não porque aquele servo fosse um exemplo a ser imitado, mas porque foi previdente em relação ao futuro, a fim de que se envergonhe o cristão que não tenha essa determinação"[3]; louvou-lhe o empenho, a decisão, a astúcia, a capacidade de sobrepor-se e resolver uma situação difícil, sem se deixar levar pelo desânimo.

Podemos observar com frequência como é grande o esforço e os inúmeros sacrifícios que muitas pessoas fazem para conseguir mais dinheiro, para subir na escala social... Noutros casos, ficamos espantados até com os meios que empregam para fazer o mal: imprensa, editoras, televisão, projetos de todo o tipo... E nós, cristãos, devemos pôr ao menos esse mesmo empenho em servir a Deus, multiplicando os meios humanos para fazê-los render em favor dos mais necessitados: em atividades de ensino, de assistência, de beneficência... O interesse que os outros têm nos seus afazeres terrenos, devemos nós tê-lo em ganhar o Céu, em lutar contra o que nos separa de Cristo.

"Que empenho põem os homens nos seus assuntos terrenos!: sonhos de honras, ambição de riquezas, preocupações de sensualidade. — Eles e elas, ricos e pobres, velhos e homens feitos e moços e até crianças; todos a mesma coisa.

"— Quando tu e eu pusermos o mesmo empenho nos assuntos da nossa alma, teremos uma fé viva e operante; e não haverá obstáculo que não vençamos nos nossos empreendimentos apostólicos"[4].

II. OS *FILHOS DO MUNDO* parecem às vezes mais consequentes com a sua forma de pensar. Vivem como se só existisse este mundo e labutam nele sem freio nem medida. O Senhor deseja que ponhamos nas coisas que lhe dizem respeito — a santidade pessoal e o apostolado — ao menos o mesmo empenho que os outros põem nos seus negócios terrenos; quer que nos devotemos aos assuntos da alma e do reinado de Cristo com interesse, com alegria, com entusiasmo, e que encaminhemos todas as coisas para esse fim, que é o único que realmente vale a pena. Nenhum ideal é comparável ao de servir a Cristo, utilizando os dons recebidos como meio para um fim que ultrapassa este mundo passageiro.

Ao terminar a parábola, o Senhor recorda-nos: *Ninguém pode servir a dois senhores, porque ou odiará um e amará o outro, ou se afeiçoará àquele e desprezará este. Não podeis servir a Deus e às riquezas.* Temos apenas um Senhor, e devemos servi-lo com todo o nosso coração, com os talentos que Ele mesmo nos deu, empregando nesse serviço todos os meios lícitos, a vida inteira. Temos de orientar para Deus, sem exceção, todos os atos da nossa vida: o trabalho, os negócios, o descanso... O cristão não tem um tempo para Deus e outro para os assuntos deste mundo: estes devem converter-se em serviço a Deus pela retidão de intenção. "É uma questão de segundos... Pensa antes de começar qualquer trabalho: — Que quer Deus de mim neste assunto? — E, com a graça divina, faze-o"[5].

Para ser bom administrador dos talentos que recebeu, dos bens de que deve prestar contas, o cristão deve saber ainda, como manifestação e contraprova do seu amor a Deus, dirigir as suas ações para a promoção do bem comum, encontrando para isso as soluções adequadas, com engenho, com "profissionalismo", levando adiante ou colaborando em empreendimentos ou obras boas a serviço dos outros, tendo a convicção de que valem mais a pena que o negócio mais atraente. São os leigos "quem deve intervir nas grandes questões que afetam a presença direta da Igreja no mundo tais como a educação, a defesa da vida e do meio ambiente, o pleno exercício da liberdade religiosa, a presença da mensagem cristã nos meios de comunicação social. Nestas questões, devem ser os próprios leigos cristãos, enquanto cidadãos e através dos canais a que têm legítimo acesso no desenvolvimento da vida pública, quem faça ouvir a sua voz e prevalecer os seus justos direitos"[6]. Assim serviremos a Deus no meio do mundo.

Mobilizando todos os meios ao nosso alcance, temos de trabalhar, "com um entusiasmo e energia renovados, por refazer o que foi destruído por uma cultura materialista e hedonista, e por avivar o que existe apenas debilmente. Não se trata já de revigorar as raízes. Em não poucos casos, em não poucos ambientes, trata-se de começar desde o princípio, quase a partir do zero. Por isso é possível falar hoje de uma nova Evangelização"[7]. A tarefa que o Senhor nos confia — através do seu vigário na terra[8] — é imensa. Não deixemos de empenhar nela o nosso tempo, o prestígio profissional, a ajuda material...

"Já o disse o Mestre: oxalá nós, os filhos da luz, ponhamos, em fazer o bem, pelo menos o mesmo empenho e a obstinação com que se dedicam às suas ações os filhos das trevas!

"— Não te queixes: trabalha antes para afogar o mal em abundância de bem"[9].

III. AINDA QUE SEJA a graça que transforma os corações, o Senhor quer que utilizemos meios humanos na nossa ação apostólica, todos os que estiverem ao nosso alcance. São Tomás de Aquino ensina[10] que seria tentar a Deus não fazer aquilo que podemos e esperar tudo dEle. Este princípio também se aplica à atividade apostólica, em que o Senhor espera dos seus discípulos uma cooperação sábia, efetiva e abnegada. Não somos instrumentos inertes. Os *filhos da luz* devem ser tão hábeis como os filhos deste mundo, e acrescentar aos meios sobrenaturais os talentos humanos, os dons de simpatia e comunicabilidade, a arte da persuasão, a fim de conquistarem uma alma para Cristo.

E nas obras apostólicas de formação, de ensino... serão necessários ainda os meios econômicos, como o próprio Senhor indicou: *Quando eu vos mandei sem bolsa, e sem alforje, e sem sandálias, faltou-vos porventura alguma coisa? Eles disseram: Nada. Disse-lhes pois: Mas agora quem tem bolsa, tome-a, e também alforje, e quem não tem espada, venda a sua túnica e compre uma*[11]. O próprio Jesus, para realizar a sua missão divina, quis servir-se muitas vezes de meios terrenos: cinco pães e dois peixes, um pouco de barro, os bens de umas piedosas mulheres...

Sabemos muito bem que a missão apostólica a que o Senhor nos chama ultrapassa a capacidade dos meios humanos ao nosso dispor, e por isso nunca deixaremos de lado os sobrenaturais, como se fossem secundários. Não poremos a nossa confiança na sagacidade pessoal, no poder de persuasão da nossa palavra, nos bens que são o suporte material de um empreendimento apostólico, mas na graça divina, que fará milagres com esses meios. Esta confiança no poder divino levar-nos-á, entre outras coisas, a não esperar ter à mão todos os meios humanos necessários (talvez nunca cheguemos a tê-los) para começar a agir, e menos ainda a desistir de continuar certos trabalhos ou de começar outros novos: "Começa-se como se pode"[12]. E pediremos a Jesus o que nos falta e atuaremos com a liberdade e audácia que nos dá a absoluta confiança em Deus.

"Achei graça à tua veemência. Perante a falta de meios materiais de trabalho e sem a ajuda de outros, comentavas: «Eu só tenho dois braços, mas às vezes sinto a impaciência de ser um monstro de cinquenta, para semear e apanhar a colheita».

"— Pede ao Espírito Santo essa eficácia... Ele ta concederá!"[13]

(1) Am 8, 4-7; (2) Lc 16, 1-13; (3) Santo Agostinho, *Sermão 359*, 9-11; (4) São Josemaria Escrivá, *Caminho*, n. 317; (5) *ibid.*, n. 778; (6) Cardeal A. Suquía, *Discurso à Conferência Episcopal Espanhola*, 19.02.90; (7) *ibid.*; (8) cf. João Paulo II, Exort. apost. *Christifideles laici*, 30.12.88, 34; (9) São Josemaria Escrivá, *Forja*, n. 848; (10) São Tomás de Aquino, *Suma teológica*, II-II, q. 53, a. 1 ad 1; (11) Lc 22, 35-37; (12) cf. São Josemaria Escrivá, *Caminho*, n. 488; (13) São Josemaria Escrivá, *Sulco*, n. 616.

TEMPO COMUM. VIGÉSIMA QUINTA SEMANA. SEGUNDA-FEIRA

217. A LUZ NO CANDEEIRO

— Os cristãos devem iluminar o ambiente em que vivem.
— Prestígio profissional.
— Como astros *no meio do mundo.*

I. NO EVANGELHO DA MISSA[1], lemos este ensinamento do Senhor: *Ninguém acende uma lâmpada e a cobre com um vaso ou a põe debaixo da cama, mas põe-na sobre o candeeiro, para que os que entram vejam a luz.*

Quem segue o Senhor — quem *acende uma lâmpada* — deve trabalhar não só pela sua própria santificação, mas também pela dos outros. Jesus Cristo ilustra-o com diversas imagens muito expressivas e acessíveis ao povo simples que o escutava. Em todas as casas se acendia a lamparina ao cair da tarde, e todos sabiam onde colocá-la e por quê. A lamparina era acesa para iluminar e devia ser colocada no alto, talvez pendurada num suporte fixo previsto para esse fim. Não passava pela cabeça de ninguém escondê-la de tal maneira que a sua luz ficasse oculta. Para que então iria servir?

Vós sois a luz do mundo[2], tinha dito Jesus em outra ocasião aos seus discípulos. A luz do discípulo é a mesma do Mestre. Sem esse resplendor de Cristo, a sociedade jaz nas trevas mais espessas. E quando se caminha na escuridão, tropeça-se e cai-se. Sem Cristo, o mundo torna-se difícil e pouco habitável.

Os cristãos devem iluminar o ambiente em que vivem e trabalham. Não se compreende um discípulo de Cristo sem luz: seria como uma lâmpada colocada debaixo de um vaso ou da cama. O Concílio Vaticano II salientou a obrigação do apostolado como um direito e um dever que nascem do Batismo e da Confirmação[3], a ponto de afirmar que todo o membro do Corpo Místico "que não trabalha segundo a sua medida para o aumento desse Corpo, deve considerar-se inútil para a Igreja e para si mesmo"[4].

Este apostolado, que tem formas tão diversas, é contínuo, como é contínua a luz que ilumina os que estão na casa. "O simples testemunho de vida cristã e as boas obras feitas em espírito sobrenatural possuem a força de atraírem os homens para a fé e para Deus"[5]. Não é, pois, uma luz intermitente, porque resulta do brilho emitido permanentemente pelas obras dos que seguem o Mestre. "Onde quer que vivam, pelo exemplo da sua vida e pelo testemunho da sua palavra, todos os cristãos devem manifestar o novo homem de que se revestiram pelo Batismo, e a virtude do Espírito Santo que os revigorou pela Confirmação. Assim os outros, vendo as boas obras que fazem, glorificarão o Pai (cf. Mt 5, 16) e compreenderão mais perfeitamente o genuíno sentido da vida e o vínculo universal da comunhão humana"[6].

Vejamos hoje se aqueles que trabalham ombro a ombro conosco, os que vivem ao nosso lado, debaixo do mesmo teto, os que se relacionam conosco por um ou outro motivo, recebem de modo habitual essa luz que lhes indica amavelmente o caminho que conduz a Deus. É a luz da conduta irrepreensível e alegre, que flui espontaneamente de cada uma das nossas obras, sejam ou não vistas pelos homens, e que os impressiona precisamente porque flui de modo contínuo e natural.

II. O TRABALHO, o prestígio profissional, é o candeeiro sobre o qual deve brilhar a luz de Cristo. Que apostolado poderia realizar uma mãe de família que não cuidasse com esmero do seu lar? Como poderia falar de Deus aos seus amigos um estudante que não estudasse? Ou um empresário que não vivesse os princípios da justiça social com os seus empregados...?

O Senhor quer que o farmacêutico avie uma receita com competência, que o profissional liberal seja honesto e leal nos serviços que presta, que o funcionário público seja justo, atencioso e insubornável, que o taxista conheça bem as ruas da grande cidade, que o motorista de um meio público de transporte não maltrate os passageiros pela maneira precipitada e aos solavancos com que conduz... E os exemplos poderiam multiplicar-se até o infinito.

Toda a vida do Senhor dá-nos a entender que, sem a honestidade, a diligência e a perfeição na execução próprias de um bom trabalhador, a vida cristã fica reduzida, quando muito, a um feixe de desejos, talvez aparentemente piedosos, mas estéreis. Cada cristão deve "viver de tal modo que à sua volta se perceba o *bonus odor Christi* (cf. 2 Cor 2, 15), o bom odor de Cristo; deve agir de tal modo que, através das ações do discípulo, se possa descobrir o rosto do Mestre"[7].

Desde o começo da sua vida pública, o Senhor foi conhecido como o *carpinteiro, filho de Maria*[8]. E perante os milagres, a multidão exclamava: *Fez tudo bem feito!*[9], absolutamente tudo: "os grandes prodígios e as coisas triviais, cotidianas, que a ninguém deslumbraram, mas que Cristo realizou com a plenitude de quem é *perfectus Deus, perfectus homo* (símbolo *quicumque),* perfeito Deus e homem perfeito"[10]. Jesus, que quis servir-se de imagens tiradas dos mais diversos ofícios para exemplificar os seus ensinamentos, "olha com amor o trabalho, as suas diversas manifestações, vendo em cada uma delas um aspecto particular da semelhança do homem com Deus, Criador e Pai"[11].

Para chegarmos a ter um sólido prestígio profissional, é necessário cuidarmos da formação própria da nossa atividade ou ofício, dedicar-lhe as horas necessárias, fixar metas para aperfeiçoá-la cada dia, mesmo depois de concluídos os estudos ou o período de aprendizagem. Os conhecimentos profissionais devem ser vistos por nós como um cabedal posto por Deus nas nossas mãos para que o façamos crescer. Não nos esqueçamos nunca de que, para nós, *a vocação profissional é um elemento da vocação cristã.*

Como consequência lógica desta seriedade no exercício da atividade profissional, o fiel cristão terá entre os seus colegas a reputação de bom trabalhador ou de bom estudante que lhe é necessária para realizar um apostolado profundo[12]. Quase sem o perceber, estará mostrando como a doutrina de Cristo se faz realidade no meio do mundo, numa vida corrente. E dará toda a razão ao comentário de Santo Ambrósio: as coisas parecem menos difíceis quando se veem realizadas em outros[13]. E todos têm direito a esse bom exemplo da nossa parte.

III. É EVIDENTE que a doutrina de Cristo não se difundiu devido aos meios humanos, mas aos impulsos da graça. Mas também não há dúvida de que a ação apostólica edificada sobre uma vida sem virtudes humanas, sem valia pessoal, seria uma hipocrisia e motivo de desprezo por parte dos que queremos aproximar do Senhor. Por isso o Concílio Vaticano II formula estas graves palavras: "O cristão que negligencia os seus deveres temporais negligencia os seus deveres para com o próximo; negligencia sobretudo as suas obrigações para com Deus e põe em perigo a sua salvação eterna"[14].

Seja qual for a profissão ou ofício que se desempenhe, o prestígio adquirido, dia a dia num trabalho feito com toda a consciência confere uma autoridade moral perante os colegas e companheiros que facilita a tarefa apostólica de ensinar, esclarecer, persuadir e atrair... É tão importante esta solidez profissional que um bom cristão não tem desculpa nenhuma para não adquiri-la: para aqueles que se empenham em viver a fundo a sua vocação de filhos de Deus, o trabalho competente e os meios para consegui-lo constituem um dever primário.

A competência e a seriedade com que se realiza o trabalho profissional converte-se assim num candeeiro que ilumina os colegas e amigos[15]. A caridade cristã passa então a tornar-se visível de muito longe, e a luz da doutrina projeta-se dessa altura num círculo muito amplo; e por ser intensa, é uma luz que nunca deixa de ser familiar e próxima, acessível e cálida.

São Paulo exorta os primeiros cristãos de Filipos a viverem no meio daquela geração afastada de Deus de tal maneira que brilhem como astros *no meio do mundo*[16]. Assim aconteceu, e o exemplo que deram arrastava tanto que deles se pôde dizer: "O que a alma é para o corpo, isso são os cristãos no meio do mundo"[17], como se pode ler num dos escritos cristãos mais antigos.

Peçamos a Nossa Senhora, *Sede da Sabedoria,* que nos ensine a ser fiéis ao cumprimento do dever profissional, a não trabalhar como diletantes, mas espremendo as nossas energias, como quem sabe que Deus nos vê a cada instante e espera de nós uma obra perfeita ao fim de cada jornada. Este testemunho da nossa inteligência e das nossas mãos será uma das melhores provas da nossa fé junto daqueles que queremos atrair para Deus.

(1) Lc 8, 16-18; (2) Mt 5, 14; (3) cf. Conc. Vat. II, Const. *Lumen gentium,* 33; (4) Conc. Vat. II, Decr. *Apostolicam actuositatem,* 2; (5) *ibid.,* 6; (6) Conc. Vat. II, Decr. *Ad gentes,* 11; (7) São Josemaria Escrivá, *É Cristo que passa,* n. 105; (8) Mc 6, 3; (9) Mc 7, 37; (10) São Josemaria Escrivá, *Amigos de Deus,* n. 56; (11) João Paulo II, Enc. *Laborens exercens,* 14.09.81, 26; (12) cf. Conc. Vat. II, Const. *Lumen gentium,* 36; (13) Santo Ambrósio, *Sobre as virgens,* 2, 2; (14) Conc. Vat. II, Const. *Gaudium et spes,* 43; (15) cf. São Josemaria Escrivá, *Amigos de Deus,* n. 61; (16) Fl 2, 15; (17) *Epístola a Diogneto*, VI, 1.

TEMPO COMUM. VIGÉSIMA QUINTA SEMANA. TERÇA-FEIRA

218. O SILÊNCIO DE MARIA

— A Virgem *meditava no seu coração* os acontecimentos da sua vida.
— Silêncio de Maria durante os três anos da vida pública de Jesus.
— O *recolhimento interior* do cristão.

I. GOSTARÍAMOS DE QUE os Evangelistas tivessem narrado mais acontecimentos e palavras de Santa Maria. O amor faz-nos desejar mais notícias da nossa Mãe do Céu. No entanto, Deus cuidou de no-las dar a conhecer, na medida em que nos era necessário, tanto durante a vida de Nossa Senhora aqui na terra como agora, depois de vinte séculos, através do Magistério da Igreja, que, com a assistência do Espírito Santo, desenvolve e explicita os dados revelados.

Pouco tempo depois da Anunciação, ainda que a Virgem não tivesse comunicado nada a Santa Isabel, esta penetrou no mistério da sua prima por revelação divina. O mesmo se passou com José, que não foi informado por Maria, mas por um anjo em sonhos, sobre a grandeza da missão daquela que já era sua esposa. No nascimento do Messias, Maria continuou a guardar silêncio, e os pastores foram informados pelos anjos do maior acontecimento da humanidade. Maria e José também nada disseram a Simeão e Ana quando, como um jovem casal entre muitos, foram a Jerusalém para apresentar o Menino no Templo. E, primeiro no Egito e depois em Nazaré, Maria não falou a ninguém do mistério divino que envolvia a sua vida.

Nada comentou com os seus parentes e vizinhos. Limitou-se a conservar *todas estas coisas, ponderando-as no seu coração*[1]. "A Virgem não procurava, como tu e como eu, a glória que os homens dão uns aos outros. Bastava-lhe saber que Deus sabe tudo. E que não necessita de pregadores para anunciar aos homens os seus prodígios. Que, quando quer, *os céus publicam a glória de Deus e o firmamento anuncia a obra das suas mãos* (Sl 18, 1-2). *Dos ventos fazes os teus mensageiros, e do fogo ardente os teus ministros* (Sl 104, 4)"[2].

"É tão formosa a Mãe no perene recolhimento com que o Evangelho no-la mostra!... *Conservava todas estas coisas, ponderando-as no seu coração!* Esse silêncio pleno tem o seu encanto para a pessoa que ama"[3]. Na intimidade da sua alma, Nossa Senhora foi penetrando cada vez mais no mistério que lhe tinha sido revelado. Mestra de oração, ensinou-nos a descobrir Deus — tão perto das nossas vidas! — no silêncio e na paz dos nossos corações, pois "só quem pondera com espírito cristão as coisas no seu coração pode descobrir a imensa riqueza do mundo interior, do mundo da graça, desse tesouro escondido que está dentro de nós [...]. Foi este ponderar as coisas no coração que fez com que a Virgem Maria fosse crescendo, com o decorrer do tempo, na compreensão do mistério, na santidade e na união com Deus"[4].

O Senhor também nos pede esse recolhimento interior em que guardamos tantos encontros com Ele, preservando-os dos olhares indiscretos ou vazios para tratar deles a sós "com quem sabemos que nos ama"[5].

II. "A ANUNCIAÇÃO REPRESENTA o momento culminante da fé de Maria à espera de Cristo, mas é além disso o ponto de partida do qual arranca todo o seu caminho para Deus, todo o seu caminho de fé"[6]. Esta fé foi crescendo de plenitude em plenitude, pois Nossa Senhora não compreendeu tudo ao mesmo tempo nas suas múltiplas manifestações. Com o correr dos dias, talvez sorrisse ao recordar a perplexidade que a levara a perguntar ao anjo como poderia conceber se não conhecia varão, ou ao interrogar Jesus sobre o motivo por que se separara de seus pais para passar três dias no Templo sem os avisar... Podia agora admirar-se de não ter entendido o que já então se lhe manifestava[7].

O recolhimento de Maria — em que Ela penetra nos mistérios divinos acerca do seu Filho — é paralelo ao da sua discrição. "Para que as coisas possam guardar-se no interior e ser ponderadas no coração, é condição indispensável guardar silêncio. O silêncio é o clima que torna possível o pensamento profundo. Quem fala demasiado dissipa o coração e leva-o a perder tudo o que há de valioso no seu interior; assemelha-se então a um frasco de essência que, por estar destapado, perde o perfume, ficando apenas com água e um ligeiro aroma a recordar vagamente o precioso conteúdo de outrora"[8].

A Virgem também guardou um discreto silêncio durante os três anos da vida pública de Jesus. A partida do seu Filho, o entusiasmo da multidão, os milagres, não mudaram a sua atitude. Apenas o seu coração experimentou a ausência de Jesus. Mesmo quando os Evangelistas falam das mulheres que acompanhavam o Mestre e o serviam com os seus bens[9], nada dizem de Maria, que certamente permaneceu em Nazaré.

Não é de estranhar que a Virgem procurasse vez por outra o seu Filho, para vê-lo, ouvi-lo, falar com Ele... O Evangelho da Missa[10] narra uma dessas ocasiões. *A sua Mãe foi vê-lo*, acompanhada por alguns parentes, mas, ao chegar à porta da casa, não pôde entrar por causa da multidão que se juntara ao redor do seu Filho. Avisaram Jesus de que sua Mãe estava fora e desejava vê-lo. Então, segundo diz São Marcos[11], Jesus, *olhando para os que estavam sentados à sua volta, disse: Quem faz a vontade de Deus, esse é meu irmão, e minha irmã, e minha mãe.*

A Virgem não se desconcertou com a resposta. A sua vida de fé e de oração fizeram-na entender que o seu Filho se referia muito particularmente a Ela, pois ninguém esteve jamais tão unido a Jesus como Ela, ninguém como Ela cumpriu com tanto amor a vontade do Pai. O Concílio Vaticano II recorda-nos que a Santíssima Virgem "acolheu as palavras com que o Filho, exaltando o Reino acima de raças e vínculos da carne e do sangue, proclamou bem-aventurados os que ouvem e guardam a palavra de Deus, tal como Ela mesma fielmente o fazia"[12]. Maria é mais amada por Jesus em virtude dos laços criados em ambos pela graça do que por força da geração natural, que fez dEla sua mãe no plano humano. Mas Maria também guardou silêncio nessa ocasião; não explicou a ninguém que as palavras do Mestre se dirigiam especialmente a Ela. Depois, passados talvez uns poucos minutos, a Mãe encontrou-se com o Filho e certamente agradeceu-lhe tão extraordinário louvor.

Jesus dirige-se a nós de muitas maneiras, mas só entenderemos a sua linguagem num clima habitual de recolhimento, de guarda dos sentidos, de oração, de paciente espera. Porque o cristão, como o poeta, o escritor e o artista, deve saber aquietar "a impaciência e o temor [...], aprender — talvez com dor — que só quando a semente escondida na terra germinou, e vingou, e lançou numerosas raízes, é que brota uma pequena planta. E ao ouvir que lhe perguntam sorridentes: Mas isto é tudo?, deve dizer que sim, e estar convencido de que só se a planta estiver bem enraizada, é que irá crescendo, até que, já transformada em árvore, venha a mostrar com os seus ramos — conforme se julgava em épocas passadas — a extensão da sua profundidade"[13].

III. O SILÊNCIO INTERIOR, o recolhimento que o cristão deve ter é plenamente compatível com o trabalho, a atividade social e a azáfama em que a vida nos mergulha, pois "nós, os filhos de Deus, temos de ser contemplativos: pessoas que, no meio do fragor da multidão, sabem encontrar o silêncio da alma em colóquio permanente com o Senhor; e olhá-lo como se olha para um Pai, como se olha para um Amigo, a quem se ama com loucura"[14].

A própria vida humana, se não estiver dominada pela frivolidade, pela vaidade ou pela sensualidade, tem sempre uma dimensão profunda, íntima, um certo recolhimento que adquire o seu pleno sentido em Deus. É aí que conhecemos a verdade acerca dos acontecimentos e o valor das coisas. *Recolher-se* — "juntar o que está separado", restabelecer a ordem perdida — consiste, em boa parte, em evitar a dispersão dos sentidos e potências, em buscar a Deus no silêncio do coração, que dá sentido a todo o acontecer diário. O *recolhimento* é patrimônio de todos os fiéis que buscam o Senhor com empenho. Sem esta luta decidida — e contando sempre com a ajuda da graça —, não seria possível esse silêncio interior, não só no meio do ruído da rua como também na maior das solidões.

Para termos Deus conosco em qualquer circunstância, e para estarmos mergulhados nEle enquanto trabalhamos ou descansamos, ser-nos-ão de grande ajuda — e mesmo imprescindíveis — esses tempos que dedicamos especialmente ao Senhor, como este em que procuramos estar na sua presença, falar-lhe e pedir-lhe... "Procura encontrar diariamente uns minutos dessa bendita solidão que tanta falta te faz para teres em andamento a vida interior"[15].

Num mundo de tantos apelos externos, faz-nos muita falta "esta estima pelo silêncio, esta admirável e indispensável condição do nosso espírito, assaltado por tantos clamores [...]. Ó silêncio de Nazaré, ensina-nos esse recolhimento, a interioridade, a disponibilidade para escutarmos as boas inspirações e as palavras dos verdadeiros mestres. Ensina-nos a necessidade e o valor da preparação, do estudo, da meditação, da vida pessoal e interior, da oração secreta que só Jesus vê"[16].

Da Virgem Nossa Senhora, aprendemos a estimar cada dia mais esse silêncio do coração que não é vazio, mas riqueza interior, e que, longe de nos separar dos outros, nos aproxima mais deles, porque nos faz entendê-los na sua verdadeira importância, nos seus anseios, inquietações e necessidades.

(1) Lc 2, 51; (2) Salvador Muñoz Iglesias, *O Evangelho de Maria,* Quadrante, São Paulo, 1991, p. 21; (3) Chiara Lubich, *Meditações*, Ciudad Nueva, Madri, 1989, p. 14; (4) Federico Suárez, *A Virgem Nossa Senhora,* 4ª ed., Prumo, Lisboa, 1983, pp. 183-184; (5) Santa Teresa, *Vida,* 8, 2; (6) João Paulo II, Enc. *Redemptoris Mater,* 25.03.87, 14; (7) cf. Jean Guitton, *La Vírgen Maria,* 2ª ed., Rialp, Madri, 1964, p. 109; (8) Federico Suárez, *A Virgem Nossa Senhora*, p. 185; (9) cf. Lc 8, 19-21; (10) Lc 8, 19-21; (11) Mc 3, 34; (12) Conc. Vat. II, Const. *Lumen gentium,* 58; (13) Federico Delclaux, *El silencio creador*, Rialp, Madri, 1969, p. 15; (14) São Josemaria Escrivá, *Forja,* n. 738; (15) São Josemaria Escrivá, *Caminho,* n. 304; (16) Paulo VI, *Alocução em Nazaré,* 5.01.64.

TEMPO COMUM. VIGÉSIMA QUINTA SEMANA. QUARTA-FEIRA

219. VISITAR OS DOENTES

— Imitar Cristo na sua compaixão pelos que sofrem.
— Fazer o que Ele faria nessas circunstâncias.
— Com a caridade, o olhar capta melhor os dons divinos.

I. ENTRE AS OBRAS de misericórdia corporais, a Igreja sempre praticou desde os primeiros tempos a de visitar e acompanhar os que padecem alguma doença, aliviando-os na medida do possível e ajudando-os a santificar essa situação. Ela sempre insistiu na necessidade e na urgência desta manifestação de caridade que tanto nos assemelha ao Mestre e que faz tanto bem, não só ao doente como àquele que a pratica. "Quer se trate de crianças que vão nascer, quer de pessoas anciãs, de acidentados ou de necessitados de cura, de deficientes físicos ou mentais, sempre se trata do homem, cuja credencial de nobreza está escrita nas primeiras páginas da Bíblia: *Deus criou o homem à sua imagem* (Gn 1, 27). Por outro lado, tem-se dito com frequência que se pode ajuizar de uma civilização pela maneira como se comporta com os débeis, as crianças, os enfermos, as pessoas da terceira idade..."[1] Onde quer que se encontre um doente, ali devemos ver "o lugar humano por excelência, em que cada pessoa é tratada com dignidade; em que experimenta, apesar do sofrimento, a proximidade dos irmãos, dos amigos"[2].

Os Evangelhos não se cansam de sublinhar o amor e a misericórdia de Jesus para com os que sofrem e a presteza com que cura os enfermos. São Pedro, na casa do centurião Cornélio, compendia a vida de Jesus na Palestina nestas palavras: *Jesus de Nazaré... passou fazendo o bem e sarando...*[3] "Curava os doentes, consolava os aflitos, dava de comer aos famintos, libertava os homens da surdez, da cegueira, da lepra, do demônio e de diversas deficiências físicas; por três vezes restituiu a vida aos mortos. Era sensível a toda a espécie de sofrimento humano, tanto do corpo como da alma"[4].

Não poucas vezes Jesus saiu por iniciativa própria ao encontro da dor e da doença. Quando vê o paralítico da piscina, que carregava a sua doença havia trinta e oito anos, pergunta-lhe espontaneamente: *Queres ficar são?*[5] Noutra ocasião, oferece-se para ir à casa em que se encontrava adoentado o servo do centurião[6]. Não foge das doenças tidas por contagiosas e mais desagradáveis: aproximou-se do leproso de Cafarnaum, a quem podia ter curado à distância, e *tocando-o, curou-o*[7]. E, como lemos no Evangelho da Missa de hoje[8], quando envia os apóstolos pela primeira vez com a missão de anunciarem a chegada do Reino, dá-lhes ao mesmo tempo o *poder de curar doenças.*

A nossa Mãe a Igreja ensina que *visitar o doente é visitar Cristo*[9], servir a quem sofre é servir o próprio Cristo nos membros enfermos do seu Corpo Místico. Que alegria podermos ouvir um dia dos lábios do Senhor: *Vinde, benditos de meu Pai, porque estive enfermo e me visitastes...!* Ajudastes-me a enfrentar aquela doença, o cansaço, a solidão, o desamparo...

"Criança — Doente. — Ao escrever estas palavras, não sentis a tentação de as pôr com maiúsculas?

"É que, para uma alma enamorada, as crianças e os doentes são Ele"[10].

II. A MISERICÓRDIA é um dos frutos da caridade, e consiste em "certa compaixão pela miséria alheia, nascida no nosso coração, pela qual — se podemos — nos vemos movidos a socorrê-la"[11]. É próprio da misericórdia inclinar-se sobre os que sofrem ou passam por alguma necessidade, e tomar as suas dores e aflições como coisa própria, para remediá-las na medida do possível.

Por isso, quando visitamos um doente, não estamos como que cumprindo um dever de cortesia, antes fazemos nossa a sua dor, intimamente identificados com ela, e por isso surge espontaneamente em nós o desejo de acompanhar essa pessoa como gostaríamos de ser acompanhados se fôssemos nós que estivéssemos no seu lugar. Sentimos gosto em prestar-lhe pequenos serviços, em distraí-la com uma conversa amena e divertida, em fazê-la falar de assuntos que lhe agradam, em ajudá-la a rezar e a ver a mão de Deus por trás de tudo o que lhe acontece. Procuramos atuar como Cristo o faria, porque é em seu nome que prestamos essas pequenas ajudas, e nos comportamos ao mesmo tempo como se estivéssemos visitando Cristo doente, que necessita do nosso auxílio e dos nossos desvelos.

Visitar uma pessoa doente ou de alguma maneira necessitada é tornar o mundo mais humano: aproximamo-nos do coração do homem, ao mesmo tempo que derramamos sobre ele a caridade de Cristo, que Ele mesmo coloca nos nossos corações. "Poder-se-ia dizer — escreve o Papa João Paulo II — que o sofrimento, presente no nosso mundo humano sob tantas formas diversas, também está presente para desencadear no homem o amor, precisamente esse dom desinteressado do próprio «eu» em favor dos outros homens, dos homens que sofrem. O mundo do sofrimento humano almeja sem cessar, por assim dizer, outro mundo diverso: o mundo do amor humano. E esse amor desinteressado, que brota do coração e das obras, o homem deve-o de algum modo ao sofrimento"[12].

Quanto bem podemos fazer sendo misericordiosos com o sofrimento alheio! Quantas graças produz na nossa alma! O Senhor dilata o nosso coração e faz-nos entender a verdade daquelas palavras da Escritura: É *maior ventura dar que receber*[13].

III. A MISERICÓRDIA — afirma Santo Agostinho — é o "lustro da alma", porque a faz aparecer boa e formosa[14] e porque *cobre a multidão dos pecados*[15], pois "quem começa a compadecer-se da miséria do outro, começa a abandonar o pecado"[16].

A preocupação pelos que sofrem dá à alma uma especial finura para entender o amor de Deus. Santo Agostinho diz novamente que, amando o próximo, limpamos os olhos para podermos ver a Deus[17]. O olhar torna-se mais penetrante para captar os dons divinos. O egoísmo endurece o coração, ao passo que a caridade abre-o às alegrias de Deus. Aqui a caridade é já um começo da vida eterna[18], pois a vida eterna consistirá num ato ininterrupto de caridade[19]. Que melhor recompensa nos poderia dar o Senhor do que Ele mesmo, por termos ido visitá-lo? Que maior prêmio do que aumentar-nos a capacidade de amar os outros?

"Por muito que ames, nunca amarás bastante.

"O coração humano tem um coeficiente de dilatação enorme. Quando ama, alarga-se num *crescendo* de carinho que ultrapassa todas as barreiras.

"Se amas o Senhor, não haverá criatura que não encontre lugar no teu coração"[20].

Anciãos e doentes, pessoas tristes e abandonadas, todas elas formam hoje uma legião cada vez maior de seres doentes que reclamam a atenção e a ajuda particular dos cristãos. "Haverá entre eles os que sofrem nos seus domicílios os rigores da doença ou da pobreza envergonhada. Existem atualmente, como sabemos, numerosos hospitais e asilos de velhos, promovidos pelo Estado e por outras instituições, bem dotados do ponto de vista material e destinados a acolher um número crescente de necessitados. Mas esses grandes edifícios albergam com frequência multidões de indivíduos solitários, que vivem espiritualmente em completo abandono, sem companhia nem carinho de parentes e amigos"[21]. A nossa atenção e companhia a essas pessoas que sofrem atrairá sobre nós a misericórdia do Senhor, da qual andamos tão carecidos.

Não nos omitamos no cumprimento desta obra de fina caridade, desinteressada e generosa, argumentando que não dispomos de tempo, adiando-a indefinidamente, telefonando ou mandando recados em vez de ir pessoalmente. Sejamos assíduos e solícitos nessas visitas. E o Senhor nos recompensará, aumentando-nos a virtude da caridade e olhando com indulgência para os nossos erros e faltas.

Na *Liturgia das Horas,* lê-se hoje uma súplica ao Senhor que bem podemos fazer nossa ao terminarmos estes minutos de meditação: *Fazei com que saibamos descobrir-Vos em todos os nossos irmãos, sobretudo nos que sofrem e nos pobres*[22]. Muito perto dos que sofrem, encontraremos sempre Maria, *Saúde dos enfermos, Consoladora dos aflitos.* Ela prepara o nosso coração para que nunca passemos ao largo de um amigo doente, de quem padece alguma necessidade da alma ou do corpo.

(1) Paulo VI, *Alocução*, 24.05.74; (2) *ibid.*; (3) At 10, 38; (4) João Paulo II, Carta apost. *Salvifici doloris,* 11.02.84, 16; (5) Jo 5, 6; (6) cf. Mt 8, 7; (7) Mt 8, 3; (8) Lc 9, 1-6; (9) cf. Mt 25, 36-44 e segs.; (10) São Josemaria Escrivá, *Caminho,* n. 419; (11) Santo Agostinho, *A cidade de Deus*, 9, 5; (12) João Paulo II, Carta apost. *Salvifici doloris*, 29; (13) At 20, 35; (14) Santo Agostinho, em *Catena aurea*, vol. VI; (15) cf. 1 Pe 4, 8; (16) Santo Agostinho, em *Catena aurea*; (17) Santo Agostinho, *Comentário ao Evangelho de São João*, 17, 8; (18) 1 Jo 3, 14; (19) cf. São Tomás de Aquino, *Suma teológica*, I-II, q. 114, a. 4; (20) São Josemaria Escrivá, *Via Sacra*, VIII[a] est., n. 5; (21) José Orlandis, *Las ocho bienaventuranzas,* p. 105; (22) Liturgia das Horas, *Preces de Laudes*.

220. QUERER VER O SENHOR

— Limpar o olhar para contemplar Jesus no meio dos afazeres normais.
— A Santíssima Humanidade do Senhor, fonte de amor e de fortaleza.
— Jesus espera-nos no Sacrário.

I. NO EVANGELHO DA MISSA de hoje, São Lucas diz-nos que Herodes desejava encontrar-se com Jesus: *Et quaerebat videre eum,* procurava alguma maneira de vê-lo[1]. Chegavam-lhe frequentes notícias do Mestre e queria conhecê-lo.

Muitas das pessoas que aparecem ao longo do Evangelho mostram o seu interesse em ver Jesus. Os Magos apresentam-se em Jerusalém com a pergunta nos lábios: *Onde está o rei dos judeus que acaba de nascer?*[2] E a seguir declaram o seu propósito: *Vimos a sua estrela no Oriente e viemos adorá-lo:* um propósito bastante diferente do de Herodes. Encontraram-no no regaço de Maria. Noutra ocasião, uns gentios chegados a Jerusalém aproximaram-se de Filipe e disseram-lhe: *Queremos ver Jesus*[3]. E, em circunstâncias bem diversas, a Virgem, acompanhada de uns parentes, desceu de Nazaré a Cafarnaum porque desejava ver Jesus. Podemos imaginar o interesse e o amor que levaram Maria a querer encontrar-se com o seu Filho?

Herodes não soube ver o Senhor, apesar de tê-lo tão perto. Chegou até a ter oportunidade de ser ensinado por João Batista — que apontava com o dedo o Messias que já estava entre eles —, e, ao invés de seguir-lhe os ensinamentos, mandou matá-lo. Aconteceu com Herodes o mesmo que com aqueles fariseus a quem Jesus dirige a profecia de Isaías: *Ouvireis com os ouvidos e não entendereis, olhareis com os olhos e não vereis. Porque o coração deste povo embotou-se, e eles endureceram os ouvidos e fecharam os olhos...*[4]

Pelo contrário, os apóstolos tiveram a imensa sorte de gozar da presença do Messias, e de com Ele ter tudo o que podiam desejar. *Ditosos os vossos olhos porque veem, e os vossos ouvidos porque ouvem*[5], diz-lhes o Mestre. Os grandes patriarcas e os maiores profetas do Antigo Testamento nada tinham visto em comparação com o que agora os seus discípulos podiam contemplar. Moisés tinha contemplado a sarça ardente como símbolo do Deus Vivo[6]. Jacó, depois da sua luta com aquele misterioso personagem, pôde dizer: *Eu vi a Deus face a face*[7]; e a mesma coisa Gedeão: *Vi Javê face a face*[8]... mas essas visões eram obscuras e pouco precisas em comparação com a claridade daqueles que veem Cristo face a face: *Porque em verdade vos digo que muitos profetas e justos desejaram ver o que vedes, e não o viram...*[9] A glória de Estêvão — o primeiro que deu a vida pelo Mestre — consistirá precisamente em ver os céus abertos e Jesus sentado à direita do Pai[10].

Jesus vive e está muito perto dos nossos afazeres normais. Temos de purificar o nosso olhar para contemplá-lo. O seu rosto amável será sempre o principal motivo para sermos fiéis nos momentos difíceis e nas tarefas de cada dia. Temos que dizer-lhe muitas vezes, com palavras dos Salmos: *Vultum tuum, Domine, requiram...*[11], procuro, Senhor, a tua face... sempre e em todas as coisas.

II. *QUEM BUSCA, ENCONTRA*[12]. A Virgem e São José procuraram Jesus durante três dias, e por fim o encontraram[13]. Zaqueu, que também desejava vê-lo, fez o que estava ao seu alcance e o Mestre adiantou-se-lhe fazendo-se convidar para almoçar em sua casa[14]. As multidões ansiosas de estar com Ele tiveram a alegria de vê-lo e ouvi-lo[15]. Ninguém que de coração sincero tenha saído à busca de Cristo ficou frustrado.

Herodes, como se veria mais tarde na Paixão, procurava ver Jesus por curiosidade, por capricho... e assim não é possível encontrá-lo. Quando Pilatos lho remeteu, Herodes, *ao ver Jesus, ficou muito satisfeito, pois havia muito tempo que desejava vê-lo, por ter ouvido muitas coisas acerca dele, e esperava vê-lo fazer algum milagre. E fez-lhe muitas perguntas, mas ele nada lhe respondeu*[16]. Jesus não lhe disse nada, porque o Amor nada tem a dizer à frivolidade. Ele vem ao nosso encontro para que nos entreguemos, para que correspondamos ao seu Amor infinito.

Podemos ver Jesus quando desejamos purificar a nossa alma no sacramento da Confissão, quando não deixamos que os bens passageiros — mesmo os lícitos — tomem conta do nosso coração como se fossem definitivos, pois — como ensina Santo Agostinho — "o amor às sombras deixa os olhos da alma mais fracos e incapazes de ver o rosto de Deus. Por isso, quanto mais o homem dá gosto à sua debilidade, mais se introduz na escuridão"[17].

Vultum tuum, Domine, requiram..., procuro, Senhor, a tua face... A contemplação da Santíssima Humanidade do Senhor é fonte inesgotável de amor e de fortaleza no meio das dificuldades da vida. Temos de aproximar-nos muitas vezes das cenas do Evangelho, e considerar sem pressas que o mesmo Jesus de Betânia, de Cafarnaum, Aquele que acolhe a todos... é quem está presente no Sacrário e se sensibiliza com as nossas confidências.

No mesmo sentido, podem servir-nos as imagens que representam o Senhor, para podermos ter uma recordação viva da sua presença, como o fizeram os santos. "Entrando um dia no oratório — escreve Santa Teresa de Jesus —, vi uma imagem que ali tinham trazido para guardar [...]. Era de Cristo muito chagado e tão devota que, olhando-a, perturbei-me toda de vê-lo assim, porque representava bem o que passou por nós. Foi tanto o que senti por ter agradecido tão mal aquelas chagas, que o meu coração parecia partir-se. E lancei-me a Ele com um grandíssimo derramamento de lágrimas, suplicando-lhe que me fortalecesse já de uma vez para não ofendê-lo"[18].

Este amor, que de alguma maneira tem de nutrir-se dos sentidos, é fortaleza para a vida e um bem extraordinário para a alma. Há coisa mais natural do que procurar num retrato, numa imagem, o rosto dAquele que tanto se ama? A mesma Santa Teresa exclamava: "Desventurados os que por culpa própria perdem este bem! Parece que não amam o Senhor, porque, se o amassem, alegrar-se-iam de ver o seu retrato, como nesta vida dá contentamento ver o daquele a quem se quer bem”[19].

III. *IESU, QUEM VELATUM nunc aspicio...*[20] «Jesus, a quem agora contemplo escondido, rogo-Vos se cumpra o que tanto desejo: que, ao contemplar-Vos face a face, seja eu feliz vendo a vossa glória», rezamos no hino *Adoro te devote.*

Um dia, com a ajuda da graça, veremos Cristo glorioso, cheio de majestade, vir ao nosso encontro para nos receber no seu Reino. Reconhecê-lo-emos como o Amigo que nunca nos falhou, a quem procuramos servir mesmo nas coisas mais pequenas. Embora amemos muito este mundo em que vivemos e que é o lugar onde nos devemos santificar, podemos no entanto dizer com Santo Agostinho: “A sede que tenho é a de chegar a ver o rosto de Deus; sinto sede na peregrinação, sinto sede no caminho; mas saciar-me-ei quando chegar”[21]. O nosso coração só experimentará a plenitude com a posse dos bens de Deus.

Mas já temos Jesus conosco. Na Sagrada Eucaristia, temos Cristo completo: o seu Corpo glorioso, a sua Alma humana e a sua Pessoa divina, que se fazem presentes pelas palavras da Consagração. A sua Santíssima Humanidade, escondida sob os acidentes eucarísticos, encontra-se presente no que tem de mais humilde, de mais comum conosco — o seu Corpo e o seu Sangue, se bem que em estado glorioso —, e de um modo especialmente acessível: sob as aparências do pão e do vinho.

Particularmente no momento da Comunhão e ao fazermos a *Visita ao Santíssimo,* temos de ir ao encontro do Senhor com um grande desejo de vê-lo, de encontrar-nos com Ele, como Zaqueu, como aquelas multidões que tinham postas nEle todas as suas esperanças, como os cegos, os leprosos... Melhor ainda, com o empenho ansioso com que o procuraram Maria e José.

Às vezes, pelas nossas misérias e falta de fé, pode ser-nos difícil divisar o rosto amável de Jesus. É então que devemos pedir a Nossa Senhora um coração limpo, um olhar claro, um maior desejo de purificação. Pode acontecer-nos o mesmo que aos apóstolos depois da Ressurreição: estavam certos de que era o Senhor, tão certos que não se atreviam a perguntar-lhe: *Nenhum dos discípulos ousava perguntar--lhe: Quem és tu?, sabendo que era o Senhor*[22]. Era algo tão grande encontrar Jesus vivo — o mesmo de sempre — depois de vê-lo morrer numa Cruz! É tão extraordinário encontrarmos Jesus vivo no Sacrário! Peçamos ao Senhor que nos limpe, que nos aumente a fé.

(1) Lc 9, 7-9; (2) Mt 2, 3; (3) Jo 12, 21; (4) Mt 13, 14-15; (5) Mt 13, 16; (6) cf. Ex 3, 2; (7) Gn 32, 31; (8) Js 6, 22; (9) Mt 13, 17; (10) At 7, 55; (11) Sl 26, 8; (12) Mt 7, 8; (13) cf. Lc 2, 48; (14) cf. Lc 19, 1 e segs.; (15) cf. Lc 6, 9 e segs.; (16) Lc 23, 8-9; (17) Santo Agostinho, *O livre-arbítrio*, 1, 16, 43; (18) Santa Teresa, *Vida,* 9, 1; (19) *ibid.,* 6; (20) Hino *Adoro te devote*; (21) Santo Agostinho, *Comentário aos Salmos,* 41, 5; (22) Jo 21, 12.

TEMPO COMUM. VIGÉSIMA QUINTA SEMANA. SEXTA-FEIRA

221. O TEMPO E O MOMENTO

— Viver o momento presente.
— Realizar com plena atenção as tarefas que temos entre mãos.
— Evitar as preocupações inúteis.

I. PARA NOS APRESENTARMOS diante de Deus Pai com as mãos cheias de fruto, são muitas as tarefas que temos de realizar. A Sagrada Escritura ensina-nos, numa das leituras para a Missa de hoje, que tudo tem o *seu tempo e o seu momento.* As circunstâncias e acontecimentos da vida fazem parte de um plano divino. Mas há ocasiões em que o homem não consegue compreender esse querer de Deus sobre as criaturas e não encontra o tempo oportuno para cada coisa.

Com frequência, os homens põem o seu interesse em coisas que estão longe do trabalho que têm entre mãos: o pai pode viver alheio aos filhos quando deixa de prestar-lhes mais atenção, de ajudá-los nos seus problemas, de ouvi-los nos seus motivos de alegria ou de preocupação, embora esteja fisicamente presente. O estudante tem por vezes a imaginação fora da matéria que deve estudar e não aproveita um tempo de que depois sentirá falta, talvez com preocupação e angústia.

"O tempo é precioso — dizia Paulo VI —, o tempo passa, o tempo é uma fase experimental do nosso destino decisivo e definitivo. Das provas que dermos de fidelidade aos nossos deveres dependerá o nosso destino futuro e eterno.

"O tempo é um dom de Deus: é uma interpelação do amor de Deus à nossa livre e — pode dizer-se — decisiva resposta. Devemos ser avaros do tempo, para empregá-lo bem, com intensidade no agir, amar e sofrer. Que não exista jamais para o cristão o ócio, o tédio. O descanso sim, quando for necessário (cf. Mc 6, 31), mas sempre com vistas a uma vigilância que só no último dia se abrirá a uma luz sem ocaso"[1].

Uma das leituras da Missa convida-nos a aproveitar a vida aos olhos de Deus, estando atentos ao momento presente, o único de que podemos verdadeiramente dispor. Cada tarefa tem o seu tempo: *Há um tempo para nascer e um tempo para morrer. Há um tempo para plantar e um tempo para arrancar o que se plantou... Há um tempo para destruir e um tempo para edificar. Há um tempo para chorar e um tempo para rir. Há um tempo para calar-se e um tempo para falar...*[2]

Perder o tempo é dedicá-lo a outras tarefas, talvez humanamente interessantes e produtivas, mas diferentes das que Deus esperava que nos ocupassem naquele momento preciso: dedicar ao trabalho ou aos amigos uma horas que se deveriam empregar no lar; ler o jornal quando a ocupação profissional pedia que estivéssemos mergulhados no trabalho... E assim por diante. E aproveitar o tempo é fazer o que Deus quer que façamos; é viver o momento presente sabendo que a vida do homem se compõe de contínuos *presentes*, os únicos que podemos santificar.

Do passado só devemos tirar motivos de contrição por tudo aquilo que fizemos mal, de ações de graças pelas ajudas que recebemos do Senhor, e experiência para realizarmos com nova perfeição as nossas tarefas. Por sua vez, os acontecimentos futuros não nos devem preocupar muito, pois ainda não temos a graça de Deus para enfrentá-los.

"Viver plenamente o momento presente é o pequeno segredo com o qual se constrói, tijolo a tijolo, a cidade de Deus em nós"[3]. Não possuímos outro tempo que o de agora. Este é o único tempo que — sejam quais forem as circunstâncias que nos acompanhem — podemos e devemos santificar. *Hoje e agora,* este momento, vivido com intensidade, com amor, com toda a perfeição possível, é o que podemos oferecer ao Senhor. Não o deixemos passar à espera de melhores oportunidades.

II. NÃO CUMPRIR O DEVER que o instante requeria, deixá-lo para depois, equivale em muitas ocasiões a omiti-lo. *Aproveitai o tempo presente...*[4], exortava São Paulo aos primeiros cristãos.

Para isso, devemos começar por elaborar uma ordem de prioridades nos nossos afazeres diários, e depois respeitá-la rigorosamente. Preguiçoso é não só aquele que deixa passar o tempo sem fazer nada, mas também quem faz muitas coisas, mas recusa-se a cumprir a sua obrigação concreta em cada instante: escolhe as suas ocupações conforme o capricho do momento, ou então dedica-se ao que deve, mas sem energia e disposto a mudar de tarefa à primeira dificuldade. O preguiçoso pode até ser amigo dos "começos", mas a sua incapacidade para um trabalho contínuo e profundo impede-o de colocar as "últimas pedras", de acabar bem o que tinha começado. "Quem é laborioso aproveita o tempo, que não é apenas ouro; é glória de Deus! Faz o que deve e está no que faz, não por rotina nem para ocupar as horas, mas como fruto de uma reflexão atenta e ponderada"[5].

Viver o *hodie et nunc*, o "hoje e agora", leva-nos a estar atentos à tarefa que temos entre mãos, convencidos de que se trata de uma oferenda ao Senhor e, portanto, requer plena dedicação, como se fosse a última obra que fazemos por Deus. Esta atenção ajudar-nos-á a terminar bem os nossos afazeres, por pequenos que possam parecer, porque, oferecidos ao Senhor, passam a ser grandes.

Quem se concentra no momento presente não se sobrecarrega com preocupações inúteis a respeito de doenças, desgraças ou trabalhos que ainda não se apresentaram e que talvez nunca cheguem a apresentar-se. "Um simples raciocínio sobrenatural seria suficiente para os varrer: se esses perigos não são atuais e esses temores ainda não se verificaram, é obvio que não dispões da graça de Deus necessária para os vencer e aceitar. Se esses receios vierem a cumprir-se, então não te faltará a graça divina e, com ela, e com a tua correspondência, a vitória, a paz.

"É natural que não tenhas agora a graça de Deus para venceres os obstáculos e aceitares as cruzes que existem apenas na tua imaginação. É preciso construir a vida espiritual com base num realismo sereno e objetivo"[6].

Viver o dia presente, conduzidos pela mão do nosso Pai--Deus, como bons filhos, livra-nos de muitas ansiedades e permite-nos aproveitar bem o tempo. Quantas coisas funestas, que temíamos, simplesmente nunca chegaram a acontecer! O nosso Pai-Deus cuida dos seus filhos mais do que nós pensamos em algumas ocasiões.

III. É NAS TAREFAS de hoje e agora que podemos enriquecer a nossa vida sobrenatural, pois o cumprimento do dever presente é um apelo contínuo ao espírito de fé, de esperança, à fortaleza e à caridade. E é nelas que podemos praticar as virtudes humanas: a laboriosidade, a ordem, o otimismo, a cordialidade, o espírito de serviço... Não o esqueçamos. O homem que cumpre o seu dever, que "faz o que deve e está no que faz"[7], enrijece o caráter, torna-se mais varonil, enérgico, empreendedor. E todas estas virtudes compõem a base sem a qual não se podem erguer as virtudes cristãs. "*Agora* é o tempo de misericórdia, *então* será somente tempo de justiça; por isso, *agora* é o nosso momento, *então* será só o momento de Deus"[8].

O próprio Senhor nos convidou a viver com serenidade e intensidade cada jornada, eliminando preocupações inúteis pelo que aconteceu ontem e pelo que pode acontecer amanhã. *Não queirais, pois, andar inquietos pelo dia de amanhã. Porque o dia de amanhã cuidará de si; basta a cada dia o seu cuidado*[9]. É um conselho, e ao mesmo tempo um consolo, que nos leva a não evadir-nos do momento atual. Viver o momento presente significa abraçá-lo decididamente para santificá-lo e afastar muitos pesos desnecessários e — tantas vezes! — muito mais difíceis de carregar aos ombros. Esta sabedoria é própria dos filhos de Deus, que se sabem nas suas mãos, e do sentido comum da experiência cotidiana: *Quem observa o vento não semeia, e quem considera as nuvens nunca ceifará*[10].

"Porta-te bem «agora», sem te lembrares do «ontem», que já passou, e sem te preocupares com o «amanhã», que não sabes se chegará para ti"[11]. Nem o desejo do Céu, nem a meditação sobre os últimos fins do homem — a morte, o Juízo, o Céu e o inferno — podem fazer-nos esquecer os afazeres desta terra. Já se disse de modos muito diversos que devemos trabalhar para esta terra como se sempre fôssemos viver nela, e ao mesmo tempo trabalhar para a eternidade como se fôssemos morrer ainda hoje. Mais do que isso: devemos ter sempre em conta que é precisamente esta tarefa do momento que vivemos a que nos leva ao Céu. Agora é *tempo de edificar:* não nos enganemos pensando que o faremos num futuro próximo.

A Virgem, nossa Mãe, ajudar-nos-á a dizer *faça-se* diante das tarefas de cada instante, com a docilidade com que Ela o disse ao anjo no momento da Anunciação.

(1) Paulo VI, *Homilia*, 1.01.1976; (2) Ecl 3, 1-11; *Primeira leitura* da Missa da sexta-feira da 25ª semana do Tempo Comum; (3) Chiara Lubich, *Meditações*, p. 61; (4) cf. Gl 6, 10; (5) São Josemaria Escrivá, *Amigos de Deus,* n. 81; (6) Salvador Canals, *Reflexões espirituais,* Quadrante, São Paulo, p. 104; (7) São Josemaria Escrivá, *Caminho*, n. 815; (8) São Tomás de Aquino, *Sobre o Credo*, 7; (9) Mt 6, 34; (10) Ecl 11, 4; (11) São Josemaria Escrivá, *Caminho,* n. 253.

222. MEDIANEIRA DE TODAS AS GRAÇAS

— *Medianeira perante o Mediador.*
— Todas as graças nos chegam através de Maria.
— Um clamor contínuo sobe dia e noite até à Mãe do Céu.

I. *HÁ UM SÓ DEUS* — ensina São Paulo — *e há um só mediador entre Deus e os homens, que é Jesus Cristo, homem também, o qual se deu a si mesmo para a redenção de todos*[1].

A Virgem Nossa Senhora cooperou de modo singularíssimo na obra da Redenção realizada pelo seu Filho durante toda a sua vida. Em primeiro lugar, o livre consentimento que prestou na Anunciação era necessário para que a Encarnação se realizasse. Era, afirma São Tomás de Aquino[2], como se Deus tivesse esperado a anuência da humanidade pela voz de Maria. Depois, a sua Maternidade divina fez com que estivesse intimamente unida ao mistério da Redenção até à sua consumação na Cruz, onde Ela esteve associada de um modo particular e único à dor e à morte do seu Filho: ali nos recebeu a todos, na pessoa de São João, como filhos seus. Por isso, "a missão maternal de Maria a favor dos homens de modo algum obscurece nem diminui esta mediação única de Cristo, antes demonstra o seu poder"[3]. Maria é a *Medianeira perante o Mediador,* que é seu Filho; trata-se de "uma mediação em Cristo"[4], que "de modo algum impede, antes favorece a união imediata dos fiéis com Cristo"[5].

Já na terra, Santa Maria exerceu esta mediação maternal ao santificar João Batista no seio de Isabel[6]. E em Caná, foi a pedido da Virgem que Jesus realizou o seu primeiro milagre[7]; São João aponta os frutos espirituais dessa intervenção: *E os seus discípulos creram nele.* E quantas outras vezes a Virgem não teria intervindo junto do seu Filho — como todas as mães — para obter graças que os Evangelhos não mencionam!

"Assunta aos céus, [Maria] não abandonou essa missão salvífica, mas pela sua múltipla intercessão *continua a granjear-nos os dons da salvação eterna.* Pelo seu amor maternal, cuida dos irmãos do seu Filho, que ainda peregrinam rodeados de perigos e ansiedades, até que sejam conduzidos à pátria bem-aventurada. Por isso a Santíssima Virgem Maria é invocada na Igreja sob os títulos de Advogada, Auxiliadora, Socorro, Medianeira"[8].

Pela sua intercessão diante do Filho, Nossa Senhora alcança-nos e distribui-nos todas as graças, com súplicas que nunca serão desatendidas. O que é que Jesus pode negar Àquela que o gerou e o trouxe no seu seio durante nove meses, e que esteve sempre com Ele, de Nazaré até à sua morte na Cruz?

O Magistério ensinou-nos o caminho seguro para alcançarmos tudo aquilo de que precisamos. "Por expressa vontade de Deus — ensina o Papa Leão XIII —, nenhum bem nos é concedido a não ser por Maria; e assim como ninguém pode chegar ao Pai a não ser pelo Filho, assim ninguém pode chegar a Jesus a não ser por Maria"[9].

Não tenhamos reparo algum em dirigir pedidos constantes Àquela a quem se chamou *Onipotência suplicante.* Ela sempre nos escuta; também agora. Não deixemos de colocar diante do seu olhar benévolo todas as necessidades, talvez pequenas, que nos inquietam no momento presente: conflitos domésticos, apertos econômicos, uma prova, um concurso público, um posto de trabalho de que precisamos... E também aquelas que se referem à alma e que nos devem inquietar mais: a correspondência à vocação de um parente ou de um amigo, a graça para superarmos uma situação difícil, vencermos um defeito ou crescermos numa virtude, para aprendermos a rezar melhor...

Santa Maria, Mãe de Deus, rogai por nós... No Céu, muito perto do seu Filho, a Virgem encaminha para Ele a nossa oração, corrige-a se nalgum ponto era menos reta, e aperfeiçoa-a.

II. TODAS AS GRAÇAS, grandes e pequenas, nos chegam por Maria. "Ninguém se salva, ó Santíssima, se não é por meio de Ti. Ninguém senão por Ti se livra do mal... Ninguém recebe os dons divinos a não ser pela tua mediação [...]. Quem, depois do teu Filho, se interessa como Tu pelo gênero humano? Quem como Tu nos protege sem cessar nas nossas tribulações? Quem nos livra com tanta presteza das tentações que nos assaltam? Quem se esforça tanto como Tu em suplicar pelos pecadores? Quem toma a sua defesa para desculpá-los nos casos desesperados?... Por esta razão, o aflito refugia-se em Ti, quem sofreu a injustiça acode a Ti, quem está cheio de males invoca a tua assistência [...]. A simples invocação do teu nome afugenta e rechaça o malvado inimigo dos teus servos, e guarda-os seguros e incólumes. Livras de toda a necessidade e tentação os que te invocam, prevenindo-os a tempo contra elas"[10].

Nós, os cristãos, dirigimo-nos à Mãe do Céu para conseguir graças de toda a espécie, tanto temporais como espirituais. Entre estas, pedimos-lhe a conversão de pessoas afastadas do seu Filho e, para nós, um estado de *contínua conversão da alma,* uma disposição que nos faz sentir-nos sempre a caminho, lutando por ser melhores, por tirar os obstáculos que impedem a ação do Espírito Santo na alma.

A sua ajuda é continuamente necessária no apostolado. É Ela quem verdadeiramente muda os corações. Por isso, desde a antiguidade, é chamada "saúde dos enfermos, refúgio dos pecadores, consoladora dos aflitos, rainha dos Apóstolos, dos mártires..." A sua mão, generosa como a de todas as mães, é dispensadora de todo o gênero de graças, e mesmo, "em certo sentido, da graça dos sacramentos; porque Ela no-los mereceu em união com Nosso Senhor no Calvário, e além disso nos prepara com a sua oração para que nos aproximemos desses sacramentos e os recebamos convenientemente; às vezes, até nos envia o sacerdote sem o qual essa ajuda sacramental não nos seria concedida"[11].

Nas suas mãos pomos hoje todas as nossas preocupações e fazemos o propósito de recorrer a Ela diariamente muitas vezes, nas coisas grandes e nas pequenas, certos de que, a partir deste momento, podemos despreocupar-nos e estar em paz.

III. *NA VIRGEM MARIA refugiam-se os fiéis que estão rodeados de angústias e de perigos, invocando-a como Mãe de misericórdia e dispensadora de todas as graças*[12]. Nela nos refugiamos todos os dias. Na Ave-Maria pedimos-lhe muitas vezes: "Santa Maria, Mãe de Deus, rogai por nós, pecadores, *agora e na hora da nossa morte...*"

Esse *agora* é repetido em todo o mundo por milhares de pessoas de todas as idades e raças, que pedem a graça *do momento presente*[13]; é a graça mais pessoal, que varia com cada um e em cada situação. Ainda que alguma vez, sem o querer, estejamos um pouco distraídos, Nossa Senhora, que nunca o está e conhece as nossas necessidades, roga por nós e alcança-nos os bens de que necessitamos. Um enorme clamor sobe a cada instante, de dia e de noite, à presença da nossa Mãe do Céu: *Rogai por nós, pecadores, agora...* Como não nos há de ouvir, como não há de atender a essas súplicas? Unida à Santíssima Trindade como ninguém, conhece perfeitamente as nossas necessidades materiais e espirituais, e como mãe cheia de ternura roga pelos seus filhos.

Podemos estar certos de que, sempre que recorremos a Maria, aproximamo-nos mais do seu Filho. "Maria é sempre o caminho que conduz a Cristo. Cada encontro com Ela implica necessariamente um encontro com o próprio Cristo. Que outra coisa significa o recurso a Maria senão procurar Cristo, nosso Salvador, entre os seus braços, nEla e por Ela e com Ela?"[14]

É esmagador o número de motivos que temos para recorrer confiadamente à Virgem, na certeza absoluta de que seremos ouvidos sempre que lhe recordarmos *que nunca se ouviu dizer que algum daqueles que tivesse recorrido à vossa proteção, implorado a vossa assistência, reclamado o vosso socorro, fosse por Vós desamparado. Animado eu, pois, de igual confiança, a Vós, Virgem das virgens, como a Mãe recorro [...]. Não desprezeis minhas súplicas, ó Mãe do Filho de Deus...*[15]

Neste próximo mês de outubro, o mês da Virgem do Rosário, recorreremos a Ela rezando com mais atenção o terço, como pede a Igreja e os papas nos lembram constantemente. É a oração preferida da Virgem[16], e aquela que nos sai de dentro pela nossa condição de pecadores sempre necessitados de perdão:

"«Virgem Imaculada, bem sei que sou um pobre miserável, que não faço mais do que aumentar todos os dias o número dos meus pecados...» Disseste-me o outro dia que falavas assim com a Nossa Mãe.

"E aconselhei-te, com plena segurança, que rezasses o terço: bendita monotonia de ave-marias, que purifica a monotonia dos teus pecados!"[17]

(1) 1 Tim 2, 5-6; (2) São Tomás de Aquino, *Suma teológica*, III, q. 30, a. 1; (3) Conc. Vat. II, Const. *Lumen gentium,* 60; (4) João Paulo II, Enc. *Redemptoris Mater,* 25.03.87, 38; (5) Conc. Vat. II, Const. *Lumen gentium*; (6) cf. Lc 1, 14; (7) cf. Jo 2, 1 e segs.; (8) Conc. Vat. II, Const. *Lumen gentium*, 62; (9) Leão XIII, Const. *Octobri mense,* 22-IX-1891; (10) São Germano de Constantinopla, *Homilia em Sanctae Mariae Zonam*; (11) Réginald Garrigou-Lagrange, *Las tres edades de la vida interior,* Palabra, Madri, 1982, vol. I, p. 144; (12) Missal Romano, *Missa da Virgem Maria, Mãe e Medianeira da graça,* prefácio; (13) cf. Réginald Garrigou-Lagrange, *Las tres edades de la vida interior*, vol. I, p. 144; (14) Paulo VI, Enc. *Mense maio,* 29-IV-1965; (15) Oração *Lembrai-vos*; (16) cf. Paulo VI, Enc. *Mense maio*; (17) São Josemaria Escrivá, *Sulco*, n. 475.

TEMPO COMUM. VIGÉSIMO SEXTO DOMINGO. CICLO A

223. A VIRTUDE DA OBEDIÊNCIA

— Parábola dos dois filhos enviados à vinha. A obediência nasce do amor.
— O exemplo de Cristo. Obediência e liberdade.
— Desejos de imitar Jesus.

I. *QUE VOS PARECE?*, começou Jesus, dirigindo-se aos que o rodeavam. *Um homem tinha dois filhos, e, aproximando-se do primeiro, disse-lhe: Filho, vai trabalhar hoje na minha vinha. Ele respondeu-lhe: Não quero. Mas depois, tocado de arrependimento, foi.* Disse o mesmo ao segundo. E este respondeu: *Eu vou, senhor; mas não foi.* Jesus perguntou qual dos dois tinha cumprido a vontade do pai. E todos responderam: o primeiro, o que foi trabalhar na vinha. E Jesus prosseguiu: *Na verdade, digo-vos que os publicanos e as meretrizes vos precederão no reino de Deus. Porque veio a vós João pelo caminho da justiça, e não crestes nele; mas os publicanos e as meretrizes creram nele*[1].

João Batista tinha mostrado o caminho da salvação, e os escribas e os fariseus, que se ufanavam de serem fiéis seguidores da vontade divina, não lhe fizeram caso. Teoricamente, eram os cumpridores da Lei, mas à hora da verdade, quando lhes chegou aos ouvidos a vontade de Deus por boca de João, não souberam ser dóceis ao querer divino. Estavam no caso do filho que começou por dizer que ia, mas não foi. Em contrapartida, muitos publicanos e pecadores atenderam ao apelo à penitência e arrependeram-se: eram o filho que a princípio disse "não vou", mas depois foi. Obedeceu, agradou ao seu pai com obras.

O próprio Senhor nos deu exemplo de como devemos cumprir esse querer divino, pois "para cumprir a vontade do Pai, inaugurou na terra o Reino dos Céus, revelou-nos o seu mistério e realizou a redenção pela sua obediência"[2]. São Paulo, na segunda Leitura da Missa[3], sublinha o amor de Jesus Cristo por esta virtude: sendo Deus, *humilhou-se a si mesmo, feito obediente até à morte, e morte de cruz.* Naqueles tempos, a morte de cruz era a mais infamante, pois estava reservada aos piores criminosos. Eis por que a máxima expressão do amor de Cristo pelos planos salvíficos do Pai consistiu em obedecer até à morte de cruz.

Cristo obedece por amor; este é o sentido da obediência cristã: da que se deve a Deus, da que devemos prestar à Igreja, aos pais; aos superiores, àqueles que de um modo ou de outro regem a vida profissional e social. Deus não quer servidores de má vontade, mas filhos que queiram obedecer com alegria. Santa Teresa conta que, considerando um dia as grandes penitências a que se entregava uma boa mulher sua conhecida, sentiu uma santa inveja e pensou que ela também as poderia fazer, não fosse a proibição taxativa que recebera do seu confessor. Foi tanta a vontade que teve de imitar aquela mulher penitente que pensou por um momento se não seria melhor desobedecer à ordem que lhe fora dada. Então Jesus disse-lhe: "Isso não, filha; levas bom caminho e seguro. Vês toda a penitência que faz? Em maior conta tenho Eu a tua obediência"[4].

II. A OBEDIÊNCIA DE JESUS — como nos ensina São Paulo — não consistiu simplesmente em deixar-se submeter à vontade do Pai. Ele próprio se fez obediente: a sua obediência ativa assumiu como próprios os desígnios do Pai e os meios para alcançar a salvação do gênero humano.

Um dos sinais mais claros de que se anda pelo bom caminho — o da humildade — é o desejo de obedecer[5], "ao passo que a soberba nos inclina a fazer a vontade própria, a procurar o que nos exalta e a não querer deixar-nos dirigir pelos outros, mas a dirigi-los. A obediência é o oposto da soberba. Mas o Unigênito do Pai, vindo do Céu para nos salvar e curar da soberba, fez-se obediente até à morte na Cruz"[6]. Ele ensinou-nos para onde devemos dirigir os nossos passos: *Lâmpada para os meus passos é a tua palavra, e luz para os meus caminhos,* recitam hoje os sacerdotes na Liturgia das Horas[7].

A obediência nasce da liberdade e conduz a uma maior liberdade. Quando o homem renuncia à sua vontade para obedecer a Deus, conserva a liberdade na determinação radical e firme de escolher o que é bom e verdadeiro. Quem escolhe uma autoestrada para chegar antes e com maior segurança ao seu destino, não se sente coagido pelos limites e indicações que encontra; a corda que ata um alpinista aos seus companheiros de escalada não é cadeia que o perturbe — ainda que o prenda fortemente —, mas vínculo que lhe dá segurança e evita que caia no abismo; os ligamentos que unem as diversas partes do corpo não são liames que impedem os movimentos, mas garantia de que estes se realizem com desembaraço e firmeza.

É o amor que faz com que a obediência seja plenamente livre. Como pensar que Cristo — que tanto amou e nos inculcou esta virtude — não o fosse? "Para quem queira caminhar em seguimento de Cristo, a lei não é pesada. Só se converte num fardo quando não se consegue ver nela a chamada de Jesus ou não se tem vontade de seguir essa chamada. Portanto, se a lei às vezes se torna pesada, pode ser que tenhamos de melhorar não tanto a lei como o nosso empenho em seguir o Senhor.

"*Se me amais, observareis os meus mandamentos* (Jo 14, 15). Esta é a razão por que quero obedecer-te a Ti e à tua Igreja, Senhor; não principalmente por compreender a racionalidade do que se manda (ainda que essa racionalidade seja tantas vezes evidente), mas — principalmente — por que quero amar-Te e demonstrar-Te o meu amor. E também porque estou convencido de que os teus mandamentos procedem do amor e me tornam livre. *Corri pelos caminhos dos teus mandamentos quando dilataste o meu coração... Caminharei por uma senda larga, porque busquei os teus mandamentos* (Sl 119, 32-45)"[8].

III. *A OBEDIÊNCIA vale mais do que as vítimas*[9], lemos na Sagrada Escritura. "É com razão — comenta São Gregório Magno — que se antepõe a obediência às vítimas, porque mediante as vítimas imola-se a carne alheia, ao passo que pela obediência imola-se a vontade própria"[10], que é a coisa mais difícil de entregar, porque é o que possuímos de mais íntimo e pessoal. Por isso é tão grata ao Senhor, e por isso o empenho de Jesus — a quem os *ventos e o mar obedecem*[11] — em ensinar-nos com a sua palavra e a sua vida que o caminho do bem, da paz da alma e de todo o progresso interior passa pelo exercício desta virtude.

Já dizia o Antigo Testamento: *Vir obediens loquetur victoriam*[12], quem obedece alcança vitória, "quem obedece, vence", obtém a graça e a luz necessárias, pois recebe o *Espírito Santo, que Deus concede a todos os que lhe obedecem*[13]. "Ó virtude de obedecer, que tudo podes!", exclamava Santa Teresa[14]. Por serem tantos os bens que derivam do exercício desta virtude, e por se tratar do caminho que leva mais diretamente à santidade, o demônio procurará semear no nosso espírito falsas razões e desculpas para não obedecermos[15]. Temos de repelir as suas sugestões prontamente: "O inimigo: — Vais obedecer... até nesse pormenor «ridículo»? — Tu, com a graça de Deus: — Vou obedecer... até nesse pormenor «heroico»"[16].

A necessidade de obedecer não provém somente dos bens tão imensos que traz à alma, mas da sua íntima união com a Redenção: é parte essencial do mistério da Cruz[17]. Portanto, quem pretendesse estabelecer limites à obediência querida por Deus, limitaria ao mesmo tempo a sua união com Cristo e dificilmente poderia identificar-se com Ele: *Tende nos vossos corações os mesmos sentimentos que teve Jesus Cristo, o qual, possuindo a natureza de Deus..., não obstante aniquilou-se a si mesmo tomando a forma de servo*[18].

O desejo de imitar Cristo deve fazer com que nos perguntemos frequentemente: Faço neste momento o que Deus quer, ou deixo-me levar pelo capricho, pela vaidade ou pelo estado de ânimo? A minha obediência é sobrenatural, interna, pronta, alegre, humilde e discreta?[19]

"Obedece sem tantas cavilações inúteis... Mostrar tristeza ou pouca vontade perante o que se manda é falta muito considerável. Mas senti-la apenas, não somente não é culpa, mas pode ser uma grande ocasião de nos vencermos a nós mesmos, de coroarmos um ato heroico de virtude.

"Não sou eu que o invento. Lembras-te? Narra o Evangelho que um pai de família confiou o mesmo encargo aos seus dois filhos... E Jesus alegra-se com aquele que, apesar de ter levantado dificuldades, cumpre! Alegra-se porque a disciplina é fruto do Amor"[20].

Peçamos a Nossa Senhora — que sempre se considerou e se comportou como a *escrava do Senhor* — um grande desejo de identificar-nos com Cristo mediante a obediência, ainda que algumas vezes nos custe.

(1) Mt 21, 28-32; (2) Conc. Vat. II, Const. *Lumen gentium*, 3; (3) Fl 2, 1-11; (4) Santa Teresa, *Contas de consciência*, 20; (5) São Tomás de Aquino, *Comentário à Epístola aos Filipenses*, 2, 8; (6) Réginald Garrigou-Lagrange, *Las tres edades de la vida interior*, vol. II, p. 683; (7) Liturgia das Horas, *Primeiras Vésperas*; Sl 119, 105; (8) Cormac Burke, *Autoridad y libertad en la Iglesia*, p. 75; (9) 1 Sm 15, 22; (10) São Gregório Magno, *Moralia*, 14; (11) Mt 8, 27; (12) Prov 21, 28; (13) At 5, 32; (14) Santa Teresa, *Vida*, 18, 7; (15) Santa Teresa, *Fundações*, 5, 10; (16) São Josemaria Escrivá, *Caminho*, n. 618; (17) cf. São Tomás de Aquino, *Comentário à Epístola aos Romanos*, V, 8, 5; (18) Fl 2, 5-7; (19) cf. São Tomás de Aquino, *Suma teológica*, II-II, qq. 104 e 105; q. 108, aa. 5 e 8; (20) São Josemaria Escrivá, *Sulco*, n. 378.

TEMPO COMUM. VIGÉSIMO SEXTO DOMINGO. CICLO B

224. TAREFA DE TODOS

— Formas e modos apostólicos diferentes. Unidade no essencial. Rejeitar a mentalidade de "partido único" na Igreja.
— Todas as circunstâncias são boas para o apostolado.
— A caridade, vínculo de união e fundamento do apostolado.

I. A PRIMEIRA LEITURA da Missa[1] traz-nos a passagem do Antigo Testamento em que Javé — a instâncias de Moisés, que não se sentia com forças para enfrentar sozinho o fardo de todo o povo — tirou *parte do espírito que havia em Moisés* e passou-o aos setenta anciãos. Estes, que se tinham congregado em torno da Tenda da Reunião, *começaram a profetizar*. E aconteceu que dois deles, chamados Eldad e Medad, *embora estivessem na lista, não compareceram à Tenda, mas o Espírito pousou também sobre eles e começaram a profetizar no acampamento*. Então Josué pediu a Moisés que os proibisse de fazê-lo. A reação de Moisés foi profética: *Oxalá todo o povo profetizasse e recebesse o espírito do Senhor*.

O Evangelho da Missa relata-nos um acontecimento de certo modo semelhante[2]. João aproximou-se de Jesus para dizer-lhe que tinham visto uma pessoa que expulsava os demônios em nome dEle. Como não era do grupo que acompanhava o Mestre, tinham-no proibido de fazê-lo. Jesus respondeu-lhes: *Não lho proibais, porque não há ninguém que faça um milagre em meu nome e possa depois falar mal de mim*. Jesus reprova a intransigência e a mentalidade exclusivista e estreita dos discípulos, e abre-lhes o horizonte e o coração para um apostolado universal, variado e diversificado.

Nós, cristãos, não temos mentalidade de *partido único*, de quem condena formas apostólicas diferentes daquelas que, por formação e modo de ser, se sente chamado a realizar. A única condição — dentro da grande variedade de modos de levar Cristo às almas — é a unidade no essencial, naquilo que pertence ao núcleo fundamental da Igreja.

O Papa João Paulo II, depois de afirmar a liberdade de associação que existe dentro da Igreja em consequência do Batismo, referia-se aos critérios que podem servir para discernir se realmente determinada associação mantém a comunhão com a Igreja[3]. Entre esses critérios — diz o Pontífice —, encontra-se a primazia que se deve dar à *vocação de cada cristão para a santidade*, que tem como fruto principal a plenitude de vida cristã e a perfeição da caridade. Neste sentido, as associações de leigos estão chamadas a ser *instrumento de santidade na Igreja*.

Outro critério apontado pelo Papa é o *apostolado*, que deve antes de mais nada proclamar a verdade sobre Cristo, sobre a Igreja e sobre o homem, em filial obediência ao Magistério da Igreja que a interpreta autenticamente. Trata-se de uma participação no fim sobrenatural da Igreja, que tem como objetivo a salvação de todos os homens. Todos os cristãos participam desse único fim missionário, e portanto exercem o apostolado em *unidade* filial com o Papa e os Bispos; devem, pois, dar testemunho de uma comunhão firme e convicta, expressa na leal disposição de acolher os ensinamentos doutrinais e as orientações práticas dos seus pastores. Esta unidade manifesta-se, além disso, no reconhecimento da legítima pluralidade das diversas formas associativas dos leigos, que devem estar sempre abertas a uma colaboração leal e recíproca.

Se somos cristãos verdadeiros, embora às vezes sejamos muito diferentes uns dos outros, sentir-nos-emos comprometidos a levar para Deus a sociedade em que vivemos e da qual fazemos parte. E ser-nos-á fácil aceitar modos de ser e de atuar bem diferentes dos nossos. Como nos alegraremos de que o Senhor seja anunciado de formas tão diversas! Isto é o que realmente importa: que Cristo seja conhecido e amado.

A Boa-nova deve chegar a todos os cantos da terra. E para o cumprimento desta tarefa, o Senhor conta com a colaboração de todos: homens e mulheres, sacerdotes e leigos, jovens e anciãos, solteiros, casados, religiosos..., associados ou não, conforme tenham sido chamados por Deus, com iniciativas que nascem da riqueza da inteligência humana e do impulso sempre novo do Espírito Santo.

II. TODO O CRISTÃO é chamado a dilatar o Reino de Cristo, e qualquer circunstância é boa para levar a cabo essa tarefa. "Onde quer que o Senhor abra uma porta à palavra para proclamar o mistério de Cristo a todos os homens, anuncie-se com confiança e sem cessar o Deus vivo e Jesus Cristo, enviado por Ele para a salvação de todos"[4]. Diante da covardia, da preguiça ou das várias desculpas que podem surgir, temos de pensar que serão muitos os que receberão a incomparável graça de aproximar-se de Cristo através da nossa palavra, da nossa alegria, de uma vida exemplar cheia de normalidade. O apostolado com as pessoas entre as quais transcorre a nossa vida não deve deter-se nunca: os modos e as formas podem ser muito diversos, mas o fim é o mesmo. Como são diferentes os caminhos que Deus escolhe para atrair as almas!

"Conservemos a doce e reconfortante alegria de evangelizar, mesmo quando temos de semear entre lágrimas"[5]. Não podemos considerar as circunstâncias adversas como um obstáculo para dar a conhecer Cristo, mas como meio muito valioso de espalhar a sua doutrina, como o demonstraram os primeiros cristãos e tantos que têm padecido por causa da fé. São Paulo, da sua prisão em Roma, escreve assim aos cristãos de Filipos: *Muitos dos irmãos no Senhor, animados pelas minhas cadeias, têm-se atrevido com maior audácia a anunciar sem temor a palavra de Deus*. E ainda que alguns pregassem por inveja, com intenções pouco retas, o Apóstolo exclama: *Mas que importa? Contanto que Cristo seja anunciado, sob algum pretexto ou sinceramente, não só nisto me alegro, como me alegrarei sempre*[6]. A única coisa verdadeiramente importante é que o mundo esteja cada dia um pouco mais perto de Cristo.

Ainda que o trabalho, os tempos de descanso, a visita a um amigo, o esporte, possam ser caminho para levar as pessoas a Deus, também o devem ser as contradições de um ambiente aberta ou disfarçadamente contrário à fé. Essa pode ser uma ocasião muito oportuna para praticarmos a caridade, esforçando-nos por tratar bem os que não nos compreendem ou nos tratam mal. Na sua *Carta aos Filipenses*, incluída hoje na Liturgia das Horas, São Policarpo, bispo e mártir, exorta-os a abster-se "da difamação, do falso testemunho; de pagar o mal com o mal, a maldição com a maldição, o golpe com outro golpe e o ódio com o ódio. Bem lembrados dos ensinamentos do Senhor: *Não julgueis e não sereis julgados; perdoai e sereis perdoados; tende misericórdia para alcançardes misericórdia; com a mesma medida com que medirdes, sereis medidos*; e *bem-aventurados os pobres e os que sofrem perseguição, porque deles é o reino de Deus*"[7].

Não reagiremos nunca com severidade e secamente, não devolveremos o mal com o mal; a defesa, quando for oportuna, levá-la-emos a cabo respeitando as pessoas. E procuraremos ensinar, por todos os meios ao nosso alcance, que o motor que impulsiona a nossa vida é a caridade de Cristo. Toda a ação apostólica realizada à sombra da Cruz é sempre fecunda.

III. QUALQUER QUE SEJA o modo apostólico a que o cristão se sinta chamado e as circunstâncias em que tenha de exercê-lo, a caridade deve sempre preceder todos os nossos passos e iniciativas. *Nisto conhecerão todos que sois meus discípulos*, anunciou o Senhor[8].

Quando São Paulo escreve aos cristãos de Tessalônica e lhes recorda a sua estadia entre eles, diz-lhes: *A cada um de vós, como um pai aos seus filhos, fomos exortando-vos e confortando-vos, e suplicando que andásseis de uma maneira digna de Deus, que vos chamou ao seu reino e à sua glória*[9]. *A cada um*, escreve o Apóstolo, pois não se limitou a pregar na sinagoga ou nos lugares públicos, como costumava fazer. Ocupou-se de cada pessoa em particular; com o calor da amizade, soube dar alento e consolo a cada um; e ensinava-lhes como deviam comportar-se. É o que nós também devemos procurar fazer com aqueles com quem compartilhamos o lugar de trabalho, o lar, a sala de aula..., o bairro. Devemos começar por aproximar-nos deles com uma caridade bem vivida, que é a base de todo o apostolado, manifestando um apreço sincero por cada um, ainda que o relacionamento com este ou aquele seja mais difícil a princípio; sem permitir que os defeitos, aparentes ou reais, nos separem seja de quem for. "A obra da evangelização implica, no evangelizador, um amor fraterno sempre crescente para com os que evangeliza"[10]. Em cada um deles vemos um filho de Deus de valor infinito, que os modos de ser ou os defeitos não anulam.

Nós, que recebemos o dom da fé, sentimos a necessidade de comunicá-la aos outros, fazendo-os participar do grande achado da nossa vida. Esta missão, como se vê na vida dos primeiros cristãos, não é da competência exclusiva dos pastores de almas, mas *tarefa de todos*, de cada um segundo as suas circunstâncias particulares e a chamada que recebeu do Senhor.

Vejamos hoje se a influência cristã que exercemos ao nosso redor é a que o Senhor espera. Não esqueçamos as consoladoras palavras de Jesus, que também lemos no Evangelho da Missa: *E quem vos der um copo de água em meu nome, por serdes de Cristo, em verdade vos digo que não perderá a sua recompensa*. Que recompensa não nos preparará o Senhor, se ao longo da vida formos procurando que muitas almas se aproximem dEle?

(1) Nm 11, 25-29; (2) Mc 9, 38-41; (3) João Paulo II, Exort. apost. *Christifideles laici*, 30.12.88, 30; (4) Conc. Vat. II, Decr. *Ad gentes*, 13; (5) Paulo VI, Exort. apost. *Evangelii nuntiandi*, 8.12.75, 80; (6) Fl 1, 14-18; (7) Liturgia das Horas, *Ofício das Leituras. Segunda Leitura*; (8) Jo 13, 35; (9) 1 Ts 2, 11-12; (10) Paulo VI, Exort. apost. *Evangelii nuntiandi*, 79.

TEMPO COMUM. VIGÉSIMO SEXTO DOMINGO. CICLO C

225. COMPARTILHAR

— Parábola do mau rico e do pobre Lázaro.
— Com o uso que façamos dos bens da terra, estamos ganhando ou perdendo o Céu.
— Desprendimento. Partilhar com os outros o que o Senhor coloca nas nossas mãos.

I. A PRIMEIRA LEITURA da Missa[1] apresenta-nos o profeta Amós que chega do deserto à Samaria. Aí encontra os dirigentes do povo entregues a uma vida mole, que encobre todo o gênero de vícios e o completo esquecimento dos destinos do país, que caminha para a ruína. *Ai daqueles que vivem comodamente em Sião! Dormem em leitos de marfim e entregam-se à moleza nos seus leitos; comem os melhores cordeiros do rebanho e os mais escolhidos novilhos da manada; perfumam-se com óleos preciosos, sem se compadecerem da aflição de José*, recrimina-lhes o profeta. E anuncia-lhes a sorte que os espera: *Por isso irão para o desterro à cabeça dos cativos*. Esta profecia viria a cumprir-se uns anos mais tarde.

Ao longo da liturgia deste domingo, põe-se de manifesto que a excessiva ânsia de conforto, de bens materiais, de comodidade e luxo, leva na prática ao esquecimento de Deus e dos outros, bem como à ruína espiritual e moral. O Evangelho[2] descreve-nos um homem que não soube tirar proveito dos seus bens. Ao invés de ganhar com eles o Céu, perdeu-o para sempre. Tratava-se de *um homem rico, que se vestia de púrpura e de linho, e que todos os dias se banqueteava esplendidamente*. Entretanto, muito perto dele, à sua porta, estava deitado um mendigo chamado Lázaro, todo coberto de chagas, que *desejava saciar-se com as migalhas que caíam da mesa do rico*. E até os cães lambiam as suas chagas.

A descrição que o Senhor nos faz nesta parábola tem fortes contrastes: grande abundância num, extrema necessidade no outro. Dos bens em si mesmos, nada se diz. O Senhor apenas sublinha o uso que deles se faz: roupas extraordinariamente luxuosas e banquetes diários. Ao mendigo Lázaro, nem sequer lhe chegam as sobras.

Os bens do rico não tinham sido adquiridos fraudulentamente, nem ele era culpado da pobreza de Lázaro, ao menos diretamente: não se aproveitava da sua miséria para explorá-lo. Tem, no entanto, um marcado sentido da vida e dos bens: "banqueteava-se". Vive para si, como se Deus não existisse. Esqueceu uma coisa que o Senhor recorda com muita frequência: não somos donos dos bens materiais, mas administradores.

Este *homem rico* vive como lhe apetece na abundância; não está contra Deus nem oprime o pobre. Apenas está cego para as necessidades alheias. Leva a melhor existência que pode. Seu pecado? Não ter visto Lázaro, a quem poderia ter feito feliz com um pouco menos de egoísmo e um pouco mais de despreocupação pelas suas próprias coisas. Não utilizou os bens conforme o querer de Deus. Não soube compartilhar. "Não foi a pobreza — comenta Santo Agostinho — que conduziu Lázaro ao Céu, mas a sua humildade; nem foram as riquezas que impediram o rico de entrar no descanso eterno, mas o seu egoísmo e a sua infidelidade"[3].

O egoísmo, que muitas vezes se concretiza na ânsia de usufruir sem medida dos bens materiais, leva a tratar as pessoas como coisas; como coisas sem valor. Pensemos hoje que todos temos ao nosso redor pessoas necessitadas, como Lázaro. E não esqueçamos que os bens que recebemos para administrar generosamente são também o afeto, a amizade, a compreensão, a cordialidade, as palavras de ânimo...

II. DO USO QUE FAÇAMOS dos bens que Deus depositou nas nossas mãos depende a vida eterna. Estamos num tempo de merecer. Por isso, não sem um profundo mistério, o Senhor dirá: *É melhor dar do que receber*[4]. Ganhamos mais dando do que recebendo: ganhamos o Céu. Sendo generosos, descobrindo nos outros filhos de Deus que necessitam de nós, somos felizes aqui na terra e mais tarde na vida eterna. A caridade é sempre realização do Reino dos Céus, e é a única bagagem que sobrenadará neste mundo que passa. E devemos estar atentos, pois Lázaro pode estar no nosso próprio lar, no escritório ou na oficina em que trabalhamos.

Na segunda Leitura[5], São Paulo, depois de recordar a Timóteo que *a raiz de todos os males é o amor ao dinheiro* e que muitos perderam a fé por causa disso[6], escreve: *Mas tu, ó homem de Deus, foge destas coisas e busca a justiça, a piedade, a fé, a caridade, a paciência, a mansidão. Combate o bom combate da fé, conquista a vida eterna, para a qual foste chamado...*

Nós, cristãos, homens e mulheres de Deus, somos eleitos para ser fermento que transforma e santifica as realidades terrenas. Devemos preservar da morte todos os que estão ao nosso redor, como fizeram os primeiros cristãos nos lugares em que lhes coube viver. E ao vermos a ânsia com que muitos se embrenham nas coisas materiais, temos de compreender que, para sermos *fermento* no meio do mundo, devemos viver desprendidos daquilo que possuímos. Pouco ou nada poderíamos fazer à nossa volta se não puséssemos esforço e empenho em não ter coisas supérfluas, em reduzir os gastos, em levar uma vida sóbria, em praticar com magnanimidade as obras de misericórdia. Mostraremos, em primeiro lugar com o exemplo, que a salvação do mundo e a sua felicidade não estão nos meios materiais, por mais importantes que possam parecer, mas em ordenar a vida conforme o querer de Deus.

A sobriedade, a temperança, o desprendimento hão de levar-nos ao mesmo tempo a ser generosos: ajudando os mais necessitados, levando adiante — com o nosso tempo, com os talentos que recebemos de Deus, com os bens materiais na medida das nossas possibilidades — obras boas, que elevem o nível de formação, de cultura, de atendimento aos doentes... Esta generosidade ensinar-nos-á a livrar-nos do egoísmo, do apego desordenado aos bens materiais. E assim "estaremos em condições de fazer-nos solidários com os que sofrem, com os pobres e doentes, com os marginalizados e oprimidos. A nossa sensibilidade crescerá, e não nos custará ver no próximo necessitado de ajuda o próprio Jesus Cristo.

É Ele quem nos disse e agora nos recorda: *Todas as vezes que fizestes isto a um destes meus irmãos mais pequeninos, a mim o fizestes* (Mt 25, 40). No dia do Juízo, estas serão as nossas credenciais. E então compreenderemos também que de nada nos terá servido ganhar todo o mundo, se no final não tivermos amado com obras e de verdade os nossos irmãos"[7].

III. *NÃO VOS CONFORMEIS com este mundo...*[8], exortava São Paulo aos primeiros cristãos de Roma. Quando se vive com o coração posto nos bens materiais, as necessidades dos outros escapam-nos; é como se não existissem. O rico da parábola "foi condenado porque [...] nem sequer percebeu a presença de Lázaro, da pessoa que se sentava à sua porta e desejava alimentar-se das migalhas que caíam da sua mesa"[9]. Não adiantou que o visse tantas vezes.

Nós, cristãos, não podemos deixar-nos cegar por esse sentido da vida que só vê o aspecto rentável de cada circunstância, negócio ou lugar de trabalho. "A solidariedade é uma exigência direta da fraternidade humana e sobrenatural"[10], que nos levará, em primeiro lugar, a viver pessoalmente a pobreza que Jesus declarou *bem-aventurada*, aquela que "está feita de desprendimento, de confiança em Deus, de sobriedade e de disposição de partilhar com os outros, de sentido de justiça, de fome do reino dos céus, de disponibilidade para escutar a palavra de Deus e guardá-la no coração (cf. *Libertatis conscientia*, 66)"[11].

Ao mesmo tempo, devemos examinar se o nosso desprendimento é real, se tem consequências práticas, se a nossa vida é exemplar pela temperança no uso dos bens, e sobretudo — e como uma consequência efetiva desse desprendimento — se temos o coração posto no tesouro que não passa, que resiste ao tempo, à *ferrugem* e à *traça*[12].

Teremos Cristo conosco por toda uma eternidade sem fim. Quando tivermos de deixar todas as coisas desta terra, não nos custará muito passar por esse transe se tivemos o coração posto nEle. "Senhor! Como foi doce ver-me subitamente privado da doçura daquelas coisas que são nada! — exclamava Santo Agostinho recordando a sua conversão —.

Quanto mais temia perdê-las antes, tanto mais me rejubilava agora por tê-las deixado; Deus, minha grande e verdadeira doçura, expulsara-as de mim. Arrancara-as de mim, e em seu lugar entrava Ele, mais doce do que toda a doçura, mas não para a carne; mais luminoso e mais claro do que a própria luz, e ao mesmo tempo mais oculto do que qualquer segredo; mais sublime do que todas as honrarias"[13]. Que pena se, alguma vez, não soubéssemos apreciá-lo!

(1) Am 6, 1; 4-7; (2) Lc 16, 19-31; (3) Santo Agostinho, *Sermão 24*, 3; (4) At 20, 35; (5) 1 Tm 6, 11-16; (6) 1 Tm 6, 10; (7) A. Fuentes, *El sentido cristiano de la riqueza*, Rialp, Madri, 1988, p. 176; (8) Rom 12, 2; (9) João Paulo II, *Homilia no Yankee Stadium de New York*, 2.10.79; (10) Sagrada Congregação para a Doutrina da Fé, Instr. *Libertatis conscientia*, 22.03.86, 89; (11) João Paulo II, *Homilia*, México, 7.05.90; (12) cf. Lc 12, 33; (13) Santo Agostinho, *Confissões*, 9, 1, 1.

226. O SENTIDO CRISTÃO DA DOR

— As provas e os padecimentos de Jó.
— O sofrimento dos justos.
— A dor e a Paixão de Cristo.

I. AO LONGO DESTA SEMANA, uma das leituras da Missa[1] transmite-nos os ensinamentos do *Livro de Jó*, sempre atuais, pois a desgraça e a dor são realidades com as quais deparamos frequentemente.

Vivia na terra de Hus — lemos na Sagrada Escritura — um homem temente a Deus, chamado Jó, que tinha recebido inúmeras bênçãos do Senhor: era rico em rebanhos e produtos da terra; e tinha-lhe sido concedida uma numerosa descendência. Segundo uma concepção generalizada naqueles tempos, havia uma relação entre a vida virtuosa e a vida próspera em bens; o bem-estar material era considerado um prêmio que Deus concedia à virtude e à fidelidade. Num diálogo figurado entre Deus, que se sente contente com o amor do seu servo, e Satanás, este insinua que a virtude de Jó é interesseira e que desapareceria com a destruição das suas riquezas. *É a troco de nada que Jó teme a Deus? Não rodeaste de uma sebe protetora a sua pessoa, a sua casa e todos os seus bens? Abençoaste o trabalho das suas mãos e os seus rebanhos têm-se multiplicado por toda a região. Mas estende a tua mão e toca em tudo o que possui; e verás se não te amaldiçoa na tua cara*[2].

Com a autorização de Deus, Jó foi despojado de todos os seus bens, mas a sua virtude demonstrou estar profundamente arraigada: *Saí nu do ventre de minha mãe, e nu voltarei; o Senhor mo deu, o Senhor mo tirou; bendito seja o nome do Senhor*[3], exclamava no meio da sua pobreza. A sua conformidade com a vontade divina foi total, como o fora na abundância. A sua miséria converteu-se numa enorme riqueza espiritual.

Uma segunda prova, muito mais violenta, não pôde debilitar essa fé e confiança em Deus. Desta vez, todo o seu corpo foi atingido por uma úlcera que o cobriu da cabeça aos pés. Perder a saúde é pior do que perder os bens materiais. A fé de Jó, no entanto, manteve-se firme, apesar da doença e dos ataques ferinos de sua mulher: *Se recebemos os bens das mãos de Deus, por que não havemos de receber também os males?*[4], respondeu Jó.

Hoje pode ser uma boa oportunidade para que examinemos a nossa atitude para com Deus quando a desgraça e a dor se fazem presentes em nós ou naqueles que mais amamos. Deus é sempre Pai, mesmo quando somos atingidos pela aflição e pelos pesares. Sabemos comportar-nos como filhos agradecidos tanto na abundância como na escassez, na saúde como na doença?

II. TRÊS AMIGOS, de tribos e lugares diferentes, ao terem conhecimento da situação de Jó, combinaram ir juntos fazer-lhe companhia e consolá-lo. Quando os três, Elifaz, Bildad e Sofar, puseram os olhos em Jó e o viram num estado tão lamentável, toda a compaixão que tinham desapareceu, convencidos de que se achavam na presença de um homem amaldiçoado por Deus. Partilhavam da crença de que a prosperidade é o prêmio que Deus dá à virtude, e as tribulações o castigo reservado por Ele à iniquidade.

A conduta dos amigos, a persistência dos sofrimentos e a solidão no meio de tanta dor pesaram muito em Jó, que rompeu o seu silêncio numa queixa amarga. Os amigos, convencidos de que havia nele algum pecado oculto, continuaram a tratá-lo duramente, pois não encontravam outra explicação para as suas desgraças. Jó, convencido da sua inocência, admitiu a existência de pequenas transgressões, comuns a todos os homens[5], mas não a ponto de serem proporcionadas ao castigo. Recordou igualmente todo o bem que praticara. Nesse momento nasceu uma grande luta dentro da sua alma.

Sabia que Deus é justo, e no entanto tudo parecia falar de injustiça em relação à sua pessoa. Também ele pensava que o Senhor trata o homem conforme os seus méritos e deméritos; como podia então conciliar-se a justiça divina com a sua amarga experiência? Os amigos têm uma resposta, mas ele, em consciência, considera-a falsa. As duas convicções aparentemente contraditórias — a da justiça divina e a da sua própria inocência — causam-lhe uma angústia e um dilaceramento interior mais penoso do que a sua doença física e a sua ruína material[6]. É o desconcerto que produz todo o sofrimento do inocente: o das crianças que morrem prematuramente ou nascem com doenças que as deixarão incapacitadas para uma vida normal, o das pessoas que foram generosas e serviram fielmente a Deus, e que agora se encontram na ruína econômica ou gravemente doentes..., enquanto parece que a vida sorri para certas pessoas que sempre viveram de costas para Deus.

O *Livro de Jó* propõe "o problema do sofrimento do homem inocente com toda a clareza: o do sofrimento sem culpa. Jó não foi castigado; não havia razão para lhe ser infligida uma pena, e não obstante foi submetido a uma prova duríssima"[7]. Depois desta prova, Jó sairá fortalecido na sua virtude, que não dependia da sua situação confortável nem dos benefícios que tinha recebido de Deus. Mas "o *Livro de Jó* não é a última palavra da Revelação sobre este tema. De certo modo, é um anúncio da Paixão de Cristo"[8], a única que pode trazer luz ao mistério do sofrimento humano, e de modo especial à dor do inocente.

Tanto amou Deus o mundo, que lhe deu o seu Filho unigênito, para que todo aquele que nele crê não pereça, mas tenha a vida eterna[9]. A dor muda radicalmente de sinal com a Paixão de Cristo. "É como se Jó a tivesse pressentido quando disse: *Eu sei que o meu Redentor vive, e que no último dia [...] verei na minha própria carne o meu Deus* (Jó 19, 25); e que para ela tivesse orientado o seu próprio sofrimento, o qual, sem a Redenção, não teria podido revelar-lhe a plenitude do seu significado. Na Cruz de Cristo, não só se realizou a Redenção através do sofrimento, mas também *o próprio sofrimento humano foi redimido*. Cristo — sem culpa nenhuma própria — tomou sobre si todo o mal do pecado"[10]. Os padecimentos de Jesus foram o preço da nossa salvação[11]. Desde então, a nossa dor pode unir-se à de Cristo e assim participar da Redenção de toda a humanidade. "Esta foi a grande revolução cristã: converter a dor em sofrimento fecundo; fazer, de um mal, um bem. Despojamos o diabo dessa arma...; e, com ela, conquistamos a eternidade"[12].

III. A DOR NUNCA PASSA ao nosso lado deixando-nos como antes. Purifica a alma, eleva-a, aumenta o grau de união com a vontade divina, ajuda-nos a desprender-nos dos bens, do excessivo apego à saúde, faz-nos corredentores com Cristo..., ou, pelo contrário, afasta-nos do Senhor e deixa a alma entristecida e entorpecida para as coisas sobrenaturais. Quando Simão Cireneu foi requisitado para ajudar Jesus a carregar a Cruz, submeteu-se a contragosto. Foi *forçado*[13], escreve o Evangelista. Nos primeiros momentos, só olhava para a Cruz, e a Cruz era um simples madeiro pesado e incômodo. Depois, desviou a vista do madeiro para o réu, aquele homem totalmente singular que ia ser condenado. E então tudo mudou: ajudou Jesus com amor e mereceu o prêmio da fé para si e para os seus dois filhos, Alexandre e Rufo[14].

Cada um de nós deve também olhar menos para a cruz e mais para Cristo, no meio das suas provas e tribulações. Compreenderemos então que *carregar a Cruz* tem sentido quando a levamos junto com o Mestre. "O desejo mais ardente do Senhor é acender nos nossos corações essa chama de amor e de sacrifício que abrasa o seu. E por pouco que correspondamos a esse desejo, o nosso coração converter-se-á num foco de amor que consumirá pouco a pouco essas escórias acumuladas pelas nossas culpas e nos transformará em vítimas de expiação, alegres por conseguirmos, à custa de alguns sofrimentos, uma maior pureza, uma união mais estreita com o Amado; alegres também por completarmos a Paixão do Salvador pelo bem da Igreja e das almas (Cl 1, 24) [...]. Aos pés do Crucificado, compreendemos que, neste mundo, não é possível amar sem sacrifício, mas que o sacrifício é doce para quem ama"[15].

Ao terminarmos a nossa oração, contemplamos Nossa Senhora no alto do Calvário, participando de modo singular dos padecimentos do seu Filho.

"Admira a firmeza de Santa Maria: ao pé da Cruz, com a maior dor humana — não há dor como a sua dor —, cheia de fortaleza. — E pede-lhe dessa firmeza, para que saibas também estar junto da Cruz"[16].

Junto dEla, entendemos bem que o "sacrifício é doce para quem ama", e aprendemos a oferecer através do seu Coração dulcíssimo os fracassos, as incompreensões, as situações difíceis na família ou no trabalho, a doença e a dor...

"E uma vez feito o oferecimento, procuremos não pensar mais, mas cumprir o que Deus quer de nós, no lugar onde estivermos: na família, na fábrica, no escritório, na escola... Sobretudo, procuremos amar os outros, o próximo que está ao nosso redor.

"Se o fizermos, poderemos experimentar um efeito insólito e insuspeitado: a nossa alma estará cheia de paz, de amor, e também de alegria pura, de luz. Poderemos encontrar em nós uma nova força. Veremos como, abraçando as cruzes de cada dia e unindo-nos por elas a Jesus crucificado e abandonado, poderemos participar já aqui na terra da vida do Ressuscitado.

"E, enriquecidos por esta experiência, poderemos ajudar mais eficazmente todos os nossos irmãos a encontrar a bem-aventurança entre as lágrimas, a transformar em serenidade aquilo que os preocupa. Seremos assim instrumentos de alegria para muitas pessoas, de felicidade, dessa felicidade que todo o coração humano ambiciona"[17].

(1) *Primeira leitura* da Missa da 26ª semana da segunda-feira do Tempo Comum, ano II; (2) Jó 1, 9-11; (3) Jó 1, 21; (4) Jó 2, 10; (5) cf. Jó 13, 26; 14, 4; (6) cf. B. Orchard, *Verbum Dei*, Herder, Barcelona, 1960, vol. II, p. 104 e segs.; (7) João Paulo II, Carta apost. *Salvifici doloris*, 11.02.84, 11; (8) *ibid.*; (9) Jo 3, 16; (10) João Paulo II, Carta apost. *Salvifici doloris*, 19; (11) cf. 1 Cor 6, 20; (12) São Josemaria Escrivá, *Sulco*, n. 887; (13) Mt 27, 32; (14) cf. Mc 15, 21; (15) Adolphe Tanquerey, *La divinización del sufrimiento*, Rialp, Madri, 1955, pp. 203-204; (16) São Josemaria Escrivá, *Caminho*, n. 508; (17) Chiara Lubich, *Palabra que se hace vida*, Ciudad Nueva, Madri, 1990, p. 39.

TEMPO COMUM. VIGÉSIMA SEXTA SEMANA. TERÇA-FEIRA

227. A CAMINHO DE JERUSALÉM

— Não desanimar pelos nossos defeitos: o Senhor conta com eles e com o nosso empenho em arrancá-los.
— A ajuda incessante do Espírito Santo.
— O *defeito dominante*.

I. QUANDO SE APROXIMAVA a hora de partir deste mundo, Jesus *mostrou-se firmemente decidido a ir a Jerusalém*. E, ao entrar numa cidade de samaritanos, os seus habitantes não o receberam *porque dava a impressão de ir a caminho de Jerusalém*[1]. O Senhor, longe de tomar qualquer represália contra aqueles samaritanos por não terem tido com Ele a menor prova de hospitalidade, não os criticou, mas *foram para outra aldeia*. Já a reação dos apóstolos foi bastante diferente. Tiago e João propuseram a Jesus: *Senhor, queres que mandemos que desça fogo do céu e os consuma?* E o Senhor aproveitou a ocasião para ensinar-lhes que é preciso querer a todos, compreender mesmo os que não nos compreendem.

Muitas passagens do Evangelho põem a descoberto os defeitos dos apóstolos, ainda por polir, e como vão calando nos seus corações as palavras e o exemplo do Mestre. Deus conta com o tempo e com as fraquezas e defeitos dos seus discípulos de todas as épocas. Poucos anos após o episódio dos samaritanos, São João escreverá: *Quem não ama não conhece a Deus; porque Deus é caridade*[2]. Converte-se no apóstolo da caridade e do amor! Sem deixar de ser ele mesmo, o Espírito Santo foi transformando pouco a pouco o seu coração. O tema central das suas *Epístolas* é precisamente a caridade. Santo Agostinho, ao comentar a primeira delas, sublinhará que, nessa carta, o apóstolo "disse muitas coisas, praticamente todas, sobre a caridade"[3]. Foi ele quem nos transmitiu o ensinamento do Senhor sobre o *mandamento novo*, o mandamento que nos distinguiria como discípulos de Jesus[4]. Junto do Mestre, aprendeu bem que, *se nos amamos mutuamente, Deus permanece em nós, e a sua caridade é em nós perfeita*[5].

A tradição fez chegar até nós alguns pormenores dos últimos anos da vida de São João, que confirmam a solicitude com que o apóstolo cuidou de que fosse mantida a fidelidade ao mandamento do amor fraterno. São Jerônimo conta que, quando os discípulos o levavam às reuniões dos cristãos — pois pela sua idade já não podia ir sozinho —, repetia constantemente: "Filhinhos, amai-vos uns aos outros". E como certa vez lhe perguntassem por que sempre dizia o mesmo, respondeu: "É o mandamento do Senhor, e, se se cumpre, isso basta"[6].

Para nós, que nos vemos cheios de defeitos, é um consolo e um estímulo saber que os santos também os tiveram, mas lutaram; foram humildes e alcançaram a santidade, chegando até a sobressair, como vemos no caso de São João, naquilo em que pareciam estar mais longe do espírito de Cristo.

II. DEPOIS DO DIA de Pentecostes, o Espírito Santo completou a formação daqueles que escolhera para que fossem as colunas da sua Igreja, apesar de tantas deficiências. Desde então, não deixou de atuar nas almas dos discípulos de Cristo de todas as épocas. As suas inspirações são às vezes instantâneas como o relâmpago: sugere-nos no íntimo da alma que sejamos generosos em mortificar-nos numa pequena coisa, que tenhamos paciência na adversidade, que guardemos os sentidos... Numas ocasiões, atua diretamente, sugerindo, inspirando. Noutras, fá-lo através dos conselhos que recebemos na direção espiritual, ou de um acontecimento, do exemplo de uma pessoa, da leitura de um bom livro...

Ele quer situar "no edifício da minha vida a pedra que convém colocar neste ou naquele momento preciso e que é reclamada, digamo-lo assim, pelo projeto do edifício, conforme o estado atual da construção"[7], do grande projeto que Deus tem acerca da nossa vida, e que não quer levar a cabo sem a nossa colaboração.

E tudo está ordenado — umas vezes permitido, outras enviado pelo nosso Pai-Deus — para que alcancemos a santidade, o fim para o qual fomos criados e que consiste na nossa plena felicidade aqui na terra e depois, por toda a eternidade, no Céu. Também a dor, o sofrimento ou o fracasso que Deus permite estão orientados para esse fim mais alto, que nunca devemos perder de vista: *Porquanto esta é a vontade de Deus, a vossa santificação*[8].

Deus ama-nos sempre: quando nos dá consolações e quando permite a doença, a aflição, o sofrimento, a pobreza, o fracasso... Mais ainda, "Deus nunca me ama tanto como quando me envia um sofrimento"[9]. É uma "carícia divina", pela qual sempre devemos dar graças. São Lucas fala-nos, na passagem do Evangelho que meditamos, da decisão com que Cristo se dirigiu a Jerusalém, onde o esperava a Cruz.

São João não mudou num instante, nem sequer depois da repreensão de Jesus. Mas não desanimou com os seus erros; pôs empenho, permaneceu junto do Mestre, e a graça fez o resto. Isto é o que o Senhor nos pede. Quando, no anoitecer da vida, o apóstolo recordasse esse e muitos outros episódios em que se encontrava bem longe do espírito do seu Mestre, viria também à sua memória a paciência de que Jesus usara com ele, as vezes em que tivera de recomeçar, e isso o ajudaria a amar mais Aquele que, numa tarde inesquecível, o chamara para que o seguisse.

III. DEUS CONCEDEU a São João uma particular profundidade e finura na caridade, tanto na sua vida — o Senhor quis que fosse ele a cuidar da sua Mãe! — como nos seus ensinamentos. Movido pelo Espírito Santo, escreveu estas palavras cheias de sabedoria: *Nisto se distinguem os filhos de Deus dos filhos do demônio: todo aquele que não pratica a justiça não é filho de Deus, e também não o é aquele que não ama o seu irmão*[10]. Como estamos longe daquele espírito duro e intransigente, que queria fazer descer fogo do céu sobre as cidades que não tinham querido dar ouvidos à mensagem do Senhor.

Não devemos desanimar diante dos nossos erros e fraquezas: o Senhor conta com eles, com o tempo, com a graça, e com os nossos desejos de lutar. Mas, para combatermos com eficácia na vida interior, devemos conhecer bem aquilo que os autores espirituais chamam o *defeito dominante*, esse que em cada um tende a prevalecer sobre os outros e, como consequência, se faz presente na maneira de opinar, de julgar, de querer e de agir[11].

Trata-se de uma deficiência que de alguma maneira está na base de todos os nossos erros: nuns será a vaidade, noutros a preguiça, ou a impaciência, ou a falta de otimismo, ou a tendência para a ira... Não subimos todos pelo mesmo caminho para chegar à santidade: uns devem fomentar sobretudo a fortaleza; outros, a esperança ou a alegria. "Na cidadela da nossa vida interior, o defeito dominante é o ponto fraco, o lugar desguarnecido. O inimigo das almas procura precisamente, em cada um, esse ponto fraco, facilmente vulnerável, e com facilidade o encontra. Por conseguinte, nós também devemos conhecê-lo"[12].

Para isso, é preciso que nos perguntemos para onde se encaminham habitualmente os nossos desejos, o que é que mais nos preocupa, o que nos faz sofrer, o que nos leva com mais frequência a perder a paz ou a cair na tristeza... Também ajuda a identificar o defeito dominante perguntarmo-nos em que ponto somos mais assaltados pelas tentações, pois é onde o inimigo nos vê mais fracos e, por isso, onde mais nos ataca.

Para progredirmos no combate ao defeito dominante, além de conhecermos bem esse ponto fraco, devemos pedir sinceramente a Deus a sua graça para vencê-lo: "Afasta de mim, Senhor, o que me afasta de Ti", repetiremos em incontáveis ocasiões. E depois temos de fazer um propósito firme de não pactuar nunca com essa falha do nosso caráter, e aplicar-lhe o *exame particular*, um exame breve e frequente que nos dirá se estamos lutando seriamente, com metas de superação concretas e aproveitando as ocasiões para adquirir a virtude oposta ao nosso defeito. "Com o exame particular tens de procurar diretamente adquirir uma virtude determinada ou arrancar o defeito que te domina"[13].

Em Maria, nossa Mãe, encontraremos sempre a paz e a alegria para caminharmos até o Senhor, pois o "nosso caminhar deve ser alegre, como o da Virgem; mas, como o dEla, passando pela experiência da dor, pelo cansaço do trabalho e pelo claro-escuro da fé.

"Caminhemos levados pela mão por Maria, a cheia de graça. Deus Pai, Deus Filho, Deus Espírito Santo encheram-na de dons, fizeram dEla uma criatura perfeita; é da nossa raça e tem por missão distribuir apenas coisas boas. Mais. Ela converteu-se para nós em vida, doçura e esperança nossa.

"Maria, Mãe de Jesus, sinal de consolo e de esperança segura (Concílio Vaticano II, Constituição *Lumen gentium*, 68), caminha pela terra iluminando com a sua luz o povo de Deus peregrinante.

"Ela, a nossa Mãe, é o caminho, a via, o atalho para chegarmos ao Senhor. Maria encherá de alegria os nossos trabalhos [...], o nosso peregrinar"[14].

(1) Lc 9, 52-56; (2) 1 Jo 4, 8; (3) Santo Agostinho, *Comentário à primeira Epístola de São João*, prólogo; (4) cf. Jo 13, 34-35; (5) 1 Jo 4, 12; (6) São Jerônimo, *Comentário à Epístola aos Gálatas*, III, 6; (7) Joseph Tissot, *La vida interior*, 16ª ed., Herder, Barcelona, 1964, p. 287; (8) 1 Ts 4, 3; (9) Joseph Tissot, *La vida interior*, p. 293; (10) 1 Jo 3, 10; (11) cf. Réginald Garrigou-Lagrange, *Las tres edades de la vida interior*, vol. I, p. 365 e segs.; (12) *ibid.*, p. 367; (13) São Josemaria Escrivá, *Caminho*, n. 241; (14) Jesús Urteaga, *Los defectos de los santos*, 3ª ed., Rialp, Madri, 1982, pp. 380-381.

TEMPO COMUM. VIGÉSIMA SEXTA SEMANA. QUARTA-FEIRA

228. PARA SEGUIR O SENHOR

— Desprendimento necessário para seguir o Senhor. Os bens materiais são apenas meios. Aprender a viver a pobreza cristã.
— Consequências da pobreza: o uso do dinheiro, evitar os gastos desnecessários, o luxo, o capricho...
— Outras manifestações da pobreza cristã: rejeitar o supérfluo, as falsas necessidades... Enfrentar com alegria a escassez e a necessidade.

I. RELATA O EVANGELHO da Missa[1] que Jesus se dispunha a passar para a outra margem do lago quando se aproximou dEle um escriba que queria segui-lo: *Seguir-te-ei para onde quer que vás*, diz-lhe. Jesus expõe-lhe em breves palavras o panorama que o espera: a renúncia ao conforto pessoal, o desprendimento das coisas, uma disponibilidade completa ao querer divino: *As raposas têm as suas covas e as aves do céu os seus ninhos, mas o Filho do homem não tem onde reclinar a cabeça.*

Jesus pede aos seus discípulos, a todos, um desprendimento habitual: a atitude firme de estar por cima das coisas que necessariamente se têm de usar. Para nós, que fomos chamados a seguir o Senhor sem sair do mundo, manter o coração desprendido dos bens materiais, sem deixar de usar o necessário, requer uma atenção constante, sobretudo numa época em que parece imperar o desejo de possuir e saborear tudo o que agrada aos sentidos e em que, para muitos — dá essa impressão —, esse é o principal fim da vida[2]. Viver a pobreza que Cristo nos pede requer uma grande delicadeza interior: nos desejos, no pensamento, na imaginação; exige que se viva com o mesmo espírito do Senhor[3].

Uma das primeiras manifestações da pobreza evangélica é utilizar os bens como meios[4], não como fins em si mesmos. As coisas materiais são *bens* unicamente quando se utilizam para um fim superior: sustentar a família, educar os filhos, adquirir uma maior cultura em benefício da sociedade, ajudar as obras de apostolado e os que passam privações...

Mas isto não é fácil de viver na prática, porque o homem tende a deixar que o coração se apegue sem medida nem temperança aos meios materiais. É necessário aprender na vida real como temos de comportar-nos para não cair nesses duros laços que impedem de subir até o Senhor. E isto tanto no caso de possuirmos muitos bens como de não possuirmos nenhum, pois a pobreza não se confunde com o não ter: "A pobreza que Jesus declarou bem-aventurada é aquela que é feita de desapego, de confiança em Deus, de sobriedade e disposição de compartilhar"[5]. Esta é a pobreza daqueles que devem viver e santificar-se no meio do mundo.

O próprio São Paulo nos diz que teve de enfrentar essa aprendizagem para chegar a viver desprendido em todas as circunstâncias: *Aprendi a viver na pobreza* — diz aos cristãos de Filipos —; *aprendi a viver na abundância* [...]. *Estou acostumado a tudo: à fartura e à escassez; à riqueza e à pobreza. Tudo posso naquele que me conforta*[6]. A sua segurança e a sua confiança estavam postas em Deus.

II. NÃO PODEMOS DEIXAR de contemplar a figura de Cristo, que *não tinha onde reclinar a cabeça...*, porque, se queremos segui-lo, temos de imitá-lo. Ainda que tenhamos de utilizar meios materiais para cumprir a nossa missão no mundo, o nosso coração tem de estar como o do Senhor: livre de laços.

A verdadeira pobreza cristã é incompatível não só com a ambição de bens supérfluos, mas também com a inquieta preocupação pelos necessários. Se alguém que quisesse seguir o Senhor de perto viesse a afligir-se e a perder a paz por causa das preocupações econômicas, isso indicaria que a sua vida interior se estava enchendo de tibieza e que estaria tentando servir a dois senhores[7]. Pelo contrário, a aceitação das privações e das incomodidades que a pobreza traz consigo é algo que une estreitamente a Jesus Cristo, e é sinal de predileção da parte do Senhor, que deseja o bem para todos, mas de modo especial para aqueles que o seguem.

Um aspecto da pobreza cristã é o que se refere ao uso do dinheiro. Há coisas que são objetivamente luxuosas e que não condizem com um discípulo de Cristo, mesmo que sejam normais no meio em que ele se desenvolve. São objetos, viagens ao estrangeiro, restaurantes requintados, roupas caras... que não devem figurar nos gastos nem no uso de quem deseja ter por Mestre Aquele que não tinha onde reclinar a cabeça. Prescindir dessas comodidades ou luxos é coisa que tal-vez venha a chocar as pessoas do nosso ambiente, mas pode ser, em não poucas ocasiões, o meio de que o Senhor queira servir-se para que muitas delas se sintam movidas a sair do seu aburguesamento.

Os gastos motivados pelo capricho são, por outro lado, o que há de mais oposto ao espírito de mortificação, ao sincero anelo de imitar Jesus. É lógico pensar que também não teria o espírito de Cristo quem se deixasse levar por esses desejos pela simples razão de que quem os paga é o Estado, a empresa ou um familiar... O coração ficaria ao nível da terra, impossibilitado de levantar voo até os bens sobrenaturais ou mesmo de compreender que existem.

Pobres, por amor de Cristo, na abundância e na escassez. Em cada uma dessas situações, o uso dos bens adquirirá umas formas talvez diferentes, mas os sentimentos e as disposições do coração serão os mesmos. "Copio este texto, porque pode dar paz à tua alma: «Encontro-me numa situação econômica tão apertada como nunca. Não perco a paz. Tenho absoluta certeza de que Deus, meu Pai, resolverá todo este assunto de uma vez.

"«Quero, Senhor, abandonar o cuidado de todas as minhas coisas nas tuas mãos generosas. A nossa Mãe — a tua Mãe! —, a estas horas, como em Caná, já fez soar aos teus ouvidos: — Não têm!... Eu creio em Ti, espero em Ti, amo-Te, Jesus: para mim, nada; para eles»"[8]. Talvez muitas vezes tenhamos necessidade de fazer nossa esta oração.

III. NÓS QUEREMOS seguir Cristo de perto, viver como Ele viveu, no meio do mundo, nas circunstâncias particulares em que nos cabe viver. Um aspecto da pobreza que o Senhor nos pede é cuidarmos, para que durem, dos objetos que utilizamos. Esta atitude requer mortificação, um sacrifício pequeno, mas constante, porque é mais cômodo largar a roupa em qualquer lugar e de qualquer forma, ou deixar para mais tarde — sem data fixa — esse pequeno conserto que, se se realiza logo, evita um gasto maior.

Também quem procura não ter nada de supérfluo está próximo do desprendimento que Cristo nos pede. Para isso, é necessário que nos perguntemos muitas vezes: necessito realmente destes objetos, de duas canetas ou duas esferográficas...? "O supérfluo dos ricos — afirma Santo Agostinho — é o necessário dos pobres. Possuem-se coisas alheias quando se possui o supérfluo"[9]. Sapatos, utensílios, roupas, aparelhos eletrônicos, material esportivo..., tudo isso que tenho armazenado faz-me realmente falta? Tenho presente que, em boa parte, o desprendimento cristão consiste em "não considerar — de verdade — coisa alguma como própria"[10], e atuo de modo consequente?

É evidente que a pobreza cristã é compatível com esses adornos da casa de uma família cristã, que se distingue mais pelo bom gosto, pela limpeza (fazer com que as coisas brilhem e rendam) e pela simplicidade do que pela ostentação. A casa deve ser um lugar em que a família se sinta à vontade e a que todos os membros desejem chegar quanto antes pelo carinho que nela se respira, mas não um lugar que seja uma constante ocasião de aburguesamento, de falta de sacrifício nas crianças e nos adultos...

Privar-se do supérfluo significa, sobretudo, não criar necessidades. "Temos que ser exigentes conosco na vida cotidiana, para não inventar falsos problemas, necessidades artificiais que, em último termo, procedem da arrogância, do capricho, de um espírito comodista e preguiçoso. Devemos caminhar para Deus a passo rápido, sem bagagem e sem pesos mortos que dificultem a marcha"[11].

Não ter coisas supérfluas ou desnecessárias significa, pois, aprender a não criar falsas necessidades, das quais podemos prescindir com um pouco de boa vontade. E, ao mesmo tempo, agradecer ao Senhor que não nos estejam faltando os meios necessários para o trabalho, para o sustento das pessoas que dependem de nós e para podermos ajudar as obras apostólicas em que colaboramos; estando dispostos a prescindir deles, se Deus assim o permitir.

A Virgem Santa Maria ajudar-nos-á a levar à prática, de verdade, este conselho: "Não ponhas o coração em nada de caduco: imita a Cristo, que se fez pobre por nós e não tinha onde reclinar a cabeça.

"— Pede-lhe que te conceda, no meio do mundo, um efetivo desprendimento, sem atenuantes"[12].

(1) Lc 9, 57-62; (2) cf. Conc. Vat. II, Const. *Gaudium et spes*, 63; (3) cf. São Francisco de Sales, *Introdução à vida devota*, III, 15; (4) Adolphe Tanquerey, *Compendio de teologia ascética y mística*, Palabra, Madri, 1990, n. 897; (5) S. C. para a Doutrina da Fé, Instr. *Sobre a liberdade cristã e a libertação*, 22.03.86, 66; (6) Fl 4, 12-13; (7) cf. Mt 6, 24; (8) São Josemaria Escrivá, *Forja*, n. 807; (9) Santo Agostinho, *Comentário sobre o Salmo 147*; (10) São Josemaria Escrivá, *Forja*, n. 524; (11) São Josemaria Escrivá, *Amigos de Deus*, n. 125; (12) São Josemaria Escrivá, *Forja*, n. 523.

229. A MESSE É GRANDE

— Urgência de novos apóstolos para reevangelizar o mundo.
— A caridade, fundamento do apostolado.
— A alegria que deve acompanhar a mensagem cristã.

I. DENTRE O NUMEROSO grupo de discípulos[1] que seguiu Jesus, alguns acompanharam-no desde o Batismo nas margens do Jordão até à Ascensão: os Atos dos Apóstolos dão-nos notícia de dois deles: José, chamado Bársabas, e Matias[2]. Também estariam nesse grupo Cléofas e o seu companheiro, a quem Jesus ressuscitado apareceu no caminho de Emaús[3].

Sem pertencerem ao círculo dos Doze, estes discípulos chegaram a formar uma categoria especial entre os ouvintes e amigos do Senhor, sempre dispostos a atender ao que o Mestre lhes pedisse[4]. Com toda a certeza, formaram o núcleo da primitiva Igreja depois de Pentecostes. No Evangelho da Missa[5], lemos que, desses que o seguiam com plena disponibilidade, Jesus designou setenta e dois para que fossem adiante dEle, preparando as almas para a sua chegada. E disse-lhes: *A messe é grande, mas os operários são poucos*.

Também hoje o campo apostólico é imenso: países de tradição cristã que é necessário evangelizar de novo, nações que durante muitos anos sofreram perseguições por causa da fé e que precisam da nossa ajuda, povos inteiros que acabam de surgir no cenário da história e que estão sedentos de doutrina...

Basta lançarmos um olhar à nossa volta — ao lugar de trabalho, à Universidade, aos meios de comunicação... — para nos apercebermos de tudo o que está por fazer. *A messe é grande*... "Nações e países inteiros, onde a religião e a vida cristã foram em tempos tão prósperas e capazes de dar origem a comunidades de fé viva e operosa, encontram-se hoje sujeitos a duras provas, e, por vezes, até são radicalmente transformados pela contínua difusão do indiferentismo, do secularismo e do ateísmo. É o caso, em especial, dos países e das nações do chamado Primeiro Mundo, onde o bem-estar econômico e o consumismo — se bem que misturados com espantosas situações de pobreza e de miséria — inspiram e permitem uma existência vivida *como se Deus não existisse*.

"Ora, o indiferentismo religioso e a total irrelevância prática de Deus à hora de resolver os problemas, mesmo graves, da vida, não são menos preocupantes e desoladores do que o ateísmo declarado. E também a fé cristã — ainda que sobreviva em algumas manifestações tradicionais e ritualistas — tende a desaparecer nos momentos mais significativos da existência, como são os momentos do nascer, do sofrer e do morrer. Daí que se levantem interrogações e enigmas tremendos, que, ao ficarem sem resposta, expõem o homem contemporâneo a inconsoláveis decepções e à tentação de eliminar a própria vida humana que levanta esses problemas"[6].

Este é o tempo de lançar a semente divina e também o tempo de recolher. Há lugares em que não se pode semear por falta de operários, e messes que se perdem porque não há quem as recolha. Daí a urgência de novos apóstolos. *A messe é grande*; os operários, poucos.

Nos primeiros tempos do cristianismo, num mundo cuja situação era parecida à nossa — com abundância de recursos materiais, mas espiritualmente pobre —, a Igreja nascente teve o necessário rigor, não só para se proteger do inimigo exterior, o paganismo, mas também para transformar por dentro uma civilização tão afastada de Deus. Não parece que o mundo de há dois mil anos estivesse nem melhor nem pior preparado do que o nosso para ser evangelizado. À primeira vista, podia parecer fechado à mensagem de Cristo, como o de agora; mas aqueles primeiros cristãos, todos eles apóstolos, providos das mesmas armas que nós — o espírito de

Jesus —, souberam transformá-lo. Não poderemos nós mudar o mundo que nos rodeia: a família, os amigos, os companheiros de trabalho...?

O mundo atual talvez precise de muitas coisas, mas de nenhuma outra precisa com mais urgência do que de apóstolos santos, alegres, de convicções firmes, fiéis à doutrina da Igreja, que anunciem com simplicidade que Cristo vive. É o próprio Senhor quem nos indica o caminho para conseguirmos novos operários que trabalhem na sua vinha: *Rogai, pois, ao dono da messe que mande operários para a sua messe. Rogai...*, diz-nos. "A oração é o meio mais eficaz de proselitismo"[7]. As nossas ânsias apostólicas devem traduzir-se, em primeiro lugar, numa petição contínua, confiada e humilde, de novos apóstolos. A oração deve sempre preceder a ação.

"Corta o coração aquele clamor — sempre atual! — do Filho de Deus, que se lamenta porque a messe é muita e os operários são poucos.

"— Esse grito saiu da boca de Cristo para que também tu o ouças. Como lhe respondeste até agora? Rezas, ao menos diariamente, por essa intenção?"[8]

II. *A MESSE É GRANDE...* "Para a messe abundante — comenta São Gregório Magno —, são poucos os operários — coisa que não podemos dizer sem grande tristeza —; porque, se é verdade que não falta quem ouça coisas boas, falta, no entanto, quem as difunda"[9]. O Senhor quer servir-se agora de nós, como fez naquela ocasião com os que o acompanhavam e depois com todos os que quiseram segui-lo de perto.

O Mestre, antes de enviar os seus discípulos ao mundo inteiro, fê-los viver como amigos na sua intimidade; deu-lhes a conhecer o Pai, revelou-lhes e sobretudo comunicou-lhes o seu amor. *Como o Pai me amou, assim eu vos amei*[10]*; chamei-vos amigos, porque vos dei a conhecer tudo aquilo que ouvi de meu Pai*. E acrescentou, como conclusão: *Eu vos destinei para que vades e deis fruto*[11].

É com essa caridade que temos de ir a toda a parte, pois o apostolado consiste essencialmente em "manifestar e comunicar a caridade de Deus a todos os homens e povos"[12], essa caridade com que o Senhor nos ama e com que quer que amemos a todos. O cristão será apóstolo na medida em que for amigo de Deus e projetar essa amizade naqueles que encontra diariamente no seu caminho.

Num mundo onde a agressividade e a desconfiança parecem ir ganhando terreno, a nossa primeira preocupação deve ser a de viver com esmero a caridade em todas as suas manifestações. Quando as pessoas que se aproximam de nós — por mais afastadas que estejam de Deus — virem que confiamos nelas, que estamos dispostos a oferecer-lhes a nossa ajuda, a sacrificar-nos por elas, mesmo sem as conhecermos bem, que não somos negativos nem falamos mal seja de quem for..., não demorarão a pensar que nós, os cristãos, somos muito diferentes, e que o somos porque seguimos *Alguém* muito especial: Cristo.

Isto não quer dizer que não tenhamos diferenças com os outros, mas que as manifestamos sem ar de ofendidos, sem pôr em dúvida a boa-fé das pessoas, sem as atacar, ainda que estejamos longe das suas ideias. Quando não excluímos ninguém do nosso convívio e da nossa ajuda, então damos testemunho de Cristo.

III. JUNTO COM A CARIDADE, devemos manifestar ao mundo a nossa alegria, aquela que o Senhor nos prometeu na Última Ceia[13] e que nasce da intimidade com Deus e do esquecimento dos nossos problemas.

A alegria é um elemento essencial da ação apostólica, pois quem pode sentir-se atraído por uma pessoa triste, negativa, que se queixa continuamente? Se a doutrina do Senhor se propagou como um incêndio nos primeiros séculos, foi, em boa parte, porque os cristãos se mostravam cheios de segurança e alegria por serem portadores da Boa-nova: eram os mensageiros gozosos dAquele que trouxera a salvação ao mundo. Constituíam sem dúvida um povo feliz no meio de um mundo triste, e a sua alegria irradiava a fé que tinham em Cristo, era portadora da verdade que traziam no coração e da qual falavam no lar, na intimidade de uma conversa entre amigos..., em todo o momento, porque era a razão das suas vidas.

A alegria do cristão tem um fundamento bem firme: o sentido da sua filiação divina, o saber-se filho de Deus em qualquer circunstância. "Como sugere Chesterton, é alegria não porque o mundo possa satisfazer todas as nossas aspirações, mas ao contrário. Não estamos onde temos de permanecer: estamos a caminho. Tínhamos perdido o rumo e Alguém veio buscar-nos e leva-nos de volta ao lar paterno. É alegria não porque tudo o que nos acontece seja bom — não é assim —, mas porque Alguém sabe aproveitá-lo para o nosso bem. A alegria cristã é consequência de sabermos enfrentar a única realidade autenticamente triste da vida, que é o pecado; e de sabermos neutralizá-la com uma realidade gozosa ainda mais real e mais forte que o pecado: o amor e a misericórdia de Deus"[14].

Temos de perguntar-nos se realmente refletimos na nossa vida diária tantos motivos que possuímos para estar alegres: o júbilo da filiação divina, do arrependimento e do perdão, de nos sentirmos a caminho da felicidade sem fim..., a imensa alegria de podermos comungar com tanta frequência! "O primeiro passo para aproximares os outros dos caminhos de Cristo é que te vejam contente, feliz, seguro no teu caminhar para Deus"[15].

E, com a alegria e a caridade de Cristo, temos de saber mostrar que possuímos a única verdade que pode salvar os homens e fazê-los felizes. "Somente os cristãos persuadidos têm a possibilidade de persuadir os outros. Os cristãos persuadidos a meias não persuadirão ninguém"[16].

(1) Cf. Mc 2, 15; (2) cf. At 1, 21-26; (3) cf. Lc 24, 13-35; (4) cf. P. R. Bernard, *El misterio de Jesús*, J. Flors, Barcelona, 1965, vol. I, p. 88 e segs.; (5) Lc 10, 1-12; (6) João Paulo II, Exort. apost. *Christifideles laici*, 30.12.88, 34; (7) São Josemaria Escrivá, *Caminho*, n. 800; (8) São Josemaria Escrivá, *Forja*, n. 906; (9) São Gregório Magno, *Homilias sobre os Evangelhos*, 17, 3; (10) Jo 15, 9; (11) Jo 15, 16; (12) Conc. Vat. II, Decr. *Ad gentes*, 10; (13) cf. Jo 16, 22; (14) Cormac Burke, *Autoridad y libertad en la Iglesia*, p. 223; (15) São Josemaria Escrivá, *Forja*, n. 858; (16) Cormac Burke, *Autoridad y libertad en la Iglesia*, p. 219.

TEMPO COMUM. VIGÉSIMA SEXTA SEMANA. SEXTA-FEIRA

230. PREPARAR A ALMA

— As cidades que não quiseram converter-se.
— Motivos para a penitência. As mortificações passivas.
— As mortificações voluntárias e as que nascem do perfeito cumprimento do dever.

I. JESUS PASSOU muitas vezes pelas ruas e praças das cidades que estavam à margem do lago de Genesaré, e foram incontáveis os milagres e as bênçãos que derramou sobre os seus habitantes; mas estes não se converteram, não souberam acolher o Messias de quem tanto tinham ouvido falar na sinagoga. Por isso o Senhor queixou-se com pesar: *Ai de ti, Corozaim! Ai de ti, Betsaida! Porque, se em Tiro e em Sídon se tivessem realizado os milagres que se fizeram em vós, há muito tempo que teriam feito penitência... E tu, Cafarnaum, serás exaltada até o céu? Serás abatida até o inferno*[1].

Jesus tinha semeado a mãos cheias naqueles lugares, mas não foi muito o que colheu. Os seus habitantes não fizeram penitência, e, sem essa conversão do coração, acompanhada de sacrifício, a fé obnubila-se e não se chega a descobrir Cristo que nos visita. Tiro e Sídon tinham menos responsabilidade porque tinham recebido menos graças.

Por isso, como diz o Espírito Santo, se ouvirdes hoje a sua voz, não queirais endurecer os vossos corações...[2] Deus fala aos homens de todos os tempos. Cristo continua a passar pelas nossas cidades e aldeias, bem como a derramar as suas bênçãos sobre nós. Saber escutá-lo e cumprir a sua vontade *hoje e agora* é de importância capital para a nossa vida. Nada é tão importante. Não há momento algum em que não seja necessário escutar com prontidão e docilidade esses apelos que Jesus faz ao coração de cada um, pois "não é a bondade de Deus que tem a culpa de que a fé não nasça em todos os homens, mas a disposição insuficiente dos que recebem a pregação da palavra"[3].

Esta resistência à graça é chamada frequentemente na Sagrada Escritura *dureza de coração*[4]. O homem costuma alegar dificuldades intelectuais ou teóricas para se converter ou dar um passo adiante na sua fé; mas não raras vezes trata-se simplesmente de más disposições na vontade, que se nega a abandonar um mau hábito ou a lutar decididamente contra um defeito, esse que lhe dificulta uma maior correspondência ao que o Senhor, que passa ao seu lado, lhe pede claramente.

O sacrifício prepara a alma para ouvir o Senhor e prepara a vontade para segui-lo: "Se queremos ir a Deus, é necessário que mortifiquemos a alma com todas as suas potências"[5]. Pelo sacrifício, o nosso coração converte-se em terra boa que espera a semente para dar fruto. À semelhança do lavrador, temos de arrancar e queimar a cizânia, as pragas que continuamente tendem a crescer na alma: a preguiça, o egoísmo, a inveja, a curiosidade... Por isso, a Igreja convida-nos sempre — e de maneira especial neste dia da semana, a sexta-feira — a examinar como vai o nosso espírito de penitência e de sacrifício, e anima-nos a ser mais generosos, imitando Cristo que se ofereceu na Cruz por todos os homens.

II. QUEM ADOTOU a firme resolução de levar uma vida cristã, na sua mais plena integridade, precisa do exercício contínuo de fazer morrer o *homem velho com todas as suas obras*[6], quer dizer, de lutar contra o "conjunto de más inclinações que herdamos de Adão, a tríplice concupiscência que temos de reprimir e refrear mediante o exercício da mortificação"[7].

Mas essas mortificações não são algo negativo; pelo contrário, rejuvenescem a alma, preparam-na para entender e receber os bens divinos, e servem para reparar os pecados passados. Por isso pedimos frequentemente ao Senhor *emendationem vitae, spatium verae paenitentiae*: um tempo para fazer penitência e emendar a vida[8].

São três os principais campos em que podemos desenvolver generosamente o espírito de penitência no meio dos nossos afazeres diários.

Em primeiro lugar, o da aceitação amorosa e serena dos contratempos que nos chegam a cada passo. Trata-se de coisas, muitas vezes pequenas, que nos são contrárias, que não se apresentam como desejaríamos ou que chegam de modo inesperado ou contrário ao que tínhamos previsto, e que exigem uma mudança de planos: uma pequena doença que diminui a nossa capacidade de trabalho, um esquecimento, o mau tempo que dificulta uma viagem, o excesso de trânsito, o caráter difícil de uma pessoa com quem temos de trabalhar... Essas coisas não dependem de nós, mas temos de recebê-las como uma oportunidade para amar a Deus, acolhendo-as com paz, sem permitir que nos tirem a alegria.

São coisas pequenas, "mas que, se não se assimilam por Amor, vão gerando no homem uma espécie de nervosismo, um ânimo pouco aprazível e triste. A maior parte dos nossos aborrecimentos não provêm de grandes contratempos, mas de pequenas dificuldades não assimiladas. O homem que chega ao fim do dia preocupado, entristecido, de mau humor, de mau gênio, não é ordinariamente por ter experimentado graves reveses, mas porque foi acumulando uma série de contratempos mínimos que não soube incorporar a uma vida de amor, a uma vida de proximidade com Deus"[9].

Esse homem perdeu muitas ocasiões de crescer nas virtudes e, além disso, deixou de fortalecer-se para poder aceitar situações mais difíceis, como queridas ou ao menos permitidas pelo Senhor para uni-lo mais intimamente a Ele.

Quando Deus vem ao mundo "para curar e remediar as nossas rebeldias e misérias espirituais na sua raiz, destrói muitas coisas por serem inúteis; mas deixa intacta a dor. Não a suprime, dá-lhe um novo sentido. Ele poderia ter escolhido mil caminhos diferentes para alcançar a Redenção do gênero humano — para isso veio ao mundo —, mas na realidade escolheu um único: o da Cruz. E por essa via leva a sua própria Mãe, Maria, e José, e os apóstolos, e todos os filhos de Deus. O Senhor, que permite o mal, sabe tirar bens em benefício das nossas almas"[10].

Não deixemos de converter as contrariedades em ocasião de crescimento no amor.

III. OUTRO CAMPO das nossas mortificações diárias é o do cumprimento do dever, através do qual temos de nos santificar. Aí encontramos habitualmente a vontade de Deus para nós; e levá-lo a cabo com perfeição, com amor, requer sacrifício. Por isso a mortificação mais grata ao Senhor "está na ordem, na pontualidade, no cuidado dos pormenores do trabalho que realizamos; no cumprimento fiel do menor dever de estado, mesmo quando custa sacrifício; em fazer o que temos obrigação de fazer, vencendo a tendência para o comodismo. Não perseveramos no trabalho porque temos vontade, mas porque é preciso fazê-lo; e então fazemo-lo com vontade e alegria"[11].

O cansaço, consequência de termos trabalhado a fundo, realmente mergulhados nas nossas ocupações, converte-se numa gratíssima oferenda ao Senhor que nos santifica. Pensemos hoje se não somos dessas pessoas que se queixam com frequência do seu trabalho diário, em vez de nos lembrarmos de que deve aproximar-nos de Deus. Um breve olhar ao crucifixo que tenhamos na parede do escritório ou sobre a mesa de trabalho ajudar-nos-á a não protestar interiormente, mas a abrir os braços para acolher o dever de cada momento.

O terceiro campo dos nossos sacrifícios está, ordinariamente, naquelas mortificações que procuramos voluntariamente com o desejo de agradar ao Senhor e de nos prepararmos melhor para orar, para vencer as tentações, para ajudar os nossos amigos a aproximar-se do Senhor. Entre esses sacrifícios, devemos preferir os que vão em ajuda dos outros. "Fomenta o teu espírito de mortificação nos detalhes de caridade, com ânsias de tornar amável a todos o caminho de santidade no meio do mundo: às vezes, um sorriso pode ser a melhor prova do espírito de penitência"[12].

Vencer, com o auxílio do Anjo da Guarda, os estados de ânimo, o cansaço..., será muito grato ao Senhor e uma grande ajuda para as pessoas que temos ao nosso lado. "O espírito de penitência consiste principalmente em aproveitar essas abundantes miudezas — ações, renúncias, sacrifícios, serviços... — que encontramos cada dia no caminho, para convertê-las em atos de amor, de contrição, em mortificações, formando um ramalhete no fim de cada dia: um belo ramo, que oferecemos a Deus!"[13]

(1) Lc 10, 13-15; (2) Hb 3, 7-8; (3) São Gregório Nazianzeno, *Oratio catechetica magna*, 31; (4) Ex 4, 21; Rm 9, 18; (5) Cura d'Ars, *Sermão para a Quarta-Feira de Cinzas*; (6) Cl 3, 9; (7) Adolphe Tanquerey, *Compendio de teología ascética y mística*, n. 323; (8) cf. Missal Romano, *Formula intentionis Missae*; (9) A. G. Dorronsoro, *Tiempo para creer*, Rialp, Madri, 1976, p. 142; (10) Jesús Urteaga, *Los defectos de los santos*, pp. 222-223; (11) São Josemaria Escrivá, *Carta*, 15.10.48; (12) São Josemaria Escrivá, *Forja*, n. 149; (13) *ibid.*, n. 408.

231. A RAZÃO DA ALEGRIA

— Abertos à alegria.
— A essência da alegria. Onde encontrá-la.
— Santa Maria, *Causa da nossa alegria.*

I. O EVANGELHO DA MISSA[1] ressalta a alegria dos setenta e dois discípulos quando voltaram depois de terem anunciado por toda a parte a chegada do Reino de Deus. Com toda a simplicidade, dizem a Jesus: *Até os demônios se nos submetem em virtude do teu nome*. O Mestre participa também desse júbilo: *Eu via Satanás cair do céu como um relâmpago*. Mas a seguir adverte-lhes: *Olhai que vos dei o poder de calcar serpentes e escorpiões, e de vencer toda a força do inimigo; e nada vos fará mal. Contudo, não vos alegreis porque os espíritos maus vos estão sujeitos, mas alegrai-vos porque os vossos nomes estão escritos no céu*.

Jesus deve ter pronunciado estas palavras cheio de uma alegria radiante, comunicativa, externa, porque, a seguir, estalou num canto de júbilo e de agradecimento: *Naquela mesma hora estremeceu de alegria no Espírito Santo e disse: Louvo-te, ó Pai, Senhor do céu e da terra, porque escondeste estas coisas aos sábios e aos prudentes, e as revelaste aos pequeninos. Assim é, ó Pai, porque assim foi do teu agrado*.

Os discípulos nunca esqueceriam esse momento, com todas as circunstâncias que o rodearam: as suas confidências ao Mestre, relatando-lhe as suas primeiras experiências apostólicas; a alegria ao sentirem-se instrumentos do Salvador; o rosto resplandecente de Jesus; o seu hino de júbilo e de agradecimento ao Pai celestial... e aquelas palavras inesquecíveis: *Alegrai-vos porque os vossos nomes estão escritos no céu*. A esperança da felicidade eterna, junto de Deus para sempre, é a fonte inesgotável da alegria. Ao entrarmos na glória eterna, se tivermos sido fiéis, escutaremos da boca de Jesus estas palavras inefáveis: *Entra na alegria do teu Senhor*[2].

Aqui na terra, cada passo que damos em direção a Cristo aproxima-nos da felicidade verdadeira. E, ao mesmo tempo, permite-nos reconhecer as *alegrias naturais*, simples, que o Senhor vai semeando no nosso caminho: "a alegria da existência e da vida; a alegria do amor honesto e santificado; a alegria tranquilizadora da natureza e do silêncio; a alegria, às vezes austera, do trabalho esmerado; a alegria e a satisfação do dever cumprido; a alegria transparente da pureza, do serviço, do saber compartilhar; a alegria exigente do sacrifício. O cristão poderá purificá-las, completá-las, sublimá-las: não pode desprezá-las. A alegria cristã implica um homem capaz de alegrias naturais"[3].

O Senhor serviu-se muitas vezes das alegrias da vida corrente para anunciar as maravilhas do Reino: a alegria do semeador e do ceifador; a do homem que encontra um tesouro escondido; a do pastor que encontra uma ovelha perdida; a alegria dos convidados a um banquete; o júbilo das bodas; a profunda alegria do pai que recebe o filho que volta; a de uma mulher que acaba de dar à luz.

O discípulo de Cristo não é um homem "desencarnado", distanciado das coisas humanas, como também o Mestre não o foi. Os nossos amigos, os que convivem conosco, devem notar que cada vez estamos mais abertos, mais sensíveis a essas alegrias nobres e limpas que Deus coloca no nosso caminho para torná-lo mais suave. Esta disposição estável requererá muitos momentos de sacrifício e mortificação para vencer outros estados de ânimo ou o cansaço.

II. A ALEGRIA é o amor saboreado; é o seu primeiro fruto[4]. Quanto maior o amor, maior a alegria. *Deus é amor*[5], ensina São João; um Amor sem medida, um Amor eterno. E a santidade é amar, corresponder a esse amor com que Deus se entrega à alma. Por isso, o discípulo de Cristo é uma pessoa alegre, mesmo no meio das maiores contrariedades. Cumprem-se nele perfeitamente as palavras do Mestre: *Ninguém vos tirará a vossa alegria*[6]. Tem-se escrito muitas vezes, com toda a verdade, que "um santo triste é um triste santo". Talvez seja na alegria que se encontra o elemento que permite distinguir as virtudes verdadeiras das falsas, essas que têm somente a aparência de virtude.

Quando o Senhor exige no primeiro mandamento que o amemos com todo o coração, com toda a alma e com todo o nosso ser..., o que faz é chamar-nos à alegria e à felicidade. Ele mesmo se entrega a nós: *Se alguém me ama, guardará a minha palavra, e meu Pai o amará, e viremos a ele e nele faremos a nossa morada*[7]. Ao mesmo tempo, sem a alegria que este mandamento provoca, todos os outros são, a longo prazo, difíceis ou impossíveis de cumprir[8].

No campo das realidades humanas, o Senhor pede-nos o pequeno esforço de estar sempre alegres, lutando por eliminar um gesto severo ou evitar uma palavra destemperada, quando talvez estejamos cansados ou com menos forças para sorrir. No entanto, "a alegria humana não pode ser mandada. A alegria é fruto do amor, e nem todos possuem um amor humano capaz de garantir-lhes uma alegria permanente. Além disso, pela sua natureza, o amor humano é com maior frequência fonte de tristeza do que de alegria [...]. No campo cristão, porém, não acontece assim. Um cristão que não ame a Deus não tem desculpa, e um cristão a quem o amor de Deus não comunique alegria é alguém que não compreendeu o que o amor lhe dá. Para um cristão, a alegria é algo natural, porque é propriedade essencial da mais importante virtude do cristianismo, quer dizer, do amor. Entre a vida cristã e a alegria há uma relação necessária de essência"[9]. Também costuma existir a mesma relação entre a tristeza e a tibieza, entre a tristeza e o egoísmo, entre a tristeza e a solidão.

A alegria cresce — ou recupera-se quando perdida — mediante a oração verdadeira, face a face com Deus, "sem anonimato"; mediante a entrega aos outros, sem esperar recompensa; e mediante a Confissão frequente, que "continua a ser uma fonte privilegiada de santidade e de paz"[10]. Em resumo, "a condição da alegria autêntica é sempre a mesma: que queiramos viver para Deus e, por Deus, para os outros. Digamos ao Senhor que sim, que queremos, que não desejamos outra coisa senão servir com alegria. Se procurardes comportar-vos assim, a vossa paz interior e o vosso sorriso, o vosso garbo e o vosso bom humor serão luz poderosa de que Deus se servirá para atrair muitas almas para Ele. Dai testemunho da alegria cristã, descobri aos que vos rodeiam qual é o vosso segredo: estais alegres porque sois filhos de Deus, porque buscais o seu trato, porque lutais por ser melhores e por ajudar os outros e porque, quando se quebra a felicidade da vossa alma, correis rapidamente ao Sacramento da alegria, onde recuperais o sentido da vossa fraternidade com todos os homens"[11].

III. HÁ VINTE SÉCULOS que a fonte da alegria não cessa de jorrar na Igreja. Chegou com Jesus, que depois a legou ao seu Corpo Místico. A partir desse momento, as criaturas mais alegres foram aquelas que estiveram mais perto de Jesus. Por isso, nunca haverá ninguém mais alegre do que Maria, a Mãe de Jesus e Mãe nossa. Se Maria é a *cheia de graça*[12] — cheia de Deus —, é também quem possui a plenitude da alegria.

Estar perto da Virgem é viver alegre. Ao mesmo ritmo em que derrama a sua graça, leva a sua alegria a todos os lugares e a todos os que a invocam. "O que terão a voz e as palavras de Maria que geram uma felicidade sempre nova? São como uma música divina que penetra até o fundo da alma, cumulando-a de paz e de amor. Todas as vezes que rezamos o terço, chamamo-la *Causa da nossa alegria*. E a razão está em que Ela é portadora de Deus. Filha de Deus Pai, é portadora da ternura infinita de Deus Pai. Mãe de Deus Filho, é portadora do Amor até à morte de Deus Filho. Esposa de Deus Espírito Santo, é portadora do fogo e da alegria do Espírito Santo. À sua passagem, o ambiente transforma-se: a tristeza dissipa-se; as trevas dão lugar à luz; a esperança e o amor inflamam-se... Não é a mesma coisa estar com a Virgem e estar sem Ela! Não é a mesma coisa rezar o terço e não rezá-lo"[13].

Procuremos esmerar-nos na recitação do terço neste mês de outubro, em que a Igreja nos anima a ir especialmente até a nossa Mãe do Céu por meio dessa devoção mariana. Procuremos aplicá-lo por santas intenções ao rezá-lo neste sábado em que, como tantos cristãos, nos esforçamos por ter a Virgem mais presente e por oferecer em sua honra algum pequeno sacrifício.

Peçamos-lhe hoje que saibamos levar a Deus os nossos amigos e parentes com a nossa alegria. Maria, *Causa da nossa alegria*, lembrar-nos-á que comunicar alegria e paz — o *gaudium cum pace* que jamais devemos perder — é uma das maiores provas de caridade, o tesouro mais valioso que possuímos, e muitas vezes a nossa primeira obrigação num mundo frequentemente triste porque procura a felicidade onde ela não se encontra.

(1) Lc 10, 17-24; (2) Mt 25, 21; (3) Paulo VI, Exort. apost. *Gaudete in Domino*, 9.05.75; (4) São Tomás de Aquino, *Suma teológica*, I-II, q. 24, a. 5; (5) 1 Jo 4, 8; (6) Jo 16, 22; (7) Jo 14, 23; (8) cf. P. A. Reggio, *Espíritu sobrenatural y buen humor*, 2ª ed., Rialp, Madri, 1966, p. 34; (9) *ibid.*, pp. 35-36; (10) Paulo VI, Exort. apost. *Gaudete in Domino*; (11) Álvaro del Portillo, *Homilia aos participantes no Jubileu da Juventude*, 12.04.84; (12) Lc 1, 28; (13) Antonio Orozco Delclos, *Olhar para Maria*, pp. 239-240.

TEMPO COMUM. VIGÉSIMO SÉTIMO DOMINGO. CICLO A

232. NA VINHA DO AMADO

— Parábola da vinha.
— Os frutos amargos.
— Os frutos que Deus espera.

I. A LITURGIA DA MISSA, através de uma das mais belas alegorias, fala-nos do amor de Deus pelo seu povo e da falta de correspondência a esse amor. Na primeira Leitura[1], lemos a chamada *canção da vinha*, que descreve Israel como uma plantação de Deus, tratada com todos os cuidados possíveis. *Cantarei ao meu amado o cântico da vinha dos seus amores. O meu amado adquiriu uma vinha numa colina fertilíssima. Cavou-a, tirou dela as pedras e plantou-a com vides escolhidas. Edificou no meio dela uma torre e construiu um lagar. E esperava que desse boas uvas, mas produziu agraços.*

Situada no melhor lugar, rodeada solicitamente dos melhores cuidados, era lógico que essa vinha desse bons frutos, mas produziu uvas amargas. *Agora, pois, habitantes de Jerusalém e homens de Judá* — continua o profeta —, *sede vós os juízes entre mim e a minha vinha. Que há que eu devesse fazer pela minha vinha que não o tivesse feito? Como é que, esperando que desse boas uvas, produziu agraços?*

A Palestina era um lugar rico em vinhedos, e os profetas do Antigo Testamento recorreram com frequência a essa imagem, tão conhecida por todos, para falar do povo eleito. Israel era a vinha de Deus, a obra do Senhor, a alegria do seu coração[2]: *Eu tinha-te plantado como uma vinha escolhida, com sarmentos de boa qualidade*[3]. *A tua mãe era como uma vinha plantada junto das águas*[4]... O próprio Senhor, como se lê no Evangelho da Missa[5], referindo-se ao texto de Isaías, revela-nos a paciência de Deus, que manda os seus mensageiros — os profetas do Antigo Testamento —, um após outro, em busca de frutos. Por fim, envia o seu *Filho amado*, o próprio Jesus, que os vinhateiros acabarão por matar: *E, lançando-lhe as mãos, puseram-no fora da vinha e mataram-no*. É uma referência clara à crucifixão, que teve lugar fora dos muros de Jerusalém.

A vinha é certamente Israel, que não correspondeu aos cuidados divinos; mas é também a Igreja, bem como cada um de nós: "Cristo é a verdadeira vide, que dá vida e fecundidade aos ramos, quer dizer, a nós que pela Igreja permanecemos nEle e sem Ele nada podemos fazer (Jo 15, 1-5)"[6].

Meditemos hoje se o Senhor pode encontrar frutos abundantes na nossa vida; abundantes porque é muito o que nos foi dado. Frutos de caridade, de trabalho bem feito, de apostolado com os amigos e familiares; jaculatórias, atos de amor a Deus e de desagravo ao longo do dia, ações de graças, contrariedades acolhidas com paz, pequenos sacrifícios praticados discretamente e com toda a naturalidade. Examinemos também se, ao mesmo tempo, não produzimos essas uvas amargas que são os pecados, a tibieza, a mediocridade espiritual, as faltas de que não pedimos perdão ao Senhor...

II. *HAVIA UM PAI de família que plantou uma vinha, cercou-a com uma sebe e cavou nela um lagar...* "Cercou-a com uma sebe — comenta Santo Ambrósio —, isto é, defendeu-a com a muralha da proteção divina para que não sofresse facilmente pelas incursões das alimárias espirituais [...]; e cavou um lagar onde fluísse, espiritualmente, o fruto da uva divina"[7]. Foram muitos os cuidados divinos que recebemos. A *cerca*, o *lagar* e a *torre* significam que Deus não economizou nada para cultivar e embelezar a sua vinha. *Como é que, esperando que desse boas uvas, produziu agraços?*

O pecado é o fruto amargo das nossas vidas. A experiência das fraquezas pessoais ressalta com demasiada evidência na história da humanidade e na de cada homem. "Ninguém se vê inteiramente livre da sua fraqueza, solidão ou servidão. Antes pelo contrário, todos precisam de Cristo modelo, mestre, libertador, salvador e vivificador"[8]. Os nossos pecados estão intimamente relacionados com essa morte do *Filho amado*, de Jesus. *E, lançando-lhe as mãos, puseram-no fora da vinha e mataram-no.*

Para produzirmos os frutos de vida que Deus espera diariamente de cada um de nós, temos em primeiro lugar de pedir ao Senhor e fomentar uma santa aversão por todas as faltas — mesmo veniais — que ofendem a Deus. Os descuidos na caridade, os juízos negativos sobre esta ou aquela pessoa, as impaciências, os agravos não esquecidos, a dispersão dos sentidos internos e externos, o trabalho mal feito..., "fazem muito mal à alma. — Por isso, «*capite nobis vulpes parvulas, quae demoliuntur vineas*», diz o Senhor no Cântico dos Cânticos: caçai as pequenas raposas que destroem a vinha"[9]. É necessário que nos empenhemos continuamente em afastar tudo aquilo que não é grato ao Senhor. A alma que detesta o pecado venial deliberado, pouco a pouco vai crescendo em delicadeza e em finura no trato com o Mestre.

As fraquezas devem ajudar-nos a multiplicar os atos de reparação e de desagravo, e a tornar sempre mais viva e sincera a contrição por essas faltas. Se pedimos perdão a uma pessoa querida quando a ofendemos, e procuramos compensá-la com algum ato bom, com quanto mais razão não devemos fazê-lo quando o ofendido é Jesus, o Amigo de verdade! Então Ele nos sorri e devolve a paz às nossas almas. Convertemos assim em frutos esplêndidos o que estava perdido.

"Pede ao Pai, ao Filho e ao Espírito Santo, e à tua Mãe, que te façam conhecer-te e chorar por esse montão de coisas sujas que passaram por ti, deixando — ai! — tanto resíduo...

"E ao mesmo tempo, sem quereres afastar-te dessa consideração, diz-Lhe: — Dá-me, Jesus, um Amor qual fogueira de purificação, onde a minha pobre carne, o meu pobre coração, a minha pobre alma, o meu pobre corpo se consumam, limpando-se de todas as misérias terrenas... E, já vazio todo o meu eu, enche-o de Ti: que não me apegue a nada daqui de baixo; que sempre me sustente o Amor"[10].

III. NA SEGUNDA LEITURA[11], lemos estas palavras de São Paulo aos cristãos de Filipos: *Quanto ao mais, irmãos, tudo o que é verdadeiro, tudo o que é honesto, tudo o que é justo, tudo o que é santo, tudo o que é amável, tudo o que é de bom nome, qualquer virtude, qualquer coisa digna do louvor da disciplina, seja isso o objeto dos vossos pensamentos.*

As realidades terrenas e as coisas nobres deste mundo são boas e podem chegar a ter um valor divino. Pois, como escrevia Santo Ireneu, "pelo Verbo de Deus, tudo está sob a influência da obra redentora, e o Filho de Deus foi crucificado por todos, e traçou o sinal da Cruz sobre todas as coisas"[12].

Devemos converter em frutos para Deus todos os assuntos que trazemos diariamente entre mãos (o trabalho, a família, a amizade, as preocupações que a vida ocasiona, as pequenas alegrias diárias...), pois "não se pode dizer que haja realidades — boas, nobres ou mesmo indiferentes — que sejam exclusivamente profanas, uma vez que o Verbo de Deus estabeleceu a sua morada entre os filhos dos homens, teve fome e sede, trabalhou com as suas mãos, conheceu a amizade e a obediência, experimentou a dor e a morte"[13]. Todas as coisas humanas nobres podem ser santificadas e oferecidas a Deus.

Cada jornada apresenta-se com incontáveis possibilidades de oferecer frutos agradáveis ao Senhor: desde a primeira vitória contra a preguiça ao levantar-nos pontualmente — o *minuto heroico* —, até esse pequeno sacrifício que supõe enfrentar com bom ânimo o excesso de trânsito ou um ligeiro mal-estar que nos deixa indispostos. São muitas, neste dia irrepetível, as ocasiões de sorrir, de ter uma palavra amável, de desculpar um erro... No trabalho, o Senhor espera esses pequenos frutos que nascem quando nos esforçamos por executá-lo bem: a pontualidade, a ordem, a intensidade, o cumprimento dos prazos...

Para produzirmos esses frutos, temos de empenhar-nos em manter a presença de Deus ao longo do dia, com jaculatórias, com atos de amor..., com um olhar dirigido a uma imagem da Virgem ou ao crucifixo..., lembrando-nos do Sacrário mais próximo do lugar em que estamos... *Aquele que permanece em mim e eu nele, esse dá muito fruto, porque, sem mim, nada podeis fazer... Nisto é glorificado meu Pai, em que deis muito fruto e sejais meus discípulos*[14].

A nossa Mãe Santa Maria há de ensinar-nos a viver cada dia com a urgência de dar muitos frutos a Deus, e a evitar decididamente que cresçam em nossa vida os frutos amargos.

(1) Is 5, 1-7; (2) cf. João Paulo II, Exort. apost. *Christifideles laici*, 30.12.88, 8; (3) Jr 2, 21; (4) Ez 19, 10; (5) Mt 21, 33-43; (6) Conc. Vat. II, Const. *Lumen gentium*, 6; (7) Santo Ambrósio, *Comentário ao Evangelho de São Lucas*, 20, 9; (8) Conc. Vat. II, Decr. *Ad gentes*, 8; (9) São Josemaria Escrivá, *Caminho*, n. 329; (10) São Josemaria Escrivá, *Forja*, n. 41; (11) Fl 4, 6-9; (12) Santo Irineu, *Demonstração da pregação apostólica*; (13) São Josemaria Escrivá, *É Cristo que passa*, n. 112; (14) Jo 15, 5-8.

TEMPO COMUM. VIGÉSIMO SÉTIMO DOMINGO. CICLO B

233. A SANTIDADE DO MATRIMÔNIO

— Unidade e indissolubilidade original.
— Caminho de santidade.
— A família, escola de virtudes.

I. JESUS ENCONTRAVA-SE na Judeia, na outra margem do Jordão, rodeado por uma grande multidão que escutava atentamente os seus ensinamentos[1]. Então — lemos no Evangelho da Missa[2] — aproximaram-se uns fariseus e, *para o tentarem*, para o fazerem entrar em conflito com a lei de Moisés, perguntaram-lhe se era lícito ao marido repudiar a sua mulher. Moisés tinha permitido o divórcio condescendendo com a dureza do povo antigo. A condição da mulher era então ignominiosa, pois na prática podia ser abandonada por qualquer causa, sem deixar de continuar ligada ao marido. Moisés estabeleceu que, nesses casos, o marido desse à mulher uma carta de repúdio, testificando que a despedia; assim ficava ela livre para casar-se com quem quisesse[3]. Os profetas já tinham censurado o divórcio quando do regresso do exílio[4].

Jesus declara nesta ocasião a indissolubilidade original do matrimônio, conforme fora instituído por Deus no princípio da criação. Para isso cita expressamente as palavras do Gênesis que se leem na primeira Leitura[5]. *Porém, no princípio, quando Deus os criou, formou um homem e uma mulher. Por isso o homem deixará seu pai e sua mãe, e se juntará à sua mulher; e os dois serão uma só carne. E assim já não são dois, mas uma só carne. Portanto, não separe o homem o que Deus uniu.* Assim o Senhor declarava a unidade e a indissolubilidade do matrimônio tal e como tinha sido estabelecido *no princípio.*

Esta doutrina foi tão surpreendente para os próprios discípulos que, uma vez *em casa*, voltaram a interrogá-lo. E o Mestre confirmou mais expressamente o que já tinha ensinado. *E disse-lhes: Qualquer que repudiar a sua mulher e se casar com outra, comete adultério contra a primeira. E se a mulher repudiar o seu marido e se casar com outro, comete adultério.* Dificilmente se pode falar com maior nitidez. As palavras do Senhor são de uma clareza deslumbrante. Como é possível que um cristão questione essas propriedades naturais do matrimônio e continue a declarar que imita e acompanha Cristo?

Seguindo o Mestre, a Igreja reafirma com segurança e firmeza "a doutrina da indissolubilidade do matrimônio; a quantos, nos nossos dias, consideram difícil ou mesmo impossível vincular-se a uma pessoa por toda a vida e a quantos são subvertidos por uma cultura que rejeita a indissolubilidade matrimonial e que ridiculariza abertamente o empenho e a fidelidade dos esposos, é necessário reafirmar o alegre anúncio da perenidade do amor conjugal que tem em Jesus Cristo o seu fundamento e vigor.

"Radicada na doação pessoal e total dos cônjuges e exigida pelo bem dos filhos, a indissolubilidade do matrimônio encontra a sua verdade última no desígnio que Deus manifestou na Revelação: Deus quer e concede a indissolubilidade matrimonial como fruto, sinal e exigência do amor absolutamente fiel que Ele manifesta pelo homem e que Cristo vive para com a Igreja"[6]. Esse vínculo, que só a morte pode desfazer, é imagem daquele que existe entre Cristo e o seu Corpo Místico.

A dignidade do matrimônio e a sua estabilidade — pela sua transcendência nas famílias, nos filhos e na própria sociedade — é um dos temas que mais importa defender e fazer com que muitos compreendam. A saúde moral dos povos — tem-se repetido muitas vezes — está ligada ao bom estado do matrimônio. Quando este se corrompe, podemos afirmar que a sociedade está doente, talvez gravemente doente[7].

Por isso, todos temos de rezar e velar pelas famílias com tanta urgência. Os próprios escândalos que, infelizmente, se produzem e se divulgam, podem ser ocasião para dar boa doutrina e afogar o mal em abundância de bem[8]. "Há dois pontos capitais na vida dos povos: as leis sobre o matrimônio e as leis sobre o ensino. E aí os filhos de Deus têm de permanecer firmes, lutar bem e com nobreza, por amor a todas as criaturas"[9].

II. JESUS CRISTO, ao elevar o matrimônio à dignidade de sacramento, introduziu no mundo algo completamente novo. A transformação que realizou na instituição meramente natural foi de tal importância que a converteu — como a água nas bodas de Caná — em algo inimaginável até esse momento. *Eis que eu renovo todas as coisas*[10], diz o Senhor. Desde então, desde o nascimento do matrimônio cristão, este suplanta a ordem das coisas naturais e introduz-se na ordem das coisas divinas. O matrimônio natural entre os não-cristãos está também cheio de grandeza e dignidade, "mas o ideal proposto por Cristo aos casados está infinitamente acima de uma meta de perfeição humana e apresenta-se em relação ao matrimônio natural como algo rigorosamente novo. Com efeito, através do matrimônio, é a própria *vida divina* que é comunicada aos esposos, que os sustenta na sua obra de aperfeiçoamento mútuo e que anima a alma dos filhos desde o momento do Batismo"[11].

Os que se casam iniciam juntos uma vida nova que devem percorrer em companhia de Deus. É o próprio Senhor que os chama para que cheguem a Ele por esse caminho, pois o matrimônio "é uma autêntica vocação sobrenatural. Sacramento grande em Cristo e na Igreja, diz São Paulo (Ef 5, 32) [...], sinal sagrado que santifica, ação de Jesus que se apossa da alma dos que se casam e os convida a segui-lo, transformando toda a vida matrimonial num caminhar divino sobre a terra"[12].

O Papa João Paulo I, falando da grandeza do matrimônio a um grupo de recém-casados, contava-lhes um pequeno episódio ocorrido na França. No século passado, um professor insigne que ensinava na Sorbonne, Frederico Ozanam, era um homem de prestígio e um bom católico. Lacordaire, seu amigo, costumava dizer dele: "Este homem é tão bom e tão maravilhoso que se ordenará como sacerdote e chegará até a ser um bom bispo!" Mas Ozanam casou-se. Então Lacordaire, um pouco aborrecido, exclamou: "Pobre Ozanam! Também ele caiu na trapaça!" Estas palavras chegaram aos ouvidos do

Papa Pio IX, que não as esqueceu. Quando Lacordaire o visitou uns anos mais tarde, disse-lhe o Papa com bom humor: "Eu sempre ouvi dizer que Jesus instituiu sete sacramentos. Agora vem o senhor, embaralha as cartas na mesa e diz que instituiu seis sacramentos e uma trapaça. Não, padre, o matrimônio não é uma trapaça; é um grande sacramento!"[13] Não esqueçamos que a primeira coisa que o Messias quis santificar foi um lar. E que é precisamente nas famílias alegres, generosas, cristãmente sóbrias, que nascem as vocações para a entrega plena a Deus na virgindade ou no celibato, essas que constituem a coroa da Igreja e a alegria de Deus no mundo. Todas elas representam um dom que Deus concede muitas vezes aos pais que rezam pelos filhos de todo o coração e com constância. São um dom que brilhará nas mãos paternas com um fulgor especial quando um dia se apresentarem diante do Senhor e prestarem contas dos bens que lhes foram dados para os guardarem e administrarem.

III. DEUS PREPAROU cuidadosamente a família em que o seu Filho iria nascer: *José, da casa e da família de Davi*[14], que desempenharia o ofício de pai na terra, e igualmente Maria, sua Mãe virginal. O Senhor quis refletir na sua própria família o modo como os seus filhos haveriam de nascer e crescer: no seio de uma família estavelmente constituída e rodeados pela sua proteção e carinho.

Toda a família, que é a "célula vital da sociedade"[15] e de certo modo da própria Igreja[16], tem uma natureza sagrada e merece a veneração e a solicitude dos seus membros, da sociedade civil e de toda a Igreja. São Tomás chega a comparar a missão dos pais à dos sacerdotes, pois enquanto estes contribuem para o crescimento sobrenatural do povo de Deus mediante a administração dos sacramentos, a família cristã provê simultaneamente à vida corporal e à espiritual, "o que se realiza no sacramento do matrimônio, onde a mulher e o homem se unem para gerar a prole e educá-la no culto a Deus"[17]. Mediante a colaboração generosa dos pais, o próprio Deus "aumenta e enriquece a sua própria família"[18], multiplicando os membros da sua Igreja e a glória que dela recebe.

A família, tal e como Deus a quis, é o lugar idôneo para tornar-se, com o amor e o bom exemplo dos pais, dos irmãos e dos outros membros do círculo familiar, uma verdadeira "escola de virtudes"[19] em que os filhos se formem para serem bons cidadãos e bons filhos de Deus. É no meio da família firmemente voltada para Deus que cada um pode encontrar a sua própria vocação, aquela a que Deus o chama. "Admira a bondade do nosso Pai-Deus: não te enche de alegria a certeza de que o teu lar, a tua família, o teu país, que amas com loucura, são matéria de santidade?"[20]

(1) Mc 10, 1; (2) Mc 10, 2-16; (3) cf. J. Dheilly, *Diccionario bíblico*, Herder, Barcelona, 1970, v. *Divorcio*; (4) cf. Ml 2, 13-16; (5) Gn 2, 18--24; (6) João Paulo II, Exort. apost. *Familiaris consortio*, 22.11.81, 20; (7) cf. Frank J. Sheed, *Sociedad y sensatez*, Herder, Barcelona, 1963, p. 125; (8) cf. Rm 12, 21; (9) São Josemaria Escrivá, *Forja*, n. 104; (10) Ap 21, 5; (11) J. M. Martínez Doral, *La santidad de la vida conyugal*, em *Scripta theologica*, Pamplona, 9.12.89, pp. 869-870; (12) São Josemaria Escrivá, *É Cristo que passa*, n. 23; (13) cf. João Paulo I, *Alocução*, 13.09.78; (14) Lc 2, 4; (15) Conc. Vat. II, Decr. *Apostolicam actuositatem*, 11; (16) cf. João Paulo II, Exort. apost. *Familiaris consortio*, 3; (17) São Tomás de Aquino, *Suma contra os gentios*, IV, 58; (18) Conc. Vat. II, Const. *Gaudium et spes*, 50; (19) João Paulo II, *Discurso*, 28.10.79; (20) São Josemaria Escrivá, *Forja*, n. 689.

234. AUMENTAR A FÉ

— Avivar continuamente o amor a Deus.
— Pedir ao Senhor uma fé firme, que influa em todas as nossas obras.
— Atos de fé.

I. A LITURGIA deste domingo centra-se na fé. Na primeira Leitura[1], o profeta Habacuc queixa-se diante do Senhor do triunfo do mal, tanto pelos pecados do povo castigado pelo invasor, como pelos escândalos deste. *Até quando clamarei, Senhor? [...]. Por que me fazes ver iniquidades e trabalhos, violências e catástrofes?*, queixa-se o profeta.

O Senhor responde-lhe por fim com uma visão em que o exorta à paciência e à esperança, pois chegará um dia em que os maus serão castigados: *A visão ainda está longe de cumprir-se, mas por fim cumprir-se-á e não falhará; se tardar, espera, porque virá infalivelmente*. Quem não tiver a alma reta sucumbirá, *mas o justo viverá pela fé*. Mesmo que às vezes possa parecer que o mal triunfa, e com ele os que o levam a cabo, como se Deus não existisse, a cada um chegará o seu dia, e então se verá que quem se manteve fiel ao Senhor, sendo paciente e pondo nEle a sua esperança, foi realmente vencedor.

Na segunda Leitura[2], São Paulo exorta Timóteo a permanecer firme na vocação recebida e a encher-se de fortaleza para proclamar a verdade sem respeitos humanos: *Aviva o fogo da graça de Deus* [...], *porque Deus não nos deu um espírito de covardia, mas de fortaleza, caridade e temperança. Portanto, não te envergonhes de dar testemunho de Nosso Senhor nem de mim, seu prisioneiro, mas participa comigo dos trabalhos do Evangelho...* São Tomás comenta que "a graça de Deus é como um fogo, que deixa de brilhar quando é coberto pelas cinzas"; e isso acontece quando a caridade se recobre de tibieza e de respeitos humanos[3].

A fortaleza perante um ambiente adverso e a capacidade de dar a conhecer em qualquer lugar a doutrina de Cristo, de participar *dos trabalhos do Evangelho*, dependem da vida interior, do amor a Deus, que devemos avivar continuamente, como uma fogueira, com uma fé cada vez mais intensa. Isto é o que pedimos ao Senhor: *Ó Deus eterno e todo-poderoso, que no vosso imenso amor de Pai nos concedeis mais do que merecemos e pedimos, derramai sobre nós a vossa misericórdia...*[4], concedei-nos *mais do que ousamos pedir*[5], uma fé firme que reanime o nosso amor e nos faça superar as nossas fraquezas, a fim de sermos testemunhas vivas no lugar em que se desenvolve a nossa vida.

"Que diferença entre esses homens sem fé, tristes e vacilantes por causa da sua existência vazia, expostos como cataventos à «variabilidade» das circunstâncias, e a nossa vida confiante de cristãos, alegre e firme, maciça, por causa do conhecimento e do absoluto convencimento do nosso destino sobrenatural!"[6] Que força comunica a fé! Com ela superamos os obstáculos de um ambiente adverso e as dificuldades pessoais, que com muita frequência são mais difíceis de vencer.

II. EXISTE UMA FÉ MORTA, que não pode salvar: é a fé sem obras[7], que se põe de manifesto em atos realizados de costas para Deus, numa falta de coerência entre aquilo que se crê e aquilo que se vive. Existe também uma "fé adormecida", "essa forma pusilânime e frouxa de viver as exigências da fé que todos conhecemos pelo nome de *tibieza*. Na prática, a tibieza é a insídia mais disfarçada que se pode armar à fé de um cristão"[8].

Precisamos de uma fé firme, que nos leve a alcançar metas que estão acima das nossas forças, que aplaine os obstáculos e supere os "impossíveis" na nossa tarefa apostólica. É esta a virtude que nos dá a verdadeira dimensão dos acontecimentos e nos permite julgar retamente todas as coisas. "Só pela luz da fé e pela meditação da palavra de Deus é que se pode sempre e por toda a parte divisar Deus em quem *vivemos e nos movemos e somos* (At 17, 28), procurar a sua vontade em todos os acontecimentos, ver Cristo em todos os homens, sejam próximos ou estranhos, e julgar com retidão sobre o verdadeiro significado e valor das coisas temporais, em si mesmas e em relação ao fim do homem"[9].

Houve ocasiões em que Jesus chamou aos apóstolos *homens de pouca fé*[10], pois não se encontravam à altura das circunstâncias. O Messias estava com eles, e no entanto tremiam de medo diante de uma tempestade no mar[11], ou preocupavam-se excessivamente com o futuro[12], quando fora o próprio Criador quem os chamara para que o seguissem. O Evangelho da Missa relata-nos que um dia os apóstolos, conscientes da sua pouca fé, pediram a Jesus: *Aumenta-nos a fé*[13]. O Senhor atendeu a esse pedido, pois todos eles acabaram por dar a vida em testemunho supremo da sua firme adesão a Cristo e aos seus ensinamentos. Cumpriu-se a palavra divina: *Se tiverdes fé como um grão de mostarda, direis a esta árvore: Arranca-te e transplanta-te para o mar, e ela vos obedecerá*. A transformação das almas que conviveram com o Senhor foi um milagre ainda maior.

Nós também nos sentimos por vezes faltos de fé diante das dificuldades, da carência de meios, como os apóstolos... Precisamos de mais fé. E ela aumenta com a petição assídua, com a correspondência às graças que recebemos, com atos de fé. "Falta-nos fé. No dia em que vivermos esta virtude — confiando em Deus e na sua Mãe —, seremos valentes e leais. Deus, que é o Deus de sempre, fará milagres por nossas mãos. — Dá-me, ó Jesus, essa fé, que de verdade desejo! Minha Mãe e Senhora minha, Maria Santíssima, faz que eu creia!"[14]

III. *SENHOR, AUMENTA-NOS a fé!* Que boa jaculatória para que a repitamos ao Senhor muitas vezes! E com a petição, o exercício frequente dessa virtude. Sempre que nos encontremos diante de alguma necessidade ou numa situação de perigo, quando nos sintamos fracos, diante da dor, nas dificuldades do apostolado, quando pareça que as almas não correspondem..., sempre que nos encontremos diante do Sacrário, peçamos ao Senhor esse acréscimo de fé.

Temos que fazer muitos atos de fé durante a oração e a Santa Missa. Conta-se de São Tomás que, quando olhava para a Sagrada Hóstia, ao elevá-la no momento da Consagração, repetia: *Tu rex gloriae, Christe; tu Patris sempiternus es Filius*, "Vós sois o rei da glória, Vós sois o Filho eterno do Pai". E São Josemaria Escrivá costumava dizer interiormente nesses instantes: *Adauge nobis fidem, spem et charitatem*, "aumenta-nos a fé, a esperança e a caridade" e *Adoro te devote, latens Deitas*, "Adoro-vos com devoção, Deus escondido", enquanto fazia a genuflexão[15]. Muitos fiéis têm o costume de repetir devotamente nesse momento, com o olhar posto no Santíssimo Sacramento, aquela exclamação do apóstolo Tomé diante de Jesus ressuscitado: *Meu Senhor e meu Deus!* De uma ou de outra forma, não podemos deixar passar em branco essa oportunidade de manifestar ao Senhor a nossa fé e o nosso amor.

Apesar do vivo desejo de nos formarmos, de conhecer Cristo cada vez melhor, é possível que num momento ou noutro a nossa fé vacile ou nos assaltem temores e respeitos humanos à hora de manifestá-la. A fé é um dom de Deus que a nossa pequenez nem sempre consegue sustentar. Por vezes, é tão pequena como um grãozinho de mostarda. Não nos surpreendamos com a nossa debilidade, pois Deus conta com ela. Imitemos os apóstolos quando compreenderam que tudo aquilo que viam e ouviam excedia a sua capacidade. Peçamos então a Cristo, através de Nossa Senhora e com a humildade dos discípulos, que nos aumente a fé, para que, como eles, possamos ser fiéis até o fim dos nossos dias e levemos muitas pessoas até Ele, como fizeram aqueles que o seguiram de perto em todos os tempos.

A nossa Mãe Santa Maria será sempre o ponto de apoio onde alicerçarmos a nossa fé e a nossa esperança, especialmente quando nos sintamos mais fracos e necessitados, com menos forças. "Nós, pecadores, sabemos que Ela é nossa Advogada, que nunca se cansa de estender-nos a sua mão uma vez e outra, tantas quantas caímos e mostramos desejos de levantar-nos; nós, que andamos pela vida aos trancos e barrancos, que somos fracos a ponto de não podermos evitar que nos firam no mais íntimo essas aflições que são condição da natureza humana, nós sabemos que Ela é a consolação dos aflitos, o refúgio onde, em última análise, podemos encontrar um pouco de paz, um pouco de serenidade, esse peculiar consolo que só uma mãe pode dar e que faz com que todas as coisas voltem a correr bem novamente. Nós sabemos também que, nesses momentos em que a nossa impotência se manifesta em termos quase de exasperação ou de desespero, quando já ninguém pode fazer nada por nós e nos sentimos absolutamente sozinhos com a nossa dor ou a nossa vergonha, acuados num beco sem saída, Ela é ainda a nossa esperança, é ainda um ponto de luz. Ela é ainda o recurso quando já não há ninguém a quem recorrer"[16].

(1) Hab 1, 2-3; 2, 2-4; (2) 2 Tm 1, 6-8; 13-14; (3) São Tomás de Aquino, *Comentário à segunda Epístola aos Coríntios*, 1, 6; (4) Missal Romano, *Oração coleta da Missa*; (5) *ibid.*; (6) São Josemaria Escrivá, *Sulco*, n. 73; (7) cf. Tg 2, 17; (8) Pedro Rodríguez, *Fe y vida de fe*, p. 138; (9) Conc. Vat. II, Decr. *Apostolicam actuositatem*, 4; (10) Mt 8, 26; 6, 30; (11) cf. Mt 8, 26; (12) cf. Mt 6, 30; (13) Lc 17, 5; (14) São Josemaria Escrivá, *Forja*, n. 235; (15) cf. Andrés Vázquez de Prada, *O Fundador do Opus Dei*, Quadrante, São Paulo, 1989, p. 314 e segs.; (16) Federico Suárez, *La puerta angosta*, 9ª ed., Rialp, Madri, 1985, pp. 227-228.

235. E CUIDOU DELE

— Cristo é o Bom Samaritano que desce dos Céus para curar-nos.
— Compaixão efetiva e prática por quem necessita de nós.
— Caridade com os mais próximos.

I. A PARÁBOLA do bom samaritano que lemos na Missa[1], e que somente São Lucas registra, é um dos relatos mais belos e comoventes do Evangelho. Nela, o Senhor dá-nos a conhecer quem é o nosso próximo e como se deve viver a caridade com todos. *Um homem descia de Jerusalém a Jericó e caiu nas mãos de uns ladrões que, depois de o terem despojado, o cobriram de feridas e foram-se embora, deixando-o meio morto.*

Muitos Padres da Igreja e escritores cristãos antigos identificam Cristo com o Bom Samaritano[2], assim como veem no homem que caiu nas mãos dos ladrões uma figura da humanidade ferida e despojada dos seus bens pelo pecado original e pelos pecados pessoais. "Despojaram o homem da sua imortalidade e cobriram-no de chagas, inclinando-o ao pecado"[3], afirma Santo Agostinho. E São Beda comenta que os pecados se chamam *feridas* porque com eles se destrói a integridade da natureza humana[4]. Os salteadores do caminho são o demônio, as paixões que incitam ao mal, os escândalos... O levita e o sacerdote que passaram ao largo simbolizam a Antiga Aliança, incapaz de curar. A pousada é o lugar onde todos podem refugiar-se e representa a Igreja...

"Que teria acontecido ao pobre judeu se o samaritano tivesse ficado em casa? Que teria acontecido às nossas almas se o Filho de Deus não tivesse empreendido a sua viagem?"[5] Mas Jesus, movido de compaixão e misericórdia, aproximou-se do homem, de cada homem, para curar-lhe as chagas, fazendo-as suas[6]. *Nisto se manifestou a caridade de Deus para conosco, em que Deus enviou o seu Filho unigênito ao mundo, para que por Ele tenhamos a vida...*[7]

"A parábola do Bom Samaritano está em profunda harmonia com o comportamento do próprio Cristo"[8]*, pois toda a sua vida na terra foi um contínuo aproximar-se do homem para remediar os seus males materiais ou espirituais. O Senhor nunca passa ao largo das nossas misérias e fraquezas quando nos vê contritos e humilhados*[9]. A oração silenciosa da nossa humildade, que se vê despojada da sua autossuficiência e da confiança nos recursos humanos, é a condição para que Cristo se detenha, nos recomponha dos nossos baques e cuide de nós ao longo dessa convalescença sem fim que é a nossa vida. *Jesus, filho de Davi, tem compaixão de mim*[10].

II. A PARÁBOLA teve a sua origem na pergunta de um doutor da lei que indagou: *E quem é o meu próximo?* Para que todos ficassem esclarecidos, o Senhor fez desfilar diante do ferido diversos personagens: *Ora aconteceu que descia pelo mesmo caminho um sacerdote, o qual, vendo-o, passou ao largo. Igualmente um levita, chegando perto daquele lugar, viu-o e continuou adiante. Mas um samaritano, que ia de passagem, chegou perto dele e, ao vê-lo, moveu-se de compaixão. E, aproximando-se, pensou-lhe as feridas, lançando nelas azeite e vinho; e, pondo-o sobre o seu jumento, levou-o a uma estalagem e cuidou dele pessoalmente.*

Jesus quer ensinar-nos que o nosso próximo é todo aquele que está perto de nós — sem distinção de raça, de afinidades políticas, de idade... — e necessita de socorro. O Mestre deu-nos exemplo do que devemos fazer. "Este Samaritano (Cristo) lavou os nossos pecados, sofreu por nós, carregou o homem que estava meio morto, levando-o à estalagem, isto é, à Igreja, que recebe a todos e que não nega o seu auxílio a ninguém, e à qual Jesus nos convoca dizendo: *Vinde a Mim...* (Mt 11, 28). Depois de tê-lo levado à estalagem, não partiu imediatamente, mas ficou com ele um dia inteiro, cuidando dele dia e noite... Quando na manhã seguinte resolveu partir, deu dois denários do seu bom dinheiro ao dono da pousada e encarregou-o — isto é, encarregou os anjos da Igreja — de cuidar e levar para o Céu aquele de quem Ele cuidara nas angústias deste tempo"[11].

O Senhor anima-nos a uma compaixão efetiva e prática por qualquer pessoa que encontremos ferida nos caminhos da vida. Estas feridas podem ser muito diversas: lesões produzidas pela solidão, pela falta de carinho, pelo abandono; necessidades do corpo: fome, a falta de roupa, de casa, de trabalho...; a ferida profunda da ignorância...; chagas na alma produzidas pelo pecado, que a Igreja cura no sacramento da Penitência, pois Ela "é a estalagem, colocada no caminho da vida, que recebe todos os que chegam, cansados da viagem ou vergados sob o peso de suas culpas, a pousada em que, deixando o fardo dos pecados, o viajante fatigado descansa e, depois de ter descansado, se repõe com salutar alimento"[12].

Devemos empregar todos os meios ao nosso alcance para remediar essas situações de indigência, como o próprio Cristo o faria nessas circunstâncias. Que meios mais excelentes do que a caridade e a compaixão para nos identificarmos com o Mestre? "Sob as suas múl•iplas formas — indigência material, opressão injusta, doenças físicas e psíquicas e, por fim, a morte —, a miséria humana é o sinal manifesto da fraqueza congênita em que o homem se encontra após o primeiro pecado e da necessidade de salvação. É por isso que ela atrai a compaixão de Cristo Salvador, que quis assumi-la identificando-se com os *mais pequeninos* entre os seus irmãos (Mt 25, 40-45). É também por isso que os oprimidos pela miséria são objeto de um amor preferencial por parte da Igreja que, desde as suas origens, apesar das falhas de muitos dos seus membros, não deixou nunca de esforçar-se por aliviá-los, defendê-los e libertá-los"[13].

Sempre que nos aproximemos de quem padece necessidade, devemos fazê-lo com uma caridade eficaz e de todo o coração, tornando nossa essa miséria que procuramos remediar. Diz um autor clássico castelhano que "aquele que deveras deseja contentar a Deus, entenda que uma das principais coisas que para isso servem é o cumprimento deste mandamento de amor, desde que esse amor *não seja nu e seco*, mas esteja acompanhado de todos os afetos e obras que costumam seguir o verdadeiro amor, porque de outra maneira não mereceria esse nome..."[14] E acrescenta a seguir: "Debaixo do nome de amor, entre outras muitas coisas, encerram-se sobretudo estas seis, a saber: amar, aconselhar, socorrer, sofrer, perdoar e edificar"[15].

III. A PARÁBOLA do bom samaritano indica-nos "qual deve ser a relação de cada um de nós com o próximo que sofre. Não nos está permitido *passar por ele*, com indiferença, antes devemos *parar* para ajudá-lo. Bom samaritano é todo o homem que *para* junto do sofrimento de outro homem, seja de que gênero for"[16].

Deus põe-nos o próximo com as suas necessidades e carências no caminho da nossa vida, e o amor realiza o que a hora e o momento exigem. Nem sempre são atos heroicos e difíceis; pelo contrário, muitas vezes o Senhor pede-nos simplesmente um sorriso, uma palavra de alento, um bom conselho, que saibamos calar-nos diante de uma palavra aborrecida ou impertinente, visitar um amigo que se encontra acamado. Há profissões — diz o Papa João Paulo II — que são uma contínua obra de misericórdia, como é o caso do médico ou da enfermeira[17]... Mas qualquer ofício requer um trato atento, compassivo e respeitoso para com as pessoas que nos procuram no trabalho. Temos de ganhar o hábito de ver Cristo nas pessoas que se relacionam conosco.

Mas, como a caridade deve ser ordenada, é necessário que nos esmeremos de modo muito especial no trato com os que nos são mais chegados por Deus os ter posto ao nosso lado de modo permanente: irmãos na fé, família, amigos, colegas de trabalho... "Pois se tão misericordioso e humano foi um samaritano com um desconhecido, quem nos perdoará se descuidarmos os nossos irmãos em males maiores?, pergunta-se São João Crisóstomo. E depois de aconselhar que não indaguemos por que outros se omitiram — especialmente se se trata de feridas da alma —, diz: "Cura-o tu e não peças contas a ninguém da sua negligência. Se encontrasses uma moeda de ouro, com certeza não pensarias: por que não a encontrou outro? Pelo contrário, correrias para apanhá-la quanto antes. Pois deves saber que, quando encontras o teu irmão ferido, encontraste algo que vale mais do que um tesouro: a possibilidade de cuidar dele"[18]. Não deixemos de fazê-lo.

Peçamos à Virgem, nossa Mãe, que nos ensine a estar atentos às necessidades alheias, como Ela o fez nas bodas de Caná. Maria não se importou de pedir ao seu Filho um *milagre*, simplesmente para não deixar os noivos numa situação embaraçosa por falta de vinho a meio da festa. Não nos ensinará a nossa Mãe a chegar ao fim do dia com as mãos cheias de contínuos atos de caridade, em casa, no trabalho, com qualquer pessoa que nos procure?

(1) Lc 10, 25-37; (2) cf. Santo Agostinho, *Sermão sobre as palavras do Senhor*, 37; (3) Santo Agostinho, em *Catena aurea*, vol. V, p. 513; (4) cf. São Beda, *Comentário ao Evangelho de São Lucas*; (5) Ronald A. Knox, *Sermões pastorais*, Rialp, Madri, 1963, p. 140; (6) Is 53, 4; Mt 8, 17; 1 Pe 2, 24; 1 Jo 3, 5; (7) 1 Jo 4, 9-11; (8) João Paulo II, Carta apost. *Salvifici doloris*, 11.02.84, 28; (9) Sl 50, 19; (10) Mc 10, 47; (11) Orígenes, *Homilia 34 sobre São Lucas*; (12) São João Crisóstomo, em *Catena aurea*, vol. VI, p. 519; (13) S. C. para a Doutrina da Fé, Instr. *Libertatis conscientia*, 22.03.86, 68; (14) Frei Luis de Granada, *Guia de pecadores*, I, 2, 16; (15) *ibid.*; (16) João Paulo II, Carta apost. *Salvifici doloris*, 28; (17) *ibid.*, 29; (18) São João Crisóstomo, *Contra iudeos*, 8.

TEMPO COMUM. VIGÉSIMA SÉTIMA SEMANA. TERÇA-FEIRA

236. EM BETÂNIA

— Os afazeres da vida corrente, meio e ocasião para encontrar a Deus.
— Unidade de vida.
— Uma só coisa é necessária, a santidade pessoal.

I. SÃO LUCAS CONTA no seu Evangelho que Jesus ia a caminho de Jerusalém e, poucos quilômetros antes de chegar à cidade, parou para descansar em casa de uns amigos na pequena localidade de Betânia[1]. Eram três irmãos — Lázaro, Marta e Maria — por quem Jesus nutria particular estima, como podemos ler em outros lugares do Evangelho[2]. O Mestre sentia-se bem naquele lar, rodeado de amigos. Marta quis preparar um refrigério para Jesus e seus acompanhantes, cansados depois de uma longa jornada por aqueles caminhos duros e polvorentos. Por isso, *afadigava-se na contínua lida da casa*. Sua irmã Maria, *sentada aos pés do Senhor, ouvia a sua palavra*.

Durante muito tempo, Marta foi considerada como figura e imagem da vida *ativa*, enquanto Maria encarnava o símbolo da vida *contemplativa*. No entanto, para a maioria dos cristãos que devem santificar-se no meio das suas tarefas seculares, esses dois tipos não podem ser considerados dois modos contrapostos de viver o cristianismo. Em primeiro lugar, porque careceria de sentido uma vida de trabalho, imersa nos negócios, no estudo, ou preocupada pelos problemas do lar, que se esquecesse de Deus; por outro, porque haveria sérios motivos para duvidar da sinceridade de uma vida de oração que não se manifestasse num trabalho realizado com maior perfeição, com uma caridade mais fina.

O trabalho, o estudo, os problemas que se apresentam numa vida normal, longe de serem obstáculo, devem ser meio e ocasião de um trato afetuoso com o Senhor[3]. "Nesta terra, a contemplação das realidades sobrenaturais, a ação da graça em nossas almas, o amor ao próximo como fruto saboroso do amor a Deus, representam já uma antecipação do Céu, uma incoação destinada a crescer de dia para dia. Nós, os cristãos, não suportamos uma vida dupla: mantemos uma unidade de vida, simples e forte, em que se fundamentam e se compenetram todas as nossas ações [...].

"Sejamos almas contemplativas, absorvidas num diálogo constante com Deus, procurando a intimidade com o Senhor a toda a hora: desde o primeiro pensamento do dia até o último da noite; pondo continuamente o nosso coração em Jesus Cristo, Nosso Senhor; achegando-nos a Ele por nossa Mãe, Santa Maria, e por Ele, ao Pai e ao Espírito Santo"[4].

Os afazeres profissionais, as aspirações nobres, as preocupações... devem alimentar o nosso diálogo diário com Jesus. Se não fosse assim, de que falaríamos com Ele? Aqueles amigos de Betânia — como também os apóstolos — contavam ao Mestre os pequenos episódios do seu viver diário, perguntavam-lhe o que não entendiam. Alguns desses diálogos de Jesus com os seus íntimos ficaram plasmados no Evangelho: *Mestre* — dizem-lhe os apóstolos certa vez —, *vimos um que expulsava os demônios em teu nome e lho proibimos porque não era do nosso grupo...* Outras vezes, confessam de maneira simples as suas inquietações: *Eis que deixamos tudo e te seguimos; o que será de nós?* As suas próprias vidas eram o tema da conversa com Jesus. O mesmo devemos nós fazer.

II. É BASTANTE POSSÍVEL que Marta, perante a urgência e o aumento de trabalho que resultou da chegada de Jesus, estivesse mais preocupada com os seus afazeres do que com o próprio Senhor. Além disso, foi como se Maria, sentada aos pés de Jesus, lhe tirasse a paz. Por isso, *apresentou-se diante de Jesus e disse-lhe: Senhor, não se te dá que minha irmã me tenha deixado só com o serviço da casa? Diz-lhe, pois, que me ajude.* Podemos imaginar facilmente o Mestre dirigindo-lhe esta afetuosa reconvenção: *Marta, Marta, afadigas-te e andas inquieta com muitas coisas. Na verdade, uma só coisa é necessária.*

Só uma coisa é necessária: o amor a Deus, a santidade pessoal. Quando Cristo é o objetivo da nossa vida durante as vinte e quatro horas do dia, trabalhamos mais e melhor. Este é o fio forte que — como num colar de pérolas finas — une todas as obras do dia; assim evitamos a *vida dupla*: uma para Deus e outra dedicada às tarefas no meio do mundo: às ocupações profissionais, à família, ao relacionamento com os amigos, ao descanso...

Na existência do cristão, ensina o Papa João Paulo II, "não pode haver duas vidas paralelas: por um lado, a vida chamada *espiritual*, com os seus valores e exigências; e, por outro, a chamada vida *secular*, ou seja, a vida da família, do trabalho, das relações sociais, do empenho político e da cultura. A vide, incorporada na videira que é Cristo, dá os seus frutos em todos os ramos da atividade e da existência. Pois os vários campos da vida laical entram todos nos desígnios de Deus, que os quer como *lugar histórico* em que se revela e se realiza a caridade de Jesus Cristo para glória do Pai e a serviço dos irmãos. Toda a atividade, toda a situação, todo o empenho concreto — como, por exemplo, a competência e a solidariedade no trabalho, o amor e a dedicação à família e à educação dos filhos, o serviço social e político, a proposta da verdade na esfera da cultura — são ocasiões providenciais de «um contínuo exercício da fé, da esperança e da caridade» (*Apostolicam actuositatem*, 4)"[5].

Os acontecimentos diários, a intensidade no trabalho, o cansaço, as relações com os outros, são circunstâncias que se oferecem para praticarmos não só as virtudes humanas, mas também as sobrenaturais. Temos Jesus muito perto de nós, como Marta. Acompanha-nos no lar, no escritório, no laboratório, quando vamos pela rua. Não deixemos de referir à sua Pessoa tudo o que nos acontece ao longo da jornada. E então, mergulhados nos diferentes afazeres que nos ocupam durante todo o dia, saberemos dizer, com as palavras de um Salmo que hoje se reza na Liturgia das Horas: *Quanto amo a tua lei, Senhor! Ela é objeto da minha meditação todo o dia. Os teus preceitos tornaram-me mais sábio que os meus inimigos, porque estão sempre comigo. Sou mais prudente que todos os meus mestres, porque medito os teus mandamentos*[6].

III. *UMA SÓ COISA é necessária*: a amizade crescente com o Senhor. "Este deve ser o objetivo e o desígnio constante do nosso coração... Tudo o que o afaste disso, por grande que possa parecer, deve ocupar um lugar secundário, ou, para dizê-lo melhor, o último de todos. Devemos até considerá-lo como um dano positivo"[7], um grande mal.

O maior bem que podemos prestar à família, ao trabalho, aos nossos amigos..., à sociedade, é o cuidado desses meios que nos unem ao Senhor: a presença de Deus durante o dia — alimentada por atos de amor, de desagravo, de ações de graças... —, o empenho na meditação diária, a Confissão frequente cheia de contrição etc. E o maior mal..., o descuido desses meios que nos aproximam de Jesus, coisa que pode acontecer por desordem, por tibieza ou mesmo pela busca de uma maior eficácia — aparente — em outras atividades que podem apresentar-se como mais urgentes ou importantes. Santo Inácio de Antioquia escrevia a São Policarpo que devemos desejar este trato amistoso com Deus "da mesma forma que o piloto deseja ventos favoráveis e o marinheiro surpreendido pela tempestade suspira pelo porto"[8].

O trato sincero com o Senhor enriquece todas as outras atividades. Sempre que vejamos que a multiplicidade de afazeres e a urgência dos problemas tendem a afogar os tempos que dedicamos especialmente a Deus, devemos ouvir na intimidade da nossa alma — como Marta — as palavras de Cristo: *Uma só coisa é necessária*. A busca da santidade é a primeira coisa que se deve procurar nesta vida, a que sempre deve estar em primeiro lugar. *Buscai, pois, em primeiro lugar, o reino de Deus e a sua justiça, e tudo o resto vos será dado por acréscimo*[9], anunciou o Mestre em outra ocasião.

"Agradece ao Senhor o enorme bem que te outorgou ao fazer-te compreender que «uma só coisa é necessária». — E, juntamente com a gratidão, que não falte todos os dias a tua súplica pelos que ainda não O conhecem ou não O entenderam"[10]. Que enorme alegria podermos ter sempre presente que o grande objetivo da nossa vida é crescer em amor a Jesus Cristo! Que felicidade podermos comunicá-lo a outros!

Peçamos à Virgem Maria que nunca percamos de vista o Senhor enquanto procuramos realizar com perfeição, acabadamente, as nossas tarefas profissionais.

(1) Lc 10, 38-42; (2) cf. Jo 11, 1-45; 12, 1-9; (3) cf. Sagrada Bíblia, *Santos Evangelhos*; (4) São Josemaria Escrivá, *É Cristo que passa*, n. 126; (5) João Paulo II, Exort. apost. *Christifideles laici*, 30.12.88, 59; (6) Sl 119, 97-99; (7) Cassiano, *Colações*, 1; (8) Santo Inácio de Antioquia, *Epístola a São Policarpo*; (9) Mt 6, 33; (10) São Josemaria Escrivá, *Sulco*, n. 454.

237. O PAI-NOSSO

— A oração do Senhor.
— Filiação divina e oração.
— Oração e fraternidade.

I. OS DISCÍPULOS viam muitas vezes como Jesus se retirava a sós e permanecia longo tempo em oração; por vezes, noites inteiras. Por isso, um dia — lemos no Evangelho da Missa[1] —, após terminar a sua oração, dirigiram-se a Ele e disseram-lhe com toda a simplicidade: *Senhor, ensina-nos a orar*.

Dos lábios de Jesus aprenderam então aquela oração — o *Pai-Nosso* — que milhões de bocas, de todas as línguas, repetiriam tantas vezes ao longo dos séculos. São um feixe de petições que o Senhor deve ter ensinado também em outras ocasiões, e que talvez por isso tenham sido compiladas de maneira levemente diferente por São Lucas e São Mateus[2]. São também um modo completamente novo de dirigir-se a Deus. Há nessas petições "uma tal simplicidade, que até uma criança as aprende, e ao mesmo tempo uma profundidade tão grande, que se pode consumir uma vida inteira em meditar o sentido de cada uma delas"[3].

A primeira palavra que pronunciamos por expressa indicação do Senhor é: *Abba, Pai*. Os primeiros cristãos quiseram conservar, sem traduzi-la, a mesma palavra aramaica que Jesus utilizou: *Abba*; e é muito provável que assim passasse à liturgia mais primitiva e antiga da Igreja[4].

Este primeiro vocábulo situa-nos no clima de confiança e de filiação em que sempre devemos dirigir-nos a Deus. O Senhor omitiu outras palavras — ensina o *Catecismo romano* — "que poderiam ao mesmo tempo causar-nos temor, e só empregou aquela que inspira amor e confiança aos que oram e pedem alguma coisa; porque, que coisa é mais agradável que o nome de pai, que indica ternura e amor?"[5] É a mesma palavra que as crianças hebreias utilizavam para dirigir-se familiar e carinhosamente aos seus pais da terra. E foi o termo escolhido por Jesus como o mais adequado para invocarmos o Criador do Universo: *Abba!, Pai!*

O próprio Deus, que transcende absolutamente todas as coisas criadas, está muito perto de nós, é um Pai estreitamente ligado à existência dos seus filhos, fracos e frequentemente ingratos, mas que Ele quer ter em sua companhia por toda a eternidade. Nós nascemos para o Céu. "Às outras criaturas — ensina São Tomás de Aquino —, o Senhor deu-lhes como que dons minúsculos; a nós, a herança. Isto, por sermos filhos; e, por sermos filhos, também herdeiros. *Não recebestes o espírito de escravidão, para recairdes novamente no temor, mas o espírito de filhos, que nos faz clamar Abba, Pai!* (Ef 3, 15)"[6].

Quando rezamos o Pai-Nosso, e muitas vezes ao longo do dia, podemos saborear esta palavra cheia de mistério e de doçura: *Abba, Pai, meu Pai...* E esta oração influirá decisivamente ao longo do dia, pois "quando chamamos a Deus *Pai nosso*, temos de lembrar-nos de que devemos comportar-nos como filhos de Deus"[7].

II. ENQUANTO MUITOS PROCURAM a Deus como que no meio de névoas, às apalpadelas, nós, os cristãos, sabemos de um modo muito especial que Ele é nosso Pai e que vela por nós. "A expressão «Deus-Pai» nunca tinha sido revelada a ninguém. O próprio Moisés, quando perguntou a Deus quem Ele era, escutou como resposta outro nome. Mas a nós, este nome foi-nos revelado pelo Filho"[8].

Sempre que recorremos a Deus, Ele nos diz: *Filho, tu estás sempre comigo, e tudo o que é meu é teu*[9]. Nenhuma das nossas necessidades, das nossas tristezas, o deixa indiferente. Se tropeçamos, Ele está atento para nos segurar ou levantar.

"Tudo o que nos vem de Deus e que de modo imediato nos parece favorável ou adverso, foi-nos enviado por um Pai cheio de ternura e pelo mais sábio dos médicos, visando o nosso próprio bem"[10].

A vida, sob o influxo da filiação divina, adquire um sentido novo; já não é um enigma obscuro a ser decifrado, mas uma tarefa a realizar na casa do Pai, que é a Criação inteira: *Meu filho*, diz Deus a cada um, *vai trabalhar na minha vinha*[11]. Então a vida não produz temores, e a morte é vista com paz, pois é o encontro definitivo com Ele. Se nos sentimos assim em todo o momento — filhos —, seremos pessoas piedosas, com essa piedade que nos leva a "ter uma vontade pronta para se entregar ao que diz respeito ao serviço de Deus"[12]. E a nossa vida servirá para tributar glória e louvor a Deus, porque o trato de um filho com seu Pai está cheio de respeito, de veneração e, ao mesmo tempo, de reconhecimento e amor. "A piedade que nasce da filiação divina é uma atitude profunda da alma, que acaba por informar a existência inteira: está presente em todos os pensamentos, em todos os desejos, em todos os afetos"[13]. Impregna tudo.

O Senhor, ao longo da sua vida terrena, ensinou-nos a manter um relacionamento íntimo com o nosso Pai-Deus. Em Jesus deu-se esse relacionamento e afeto filial para com seu Pai em grau supremo. O Evangelho mostra-nos como, em diversas ocasiões, Jesus se retirava para longe da multidão a fim de unir-se em oração com seu Pai[14], e dEle aprendemos a necessidade de dedicar algum tempo exclusivamente a Deus, no meio das tarefas do dia. Em momentos especiais, Jesus ora por Si próprio; é uma oração de filial abandono na vontade de seu Pai-Deus, como no Horto de Getsêmani[15] e na Cruz[16]. Em outras ocasiões, ora confiadamente pelos outros, especialmente pelos apóstolos e pelos futuros discípulos[17], por nós. Diz-nos de muitas maneiras que esse trato filial e confiado com Deus é necessário para resistirmos às tentações[18], para obtermos os bens necessários[19] e para alcançarmos a perseverança final[20].

Esta conversa filial deve ser pessoal, *em segredo*[21]; discreta[22]; humilde, como a do publicano[23]; constante e sem desânimos, como a do amigo inoportuno ou a da viúva rejeitada pelo juiz[24]; deve estar penetrada de confiança na bondade divina[25], pois Deus é um Pai conhecedor das necessidades dos seus filhos, e lhes dá não só os bens da alma, mas também o necessário para a vida corporal[26].

"Meu Pai — trato-o assim, com confiança! —, que estás nos Céus, olha-me com Amor compassivo, e faz que eu te corresponda.

"— Derrete e inflama o meu coração de bronze, queima e purifica a minha carne não mortificada, enche o meu entendimento de luzes sobrenaturais, faz que a minha língua seja pregoeira do Amor e da Glória de Cristo"[27].

Meu Pai..., ensina-nos e ensina-me a tratar-te com confiança filial.

III. A ORAÇÃO É PESSOAL, mas dela participam os nossos irmãos. O recolhimento e a solidão interior não impedem que, de algum modo, os outros homens estejam presentes enquanto oramos. O Senhor ensinou-nos a dizer *Pai Nosso*, porque compartilhamos a dignidade de filhos com todos os nossos irmãos.

Pai Nosso. E o Senhor já nos tinha dito[28] que se, no momento em que nos puséssemos a orar, nos lembrássemos de que um dos nossos irmãos tinha alguma queixa contra nós, deveríamos primeiro ir reconciliar-nos com ele. Só depois é que aceitaria a nossa oferenda.

Temos o direito de chamar Pai a Deus se tratamos os outros como irmãos. Porque *se alguém disser: Eu amo a Deus e odiar o seu irmão, é um mentiroso. Porque aquele que não ama o seu irmão a quem vê, como pode amar a Deus, a quem não vê?*[29] "Não podeis chamar Pai Nosso ao Deus de toda a bondade — diz São João Crisóstomo —, se conservais um coração duro e pouco humano, pois em tal caso já não tendes a marca de bondade do Pai celestial"[30].

Quando dizemos a Deus *Pai nosso*, não lhe apresentamos somente a nossa pobre oração, mas também a adoração de toda a terra. Pela *Comunhão dos Santos*, sobe até Deus uma oração permanente em nome de toda a humanidade. Oramos por todos os homens, pelos que nunca souberam orar, ou já não o sabem, ou não querem fazê-lo. Emprestamos a nossa voz aos que ignoram ou esquecem que têm um Pai Todo-poderoso nos céus. Damos graças por aqueles que se esquecem de dá-

-las. Pedimos pelos necessitados que não sabem que a fonte da graça está tão perto. Na nossa oração, vamos carregados com as imensas necessidades do mundo inteiro. No nosso recolhimento interior, enquanto nos dirigimos ao nosso Pai-Deus, sentimo-nos delegados de todos aqueles que passam por alguma dificuldade, especialmente daqueles que Deus colocou ao nosso lado ou sob os nossos cuidados.

Também será de grande consolo considerarmos que cada um de nós participa por sua vez da oração de todos os irmãos. No Céu, teremos a alegria de conhecer todos aqueles que intercederam por nós, e também o incontável número de cristãos que ocupavam o nosso lugar diante de Deus quando nos esquecíamos de fazê-lo, e que assim nos obtiveram as graças que nós não pedimos. Quantas dívidas por saldar!

A oração do cristão, ainda que seja pessoal, nunca é isolada; funde-se com a de todos os justos: com a daquela mãe de família que pede pelo seu filhinho doente, com a daquele estudante que espera um pouco de ajuda para as suas provas, com a daquela moça que deseja ajudar a sua amiga para que faça uma boa Confissão, com a daquele que oferece o seu trabalho, com a daquele que oferece precisamente a sua falta de trabalho.

Na Santa Missa, o sacerdote recita com os fiéis as palavras do *Pai-Nosso*. E consideramos que, com as diferenças horárias nos diversos países, a Santa Missa é celebrada continuamente no mundo inteiro e a Igreja recita sem cessar essa oração pelos seus filhos e por todos os homens. A terra apresenta-se assim como um grande altar de louvor contínuo ao nosso Pai-Deus, pelo seu Filho Jesus Cristo, no Espírito Santo.

(1) Lc 11, 1-4; (2) cf. Mt 6, 9 e segs.; (3) João Paulo II, *Audiência geral*, 14.03.79; (4) cf. W. Marchel, *Abba, Père. La prière du Christ et des chrétiens*, Roma, 1963, pp. 188-189; (5) *Catecismo romano*, IV, 9, n. 1; (6) São Tomás de Aquino, *Sobre o Pai-Nosso*; (7) São Cipriano, *Tratado sobre a oração do Senhor*, 11; (8) Tertuliano, *Tratado sobre a oração*, 3; (9) Lc 15, 31; (10) Cassiano, *Colações*, 7, 28; (11) Mt 20, 1; (12) São Tomás de Aquino, *Suma teológica*, II-II, q. 8, a. 1, c.; (13) São Josemaria Escrivá, *Amigos de Deus*, n. 146; (14) Mt 14, 23; (15) cf. Mc 14, 35-36; (16) cf. Mc 15, 34; Lc 23, 34-36; (17) cf. Lc 22, 32; (18) cf. Mt 26, 41; (19) cf. Jo 4, 10; 6, 27; (20) cf. Lc 21, 36; (21) Mt 6, 5-6;

(22) cf. Mt 6, 7-8; (23) cf. Lc 18, 9-14; (24) cf. Lc 11, 5-8; 18, 1-8; (25) cf. Mc 11, 23; (26) cf. Mt 7, 7-11; (27) São Josemaria Escrivá, *Forja*, n. 3; (28) cf. Mt 5, 23; (29) 1 Jo 4, 20; (30) São João Crisóstomo, *Homilia sobre a porta estreita*.

238. O NOME DE DEUS E O SEU REINO

— Modo de santificar o nome de Deus. O primeiro pedido do *Pai-Nosso*.
— O *Reino de Deus*.
— A propagação do Reino dos Céus.

I. "QUANDO CHEGARMOS à dignidade de filhos de Deus, seremos abrasados pela ternura que habita no coração de todos os filhos verdadeiros; e, sem pensar mais nos nossos interesses pessoais, só teremos zelo pela glória do nosso Pai. Dir-lhe-emos: *Santificado seja o vosso nome*, testemunhando assim que a sua glória constitui todo o nosso desejo e a nossa alegria"[1].

Nesta primeira petição das sete de que se compõe o *Pai-Nosso*, "pedimos que Deus seja conhecido, amado, honrado e servido por todos e por nós em particular"[2]. Jesus ensina-nos a ordem que devemos seguir habitualmente nas nossas súplicas. A primeira coisa que devemos pedir é a glória de Deus. É realmente o mais urgente, também para nós, que andamos preocupados com as necessidades imediatas. "Ocupa-te de Mim — dizia Jesus a Santa Catarina de Sena —, e Eu me ocuparei de ti". O Senhor não nos deixará sozinhos.

Santificado seja o vosso nome. Na Sagrada Escritura, o nome de uma pessoa equivale à própria pessoa; é a sua identidade mais profunda. Por isso Jesus dirá no final da sua vida, como que resumindo os seus ensinamentos: *Manifestei o teu nome aos homens*[3]. Revelou-nos o mistério de Deus.

No *Pai-Nosso*, formulamos o desejo amoroso de que o nome de Deus, do nosso Pai-Deus, seja conhecido e reverenciado em toda a terra; e também devemos expressar a nossa dor pelas ocasiões em que é profanado, silenciado ou proferido com leviandade: "Ao dizermos *santificado seja o vosso nome*, admoestamo-nos a nós mesmos para que desejemos que o nome do Senhor, que sempre é santo em si mesmo, seja também tido como santo por todos os homens, quer dizer, que nunca seja desprezado por eles"[4].

Em determinados ambientes, parece que os homens não querem mencionar o nome de Deus. Em vez do Criador, falam da "sábia natureza" ou chamam "destino" à Providência divina etc. Por vezes, são somente modos de dizer, mas há ocasiões em que se silencia o nome de Deus intencionalmente. Nesses casos, devemos vencer possíveis respeitos humanos e, também intencionalmente, honrar o nosso Pai. Sem afetação, manter-nos-emos fiéis aos modos cristãos de falar, que manifestam externamente a fé da nossa alma. As expressões tradicionais em muitos países, tais como "graças a Deus" ou "se Deus quiser"[5] etc., podem servir de ajuda em algumas ocasiões para termos presente o Senhor nas nossas conversas.

Isto não significa que devamos ser como essas pessoas que fazem intervir o nome de Deus em qualquer coisa, de modo inconsiderado e inoportuno ("Deus o castigou..."). O segundo preceito do Decálogo proíbe-nos que tomemos o nome de Deus em vão. Se amamos a Deus, amaremos o seu santo nome e nunca o mencionaremos com falta de respeito ou de reverência, como expressão de impaciência ou de surpresa. Este amor ao nome de Deus estender-se-á também ao de Santa Maria, sua Mãe, ao dos seus amigos, os Santos, e ao de todas as pessoas e coisas que lhe estão consagradas.

Honramos a Deus no nosso coração quando fazemos um *ato de reparação* sempre que, na nossa presença, se falta ao respeito devido ao nome de Deus ou de Jesus Cristo; ao sabermos que se cometeu um sacrilégio ou ao termos notícia de algum episódio que ofende o bom nome do Pai comum. Não devemos também esquecer-nos de atualizar pessoalmente os atos de reparação e desagravo públicos sempre que nos unimos aos louvores que se rezam na *Bênção com o Santíssimo*.

Nessa ocasião, o sacerdote, em nome de todos, reza: *Bendito seja Deus, bendito seja o seu santo nome...* São jaculatórias que podemos repetir ao longo do dia, especialmente em face de situações em que temos o dever de reparar.

A reverência devida ao nome de Deus levar-nos-á além disso a amar de modo especial essas orações que são essencialmente de louvor, como o *Glória ao Pai, ao Filho e ao Espírito Santo*, que deveríamos repetir com muita frequência, o *Glória* e o *Sanctus* da Missa etc.

"Considerai — diz Santa Teresa — que ganhais um grande tesouro e que fazeis muito mais dizendo uma só palavra do Pai-Nosso de quando em quando, do que repetindo-o muitas vezes apressadamente. Permanecei bem junto dAquele a quem pedis, e não deixará de ouvir-vos; e crede, o verdadeiro modo de louvar e santificar o seu nome é este"[6].

Talvez algumas dessas jaculatórias nos possam ajudar a manter a presença de Deus no dia de hoje: *Pai, santificado seja o vosso nome...*

II. *VENHA A NÓS o vosso Reino*, pedimos a seguir no *Pai-Nosso*. São João Crisóstomo comenta que o Senhor "nos mandou que desejássemos os bens que estão por chegar e que apressássemos o passo na nossa viagem para o Céu; mas, enquanto a viagem não termina, vivendo ainda na terra, quer que nos esforcemos por levar vida do Céu"[7].

A expressão *Reino de Deus* tem um triplo significado: o Reino de Deus em nós, que é a graça; o Reino de Deus na terra, que é a Igreja; e o Reino de Deus no Céu, que é a eterna bem-aventurança.

Em primeiro lugar, pedimos a Deus que reine em nós mediante a graça santificante, pela qual se compraz em cada um de nós como um rei na sua corte; e que nos conserve unidos a Si por meio das virtudes da fé, da esperança e da caridade, que lhe permitem reinar respectivamente no nosso entendimento, no nosso coração e na nossa vontade[8]. Ao rezarmos diariamente pela chegada do Reino de Deus, pedimos também que o Senhor nos ajude a ser fiéis à graça. É um reinado, o de Jesus na nossa alma, que avança ou retrocede conforme correspondemos ou rejeitamos as contínuas graças e ajudas que Ele nos concede.

Cumprem-se também nos nossos corações as parábolas do Reino. Antes de adquirir a plenitude definitiva na alma de cada um dos fiéis, o Reino de Deus é como um grão de trigo que, enterrado, prepara a espiga da colheita; como o fermento, que vai transformando o coração até que seja inteiramente de Deus; como o grão de mostarda, que começa como uma pequena semente na alma e, se não levantamos obstáculos, irá crescendo sem mais limites que o das nossas resistências e negações. O Reino de Deus estabelece-se agora, pela graça, no coração dos homens; *está dentro de vós*, disse Jesus[9]. E percebemos a sua presença na alma através dos afetos e moções do Espírito Santo. Se soubermos corresponder-lhes dócil e prontamente, o Senhor tomará posse das nossas almas e o seu Reino será uma realidade em nós. "Antes éramos servos no mundo, agora reinemos sob o domínio de Cristo"[10].

III. QUANDO REZAMOS *venha a nós o vosso reino*, também pedimos que a Igreja se dilate e propague por todo o mundo para a salvação dos homens.

Pedimos pelo apostolado que se realiza em toda a terra, e sentimo-nos comprometidos a empregar todos os meios ao nosso alcance para a expansão do Reino de Deus. Porque "não é suficiente pedirmos com insistência o Reino de Deus se não acrescentamos à nossa petição todas aquelas coisas com que se procura e se encontra"[11], isto é, as nossas iniciativas apostólicas, por pequenas que nos pareçam.

Num mundo que em não poucos aspectos parece ter retornado ao paganismo, impõe-se a todos os cristãos "o dever luminoso de colaborar para que a mensagem divina da salvação seja conhecida e acolhida por todos os homens em toda a parte"[12].

A nossa primeira obrigação é, ordinariamente, orientar o apostolado para todos aqueles que Deus colocou ao nosso lado: a esposa ou o marido, cada um dos filhos, os amigos, os colegas. Neste apostolado com essas pessoas, do qual não podemos esquivar-nos sob nenhum pretexto, o que nos deve importar acima de tudo é que tomem a sério a vida cristã, que entrem por caminhos de vida interior, de oração, de frequência dos Sacramentos, que adquiram uma sólida formação doutrinal-religiosa. Isto é o mais importante.

Depois, temos de nos preocupar por orientar todo o universo para Cristo, cada um na medida das suas possibilidades. A dignidade da pessoa humana, os direitos da consciência, o respeito devido ao trabalho, a preocupação por uma distribuição mais equitativa dos bens, o sincero desejo de paz entre os povos etc., são tarefa que incumbe a todos os cristãos e a que todos podem prestar a sua colaboração, seja grande ou pequena. Deus conta com esse muito ou pouco de cada um.

Venha a nós o vosso Reino. E "Jesus Cristo recorda a todos: *Et ego, si exaltatus fuero a terra, omnia traham ad meipsum* (Jo 12, 32), se vós me colocardes no cume de todas as atividades da terra, cumprindo o dever de cada instante, dando testemunho de mim no que parece grande e no que parece pequeno, *omnia traham ad meipsum*, tudo atrairei a mim. O meu reino entre vós será uma realidade [...].

"Foi para isso que nós, os cristãos, fomos chamados, essa é a nossa tarefa apostólica e a preocupação que deve consumir a nossa alma: conseguir que o reino de Cristo se torne realidade, que não haja mais ódios nem crueldades, que estendamos pela terra o bálsamo forte e pacífico do amor. Peçamos hoje ao nosso Rei que nos faça colaborar humilde e fervorosamente com o propósito divino de unir o que se quebrou, de salvar o que está perdido, de ordenar o que o homem desordenou, de levar a seu termo o que se extraviou, de reconstruir a concórdia entre todas as coisas criadas"[13]. Comecemos, como sempre, pelo que está ao nosso alcance na convivência normal de todos os dias.

(1) Cassiano, *Colações*, 9, 18; (2) *Catecismo maior*, n. 290; (3) Jo 17, 6; (4) Santo Agostinho, *Carta 130, a Proba*; (5) Tg 4, 15; (6) Santa Teresa, *Caminho de perfeição*, 31, 13; (7) São João Crisóstomo, *Homilias sobre São Mateus*, 19, 5; (8) cf. *Catecismo maior*, nn. 294-295; (9) Lc 17, 21; (10) São Cipriano, *Tratado sobre a oração do Senhor*, 13; (11) *Catecismo romano*, IV, 10, n. 2; (12) Conc. Vat. II, Decr. *Apostolicam actuositatem*, 3; (13) São Josemaria Escrivá, *É Cristo que passa*, n. 183.

TEMPO COMUM. VIGÉSIMA SÉTIMA SEMANA. SEXTA-FEIRA

239. A VONTADE DE DEUS

— O cumprimento da vontade divina.
— Purificar a nossa vontade, inclinada excessivamente para nós mesmos.
— Amar em tudo o querer de Deus.

I. *SEJA FEITA a vossa vontade assim na terra como no Céu*, rezamos a Deus na terceira petição do *Pai-Nosso*. Queremos conseguir do Senhor as graças necessárias para que possamos cumprir aqui na terra tudo o que Deus quer, como o cumprem os bem-aventurados no Céu. A melhor oração é aquela que transforma os nossos desejos até conformá-los, gozosamente, com a vontade divina, até podermos dizer com Jesus: *Não se faça a minha vontade, mas a tua*: não quero nada que Tu não queiras. Nada. Este é o fim principal de toda a petição: identificar-nos plenamente com o querer divino.

Se a nossa oração é assim, sempre seremos beneficiados, pois não há ninguém que queira tanto o nosso bem e a nossa felicidade como o Senhor. No entanto, quase sem o percebermos, desejamos em muitas ocasiões que se cumpra antes de mais nada a nossa vontade; julgamo-la muito acertada e conveniente, ainda que desejemos, talvez fervorosamente, que o querer divino coincida com o nosso... *Pedis e não recebeis porque pedis mal*[1], escreve o apóstolo São Tiago.

Quando dizemos em face de um acontecimento ou situação: Senhor, *seja feita a vossa vontade*, não nos estamos sujeitando à pior das possibilidades ou mesmo a uma catástrofe, mas à "melhor" das soluções possíveis. Porque, mesmo que aquilo que Deus permite nos pareça à primeira vista uma desgraça ou um desastre, devemos transcender essa visão puramente humana e aprender que existe um plano mais alto, no qual Deus integra esse acontecimento num bem superior, que talvez não vejamos momentaneamente. Essa situação que nos parece tenebrosa é somente uma sombra de um quadro luminoso e cheio de beleza; pois a sabedoria divina não é mais sábia que a nossa?; e o seu amor por nós e pelos nossos não é infinitamente maior do que o nosso? Se pedimos pão, *acaso nos dará uma pedra?* Ele não é nosso Pai? *Quando orardes, dizei: Abba, Pai...*

Só neste clima de amor e de *confiança* é que se torna possível a verdadeira oração: *Senhor, se for conveniente, concede-me...* Deus sabe mais e é infinitamente bom, muito melhor do que podemos imaginar. Ele quer o melhor para nós; e o melhor, às vezes, não é o que pedimos. Maria de Betânia enviou ao Senhor uma mensagem urgente para que curasse o seu irmão Lázaro, que estava a ponto de morrer. Mas Jesus não o curou, ressuscitou-o. Ele é sábio, com uma sabedoria divina, e nós, ignorantes. Ele abarca a vida inteira, a nossa e a daqueles que amamos; nós apenas vislumbramos um pouco das coisas imediatas. Aflitos e impacientes, vemos apenas esses instantes, e Ele vê toda a vida e a eternidade... Não sabemos pedir o que convém, mas o Espírito Santo advoga por nós com gemidos inenarráveis[2]. Não rogamos que *Deus queira*, mas que nos ensine e nos dê forças para cumprir o que *Ele quer*[3].

Querer fazer a vontade de Deus em tudo, aceitá-la com paz e alegria, amá-la, ainda que humanamente pareça difícil e dura, não "é a capitulação do mais débil perante o mais forte, mas a confiança do filho no Pai, cuja bondade nos ensina a ser plenamente homens: e isto implica a alegre descoberta da condição da nossa grandeza"[4], a filiação divina.

II. *SEJA FEITA a vossa vontade...*

Em muitas ocasiões, o nosso querer natural coincide com o de Deus. Tudo parece então sereno e suave, e podemos caminhar sem grandes dificuldades. Mas não devemos esquecer que, no progresso para a santidade, é necessário purificar o nosso eu, a vontade própria, excessivamente inclinada para si mesma — ainda que se trate de assuntos muito nobres —, e encaminhá-la para a plena identificação com o querer divino. Esta é a verdadeira bússola que orienta os nossos passos diretamente para Deus, e que nos levará em tantas ocasiões a enveredar por caminhos diferentes daqueles que nós, com um critério exclusivamente humano, teríamos escolhido. E o Espírito Santo talvez nos diga na intimidade do nosso coração: *Os meus caminhos não são os vossos caminhos...*[5]

Devemos aprender de Cristo o caminho seguro do cumprimento da vontade divina em tudo. É um ensinamento contínuo que colhemos do Evangelho. Quando os apóstolos insistem com Cristo, cansado de uma longa jornada, para que se alimente com os víveres que tinham comprado numa cidade da Samaria, o Senhor responde-lhes: *O meu alimento é fazer a vontade daquele que me enviou e cumprir a sua obra*[6]. O nosso alimento, o único que nos dá forças e firmeza para vivermos como filhos de Deus, o único que dá sentido à nossa vida, é saber que estamos fazendo a vontade de Deus até nos menores detalhes da vida diária. Em muitas outras ocasiões Jesus repetirá este mesmo ensinamento: *Não vim fazer a minha vontade, mas a daquele que me enviou*[7].

Se pudéssemos dizer o mesmo! Eu não quero, Senhor — dizemos-lhe no nosso interior —, fazer o que os meus sentidos ou a minha inteligência desejam, ainda que seja lícito, mas o que Tu queres que eu faça, ainda que pareça difícil. Se alguma vez nos custa cumprir a vontade de Deus, devemos ir ao Sacrário para conversar com Jesus, e depois de um tempo de oração compreenderemos que o nosso querer mais íntimo é precisamente aceitar e amar a vontade de Deus. Será esse o momento — especialmente se se trata de um assunto difícil ou que exige sacrifício — de fazermos nossa a oração de Jesus no começo da Paixão: *Pai, se é do teu agrado, afasta de mim este cálice; não se faça, porém, a minha vontade, mas a tua*[8]. E repetiremos devagar: *Não se faça a minha vontade...*

Os apóstolos pregaram até o fim dos seus dias o que aprenderam do Mestre: *Aquele que faz a vontade de meu Pai que está nos céus, esse entrará no reino dos céus, esse é meu irmão, minha irmã e minha mãe*[9]. É aí — no cumprimento da vontade divina — que a criatura humana encontra a sua verdadeira felicidade: "A quem possui a Deus, nada lhe falta..., se ele mesmo não falta a Deus"[10].

A nossa vontade tem assim uma meta: fazer sempre, também nas coisas pequenas, nas tarefas ordinárias, o que Deus quer que façamos. Assim, decidimo-nos em cada circunstância não por aquilo que nos parece mais útil ou agradável, mas por aquilo que o Senhor deseja naquela situação concreta. E como Deus quer o melhor, ainda que de modo imediato não o experimentemos, estamos exercitando a liberdade no bem, que é onde verdadeiramente ela se realiza[11]. Por isso, quando exercemos a nossa liberdade tornando próprio o querer divino, convertemos a nossa vida num contínuo ato de amor.

III. *PAI, SEJA FEITA a vossa vontade assim na terra como no Céu...* E preparamos a alma não só para realizar o querer divino, mas também para amar o que Deus faz ou permite. Quando os acontecimentos ou as circunstâncias não permitem que escolhamos, é Deus quem escolhe por nós. É nessas situações, às vezes humanamente difíceis, que devemos dizer com paz: "Tu o queres, Senhor?... Eu também o quero!"[12] Podem ser ocasiões extraordinárias para confiarmos mais e mais em Deus.

Essa vontade divina que aceitamos pode chamar-se sofrimento, doença ou perda de um ser querido. Ou talvez sejam situações trazidas pelo dia-a-dia ou pelo decorrer dos dias: as limitações da idade que começa a deixar as suas marcas, o salário insuficiente, uma profissão diferente da que teríamos desejado, mas a que devemos dedicar-nos com amor porque as circunstâncias nos levaram a ela e já não é possível abandoná-la, as aspirações nobres não realizadas, o fracasso por um esquecimento ou erro ridículo, os mal-entendidos..., a aceitação de si mesmo, sem que isso afogue o desejo de superação e, sobretudo, de crescimento nas virtudes. Então também nós poderemos dizer:

Dai-me riqueza ou pobreza,
dai consolo ou desconsolo,
dai-me alegria ou tristeza [...].
Que quereis fazer de mim?[13]

O que queres de mim, Senhor, nesta circunstância concreta, e nessa outra?

A aceitação alegre da vontade divina sempre dará paz à nossa alma e, no plano humano, evitará desgastes inúteis, mas muitas vezes não suprimirá a dor. O próprio Jesus chorou como nós. Na Epístola aos Hebreus lemos que *nos dias da sua carne, ofereceu preces e súplicas com grandes brados e lágrimas*[14]. As nossas lágrimas, quando se trata de um acontecimento doloroso, não ofendem a Deus; pelo contrário, movem-no à compaixão.

"Disseste-me: — Padre, estou passando muito mal.

"E eu te respondi ao ouvido: — Põe aos ombros uma partezinha dessa cruz, só uma parte pequena. E se nem mesmo assim podes com ela..., deixa-a toda inteira sobre os ombros fortes de Cristo. E repete desde já comigo: "Senhor, meu Deus! Em tuas mãos abandono o passado e o presente e o futuro, o pequeno e o grande, o pouco e o muito, o temporal e o eterno".

"E fica tranquilo"[15].

Além disso, o Senhor quer que, com a amorosa aceitação do querer divino, lancemos mão também de todos os meios humanos ao nosso alcance para sairmos dessa má situação, se for possível. E se não o for, ou se demorar a resolver-se, abraçaremos com força o nosso Pai-Deus e poderemos dizer com São Paulo: *Estou inundado de alegria no meio de todas as nossas tribulações*[16]. Nada poderá tirar-nos a alegria.

A nossa Mãe Santa Maria é o modelo que devemos imitar, dizendo com Ela: *Faça-se em mim segundo a tua palavra*. Que se faça, Senhor, o que Tu queres e como o queres.

(1) Tg 4, 3; (2) cf. Rm 8, 20; (3) cf. Santo Agostinho, *Sermão da Montanha*, 2, 6, 21; (4) Georges Chevrot, *Em segredo*; (5) Is 55, 8; (6) Jo 4, 34; (7) Jo 5, 30; (8) Lc 22, 42; (9) Mt 6, 10; (10) São Cipriano, *Tratado sobre a oração*, 21; (11) cf. Carlos Cardona, *Metafísica del bien y del mal*, p. 185; (12) cf. São Josemaria Escrivá, *Caminho*, n. 762; (13) Santa Teresa, *Poesias*, 5; (14) Hb 5, 7; (15) São Josemaria Escrivá, *Via Sacra*, VIIª est., n. 3; (16) 2 Cor 7, 4.

TEMPO COMUM. VIGÉSIMA SÉTIMA SEMANA. SÁBADO

240. ORAÇÕES À MÃE DE JESUS

— A Virgem sempre nos conduz ao seu Filho.
— O Santo Rosário, a oração preferida da Virgem.
— Frutos da devoção a Santa Maria.

I. COMO EM TANTAS outras ocasiões, Jesus estava falando à multidão. E eis que uma mulher do povo levantou a voz e gritou: *Bem-aventurado o ventre que te trouxe e os peitos que te amamentaram*[1].

Jesus deve ter-se lembrado naquele momento da sua Mãe, e esse louvor da mulher desconhecida tocou-lhe com certeza o Coração. O Senhor olhou-a sem dúvida com complacência e agradecimento. "Profundamente emocionada no seu coração pelos ensinamentos de Jesus, e perante a sua figura amável, aquela mulher não pôde conter a sua admiração. Reconhecemos nas suas palavras uma amostra genuína da religiosidade popular sempre viva entre os cristãos ao longo da história"[2]. Naquele dia começou a cumprir-se o *Magnificat*: ... *Todas as gerações me chamarão bem-aventurada*. Uma mulher, com o à-vontade do povo, tinha começado o que não terminaria até o fim dos tempos.

Jesus, fazendo-se eco do louvor, torna ainda mais profundo o elogio à sua Mãe: *Bem-aventurados antes os que ouvem a palavra de Deus e a põem em prática*. Maria é bem-aventurada, certamente, por ter trazido o Filho de Deus no seu seio puríssimo e por tê-lo alimentado e cuidado dele, mas é-o ainda mais por ter acolhido com extrema fidelidade a palavra de Deus. "No decurso da pregação de Jesus, Ela recebeu as palavras pelas quais o seu Filho, exaltando o Reino por cima das raças e dos vínculos da carne e do sangue, proclamou bem-aventurados os que ouvem e guardam a palavra de Deus, tal como Ela mesma fielmente o fazia (cf. Lc 2, 19)"[3].

Esta passagem do Evangelho[4], que se lê na Missa de hoje, ensina-nos uma excelente forma de louvar e de honrar o Filho de Deus: venerar e enaltecer a sua Mãe. Os elogios a Maria soam muito gratamente aos ouvidos de Jesus. É por isso que nos dirigimos muitas vezes a Ela com tantas jaculatórias e devoções, com a recitação do Santo Rosário. "Do mesmo modo que aquela mulher do Evangelho — diz o Papa João Paulo II — lançou um grito de bem-aventurança e de admiração para Jesus e sua Mãe, assim também vós, no vosso afeto e na vossa devoção, costumais *unir sempre Maria a Jesus*. Compreendeis que a Virgem nos conduz ao seu divino Filho, e que Ele sempre escuta as súplicas dirigidas à sua Mãe"[5].

A Virgem é o caminho mais curto para chegarmos a Cristo, e por Ele, à Santíssima Trindade. Honrando Maria, sendo verdadeiramente filhos seus, imitamos Cristo e fazemo-nos semelhantes a Ele. "Pois Maria, tendo entrado intimamente na história da salvação, une em si e de certo modo reflete as supremas normas da fé. Quando é proclamada e cultuada, leva os fiéis ao seu Filho, ao sacrifício do Filho e ao amor do Pai"[6]. Com Ela andamos bem seguros.

II. TAMBÉM NÓS queremos unir-nos a esse longo desfile de pessoas tão diversas que através dos séculos souberam honrar Maria. A nossa voz une-se a esse clamor que jamais cessará. Nós também aprendemos a ir a Jesus por Maria, e neste mês, seguindo o costume da Igreja, queremos fazê-lo pondo mais empenho em rezar atentamente o terço, "que é fonte de vida cristã. Procurai rezá-lo diariamente, sozinhos ou em família, repetindo com uma grande fé essas orações fundamentais do cristão que são o Pai-Nosso, a Ave-Maria e o Glória — exortava o Romano Pontífice —. Meditai nessas cenas da vida de Jesus e de Maria, que nos recordam os mistérios de gozo, dor e glória. Aprendereis assim, nos mistérios gozosos, a pensar em Jesus que se fez pobre e pequeno: uma criança!, por nós, para nos servir; e vos sentireis impelidos a servir o próximo nas suas necessidades. Nos mistérios dolorosos, compreendereis que aceitar com docilidade e amor os sofrimentos desta vida — como Cristo na sua Paixão —, leva à felicidade e à alegria, que se manifesta nos mistérios gloriosos de Cristo e de Maria à espera da vida eterna"[7].

O Santo Rosário é a oração preferida de Nossa Senhora[8], uma oração que sempre chega ao seu Coração de Mãe e nos concede inumeráveis graças e bens. Já se comparou esta devoção a uma escada, que subimos degrau a degrau, indo "ao encontro da Senhora, que quer dizer ao encontro de Cristo. Porque esta é uma das características do Rosário, a mais importante e a mais bela de todas: uma devoção que por meio da Virgem nos leva a Cristo. Cristo é o termo desta longa e repetida invocação a Maria. Fala-se a Maria para chegar a Cristo"[9].

Que paz nos deve dar repetir devagar a *Ave-Maria*, detendo-nos talvez em alguma das suas partes! *Ave, Maria...,* e a saudação, ainda que a tenhamos repetido milhões de vezes, soa sempre a algo novo. *Santa Maria..., Mãe de Deus!... rogai por nós... agora!* E Ela nos olha, e sentimos a sua proteção maternal. "A piedade — tal como o amor — não se cansa de repetir com frequência as mesmas palavras, porque o fogo da caridade que as inflama faz com que sempre tenham algo novo"[10].

III. A DEVOÇÃO À VIRGEM não é de maneira nenhuma "um sentimento estéril e transitório, nem uma certa vã credulidade"[11], própria de pessoas de pouca idade ou formação. Pelo contrário — continua a afirmar o Concílio Vaticano II —, "procede da verdadeira fé, pela qual somos levados a reconhecer a excelência da Mãe de Deus e impelidos a um amor filial para com a nossa Mãe e à imitação das suas virtudes"[12].

O amor à Virgem anima-nos a imitá-la e, portanto, a cumprir fielmente os nossos deveres, a levar alegria a todos os lugares aonde vamos. Move-nos a repelir todo o pecado, até o mais leve, e incita-nos a lutar com empenho contra os nossos defeitos. Contemplar a docilidade de Maria à ação do Espírito Santo na sua alma é sentirmo-nos estimulados a cumprir a vontade de Deus a todo o momento, também quando nos custa. O amor que nasce no nosso coração ao invocá-la é o melhor remédio contra a tibieza e contra as tentações de orgulho e da sensualidade.

Quando fazemos uma romaria ou visitamos um santuário dedicado à nossa Mãe do Céu, fazemos uma boa provisão de esperança. Ela mesma — *Spes nostra* — é a nossa esperança! Sempre que rezamos com atenção o terço e nos detemos uns instantes a meditar cada um dos mistérios que nele se propõem, obtemos mais forças para lutar, mais alegria e desejos mais firmes de ser melhores. "Não se trata tanto de repetir fórmulas como de *falar* como pessoas vivas com uma pessoa *viva*, que, se não a vedes com os olhos do corpo, podeis no entanto vê-la com os *olhos da fé*. Com efeito, a Virgem e o seu Filho vivem no Céu uma vida muito mais "viva" do que a nossa — mortal — que vivemos aqui na terra.

"O Rosário é um colóquio confidencial com Maria, uma conversa cheia de confiança e de abandono. É confiar-lhe as nossas penas, manifestar-lhe as nossas esperanças, abrir-lhe o nosso coração. É declararmo-nos à sua disposição para tudo o que Ela, em nome do seu Filho, nos peça. É prometer-lhe fidelidade em todas as circunstâncias, mesmo as mais dolorosas e difíceis, certos da sua proteção, certos de que, se o pedimos, Ela sempre obterá do seu Filho todas as graças necessárias à nossa salvação"[13].

Façamos o propósito neste sábado mariano de oferecer-lhe com mais amor essa *coroa de rosas* que a palavra "rosário" significa na sua etimologia. Não rosas murchas pela falta de amor ou pelo descuido.

"Santo Rosário. Os gozos, as dores e as glórias da vida de Nossa Senhora tecem uma coroa de louvores que os anjos e os santos do Céu repetem ininterruptamente..., como também os que amam a nossa Mãe aqui na terra. — Pratica diariamente esta devoção santa e difunde-a"[14].

Através desta devoção, a nossa Mãe do Céu devolver-nos-á a esperança se alguma vez, ao considerarmos tantas fraquezas, sentirmos na alma a sombra do desalento. "«Virgem Imaculada, bem sei que sou um pobre miserável, que não faço mais do que aumentar todos os dias o número dos meus pecados...» Disseste-me o outro dia que falavas assim com a Nossa Mãe.

"E aconselhei-te, com plena segurança, que rezasses o terço: bendita monotonia de ave-marias, que purifica a monotonia dos teus pecados!"[15]

(1) Lc 11, 27-28; (2) João Paulo II, *Alocução*, 5.04.87; (3) Conc. Vat. II, Const. *Lumen gentium*, 58; (4) Lc 11, 27-28; (5) João Paulo II, *Alocução*; (6) Conc. Vat. II, Const. *Lumen gentium*, 65; (7) João Paulo II, *Alocução*; (8) Paulo VI, Enc. *Mense Maio*, 29.04.65; (9) Paulo VI, *Alocução*, 10.05.64; (10) Pio XI, Enc. *Ingravescentibus malis*, 29.09.37; (11) Conc. Vat. II, Const. *Lumen gentium*, 67; (12) *ibid.*; (13) João Paulo II, *Alocução*, 25.04.87; (14) São Josemaria Escrivá, *Forja*, n. 621; (15) São Josemaria Escrivá, *Sulco*, n. 475.

TEMPO COMUM. VIGÉSIMO OITAVO DOMINGO. CICLO A

241. OS CONVIDADOS AO BANQUETE

— O Céu espera-nos. Correspondência à chamada do Senhor. Ajudar os outros a não recusar o convite.
— O convite para participarmos da intimidade divina. Não existem desculpas razoáveis para não comparecermos à Ceia do Rei.
— Vontade salvífica de Cristo. As nossas ânsias apostólicas devem abarcar todas as almas.

I. A LITURGIA DESTE DOMINGO fala-nos do banquete régio, símbolo da salvação e de todos os bens, a que Deus nos convida. *E o Senhor dos exércitos preparará neste monte para todos os povos fiéis um banquete de manjares deliciosos... E neste monte quebrará os laços que atam todos os povos... Aniquilará a morte para sempre; e o Senhor Deus enxugará as lágrimas de todas as faces*[1].

Por meio de símbolos facilmente compreensíveis, os profetas tinham anunciado o Céu como o destino definitivo da humanidade. O próprio Deus nos conduziria até esse *monte santo*. Assim o expressa o Salmo responsorial: *O Senhor é meu pastor..., conduz-me junto às águas refrescantes; reconforta a minha alma, guia-me por veredas retas... Ainda que eu ande por um vale tenebroso, nada temerei, porque tu vais comigo. A tua vara e o teu báculo são o meu consolo. A tua bondade e a tua graça acompanham-me todos os dias da minha vida, e habitarei na casa do Senhor por anos sem fim*[2].

Jesus é o nosso Pastor e convida-nos de mil maneiras a segui-lo, mas não quer obrigar-nos a acompanhá-lo contra a nossa vontade. Nisto consiste o mistério do mal: os homens podem recusar esse convite. O Evangelho da Missa[3] fala-nos dessa recusa. *O reino dos céus é semelhante a um rei que celebrou as bodas de seu filho*. E, segundo o costume, mandou os seus servos a casa dos convidados para recordar-lhes que já estava tudo preparado e que os esperava. Para sua surpresa, os convidados não quiseram ir. E o Senhor, desejando expressar a solicitude de Deus para com os seus filhos, relata na parábola que o soberano tornou a enviar os seus servidores: *Enviou de novo outros servos, ordenando-lhes: Dizei aos convidados: Vede que o meu banquete está preparado...* A bondade de Deus fica patente nesta divina insistência e na exuberância das iguarias: *Os meus novilhos e animais cevados já foram abatidos e tudo está pronto*.

Apesar disso, *os convidados não fizeram caso e foram um para a sua casa de campo, outro para os seus negócios. Outros lançaram mão dos servos e, depois de os terem maltratado, mataram-nos*. Em outras parábolas (a dos vinhateiros, por exemplo), exigia-se algo devido, o fruto daquilo que se tinha confiado a uns homens para que o administrassem; aqui, no entanto, nada se exige..., tudo é oferecido. E é rejeitado! Jesus deve ter relatado esta parábola com muita pena. É a recusa ao amor de Deus através dos séculos.

Os convidados podem estar representados hoje, entre outros, por esses homens que, absorvidos nos seus assuntos e negócios terrenos, parecem não necessitar de Deus para nada. E quando são avisados de que o Céu os espera, reagem com violência, como na parábola. Apesar de tudo, temos a santa obrigação de aproximar-nos deles, "de sacudi-los da sua modorra, de rasgar horizontes diferentes e amplos à sua existência aburguesada e egoísta, de lhes complicar santamente a vida, de fazer que se esqueçam de si mesmos e compreendam os problemas dos outros. Senão, não és bom irmão dos teus irmãos, os homens, que estão precisados desse «*gaudium cum pace»* — desta alegria e desta paz, que talvez não conheçam ou tenham esquecido”[4].

Muitos corresponderão e chegarão a tempo ao banquete.

II. A IMAGEM DO BANQUETE é considerada em outros lugares da Sagrada Escritura como símbolo de intimidade e de salvação. *Eis que estou à porta e bato. Se alguém ouvir a minha voz, e me abrir a porta, entrarei em sua casa e cearei com ele e ele comigo*[5]. A solicitude de Deus, a sua ânsia de uma maior intimidade com cada homem, bate-lhe à porta constantemente. *Abre-me, minha irmã, minha amiga..., porque a minha cabeça está cheia de orvalho, e os cachos dos meus cabelos cheios de gotas da noite*[6], diz Deus à alma de tantas maneiras. Como é a nossa correspondência às mil chamadas que o Senhor nos faz chegar? Como é a nossa oração, que nos franqueia a intimidade com Deus? Não nos esquivamos com desculpas fáceis a um compromisso que nos convida a um amor mais firme, a uma correspondência mais profunda?

Rejeitar o convite divino é algo muito grave; viver como se Deus não tivesse importância e o encontro com Ele estivesse tão distante que não valesse a pena preparar-se para ele, é pôr em risco a salvação eterna. Perante a salvação, bem absoluto, não há nenhuma desculpa que seja razoável: nem campos, nem negócios, nem saúde, nem bem-estar... Hoje, os pretextos que alguns invocam para não atender aos amáveis convites do Senhor são iguais ou parecidos aos que lemos na parábola. De qualquer modo, “o fato continua a ser o mesmo: não aceitam a salvação de Deus e excluem-se dela voluntariamente por preferirem outra coisa. Ficam com o que escolhem, perdem o que rejeitam”[7].

Mas o Senhor quer que a sua casa fique cheia; a sua atitude é sempre salvadora: *Ide, pois, às encruzilhadas dos caminhos, e a quantos encontrardes, convidai-os para as núpcias. Os servos saíram pelos caminhos e reuniram todos os que encontraram, maus e bons*. Ninguém é excluído da intimidade divina. Só fica de fora aquele que se afasta por vontade própria, aquele que resiste ao amável convite do Senhor, insistentemente repetido.

"Ajuda-nos, Senhor — exclamava Santo Agostinho —, a deixar-nos de desculpas más e vãs e a comparecer a esse banquete... Que a soberba não seja impedimento para irmos ao festim, que não nos emproemos com jactância, nem uma má curiosidade nos apegue à terra, distanciando-nos de Deus, nem a sensualidade estorve as delícias do coração. Faz que compareçamos... Quem se apresentou ao banquete a não ser os mendigos, os doentes, os coxos, os cegos? [...] Iremos como pobres, pois convida-nos Aquele que, sendo rico, se fez pobre por nós. Iremos como doentes, porque não precisam de médico os sãos, mas os que não estão bem de saúde. Iremos como aleijados e diremos: *Endireita os meus passos conforme a tua palavra* (Sl 118, 113). Iremos como cegos e te pediremos: *Ilumina os meus olhos para que jamais durma na morte* (Sl 12, 4)"[8].

III. *IDE, POIS, às encruzilhadas dos caminhos, e a quantos encontrardes, convidai-os para as núpcias...* São palavras dirigidas a nós, a todos os cristãos, pois a vontade salvífica de Deus é universal[9]; abarca todos os homens de todas as épocas. Cristo, no seu amor pelos homens, procura com paciência infinita a conversão de cada alma, chegando ao extremo de morrer na Cruz. Cada homem pode dizer de Jesus: *Amou-me e entregou-se a si mesmo por mim*[10].

Desta atitude salvadora do Mestre participamos todos os que desejamos ser seus discípulos. *Os servos saíram pelos caminhos e reuniram todos os que encontraram...* Devemos empenhar-nos, como Cristo, na salvação de todas as almas. Não podemos desinteressar-nos de ninguém. Não podemos encolher-nos medrosamente diante dos que se mostram muito ocupados e aparentemente felizes nas suas coisas, como se não precisassem de nada, e muito menos de Deus, do festim eterno que Ele lhes oferece. "Repara bem: há muitos homens e mulheres no mundo, e nem um só deles deixa o Mestre de chamar. Chama-os a uma vida cristã, a uma vida de santidade, a uma vida de eleição, a uma vida eterna"[11].

Temos de sentir toda a urgência de levar as almas, uma a uma, até o Senhor. A mesma solicitude com que Cristo nos anima e conforta é a que devemos ter em relação àqueles com quem convivemos diariamente, seguindo o conselho que nos vem do século II: "Leva a todos sobre ti, como a ti te leva o Senhor"[12].

Temos de abrir novos horizontes a muitas existências, tantas vezes fechadas numas aspirações puramente terrenas, curtas; descobrir-lhes a necessidade de procurar Deus com confiança, de conversar com Ele como se conversa com um amigo; ensiná-los a trabalhar por Deus, oferecendo-lhe frequentemente as suas ocupações para que ganhem sentido e nobreza; ajudá-los a encontrar a raiz de muitas das suas vacilações, do vazio interior que às vezes experimentam... Ninguém deve passar ao nosso lado sem que as nossas palavras e as nossas obras lhe falem de Deus. O pensamento da sua salvação eterna e da sua felicidade temporal — que não alcançarão à margem de Deus — animar-nos-á a procurar todas as ocasiões — sem medo de sermos inoportunos, mas sempre amavelmente — para que, com paciência, a chamada do Senhor chegue até eles. A sua ignorância religiosa e a sua visão pobre e terrena das coisas deve doer-nos.

A Virgem Nossa Senhora ensinar-nos-á a tratar cada pessoa com o afeto com que Ela olha para o seu Filho, pois todas essas pessoas com quem estamos em relação são filhos de Deus, filhos de Santa Maria.

(1) Is 25, 6-10; *Primeira leitura* da Missa do vigésimo oitavo domingo do Tempo Comum, ciclo A; (2) Sl 22, 1-6; *Salmo responsorial* da Missa do vigésimo oitavo domingo do Tempo Comum, ciclo A; (3) Mt 22, 1-14; (4) São Josemaria Escrivá, *Forja*, n. 900; (5) Ap 3, 20; (6) Ct 5, 2; (7) Federico Suárez, *Después*, Rialp, Madri, 1978, p. 172; (8) Santo Agostinho, *Sermão 112*, 8; (9) cf. 1 Tm 2, 4; (10) Gl 2, 20; (11) São Josemaria Escrivá, *Forja*, n. 13; (12) Santo Inácio de Antioquia, *Epístola a Policarpo*, 1, 2.

TEMPO COMUM. VIGÉSIMO OITAVO DOMINGO. CICLO B

242. O OLHAR DE JESUS

— A maior sabedoria consiste em encontrar Jesus Cristo.
— O encontro com o jovem rico.
— Jesus convida-nos a segui-lo.

I. OS TEXTOS DA MISSA deste domingo falam da sabedoria divina, que devemos estimar mais do que qualquer outro bem. Na primeira Leitura[1], lemos o pedido que o autor do livro sagrado coloca nos lábios de Salomão: *Invoquei o Senhor, e foi-me concedido o espírito de sabedoria. Preferi-a aos reinos e aos tronos, e em sua comparação tive as riquezas por nada. Não a equiparei às pedras preciosas, porque todo o ouro ao seu lado é um pouco de areia, e à sua vista a prata será considerada como lodo*. Nada pode alcançar o valor do conhecimento de Deus, que nos faz participar da sua intimidade e dá sentido à vida: *Preferi-a à saúde e à formosura, e resolvi tê-la por luz, porque o seu resplendor não tem ocaso*. E, além disso, *todos os bens me vieram juntamente com ela*. Encontrei nas suas mãos *inumeráveis riquezas*.

O Verbo de Deus encarnado, Jesus Cristo, é a Sabedoria infinita, escondida no seio do Pai desde a eternidade e agora acessível aos homens que estejam dispostos a abrir o seu coração com humildade e simplicidade. Comparado com Ele, *o ouro é um pouco de areia, e a prata será considerada como lodo*, nada. Ter Cristo é possuir tudo, pois com Ele nos chegam todos os bens. Por isso cometemos a maior insensatez quando preferimos alguma coisa (honra, riqueza, saúde...) ao próprio Cristo que nos visita. Nada vale a pena sem o Mestre.

"Senhor, obrigado por teres vindo. Terias podido salvar-nos sem teres vindo. Bastava simplesmente que quisesses salvar-nos; não se vê que a Encarnação fosse necessária. Mas quiseste vir para termos o exemplo completo de toda a perfeição [...]. Obrigado, Mestre, por teres vindo, por estares no meio de nós, homem entre os homens, o Homem entre os homens, como um entre tantos [...], e, apesar disso, o Homem que tudo *atrai a si*, porque, desde que veio, não existe outra perfeição. Obrigado por teres vindo e porque eu posso ver-te e alimentar a minha vida em ti"[2].

Ser sábio, Senhor, é encontrar-te e seguir-te. Só acerta na vida quem te segue.

II. NO EVANGELHO DA MISSA[3], São Marcos relata o episódio de uma pessoa que preferiu alguns bens ao próprio Cristo, que o convidara a segui-lo. Quando Jesus saía com os seus discípulos a caminho de Jerusalém, apareceu um jovem[4] que se ajoelhou diante dEle e lhe perguntou: *Bom Mestre, que devo fazer para alcançar a vida eterna?* O Senhor indica-lhe os Mandamentos como caminho seguro e necessário para alcançar a salvação. O jovem, com grande simplicidade, respondeu-lhe que os cumpria desde a infância. Então Jesus, que conhecia a pureza daquele coração e o fundo de generosidade e de entrega que existe em cada homem e em cada mulher, *pondo nele os olhos, mostrou-lhe afeto*, amou-o com predileção, e convidou-o a segui-lo, pondo de parte tudo o que possuía.

São Marcos, que nos transmite a catequese de São Pedro, deve ter ouvido o relato dos lábios do próprio apóstolo, em todos os seus pormenores. Como Pedro devia lembrar-se desse olhar de Jesus que, no começo da sua vocação, também pousara sobre ele e mudara o rumo da sua vida! *E Jesus, fixando nele o olhar, disse-lhe: Tu és Simão, filho de João; serás chamado Cefas, que quer dizer Pedro*[5]. E a partir daquele instante a vida de Pedro foi outra.

Como gostaríamos de contemplar esse olhar de Jesus! Umas vezes, imperioso; outras, de pena e de tristeza, por exemplo ao ver a incredulidade dos fariseus[6]; outras, e compaixão, como à entrada de Naim, ao passar pelos que levavam a enterrar o filho morto da viúva[7]. É esse olhar que comunica uma força persuasiva às palavras com que convida Mateus a deixar tudo e segui-lo[8], ou com que se faz convidar a casa de Zaqueu, levando-o à conversão[9]. É esse mesmo olhar que se enternece diante da fé e da grandeza de alma de uma viúva pobre que deu tudo o que tinha[10], o mesmo que põe a descoberto a alma diante de Deus e suscita a contrição, como no caso da mulher adúltera[11] e do próprio Pedro depois da sua tríplice negação[12].

Jesus olhou com afeto para o jovem que se aproximara dEle e convidou-o: "*Segue-me.* Caminha sobre os meus passos. Vem para o meu lado! Permanece no meu amor!"[13] É o convite que talvez nós tenhamos recebido um dia..., esse em que resolvemos segui-lo sem mais altos e baixos. "O homem *precisa deste olhar amoroso*: tem necessidade de saber-se amado, de saber-se *eternamente amado* e escolhido desde toda a eternidade (cf. Ef 1, 4). Ao mesmo tempo, este amor eterno de eleição divina acompanha o homem durante toda a vida como o olhar de amor de Cristo. E isto sobretudo no *momento da provação, da humilhação, da perseguição, do fracasso* [...]. Então, a consciência de que o Pai nos amou desde sempre no seu Filho, de que Cristo nos ama a cada um e sempre, torna-se um *ponto de apoio firme* para toda a existência humana. Quando tudo se conjuga para nos fazer duvidar de nós mesmos e do sentido da nossa vida, então esse olhar de Cristo, ou seja, *a consciência do amor* que nEle se mostrou mais forte do que todo o mal e toda a destruição, essa consciência *permite-nos sobreviver*"[14].

Cada um recebe uma chamada particular do Mestre, e da resposta a esse convite dependem toda a paz e toda a felicidade verdadeiras. A autêntica sabedoria consiste em dizer *sim* a cada um dos convites que Cristo, Sabedoria infinita, faz ao longo da nossa vida, porque Ele continua a percorrer as nossas ruas e praças. Cristo vive e chama. "Um dia — não quero generalizar; abre o teu coração ao Senhor e conta-lhe a tua história —, talvez um amigo, um simples cristão igual a ti, te fez descobrir um panorama profundo e novo, e, ao mesmo tempo, antigo como o Evangelho. Sugeriu-te a possibilidade de te empenhares seriamente em seguir Cristo, em ser apóstolo de apóstolos. Talvez tenhas perdido então a tranquilidade e não a tenhas recuperado, convertida em paz, enquanto livremente, *porque te apeteceu* — que é a razão mais sobrenatural —, não respondeste *sim* a Deus. E veio a alegria, forte, constante, que só desaparece quando te afastas dEle"[15].

É a alegria da entrega, tão oposta à tristeza que afogou a alma do jovem rico que não quis corresponder à chamada do Mestre.

III. *VAI, VENDE QUANTO TENS e dá-o aos pobres, e terás um tesouro nos céus; e vem depois e segue-me*, disse Jesus a esse jovem *que tinha muitos bens*. E as palavras que deviam comunicar-lhe uma grande alegria, deixaram-lhe na alma uma grande tristeza: *Mas ele, afligido por estas palavras, retirou-se triste*. "A tristeza deste jovem deve fazer-nos refletir. Podemos ter a tentação de pensar que possuir muitas coisas, muitos bens neste mundo, pode fazer-nos felizes. E no entanto, vemos no caso deste jovem do Evangelho que as muitas riquezas se converteram em obstáculo para aceitar o chamamento de Jesus. Não estava disposto a dizer *sim* a Jesus e *não* a si próprio, a dizer *sim* ao amor e *não* à fuga! O amor verdadeiro é exigente"[16].

Se notamos no nosso coração um travo de desgosto e tristeza, é possível que se deva a que o Senhor nos está pedindo alguma coisa e nós nos recusamos a dá-la; não acabamos de deixar o coração livre de quaisquer laços para segui-lo plenamente. É talvez o momento de nos lembrarmos das palavras de Jesus no fim desta passagem do Evangelho: *Em verdade vos digo que todo aquele que deixar casa, irmãos, irmãs, mãe, pai, filhos ou campos por minha causa e por causa do Evangelho, receberá já agora no tempo presente cem vezes mais em casas, irmãos, irmãs, mães, pais, filhos e campos, juntamente com perseguições, e no século futuro a vida eterna*.

... E vem depois e segue-me. Com que ansiedade não estariam todos à espera da resposta do jovem! Com essa palavra — *segue-me* —, Jesus chamava os seus discípulos mais íntimos. Era um convite que implicava acompanhá-lo no seu ministério, escutar a sua doutrina e imitar o seu modo de vida...

Agora, depois da Ascensão aos Céus, esse seguimento não é, logicamente, acompanhá-lo pelos caminhos e aldeias da Palestina, mas permanecer onde Ele nos encontrou, no meio do mundo, e fazer nossa a sua vida e doutrina, comunicar-nos com Ele mediante a oração, tê-lo presente no trabalho, no descanso, nas alegrias e nas penas..., dá-lo a conhecer com o testemunho alegre de uma vida simples e com a palavra.

Seguir o Senhor significa hoje empreender o caminho de uma vida de empenho e de luta por imitar o Mestre. "Neste esforço de identificação com Cristo, costumo distinguir como que quatro degraus: procurá-lo, encontrá-lo, tratá-lo, amá-lo. Talvez vos sintais como que na primeira etapa. Procurai o Senhor com fome, procurai-o em vós mesmos com todas as forças. Atuando com este empenho, atrevo-me a garantir que já o tereis encontrado, e que tereis começado a tratá-lo e a amá-lo"[17].

O Senhor não deixa de chamar-nos para que tomemos a sério o caminho da santidade no meio dos nossos afazeres diários. Jesus, hoje, continua a viver e a chamar-nos. É o mesmo que percorria os caminhos da Palestina. Não deixemos passar a oportunidade de assumir um compromisso definitivo, de pôr a mão no arado com a firme disposição de nunca mais olhar para trás[18].

(1) Sb 7, 7-11; (2) Jacques Leclerq, *Treinta meditaciones sobre la vida cristiana*, Desclée de Brouwer, Bilbau, 1958, pp. 50-51; (3) Mc 10, 17--30; (4) cf. Mt 19, 16; (5) Jo 1, 42; (6) cf. Mc 2, 5; (7) cf. Lc 7, 13; (8) cf. Mt 9, 9; (9) cf. Lc 19, 5; (10) cf. Mc 12, 41-44; (11) cf. Jo 8, 10; (12) cf. Lc 22, 61; Mc 14, 72; (13) João Paulo II, *Homilia*, 1.10.79; (14) João Paulo II, *Carta aos jovens*, 31.03.85, 7; (15) São Josemaria Escrivá, *É Cristo que passa*, n. 1; (16) João Paulo II, *Homilia*, 1.10.79; (17) São Josemaria Escrivá, *Amigos de Deus*, n. 300; (18) Lc 9, 62.

TEMPO COMUM. VIGÉSIMO OITAVO DOMINGO. CICLO C

243. SER AGRADECIDOS

— Jesus cura dez leprosos.
— O Senhor espera que saibamos *dar-lhe graças*, pois os dons que recebemos diariamente são incontáveis.
— Ser agradecidos com todos os homens.

I. A PRIMEIRA LEITURA da Missa[1] recorda-nos o episódio de Naamã, o Sírio, curado da sua lepra pelo profeta Eliseu. O Senhor serviu-se desse milagre para atraí-lo à fé, um dom muito maior do que a saúde corporal. *Agora reconheço que não há outro Deus em toda a terra a não ser o de Israel*, exclamou Naamã ao verificar que estava livre da doença. No Evangelho da Missa[2], São Lucas relata-nos um episódio similar: um samaritano — que, como Naamã, também não pertencia ao povo de Israel — encontra a fé depois de curado, como prêmio ao seu agradecimento.

Na sua última viagem a Jerusalém, Jesus passava entre a Samaria e a Galileia. E, ao entrar numa aldeia, saíram ao seu encontro dez leprosos que se detiveram a certa distância do lugar em que se encontravam o Mestre e o grupo que o acompanhava, pois a lei proibia que esses doentes se aproximassem das pessoas[3]. Entre os leprosos contava-se um samaritano, apesar de não haver trato entre os judeus e os samaritanos[4], dada a inimizade secular que separava os dois povos; mas a desgraça unira-os, como acontece tantas vezes na vida. *E levantaram a voz, dizendo: Jesus, Mestre, tem compaixão de nós*. Recorreram à misericórdia de Jesus, e o Senhor, compadecendo-se deles, mandou-os apresentar-se aos sacerdotes, como estava prescrito na Lei[5]. Apesar de ainda não estarem curados, esses homens obedeceram a Cristo e foram apresentar-se aos sacerdotes. E pela sua fé e docilidade, viram-se livres da doença.

Estes leprosos ensinam-nos a pedir: recorrem à misericórdia divina, que é a fonte de todas as graças. E mostram-nos o caminho da cura, seja qual for a lepra que tenhamos na alma: ter fé e sermos dóceis àqueles que, em nome do Mestre, nos indicam o que devemos fazer. A voz do Senhor ressoa com especial força e clareza nos conselhos que recebemos na direção espiritual.

II. *E ACONTECEU que, enquanto iam, ficaram limpos*. Podemos imaginar facilmente a alegria que os dominou. Mas, no meio de tanto alvoroço, esqueceram-se de Jesus. Na desgraça, acodem a Ele; na ventura, esquecem-no. Somente um, o samaritano, voltou ao lugar onde o Senhor estava com os seus discípulos. Provavelmente voltou correndo, louco de contentamento, *glorificando a Deus em voz alta*, sublinha o Evangelista. E foi prostrar-se aos pés do Mestre, dando-lhe graças.

Foi uma ação profundamente humana e cheia de beleza. "Que coisa melhor podemos trazer no coração, pronunciar com a boca, escrever com a pena, do que estas palavras: «graças a Deus»? Não há nada que se possa dizer com maior brevidade, nem ouvir com maior alegria, nem sentir com maior elevação, nem realizar com maior utilidade"[6]. A gratidão é uma grande virtude.

O Senhor deve ter-se alegrado com as mostras de gratidão desse samaritano, mas ao mesmo tempo encheu-se de tristeza ao verificar a ausência dos outros. Jesus esperava o regresso de todos: *Não foram dez os curados? E os outros nove, onde estão?*, perguntou. E manifestou a sua surpresa: *Não houve quem voltasse e desse glória a Deus, a não ser este estrangeiro?* Quantas vezes Jesus não terá perguntado por nós, depois de tantas graças! Hoje, na nossa oração, queremos compensá-lo pelas nossas muitas ausências e faltas de gratidão, pois os anos que contamos não são outra coisa que a sucessão de uma série de graças divinas, de curas, de chamadas, de misteriosos encontros. Os benefícios recebidos — bem o sabemos — superam de longe as areias do mar[7], como afirma São João Crisóstomo.

Com frequência, temos melhor memória para as nossas necessidades e carências do que para os nossos bens. Vivemos pendentes daquilo que nos falta, e reparamos pouco naquilo que temos, e talvez seja por isso que ficamos aquém no nosso agradecimento. Pensamos que temos pleno direito ao que possuímos e esquecemo-nos do que diz Santo Agostinho ao comentar esta passagem do Evangelho: "Nada é nosso, a não ser o pecado que possuímos. Pois *que tens tu que não tenhas recebido?* (1 Cor 4, 7)"[8].

Toda a nossa vida deve ser uma contínua ação de graças. Recordemo-nos com frequência dos dons naturais e das graças que o Senhor nos dá, e não percamos a alegria quando percebemos que nos falta alguma coisa, porque mesmo isso que nos falta é, possivelmente, uma preparação para recebermos um dom mais alto. *Lembrai-vos das maravilhas que Ele fez*[9], exorta o salmista. O samaritano, através do seu mal, pôde conhecer Jesus Cristo, e por ser agradecido conquistou a sua amizade e o incomparável dom da fé: *Levanta-te e vai; a tua fé te salvou.* Os nove leprosos desagradecidos ficaram sem a melhor parte que o Senhor lhes tinha reservado. Porque — como ensina São Bernardo — "a quem humildemente se reconhece obrigado e agradecido pelos benefícios, com razão lhe são prometidos muitos mais. Pois quem se mostra fiel no pouco, com justo direito será constituído sobre o muito, assim como, pelo contrário, se torna indigno de novos favores quem é ingrato em relação aos que antes recebeu"[10].

Agradeçamos tudo ao Senhor. Vivamos com a alegria de estar repletos de dons de Deus; não deixemos de apreciá-los. "Já viste como agradecem as crianças? — Imita-as dizendo, como elas, a Jesus, diante do favorável e diante do adverso: «Que bom que és! Que bom...!»"[11] Sabemos agradecer, por exemplo, a facilidade com que podemos purificar-nos dos nossos pecados no Sacramento do perdão? Damos graças frequentemente pelo imenso dom de termos Jesus Cristo conosco na Sagrada Eucaristia, e isso na mesma cidade, talvez na mesma rua?

III. *CANTAI AO SENHOR um cântico novo, porque Ele fez maravilhas*[12], convida o Salmo responsorial. Quando vivemos de fé, só encontramos motivos para estar agradecidos. "Não há ninguém que, por pouco que reflita, não encontre facilmente motivos que o obrigam a ser agradecido com Deus [...]. Ao conhecermos o que Ele nos deu, encontraremos muitíssimos dons pelos quais devemos dar graças continuamente"[13].

Muitos favores do Senhor nos chegam através das pessoas com quem convivemos diariamente, e por isso, nesses casos, o agradecimento a Deus deve passar por essas pessoas que tanto nos ajudam para que a vida nos seja menos dura, a terra mais grata e o Céu mais próximo. Ao agradecer-lhes, agradecemos a Deus, que se torna presente nos nossos irmãos, os homens.

Não podemos ficar aquém neste agradecimento aos homens. "Não pensemos que estamos quites com os homens porque lhes damos, pelos seus trabalhos e serviços, a compensação pecuniária de que necessitam para viver. Eles nos deram algo mais do que um dom material. Os professores instruíram-nos, e aqueles que nos ensinaram o nosso ofício, como também o médico que nos atendeu um filho e o salvou da morte, e tantos outros, abriram-nos os tesouros da sua inteligência, da sua ciência, da sua perícia, da sua bondade. Isso não se paga com um talão de cheques, porque eles nos deram a sua alma. Mas também o carvão que nos aquece representa o trabalho penoso do mineiro; e o pão que comemos, a fadiga do agricultor: entregaram-nos um pouco da sua vida. Vivemos da vida dos nossos irmãos. Isso não se retribui com dinheiro. Todos puseram o coração no cumprimento do seu dever social: têm direito a que o nosso coração o reconheça"[14]. De modo muito particular, a nossa gratidão deve dirigir-se aos que nos ajudaram a encontrar o caminho que leva a Deus.

O Senhor sente-se feliz quando nos vê agradecidos com todos aqueles que nos favorecem diariamente de mil maneiras. Para isso, é necessário que nos detenhamos um pouco, que digamos simplesmente "obrigado", com um gesto amável que compensa a brevidade da palavra... É bem possível que aqueles nove leprosos curados bendissessem o Senhor no seu coração..., mas não retornaram, como fez o samaritano, para encontrar-se com Jesus que os esperava.

Também é significativo que fosse um *estrangeiro* quem voltasse para agradecer. Isso recorda-nos que, por vezes, cuidamos de agradecer um serviço ocasional prestado por uma pessoa desconhecida, e ao mesmo tempo não sabemos dar importância às contínuas delicadezas e atenções que recebemos dos mais próximos.

Não existe um só dia em que Deus não nos conceda alguma graça particular e extraordinária. Não deixemos passar o exame de consciência de cada noite sem dizer ao Senhor: "Obrigado, Senhor, por tudo". Não deixemos passar um só dia sem pedir abundantes bênçãos do Senhor para aqueles que, conhecidos ou não, procuraram fazer-nos algum bem. A oração é também um meio eficaz de agradecer: *Dou-te graças, meu Deus, pelos bons propósitos, afetos e inspirações que me comunicaste...*

(1) 2 Rs 5, 14-17; (2) Lc 17, 11-19; (3) cf. Lv 13, 45; (4) cf. 2 Rs 17, 24 e segs.; Jo 4, 9; (5) cf. Lv 14, 2; (6) Santo Agostinho, *Epístola 72*; (7) cf. São João Crisóstomo, *Homilias sobre São Mateus*, 25, 4; (8) Santo Agostinho, *Sermão 176*, 6; (9) Sl 104, 5; (10) São Bernardo, *Comentário ao Salmo 50*, 4, 1; (11) São Josemaria Escrivá, *Caminho*, n. 894; (12) Sl 97, 1-4; *Salmo responsorial* da Missa do vigésimo oitavo domingo do Tempo Comum, ciclo C; (13) São Bernardo, *Homilia para o Domingo VI depois de Pentecostes*, 25, 4; (14) Georges Chevrot, *"Pero Yo os digo..."*, Rialp, Madri, 1981, pp. 117-118.

TEMPO COMUM. VIGÉSIMA OITAVA SEMANA. SEGUNDA-FEIRA

244. O PÃO DE CADA DIA

— O que desejamos obter quando pedimos *o pão nosso de cada dia.*
— *O pão da vida.*
— Fé para poder comer este novo *pão do Céu.* A Sagrada Comunhão.

I. *O PÃO NOSSO de cada dia nos dai hoje...*

Conta uma antiga lenda oriental que certo rei entregava uma vez por ano ao seu filho os mantimentos necessários para viver folgadamente ao longo dos doze meses seguintes. Nessa ocasião, que coincidia com a primeira lua do ano, o filho via o rosto do seu pai, o monarca. Mas este mudou de parecer e resolveu entregar ao príncipe cada dia as provisões necessárias unicamente para aquele dia. Assim podia abraçar o filho diariamente, e o príncipe podia ver todos os dias o rosto do rei.

Coisa parecida quis fazer o nosso Pai-Deus conosco. O pão de cada dia reclama a oração da jornada que começa. Pedir apenas para hoje significa reconhecer que teremos um novo encontro com o nosso Pai do Céu amanhã. Não encontraremos nesta previsão a vontade do Senhor de que rezemos com atenção todos os dias a oração que Ele nos ensinou?

O Senhor ensinou-nos a pedir na palavra *pão* tudo aquilo de que precisamos para viver como filhos de Deus: fé, esperança, amor, alegria, alimento para o corpo e para a alma, fé para ver nos acontecimentos diários a vontade de Deus, coração grande para compreender e ajudar os outros... O pão é o símbolo de todos os dons que nos chegam das mãos de Deus[1].

Pedimos aqui, em primeiro lugar, o sustento que nos permita cobrir as necessidades desta vida; depois, o necessário para a saúde da alma[2].

Deus deseja que peçamos também os bens temporais, pois ajudam-nos a chegar ao Céu quando devidamente ordenados. Temos muitos exemplos disso no Antigo Testamento, e o próprio Senhor nos anima a pedir o necessário para esta vida: não devemos esquecer que o seu primeiro milagre consistiu em converter a água em vinho para que a festa de uns recém-casados não malograsse. Noutra ocasião, alimentou uma ingente multidão que o seguia faminta havia três dias... Também não se esqueceu de advertir que dessem de comer à filha de Jairo, que acabava de ressuscitar...[3]

Ao pedirmos o *pão de cada dia*, reconhecemos que toda a nossa existência depende de Deus. O Senhor quis que pedíssemos todos os dias aquilo de que necessitamos, para que nos lembrássemos constantemente de que Ele é nosso Pai, e nós filhos necessitados que não podemos valer-nos por nós mesmos. Rezar bem esta parte do *Pai-Nosso* equivale a reconhecer a nossa pobreza radical diante de Deus e a sua bondade para conosco, que todos os dias nos dá o necessário. A ajuda divina nunca nos há de faltar.

II. OS SANTOS PADRES não se limitaram a interpretar este *pão* como o alimento material; também viram significado nele o *Pão da vida*, a Sagrada Eucaristia, sem a qual a vida espiritual da alma não pode subsistir.

Eu sou o pão da vida. Os vossos pais comeram o maná no deserto, e morreram. Este é o pão que desceu dos céus, para que aquele que dele comer não morra. Eu sou o pão vivo que desci do céu. Quem comer deste pão viverá eternamente; e o pão que eu darei é a minha carne para a salvação do mundo[4]. São João recordará durante toda a sua vida este longo discurso do Senhor e do lugar onde o pronunciou: *Estas coisas disse-as Jesus ensinando em Cafarnaum, na sinagoga*[5].

O realismo destas palavras e das que se seguiram é tão forte que excluem qualquer interpretação em sentido figurado. O *maná* do Êxodo era figura deste Pão — o próprio Jesus Cristo — que alimenta os cristãos no seu caminho para o Céu. A Comunhão é o sagrado banquete em que Cristo se dá a si mesmo. Quando comungamos, participamos do sacrifício de Cristo. Por isso, a Igreja canta na Liturgia das Horas, na festa do *Corpus Christi*: *Ó sagrado banquete em que Cristo é o nosso alimento, em que se celebra o memorial da Paixão, a alma se enche de graça e nos é dado um penhor da futura glória*[6].

Os ouvintes entenderam o sentido próprio e direto das palavras do Senhor, e por isso custou-lhes aceitar que essa afirmação pudesse ser verdade. Se a tivessem entendido em sentido figurado, não se teriam mostrado tão surpreendidos nem se teria originado nenhuma discussão entre eles[7]. *Disputavam, pois, entre si os judeus, dizendo: Como pode este dar-nos a comer a sua carne?*[8] Jesus afirma claramente que o seu Corpo e o seu Sangue são verdadeiro alimento da alma, penhor de vida eterna e garantia da ressurreição corporal.

O Senhor chega até a empregar uma expressão mais forte que o mero comer (o verbo original poderia traduzir-se por *mastigar*[9]), sublinhando assim o realismo da Comunhão: trata-se de uma verdadeira comida, na qual o próprio Cristo se dá como alimento. Não é possível uma interpretação simbólica, como se participar da Eucaristia fosse somente uma metáfora, e não significasse comer e beber realmente o Corpo e o Sangue de Cristo.

Cristo, depois da Comunhão, não está presente em nós como alguém está presente no seu amigo, por meio de uma presença espiritual; está "verdadeira, real e substancialmente presente" em nós. Na Sagrada Comunhão, a união com Jesus é tão estreita que excede a capacidade de entendimento de qualquer ser humano.

Quando dizemos: Pai, *o pão nosso de cada dia nos dai hoje*, e pensamos que podemos receber todos os dias o *Pão da vida*, devemos encher-nos de alegria e de um imenso agradecimento; e animar-nos a comungar com frequência e mesmo diariamente, se for possível. Porque, se "o pão é algo cotidiano, por que o recebes somente uma vez por ano? Recebe diariamente aquilo que diariamente te é proveitoso, e vive de modo que todos os dias sejas digno de recebê-lo"[10].

III. A SAGRADA EUCARISTIA, de modo análogo ao alimento natural, *conserva, acrescenta, restaura e fortalece* a vida sobrenatural[11]. Concede à alma a paz e a alegria de Cristo, como "uma antecipação da bem-aventurança eterna"[12]; limpa a alma dos pecados veniais e diminui as más inclinações; aumenta a vida sobrenatural e move à realização de atos eficazes relativos a todas as virtudes: é "o remédio para as nossas necessidades quotidianas"[13].

Oculto sob os acidentes do pão, Jesus espera que nos aproximemos dEle com frequência para recebê-lo: *O banquete*, diz-nos, *está preparado*[14]. São muitos os ausentes, e Jesus espera-nos. Quando o recebermos, poderemos dizer-lhe, com uma oração que hoje se reza na Liturgia das Horas: *Fica conosco, Senhor Jesus, porque se faz tarde; sê nosso companheiro de caminho, levanta os nossos corações, reanima a nossa débil esperança*[15].

A fé — que se manifestará em primeiro lugar na conveniente preparação da alma — será indispensável para comermos este novo pão. Os discípulos que abandonaram Jesus naquele dia renunciaram à sua fé. Nós dizemos-lhe, com São Pedro: *Senhor, a quem iremos? Tu tens palavras de vida eterna*[16].

E fazemos o firme propósito de preparar melhor a Comunhão, com mais fé e mais amor: "Adoremo-lo com reverência e com devoção; renovemos na sua presença o oferecimento sincero do nosso amor; digamos-lhe sem medo que o amamos; agradeçamos-lhe esta prova diária de misericórdia, tão cheia de ternura, e fomentemos o desejo de nos aproximarmos da Comunhão com confiança. Eu me surpreendo diante deste mistério de Amor: o Senhor procura como trono o meu pobre coração, para não me abandonar se eu não me afasto dEle"[17].

Ao terminarmos a nossa oração, dizemos também ao Senhor, como aquelas pessoas de Cafarnaum: *Senhor, dá-nos sempre desse pão*[18].

E quando rezarmos o Pai-Nosso, pensemos um momento que são muitas as nossas necessidades e as dos nossos irmãos, e digamos com devoção: Pai, *o pão nosso de cada dia nos dai hoje*; o pão de que necessitamos para a nossa subsistência corporal e espiritual. Amanhã sentir-nos-emos alegres ao pedirmos novamente a Deus que se lembre da nossa pobreza. E Ele nos dirá: *Omnia mea tua sunt*[19], todas as minhas coisas são tuas.

(1) cf. Ex 23, 25; Is 33, 16; (2) cf. *Catecismo romano*, IV, 13, n. 8; (3) cf. Jo 2, 1 e segs.; Mt 14, 13-21; Mc 5, 22-43; (4) Jo 6, 48-52; (5) cf. Jo 6, 60; (6) *Antífona do Magnificat nas segundas Vésperas*; (7) cf. Sagrada Bíblia, *Santos Evangelhos*, nota a Jo 6, 52; (8) Jo 6, 52; (9) cf. Sagrada Bíblia, *Santos Evangelhos*, nota a Jo 6, 54; (10) Santo Ambrósio, *Sobre os sacramentos*, V, 4; (11) cf. Conc. de Florença, Decr. *Pro armeniis*, Dz 698; (12) cf. Jo 6, 58; Dz 875; (13) Santo Ambrósio, *Sobre os sacramentos*; (14) cf. Lc 14, 15 e segs.; (15) Liturgia das Horas, *Oração das II Vésperas*; (16) Jo 6, 68; (17) São Josemaria Escrivá, *É Cristo que passa*, n. 161; (18) Jo 6, 34; (19) cf. Lc 15, 31.

245. O PERDÃO DAS NOSSAS OFENSAS

— Somos pecadores. O pecado é sempre e sobretudo uma ofensa a Deus.
— Sempre encontraremos o Senhor disposto a perdoar. Todo o pecado pode ser perdoado se o pecador se arrepende.
— Uma condição para sermos perdoados: perdoar os outros de coração. Como deve ser o nosso perdão.

I. PAI, *PERDOAI-NOS as nossas ofensas*, pedimos todos os dias no *Pai-Nosso*.

Somos pecadores, e *se dissermos que não temos pecado, nós mesmos nos enganamos e a verdade não está em nós*[1], escreve São João na sua primeira Epístola. A universalidade do pecado aparece com frequência no Antigo Testamento[2] e é sublinhada também no Novo[3]. Todos os dias temos necessidade de pedir perdão ao Senhor pelas nossas faltas e pecados. Ofendemo-lo ao menos em coisas pequenas, talvez sem uma expressa voluntariedade atual, mas não há dúvida de que o ofendemos com as nossas ações e com as nossas omissões; por pensamentos, palavras e obras. "O que a Revelação divina nos diz concorda com a experiência. O homem, olhando o seu coração, descobre-se também inclinado para o mal e mergulhado em múltiplos males que não podem provir do seu Criador que é bom [...]. Por isso o homem está dividido em si mesmo"[4].

Hoje, enquanto fazemos a nossa oração com o Senhor, como também ao longo do dia, podemos fazer nossa aquela jaculatória do publicano que não se atrevia a levantar os olhos no Templo e que reconhecia, como nós, ter ofendido o Senhor: *Meu Deus* — dizia, cheio de humildade e de arrependimento —, *tem piedade de mim, pecador*[5]. Quanto bem nos pode fazer esta breve oração, se for repetida com um coração humilde! O Senhor colocou-a na boca do publicano da parábola para que nós a repetíssemos.

Muitas vezes, os homens costumam confundir o pecado com as suas consequências. Ficam tristes com o fracasso que introduz na sua vida pessoal ou com a humilhação de terem faltado a um dever ou pelos danos causados a outra pessoa. Veem o pecado em função das sombras que projeta na imagem que fazem de si próprios ou do dano que causa aos outros. Mas o pecado é sobretudo uma ofensa a Deus, e só secundariamente é que se relaciona com a própria pessoa, com os outros e com a sociedade. *Pequei contra o Senhor*[6], afirma o rei Davi quando repara no delito que cometeu fazendo que Urias — um amigo e um dos seus melhores generais e com cuja esposa praticara adultério — fosse ao encontro da morte. No entanto, o adultério, o crime perpetrado, o abuso de poder, o escândalo dado ao povo, por mais graves que tivessem sido, julgou-os inferiores em malícia à ofensa que fizera a Deus.

O descumprimento da lei pode acarretar desastres e sofrimentos, mas só existe pecado propriamente dito perante Deus. *Pequei contra o céu e contra ti*[7], confessa o filho pródigo quando volta arrependido à casa paterna. "Sem esta palavra: *Pequei*, o homem não pode verdadeiramente penetrar no mistério da morte e da ressurreição de Cristo, para tirar deles os frutos da redenção e da graça. É uma palavra-chave. Evidencia sobretudo a grande abertura do interior do homem para Deus: *Pai, pequei contra ti* [...].

"O salmista fala ainda mais claramente: *Tibi soli peccavi*, foi só contra Ti que pequei (Sl 50, 6).

"Esse *Tibi soli* não anula as outras dimensões do mal moral, como é o pecado em relação à condição humana. O pecado, no entanto, é um mal moral de modo principal e definitivo em relação ao próprio Deus, ao Pai no Filho. Assim, pois, *o mundo* (contemporâneo) *e o príncipe deste mundo* trabalham muitíssimo para anular e aniquilar este aspecto do pecado.

"Pelo contrário, a Igreja [...] trabalha sobretudo para que cada um dos homens se examine a si próprio, com o seu pecado, diante de Deus somente, e para que acolha a penitência salvífica do perdão contida na paixão e na ressurreição de Cristo"[8].

Que grande dom do Céu é podermos reconhecer os nossos pecados, sem desculpas nem mentiras, aproximarmo-nos da fonte inesgotável da misericórdia divina e dizer: Pai, *perdoai-nos as nossas ofensas!* Que paz tão grande nos dá o Senhor!

II. NÃO BASTA reconhecermos os nossos pecados; "é necessário que a sua recordação seja dolorosa e amarga, que fira o coração, que mova a alma ao arrependimento. E ao sentir-nos angustiados, recorramos a Deus nosso Pai pedindo-lhe com humildade que tire os espinhos do pecado cravados na nossa alma"[9].

O Senhor está disposto a perdoar tudo de todos. *Aquele que vem a mim, não o lançarei fora*[10]. *Não é vontade do vosso Pai que está nos céus que pereça um só destes pequeninos*[11]. Mais ainda: como ensina São Tomás, a Onipotência de Deus manifesta-se, sobretudo, em perdoar e usar de misericórdia, porque a maneira que Deus tem de mostrar que possui o supremo poder é perdoar livremente[12]. No Evangelho, a misericórdia de Jesus para com os pecadores aparece como uma constante: recebe-os, atende-os, deixa-se convidar por eles, compreende-os, perdoa-lhes. Às vezes, os fariseus criticam-no por isso, mas Ele recrimina-os dizendo-lhes que *os sãos não necessitam de médico, mas os pecadores*, e que *o Filho do homem veio buscar e salvar o que tinha perecido*[13].

A ofensa deve ser perdoada pelo ofendido. O pecado só pode ser perdoado pelo próprio Deus. Assim o fizeram notar a Jesus uns fariseus: *Quem pode perdoar os pecados senão unicamente Deus?*[14] Cristo não rejeitou essas palavras, mas serviu-se delas para lhes mostrar que Ele tem esse poder precisamente por ser Deus. Depois da Ressurreição, transmitiu-o à sua Igreja, para que Ela pudesse exercê-lo até o fim dos tempos por meio dos seus ministros. *Recebei o*

Espírito Santo — disse aos apóstolos —; *àqueles a quem perdoardes os pecados, ser-lhes-ão perdoados; e àqueles a quem os retiverdes, ser-lhes-ão retidos*[15].

No sacramento da Confissão, sempre encontraremos o Senhor disposto ao perdão e à misericórdia. "Podemos estar absolutamente certos — ensina o *Catecismo romano* — de que Deus se inclina para nós de tal modo que com muitíssimo gosto perdoa a quem se arrepende verdadeiramente. Não há dúvida de que pecamos contra Deus [...], mas também é verdade que pedimos perdão a um pai carinhosíssimo, que tem poder para perdoar tudo, e não somente disse que queria perdoar, mas além disso anima os homens a pedir perdão, e até nos ensina com que palavras devemos pedi-lo. Por conseguinte, ninguém pode duvidar de que — porque Ele assim o dispôs — está em nossas mãos, por assim dizer, recuperar a graça divina"[16].

III. *PERDOAI AS NOSSAS OFENSAS assim como nós perdoamos a quem nos tem ofendido*, rezamos todos os dias. O Senhor espera de nós essa generosidade que nos assemelha a Ele próprio. *Porque, se perdoardes aos outros as suas faltas, também o vosso Pai celestial vos perdoará a vós*[17]. Esta disposição faz parte de uma norma frequentemente afirmada pelo Senhor ao longo do Evangelho: *Absolvei e sereis absolvidos. Dai e ser-vos-á dado... Com a medida com que medirdes, também vós sereis medidos*[18].

Deus tem-nos perdoado muito, e por isso não devemos guardar rancor de ninguém. Temos que aprender a desculpar com mais generosidade, a perdoar com mais rapidez. Perdão sincero, profundo, de coração. Às vezes, sentimo-nos magoados sem uma razão objetiva: apenas por suscetibilidade ou por amor próprio. E ainda que alguma vez se trate de uma ofensa real e de importância, por acaso não ofendemos nós muito mais a Deus? O Senhor "não aceita o sacrifício dos que vivem em discórdia; manda-lhes que comecem por retirar-se do altar e vão reconciliar-se com o seu irmão, para depois poderem apaziguar a Deus com as preces de um coração pacífico. O melhor sacrifício é, para Deus, a nossa paz e a nossa concórdia fraternas, a unidade de todo o povo fiel no Pai, no Filho e no Espírito Santo"[19].

Devemos fazer com frequência um exame para ver como são as nossas reações em face das contrariedades que a convivência pode ocasionar de vez em quando. Seguir o Senhor na vida corrente é encontrar, também neste ponto, o caminho da paz e da serenidade. Devemos estar vigilantes para evitar a menor falta de caridade externa ou interna. As ninharias diárias — normais em toda a convivência — não podem ser motivo para que diminua a alegria no trato com as pessoas que nos rodeiam.

Se alguma vez temos que perdoar uma ou outra ofensa real, compreendamos que estamos diante de uma ocasião muito especial de imitar Jesus, que pede o perdão para os que o crucificam. Assim saboreamos o amor de Deus, que não busca o proveito próprio; e o nosso coração dilata-se e adquire maior capacidade de amar. Não devemos esquecer então que "nada nos assemelha tanto a Deus como estarmos sempre dispostos a perdoar"[20]. A generosidade com os outros conseguirá que a misericórdia divina nos perdoe tantas fraquezas nossas.

(1) 1 Jo 1, 8; (2) cf. Jó 9, 2; 14, 4; Pr 20, 9; Sl 13, 1-4; 50, 1 e segs.; (3) cf. Rm 3, 10-18; (4) Conc. Vat. II, Const. *Gaudium et spes*, 13; (5) Lc 18, 13; (6) 2 Sm 12, 13; (7) Lc 15, 18; (8) João Paulo II, *Ângelus*, 16.03.80; (9) *Catecismo romano*, IV, 14, n. 6; (10) Jo 6, 37; (11) Mt 18, 14; (12) São Tomás de Aquino, *Suma teológica*, I, q. 25 a. 3 ad 3; (13) Lc 19, 10; (14) cf. Lc 5, 18-25; (15) cf. Jo 20, 19-23; (16) *Catecismo romano*, IV, 24, n. 11; (17) Mt 6, 14-15; (18) cf. Lc 6, 37-38; (19) São Cipriano, *Tratado sobre a oração do Senhor*, 23; (20) São João Crisóstomo, *Homilias sobre São Mateus*, 19, 7.

246. A TENTAÇÃO E O MAL

— Jesus Cristo quis ser tentado; nós também sofreremos tentações e provas. Através da tentação mostramos o nosso amor a Deus e a fidelidade aos compromissos que temos com Ele.
— O que é a tentação. Os bens que pode produzir.
— Meios para vencer.

I. *NÃO NOS DEIXEIS cair em tentação, mas livrai-nos do mal*, rogamos aos Senhor na última petição do *Pai-Nosso*.

Depois de termos pedido a Deus o perdão dos nossos pecados, suplicamos-lhe que nos dê as graças necessárias para não voltarmos a ofendê-lo e que não permita que sejamos vencidos nas provas que nos venham a atingir, pois "no mundo, a própria vida é uma prova [...]. Peçamos, pois, que não nos abandone ao nosso arbítrio, mas nos guie em todo o momento com piedade paterna e nos confirme no caminho da vida com moderação celestial. *Mas livrai-nos do mal*. De que mal? Do demônio, de quem procede todo o mal"[1]. O demônio não cessa de rondar as criaturas para semear a inquietação, a ineficácia, a separação de Deus.

"Há épocas em que *a existência do mal* entre os homens se torna singularmente evidente no mundo. Percebe-se então com mais clareza como os poderes das trevas, que atuam no homem e por meio dele, são maiores do que o próprio homem. Cercam-no, assaltam-no de fora.

"Tem-se a impressão de que o homem atual não quer ver esse problema. Faz tudo o que pode para eliminar da consciência geral a existência desses *dominadores deste mundo tenebroso*, desses *astutos ataques do diabo* de que fala a Epístola aos Efésios. Contudo, há épocas históricas em que essa verdade da Revelação e da fé cristã, que tanto custa aceitar, se expressa com grande força e se deixa ver de forma quase palpável"[2].

Jesus, nosso Modelo, quis ser tentado para nos ensinar a vencer todas as provas e a crescer em confiança no meio delas. *Não temos nele um pontífice que não possa compadecer-se das nossas fraquezas, antes foi tentado em tudo à nossa semelhança, fora o pecado*[3]. Seremos tentados de uma forma ou de outra ao longo da vida, talvez tanto mais quanto maiores forem os nossos desejos de seguir o Senhor de perto. A graça que recebemos no Batismo e aumentou pela nossa correspondência ver-se-á ameaçada até o último momento desta vida. Devemos permanecer vigilantes, com a vigilância do soldado que está de guarda.

Por outro lado, sempre devemos ter presente que nunca seremos tentados além das nossas forças[4]. Poderemos vencer em todas as circunstâncias se soubermos fugir das ocasiões e pedir os auxílios oportunos. E, "se alguém argumenta que a debilidade da natureza o impede de amar a Deus, é necessário ensinar-lhe que o Senhor, que requer o nosso afeto, derramou nos nossos corações a virtude da caridade por meio do Espírito Santo (Rm 5, 5), e que o nosso Pai celestial dá esse bom espírito aos que lho pedem (cf. Lc 9, 13). Por isso, Santo Agostinho suplicava com razão: *Dá o que mandas e manda o que queiras*. O auxílio divino está à nossa disposição [...], não há motivo para assustar-se com a dificuldade da obra; porque nada é difícil a quem ama"[5].

A tentação em si mesma não é má; é até uma ocasião de mostrarmos ao Senhor que o amamos, que o preferimos a qualquer outra coisa, e é meio para crescermos nas virtudes e na graça santificante. *Bem-aventurado o homem que sofre tentação, porque, depois que tiver sido provado, receberá a coroa da vida que Deus prometeu aos que o amam*[6]. Mas, ainda que a prova não seja um mal, seria uma presunção desejá-la ou provocá-la de algum modo. E em sentido contrário, seria um grande erro temê-la excessivamente, como se não confiássemos nas graças que o Senhor nos preparou para vencê-la, se recorremos a Ele na nossa fraqueza. "Não te perturbes se, ao considerar as maravilhas do mundo sobrenatural, sentes a outra voz — íntima, insinuante — do «homem velho». — É «o corpo de morte» que clama por seus foros perdidos... Basta-te a graça; sê fiel e vencerás"[7].

II. TENTAR NÃO É senão tatear, pôr à prova. Tentar o homem é pôr à prova a sua virtude[8]. Tentação é tudo aquilo — bom ou mau em si mesmo — que num momento determinado tende a afastar-nos do cumprimento amoroso da vontade de Deus. Podemos sofrer tentações que procedem da própria natureza, ferida pelo pecado original e inclinada ao pecado: nascemos com a desordem da concupiscência e dos sentidos. Ora, o demônio incita ao mal aproveitando-se dessa fraqueza, prometendo uma felicidade que não tem nem pode dar. *Sede sóbrios e vigiai*, adverte-nos São Pedro, *pois o vosso adversário, o demônio, anda ao redor de vós como um leão que ruge, buscando a quem devorar*[9]. Só "quem confia em Deus não teme o demônio"[10].

O demônio, por sua vez, alia-se ao *mundo* e às nossas paixões, que nunca deixarão de acompanhar-nos. Quando dizemos *mundo*, temos em vista tudo o que afasta de Deus: as pessoas que parecem viver exclusivamente para o seu amor próprio, para a sua vaidade e sensualidade; as que têm os olhos postos apenas nas coisas da terra: o dinheiro e um desejo desordenado de bem-estar material. Para essas pessoas, o necessário desprendimento das coisas da terra, a amável austeridade cristã, a castidade... são loucura e coisa própria de outros séculos. A mortificação voluntária, sem a qual não é possível dar um passo na vida cristã, é encarada como um disparate. Estão incapacitadas para entender as coisas de Deus e gostariam de inculcar nos outros os critérios pelos quais se regem: um sentido da vida em que Deus não tem lugar ou ocupa um posto muito afastado e secundário. Por meio de palavras, e sobretudo pelo seu exemplo, empenham-se em levar os outros pelo largo caminho que elas percorrem. Não raras vezes tentam desanimar os que querem ser consequentes com os princípios cristãos, e zombam deles, da vida e das ideias que professam.

A tentação é, frequentemente, como um fogo-de-bengala que ilumina as profundezas da alma. É na tentação e na dificuldade que podemos verificar a nossa real capacidade de espírito de sacrifício, de generosidade, de retidão de intenção..., como também a inveja oculta, a avareza mascarada sob a fachada de falsas necessidades, a sensualidade, a soberba..., a capacidade de praticar o mal que há em cada um de nós. Nesses momentos, podemos crescer no conhecimento próprio e, consequentemente, na humildade: vemos como somos fracos e quão perto estaríamos do pecado se o Senhor não nos ajudasse.

As provas ensinam-nos a desculpar com mais facilidade os defeitos dos outros e a perceber que, ao fim e ao cabo, tudo isso que nos incomoda neles não passa de um cisco nos seus olhos, em comparação com a viga que podemos ver nos nossos. Por isso as tentações ajudam-nos a viver melhor a caridade com todos, a compreendê-los mais e a estar dispostos a rezar por eles e a prestar-lhes a cooperação e o auxílio que estiverem ao nosso alcance.

Se sabemos lutar contra elas, as tentações são ainda um estímulo para crescermos nas virtudes. Rejeitar uma dúvida contra a fé desperta um ato de fé; cortar uma murmuração incipiente é crescer no respeito aos outros; afastar com prontidão um mau pensamento contra a castidade é crescer em finura no trato com o Senhor. Uma época que seja especialmente difícil pelas tentações, e que pode apresentar-se em qualquer idade e em qualquer momento da vida interior, será uma ocasião excelente para aumentarmos a devoção a Nossa Senhora — *Virgem fiel* —, para crescermos em humildade, para sermos mais sinceros e dóceis nas nossas conversas com quem orienta a nossa alma... Não devemos assustar-nos nem desanimar com o assédio das tentações. Nada nos pode separar de Deus se a vontade não o permite. Ninguém peca se não quer. Esses tempos difíceis, se o Senhor os vem a permitir, são tempos para purificar o coração e para adiantar muito na vida interior.

A tentação pode ser uma fonte inesgotável de graças e de méritos para a vida eterna. *Porque eras agradável a Deus, foi preciso que a tentação te provasse*[11]. Foi com essas palavras que o anjo consolou Tobias no meio da sua prova. Também têm sido úteis a muitos cristãos à hora das suas tribulações.

III. PARA VENCER, temos de pedir ajuda a Nosso Senhor, que está sempre do nosso lado na hora da luta. Ele é onipotente: *Tende confiança, eu venci o mundo*[12]. E, junto de Cristo, podemos dizer: *Tudo posso naquele que me conforta*[13]. *O Senhor é a minha luz e a minha salvação: a quem temerei?*[14]

Nas tentações, contamos com o auxílio poderoso dos Anjos da Guarda, postos junto de cada um de nós pelo nosso Pai-Deus para que nos protejam: *Ele mandou aos seus anjos que te guardem em todos os teus caminhos. Sustentar-te-ão nas suas mãos para que não tropeces em pedra alguma*[15]. Pedir-lhes-emos ajuda com muita frequência, especialmente nas tentações. O Anjo da Guarda é um formidável amigo, pronto a ajudar-nos nos momentos de maior perigo e necessidade.

Estamos vigilantes contra as tentações quando perseveramos na oração pessoal, que evita a tibieza, quando não abandonamos a mortificação, que nos mantém disponíveis para as coisas de Deus. Somos fortes na tentação quando fugimos das ocasiões de pecado, por pequenas que possam parecer, pois sabemos que *quem ama o perigo perecerá nele*[16], quando temos o dia cheio de trabalho intenso, evitando o ócio e a preguiça.

Além disso, devemos ter em conta que é mais fácil resistir no princípio, quando a tentação começa a insinuar-se, do que se permitimos que vá ganhando corpo, "porque nos será mais fácil vencer o inimigo quando não o deixamos entrar na alma, enfrentando-o logo que bater à porta. Por isso costuma-se dizer: «Resiste no princípio; o remédio chega tarde quando a chaga é velha»"[17]. Se bem que, mesmo quando "a chaga é velha", se pode, com humildade, encontrar o remédio oportuno.

Se recorrermos à Virgem, Nossa Senhora, sempre sairemos vencedores, mesmo das provas em que possamos sentir-nos absolutamente perdidos.

(1) São Pedro Crisólogo, *Sermão 67*; (2) João Paulo II, *Homilia*, 3.05.87; (3) Hb 4, 15; (4) cf. 1 Cor 10, 13; (5) *Catecismo romano*, III, 1, n. 7; (6) Tg 1, 12; (7) São Josemaria Escrivá, *Caminho*, n. 707; (8) cf. São Tomás de Aquino, *Sobre o Pai-Nosso*; (9) 1 Pe 5, 8; (10) Tertuliano, *Tratado sobre a oração*, 8; (11) Tb 12, 13; (12) Jo 16, 23; (13) Fl 4, 13; (14) Sl 26, 1; (15) Sl 90, 11; (16) Eclo 3, 27; (17) Tomás de Kempis, *Imitação de Cristo*, I, 13, 5.

247. ESCOLHIDOS DESDE A ETERNIDADE

— Uma vocação que não se repete.
— Essa vocação dá-nos luz para caminharmos, e as graças necessárias para sairmos fortalecidos de todas as provas da nossa vida.
— Perseverança na vocação.

I. DA PRISÃO, onde se encontra abandonado e só, São Paulo dirige uma carta aos primeiros cristãos de Éfeso.

Começa com um cântico alvoroçado de ação de graças por todos os dons recebidos do Senhor, de modo particular pela vocação com que Deus nos escolheu pessoalmente desde toda a eternidade para sermos seus discípulos e dilatarmos o seu Reino na terra.

Sublinha a seguir a radical igualdade da vocação com que todos fomos chamados em Cristo por iniciativa de Deus Pai, pois Ele *nos escolheu antes da criação do mundo, por amor, para sermos santos e imaculados na sua presença. Predestinou-nos para sermos adotados como filhos seus em Jesus Cristo, para a sua glória, por sua livre vontade, em louvor da glória da sua graça, pela qual nos tornou agradáveis aos seus olhos no seu Filho bem-amado*[1].

Todo o fiel, cada um de nós, foi chamado desde a eternidade à mais alta vocação divina. Deus Pai quis chamar-nos expressamente à vida (nenhum homem nasceu por acaso), criou diretamente a nossa alma, única e irrepetível, e fez-nos participar da sua vida íntima mediante o Batismo. Com este sacramento, *Deus ungiu-nos... e também marcou-nos com o seu selo, e pôs nos nossos corações o Espírito Santo como penhor*[2]. Deu-nos uma missão a cumprir nesta vida e preparou-nos um lugar no Céu, onde nos espera como um pai que aguarda o regresso do seu filho depois de uma longa viagem.

Dentro desta vocação radical para a santidade e para o apostolado, Deus dirige a cada um de nós uma chamada particular. Chama a maioria dos batizados a viver com uma vocação plena no meio do mundo, para que — atuando por dentro — o transformem e o conduzam a Ele, e se santifiquem por meio das atividades terrenas. A outros, sempre poucos em relação aos demais cristãos, pede-lhes que se afastem dessas realidades e deem assim um testemunho público — como almas consagradas — de que pertencem a Deus. O Senhor, de um modo misterioso e delicado, vai-nos dando a conhecer o que quer de nós. Mesmo dentro da vocação de cada um — casados, solteiros, sacerdotes... —, mostra-nos um caminho próprio por onde chegarmos até Ele. "Com efeito, Deus pensou em nós desde a eternidade e amou-nos como pessoas únicas e irrepetíveis, chamando-nos a cada um pelo nosso nome, como o bom pastor *chama pelo nome as suas ovelhas* (Jo 10, 3). Mas o plano eterno de Deus revela-se a cada um de nós na evolução histórica da nossa vida e das suas situações, e, portanto, apenas gradualmente: num certo sentido, dia a dia.

"Ora, para podermos descobrir a vontade concreta do Senhor sobre a nossa vida, são sempre indispensáveis a escuta pronta e dócil da palavra de Deus e da Igreja, a oração filial e constante, a referência a uma sábia e amorosa direção espiritual, a compreensão na fé dos dons e dos talentos recebidos, bem como das diversas situações sociais e históricas em que nos encontramos"[3].

Assim, no decurso do tempo, o Senhor leva-nos pela mão a metas de santidade cada vez mais altas. Se somos fiéis, se estamos atentos, o Espírito Santo conduz-nos através dos acontecimentos correntes da vida: ajuda-nos a interpretá-los retamente e a tirar deles — sejam de que sinal forem — mais amor a Deus.

II. A VOCAÇÃO é um dom imenso que devemos agradecer continuamente a Deus. É a luz que ilumina o nosso caminho:

o trabalho, as pessoas, os acontecimentos... Sem ela, sem o conhecimento dessa vontade específica de Deus que nos encaminha diretamente para o Céu, ficaríamos entregues à fraca luz da nossa inteligência, com o perigo de tropeçar a cada passo. A vocação proporciona-nos luz e graças necessárias para sairmos fortalecidos de todos os acontecimentos da vida. "Na vocação, o homem, de uma maneira definitiva, conhece-se a si próprio, conhece o mundo e conhece a Deus. Ela é o ponto de referência a partir do qual cada ser humano pode julgar com plenitude todas as situações pelas quais a sua vida tenha passado e venha a passar"[4]. Conhecer cada vez mais profundamente esse querer divino particular a nosso respeito é sempre um motivo de esperança e de alegria.

Com a vocação, recebemos um convite para entrar na intimidade divina, para iniciar um trato pessoal com Deus, uma vida de oração. Cristo convida-nos a tomá-lo como centro da nossa existência, a segui-lo no meio das nossas realidades diárias: no lar, no escritório, na fábrica...; e a conhecer os outros homens como pessoas e filhos de Deus, quer dizer, como seres com valor em si — objeto do amor de Deus —, a quem temos de ajudar nas suas necessidades materiais e espirituais.

O querer divino pode apresentar-se repentinamente, como uma luz deslumbrante que invade toda a existência, como foi o caso de São Paulo no caminho de Damasco, ou pode revelar-se pouco a pouco, numa variedade de pequenos acontecimentos, como aconteceu com São José. "De qualquer modo, não se trata somente de *saber* o que Deus quer de nós, de cada um, nas diversas situações da vida. É necessário *fazer* o que Deus quer, como nos recordam as palavras de Maria, a Mãe de Jesus, ao dirigir-se aos servos de Caná: *Fazei o que Ele vos disser* (Jo 2, 5). E para atuar com fidelidade à vontade de Deus, é preciso ser *capaz* e fazer-se *cada vez mais capaz* [...]. Esta é a maravilhosa e exigente tarefa que se espera de todos os fiéis leigos, de todos os cristãos, sem nenhuma pausa: que conheçam cada vez mais as riquezas da fé e do Batismo e as vivam com crescente plenitude"[5].

Esta plenitude realizar-se-á dia a dia mediante a fidelidade *nas coisas pequenas*, em correspondência às graças que o Senhor derrama sobre cada um de nós para que cumpramos com perfeição, com amor, os deveres de cada momento.

Procuraremos comportar-nos assim tanto nos dias em que nos sentimos bem dispostos como naqueles em que tudo parece custar-nos mais.

III. *ELEGIT NOS IN IPSO ante mundi constitutionem...* O Senhor escolheu-nos antes da criação do mundo. E Ele não se arrepende das suas decisões. É daqui que procedem a esperança e a certeza de que perseveraremos ao longo do caminho, no meio das tentações e dificuldades que tenhamos de enfrentar. O Senhor é sempre fiel, e podemos contar diariamente com a graça necessária para mantermos incólume a nossa própria fidelidade. "Nosso Senhor — ensina São Francisco de Sales — vela continuamente pelos passos dos seus filhos, isto é, pelos que possuem a caridade, fazendo-os andar diante dEle, estendendo-lhes a mão nas dificuldades, carregando-os sobre si próprio nas penas que vê poderem ser-lhes insuportáveis de outra forma. Assim o declarou por Isaías: *Eu sou o teu Deus, que te toma pela mão e te diz: Não temas, eu te ajudarei* (Is 41, 13). De tal sorte que, além de muito ânimo, devemos ter uma firmíssima confiança em Deus e no seu socorro. Porquanto, se não faltarmos à sua graça, Ele *concluirá em nós a boa obra da nossa salvação* (Fil 1, 6)"[6].

A par da confiança na ajuda divina, temos de esforçar-nos pessoalmente por corresponder às sucessivas chamadas que o Senhor nos dirige ao longo da vida. Porque a entrega a Deus exigida pela vocação não se esgota numa só decisão nem numa determinada época da vida. Deus continua a chamar, continua a pedir até o fim...

Por vezes, a fidelidade ao Senhor pode custar; mas se recorrermos a Ele, compreenderemos que o seu jugo é suave e a sua carga leve[7], e esse peso converte-se em alegria. Deus nunca nos pedirá mais do que aquilo que podemos dar. Ele conhece-nos bem e conta com a fraqueza humana, com os nossos defeitos e erros. Ao mesmo tempo, conta com a nossa sinceridade e com a nossa humilde vontade de recomeçar.

Na Virgem, nossa Mãe, está posta a nossa esperança de perseverarmos nos momentos difíceis e sempre. Nela encontramos a fortaleza que não temos. "Ama a Senhora. E Ela te obterá graça abundante para venceres nesta luta quotidiana. — E de nada servirão ao maldito essas coisas perversas, que sobem e sobem, fervendo dentro de ti, até quererem sufocar, com a sua podridão bem cheirosa, os grandes ideais, os mandamentos sublimes que o próprio Cristo pôs no teu coração. — «*Serviam!*»"[8] Servirei!

(1) Ef 1, 4-6; *Primeira leitura* da missa da quinta-feira da vigésima oitava semana do Tempo Comum, ano II; (2) 2 Cor 1, 21-22; (3) João Paulo II, Exort. apost. *Christifideles laici*, 30.12.88, 58; (4) José Luis Illanes, *Mundo y santidad*, Rialp, Madri, 1984, p. 109; (5) João Paulo II, Exort. apost. *Christifideles laici*; (6) São Francisco de Sales, *Tratado do amor de Deus*, III, 4; (7) cf. Mt 11, 30; (8) São Josemaria Escrivá, *Caminho*, n. 493.

TEMPO COMUM. VIGÉSIMA OITAVA SEMANA. SEXTA-FEIRA

248. O FERMENTO DOS FARISEUS

— A hipocrisia dos fariseus.
— O cristão, um homem sem duplicidade.
— Amar a verdade e dá-la a conhecer.

I. REUNIU-SE TAL MULTIDÃO para ver Jesus que se atropelavam uns aos outros. E no meio de tantos que o rodeavam, o Mestre dirigiu-se em primeiro lugar aos seus discípulos, fazendo-lhes esta advertência: *Guardai-vos do fermento dos fariseus, que é a hipocrisia*. E acrescentou: *Nada há oculto que não venha a descobrir-se; e nada há escondido que não venha a saber-se. Por isso, as coisas que dissestes nas trevas serão ditas à luz; e o que falastes ao ouvido, no quarto, será apregoado sobre os telhados*[1].

A palavra *hipócrita* designava no mundo grego antigo o ator que, com uma máscara e um disfarce, assumia uma personalidade alheia. Fingia diante do público ser outra pessoa, frequentemente sem nada que ver com a sua própria identidade: umas vezes, rei; outras, mendigo ou general. Bastava-lhe ocultar o seu próprio ser por detrás da máscara e assumir qualidades e sentimentos postiços. Trabalhava para a plateia.

O ser íntimo — o fermento — de muitos fariseus era a *hipocrisia*: atuavam voltados para os outros, não de olhos postos em Deus. Tinham uma vida tão falsa como a dos atores durante a representação. Em outra ocasião, o Senhor dir-lhes-ia que eram semelhantes a *sepulcros caiados*: por fora, bem compostos; por dentro, repletos de podridão[2]. Tinham uma vida dupla: uma, cheia de máscaras, de aparências, de falsidade, pendente do conceito dos homens; a outra, descuidada e pouco generosa em relação a Deus.

O Senhor deseja para os seus discípulos um *fermento*, um modo de ser, bem diferente. Quer que tenhamos diante dEle e diante dos outros uma única vida, sem disfarces, sem mentiras. Homens e mulheres de uma só peça, que caminham com a verdade diante de si.

II. O PRÓPRIO JESUS ensinou-nos como devemos comportar-nos: *Seja o vosso falar: Sim, sim; não, não; porque tudo o que passa disto procede do maligno*[3]. No trato com os outros, a palavra do homem deve ter o significado de uma garantia. O sim deve ser *sim* e o não, *não*. O Senhor quis realçar o valor e a força da palavra de um homem de bem, que se sente comprometido pelo que diz.

A nossa palavra e a nossa atuação de cristãos e de homens honrados deve ter um grande valor diante dos outros, porque temos que buscar a verdade sempre e em tudo, fugindo da hipocrisia e da duplicidade. Nas situações normais da vida, a palavra do cristão deve ser suficiente para dar toda a força necessária ao que afirma ou promete. A verdade é sempre um reflexo de Deus e deve ser tratada com respeito. Se temos o hábito de dizer sempre a verdade, mesmo em assuntos que parecem intranscendentes, a nossa palavra terá muita força, "como a assinatura de um tabelião", que faz fé. Assim imitamos o Senhor.

Muito longe do que deve ser um cristão, temos o *homem de espírito duplo, inconstante em todos os seus caminhos*[4], que, como os atores, apresenta uma personalidade ou umas ideias conforme o público que tem diante. É um homem de espírito duplo — comenta São Beda — "aquele que quer regozijar-se com o mundo e ali reinar com Deus"[5].

Nos dias atuais, é especialmente urgente que o cristão seja um homem ou uma mulher de uma só palavra, de "uma só vida", que não se serve de máscaras ou disfarces quando se torna custoso manter a verdade, que não se preocupa excessivamente com "o que dirão" e afasta para longe os respeitos humanos, rejeitando toda a hipocrisia. A veracidade é a virtude que nos inclina a dizer sempre a verdade e a manifestar-nos externamente tal como somos interiormente[6], ensina São Tomás de Aquino.

Há, sem dúvida, casos em que não se é obrigado a declarar a verdade, e em que até chega a ser um grave dever de justiça não revelá-la; são situações em que podem intervir motivos de segredo profissional, de segurança pública ou outras graves razões, entre as quais se destaca o sigilo sacramental ou o que se refere à direção espiritual. Pode também haver casos em que alguém faça uma pergunta sem ter o menor direito de saber a verdade, convertendo-se até, em situações extremas, num injusto agressor e perdendo com isso o direito de não ser enganado. Nesses casos, há diversas maneiras de não declarar a verdade sem incorrer numa mentira. Mas "não esqueçamos também que, com frequência, a circunstância de nos fazerem perguntas indiscretas é culpa nossa. Se guardássemos melhor o recolhimento e o silêncio, não as fariam ou as formulariam raríssimas vezes"[7].

Imitemos o Senhor no seu amor à verdade. Formulemos o propósito de fugir da mentira e de tudo o que possa soar como falso ou hipócrita. "Lias naquele dicionário os sinônimos de insincero: «ambíguo, ladino, dissimulado, matreiro, astuto»... — Fechaste o livro, enquanto pedias ao Senhor que nunca pudessem aplicar-se a ti esses qualificativos, e te propuseste aprimorar ainda mais a virtude sobrenatural e humana da sinceridade"[8].

III. *EU SOU A VERDADE*, disse Jesus[9]. Ele tem a verdade em plenitude, e esta chegou até nós por meio dEle[10]. Todos os seus ensinamentos, como também a sua vida e a sua morte, constituem um testemunho da Verdade[11]. Aquele em quem está a verdade é de Deus e, portanto, tem os ouvidos especialmente atentos à palavra de Deus[12].

A verdade teve a sua origem em Deus e a mentira na oposição consciente a Ele. Jesus chama ao demônio *pai da mentira*, porque a mentira começou com ele. Quem mente tem o demônio por pai[13]. Por isso, o ensinamento moral da Igreja não só reprova a falsidade que causa um prejuízo ao próximo, como desaprova aqueles que — sem causarem um prejuízo ao próximo — "mentem por recreação e diversão, e os que o fazem por interesse e utilidade"[14].

A falta de veracidade que se manifesta na mentira ou na hipocrisia, ou ainda na falta de "unidade de vida", revela uma discórdia interior, uma fratura na própria personalidade humana. Um homem assim é como um sino rachado: não tem bom som. O testemunho que o Senhor deu de Natanael, dizendo dele que era um israelita em quem não havia duplicidade[15], é o elogio mais belo que se pode fazer de um homem: "Nesse homem não há duplicidade; é feito de uma só peça". É o que se deveria poder dizer de cada cristão.

Estamos numa época em que se valoriza extraordinariamente a sinceridade, mas que, por contraste, também é conhecida por *tempo dos impostores*, da falsidade e da mentira[16]. Podem ser às vezes impostores "os homens da grande imprensa, que, divulgando indiscrições sensacionalistas e insinuações caluniosas...", confundem os seus leitores. À "grande imprensa" poder-se-iam acrescentar muitas vezes o cinema, o rádio, a televisão... Estes instrumentos, que pela sua própria natureza devem ser transmissores da verdade, "se forem manipulados por pessoas astutas, à força de bombardearem os receptores com as suas cores sonorizadas e com uma persuasão tanto mais eficaz quanto mais oculta, são capazes de fazer que os filhos acabem por odiar o que os seus pais possuem de melhor, e que as pessoas vejam como branco o que é preto"[17].

Sempre que tenhamos esses meios ao nosso alcance, devemos usá-los para fazer com que a verdade chegue à sociedade. E mesmo que não seja esse o caso, existem meios de pelo menos repormos a verdade: uma carta de protesto, uma chamada telefônica, a intervenção num programa de radio ou num programa de auditório... Isso pode permitir que muitos ouçam a doutrina da Igreja sobre assuntos vitais para o bem da sociedade, ou saibam que existem homens de bem que não toleram o ataque leviano ou malévolo aos fundamentos morais do ser humano. Não permaneçamos passivos e encolhidos, pensando que podemos fazer pouco. Muitos poucos mudam o rumo de uma sociedade.

Ao terminarmos a nossa oração, recorramos a Nossa Senhora para sabermos viver em todo o momento a verdade sem concessões, e para sabermos dá-la a conhecer sem os entraves dos respeitos humanos ou da preguiça, causadores de tantas omissões. Peçamos uma vida sem duplicidade, sem a hipocrisia que Jesus tanto reprovou.

"«*Tota pulchra es, Maria, et macula originalis non est in te!*» — És toda formosa, Maria, e não há em ti mancha original!, canta alvoroçada a liturgia: não há nEla a menor sombra de duplicidade. Peço diariamente à nossa Mãe que saibamos abrir a alma na direção espiritual, para que a luz da graça ilumine toda a nossa conduta!

"— Se assim lhe suplicarmos, Maria nos obterá a valentia da sinceridade, para que nos cheguemos mais à Trindade Santíssima"[18].

(1) Lc 12, 1-3; (2) cf. Mt 23, 27; (3) Mt 5, 37; (4) cf. Tg 1, 8; (5) São Beda, *Comentário à Epístola de Tiago*, 1, 8; (6) cf. São Tomás de Aquino, *Suma teológica*, II-II, q. 109, a. 3, ad 3; (7) Réginald Garrigou--Lagrange, *Las tres edades de la vida interior*, vol. II; (8) São Josemaria Escrivá, *Sulco*, n. 337; (9) Jo 14, 6; (10) cf. Jo 1, 14; 17; (11) cf. Jo 18, 37; (12) cf. Jo 8, 44; (13) cf. Jo 8, 42 e segs.; (14) *Catecismo romano*, III, 9, n. 23; (15) cf. Jo 1, 47; (16) cf. Albino Luciani, *Ilustríssimos senhores*, p. 141; (17) *ibid.*, pp. 141-142; (18) São Josemaria Escrivá, *Sulco*, n. 339.

TEMPO COMUM. VIGÉSIMA OITAVA SEMANA. SÁBADO

249. O PECADO CONTRA O ESPÍRITO SANTO

— Abertos à misericórdia divina.
— A perda do "sentido do pecado".
— Junto de Cristo, entendemos o que é verdadeiramente o pecado. Delicadeza de consciência.

I. SÃO LUCAS TRANSMITE-NOS no Evangelho da Missa de hoje uma dura sentença do Senhor: *Todo aquele que falar contra o Filho do homem será perdoado; mas aquele que blasfemar contra o Espírito Santo não será perdoado*[1]. São Marcos acrescenta que esta blasfêmia jamais terá perdão; quem a cometer será réu de castigo eterno[2].

São Mateus situa a sentença num contexto que explica melhor as palavras do Senhor[3]. Relata o Evangelista que a multidão, assombrada com tantas maravilhas, perguntava-se: *Porventura não será este o Filho de Davi?*[4] Mas os fariseus, mesmo diante de tantos prodígios que não podiam negar, não querem dar o braço a torcer e encontram como saída atribuir ao demônio a ação divina de Jesus. É tal a dureza de seus corações que, para não ceder, estão dispostos a tergiversar radicalmente o que é evidente para todos. Por isso murmuravam: *Este não expulsa os demônios senão por virtude de Belzebu, príncipe dos demônios*.

A blasfêmia imperdoável contra o Espírito Santo consiste precisamente nesse fechar-se à graça, em tergiversar os fatos sobrenaturais: isso é excluir a própria fonte do perdão[5]. Todo o pecado, por maior que seja, pode ser perdoado porque a misericórdia de Deus é infinita; mas, para que se possa receber esse perdão divino, é necessário reconhecer as culpas próprias e acreditar na misericórdia do Senhor. O endurecimento de coração daqueles fariseus impedia que a poderosa ação divina chegasse até eles.

Jesus qualifica essa atitude como *pecado contra o Espírito Santo*. E é imperdoável, não tanto pela sua gravidade e malícia, como pela disposição interna da vontade, que anula toda a possibilidade de arrependimento. Quem assim peca situa-se voluntariamente fora do alcance do perdão divino.

O Papa João Paulo II chama-nos a atenção para a extrema gravidade dessa atitude perante a graça, pois "a blasfêmia contra o Espírito Santo é o pecado cometido pelo homem que reivindica um pretenso *direito de perseverar no mal* — em qualquer pecado — e por isso mesmo rejeita a Redenção. O homem fica fechado no pecado, impossibilitando ele mesmo a sua conversão e também, consequentemente, a remissão dos pecados, que considera não essencial ou sem importância para a sua vida"[6].

Pedimos hoje ao Senhor uma sinceridade radical e uma verdadeira humildade para reconhecermos as nossas faltas e pecados, mesmo os veniais; que não nos acostumemos a eles, que sejamos rápidos em procurar o sacramento do perdão e que o nosso coração seja sensível à ação do Espírito Santo. E pedimos a Nossa Senhora o *santo temor de Deus* para nunca perdermos o sentido do pecado e a consciência dos nossos erros e fraquezas. "Quando temos a vista turvada, quando os olhos perdem a claridade, precisamos ir à luz. E Jesus Cristo disse-nos que Ele é a luz do mundo e que veio curar os enfermos"[7].

II. JESUS CRISTO DEU-NOS a conhecer plenamente o Espírito Santo como uma Pessoa diferente do Pai e do Filho, como o Amor pessoal dentro da Santíssima Trindade, que é a fonte e o modelo de todo o amor criado[8].

O Espírito esteve presente em todas as ações de Jesus, mas foi na Última Ceia que o Senhor nos falou dEle mais claramente: é uma Pessoa diferente do Pai e do Filho, e muito próximo da Redenção do mundo. Jesus refere-se a Ele como

Paráclito ou *Conselheiro*, isto é, advogado e confortador. A palavra *paráclito* era usada no mundo profano grego para designar uma pessoa chamada a assistir outra ou a falar por ela, especialmente nos processos legais. O Espírito Santo tem por isso uma missão muito particular na formulação dos juízos da consciência e nesse outro *juízo* tão especial da Confissão, em que o réu sai absolvido para sempre das suas culpas e cheio de uma nova riqueza.

A misericórdia divina, que se exerce por esta ação misteriosa e salvífica do Espírito Santo, "encontra no homem que esteja em tal situação (de falta de abertura à ação da graça) uma resistência interior, uma espécie de impermeabilidade da consciência, um estado de alma que se diria consolidado em virtude de uma livre escolha: é aquilo que a Sagrada Escritura repetidamente designa como *dureza de coração* (cf. Sl 81, 13; Jr 7, 24; Mc 3, 5). Na nossa época, a esta atitude da mente e do coração corresponde talvez *a perda do sentido do pecado*"[9].

O contrário da dureza de coração é a delicadeza de consciência, que a alma possui quando detesta todo o pecado, mesmo o venial, e procura ser dócil às inspirações e graças do Espírito Santo, que são incontáveis ao longo do dia. "Quando se tem em bom estado o olfato da alma — dizia Santo Agostinho —, percebe-se imediatamente o mau cheiro dos pecados"[10]. Somos nós sensíveis às ofensas que se fazem a Deus? Somos prontos em reagir contra as nossas faltas e pecados?

III. MUITOS HOMENS vão perdendo o sentido do pecado e, consequentemente, o sentido de Deus. Não é raro que no cinema, na televisão, em artigos de jornal, se ventilem ideias e acontecimentos contrários à lei de Deus como se fossem assuntos normais, que às vezes são deplorados pelas suas consequências nocivas à sociedade e ao indivíduo, mas sem referência alguma ao Criador. Noutros casos, esses episódios são expostos como acontecimentos que atraem a curiosidade pública, mas sem lhes dar maior importância: infidelidades matrimoniais, eventos escandalosos, difamações, atentados contra a honra, divórcios sucessivos, fraudes, prevaricações, subornos... Não faltam pessoas, mesmo entre as que se dizem cristãs, que se divertem com essas situações e nelas se entretêm, dando a impressão de não se atreverem a chamá-las pelo seu nome.

Em todos esses casos, costuma-se esquecer o mais importante: a sua relação com Deus, que é quem dá o verdadeiro sentido às coisas humanas. Julga-se com critérios muito distantes do sentir de Deus, como se Ele não existisse ou não contasse para nada nos assuntos desta vida. É um ambiente pagão generalizado, parecido com o que rodeou os primeiros cristãos e que temos que mudar, como eles o fizeram.

Na nossa própria vida, só sentiremos o peso dos nossos pecados quando considerarmos essas faltas acima de tudo como ofensas a Deus, que nos separam dEle e nos tornam ineptos e surdos para ouvir o Paráclito, o Espírito Santo, na alma. Quando não relacionamos as nossas fraquezas com o Senhor, acontece aquilo que Santo Agostinho fazia notar: existem alguns que — afirma o Santo —, ao cometerem certo tipo de pecado, julgam que não pecam porque dizem que não fazem mal a ninguém[11].

Que grande graça é, pelo contrário, sentirmos o peso das nossas faltas, fazermos repetidos atos de contrição e desejarmos ardentemente a Confissão frequente, em que a alma se purifica e se prepara para estar perto de Deus! "Se não andais abatidos e tristes pelos pecados, ainda não os conheceis — ensina São João de Ávila —. O pecado pesa: *Sicut onus grave gravatae sunt super me* (Sl 37, 5). Oprimem-me como uma carga pesada... O que é o pecado? Uma dívida insolúvel, uma carga tão insuportável que nem quatro arrobas pesam tanto"[12]. E mais adiante acrescenta o mesmo Santo: "Não há carga tão pesada. Por que não a sentimos? Porque não sentimos a bondade de Deus"[13].

São Pedro descobriu na pesca milagrosa a divindade de Cristo e a sua pequenez. Por isso *lançou-se aos pés de Jesus, dizendo-lhe: Retira-te de mim, Senhor, pois sou um homem pecador*[14]. Pedia ao Senhor que se afastasse porque lhe parecia que, com as trevas da sua fraqueza, não podia suportar a luz radiante do Mestre. E enquanto as suas palavras declaravam a sua indignidade, os seus olhos e toda a sua atitude suplicavam ardentemente a Jesus que lhe permitisse ficar para sempre com Ele.

A imundície dos pecados precisa de um ponto de referência; esse ponto é a santidade de Deus. O cristão só percebe a falta de amor quando considera o amor de Cristo. De outro modo, justificará facilmente todas as suas fraquezas. Pedro, que amava Jesus profundamente, soube arrepender-se das suas negações precisamente com um ato de amor. *Domine* — dirá naquela manhã depois da segunda pesca milagrosa —, *tu omnia nosti, tu scis quia amo te*[15]. Senhor, tu sabes tudo, tu sabes que eu te amo. É assim que devemos ir até o Senhor, com um ato de amor, quando não tenhamos correspondido ao seu. A contrição dá à alma uma grande fortaleza, devolve-lhe a esperança e comunica-lhe uma particular delicadeza para ouvir e entender a Deus.

Peçamos com frequência à nossa Mãe Santa Maria, que foi tão dócil à ação do Espírito Santo, que nos ensine a ter uma consciência muito delicada, que não nos acostumemos ao peso do pecado e que saibamos reagir com prontidão ao menor pecado venial deliberado.

(1) Lc 12, 10; (2) cf. Mc 3, 29; (3) cf. Mt 12, 32; (4) Mt 12, 13; (5) cf. São Tomás de Aquino, *Suma teológica*, II-II, q. 14, a. 3; (6) João Paulo II, Enc. *Dominum et vivificantem*, 18.05.86, 46; (7) São Josemaria Escrivá, *Forja*, n. 158; (8) cf. Conc. Vat. II, Const. *Gaudium et spes*, 24; (9) João Paulo II, Enc. *Dominum et vivificantem*, 47; (10) Santo Agostinho, *Comentários aos Salmos*, 37, 9; (11) cf. Santo Agostinho, *Sermão 278*, 7; (12) São João de Ávila, *Sermão 25, para o Domingo XXI depois de Pentecostes*, em *Obras completas*, vol. II, p. 354; (13) *ibid.*, p. 355; (14) cf. Lc 5, 8-9; (15) Jo 21, 17.

TEMPO COMUM. VIGÉSIMO NONO DOMINGO. CICLO A

250. DAR A DEUS O QUE É DE DEUS

— Colaboradores leais na promoção do bem comum.
— A dimensão religiosa do homem.
— A fé, uma luz poderosa.

I. A PRIMEIRA LEITURA da Missa[1] mostra-nos como Deus escolhe os seus instrumentos de salvação onde quer. Para tirar o seu povo do desterro, servir-se-á de Ciro, um rei pagão. E também se serve das autoridades políticas para fazer o bem, pois nada fica fora do seu domínio paternal.

No Evangelho do dia[2], perante uma pergunta insidiosa, Jesus reafirma o dever de obedecer à autoridade civil. Uns fariseus, unidos aos herodianos — com quem tinham feito causa comum para atacar o Senhor — perguntam-lhe se é lícito pagar o tributo ao César. O pagamento dessas contribuições era considerado por alguns como uma forma de colaboração com o poder estrangeiro, que, com a sua autoridade — pensavam —, limitava o domínio de Deus sobre o povo eleito. Se o Mestre admitisse o pagamento, os fariseus poderiam considerá-lo como colaborador do domínio romano e desacreditá-lo perante uma boa parte do povo; se se opusesse, os herodianos, amigos do poder estabelecido, teriam motivo suficiente para denunciá-lo à autoridade romana.

Jesus dá uma resposta cheia de profundidade divina, que soluciona com toda a exatidão o problema que lhe tinham proposto, mas ao mesmo tempo vai muito além do que lhe tinham perguntado. Não se limita ao *sim* ou ao *não*. *Dai a Cesar o que é de César*, diz-lhes. Quer dizer, dai-lhe aquilo que lhe corresponde, mas não mais do que isso, porque o Estado não tem um poder e domínio absolutos.

As autoridades públicas estão gravemente obrigadas a comportar-se com equidade e justiça na distribuição dos ônus e benefícios; a servir o bem comum sem buscar o proveito pessoal; a legislar e governar com o mais pleno respeito pela lei natural e pelos direitos da pessoa: em favor da vida desde o momento da sua concepção, que é o primeiro de todos os direitos; da família, que é a origem da sociedade; da liberdade religiosa; do direito dos pais à educação dos filhos... *Ai dos que decretam leis iníquas!*[3], clama o Senhor por boca do profeta Isaías. Rezar pelos que estão constituídos em autoridade é um dever de todos os cristãos, pois é muito grande a responsabilidade que pesa sobre eles.

Por sua vez, como cidadãos iguais aos outros, os cristãos têm "o dever de prestar à nação os serviços materiais e pessoais exigidos pelo bem comum"[4]. Devem ser homens e mulheres que cumprem escrupulosamente os seus deveres para com a sociedade, para com o Estado, para com a empresa em que trabalham... Não devem existir colaboradores mais leais na promoção do bem comum.

Esta fidelidade é para os cristãos um dever de consciência, pois diz respeito a prestações que se enquadram no seu caminho de santidade. O pagamento dos impostos justos, o exercício responsável do voto, a colaboração nas iniciativas que têm em vista o bem público, a intervenção na política quando a pessoa se sente chamada a isso..., são tarefas próprias de qualquer cidadão, mas no cristão tornam-se veículo para o exercício das virtudes da justiça e da caridade; são portanto meio de santificação. Examinemos hoje diante do Senhor se verdadeiramente podemos ser exemplo para muitos pela nossa colaboração, pelo sentido positivo com que nos dispomos sempre a promover o bem de todos.

II. DIANTE DA PERGUNTA dos fariseus e herodianos, o Senhor reconheceu a competência do poder civil e os seus direitos, mas avisou claramente que devem ser respeitados também os direitos superiores de Deus[5], pois a atividade do homem não se reduz ao que cai sob o âmbito da ordem social ou política. Existe nele uma dimensão religiosa profunda, que informa todas as tarefas que leva a cabo e que constitui a sua máxima dignidade. Por isso, sem que ninguém lhe perguntasse, o Senhor acrescentou: Dai... *a Deus o que é de Deus*.

Quando o cristão atua na vida pública, no ensino, em qualquer iniciativa cultural..., não pode ocultar a sua fé, pois "a distinção estabelecida por Cristo não significa, de modo algum, que a religião tenha que ser relegada ao templo — à sacristia —, nem que a ordenação dos assuntos humanos deva ser feita à margem de toda a lei divina e cristã"[6]. Antes pelo contrário, os cristãos devem ser *sal e luz* no lugar onde se encontram, devem converter o mundo — com frequência o pequeno mundo em que desenvolvem a sua vida — num lugar mais humano e habitável, onde os homens encontrem com facilidade o caminho que leva a Deus.

Os fiéis leigos cumprem "esta missão da Igreja no mundo, antes de tudo por aquela coerência da vida com a fé, pela qual se transformam em luz do mundo; pela honestidade em qualquer negócio, honestidade que atrai todos os homens para o amor da verdade e do bem e afinal para Cristo e a Igreja; pela caridade fraterna, pela qual participam das condições de vida, trabalhos, dores e aspirações dos irmãos, dispondo insensivelmente os corações de todos para a ação salutar da graça; pela consciência plena da parte que lhes toca na edificação da sociedade, com a qual procuram cumprir com magnanimidade cristã a sua atividade doméstica, social e profissional"[7].

III. O CRISTÃO, ao atuar na vida pública, ao expressar a sua opinião sobre os temas fundamentais que configuram uma sociedade, leva consigo uma luz poderosa, a luz da fé. Sabe muito bem que os ensinamentos de Deus, expostos pelo Magistério da Igreja, nunca são um obstáculo, mas um guia para o bem das pessoas e da sociedade e para a consecução do progresso científico. Quando, por exemplo, o cristão chama a atenção para a índole indissolúvel que todo o verdadeiro matrimônio possui pela sua própria natureza, o que faz é mostrar um caminho para o bem social, uma garantia para que a sociedade se conserve sã[8]; contribui com um *dado* importantíssimo para o bem de todos.

Por essa razão, não podemos refugiar-nos numa atitude encolhida, preocupada pelas opções que nos são vedadas. Podemos oferecer à sociedade uma grande contribuição, como o fizeram os cristãos dos primeiros tempos! Devemos saber que, se tivermos uma consciência bem formada nos critérios básicos, poderemos prestar um bem imenso aos nossos concidadãos. Temos nas nossas mãos uma grande luz no meio de tanta escuridão!

Não podemos contribuir para o estado de coisas apontado pelo Cardeal Luciani, mais tarde João Paulo I: "Nesta sociedade, criou-se um enorme vazio moral e religioso. Todos parecem espasmodicamente lançados em direção às conquistas materiais: ganhar, investir, rodear-se de novas comodidades, viver bem [...]. Deus — que deveria invadir a nossa vida — converteu-se numa estrela longínqua, para a qual só se olha em determinados momentos. Julgamos ser religiosos porque frequentamos a igreja, mas depois tratamos de levar fora da igreja uma vida semelhante à de tantos outros, entretecida de pequenas ou grandes trapaças, de injustiças, de ataques à caridade, com uma absoluta falta de coerência"[9].

Não é assim que conseguiremos *dar a Deus o que é de Deus*, mas com o testemunho de uma vida coerente, sentindo--nos filhos de Deus tanto na praça pública como na conversa amável em casa de uns amigos, persuadidos de que só no seio da Igreja se guardam os valores que podem preencher esse "tremendo vazio moral e religioso". Uma sociedade sem esses valores está voltada para uma crescente agressividade e também para uma progressiva desumanização. Deus não é "uma estrela longínqua", inoperante, mas uma poderosa luz que dá sentido a todos os afazeres humanos. Somos nós, os cristãos, que, unidos a outros homens de boa vontade, temos a possibilidade de salvar este mundo. Como havemos de permanecer encolhidos?

... *A Deus o que é de Deus*. A vida dos homens, desde a sua concepção, pertence ao Senhor; como também a família, santificada em Nazaré, baseada num matrimônio indissolúvel, conforme Ele mesmo o declarou com grande escândalo dos que o escutavam; e a consciência dos homens, que deve ser bem formada para que seja luz que ilumine os caminhos de cada um... Tudo o que há na nossa vida pertence ao Senhor;

como poderemos então reservar para nós parcelas em que Ele não possa estar presente?

Peçamos a Nossa Senhora que nos dê a alegria santa de nos sentirmos a cada momento e acima de tudo filhos de Deus, da família de Deus, e de agirmos como tais no exercício da nossa responsabilidade pessoal.

(1) Is 45, 1; 4-6; *Primeira leitura* da Missa do décimo nono domingo do Tempo Comum, ciclo A; (2) Mt 22, 15-21; (3) Is 10, 1; (4) Conc. Vat. II, Const. *Gaudium et spes*, 75; (5) cf. Conc. Vat. II, Decl. *Dignitatis humanae*, 11; (6) São Josemaria Escrivá, *Cartas*, 9.01.59; (7) Conc. Vat. II, Decl. *Apostolicam actuositatem*, 13; (8) cf. José Miguel Pero-Sanz, *Creyentes en la sociedad*, BAC, Madri, 1981, p. 30; (9) Albino Luciani, *Ilustríssimos senhores*, p. 219.

TEMPO COMUM. VIGÉSIMO NONO DOMINGO. CICLO B

251. SERVIR

— A vida cristã consiste em imitar Cristo.
— Jesus nos ensina com a sua vida que não veio *para ser servido, mas para servir*. Imitá-lo.
— Servir com alegria.

I. COMO O DISCÍPULO diante do mestre, como o menino junto da sua mãe, assim deve estar o cristão em todas as suas ocupações diante de Cristo. O filho aprende a falar ouvindo a sua mãe, esforçando-se por copiar as suas palavras; da mesma forma, vendo Jesus fazer e agir, aprendemos a conduzir-nos como Ele. A vida cristã consiste na imitação da do Mestre, pois Ele se encarnou *deixando-vos o exemplo, para que sigais os seus passos*[1]. São Paulo exortava os primeiros cristãos a imitarem o Senhor com estas palavras: *Tende entre vós os mesmos sentimentos que teve Cristo Jesus*[2]. Ele é a causa exemplar de toda a santidade, isto é, do amor a Deus Pai. E isto não só pelas suas obras, mas pelo seu ser, pois o seu modo de agir era a expressão externa da sua união com o Pai, do seu amor por Ele.

A nossa santidade não consiste tanto numa imitação externa de Jesus, mas em permitir que o nosso ser mais profundo se vá configurando com Cristo. *Despojai-vos do homem velho com todas as suas obras e revesti-vos do homem novo...*[3], recomendava São Paulo aos Colossenses.

Esta renovação diária significa limar constantemente os nossos costumes, expurgar da nossa vida os defeitos humanos e morais, suprimir o que não combina com a vida de Cristo... Mas significa sobretudo procurar que os nossos sentimentos sobre os homens, sobre as realidades criadas, sobre a tribulação, se pareçam cada dia mais com os que teve Jesus em circunstâncias semelhantes, de tal maneira que a nossa vida seja em certo sentido um prolongamento da sua, pois Deus nos predestinou para sermos conformes com a imagem do seu Filho[4].

A própria graça divina, na medida em que correspondemos à ação contínua do Espírito Santo, vai acentuando a nossa semelhança com Cristo. Seremos santos se Deus Pai puder afirmar de nós o que um dia disse do seu Filho: *Este é meu filho bem-amado, em quem pus as minhas complacências*[5]. A nossa santidade consistirá, pois, em sermos pela graça o que Cristo é por natureza: filhos de Deus.

O Senhor é tudo para nós. "Esta árvore é para mim uma planta de salvação eterna; dela me alimento, dela me sacio. Pelas suas raízes eu me enraízo, e pelos seus ramos eu me estendo; a sua sombra alegra-me e o seu espírito, como vento delicioso, fertiliza-me. À sua sombra levantei a minha tenda, e, fugindo dos grandes calores, ali encontro um abrigo cheio de frescor. As suas folhas são a minha defesa, os seus frutos a minha perfeita delícia, e eu saboreio livremente os seus frutos, que me estavam reservados desde o princípio. Ele é o meu alimento na fome, na sede a minha fonte e na nudez o meu vestido, pois as suas folhas são espírito de vida. Quando temo a Deus, Ele é a minha proteção; e quando vacilo, o meu apoio; quando combato, o meu prêmio; e quando triunfo, o meu troféu"[6]. Nada desejo fora dEle.

II. O EVANGELHO DA MISSA[7] relata-nos o episódio em que Tiago e João pedem a Jesus que lhes reserve os dois lugares de maior honra no seu Reino. Ao ouvi-los, os demais apóstolos *começaram a indignar-se* contra eles. Jesus disse-lhes então: *Vós sabeis que os que são reconhecidos como soberanos das nações as dominam; e que os seus príncipes lhes fazem sentir o seu poder. Porém, entre vós não deve ser assim, mas o que quiser ser grande faça-se vosso servo; e o que entre vós quiser ser o primeiro faça-se escravo de todos*. E dá-lhes a razão suprema: *Porque o Filho do homem não veio para ser servido, mas para servir e dar a sua vida em redenção de muitos.*

Em diversas ocasiões o Senhor proclamará que não veio para ser servido, mas para servir: *Non veni ministrari sed ministrare*[8]. Toda a sua vida foi um serviço contínuo e a sua doutrina é um apelo constante aos homens para que se esqueçam de si próprios e se deem aos outros. Percorreu os caminhos da Palestina servindo a cada um — *impondo as mãos a cada um*[9] — dos que encontrava à sua passagem. Permaneceu para sempre na sua Igreja — e de modo particular na Sagrada Eucaristia — para nos servir diariamente com a sua companhia, com a sua humildade, com a sua graça. Na noite anterior à sua Paixão e Morte, querendo ensinar algo de suma importância, e para que ficasse sempre clara esta característica essencial do cristão, lavou os pés aos seus discípulos, para que eles fizessem também o mesmo[10].

A Igreja, continuadora da missão salvífica de Cristo no mundo, tem como tarefa principal servir os homens pela pregação da palavra e pela celebração dos sacramentos. Além disso, "participando das melhores aspirações dos homens e sofrendo por não os ver felizes, deseja ajudá-los a conseguir o seu pleno desenvolvimento, e isto precisamente porque lhes propõe o que ela possui como próprio: uma visão global do homem e da humanidade"[11].

Nós, os cristãos, que queremos imitar o Senhor, temos que dispor-nos a fazer da vida um serviço alegre a Deus e aos outros, sem esperar nada em troca; dispor-nos a servir mesmo aos que não agradecerão o serviço que lhes prestarmos.

Haverá ocasiões em que muitos não entenderão esta atitude de disponibilidade alegre; bastar-nos-á então saber que Cristo a entende e nos acolhe como verdadeiros discípulos seus. O "orgulho" do cristão será precisamente este: servir como Jesus serviu. Mas só aprenderemos a dar-nos, a estar disponíveis quando estivermos perto de Jesus.

"Ao empreenderes cada jornada para trabalhar junto de Cristo e atender tantas almas que o procuram, convence-te de que não há senão um caminho: recorrer ao Senhor.

"Somente na oração, e com a oração, aprendemos a servir os outros!"[12]

É da oração que obteremos as forças e a humildade necessárias para fazermos da vida um serviço.

III. O NOSSO SERVIÇO a Deus e aos outros deve estar impregnado de humildade, mas vez por outra pode caber-nos a honra de levar Cristo aos outros, como a coube ao burrinho sobre o qual Jesus entrou em Jerusalém[13]. Então, mais do que nunca, temos de estar dispostos a purificar a intenção, se for preciso. "Quando me elogiam — escreveu aquele que mais tarde seria João Paulo I —, experimento a necessidade de comparar-me com o jumento que levava Cristo no dia de Ramos. E digo de mim para mim: «Como teriam rido do burro se, ao escutar os aplausos da multidão, tivesse ficado cheio de soberba e tivesse começado — asno como era — a acenar agradecimentos à direita e à esquerda!... Não vás tu cair em semelhante ridículo...!»"[14] A nossa disponibilidade para as necessidades alheias deve levar-nos a ajudar os outros de tal forma que, sempre que seja possível, não o percebam e assim não possam dar-nos nenhuma recompensa em troca, nem sequer um sorriso esboçado. Basta-nos o olhar de Jesus sobre a nossa vida. Já é suficiente recompensa!

O serviço deve ser alegre, como nos recomenda a Sagrada Escritura: *Servi o Senhor com alegria*[15], especialmente nos trabalhos da convivência diária que possam ser mais difíceis ou ingratos e que costumam ser com frequência os mais necessários. A vida compõe-se de uma série de serviços mútuos diários. Procuremos exceder-nos nessas tarefas, mostrando-nos sempre alegres e desejosos de ser úteis. Encontraremos muitas ocasiões de serviço no exercício da profissão, na vida familiar..., com parentes, amigos, conhecidos, e também com as pessoas que nunca mais voltaremos a ver. Quando somos generosos na nossa entrega aos outros, sem indagar se a merecem ou não, sem ficar muito preocupados se não nos agradecem..., compreendemos que "servir é reinar"[16].

Aprendamos de Nossa Senhora a ser úteis aos outros, a pensar nas suas dificuldades, a facilitar-lhes a vida aqui na terra e o seu caminho para o Céu. Ela nos dá exemplo: "No meio do júbilo da festa, em Caná, apenas Maria repara na falta de vinho... Até aos menores detalhes de serviço chega a alma se, como Ela, vive apaixonadamente pendente do próximo, por Deus"[17].

Então encontramos facilmente Jesus, que vem ao nosso encontro e nos diz: *Todas as vezes que fizestes isto a um destes meus irmãos mais pequeninos, a mim o fizestes*[18].

(1) 1 Pe 2, 21; (2) Fl 2, 5; (3) Cl 3, 9; (4) Rm 8, 29; (5) Mt 3, 17; (6) Santo Hipólito, *Homilia de Páscoa*; (7) Mc 10, 35-45; (8) Mt 20, 8; (9) Lc 4, 40; (10) cf. Jo 13, 4 e segs.; (11) Paulo VI, Enc. *Populorum progressio*, 26.03.67, 13; (12) São Josemaria Escrivá, *Forja*, n. 72; (13) cf. Lc 19, 35; (14) Albino Luciani, *Ilustríssimos senhores*, p. 59; (15) Sl 99, 2; (16) cf. João Paulo II, Enc. *Redemptor hominis*, 4.03.79; (17) São Josemaria Escrivá, *Sulco*, n. 631; (18) Mt 25, 40.

TEMPO COMUM. VIGÉSIMO NONO DOMINGO. CICLO C

252. O PODER DA ORAÇÃO

— Oração confiada e perseverante.
— Constância na petição. Parábola do juiz iníquo.
— A oração, consequência direta da fé.

I. *EU TE INVOCO, ó Deus, porque me ouvirás; inclina para mim os teus ouvidos e escuta a minha palavra. Guarda-me como à menina dos teus olhos, esconde-me sob a sombra das tuas asas*[1], lemos na Antífona de entrada da Missa.

Os textos da liturgia centram-se hoje no poder que tem diante de Deus a oração perseverante e cheia de fé. São Lucas, no Evangelho da Missa[2], antes de narrar-nos a parábola da viúva e do juíz iníquo, indica-nos a finalidade que Jesus teve em vista ao ensiná-la: *E propôs-lhes também uma parábola para mostrar que importa orar sempre e não desfalecer*.

Na vida sobrenatural, há ações que se realizam uma só vez: receber o Batismo, o sacramento da Ordem... Outras têm de ser realizadas muitas vezes: perdoar, compreender, sorrir... Mas há ações e atitudes que devem ser contínuas e que por isso requerem que se vença o cansaço, a rotina, o desânimo. Entre estas encontra-se a oração, manifestação de fé e de confiança em nosso Pai-Deus, mesmo quando parece que permanece em silêncio.

Santo Agostinho, ao comentar esta passagem do Evangelho, ressalta a relação que existe entre a fé e a oração confiante: "Se a fé fraqueja, a oração perece", ensina o santo; pois "a fé é a fonte da oração" e "o rio não pode fluir se o manancial fica seco"[3]. A nossa oração — estamos tão necessitados! — tem de ser contínua e confiada, como a de Jesus, nosso Modelo: *Pai, eu sei que sempre me ouves*[4]. Ele nos escuta sempre.

A primeira Leitura da Missa propõe-nos a figura de Moisés em oração no cume de um monte[5], enquanto Josué enfrenta os amalecitas em Rafidim. Quando, em atitude de súplica, *Moisés tinha as mãos levantadas, Israel vencia, mas, se as abaixava um pouco, Amalec levava vantagem*. E para que Moisés continuasse a orar, *Arão e Hur sustentavam-lhe os braços, um de cada lado*. Assim lhe mantiveram os braços erguidos até ao pôr-do-sol. *E Josué pôs em fuga Amalec e a sua gente, e passou-os a fio de espada.*

Não devemos cansar-nos de orar. E se alguma vez o desalento e a fadiga começam a atingir-nos, temos que pedir aos que estão ao nosso lado que nos ajudem a continuar a rezar, sabendo que já nesse momento o Senhor nos está concedendo muitas outras graças, talvez mais necessárias do que os dons que lhe pedimos. "O Senhor —ensina Santo Afonso Maria de Ligório — quer conceder-nos todas as graças, mas quer que nós as peçamos. Um dia chegou a dizer aos seus discípulos: *Até agora, não pedistes nada em meu nome; pedi e recebereis, para que o vosso gozo seja completo* (Jo 16, 24). É como se dissesse: Não vos queixeis de Mim se não sois plenamente felizes, mas queixai-vos de vós mesmos por não terdes procurado o que precisáveis; de agora em diante, pedi e sereis atendidos"[6]. São Bernardo comenta que muitos se queixam de que o Senhor não os ajuda; mas é o próprio Jesus — afirma o Santo — quem teria de lamentar-se de que não lhe pedem[7]. Oremos como Moisés: perseverantes no cansaço, com a ajuda dos outros quando for necessário. Quantas coisas estão em jogo! A batalha é dura.

Examinemos hoje se a nossa oração é perseverante, confiada, insistente. "Persevera na oração, como aconselha o Mestre. Esse ponto de partida será a origem da tua paz, da tua alegria, da tua serenidade e, portanto, da tua eficácia sobrenatural e humana"[8]. Não há nada que uma oração perseverante não alcance.

II. *LEVANTO OS MEUS OLHOS para os montes: donde me virá o socorro? O meu socorro vem do Senhor, que fez o céu e a terra*[9], rezamos no Salmo responsorial.

A parábola que lemos no Evangelho da Missa põe em contraste dois personagens.

Por um lado, está um juiz *que não temia a Deus nem respeitava os homens*: faltavam-lhe as duas características básicas para se viver a justiça. No Antigo Testamento, o profeta Isaías fala dos que *não fazem justiça aos órfãos e a quem não chega o pleito da viúva*[10], dos que *absolvem o ímpio por suborno e tiram ao justo o seu direito*[11]. Jeremias refere-se aos que *não julgaram a causa do órfão nem fizeram justiça aos pobres*[12].

Ao juiz, o Senhor contrapõe uma viúva, símbolo da pessoa indefesa e desamparada. E à sua insistência perseverante em pedir justiça, a resistência do juiz em atendê-la. O final inesperado acontece depois de um contínuo ir e vir da viúva e das reiteradas negativas do juiz. Este acaba por ceder, e a parte mais fraca obtém o que desejava. Mas a razão desta vitória não está em que o coração do administrador da justiça mudou: a única arma que conseguiu a vitória foi a oração incessante, a insistência da mulher. E o Senhor conclui com uma reviravolta: *E Deus não fará justiça aos seus escolhidos, que lhe clamam dia e noite, e tardará em os socorrer?* Jesus faz ver que o centro da parábola não é o juiz iníquo, mas Deus, cheio de misericórdia, paciente e imensamente zeloso pelos seus.

Até o fim dos tempos, a Igreja — dia e noite — dirigirá um clamor suplicante a Deus Pai, através de Jesus Cristo, na unidade do Espírito Santo, porque são muitos os perigos e necessidades dos seus filhos. É o primeiro ofício da Igreja, o primeiro dever dos seus ministros, os sacerdotes. É a coisa mais importante que temos de fazer, nós os fiéis, porque estamos indefesos e nada temos, mas podemos tudo com a oração.

O Senhor explica nesta parábola que são três as razões pelas quais as nossas orações são sempre ouvidas: primeiro, a bondade e a misericórdia de Deus, que distam tanto das disposições do juiz ímpio; depois, o amor de Deus por cada um dos seus filhos; e, por fim, o interesse que nós mostramos perseverando na oração.

Ao terminar a parábola, Jesus acrescenta: *Mas quando vier o Filho do homem, julgais vós que encontrará fé sobre a terra?* Porventura encontrará uma fé semelhante à da viúva? Trata-se de uma fé concreta: a fé dos filhos de Deus na bondade e no poder do seu Pai do Céu. O homem pode fechar-se a Deus, não sentir necessidade dEle, procurar por outros caminhos a solução para as suas deficiências, e então jamais encontrará os bens de que necessita: *Encheu de bens os famintos e despediu vazios os ricos*[13], anunciou a Virgem no *Magnificat*.

Além de lançarmos mão dos meios humanos que cada situação requer, temos de recorrer ao Senhor como filhos necessitados. Somente a misericórdia divina pode socorrer-nos em tantas ocasiões. Conta o Santo Cura d'Ars que o fundador de um célebre asilo de órfãos o consultou sobre a oportunidade de atrair a atenção e o favor das pessoas através da imprensa. O Santo respondeu-lhe: "Ao invés de fazer barulho nos jornais, faça-o à porta do Tabernáculo".

Ao longo dos séculos, o povo cristão sentiu-se movido a apresentar os seus pedidos a Deus através da Mãe de Cristo e Mãe nossa. São Bernardo ensina que "a nossa Advogada subiu ao Céu para que, como Mãe do Juiz e Mãe da Misericórdia, tratasse dos assuntos da nossa salvação"[14]. Não deixemos de recorrer a Ela nas pequenas necessidades diárias.

III. UMA CONSEQUÊNCIA DIRETA da fé é a oração, mas, ao mesmo tempo, a oração dá "maior firmeza à própria fé"[15]. Ambas estão perfeitamente unidas. Por isso, quando pedimos, acabamos por ser melhores; se não fosse assim, "não nos tornaríamos mais piedosos, mas mais avaros e ambiciosos"[16]. Quando pedimos uma casa própria, a ajuda numas provas ou num concurso..., devemos examinar se isso que pedimos nos ajudará a cumprir melhor a vontade de Deus. Podemos pedir bens materiais: a nossa saúde ou a de outra pessoa, solução para uma dificuldade financeira..., mas, se vivemos de fé, se temos unidade de vida, compreenderemos bem que, quando pedimos e insistimos nessas coisas, o que queremos em primeiro lugar não são essas coisas em si mesmas, mas o próprio Deus. O Senhor é sempre o fim último das nossas preces, mesmo quando pedimos bens deste mundo, que nunca quereríamos se nos afastassem dEle.

Agrada especialmente a Deus que lhe peçamos pelas necessidades da alma, tanto próprias como dos nossos amigos e conhecidos. Devemos pedir muito por aqueles com quem convivemos diariamente, para que estejam perto do Senhor.

Quanto devemos rezar pelos nossos familiares e amigos...! "Encontrei a mão do meu amigo, e de repente, ao ver os seus olhos tristes e angustiados, temi que Tu não estivesses no seu coração. E senti-me incomodado como diante de um sacrário onde não sei se estás.

"Ó Deus, se Tu não estivesses nele, o meu amigo e eu estaríamos distantes, pois a sua mão na minha não seria mais do que carne entre carne, e o seu coração para o meu um coração do homem para o homem.

"Eu quero que a tua Vida esteja nele como em mim, porque eu quero que o meu amigo seja meu irmão graças a Ti"[17].

Neste mês de outubro, não deixemos de servir-nos do Santo Rosário como oração sempre eficaz para conseguir, através de Nossa Senhora, tudo aquilo de que precisamos, nós e as pessoas que de alguma maneira dependem de nós.

(1) Sl 16, 6-8; *Antífona de entrada* da Missa do décimo nono domingo do Tempo Comum, ciclo C; (2) Lc 18, 1-8; (3) cf. Santo Agostinho, *Sermão 115*, 1; (4) Jo 11, 42; (5) Ex 17, 8-13; (6) Santo Afonso Maria de Ligório, *Sermão 46 para o X Domingo depois de Pentecostes*; (7) cf. São Bernardo, *Sermão XVII para temas diversos*; (8) São Josemaria Escrivá, *Forja*, n. 536; (9) Sl 120, 1-2; *Salmo responsorial* da Missa do décimo nono domingo do Tempo Comum, ciclo C; (10) Is 1, 23; (11) Is 5, 23; (12) Jr 5, 28; (13) Lc 1, 53; (14) São Bernardo, *Sermão I na Assunção da S. Virgem Maria*, 1; (15) Santo Agostinho, *A cidade de Deus*, 1, 8, 1; (16) *ibid.*; (17) Michel Quoist, *Orações para rezar pela rua*.

TEMPO COMUM. VIGÉSIMA NONA SEMANA. SEGUNDA-FEIRA

253. A ESPERANÇA DA VIDA

— Os bens temporais e a esperança sobrenatural.
— O desprendimento do cristão.
— A nossa esperança está no Senhor.

I. ALGUÉM APROXIMOU-SE do Senhor[1] e pediu-lhe que resolvesse um problema de heranças. Pelas palavras de Jesus, parece que essa pessoa estava mais preocupada com aquele problema material do que atenta à pregação do Mestre. A questão proposta ao Messias — que lhes falava do Reino — dá a impressão de ter sido pelo menos inoportuna. Jesus respondeu-lhe: *Ó homem, quem me constituiu juiz ou árbitro entre vós?* A seguir, aproveitou a ocasião para advertir a todos: *Estai alerta e guardai-vos de toda a avareza, porque a vida de cada um não consiste na abundância dos bens, a sua vida não depende daquilo que possui.*

E para que a sua doutrina ficasse bem clara, expôs-lhes uma parábola. As terras de um homem rico produziram uma grande colheita, a tal ponto que o celeiro se tornou insuficiente. Então o proprietário achou que os seus dias maus tinham acabado e que a sua existência estava garantida. Decidiu deitar abaixo o celeiro e edificar outro maior, que pudesse armazenar a colheita. O seu horizonte terminava ali; reduzia-se a comer, beber, descansar, já que a vida se tinha mostrado generosa com ele. Esqueceu-se — como tantos homens! — de uns dados fundamentais: a insegurança desta vida na terra e a sua brevidade. Pôs a sua esperança nessas coisas passageiras e não considerou que todos estamos de passagem, a caminho do único destino que vale a pena: o Céu.

Deus apresentou-se de improviso na vida desse rico lavrador que parecia ter tudo assegurado, e disse-lhe: *Néscio, esta noite virão demandar a tua alma; e as coisas que juntaste, para quem serão? Assim é o que entesoura para si e não é rico para Deus.*

A insensatez desse homem consistiu em ter posto o seu fim último e a garantia da sua segurança em algo tão frágil e passageiro como os bens desta terra, por abundantes que sejam. A legítima aspiração de possuir o necessário para a vida própria e para a família não deve ser confundida com a ânsia de *ter mais* a todo o custo. O nosso coração tem de estar no Céu, e a vida é um caminho que temos de percorrer. Se o Senhor é a nossa esperança, saberemos ser felizes com muitos ou com poucos bens.

"Assim, pois, o ter mais, tanto para as nações como para as pessoas, não é o fim último. Todo o crescimento tem dois sentidos bem diferentes. Se é necessário para permitir que o homem seja mais homem, por outro lado encerra-o numa prisão se se converte em bem supremo, que impede de olhar mais além. Então os corações se endurecem e os espíritos se fecham; os homens já não se unem pela amizade, mas pelo interesse, que em breve os faz opor-se uns aos outros e desunir-se. A busca exclusiva da posse dos bens converte-se num obstáculo para o crescimento do ser, e opõe-se à sua verdadeira grandeza. Tanto para as nações como para as pessoas, a avareza é a forma mais evidente de um subdesenvolvimento moral"[2].

O amor desordenado pelos bens materiais cega a esperança em Deus, que então se vê como algo longínquo e sem interesse. Não cometamos essa loucura: não há tesouro maior do que ter Cristo.

II. A SAGRADA ESCRITURA admoesta-nos com frequência sobre a necessidade de termos o coração em Deus: *Tende preparado o ânimo, vivei sobriamente e ponde a vossa esperança na graça que vos trouxe a revelação de Jesus Cristo*[3], exortava São Pedro aos primeiros cristãos. E São Paulo aconselha a Timóteo: *Aos ricos deste mundo, manda-lhes [...] que não sejam altivos nem confiem na incerteza das riquezas, mas no Deus vivo, o qual dá abundantemente todas as coisas para nosso uso*[4]. O mesmo apóstolo afirma que a avareza está na raiz de todos os males, e que foi por sua causa que *muitos se extraviaram da fé e se enredaram em inúmeras aflições*[5].

A Igreja continua a recordar o mesmo nos nossos dias: "Que todos, portanto, atendam a isso e orientem retamente os seus afetos, não seja que o uso das coisas do mundo e um apego às riquezas contrário ao espírito de pobreza evangélica os impeçam de buscar a caridade perfeita, segundo admoesta o Apóstolo: *Os que usam deste mundo não se fixem nele, pois a aparência deste mundo passa* (cf. 1 Cor 7, 31)"[6].

A desordem no uso dos bens materiais pode provir da *intenção*, quando se desejam as riquezas por si mesmas, como se fossem bens absolutos; dos *meios* que se empregam para adquiri-las, buscando-as com ansiedade, com possíveis danos a terceiros, à saúde, à educação dos filhos, à atenção requerida pela família...; ou, enfim, da *maneira de usá-las*, quando se empregam unicamente em proveito próprio, com tacanhice.

O desprendimento e o reto uso daquilo que se possui, daquilo que é necessário para o sustento da família e para o exercício da profissão, daquilo que é lícito possuir para o descanso e para prever o futuro — sem angústias, com a confiança sempre posta em Deus —, são um meio de preparar a alma para os bens divinos. "Se quereis agir a toda a hora como senhores de vós mesmos, aconselho-vos a pôr um empenho muito grande em estar desprendidos de tudo, sem medo, sem temores nem receios. Depois, ao atenderdes e ao cumprirdes as vossas obrigações pessoais, familiares..., empregai os meios terrenos honestos com retidão, pensando no serviço a Deus, à Igreja, aos vossos, à vossa tarefa profissional, ao vosso país, à humanidade inteira. Vede que o importante não é a materialidade de possuir isto ou carecer daquilo, mas conduzir-se de acordo com a verdade que a nossa fé cristã nos ensina: os bens criados são apenas meios. Portanto, repeli a miragem de considerá-los como algo definitivo"[7].

Se estamos perto de Cristo, bastará pouca coisa para andarmos pelos caminhos da alegria dos filhos de Deus. Se não estamos perto dEle, nada poderá preencher o nosso coração e estaremos sempre insatisfeitos.

III. "CERTA VEZ — conta um amigo sacerdote —, há já muitos anos, passava eu uma curta temporada de exercícios militares no povoado mais alto de Navarra. Fazíamos esses exercícios aproveitando a pausa dos nossos estudos. Recordo-me de que, estando naquele povoado, chamado Abaurrea, chegou ao acampamento um jovem tenente, no seu uniforme flamante. Apresentou-se ao chefe para que lhe dissesse qual a unidade a que estava destinado. Veio depois ter conosco e comunicou-nos que o comandante lhe dissera que devia ir a Jaurrieta e que lhe insinuara como a coisa mais natural do mundo que seria bom que tomasse um cavalo e fosse nele [...]. O novato mostrava-se muito inquieto e passou todo o jantar falando do cavalo e pedindo conselhos práticos. Então um dos presentes disse-lhe: «O importante é montar com serenidade, com tranquilidade, e que o cavalo não perceba que é a primeira vez que você monta. Isso é fundamental» [...].

"No dia seguinte pela manhã, muito cedo, estava à sua espera um soldado com o seu cavalo e com outra montaria para carregar as malas. O tenente montou, mas, pelos vistos, o cavalo notou imediatamente que era a primeira vez que o fazia, porque, sem mais aquelas, lançou-se num pequeno galope; depois parou e começou a pastar num dos lados da estrada..., por mais que o tenente puxasse das rédeas. Quando achou oportuno, continuou a caminhar pela estrada e, de vez em quando, parava; depois começava a trotar, enquanto o cavaleiro olhava para os lados, com cara de susto. Nessa situação, cruzou-se com ele uma equipe de engenheiros que estava instalando um cabo de alta tensão. Um deles perguntou-lhe:

— "Para onde é que você vai?

"E o tenente respondeu com grande verdade e com uma filosofia verdadeiramente realista:

— "Eu? Eu ia para Jaurrieta; o que não sei é para onde vai este cavalo... [...].

"Se nos perguntassem de repente: «Para onde é que você vai?», talvez nós também tivéssemos que dizer: «Eu? Eu ia para o amor, para a verdade, para a alegria; mas não sei para onde a vida me está levando»"[8].

Como seria bom podermos dizer a quem nos perguntasse para onde vamos: "Eu vou para Deus, com o meu trabalho, com as dificuldades da vida, com a doença talvez!..." Este é o objetivo, o lugar para onde devem levar-nos os bens da terra, a profissão..., tudo! Que pena se convertêssemos em bens absolutos aquilo que deve ser apenas meio!

Jesus Cristo ensina-nos continuamente que o objeto da esperança cristã não são os bens terrenos, esses que *a ferrugem e a traça consomem e os ladrões desenterram e roubam*[9], mas os tesouros da *herança incorruptível*. O próprio Cristo é a nossa *única esperança*[10]. Não há outra coisa que possa satisfazer o nosso coração. E junto dEle encontraremos todos os bens prometidos, que não têm fim. Os próprios meios materiais podem ser objeto da virtude da esperança, na medida em que sirvam para alcançar o fim humano e o fim sobrenatural do homem, desde que não passem de meios. Não os convertamos em fins.

A Virgem Maria, *Esperança nossa*, ajudar-nos-á a pôr o coração nos bens que perduram, em Cristo!, se recorrermos a Ela com confiança. *Sancta Maria, spes nostra, ora pro nobis*.

(1) Lc 12, 13-21; (2) Paulo VI, Enc. *Populorum progressio*, 26.03.67, 19; (3) 1 Pe 1, 13; (4) 1 Tm 6, 17; (5) 1 Tm 6, 10; (6) Conc. Vat. II, Const. *Lumen gentium*, 42; (7) São Josemaria Escrivá, *Amigos de Deus*, n. 118; (8) A. G. Dorronsoro, *Tiempo para creer*, pp. 111-112; (9) Mt 6, 19; (10) 1 Tim 1, 1.

TEMPO COMUM. VIGÉSIMA NONA SEMANA. TERÇA-FEIRA

254. A VIGILÂNCIA NO AMOR

— Com as *lâmpadas acesas*.
— A luta nas coisas que parecem sem importância manter-nos-á vigilantes.
— Estar atentos contra a tibieza.

I. *ESTEJAM CINGIDOS os vossos rins, tende nas vossas mãos lâmpadas acesas, e fazei como os homens que esperam o seu senhor quando volta das bodas, para que, quando vier e bater à porta, logo lha abram*, lemos no Evangelho da Missa[1].

"Cingir os rins" é uma metáfora baseada nos costumes dos hebreus, e em geral de todos os habitantes do Oriente Médio, que cingiam as suas amplas vestes antes de começarem uma viagem para poderem caminhar sem dificuldade. No relato do Êxodo, narra-se como Deus queria que os israelitas celebrassem o sacrifício da Páscoa: *Cingireis os vossos rins e tereis as sandálias nos pés e o bordão na mão*[2], porque ia começar a peregrinação até à Terra Prometida. Do mesmo modo, *ter as lâmpadas acesas* indica uma atitude atenta, própria de quem espera a chegada de alguém.

O Senhor recomenda-nos uma vez mais que a nossa atitude seja como a daquele que está a ponto de começar uma viagem ou de quem espera uma pessoa importante. A situação do cristão não pode ser de sonolência e de descuido. E isto por duas razões: porque o inimigo está sempre à espreita, *como um leão que ruge, buscando a quem devorar*[3], e porque quem ama não dorme[4]. "Vigiar é próprio do amor. Quando se ama uma pessoa, o coração está sempre vigilante, esperando-a, e cada minuto que passa sem ela é em função dela e transcorre em vigilância [...]. Jesus pede amor. Por isso solicita vigilância"[5].

Na Itália, muito perto de Castelgandolfo, há uma imagem de Nossa Senhora, colocada numa bifurcação de estradas, que tem a seguinte inscrição: *Cor meum vigilat*. O Coração da Virgem está sempre vigilante por Amor. Assim deve estar o nosso: vigilante *por amor* e para *descobrir o Amor* que passa perto de nós. Santo Ambrósio ensina que, se a alma está adormecida, Jesus passa por nós sem bater à nossa porta, mas, se o coração está desperto, bate e pede que lhe abramos[6]. Muitas vezes ao longo do dia, Jesus passa ao nosso lado. Que pena se a tibieza nos impedisse de vê-lo!

"*Eu te amo, Senhor, minha fortaleza, meu baluarte, meu libertador!* (Sl 17, 2-3). Tu és o mais desejável e o mais amável de todos os seres que se possa imaginar. Meu Deus, minha ajuda! Eu te amarei na medida do que me concederes e do que eu puder, muito menos do que o devido, mas não menos do que posso... Poderei mais se aumentares a minha capacidade, mas nunca chegarei ao que mereces"[7]. Não permitas que, por falta de vigilância, outras coisas ocupem o lugar que só Tu deves ocupar. Ensina-me a manter a alma livre para Ti e o coração preparado para quando chegares.

II. *FICAREI DE SENTINELA e montarei guarda para perscrutar o que o Senhor me vai dizer e o que hei de responder à sua chamada*[8]. São Bernardo, comentando estas palavras do profeta, exorta-nos: "Estejamos também nós vigilantes, irmãos, porque é a hora do combate"[9]. É necessário lutar todos os dias, frequentemente em pequenos detalhes, porque todos os dias encontraremos obstáculos que nos podem separar de Deus.

Muitas vezes, o empenho por manter-nos nesse estado de vigília, bem oposto à tibieza, concretizar-se-á em sermos suficientemente fortes para cumprirmos com toda a delicadeza os nossos atos de piedade, esses encontros com o Senhor que nos enchem de força e de paz. Devemos estar atentos para não os abandonarmos por qualquer imprevisto e não nos deixarmos levar pelo estado de ânimo desse dia ou desse momento.

Outras vezes, a nossa luta estará mais centrada no modo de viver a caridade, corrigindo formas destemperadas do caráter (do mau caráter), esforçando-nos por ser cordiais, por ter bom humor...; ou teremos que empenhar-nos em realizar melhor o nosso trabalho, em ser mais pontuais, em empregar os meios adequados para que a nossa formação humana, profissional e espiritual não estanque...

Este estado de vigília, como o da sentinela que guarda a cidade, não nos garantirá sempre a vitória: juntamente com as vitórias, teremos derrotas (metas que não pudemos alcançar, propósitos que não pudemos levar à prática totalmente...). Ordinariamente, muitos desses fracassos não terão importância; outros, sim. Mas o desagravo e a contrição aproximar-nos-ão ainda mais do Senhor, e dar-nos-ão forças para recomeçar... "O grave — escreve São João Crisóstomo a uma pessoa que se tinha separado da verdadeira fé — não é que quem luta caia, mas que permaneça caído; o grave não é que alguém seja ferido na batalha, mas que se desespere depois de ter recebido o golpe e não cuide da ferida"[10].

Não esqueçamos que, nesta luta em pequenas coisas, a alma se fortalece e se prepara cada vez melhor para ouvir as contínuas inspirações e moções do Espírito Santo. E, em sentido contrário, é também no descuido dos pormenores que parecem sem importância, que o inimigo se torna perigoso e difícil de vencer. "Devemos convencer-nos de que o maior inimigo da rocha não é a picareta ou o machado, nem o golpe de qualquer outro instrumento, por mais contundente que seja: é essa água miúda, que se infiltra, gota a gota, por entre as fendas do penhasco, até arruinar a sua estrutura. O maior perigo para o cristão é desprezar a luta nessas escaramuças que calam pouco a pouco na alma, até a tornarem frouxa, quebradiça e indiferente, insensível aos apelos de Deus"[11].

III. É TÃO GRATA a Deus a atitude da alma que, dia após dia e hora após hora, aguarda vigilante a chegada do seu Senhor, que Jesus exclama na parábola que nos propõe: *Bem-aventurados aqueles servos a quem o seu amo achar vigilantes quando vier*. Esquecendo quem é o servo e quem é o senhor, o amo fará o criado sentar-se à mesa e ele mesmo o servirá. É o amor infinito que não teme inverter os postos que cabem a cada um: *Na verdade vos digo que se cingirá e os fará sentar-se à mesa, e, passando por entre eles, os servirá*. As promessas de intimidade superam qualquer coisa que possamos imaginar. Vale a pena permanecermos vigilantes, com a alma cheia de esperança, atentos aos passos do Senhor que chega.

O coração de quem ama está alerta, como a sentinela na trincheira; quem é tíbio, dorme. O estado de tibieza é semelhante a uma ladeira que cada vez nos separa mais de Deus. Quase insensivelmente, nasce uma certa preocupação por não cometer exageros, por ficar num ponto de equilíbrio suficiente para não cair em pecado mortal, ainda que frequentemente se aceite o venial.

E justifica-se essa atitude de pouca luta e de falta de exigência pessoal com argumentos de naturalidade, de eficácia, de saúde..., que ajudam o tíbio a ser indulgente com os seus pequenos afetos desordenados, com o apego a pessoas ou coisas, com a tendência para o comodismo e com os caprichos..., que chegam a apresentar-se como uma necessidade. As forças da alma vão-se debilitando cada vez mais, até se chegar, se não se põe remédio, a pecados mais graves.

A alma adormecida na tibieza vive sem verdadeiros objetivos na luta interior, sem objetivos que atraiam e animem. "Vai-se vivendo". Abandona-se o empenho por melhorar ou trava-se uma luta fictícia e ineficaz. Fica no coração um vazio de Deus que se tenta preencher com coisas que, não sendo Deus, não satisfazem. Toda a vida de relação com o Senhor passa a estar impregnada de um desalento bem característico. Perde-se a prontidão e a alegria na entrega a Deus, e a fé fica apagada, precisamente porque o amor esfriou. O estado de tibieza sempre é precedido por um conjunto de pequenas infidelidades cujo peso influi nas relações da alma com Deus.

Estejam cingidos os vossos rins e tende nas vossas mãos lâmpadas acesas... É um apelo para que nos mantenhamos atentos aos passos do Senhor, fixando a luta diária em pontos bem concretos. Ninguém esteve mais atento à chegada de Cristo na terra do que a sua Mãe Santa Maria. Ela nos ensinará a manter-nos vigilantes se alguma vez sentimos que a sonolência espiritual começa a apossar-se de nós.

"Senhor, como és bom para quem Te busca! E como serás então para quem Te encontra?"[12] Nós já o encontramos. Não o percamos.

(1) Lc 12, 35-38; (2) Ex 12, 11; (3) cf. 1 Pe 5, 8; (4) cf. Ct 2, 5; (5) Chiara Lubich, *Meditações*; (6) cf. Santo Ambrósio, *Comentário ao Salmo 18*; (7) São Bernardo, *Tratado sobre o amor de Deus*, VI, 16; (8) Hab 2, 1; (9) São Bernardo, *Sermão 5*, 4; (10) São João Crisóstomo, *Exortação II a Teodósio caído*, 1; (11) São Josemaria Escrivá, *É Cristo que passa*, n. 77; (12) São Bernardo, *Tratado sobre o amor de Deus*, VII, 22.

255. MUITO LHE SERÁ PEDIDO

— Responsabilidade pelas graças recebidas.
— Responsabilidade no trabalho. Prestígio profissional.
— Responsabilidade no apostolado.

I. DEPOIS DE JESUS ter falado sobre a necessidade de se estar vigilante, Pedro perguntou-lhe se se referia a eles, aos mais íntimos, ou a todos[1]. E o Senhor voltou a insistir em que o momento em que Deus nos chamará para prestarmos contas da herança que recebemos é imprevisível: pode acontecer *na segunda vigília ou na terceira...*, a qualquer hora.

Por outro lado, respondendo a Pedro, esclarece que o seu ensinamento se dirige a todos, e que Deus pedirá contas a cada um conforme as suas circunstâncias pessoais e as graças que recebeu. Todos temos que cumprir uma missão aqui na terra, e dela teremos que responder no fim da nossa vida. Seremos julgados conforme os frutos, abundantes ou escassos, que tenhamos produzido. O apóstolo São Paulo recordará aos cristãos dos primeiros tempos: *É necessário que todos nós compareçamos diante do tribunal de Cristo, para que cada um receba o que é devido pelas boas ou más obras que tenha feito enquanto esteve revestido do seu corpo*[2].

O Senhor termina as suas palavras com esta consideração: *A todo aquele a quem muito foi dado, muito lhe será exigido, e àquele a quem muito foi confiado, muito lhe será pedido.* Quanto nos foi confiado? Quantas graças, destinadas a outros, quis o Senhor que passassem pelas nossas mãos? Quantos dependem da minha correspondência pessoal às graças que recebo? Esta passagem do Evangelho que lemos na Missa é um forte apelo à responsabilidade, pois todos recebemos muito. "Cada homem, cada mulher — escreve um literato — é como um soldado que Deus destaca para velar por uma parte da fortaleza do Universo. Uns estão nas muralhas e outros no interior do castelo, mas todos devem ser fiéis ao seu posto de sentinela e não abandoná-lo nunca; caso contrário, o castelo ficará exposto aos assaltos do inferno".

O homem e a mulher responsáveis não se deixam anular por um falso sentimento de incapacidade pessoal. Sabem que Deus é Deus e que eles, pelo contrário, são um monte de fraquezas; mas isso não os retrai da sua missão na terra que, com a ajuda da graça, se converte numa bênção de Deus: na fecundidade da família, que se prolonga muito além daquilo que os pais podem divisar com o seu olhar; na paternidade ou maternidade espiritual, que se cumpre de uma maneira toda particular naqueles que receberam de Deus uma chamada para uma entrega total, e que tem uma imensa transcendência para toda a Igreja e para a humanidade..., no cumprimento dos afazeres diários — para todos —, através dos quais se realiza plenamente a vocação cristã.

"És, entre os teus, alma de apóstolo, a pedra caída no lago. — Provoca, com o teu exemplo e com a tua palavra, um primeiro círculo...; e este, outro... e outro, e outro... Cada vez mais largo.

"Compreendes agora a grandeza da tua missão?"[3]

II. A RESPONSABILIDADE — capacidade de dar uma resposta a Deus — é sinal da dignidade humana: só uma pessoa livre pode ser responsável, escolhendo em cada momento, entre as várias possibilidades, aquela que é mais consentânea com o querer divino e, portanto, com a sua própria perfeição[4].

A responsabilidade de uma pessoa que vive no meio do mundo gira em boa parte em torno do seu trabalho profissional, através do qual dá glória a Deus, serve a sociedade, consegue os meios necessários para o sustento da família e realiza o seu apostolado pessoal.

Durante o seu curto pontificado, João Paulo I contou numa ocasião um episódio ocorrido com um professor de muito prestígio da Universidade de Bolonha. Certa vez, o professor foi chamado pelo ministro da Educação que, depois de conversar com ele, o convidou a permanecer mais um dia em Roma. O professor respondeu: "Não posso, amanhã tenho que dar uma aula na Universidade e os alunos me esperam". O ministro disse-lhe: "Eu o dispenso". E o professor: "O senhor pode dispensar-me, mas eu não me dispenso"[5]. Era sem dúvida um homem responsável. Era daqueles, comentava o Pontífice, que podiam dizer: "Para ensinar latim a João, não basta conhecer o latim; é necessário também conhecer e amar João". E também: "A lição vale o que valer a preparação". Certamente, era um homem que amava muito o seu trabalho. Quantas vezes teremos de dizer: "Eu não me dispenso"..., ainda que as circunstâncias nos dispensem!

O sentido de responsabilidade levará o cristão a lavrar um prestígio profissional sólido se ainda está estudando ou formando-se no seu ofício, a conservá-lo se se encontra em pleno exercício da profissão, e a cumprir e exceder-se nessas tarefas. Isto é válido também para a mãe de família, para o catedrático, para o escriturário etc.

"Quando a tua vontade fraquejar diante do trabalho habitual, lembra-te uma vez mais daquela consideração: «O estudo, o trabalho, é parte essencial do meu caminho. O descrédito profissional — consequência da preguiça — anularia ou tornaria impossíveis as minhas tarefas de cristão. Necessito — assim Deus o quer — do ascendente do prestígio profissional, para atrair e ajudar os outros».

"Não duvides: se abandonas o teu trabalho, afastas-te — e afastas outros — dos planos divinos!"[6]

III. *A TODO AQUELE a quem muito foi dado...* Pensemos nas inúmeras graças que recebemos ao longo da nossa vida — longa ou curta —, naquelas que conhecemos palpavelmente e nessa infinidade de dons que nos são desconhecidos. Pensemos nos bens que teríamos de repartir a mãos cheias: alegria, cordialidade, ajudas pequenas, mas constantes... Meditemos hoje se a nossa vida é uma verdadeira resposta ao que Deus espera de nós.

Na parábola que lemos na passagem do Evangelho de hoje, o Senhor fala de um servo irresponsável que tinha como justificativa para a sua má administração uma ideia errada: *O meu senhor tarda em vir*. O Senhor já chegou e está todos os dias entre nós. É para Ele que dirigimos diariamente o nosso olhar, a fim de nos comportarmos como filhos diante do Pai, como um amigo diante do Amigo. E quando um dia, no fim da vida, tivermos que prestar contas de como administramos os bens que nos foram confiados, o nosso coração se encherá de alegria ao ver essa fila interminável de pessoas que, com a graça e o nosso empenho, se aproximaram do Senhor. Compreenderemos que as nossas ações foram como "a pedra caída no lago", pois tiveram uma imensa ressonância à nossa volta. Tudo isso graças à fidelidade diária aos nossos deveres — talvez não muito brilhantes externamente —, à oração e ao apostolado simples, mas firme e constante, com os amigos, com os parentes, com aqueles que passaram perto da nossa vida.

O próprio Jesus anunciou aos seus discípulos: *Em verdade, em verdade vos digo que aquele que crê em mim fará também as obras que eu faço, e fará outras ainda maiores, porque eu vou para o Pai*[7]. Santo Agostinho comenta assim estas palavras do Senhor: "Aquele que crê em mim não será maior do que Eu; mas Eu farei então coisas maiores que as que faço agora; farei mais através daquele que crê em mim do que faço agora por mim mesmo"[8]. Quantas maravilhas não leva o Senhor a cabo através da nossa pequenez, quando nós o deixamos agir!

As *obras ainda maiores* a que o Senhor alude "consistem essencialmente em dar aos homens a vida divina, a força do Espírito Santo e, portanto, a sua adoção como filhos de Deus [...]. Com efeito, Jesus diz: *porque eu vou para o Pai*. A partida de Jesus não interrompe a sua atividade salvadora: assegura o seu crescimento e expansão; não significa que o Senhor se separa dos seus eleitos, mas que está presente neles, de um modo real, ainda que invisível. A unidade com Ele — ressuscitado — é o que os torna capazes de realizar obras ainda maiores, de reunir os homens com o Pai e entre si [...]. De nós depende que Jesus volte a passar pela terra para cumprir a sua obra: Ele atua através de nós, se o deixamos agir.

"Para vir pela primeira vez à terra, Deus pediu o consentimento de Maria, criatura como nós. Maria acreditou: deu o seu consentimento total aos planos do Pai. E qual foi o fruto da sua fé? Pelo seu "sim", *o Verbo se fez carne* nEla (Jo 1, 14) e tornou-se possível a salvação da humanidade"[9]. Pedimos também a Nossa Senhora que nos ajude a cumprir tudo aquilo que o seu Filho nos encomendou: um apostolado eficaz no ambiente em que nos encontramos.

(1) Lc 12, 39-48; (2) 2 Cor 5, 10; (3) São Josemaria Escrivá, *Caminho*, n. 831; (4) São Tomás de Aquino, *Comentário à Epístola aos Romanos*, II, 3; (5) cf. João Paulo I, *Ângelus*, 17.09.78; (6) São Josemaria Escrivá, *Sulco*, n. 781; (7) Jo 14, 12; (8) Santo Agostinho, *Comentário ao Evangelho de São João*, 72, 1; (9) Chiara Lubich, *Palabra que se hace vida*, pp. 82-83.

256. VIM TRAZER FOGO À TERRA!

— O zelo divino de Jesus por todas as almas.
— O apostolado no meio do mundo deve propagar-se como um incêndio de paz.
— A Santa Missa e o apostolado.

I. COMO AMIGO verdadeiro, o Senhor manifesta aos seus discípulos os seus sentimentos mais íntimos. Assim, fala-lhes do zelo apostólico que o consome, do seu amor por todas as almas: *Vim trazer fogo à terra, e que quero senão que arda?* E mostra-lhes a impaciência divina com que deseja que a sua entrega ao Pai pelos homens se consuma no Calvário: *Tenho que ser batizado com um batismo de sangue; e como é grande a minha ansiedade até que ele se realize!*[1] Na Cruz, o amor de Deus por todos nós chegou à plenitude, pois *ninguém tem maior amor que aquele que dá a vida pelos seus amigos*[2]. Desta predileção participamos os que o seguimos.

Santo Agostinho, comentando esta passagem do Evangelho da Missa, ensina: "Os homens que acreditaram nEle começaram a arder, receberam a chama da caridade. Esta é a razão pela qual o Espírito Santo apareceu sob essa forma quando foi enviado aos apóstolos: *E apareceram-lhes como que umas línguas de fogo, que pousaram repartidas sobre cada um deles* (At 2, 3). Inflamados por este fogo, começaram a ir pelo mundo e a inflamar por sua vez e a prender fogo entre os inimigos à sua volta. Que inimigos? Os que abandonaram a Deus que os criara e adoravam as imagens que eles mesmos tinham feito [...]. A fé que há neles encontra-se como que afogada pela palha. Convém que ardam nesse fogo santo para que, uma vez consumida a palha, resplandeça essa realidade maravilhosa redimida por Cristo"[3]. Agora, somos nós que temos de ir pelo mundo com esse fogo de amor e de paz que inflame os outros no amor de Deus e purifique os seus corações. Iremos às Universidades, às fábricas, às tarefas públicas, ao nosso próprio lar...

"Se numa cidade se ateasse fogo em vários lugares, mesmo que fosse um fogo modesto e pequeno, mas que resistisse a todos os embates, em pouco tempo a cidade seria presa das chamas.

"Se numa cidade se acendesse nos pontos mais díspares o fogo que Jesus trouxe à terra, e esse fogo resistisse ao gelo do mundo pela boa vontade dos seus habitantes, em pouco tempo teríamos a cidade incendiada de amor de Deus.

"O fogo que Jesus trouxe à terra é Ele próprio, é a Caridade: esse amor que não só une a alma a Deus, mas as almas entre si [...] E em cada cidade estas almas podem surgir nas famílias: pai e mãe, filho e pai, mãe e sogra; podem encontrar-se também nas paróquias, nas associações, nas sociedades humanas, nas escolas, nos escritórios, em qualquer parte [...] Cada pequena célula acesa por Deus em qualquer ponto da terra propagar-se-á necessariamente. Depois, a Providência distribuirá essas chamas, essas *almas-chamas*, onde julgar oportuno, a fim de que em muitos lugares o mundo seja restaurado ao calor do amor de Deus e volte a ter esperança"[4].

II. O APOSTOLADO no meio do mundo propaga-se como um incêndio. Cada cristão que viva a sua fé converte-se num *ponto de ignição* no meio dos seus, no lugar de trabalho, entre os amigos e conhecidos... Mas isso só lhe será possível se cumprir o conselho de São Paulo aos cristãos de Filipos: *Tende entre vós os mesmos sentimentos que teve Cristo Jesus*[5]. Esta recomendação do Apóstolo "exige que todos os cristãos reproduzam nas suas vidas, tanto quanto é possível ao homem, aquele sentimento que o Divino Redentor tinha quando se oferecia em Sacrifício, isto é, que imitem a sua humildade e elevem à suma Majestade de Deus a devida adoração, honra, louvor e ação de graças"[6].

É uma oblação que se realiza principalmente na Santa Missa, renovação incruenta do Sacrifício da Cruz, em que o cristão oferece ao Senhor as suas obras, as suas orações e iniciativas apostólicas, a vida familiar, o trabalho de cada jornada, o descanso e mesmo as provações da vida, que, se forem acolhidas pacientemente, convertem-se em meio de santificação[7]. Ao terminar o Sacrifício eucarístico, o cristão sai ao encontro da vida decidido a seguir os passos de Cristo na sua existência terrena: esquecido de si próprio e disposto a dar-se aos outros para levá-los a Deus.

A vida do cristão deve ser uma imitação da vida de Cristo, uma participação no modo de ser do Filho de Deus. Isto nos leva a pensar, olhar, sentir, atuar e reagir como Ele diante das pessoas. Jesus via as multidões e compadecia-se delas, porque eram *como ovelhas sem pastor*[8], com uma vida sem rumo nem sentido. Jesus compadecia-se delas; o seu amor era tão grande que não se deu por satisfeito enquanto não entregou a sua vida na Cruz. Este amor deve apossar-se dos nossos corações: então compadecer-nos-emos de todos aqueles que andam afastados do Senhor e procuraremos colocar-nos ao seu lado para que, com a ajuda da graça, conheçam o Mestre.

Na Santa Missa, estabelece-se uma corrente de amor divino a partir do Filho que se oferece ao Pai no Espírito Santo. O cristão, incorporado a Cristo, participa desse amor e chega a impregnar dele até as realidades terrenas mais corriqueiras, que ficam assim santificadas e purificadas, e se tornam mais aptas para serem oferecidas ao Pai pelo Filho, num novo Sacrifício eucarístico.

A ação apostólica está especialmente enraizada na Santa Missa, da qual recebe a sua eficácia, pois não é mais do que a realização da Redenção no tempo através dos cristãos: Jesus Cristo "veio à terra para redimir o mundo inteiro, porque *quer que os homens se salvem* (1 Tm 2, 4). Não há alma que não interesse a Cristo. Cada uma delas custou-lhe o preço do seu sangue (cf. 1 Pe 1, 18-19)"[9]. Quando se quer imitar verdadeiramente o Senhor, deixa de haver almas diante das quais se possa encolher os ombros.

III. QUANDO O CRISTÃO participa conscientemente da Santa Missa, pensa em primeiro lugar nos seus irmãos na fé, com quem se sentirá cada vez mais unido por partilhar com eles do *pão da vida* e do *cálice da salvação eterna*. É um momento oportuno para pedir por todos, especialmente pelos mais necessitados. Encher-nos-emos assim de sentimentos de caridade e de fraternidade, "porque, se a Eucaristia faz que sejamos uma só coisa, é lógico que cada um trate os outros como irmãos. A Eucaristia forma a família dos filhos de Deus, irmãos de Jesus e irmãos entre si"[10].

Mas depois desse encontro único com o Senhor e com os nossos irmãos na fé, acontecerá conosco o mesmo que aconteceu àqueles homens e mulheres que eram curados das suas doenças nalguma cidade ou caminho da Palestina: ficavam tão alegres que não cessavam de apregoar por toda a parte o que tinham visto e ouvido, o que o Mestre tinha levado a cabo nas suas almas ou nos seus corpos.

Quando o cristão sai da Missa tendo recebido a Comunhão, sabe que já não pode ser feliz sozinho, que deve comunicar aos outros essa maravilha que é Cristo. Cada encontro com o Senhor conduz à alegria e à necessidade de comunicar aos outros esse tesouro. Foi assim que o cristianismo se propagou nos primeiros séculos: como um incêndio de paz e de amor que ninguém pôde deter.

Se conseguirmos que a nossa vida gire em torno da Santa Missa, veremos crescer em nós um desejo impetuoso de que Cristo seja conhecido, pois "se vivemos bem a Santa Missa, como não havemos de continuar depois o resto da jornada com o pensamento no Senhor, com o desejo irreprimível de não nos afastarmos da sua presença, para trabalhar como Ele trabalhava e amar como Ele amava?"[11]

Além disso, saberemos apreciar o dom que representa a permanência do Senhor no Sacrário, "o lugar tranquilo e aprazível onde está Cristo, onde lhe podemos contar as nossas preocupações, os nossos sofrimentos, os nossos anseios e as nossas alegrias, com a mesma simplicidade e naturalidade com que lhe falavam aqueles seus amigos Marta, Maria e Lázaro"[12]. Nessa confidência íntima, ouviremos o Senhor repetir-nos com a mesma impaciência santa com que se dirigia aos apóstolos: *Vim trazer fogo à terra; e que quero senão que arda?* E animar-nos a meter ombros à tarefa, pois é urgente: *Não dizeis vós: Ainda há quatro meses até vir a ceifa? Pois bem, eu vos digo: Erguei os olhos e vede; os campos estão brancos para a ceifa*[13].

E nós diremos ao Senhor, em resposta, que pode contar conosco, que queremos imolar-nos como Ele no Sacrifício eucarístico, numa ação apostólica silenciosa e eficaz como é a sua presença nos nossos Sacrários.

(1) Lc 12, 49; (2) Jo 15, 13; (3) Santo Agostinho, *Comentário ao Salmo 96*, 6; (4) Chiara Lubich, *Meditações*; (5) Fl 2, 5; (6) Pio XII, Enc. *Mediator Dei*, 20.11.47, 22; (7) cf. Conc. Vat. II, Const. *Lumen gentium*, 34; (8) Mt 9, 36; (9) São Josemaria Escrivá, *Amigos de Deus*, n. 256; (10) Chiara Lubich, *A Eucaristia*; (11) São Josemaria Escrivá, *É Cristo que passa*, n. 154; (12) *ibid.*; (13) Jo 4, 35.

257. OS SINAIS E OS TEMPOS

— Reconhecer Jesus Cristo que passa perto da nossa vida.
— A fé e a pureza de alma.
— Encontrar Jesus e dá-lo a conhecer.

I. OS HOMENS sempre se interessaram pelo tempo e pelo clima. Particularmente os lavradores e os homens do mar, por força das suas tarefas, sempre têm averiguado o estado do céu, a direção do vento, a forma das nuvens, na tentativa de fazerem um prognóstico. Nosso Senhor, no Evangelho da Missa[1], faz notar aos que o escutam, pescadores e pessoas do campo na sua maioria: *Quando vedes levantar-se uma nuvem no poente, logo dizeis: Vai chover; e assim sucede. E quando sentis soprar o vento do sul, dizeis: Fará calor; e assim sucede*. Jesus censura-os, pois sabem prever a chuva e o bom tempo pelos sinais que aparecem no horizonte e, no entanto, não sabem discernir os sinais — muito mais abundantes e mais claros — que Deus envia para que averigúem e saibam que o Messias já chegou: *Como, pois, não sabeis reconhecer o tempo presente?*

Faltavam-lhes boa vontade e retidão de intenção, e fechavam os olhos à luz do Evangelho. Os sinais da chegada do Reino de Deus eram suficientemente claros na *Palavra de Deus*, que lhes chegava tão diretamente nos abundantes *milagres* realizados pelo Senhor e na própria *Pessoa* de Cristo que tinham diante dos olhos[2]. Apesar de tantos sinais — muitos deles já anunciados pelos profetas —, não souberam discernir a situação presente. Deus estava no meio deles e muitos não se aperceberam disso.

O Senhor continua a passar pelas nossas vidas com sinais mais do que suficientes, mas existe o perigo de que não o reconheçamos. Faz-se presente na doença ou na tribulação, que nos purificam se sabemos aceitá-las e amá-las; está — de modo oculto mas real — naqueles que trabalham na mesma tarefa que nós e que precisam de ajuda, ou naqueles que participam do calor do nosso próprio lar, naqueles que encontramos diariamente por motivos tão diversos... Está por trás dessa boa notícia que espera que saibamos agradecer para nos conceder outras novas. São muitas as ocasiões em que sai ao nosso encontro... Que pena se não soubermos reconhecê-lo por estarmos excessivamente preocupados, distraídos, ou por faltar-nos piedade, presença de Deus!

A nossa vida não seria muito diferente se fôssemos mais conscientes dessa presença divina? Não é verdade que desapareceria muita rotina, tristeza, penas, mau-humor...? "Se vivêssemos mais confiantes na Providência divina, certos — com fé enérgica! — desta proteção diária que nunca nos falta, quantas preocupações ou inquietações não pouparíamos! Desapareceriam tantos desassossegos que, na frase de Jesus, são próprios dos pagãos, dos *homens mundanos* (Lc 12, 30), das pessoas desprovidas de sentido sobrenatural"[3], dos que vivem como se o Mestre não tivesse ficado conosco.

II. A FÉ TORNA-SE tanto mais penetrante quanto melhores forem as disposições da vontade. *Se alguém quiser fazer a vontade de meu Pai, saberá se a minha doutrina vem de Deus ou se falo de mim mesmo*[4], dirá o Senhor aos judeus. Quando não se está disposto a cortar com uma má situação, quando não se procura com retidão de intenção somente a glória de Deus, a consciência pode obscurecer-se e ficar sem luz para entender mesmo o que parece evidente. "O homem, levado pelos seus preconceitos, ou instigado pelas suas paixões e má vontade, não só pode negar a evidência dos sinais externos, mas até resistir e rejeitar também as superiores inspirações que Deus infunde na alma"[5].

Se falta *boa vontade*, se a vontade não se orienta para Deus, a inteligência encontra muitas dificuldades no caminho da fé, da obediência ou da entrega ao Senhor[6]. Quantas vezes não teremos percebido no nosso apostolado que as dificuldades e dúvidas contra a fé desapareciam quando os nossos amigos se decidiam finalmente a fazer uma boa Confissão! "Deus deixa-se ver pelos que são capazes de vê-lo por terem os olhos da mente abertos. Porque todos têm olhos, mas alguns os têm mergulhados nas trevas e não podem ver a luz do sol. E essa escuridão não deve ser atribuída à falta de luz solar — que não deixa de brilhar, por mais que os cegos não a vejam —, mas à cegueira"[7].

Para percebermos a claridade penetrante da fé, "necessitamos das disposições humildes da alma cristã: não pretender reduzir a grandeza de Deus aos nossos pobres conceitos, às nossas explicações humanas, mas compreender que esse mistério, na sua obscuridade, é uma luz que guia a vida dos homens. [...] Assim, com esse acatamento, saberemos compreender e amar; e o mistério será para nós um esplêndido ensinamento, mais convincente que qualquer raciocínio humano"[8].

São tão importantes as disposições morais (a limpeza de coração, a humildade, a retidão de intenção...), que às vezes se pode dizer que a perplexidade ante o que é ou não vontade de Deus, o desconhecimento da nossa vocação, as dúvidas de fé e mesmo a perda desta virtude teologal têm por origem a rejeição das exigências da moral ou da vontade divina[9]. Santo Agostinho conta a sua experiência quando ainda estava longe do Senhor: "Estava totalmente vazio de tudo o que fosse espiritual, e sentia-me sem apetite algum pelos alimentos incorruptíveis; não por estar saciado, evidentemente, mas porque, quanto mais vazio, menos desejava o amor verdadeiro"[10].

Purifiquemos o nosso olhar, mesmo desses ciscos — às vezes muito pequenos — que prejudicam a visão; retifiquemos muitas vezes a intenção — *para Deus toda a glória!* — a fim de podermos ver Jesus que nos visita com tanta frequência.

III. O EVANGELHO DA MISSA de hoje termina com estas palavras de Jesus: *Quando, pois, fores com o teu adversário ao príncipe, faze o possível por livrar-te dele no caminho, para que não suceda que te leve ao juiz, e o juiz te entregue ao meirinho, e o meirinho te ponha na cadeia...*

Todos nós vamos pelo caminho da vida em direção ao Juízo. Aproveitemos o tempo presente para esquecer os agravos, os rancores, por pequenos que sejam, enquanto nos resta uma parte do trajeto por percorrer. Descubramos os sinais que nos indicam a presença de Deus na nossa vida. Depois, quando chegar o momento do Juízo, será muito tarde para irmos em busca do remédio. Este é o tempo oportuno para que queiramos retificar, merecer, amar, reparar. O Senhor convida-nos no dia de hoje a descobrir o sentido profundo do tempo, pois é possível que ainda tenhamos pequenas dívidas pendentes: dívidas de gratidão, de perdão, até de justiça...

Ao mesmo tempo, temos de ajudar os outros, que nos acompanham no caminho da vida, a interpretar esses sinais que revelam a passagem do Senhor pelas suas famílias, pelos seus lugares de trabalho... É possível que alguns, talvez os mais afastados, não sigam o Mestre por sofrerem de miopia, como muitos daqueles que rodeavam o Senhor na Palestina.

"O que muitos combatem não é o verdadeiro Deus, mas a falsa ideia que fizeram de Deus: um Deus que protege os ricos, que só sabe pedir e encostar à parede, que sente inveja do nosso progresso, que espia continuamente do alto os nossos pecados para ter o prazer de castigá-los [...].

"Deus não é assim: é justo e bom ao mesmo tempo; é Pai também dos filhos pródigos, que deseja ver não mesquinhos e miseráveis, mas grandes, livres, criadores do seu próprio destino. O nosso Deus é tão pouco rival do homem que quis fazer-se seu amigo, levando-o a participar da sua própria natureza divina e da sua própria felicidade eterna.

"Também não é verdade que nos peça demasiado; pelo contrário, contenta-se com pouco, porque sabe perfeitamente que não temos grandes coisas [...]. Este Deus dar-se-á a conhecer e amar cada vez mais, e sem excetuar ninguém — mesmo os que hoje o rejeitam, não por serem maus [...], mas por olharem-no de um ponto de vista errado. Continuam a não crer nEle? Ele responde-lhes: Sou eu que creio em vós"[11].

Deus, como bom Pai, não perde a esperança nos seus filhos. Não a percamos nós: mostremos aos outros os sinais e referências que Ele deixa à sua passagem. Se o lavrador conhece bem a evolução do tempo, nós, cristãos, temos de saber descobrir Jesus, Senhor da História, presente no mundo, no meio dos grandes acontecimentos da humanidade e nos pequenos acontecimentos dos dias sem relevo. Então saberemos dá-lo a conhecer aos outros.

(1) Lc 12, 54-59; (2) cf. Conc. Vat. II, Const. *Lumen gentium*, 5; (3) São Josemaria Escrivá, *Amigos de Deus*, n. 116; (4) Jo 7, 17; (5) Pio XII, Enc. *Humani generis*, 12.08.50; (6) cf. Josef Pieper, *La fe, hoy*, Palabra, Madri, 1968, pp. 107-117; (7) São Teófilo de Antioquia, *Livro I*, 2, 7; (8) São Josemaria Escrivá, *É Cristo que passa*, n. 13; (9) cf. Josef Pieper, *La fe, hoy*; (10) Santo Agostinho, *Confissões*, 3, 1, 1; (11) Albino Luciani, *Ilustríssimos senhores*, pp. 18-19.

TEMPO COMUM. VIGÉSIMA NONA SEMANA. SÁBADO

258. A FIGUEIRA ESTÉRIL

— Dar fruto. A *paciência de Deus*.
— O que Deus espera de nós.
— Com as mãos cheias. Paciência no apostolado.

I. NAS VINHAS DA PALESTINA, costumavam-se plantar árvores junto com as cepas. E é num lugar desse tipo que Jesus situa a parábola do Evangelho da Missa de hoje[1]: *Um homem tinha uma figueira plantada na sua vinha, e foi buscar fruto nela e não o encontrou*. Isso já tinha acontecido anteriormente: plantada num lugar apropriado do terreno, rodeada de cuidados, a figueira, ano após ano, não dava figos. Então o dono mandou ao vinhateiro que a cortasse: *Para que há de ocupar terreno em vão?*

A figueira simboliza Israel[2], que não soube corresponder aos cuidados que Javé, dono da vinha, lhe dispensava; representa também todo aquele que permanece improdutivo[3] diante de Deus.

O Senhor colocou-nos no melhor lugar, onde podíamos dar mais frutos de acordo com as nossas condições e as graças recebidas, e, desde o momento da nossa concepção, fomos objeto dos maiores cuidados por parte do mais competente de todos os vinhateiros: deu-nos um Anjo da Guarda para que nos protegesse até o fim da vida, conferiu-nos — talvez poucos dias depois de termos nascido — a graça do Batismo, deu-se Ele próprio a cada um de nós em alimento na Sagrada Comunhão, ofereceu-nos uma formação cristã...

São incontáveis as graças e favores que recebemos do Espírito Santo.

No entanto, é possível que o Senhor tenha motivos para queixar-se do pouco fruto, e talvez de um ou outro fruto amargo, que haja na nossa vida. É possível que a nossa situação pessoal tenha podido recordar vez por outra a triste parábola relatada pelo profeta Isaías: *Cantarei ao meu amado o cântico dos seus amores pela sua vinha: O meu amado possuía uma vinha plantada numa colina fertilíssima. E cercou-a de uma sebe, e tirou dela as pedras, e plantou-a de cepas escolhidas. Edificou-lhe uma torre no meio e construiu nela um lagar; e esperava que desse boas uvas, mas só produziu agraços*[4], frutos amargos. Por que tão maus resultados, quando tinham sido tomados todos os cuidados para que desse bons frutos?

Apesar de tudo, Deus volta a tomar sucessivamente novos cuidados: é a *paciência de Deus*[5] com a alma. Ele não desanima com as nossas faltas de correspondência, antes sabe esperar, pois conhece não só as nossas fraquezas, mas a capacidade que temos de fazer o bem. Nunca considera ninguém como perdido; confia em todos nós, ainda que nem sempre tenhamos correspondido às suas esperanças. Não nos disse Ele que *não quebrará a cana rachada nem apagará a mecha que ainda fumega*?[6] As páginas do Evangelho são um contínuo testemunho dessa consoladora verdade: o Senhor trata-nos como à samaritana e a Zaqueu, procura-nos como o pastor em busca da ovelha perdida, acolhe-nos como o pai do filho pródigo...

II. *SENHOR, DEIXA-A AINDA este ano, enquanto eu lhe cavo em volta e lhe lanço esterco, para ver se assim dá fruto...* É Jesus quem intercede diante de Deus Pai por nós, que "somos como uma figueira plantada na vinha do Senhor"[7]. "Intercede o agricultor; intercede quando já o machado está levantado para cortar as raízes estéreis; intercede como Moisés diante de Deus... Mostrou-se mediador quem queria mostrar-se misericordioso"[8], comenta Santo Agostinho. *Senhor, deixa-a ainda este ano...* Quantas vezes não se tem repetido esta mesma cena! Senhor, deixa-o ainda um ano...! "Saber que me amas tanto, meu Deus, e... não enlouqueci?!"[9]

Cada pessoa tem uma vocação particular, e toda a vida que não corresponde a esse desígnio divino perde-se. O Senhor espera correspondência a tantos desvelos, a tantas graças concedidas, embora nunca possa haver igualdade entre o que damos e o que recebemos, "pois o homem nunca pode amar a Deus tanto como Ele deve ser amado"[10]. Com a graça, podemos oferecer-lhe cada dia muitos frutos de amor: de caridade, de empenho apostólico, de trabalho bem feito...

Todas as noites, no nosso exame de consciência, temos de saber encontrar esses frutos pequenos em si mesmos, mas que o amor e o desejo de corresponder a tanta solicitude divina tornaram grandes. E quando partirmos deste mundo, "teremos que ter deixado impressa a nossa passagem, tornando a terra um pouco mais bela e o mundo um pouco melhor"[11]: uma família com mais paz, um trabalho que tenha significado um progresso para a sociedade, uns amigos fortalecidos na fé pela nossa amizade...

Vejamos na nossa oração: se tivéssemos que apresentar-nos agora diante do Senhor, estaríamos alegres, com as mãos cheias de frutos para oferecer ao nosso Pai-Deus? Pensemos no dia de ontem..., na última semana..., e vejamos se estamos repletos de boas obras feitas por amor a Deus, ou se, pelo contrário, uma certa dureza de coração ou o egoísmo de pensarmos excessivamente em nós impediu e impede que ofereçamos ao Senhor tudo aquilo que Ele espera de cada um de nós.

Sabemos muito bem que, quando não damos toda a glória a Deus, a existência converte-se num viver estéril. Tudo o que não se faz de olhos postos em Deus, perecerá. Aproveitemos hoje para fazer propósitos firmes: "Deus concede-nos talvez um ano mais para o servirmos. Não penses em cinco nem em dois. Pensa só neste: em um, no que começamos..."[12], e que daqui a uns meses terminará.

III. *NISTO É GLORIFICADO meu Pai, em que deis muito fruto e sejais meus discípulos*[13]. Isto é o que Deus quer de todos: não aparência de frutos, mas realidades que permanecerão para além deste mundo: pessoas que conseguimos aproximar do sacramento da Penitência, horas de trabalho terminadas com profundidade profissional e pureza de intenção, pequenos sacrifícios durante as refeições — que manifestavam estarmos conscientes da presença de Deus e termos o corpo dominado por amor ao Senhor —, vitórias sobre os estados de ânimo, ordem nos livros, na casa, nos instrumentos de trabalho, empenho para que o cansaço de um dia intenso não influísse no ambiente, pequenos serviços aos que precisavam de ajuda... Não nos contentemos com as aparências; examinemos se as nossas obras — pelo amor que nelas colocamos e pela retidão de intenção — resistem ao olhar penetrante de Jesus. As minhas obras são fruto que corresponde às graças que recebo?: é a pergunta que poderíamos fazer na intimidade da nossa oração.

O tempo escoa-se, e temos de aproveitá-lo. Se São Lucas segue realmente uma ordem cronológica nos acontecimentos que narra, a parábola da figueira "foi dita imediatamente depois do problema proposto acerca do sangue dos galileus misturado por Pilatos com os sacrifícios, e acerca dos dezoito homens sobre os quais caiu a torre de Siloé (Lc 13, 4). Devia supor-se que esses homens eram especialmente pecadores, para merecerem tal sorte? O Senhor responde que não, e acrescenta: *Mas se não fizerdes penitência, todos perecereis do mesmo modo*.

"O que importa não é a morte do corpo, mas a disposição da alma que a recebe; e o pecador que, tendo-lhe sido dado tempo para arrepender-se, não faz uso dessa oportunidade, não se sai melhor do que se tivesse sido lançado repentinamente na eternidade, como aqueles homens"[14].

Mas não podemos desanimar, porque, se "neste momento chega a parábola da figueira, que nos previne acerca de um limite para a longa *paciência de Deus* todo-poderoso, parece, no entanto, pelo que ouvimos do agricultor, que é possível intervir para suplicar que se prolongue o prazo da tolerância divina. Não resta dúvida de que isso é importante. Podem as nossas orações ser úteis para que o pecador alcance um prazo que lhe permita arrepender-se? Claro que podem"[15].

E nós mesmos podemos interceder junto do Senhor para que se prolongue essa *paciência divina* com aquelas pessoas que talvez, com uma constância de anos, pretendemos que se aproximem de Jesus. "Portanto, não nos apressemos a cortar, mas deixemos crescer misericordiosamente, não aconteça que arranquemos a figueira que ainda pode dar fruto"[16]. Tenhamos paciência e procuremos servir-nos de todos os meios ao nosso alcance, humanos e sobrenaturais, no trabalho com essas pessoas que parecem tardar em empreender o caminho que leva a Jesus.

A nossa Mãe Santa Maria alcançar-nos-á, neste sábado de outubro em que tantas vezes recorremos a Ela, a graça abundante de que as nossas almas necessitam para dar mais fruto, e a que os nossos familiares e amigos também precisam para acelerarem o passo em direção ao seu Filho, que os espera.

(1) Lc 13, 6-9; (2) cf. Os 9, 10; (3) cf. Jr 8, 13; (4) Is 5, 1-3; (5) cf. 2 Pe 3, 9; (6) Mt 12, 20; (7) Teofilacto, em *Catena aurea*, vol. VI; (8) Santo Agostinho, *Sermão 254*, 3; (9) São Josemaria Escrivá, *Caminho*, n. 425; (10) São Tomás de Aquino, *Suma teológica*, I-II, q. 6, a. 4; (11) Georges Chevrot, *El evangelio al aire libre*, Herder, Barcelona, 1961, p. 169; (12) São Josemaria Escrivá, *Amigos de Deus*, n. 47; (13) Jo 15, 8; (14) Ronald A. Knox, *Sermones pastorales*, pp. 188-189; (15) *ibid.*; (16) São Gregório Nazianzeno, *Oração 26*, em *Catena aurea*, vol. VI, p. 135.

TEMPO COMUM. TRIGÉSIMO DOMINGO. CICLO A

259. CRIADOS PARA A ALEGRIA

— O Senhor quer discípulos alegres. Para alcançar a felicidade, o que é preciso "não é uma vida cômoda, mas um coração enamorado".
— O primeiro mandamento e a alegria.
— Levar a alegria aos que Deus colocou perto da nossa vida.

I. A ANTÍFONA DE ENTRADA da Missa[1] convida-nos à alegria e aponta-nos o caminho para encontrá-la: *Alegre-se o coração dos que procuram o Senhor. Recorrei ao Senhor e ao seu poder, buscai continuamente o seu rosto*. Quando não procuramos a Deus, é impossível estarmos contentes. A tristeza nasce do egoísmo, da ânsia de compensações, do descuido das coisas de Deus e das dos nossos irmãos os homens..., em resumo, de estarmos preocupados apenas com as nossas coisas.

No entanto, o Senhor criou-nos para a alegria. Quanto mais para junto de Si nos chama, mais alegres nos quer. Já no Antigo Testamento se anuncia: *Não temas, terra de Judá, exulta e alegra-te, porque o Senhor vai fazer grandes coisas [...]. E vós, filhos de Sião, exultai e alegrai-vos no Senhor, vosso Deus, porque Ele vos dá as chuvas no tempo oportuno e faz cair chuvas copiosas sobre vós, as chuvas do outono e as da primavera, como dantes*[2].

Para nós, cristãos, a alegria é uma verdadeira necessidade. Quando a alma está alegre, abre-se e ganha asas para voar para Deus e para exceder-se no serviço aos outros; um coração alegre está mais perto de Deus, dispõe-se a levar a cabo grandes tarefas e é estímulo para os seus irmãos. Por isso São Paulo repetia aos primeiros cristãos: *Alegrai-vos incessantemente no Senhor; outra vez vos digo, alegrai-vos*[3]. Por outro lado, no meio das grandes contradições que se abatiam sobre eles, a alegria era a sua fortaleza e o melhor meio de atraírem os outros à fé.

A tristeza não resulta das dificuldades ou sofrimentos mais ou menos graves, mas de se deixar de olhar para Jesus. São Tomás ensina que este mal da alma é um verdadeiro vício causado pelo desordenado amor de si próprio e é causa de muitos outros males[4]. É como uma planta que, atingida na raiz pela praga, só produz frutos amargos. A tristeza ocasiona muitas faltas de caridade.

"O que é preciso para conseguir a felicidade não é uma vida cômoda, mas um coração enamorado"[5], pois a alegria é o primeiro efeito do amor, e a tristeza o fruto estéril do egoísmo, da falta de amor, numa palavra. "A tristeza move à ira e à contrariedade, e assim percebemos que, quando estamos tristes, facilmente nos incomodamos e nos irritamos por qualquer coisa; mais ainda: a tristeza enche o homem de suspeitas e de malícia, e algumas vezes perturba-o de tal maneira que parece que o deixa sem domínio próprio e fora de si"[6].

A alma entristecida cai com facilidade no pecado e fica sem forças para o bem; caminha com certeza para a derrota. *Assim como a traça corrói o vestido, e o caruncho a madeira, assim a tristeza prejudica o coração do homem*[7]. Se alguma vez sentimos que esta doença da alma nos ronda ou já se introduziu em nós, examinemos onde está colocado o nosso coração.

"«*Laetetur cor quaerentium Dominum*» — Alegre-se o coração dos que procuram o Senhor.

"— Luz, para que investigues os motivos da tua tristeza"[8].

Como é difícil estar triste — mesmo no meio da dor, da pobreza, da doença... — quando de verdade se caminha com o olhar posto no Senhor e se é generoso naquilo que Ele nos pede nas diversas situações, algumas talvez humanamente difíceis! Como São Paulo, poderemos sempre dizer: *Estou cheio de consolação, estou inundado de alegria no meio de todas as nossas tribulações*[9]. Se na nossa vida realmente procuramos o

Senhor, nada poderá tirar-nos a paz e a alegria. A dor purificará a alma e as próprias penas se converterão em gozo.

II. *LAETETUR COR quaerentium Dominum...*, alegre-se o coração dos que procuram o Senhor.

O Evangelho da Missa deste domingo[10] convida à alegria, porque é um apelo ao amor. O mandamento do amor é ao mesmo tempo o da alegria, pois esta virtude "não é diferente da caridade, mas um certo ato e efeito seu"[11]. Por isso, um dos elementos mais claros para medirmos o grau da nossa união com Deus é verificarmos o nível de alegria e bom humor que pomos no cumprimento do dever, no trato com os outros, à hora de enfrentarmos a dor e as contrariedades.

Quando os fariseus se aproximaram de Jesus e lhe perguntaram qual era o principal mandamento da lei, Jesus respondeu-lhes: *Amarás o Senhor teu Deus com todo o teu coração, com toda a tua alma, com todas as tuas forças. O segundo é semelhante a ele: Amarás o teu próximo como a ti mesmo*. É disto que precisamos: de procurar o rosto de Deus com tudo o que temos e somos, e de servir o nosso próximo, abrindo-nos a ele e esquecendo-nos de nós mesmos, fugindo da preocupação obsessiva pelo conforto, abandonando a nossa vaidade e orgulho, colocando o olhar longe de nós mesmos..., amando.

Muitos pensam que serão mais felizes quando possuírem mais coisas, quando forem mais admirados..., e se esquecem de que só necessitamos de "um coração enamorado". E nenhum amor pode saciar o nosso coração — que foi feito por Deus para alcançar a sua plenitude nos bens eternos — se vier a faltar o Amor com maiúscula. Os outros amores limpos — se não forem limpos, não serão amor — só adquirem o seu verdadeiro sentido quando se procura o Senhor sobre todas as coisas. É por isso que nem o egoísta, nem o invejoso, nem quem tem colocada a sua alma nos bens da terra... podem saborear a alegria que Jesus prometeu aos seus discípulos[12], porque não saberão amar, no sentido mais profundo e nobre da palavra. "Quando é perfeito, o amor tem esta força: leva-nos a esquecer o nosso próprio contentamento para contentar Aquele a quem amamos. E verdadeiramente é assim, porque, ainda que sejam grandíssimos os trabalhos, se nos afiguram doces quando percebemos que contentamos a Deus"[13].

Senhor, minha rocha, meu refúgio, meu escudo, minha força de salvação, meu baluarte... Eu te amo, Senhor, Tu és a minha fortaleza[14], rezamos ao Senhor com as palavras do Salmo responsorial. NEle encontramos a segurança e tudo aquilo de que precisamos, como também a alegria e a paz em qualquer situação. Por isso, não deixemos nunca de procurá-lo, diariamente, num trato pessoal e íntimo. A estabilidade da nossa alegria depende disso.

III. A ALEGRIA E A PAZ que bebemos nessa fonte inesgotável que é Cristo, temos de levá-las aos que Deus colocou mais perto de nós, isto é, aos nossos lares, que nunca devem ser tristes nem tenebrosos, nem tensos pelas incompreensões e egoísmos, mas "luminosos e alegres"[15], como foi aquele em que Jesus viveu com Maria e José.

Quando se diz em linguagem figurada que esta ou aquela casa "parece um inferno", vem-nos logo à mente um lar sem amor, sem alegria, sem Cristo. Um lar cristão deve ser alegre, porque nele está o Senhor que o preside, e porque ser discípulo seu significa, entre outras coisas, viver essas virtudes humanas e sobrenaturais a que está tão intimamente unida a alegria: generosidade, cordialidade, espírito de sacrifício, simpatia, empenho por tornar mais amável a vida de todos...

Temos também de levar esta alegria serena, resultado de um trato diário com o Senhor, ao nosso lugar de trabalho, às relações com os clientes, aos que nos perguntam na rua que horas são ou que condução devem tomar para ir a tal bairro... São muitos os que se encontram tristes e inquietos e que precisam, antes de mais nada, de ver a alegria que o Senhor nos deixou para se porem também eles a caminho. Quantas pessoas não descobriram o caminho que conduz a Deus através da alegria cristã feita vida num companheiro de trabalho, num amigo...!

Esta felicidade cristã é também o estado de ânimo necessário para cumprirmos as nossas obrigações. E quanto mais elevadas forem, tanto mais deverá elevar-se a nossa alegria[16]; quanto maiores forem as nossas responsabilidades (pais, sacerdotes, superiores, professores...), tanto maior será também a obrigação de termos essa alegria para comunicá-la. O rosto do Senhor devia resplandecer sempre de alegria, e a sua paz manifestou-se mesmo na sua Paixão e Morte. Também nesses momentos quis dar-nos exemplo, para que o imitássemos se alguma vez o caminho da nossa vida se torna íngreme.

O recurso à nossa Mãe Santa Maria — *Causa nostrae laetitiae*, causa da nossa alegria — permitir-nos-á encontrar facilmente o caminho da paz e da felicidade verdadeiras, se alguma vez o perdemos. Compreenderemos imediatamente que esse caminho que conduz à alegria é o mesmo que leva a Deus.

(1) Sl 104, 34; *Antífona de entrada* da Missa do trigésimo domingo do Tempo Comum, ciclo A; (2) Jl 2, 21-23; (3) Fl 4, 4; (4) cf. São Tomás de Aquino, *Suma teológica*, II-II, q. 28, a. 4; (5) São Josemaria Escrivá, *Sulco*, n. 795; (6) São Gregório Magno, *Moralia*, 1, 31, 31; (7) Pr 25, 20; (8) São Josemaria Escrivá, *Caminho*, n. 666; (9) 2 Cor 7, 4; (10) Mt 22, 34-40; (11) São Tomás de Aquino, *Suma teológica*, II-II, q. 28, a. 3; (12) cf. Jo 16, 22; (13) Santa Teresa, *Fundações*, 5, 10; (14) Sl 17, 2-4; 47; 51; *Salmo responsorial* da Missa do trigésimo domingo do Tempo Comum, ciclo A; (15) cf. São Josemaria Escrivá, *É Cristo que passa*, n. 22; (16) cf. P. A. Reggio, *Espíritu sobrenatural y buen humor*, p. 24.

TEMPO COMUM. TRIGÉSIMO DOMINGO. CICLO B

260. É CRISTO QUE PASSA

— Nas nossas fraquezas e dores, recorrer ao Senhor.
— A misericórdia do Senhor. Bartimeu.
— A alegria messiânica.

I. DEUS PASSA pela vida dos homens dando luz e alegria. A primeira Leitura[1] é um grito de júbilo pela salvação do *resto* de Israel, pelo seu regresso do cativeiro à terra de origem. Todos retornam: os paralíticos e os doentes, *os cegos e os coxos*, que encontram a sua saúde no Senhor. *Gritai de alegria por Jacó, regozijai-vos pelo melhor dos povos; proclamai, cantai e dizei: O Senhor salvou o seu povo, o resto de Israel. Eis que eu os trarei das terras do Norte... Entre eles há cegos e coxos... É grande a multidão dos que retornam.* Depois de tantos padecimentos, o profeta anuncia as bênçãos de Deus sobre o seu povo. *Virão chorando de alegria..., eu os guiarei entre consolações e os levarei a arroios de água, por um caminho plano em que não tropeçarão.*

Em Jesus cumprem-se todas as profecias. Passou pelo mundo fazendo o bem[2], mesmo a quem nada lhe pedia. NEle manifestou-se a plenitude da misericórdia divina. Nenhuma miséria separou Cristo dos homens: deu a vista aos cegos, curou os leprosos, fez andar os coxos e paralíticos, alimentou uma multidão faminta, expulsou demônios..., aproximou-se daqueles que mais sofriam na alma e no corpo. "Éramos nós que tínhamos que ir a Jesus; mas interpunha-se um duplo obstáculo. Os nossos olhos estavam cegos [...]. Jazíamos paralíticos na nossa maca, incapazes de alcançar a grandeza de Deus.

Por isso o nosso amável Salvador e Médico das nossas almas desceu das alturas"[3].

Nós, que andamos com tantas doenças, "temos de crer com fé firme nAquele que nos salva, neste Médico divino que foi enviado precisamente para nos curar. E crer com tanto mais força quanto mais grave ou desesperada for a doença que tivermos"[4]. Existem ocasiões em que talvez experimentemos com mais força as nossas doenças: momentos em que a tentação é mais forte, em que sentimos o cansaço e a escuridão interior ou notamos mais vivamente a nossa fraqueza. Recorreremos então a Jesus, sempre perto de nós, com uma fé humilde e sincera, como a de tantos doentes e necessitados que aparecem no Evangelho. Diremos então ao Mestre:

"Senhor, não te fies de mim! Eu, sim, é que me fio de Ti. E ao vislumbrarmos na nossa alma o amor, a compaixão, a ternura com que Cristo Jesus nos olha — porque Ele não nos abandona —, compreenderemos em toda a sua profundidade as palavras do Apóstolo: *Virtus in infirmitate perficitur* (2 Cor 12, 9), a virtude se fortalece na fraqueza; com fé no Senhor, apesar das nossas misérias — ou melhor, com as nossas misérias —, seremos fiéis ao nosso Pai-Deus, e o poder divino brilhará, sustentando-nos no meio da nossa fraqueza"[5].

Que segurança nos dá Cristo, com o seu olhar amabilíssimo pousado constantemente em nós!

II. O EVANGELHO DA MISSA[6] relata-nos a passagem de Jesus pela cidade de Jericó e a cura de um cego, Bartimeu, que estava sentado à beira do caminho pedindo esmola. O Mestre deixa as últimas casas dessa cidade e continua o seu caminho em direção a Jerusalém. Nesse momento, Bartimeu ouve o ruído da pequena caravana que acompanha o Senhor. *Ao ouvir que era Jesus Nazareno, começou a gritar e a dizer: Jesus, filho de Davi, tem piedade de mim!*

Esse homem que vive na escuridão, mas sente ânsias de luz, de cura, compreendeu que aquela era a sua oportunidade: Jesus estava muito perto da sua vida. Quantos dias não tinha esperado por esse momento! O Mestre está agora ao alcance da sua voz! Por isso, se bem que *o repreendiam para que se calasse*, ele não lhes fez caso nenhum e *cada vez gritava mais alto*. Não podia perder aquela ocasião.

Que exemplo para a nossa vida! Cristo, que nunca deixa de estar ao alcance da nossa voz, da nossa oração, passa às vezes mais perto, para que nos atrevamos a chamá-lo com força. *Timeo* — comenta Santo Agostinho — *Iesum transeuntem et non redeuntem*, temo que Jesus passe e não volte[7]. Não podemos deixar que as graças passem como a água da chuva sobre a terra dura. Temos que gritar para Jesus muitas vezes — fazemo-lo agora no silêncio da nossa intimidade, numa oração inflamada —: *Iesu, Fili David, miserere mei!* Jesus, filho de Davi, tem piedade de mim!

Ao chamar por Ele, consolam-nos estas palavras de São Bernardo, que tornamos nossas: "O meu único mérito é a misericórdia do Senhor. Não serei pobre em méritos enquanto Ele não o for em misericórdia. E como a misericórdia do Senhor é abundante, abundantes são também os meus méritos"[8].

Com esses méritos, acudimos a Ele: *Iesu, fili David...* Gritamos-lhe — afirma Santo Agostinho — com a oração e com as obras que devem acompanhá-la[9]. As boas obras, especialmente a caridade, o trabalho bem feito, a limpeza da alma através da Confissão contrita dos nossos pecados, dão o aval a esse clamor diante de Jesus que passa.

O cego, depois de vencer o obstáculo dos que estavam à sua volta, conseguiu o que tanto desejava. *E Jesus, parando, mandou chamá-lo. Chamaram o cego e disseram-lhe: Tem confiança; levanta-te, ele chama-te. E ele, lançando fora a capa, levantou-se de um salto e foi ter com Jesus.*

O Senhor tinha-o ouvido já da primeira vez, mas quis que Bartimeu nos desse um exemplo de insistência na oração, de perseverança até chegar à presença do Senhor. Agora já está diante dEle. "E imediatamente começa um diálogo divino, um diálogo maravilhoso, que comove, que abrasa, porque tu e eu somos agora Bartimeu. Da boca divina de Cristo sai uma pergunta: *Quid tibi vis faciam?* Que queres que te conceda? E o cego: *Mestre, que eu veja* (Mc 10, 51). Que coisa tão lógica! E tu, vês? Não te aconteceu já, em alguma ocasião, o mesmo que a esse cego de Jericó?

"Não posso deixar de recordar agora que, ao meditar nesta passagem, há já muitos anos, e ao compreender que Jesus esperava de mim alguma coisa — algo que eu não sabia o que era! —, fiz as minhas jaculatórias. Senhor, que queres? Que me pedes? Pressentia que me buscava para algo de novo, e aquele *Rabonni, ut videam* — Mestre, que eu veja — levou-me a suplicar a Cristo, numa oração contínua: Senhor, que se cumpra isso que Tu queres [...].

"Agora é contigo que Cristo fala. Ele te diz: Que queres de Mim? Que eu veja, Senhor, que eu veja! E Jesus: *Vai, a tua fé te salvou. Nesse mesmo instante, começou a ver e seguia-o pelo caminho* (Mc 10, 52). Segui-lo pelo caminho. Tu tiveste notícia daquilo que o Senhor te propunha e decidiste acompanhá-lo pelo caminho. Tu procuras pisar onde Ele pisou, vestir-te com as vestes de Cristo, ser o próprio Cristo. Pois então a tua fé — fé nessa luz que o Senhor te vai dando — deverá ser operativa e sacrificada. Não te iludas, não penses em descobrir formas novas. É assim a fé que Ele nos reclama: temos que andar ao seu ritmo, com obras cheias de generosidade, arrancando e largando tudo o que é estorvo"[10].

III. *QUANDO O SENHOR fazia regressar os cativos de Sião, parecia que sonhávamos. A nossa boca enchia-se de risos, e a nossa língua de cânticos de triunfo. Muda, Senhor, a nossa sorte, como as torrentes do Negueb. Os que semeiam entre lágrimas ceifarão com alegria*[11], lemos no Salmo responsorial.

Este Salmo de júbilo recorda a felicidade dos israelitas ao terem notícia do decreto de Ciro que ordenava a repatriação do povo eleito para a terra de seus pais, bem como a esperança que neles se reacendeu de poderem reconstruir o Templo e a Cidade Santa. Cantava-se nas peregrinações a Jerusalém, especialmente nas festas judaicas mais importantes. Por isso chamou-se a este Salmo o *Cântico da peregrinação*.

O Negueb é um deserto ao sul da Palestina por onde, na estação chuvosa, desciam torrentes de água que o convertiam durante algum tempo num oásis. Assim também os cativos da Babilônia voltavam para Israel, despovoado e desértico, e pediam ao Senhor que o seu regresso renovasse a terra, que estabelecesse uma nova época cheia de bênçãos. As lágrimas que tinham ido derramando converteram-se em sementes de conversão e de arrependimento pelos pecados antigos que tinham motivado o castigo. E assim como aquele que semeia se cansa ao ir lançando as sementes com lágrimas, mas um dia voltará do campo trazendo as gavelas semeadas com dor, assim o povo eleito foi semeando lágrimas reparadoras e volta agora trazendo espigas de gozo e de libertação[12].

Este Salmo recorda a alegria messiânica, referida também na primeira Leitura. No Evangelho do dia, Bartimeu é fruto dessa salvação que já desponta e que terá a sua plenitude depois da Paixão, Morte e Ressurreição de Cristo. Foram a cegueira de Bartimeu e a sua pobreza que o fizeram encontrar-se com Jesus e ver-se amplamente compensado de todos os seus pesares anteriores. A vida deste cego passou a ser completamente diferente a partir desse momento: *et sequebatur eum in via...,* e seguia-o pelo caminho. Agora Bartimeu é um discípulo que segue o Mestre.

As nossas dores — a nossa escuridão talvez — podem ser ocasião de um novo encontro com Jesus, motivo para o seguirmos de um modo novo — mais humildes, mais purificados — pelo caminho da vida, para nos convertermos em discípulos que o seguem mais de perto.

E então poderemos também dizer a muitas pessoas: *Tem confiança; levanta-te, ele chama-te.* "Naqueles tempos, narram os Evangelhos, o Senhor passava, e eles, os enfermos, chamavam por Ele e o procuravam. Também agora Cristo passa com a tua vida cristã e, se o secundares, quantos não o conhecerão, e chamarão por Ele, e lhe pedirão ajuda, e terão os olhos abertos para as luzes maravilhosas da graça!"[13]

Domine, ut videam! Senhor, que eu veja o que queres de mim. *Domina, ut videam!* Senhora, minha Mãe, que eu veja o que o teu Filho me pede agora, nestas circunstâncias, e que eu lho entregue.

(1) Jr 31, 7-9; (2) cf. At 10, 38; (3) São Bernardo, *Sermão do I Domingo do Advento*, 78; (4) São Josemaria Escrivá, *Amigos de Deus*, n. 193; (5) *ibid.*, n. 194; (6) Mc 10, 46-52; (7) cf. Santo Agostinho, *Sermão 88*, 13; (8) São Bernardo, *Sermão sobre o Cântico dos Cânticos*, 61; (9) Santo Agostinho, *Sermão 349*, 5; (10) São Josemaria Escrivá, *Amigos de Deus*, ns. 197-198; (11) Sl 125, 1-6; *Salmo responsorial* da Missa do trigésimo domingo do Tempo Comum, ciclo B; (12) cf. D. de las Heras, *Comentario ascético-teológico sobre los Salmos*, p. 325; (13) São Josemaria Escrivá, *Forja*, n. 665.

TEMPO COMUM. TRIGÉSIMO DOMINGO. CICLO C

261. A ORAÇÃO VERDADEIRA

— Necessidade da oração.
— Oração humilde e confiante. Parábola do fariseu e do publicano.
— Fidelidade à oração. Dificuldades.

I. A ORAÇÃO É novamente, neste domingo, o tema do Evangelho da Missa[1]. Jesus começa a parábola do publicano e do fariseu insistindo em que *é preciso orar sempre*[2]. Nos seus ensinamentos, as referências mais frequentes — além da fé e da caridade — dizem respeito à oração. O Mestre quer dizer-nos de muitas maneiras que a oração é absolutamente necessária para segui-lo e para empreender qualquer tarefa cujo valor permaneça para além desta vida passageira.

Nos começos do seu pontificado, o Papa João Paulo II declarava: "A oração é para mim a primeira tarefa e como que o primeiro anúncio; é a primeira condição do meu serviço à Igreja e ao mundo". E acrescentava: "Todos os fiéis devem considerar sempre a oração como a obra essencial e insubstituível da sua vocação, o *opus divinum* que antecede — como o cume de todo o seu viver e agir — qualquer tarefa. Sabemos bem que a fidelidade à oração ou o seu abandono são a prova da vitalidade ou da decadência da vida religiosa, do apostolado, da fidelidade cristã"[3]. Sem oração, não poderíamos seguir o Senhor no meio do mundo. É-nos tão indispensável como o alimento ou a respiração para a vida do corpo.

Poucos dias antes, o pontífice recordava que um perigo para os sacerdotes, mesmo zelosos, "é submergirem-se de tal maneira no trabalho do Senhor, que se esqueçam do Senhor do trabalho"[4]. É um perigo para todo o cristão, pois nada vale a pena — nem sequer o apostolado mais extraordinário que se possa imaginar — se se faz à custa do trato com o Senhor, pois no fim tudo seria estéril; teríamos levado a cabo uma obra puramente humana. O remédio para esse perigo não consiste em abandonar o trabalho ou a tarefa apostólica, mas em "criar o tempo para estar com o Senhor na oração"[5], que "hoje como ontem é imprescindível"[6].

Examinemos hoje se a nossa oração, o nosso trato diário com Jesus, vivifica o nosso trabalho, a vida familiar, a amizade, o apostolado... Sabemos muito bem que tudo é diferente quando primeiro falamos com o Mestre. É na oração que o Senhor "dá luzes para entender as verdades"[7]. E sem essa luz, caminhamos às escuras. Com ela, penetramos nos mistérios de Deus e da vida.

II. A FINALIDADE DA PARÁBOLA que hoje lemos no Evangelho da Missa é distinguir a piedade autêntica da falsa. A oração verdadeira *atravessa as nuvens do céu*, conforme lemos na primeira Leitura[8]: sobe até Deus e desce cheia de frutos.

Antes de narrar a parábola, São Lucas preocupa-se em mencionar que Jesus falava *a uns que confiavam em si mesmos, como se fossem justos, e desprezavam os outros*. O Senhor fala de dois personagens bem conhecidos de todos os ouvintes: *Subiram dois homens ao templo para orar: um fariseu e outro publicano*. Não demoramos a perceber que, embora ambos tenham ido ao Templo com a mesma finalidade, um deles não fez oração. Não fala com Deus num diálogo amoroso, mas consigo próprio. Na sua oração, não há amor, como também não há humildade. Está de pé, dá graças pelo que faz, mostra-se satisfeito. Compara-se com os outros e considera-se mais justo, melhor cumpridor da Lei. Parece não necessitar de Deus.

O publicano "ficou longe, e por isso Deus aproximou-se dele mais facilmente. Não se atrevendo a levantar os olhos ao céu, tinha já consigo Aquele que fez os céus... Que o Senhor esteja longe ou não, depende de ti. Ama e se aproximará"[9]. E estará atentíssimo, como nunca ninguém o esteve, a tudo aquilo que queiramos dizer-lhe com a simplicidade de quem se reconhece pecador. O publicano conquistou a Deus pela sua humildade, pois Ele *resiste aos soberbos e dá a sua graça aos humildes*[10].

Efetivamente, a humildade é o fundamento do nosso trato com Deus. O Senhor deseja que oremos como filhos pobres e sempre necessitados da sua misericórdia, e que fujamos da autossuficiência, da complacência nas nossas virtudes ou nos aparentes ou possíveis frutos apostólicos, como também das atitudes negativas, pessimistas, que refletem falta de confiança na graça de Deus, e que frequentemente são manifestações de uma soberba oculta. A oração humilde é sempre um tempo de alegria, de confiança e de paz.

"Deus gosta — ensina Santo Afonso M. de Ligório — de que trateis familiarmente com Ele. Tratai com Ele dos vossos assuntos, dos vossos projetos, dos vossos trabalhos, dos vossos temores e de tudo o que vos interesse. Fazei-o com confiança e com o coração aberto, porque Deus não costuma falar à alma que não lhe fala"[11]. Mas falemos-lhe com a simplicidade da humildade.

III. PREPAREMOS com especial esmero os tempos que dedicamos à oração, "estando a sós com quem sabemos que nos ama"[12], pois dela tiraremos forças para santificar os nossos afazeres diários, para converter em graça as contrariedades e para vencer todas as dificuldades. A nossa fortaleza está na proporção do nosso trato com o Senhor.

Ao começá-la, "é necessário preparar o coração para esse santo exercício, que é como quem afina a viola para tangê-la"[13]. Nesta preparação, ajuda-nos muito termos oferecido o nosso trabalho ao Senhor ao longo do dia, com breves momentos de recolhimento interior..., e, no instante em que a começamos, fazermos um *ato de presença de Deus* que melhore esse recolhimento e nos introduza no diálogo com Deus. Será normalmente uma breve oração vocal que já de per si nos dará matéria para conversar com o Senhor. Pode, por exemplo, ser muito útil recitarmos devagar palavras como estas: *Meu Senhor e meu Deus, creio firmemente que estás aqui, que me vês, que me ouves. Adoro-te com profunda reverência, peço-te perdão dos meus pecados e graça para fazer com fruto este tempo de oração*. E este sentirmo-nos junto do Senhor já é oração. A partir daí, Ele entende-nos e nós o entendemos. Pedimos-lhe, e Ele pede-nos: mais generosidade, mais amor, mais luta...

Não devemos preocupar-nos se algumas vezes — ou sempre! — não experimentamos nenhum sentimento especial na oração. "Para quem se empenha seriamente em fazer oração, virão tempos em que lhe parecerá vaguear por um deserto e, apesar de todos os esforços, não sentir nada de Deus. Deve saber que essas provas não são poupadas a ninguém que tome a oração a sério [...]. Nesses períodos, deve esforçar-se firmemente por manter a oração, que, ainda que possa dar-lhe a impressão de um certo artificialismo, é na realidade algo completamente distinto: é precisamente nessa altura que a oração constitui uma expressão da sua fidelidade a Deus, na presença do qual quer permanecer mesmo que não seja recompensado por nenhuma consolação subjetiva"[14]. Muitos dos dias em que, com toda a nossa luta por estar com o Senhor, nos pareceu termos passado o tempo sem obter fruto algum, talvez tenham representado aos olhos de Deus uma oração esplêndida. O Senhor sempre nos recompensa com a sua paz e as suas forças para empreendermos as batalhas que tenhamos pela frente.

Não deixemos nunca a oração. "Outra coisa não me parece perder o caminho — escreve Santa Teresa, com a sua habitual clareza — senão abandonar a oração"[15]. Em não poucas ocasiões, pode ser a tentação mais grave que venha a sofrer uma alma que decidiu seguir o Senhor de perto: abandonar esse diálogo diário com Ele porque pensa que não tira fruto algum, porque considera mais importantes outras coisas, até tarefas apostólicas, quando nada é mais importante do que esse encontro diário em que Jesus nos espera. "A todo o custo — escreve um autor espiritual — deve-se tomar e cumprir inflexivelmente a determinação de perseverar em dedicar todos os dias um tempo conveniente à oração privada. Pouco importa se não se pode fazer outra coisa senão permanecer de joelhos durante esse tempo e combater as distrações com absoluta falta de êxito: *não se está perdendo o tempo*"[16]. Pelo contrário, não existe tempo melhor empregado do que aquele que "perdemos" junto do Senhor.

Peçamos hoje a Nossa Senhora que nos ensine a tratar o seu Filho como Ela o tratou em Nazaré e durante os anos de vida pública. E façamos o propósito de não cometer a tolice de abandonar a oração e de não consentir em distrações nesse tempo em que o Senhor nos olha e nos escuta com tanta solicitude.

(1) Lc 18, 9-14; (2) cf. Lc 18, 1; (3) João Paulo II, *Alocução*, 7.10.79; (4) João Paulo II, *Alocução em Maynooth* (Irlanda), 1.10.79; (5) *ibid.*; (6) João Paulo II, *Alocução em Guadalupe*, México, 27.01.79; (7) Santa Teresa, *Fundações*, 10, 13; (8) Eclo 35, 19; (9) Santo Agostinho, *Sermão 9*, 21; (10) Tg 4, 6; (11) Santo Afonso Maria de Ligório, *Como conversar continua e familiarmente com Deus*, em *Obras ascéticas*, vol. I, pp. 316-317; (12) Santa Teresa, *Vida*, 8, 2; (13) São Pedro de Alcântara, *Tratado sobre a oração e a meditação*, I, 3; (14) S. C. para a Doutrina da Fé, *Sobre alguns aspectos da meditação cristã*, 15.10.89, n. 30; (15) Santa Teresa, *Vida*, 19, 5; (16) Eugène Boylan, *Amor sublime*, vol. II, p. 141.

Tempo Comum. Trigésima Semana. Segunda-feira

262. OLHAR PARA O CÉU

— A *mulher encurvada* e a misericórdia de Jesus.
— As coisas que nos impedem de olhar para o Céu.
— Só em Deus compreendemos a verdadeira realidade da nossa vida e de todas as coisas criadas.

I. NO EVANGELHO DA MISSA[1], São Lucas relata que Jesus entrou na sinagoga num dia de sábado para ensinar, conforme era seu costume. *E encontrava-se ali uma mulher que estava possuída por um espírito que a trazia enferma havia dezoito anos; e andava encurvada, e não podia absolutamente olhar para cima*. E Jesus, sem que ninguém lho pedisse, movido pela sua compaixão, *chamou-a e disse-lhe: Mulher, estás livre da tua enfermidade. E impôs-lhe as mãos, e imediatamente endireitou-se e glorificava a Deus*.

O chefe da sinagoga indignou-se por Jesus ter curado a enferma em dia de sábado. Esse fariseu tinha a alma pequena e não compreendeu a grandeza da misericórdia divina que libertava aquela mulher prostrada na sua dor havia tanto tempo. Aparentemente zeloso da observância do sábado prescrita na Lei[2], não soube aperceber-se da alegria de Deus ao contemplar essa filha sua curada da alma e do corpo. O seu coração frio e embotado — falto de piedade — não soube captar a verdadeira realidade: a presença do Messias, que se manifestava tal como as Escrituras o anunciavam. E não se atrevendo a murmurar diretamente de Jesus, fê-lo com alguns da multidão: *Há seis dias em que se pode trabalhar; vinde, pois, curar-vos nesses dias, e não em dia de sábado.*

Mas o Senhor, como em outras ocasiões de embate com os fariseus, não se calou: chamou-os *hipócritas*, falsos, e — fazendo-se eco da alusão do chefe da sinagoga ao trabalho — fez ver que, assim como eles eram diligentes em soltar o seu burro ou o seu boi para levá-los a beber, mesmo que estivessem num sábado, *esta filha de Abraão, que Satanás trazia subjugada há dezoito anos, não devia ser libertada desse jugo em dia de sábado?* No seu encontro com Cristo, essa mulher recuperou a sua dignidade; foi tratada como *filha de Abraão*, de um valor muito superior ao do boi ou do jumento. Os adversários do Senhor ficaram envergonhados, *e toda a multidão se alegrava com todas as maravilhas que ele realizava.*

A mulher ficou livre do mau espírito que a trazia presa e da doença do seu corpo. Podia agora olhar para Cristo e para o Céu, para as pessoas e para o mundo. Nós temos de meditar muitas vezes nestas passagens evangélicas em que se põe de relevo a compassiva misericórdia do Senhor, pois andamos muito necessitados dela. "Jesus manifesta essa delicadeza e carinho não só com um grupo pequeno de discípulos, mas com todos: com as santas mulheres, com representantes do Sinédrio — como Nicodemos — e com publicanos — como Zaqueu —, com doentes e sãos, com doutores da lei e pagãos, com as pessoas individualmente e com multidões inteiras.

"Os Evangelhos contam-nos que Jesus não tinha onde reclinar a cabeça, mas contam-nos também que tinha amigos queridos e de confiança, desejosos de recebê-lo em sua casa. E falam-nos da sua compaixão pelos doentes, da sua dor pelos que ignoram e erram, da sua indignação perante a hipocrisia"[3].

A consideração destas cenas do Evangelho deve fazer-nos confiar mais em Jesus, sobretudo quando nos vemos necessitados da alma e do corpo, por mais antigas que sejam as nossas aflições, por mais que elas nos pareçam sem remédio. Temos que deixar-nos ver por Jesus, certos de que Ele nos curará a qualquer hora da semana, do dia ou da noite.

II. "*NÃO PODIA absolutamente olhar para cima* (Lc 13, 11): assim o Senhor encontrou aquela mulher encurvada havia dezoito anos. Como ela — comenta Santo Agostinho — são os que têm o coração na terra"[4]; depois de uns anos, perderam a capacidade de olhar para o Céu, de contemplar a Deus e de ver nEle as maravilhas da criação. "Quem está encurvado olha sempre para a terra, e quem olha para baixo não se lembra do preço pelo qual foi redimido"[5]. Esquece-se de que todas as coisas criadas devem levá-lo a olhar para o Céu e contempla somente um universo empobrecido.

O demônio impediu durante dezoito anos que a mulher curada por Jesus pudesse olhar para o Céu. Outros, infelizmente, passam a vida inteira olhando para a terra, presos pela *concupiscência da carne*, pela *concupiscência dos olhos* e pela *soberba da vida*[6].

A concupiscência da carne impede que vejamos a Deus, pois só podem vê-lo os que têm o coração limpo[7].

Essa má tendência "não se reduz exclusivamente à desordem da sensualidade: estende-se ao comodismo e à falta de vibração, que impelem a procurar o mais fácil, o mais agradável, o caminho aparentemente mais curto, mesmo à custa de concessões no caminho da fidelidade a Deus [...].

"O outro inimigo [...] é a concupiscência dos olhos, uma avareza de fundo que leva a apreciar apenas o que se pode tocar: os olhos que ficam como que colados às coisas terrenas, mas também os olhos que, por isso mesmo, não sabem descobrir as realidades sobrenaturais. Portanto, podemos entender a expressão da Sagrada Escritura como uma referência à avareza dos bens materiais e, além disso, a essa deformação que nos leva a observar o que nos rodeia — os outros, as circunstâncias da nossa vida e do nosso tempo — com visão exclusivamente humana.

"Os olhos da alma embotam-se; a razão julga-se auto-suficiente e capaz de entender todas as coisas prescindindo de Deus [...]. Deste modo, a nossa existência pode entregar-se sem condições às mãos do terceiro inimigo, a *superbia vitae*. Não se trata simplesmente de pensamentos efêmeros de vaidade ou de amor próprio: é um endurecimento generalizado. Não nos enganemos, porque tocamos o pior dos males, a raiz de todos os extravios"[8].

Nenhum desses três inimigos poderá derrotar-nos se tivermos a sinceridade necessária para descobrir as suas primeiras manifestações, por pequenas que sejam, e para suplicar ao Senhor que nos ajude a levantar novamente o nosso olhar para Ele.

III. A FÉ EM CRISTO deve manifestar-se nos pequenos episódios de um dia normal, e deve levar-nos a "organizar a vida quotidiana sobre a terra sabendo olhar para o Céu, isto é, para Deus, fim supremo e último das nossas tensões e desejos"[9].

Quando, mediante a fé, temos a capacidade de olhar para Deus, compreendemos a verdade sobre a existência: o sentido dos acontecimentos, que adquirem uma nova dimensão; a razão da cruz, da dor e do sofrimento; o valor sobrenatural que podemos imprimir ao nosso trabalho diário e a qualquer circunstância, que, em Deus e por Deus, passa a receber uma eficácia sobrenatural.

O cristão não está fechado de modo algum às realidades terrenas; pelo contrário, "pode e deve amar as coisas criadas por Deus. Pois recebe-as de Deus e olha para elas e respeita-as como tendo saído das Suas mãos. Agradece ao Benfeitor os objetos criados e usa-os e frui deles na pobreza e na liberdade de espírito. É assim introduzido na verdadeira posse do mundo, como se nada tivesse, mas sendo dono de tudo. *Tudo é vosso, mas vós sois de Cristo, e Cristo é de Deus* (1 Cor 3, 22-23)"[10]. São Paulo recomendava aos primeiros cristãos de Filipos: *Quanto ao mais, irmãos, tudo o que é verdadeiro, tudo o que é honesto, tudo o que é justo, tudo o que é santo, tudo o que é amável, tudo o que é de boa fama, tudo o que é virtuoso e digno de louvor, seja isso o objeto dos vossos pensamentos*[11].

O cristão adquire uma particular grandeza de alma quando ganha o hábito de referir a Deus as realidades humanas e os acontecimentos, grandes ou pequenos, da sua vida corrente. Quer dizer, quando sabe aproveitá-los para dar graças, para pedir perdão pelos seus erros...; quando, numa palavra, não esquece que é filho de Deus a todas as horas do dia e em todas as circunstâncias, e não se deixa envolver de tal maneira pelos acontecimentos, pelo trabalho, pelos problemas que surgem..., que esqueça a grande realidade que dá razão a tudo: o sentido sobrenatural da sua vida.

"Galopar, galopar!... Fazer, fazer!... Febre, loucura de mexer-se... Maravilhosos edifícios materiais...

"Espiritualmente: tábuas de caixote, percalinas, cartões pintalgados... galopar!, fazer! — E muita gente correndo; ir e vir.

"É que trabalham com vistas àquele momento; «estão» sempre «em presente». — Tu... hás de ver as coisas com olhos de eternidade, «tendo em presente» o final e o passado...

"Quietude. — Paz. — Vida intensa dentro de ti. Sem galopar, sem a loucura de mudar de lugar, no posto que na vida te corresponde, como um poderoso gerador de eletricidade espiritual, a quantos não darás luz e energia!..., sem perderes o teu vigor e a tua luz"[12].

Recorramos à misericórdia do Senhor para que nos conceda esse dom — viver de fé — para podermos andar pela terra com os olhos postos no Céu, com a vista cravada nEle, em Jesus.

(1) Lc 13, 10-17; (2) cf. Ex 20, 8; (3) São Josemaria Escrivá, *É Cristo que passa*, n. 108; (4) Santo Agostinho, *Comentário ao Salmo 37*, 10; (5) São Gregório Magno, *Homilias sobre os Evangelhos*, 31, 8; (6) cf. 1 Jo 2, 16; (7) cf. Mt 5, 8; (8) São Josemaria Escrivá, *É Cristo que passa*, n. 56; (9) João Paulo II, *Ângelus*, 8.11.79; (10) Conc. Vat. II, Const. *Gaudium et spes*, 37; (11) Fl 4, 8; (12) São Josemaria Escrivá, *Caminho*, n. 837.

TEMPO COMUM. TRIGÉSIMA SEMANA. TERÇA-FEIRA

263. A MANIFESTAÇÃO DOS FILHOS DE DEUS

— O sentido da nossa filiação divina.
— Filhos no Filho.
— Consequências da filiação divina.

I. LEMOS NO *SALMO II* estas palavras que se aplicam em primeiro lugar ao Messias: *O Senhor disse-me: "Tu és o meu filho, Eu hoje te gerei"*[1]. Desde a eternidade, o Pai gera o Filho, e todo o ser da Segunda Pessoa da Santíssima Trindade consiste na filiação, em ser Filho. O *hoje* mencionado pelo Salmo significa um sempre contínuo, eterno, pelo qual o Pai dá o ser ao seu Unigênito[2].

Para que exista uma filiação, no sentido preciso da palavra, requere-se igualdade de natureza[3]. Por isso, somente Jesus Cristo é o Unigênito do Pai. Em sentido amplo, pode-se dizer que todas as criaturas, especialmente as espirituais, são filhas de Deus, ainda que com uma filiação muito imperfeita, pois a semelhança que têm com o Criador não é, de modo nenhum, identidade de natureza.

No entanto, com o Batismo, produziu-se na nossa alma uma regeneração, um novo nascimento, uma elevação sobrenatural, que nos fez participantes da natureza divina. Esta elevação sobrenatural deu origem a uma filiação divina imensamente superior à filiação humana própria de cada criatura. São João, no prólogo do seu Evangelho, diz-nos que *a todos os que o receberam* (a Cristo), *deu-lhes o poder de se tornarem filhos de Deus, àqueles que creem no seu nome; os quais não nasceram do sangue, nem da vontade da carne, nem da vontade do homem, mas de Deus*[4]. "O Filho de Deus fez-se homem — explica Santo Atanásio — para que os filhos do homem, os filhos de Adão, se fizessem filhos de Deus [...]. Ele é o Filho de Deus por natureza; nós, por graça"[5].

A filiação divina ocupa um lugar central na mensagem de Jesus Cristo e é um ensinamento contínuo na pregação da Boa-nova cristã, como sinal eloquente do amor de Deus pelos homens. *Considerai que amor nos mostrou o Pai* — escreve São João — *em querer que sejamos chamados filhos de Deus, e que o sejamos na realidade*[6]. Esta condição de filhos, ainda que deva ter a sua plenitude no Céu, é já nesta vida uma realidade gozosa e cheia de esperança. Como nos diz São Paulo numa das Leituras da Missa de hoje, *este mundo criado espera ansiosamente a manifestação dos filhos de Deus... porque sabemos que todas as criaturas gemem e estão como que com dores de parto até agora. E não só elas, mas também nós mesmos, que temos as primícias do Espírito, também nós gememos no nosso interior, esperando a adoção de filhos de Deus...*[7] O Apóstolo refere-se à plenitude dessa adoção, pois já nesta terra fomos constituídos *filhos de Deus*, que é a nossa maior glória e o maior dos nossos títulos: *Portanto, já nenhum de vós é servo, mas filho; e se é filho, também é herdeiro*[8].

As palavras que desde a eternidade o Pai aplica ao seu Unigênito, são atribuídas agora a cada um de nós. O Senhor diz-nos: *Tu és o meu filho, Eu hoje te gerei*. Este *hoje* é a nossa vida terrena, pois todos os dias o Senhor nos dá esse novo ser. "Diz-nos: *Tu és o meu filho*. Não um estranho, não um servo benevolamente tratado, não um amigo, o que já seria muito. Filho! Concede-nos livre trânsito para vivermos com Ele a piedade de filhos e também — atrevo-me a afirmar — a desvergonha de filhos de um Pai que é incapaz de lhes negar seja o que for"[9].

II. *TU ÉS O MEU FILHO...*

O Senhor falou constantemente desta realidade aos seus discípulos. Umas vezes diretamente, ensinando-os a dirigir-se diretamente a Deus como Pai[10], apresentando-lhes a santidade como imitação filial do Pai[11]...; e também por meio de numerosas parábolas, nas quais Deus é representado pela figura do pai[12].

A filiação divina não consiste somente em que Deus nos tenha querido tratar como um pai aos seus filhos e em que nós nos dirijamos a Ele com a confiança dos filhos. Não é um simples grau mais elevado na linha dessas filiações que, num sentido amplo, todas as criaturas têm em relação a Deus, conforme a sua maior ou menor semelhança com o Criador. Isto já seria um dom imenso, mas o amor de Deus foi muito mais longe e fez-nos realmente filhos seus. Enquanto essas outras filiações são na realidade modos de expressão, a nossa filiação divina é filiação em sentido estrito, embora nunca possa ser como a de Jesus Cristo, Filho Unigênito de Deus. Para o homem, não pode haver nada maior, nada mais impensável e mais inalcançável, do que esta relação filial[13].

A nossa filiação é uma participação na plena filiação exclusiva e constitutiva da Segunda Pessoa da Santíssima Trindade. "Desta filiação natural — explica São Tomás de Aquino —, deriva para muitos a filiação por certa semelhança e participação"[14]. É a partir desta filiação que entramos em intimidade com a Santíssima Trindade: é uma verdadeira participação na vida do Pai, do Filho e do Espírito Santo.

No que se refere à nossa relação com as divinas Pessoas, pode-se, pois, dizer que somos filhos do Pai no Filho pelo Espírito Santo[15]. "Mediante a graça recebida no Batismo, o homem participa do eterno nascimento do Filho a partir do Pai, porque é constituído filho adotivo de Deus: filho no Filho"[16]. "Ao sair das águas da sagrada fonte, todo o cristão ouve de novo aquela voz que um dia se fez ouvir nas margens do rio Jordão: *Tu és o meu Filho muito amado, em ti pus todo o meu enlevo* (Lc 3, 22), e compreende ter sido associado ao Filho predileto, tornando-se filho adotivo (cf. Gl 4, 4-7) e irmão de Cristo"[17].

A filiação divina deve estar presente em todos os momentos do nosso dia, mas deve manifestar-se sobretudo se alguma vez sentimos com mais força a dureza da vida.

"Parece que o mundo desaba sobre a tua cabeça. À tua volta, não se vislumbra uma saída. Impossível, desta vez, superar as dificuldades.

"Mas tornaste a esquecer que Deus é teu Pai? Onipotente, infinitamente sábio, misericordioso. Ele não te pode enviar nada de mau. Isso que te preocupa, é bom para ti, ainda que agora os teus olhos de carne estejam cegos.

"*Omnia in bonum!* Tudo é para bem! Senhor, que outra vez e sempre se cumpra a tua sapientíssima Vontade!"[18]

III. A FILIAÇÃO DIVINA não é um aspecto entre muitos da vocação do cristão: de algum modo, abarca todos os outros. Não é propriamente uma virtude que tenha os seus atos particulares, mas uma condição permanente do batizado que vive a sua vocação. A piedade que nasce dessa nova condição do homem que segue os passos de Jesus "é uma atitude profunda da alma, que acaba por informar a existência inteira: está presente em todos os pensamentos, em todos os desejos, em todos os afetos"[19]. Se considerarmos atentamente os desígnios de Deus, podemos dizer que todos os dons e graças nos foram dados para nos constituírem como filhos de Deus, como imitadores do Filho até chegarmos a ser *alter Christus, ipse Christus*[20], outro Cristo, o próprio Cristo.

Cada vez temos de parecer-nos mais com Cristo. A nossa vida deve refletir a sua. Por isso a filiação divina deve ser objeto da nossa oração e das nossas reflexões com muita frequência. Assim a nossa alma virá a encher-se de paz no meio das maiores tentações ou contratempos, pois viveremos abandonados nas mãos de Deus. Um abandono que não nos dispensará do empenho por melhorar, nem de empregar todos os meios humanos ao nosso alcance para lutar contra a doença, a penúria econômica, a solidão..., mas que nos dará paz no meio dessa luta. A vida dos santos, mesmo no meio de muitas provas, sempre esteve cheia dessa serenidade, como deve estar a nossa.

A filiação divina é também o fundamento da fraternidade cristã, que está acima do vínculo de solidariedade que existe entre os homens. Nos outros, devemos ver filhos de Deus, irmãos de Jesus Cristo, chamados a um destino sobrenatural. Desta maneira, ser-nos-á fácil prestar-lhes essas pequenas ajudas diárias de que todos necessitamos e, sobretudo, indicar-lhes amavelmente o caminho que leva ao Pai comum.

A nossa Mãe Santa Maria ensinar-nos-á a saborear essas palavras do Salmo II que líamos no começo desta meditação, e a considerá-las como realmente dirigidas a cada um de nós: *Tu és o meu filho, Eu hoje te gerei.*

(1) Sl 2, 7; (2) cf. João Paulo II, *Audiência geral*, 16.10.85; (3) cf. São Tomás de Aquino, *Suma teológica*, III, q. 32, a. 3 c; (4) Jo 1, 12-13; (5) Santo Atanásio, *De Incarnatione contra arrianos*, 8; (6) 1 Jo 3, 1; (7) Rm 8, 19-23; (8) Gl 4, 7; (9) São Josemaria Escrivá, *É Cristo que passa*, n. 185; (10) cf. Mt 6, 9; (11) cf. Mt 5, 48; (12) cf. J. Bauer, *Diccionario de teologia biblica*, Herder, Barcelona, 1967, v. *Filiación*; (13) cf. M. C. Calzona, *Filiación divina y cristiana en el mundo*, em *La misión del laico en la Iglesia y en el mundo*, EUNSA, Pamplona, 1987, p. 301; (14) São Tomás de Aquino, *Comentário ao Evangelho de São João*, 1, 8; (15) cf. Fernando Ocáriz, *Hijos de Dios en Cristo*, EUNSA, Pamplona, 1972, p. 98; (16) João Paulo II, *Homilia*, 23.03.80; (17) João Paulo II, Exort. apost. *Christifideles laici*, 30.12.88, 11; (18) São Josemaria Escrivá, *Via Sacra*, IXª estação, n. 4; (19) São Josemaria Escrivá, *Amigos de Deus*, n. 146; (20) São Josemaria Escrivá, *É Cristo que passa*, n. 96.

TEMPO COMUM. TRIGÉSIMA SEMANA. QUARTA-FEIRA

264. ENTENDERÁS MAIS TARDE

— Estamos nas mãos de Deus. Todos os acontecimentos que Ele envia ou permite têm o seu significado e visam o nosso proveito.
— O sentido da nossa filiação divina. *Omnia in bonum!*, tudo é para bem.
— A confiança em Deus não nos leva à passividade, mas a lutar por todos os meios ao nosso alcance.

I. NA ÚLTIMA NOITE que Jesus passou com os seus discípulos antes da sua Paixão e Morte, num determinado momento daquela Ceia íntima, *levantou-se, depôs o manto e, pegando numa toalha, cingiu-se*[1]. São João, o Evangelista que nos deixou escritas as suas inesquecíveis recordações da Quinta-Feira Santa, descreve pausadamente aqueles acontecimentos que com tanta profundidade lhe ficaram gravados para sempre: *Depois lançou água numa bacia e começou a lavar os pés dos discípulos, e a limpar-lhos com a toalha com que se tinha cingido*.

Tudo transcorria normalmente, ante o assombro dos apóstolos, que não se atreviam a dizer palavra, até que o Senhor chegou a Pedro, que manifestou em voz alta a sua surpresa e a sua negativa: *Senhor, tu lavares-me os pés?* Jesus respondeu-lhe: *O que eu faço, tu não o entendes agora, mas entendê-lo-ás mais tarde*. Depois de um afável braço-de-ferro com o apóstolo, Jesus lavar-lhe-á os pés, como o fizera com os outros. Com a vinda do Espírito Santo, ao relembrar esses acontecimentos, Simão compreendeu o significado profundo do gesto do Mestre, que assim quis ensinar aos que seriam as colunas da Igreja a missão de serviço que os aguardava.

O que eu faço, tu não o entendes agora... Passa-se conosco o mesmo que com Pedro: às vezes, não compreendemos os acontecimentos que o Senhor permite: a dor, a doença, a ruína econômica, a perda do emprego, a morte de um ser querido quando estava no começo da vida... Ele tem uns planos mais altos, que abarcam esta vida e a felicidade eterna. A nossa mente mal alcança as coisas mais imediatas, uma felicidade a curto prazo. Como não havemos de confiar no Senhor, na sua Providência amorosa? Só confiaremos nEle quando os acontecimentos nos parecerem humanamente aceitáveis? Estamos nas suas mãos, e em nenhum outro lugar poderíamos estar melhor. Um dia, no fim da nossa vida, o Senhor explicar-nos-á em pormenor o porquê de tantas coisas que agora não entendemos, e veremos a sua mão providente em tudo, até nas coisas mais insignificantes.

Se diante de cada fracasso, diante dos acontecimentos que não sabemos discernir, ante a injustiça que nos revolta, ouvirmos a voz consoladora de Jesus que nos diz: *O que eu faço, tu não o entendes agora, mas entendê-lo-ás mais tarde*, então não haverá lugar para o ressentimento ou para a tristeza. "Porque tudo o que acontece está previsto por Deus e ordenado para a salvação do homem e para a sua plena realização na glória; se o que acontece é bom, Deus o quer; se é mau, não o quer, permite-o, porque respeita a liberdade do homem e a ordem natural, mas tem nas suas mãos o poder de tirar bem e proveito para a alma, mesmo do mal"[2].

Em face dos acontecimentos que fazem sofrer, tem de sair do fundo da nossa alma uma oração simples, humilde, confiante: *Senhor, Tu sabes mais, abandono-me em Ti. Entenderei mais tarde.*

II. NUMA DAS LEITURAS previstas para a Missa de hoje, São Paulo escreve aos primeiros cristãos de Roma: *Diligentibus Deum, omnia cooperantur in bonum...*, todas as coisas concorrem para o bem daqueles que amam a Deus[3]. "Penas? Contrariedades por causa daquele episódio ou daquele outro?... Não vês que assim o quer teu Pai-Deus..., e que Ele é bom..., e te ama — a ti só! — mais do que todas as mães do mundo juntas podem amar os seus filhos?"[4]

O sentido da filiação divina leva-nos a descobrir que estamos nas mãos de um Pai que conhece o passado, o presente e o futuro, e que faz concorrer todas as coisas para o nosso bem, ainda que não seja o bem imediato que talvez nós desejemos e queiramos por não vermos mais longe. Isto leva-nos a viver com serenidade e paz, mesmo no meio das maiores tribulações. Por isso seguiremos sempre o conselho de São Pedro aos primeiros fiéis: *Descarregai sobre Ele as vossas preocupações, porque Ele cuida de vós*[5].

Não existe ninguém que possa cuidar melhor de nós: o Senhor jamais se engana. Na vida humana, mesmo aqueles que mais nos amam, às vezes não acertam e, ao invés de arrumar, desarranjam. Não acontece assim com o Senhor, infinitamente sábio e poderoso, que, respeitando a nossa liberdade, nos conduz *suaviter et fortiter*[6], com suavidade e com mão de pai, para as coisas que realmente importam, para uma eterna felicidade.

As próprias faltas e pecados podem acabar por ser para bem, pois "Deus dirige absolutamente todas as coisas para o proveito dos seus filhos, de sorte que ainda àqueles que se desviam e ultrapassam os limites os faz progredir na virtude, porque se tornam mais humildes e experimentados"[7]. A contrição, quando não é só de boca e apressada, conduz a alma a um amor mais profundo e confiante, a uma maior proximidade com Deus.

Por isso, na medida em que nos sentimos filhos de Deus, a vida converte-se numa contínua ação de graças. Mesmo por trás daquilo que parece uma verdadeira catástrofe, o Espírito Santo nos faz ver "uma carícia de Deus", que nos move à gratidão. Obrigado, Senhor!, dir-lhe-emos no meio de uma doença dolorosa ou ao termos notícia de um acontecimento que nos causa muita pena. Assim reagiram os santos, e assim devemos aprender a comportar-nos perante as desgraças desta vida.

"É muito grato a Deus o reconhecimento pela sua bondade que denota recitar um «*Te Deum*» de ação de graças, sempre que ocorre algum acontecimento um pouco extraordinário, sem dar importância a que seja — como o chama o mundo — favorável ou adverso: porque, vindo das suas mãos de Pai, mesmo que o golpe de cinzel fira a carne, é também uma prova de Amor, que tira as nossas arestas para nos aproximar da perfeição"[8].

III. O ABANDONO e a confiança em Deus não nos levam de maneira nenhuma à passividade, que em muitos casos seria negligência, preguiça ou cumplicidade.

Temos de combater o mal físico ou moral com todos os meios ao nosso alcance, sabendo que esse esforço, com muito resultado ou aparentemente sem nenhum, é grato a Deus e origem de muitos frutos sobrenaturais e humanos. Quando ficamos doentes, além de aceitarmos essa situação e de oferecermos a Deus as dores e as incomodidades, devemos lançar mão dos meios que o caso requeira: ir ao médico, obedecer às suas prescrições, descansar... E a injustiça, a desigualdade social, a penúria de tantas pessoas, devem levar-nos — junto com outros homens de boa vontade — a procurar os recursos ou as soluções que pareçam mais aptas. E o mesmo temos de fazer perante a ignorância e a falta de formação de tantas pessoas... Nada mais alheio ao espírito cristão do que uma confiança em Deus mal entendida, que nos levasse a permanecer inativos diante do sofrimento e da necessidade.

Deus é nosso Pai e cuida amorosamente de nós, mas conta com a nossa inteligência e bom senso para nos ajudar a percorrer o caminho pelo qual nos quer levar, como conta também com o nosso amor fraterno para encaminhar através de nós a vida de outros filhos seus. Para isso deu-nos uns talentos que devemos utilizar constantemente.

Quando, apesar de tudo, parece que fracassamos, quando os meios requeridos pelo caso não dão o resultado esperado, temos que ter a certeza de que nos estamos santificando. O Senhor santifica os "fracassos" que surgem depois de termos empregado os meios que pareciam oportunos, mas não abençoa as nossas omissões, pois trata-nos como a filhos inteligentes, de quem espera que saiam em busca dos remédios adequados.

Empreguemos em cada caso todos os meios que estiverem em nossas mãos, e depois, *omnia in bonum!*, tudo será para bem. Os resultados aparentemente bons ou maus levar-nos-ão a amar mais a Deus, nunca a separar-nos dEle. No sentido da filiação divina encontraremos a proteção e o calor paternal de que todos necessitamos. "Se tendes confiança nEle e ânimos animosos, que Sua Majestade é muito amigo disto, não tenhais medo de que vos falte coisa alguma"[9], escreveu Santa Teresa depois de uma longa experiência. Junto do Senhor e sob o amparo da Santíssima Virgem, ganham-se todas as batalhas, ainda que, aparentemente, se percam algumas.

(1) Jo 13, 4 e segs.; (2) Federico Suárez, *Después*, p. 208; (3) Rm 8, 28; *Primeira leitura* da Missa da trigésima semana da quarta-feira do Tempo Comum, ano I; (4) São Josemaria Escrivá, *Forja*, n. 929; (5) 1 Pe 5, 8; (6) Sb 8, 1; (7) Santo Agostinho, *Sobre a conversão e a graça*, 30; (8) São Josemaria Escrivá, *Forja*, n. 609; (9) Santa Teresa, *Fundações*, 27, 12.

Tempo Comum. Trigésima Semana. Quinta-feira

265. O AMOR DE JESUS

— O nosso refúgio e proteção estão no amor a Deus. Acudir ao Sacrário.
— Jesus Sacramentado prestará todas as ajudas necessárias.
— Junto do Sacrário, ganharemos todas as batalhas. *Almas de Eucaristia.*

I. NO CAMINHO para Jerusalém, que São Lucas descreve com tanto detalhe, Jesus deixou escapar do fundo do coração esta queixa em relação à Cidade Santa: *Jerusalém, Jerusalém [...], quantas vezes quis juntar os teus filhos, como a galinha recolhe os seus pintinhos debaixo das asas...*[1]

É assim que o Senhor continua a proteger-nos: como a galinha reúne os seus pintinhos indefesos. Do Sacrário, Jesus vela pelo nosso caminhar e está atento aos perigos que nos rodeiam, cura as nossas feridas e nos dá constantemente a sua vida. Conscientes desta verdade, quantas vezes não teremos repetido a estrofe do hino eucarístico: *Bom pelicano, Senhor Jesus! Limpai-me a mim, imundo, com o vosso Sangue, do qual uma só gota pode salvar do pecado o mundo inteiro*[2]. NEle está a nossa salvação e o nosso refúgio.

Os pintinhos que buscam refúgio debaixo das asas da mãe são uma imagem do justo que procura proteção no Senhor, como podemos ler com frequência na Sagrada Escritura: *Guarda-me como à menina dos teus olhos, esconde-me sob a sombra das tuas asas*[3], *porque Tu és o meu refúgio, uma torre fortificada contra o inimigo. Oxalá possa eu habitar sempre no teu tabernáculo e acolher-me sob o amparo das tuas asas*[4], lemos nos Salmos. O profeta Isaías recorre à mesma imagem para assegurar ao povo eleito que Deus o defenderá contra o cerco do inimigo. *Assim como os pássaros estendem as suas asas sobre os seus filhos, assim o Eterno todo-poderoso defenderá Jerusalém*[5].

No fim da nossa vida, Jesus será o nosso Juiz e o nosso Amigo. E enquanto durar a nossa peregrinação, dar-nos-á todas as ajudas de que necessitamos, pois a sua missão é uma só, como era quando vivia aqui na terra: salvar-nos. Não podemos imaginá-lo distante das dificuldades que nos rodeiam, indiferente ao que nos preocupa! "Se sofremos penas e desgostos, Ele nos alivia e consola. Se caímos doentes, será o nosso remédio ou então dar-nos-á forças para sofrer, a fim de merecermos ir para o Céu. Se o demônio ou as paixões nos atacam, dar-nos-á armas para lutar, para resistir e para alcançar vitória. Se somos pobres, enriquecer-nos-á com toda a sorte de bens no tempo e na eternidade"[6].

Não deixemos de acompanhar o Senhor presente nos nossos Sacrários. Esses poucos minutos de uma breve *visita* que lhe façamos serão os momentos mais bem aproveitados do nosso dia. "E o que faremos, perguntais algumas vezes, diante de Jesus Sacramentado? Amá-lo, louvá-lo, agradecer-lhe e pedir-lhe. O que faz um pobre na presença de um rico? O que faz o doente diante do médico? O que faz o sedento diante de uma fonte cristalina?"[7]

II. A CONFIANÇA de que venceremos todas as provas, perigos e padecimentos não se baseia nas nossas forças, sempre escassas, mas na proteção de Deus, que nos amou desde toda a eternidade e não hesitou em entregar o seu Filho à morte para nossa salvação.

O próprio Jesus quis permanecer junto de nós, no Sacrário mais próximo, para nos ajudar, para curar as nossas feridas e dar-nos novos ânimos nesse caminho que há de desembocar no Céu. Basta que nos aproximemos dEle, pois está sempre à nossa espera.

Nada do que nos venha a acontecer poderá separar-nos de Deus, como nos ensina São Paulo numa das Leituras da Missa[8], pois *se Deus é por nós, quem será contra nós? Aquele que não poupou nem o seu próprio Filho, mas por nós todos o entregou à morte, como não nos dará também com ele todas as coisas?... Quem nos separará, pois, do amor de Cristo? A tribulação?, a angústia?, a fome?, a nudez?, o perigo?, a perseguição?, a espada?* Nada nos poderá separar dEle, se nós não nos afastarmos.

"Revestidos da graça, passaremos através das montanhas (cf. Sl 103, 10) e subiremos a encosta do cumprimento do dever cristão, sem nos determos. Utilizando estes recursos, com boa vontade, suplicando ao Senhor que nos outorgue uma esperança cada vez maior, possuiremos a alegria contagiosa dos que se sabem filhos de Deus: *Se Deus está conosco, quem nos poderá derrotar?* (Rm 8, 31)"[9].

Ainda que o Senhor permita tentações muito fortes ou as dificuldades familiares cresçam, e sobrevenha a doença ou se torne mais íngreme a encosta..., nenhuma prova por si mesma é suficientemente forte para nos separar de Jesus. Com uma visita ao Sacrário mais próximo, com uma oração bem feita, encontraremos a mão poderosa de Deus e poderemos dizer: *Omnia possum in eo qui me confortat*[10], tudo posso nAquele que me conforta. *Porque eu estou certo* — continua São Paulo na primeira Leitura da Missa — *de que nem a morte, nem a vida, nem os anjos, nem os principados, nem as virtudes, nem as coisas presentes, nem as futuras, nem a força, nem a altura, nem a profundidade, nem qualquer outra criatura poderá separar-nos do amor de Deus, que está em Jesus Cristo Nosso Senhor*. É um cântico de confiança e de otimismo que hoje podemos fazer nosso.

São João Crisóstomo recorda-nos que "o próprio São Paulo teve que lutar contra numerosos inimigos. Os bárbaros atacavam-no, os seus próprios guardas armavam-lhe ciladas, até os fiéis, às vezes em grande número, se levantaram contra ele e, no entanto, Paulo triunfou de tudo. Não esqueçamos que o cristão fiel às leis do seu Deus vencerá tanto os homens como o próprio Satanás"[11]. Se nos mantivermos sempre perto de Jesus presente na Sagrada Eucaristia, venceremos todas as batalhas, ainda que às vezes pareça que fomos derrotados... O Sacrário será a nossa fortaleza, pois Jesus quis ficar para nos amparar, para nos ajudar em qualquer necessidade. *Vinde a Mim...,* diz-nos todos os dias.

III. A SERENIDADE que devemos ter não nasce de fecharmos os olhos à realidade ou de pensarmos que não teremos tropeços e dificuldades, mas de olharmos o presente e o futuro com otimismo, porque sabemos que o Senhor quis ficar conosco para nos socorrer.

Quando vivemos nessa persuasão, as próprias dificuldades da vida se convertem num bem, e mesmo nas circunstâncias mais duras não nos sentimos sós. Se nessas ocasiões se agradece tanto a presença de um amigo, como não será a paz que teremos junto do Amigo, no Sacrário mais próximo? Devemos acudir rapidamente à igreja mais próxima, para buscar consolo, paz e as forças necessárias. "Que mais queremos ter ao lado que um Amigo tão bom, que não nos abandonará nos trabalhos e tribulações, como fazem os do mundo?"[12], escreve Santa Teresa de Jesus.

Quando já se podia perceber que ia ser perseguido, São Tomás More foi intimado a comparecer perante o tribunal de Lambeth. No dia marcado, despediu-se dos seus, mas não quis que o acompanhassem ao embarcadouro, como de costume. Iam com ele somente William Roper, marido de sua filha mais velha, Margareth, e alguns criados. Ninguém no barco se atrevia a romper o silêncio. Ao cabo de uns minutos, More sussurrou inopinadamente ao ouvido de Roper: *Son Roper, I thank our Lord the field is won*: "Meu filho Roper, dou graças a Deus, porque a batalha está ganha". Mais tarde Roper confessaria não ter entendido naquele momento o significado dessas palavras, mas que veio a fazê-lo depois: compreendeu que o amor de More tinha crescido tanto que lhe dava a certeza de saber que triunfaria de qualquer obstáculo[13]. Era a convicção de que, sabendo-se próximo do seu último combate, o Senhor não o abandonaria no momento supremo. Se nos mantivermos perto de Jesus, se formos *almas de Eucaristia*, o Senhor proteger-nos-á como as aves protegem os seus filhotes, e sempre, ante os maiores obstáculos, poderemos dizer de antemão: *A batalha está ganha*.

"Sê alma de Eucaristia!

"— Se o centro dos teus pensamentos e esperanças estiver no Sacrário, filho, que abundantes os frutos de santidade e de apostolado!"[14]

Santa Maria, que tantas vezes falou com o Senhor aqui na terra e agora o contempla para sempre no Céu, colocará nos nossos lábios as palavras oportunas se alguma vez não soubermos muito bem o que dizer-lhe. Ela acode sempre prontamente em socorro da nossa inépcia.

(1) Lc 13, 34; (2) Hino *Adoro te devote*; (3) Sl 17, 8; (4) Sl 61, 4-5; (5) Is 31, 5; (6) Cura d'Ars, *Sermão sobre a Quinta-feira Santa*; (7) Santo Afonso Maria de Ligório, *Visitas ao Santíssimo Sacramento*, 1; (8) Rm 8, 31-39; *Primeira leitura* da Missa da quinta-feira da trigésima semana do Tempo Comum; (9) São Josemaria Escrivá, *Amigos de Deus*, n. 219; (10) Fl 4, 3; (11) São João Crisóstomo, *Homilias sobre a Epístola aos Romanos*, 15; (12) Santa Teresa, *Vida*, 22, 6-7; (13) cf. São Tomás More, *La agonía de Cristo*, Rialp, Madri, 1988, introd., p. 33; (14) São Josemaria Escrivá, *Forja*, n. 835.

TEMPO COMUM. TRIGÉSIMA SEMANA. SEXTA-FEIRA

266. SEM RESPEITOS HUMANOS

— Atuação clara de Jesus.
— Os respeitos humanos não são próprios de um cristão firme na fé.
— O exemplo dos primeiros cristãos.

I. ERA COSTUME entre os judeus convidar para almoçar quem tivesse dissertado naquele dia na sinagoga. Certo sábado, Jesus foi convidado a ir a casa de um dos principais fariseus da cidade[1]. E espiavam-no, para ver em que podiam surpreendê-lo. Apesar de se encontrar frequentes vezes nessa situação tão pouco grata, o Senhor — comenta São Cirilo — "aceitava os convites que lhe faziam para ajudar os presentes com as suas palavras e milagres"[2]. O Mestre não deixava de aproveitar nenhuma ocasião para redimir as almas e essas refeições eram uma boa ocasião para falar do Reino dos Céus.

Nesse dia, quando já estavam sentados à mesa, situou-se *diante dele um homem hidrópico*, aproveitando-se provavelmente de um costume que permitia a qualquer pessoa entrar na casa onde se recebia um hóspede. Não disse nada, não pediu nada; simplesmente situou-se diante do Médico divino. "Esta podia ser a nossa atitude interior: postar-nos assim diante de Jesus, postar-nos com a nossa hidropisia, com a nossa miséria pessoal, com os nossos pecados..., diante de Deus, diante do olhar compassivo de Deus. Podemos ter a certeza absoluta de que Ele segurará a nossa mão e nos curará"[3].

Jesus, ao ver o enfermo diante dEle, encheu-se de misericórdia e curou-o, apesar de o espiarem para ver se curava em dia de sábado. Não se deixa levar pelos respeitos humanos, pelo que pudessem murmurar as pessoas que se consideravam mestres e intérpretes da Lei. Depois, fez-lhes ver que a misericórdia não viola o sábado, e deu-lhes um exemplo cheio de senso comum: *Quem de entre vós, se o seu jumento ou o seu boi cai num poço, não o tira imediatamente, ainda que seja em dia de sábado? E eles não lhe puderam replicar a isso.*

A nossa atitude, ao vivermos a fé cristã num ambiente em que existem reservas, falsos escândalos ou simples incompreensões por ignorância, deve ser a mesma de Jesus. Nunca devemos ser oportunistas; a nossa atitude deve ser clara, coerente com a fé que professamos. Quantas vezes, este modo de agir decidido, sem dissimulações nem medos, não é de uma grande eficácia apostólica! Em contrapartida, "assusta o mal que podemos causar se nos deixamos arrastar pelo medo ou pela vergonha de nos mostrarmos como cristãos na vida diária"[4]. Não deixemos de manifestar a nossa fé com simplicidade e naturalidade, quando a situação o requeira. Nunca nos arrependeremos desse comportamento consequente com o nosso ser mais íntimo. E o Senhor se encherá de alegria ao olhar-nos.

II. TODA A VIDA de Jesus está cheia de unidade e de firmeza. Nunca o vemos vacilar. "Já o seu modo de falar, as repetidas expressões: *Eu vim, Eu não vim*, traduzem bem esse «sim» e esse «não», conscientes e inabaláveis, e essa submissão absoluta à vontade do Pai que constitui a sua lei de vida [...]. Durante todo o seu ministério, nunca foi visto a calcular, hesitar, voltar atrás"[5].

Ele pede aos que o seguem essa vontade firme em qualquer situação. Deixar-se levar pelos respeitos humanos é próprio de pessoas com uma formação superficial, sem critérios claros, sem convicções profundas, ou de caráter débil. Os respeitos humanos surgem quando se dá mais valor à opinião das outras pessoas do que ao juízo de Deus, sem ter em conta as palavras de Jesus: *Se alguém se envergonhar de mim e das minhas palavras, também o Filho do homem se envergonhará dele, quando vier na glória de seu Pai com os santos anjos*[6].

Os respeitos humanos podem agravar-se pelo comodismo de não querer passar um mau bocado, pois é mais fácil seguir a corrente; ou pelo medo de pôr em perigo, por exemplo, um cargo público; ou pelo desejo de não singularizar-se, de permanecer no anonimato. Quem segue Jesus deve lembrar-se de que está comprometido com Cristo e com a sua doutrina. "Brilhe o exemplo das nossas vidas e não façamos caso algum das críticas", aconselhava São João Crisóstomo. "Não é possível — continua — que quem de verdade se empenha em ser santo deixe de ter muitos que não o estimam. Mas isso não importa, pois até por esse motivo aumenta a coroa da sua glória. Por isso, devemos prestar atenção a uma só coisa: a ordenar com perfeição a nossa própria conduta. Se o fizermos, conduziremos a uma vida cristã os que andam em trevas"[7], e seremos apoio firme para muitos que vacilam.

Uma vida coerente com as convicções mais íntimas merece o respeito de todos e não raras vezes é o caminho de que Deus se serve para atrair muitas pessoas à fé. O bom exemplo sempre deixa plantada uma boa semente que, em mais ou menos tempo, dará o seu fruto. "E isto de alguém imitar a virtude que vê resplandecer em outro — diz Santa Teresa — é coisa muito contagiosa. É útil este aviso; não o esqueçais"[8].

É verdade que todos tendemos a evitar atitudes que nos possam acarretar certo desprezo ou troça dos amigos, companheiros de trabalho, colegas..., ou simplesmente a incomodidade de ir contra a corrente. Mas também é bem verdade que o amor a Cristo — a quem tanto devemos! — nos ajuda a superar essa tendência, para recuperarmos a "liberdade dos filhos de Deus" que nos leva a comportar-nos com desenvoltura e simplicidade, como bons cristãos, nos ambientes mais adversos.

III. OS CRISTÃOS da primeira hora conduziram-se com a valentia própria de quem tem a sua vida apoiada num alicerce firme. José de Arimateia e Nicodemos, que tinham sido dos discípulos menos conhecidos de Jesus à hora dos milagres, não se acanharam de apresentar-se diante do Procurador romano e de encarregar-se do Corpo morto do Senhor: "são valentes, declarando perante a autoridade o seu amor a Cristo — *«audacter»* — com audácia, na hora da covardia"[9]. De modo semelhante comportaram-se os apóstolos perante a coação do Sinédrio e as perseguições posteriores, plenamente convencidos de que *a palavra da cruz é loucura para os que se perdem, mas, para os que se salvam, isto é, para nós, é virtude de Deus*[10].

Não esqueçamos que, para muitas pessoas, será uma loucura mantermos firmes os vínculos da fidelidade conjugal, não participarmos de negócios pouco honestos, sermos generosos no número de filhos, apesar das preocupações econômicas que daí possam advir, praticarmos o jejum, a abstinência, a mortificação corporal (que tanto ajuda a alma a entender-se com Deus!)... São Paulo afirma que nunca se envergonhou do Evangelho[11], e o mesmo aconselhava a Timóteo: *Porque Deus não nos deu um espírito de timidez, mas de fortaleza, de caridade e de temperança. Portanto, não te envergonhes do testemunho de Nosso Senhor, nem de mim, seu prisioneiro, mas participa comigo dos trabalhos do Evangelho, segundo a virtude de Deus*[12].

O Senhor, quando se encontrou com aquele homem doente na casa do fariseu que o tinha convidado, não deixou de curá-lo, apesar de ser sábado e das críticas que receberia. No meio daquele ambiente hostil, o mais cômodo teria sido adiar o milagre para outro dia da semana. Jesus ensina-nos que devemos levar a cabo as nossas tarefas independentemente "do que dirão", dos comentários adversos que as nossas palavras ou a nossa atuação possam provocar. Uma só coisa, antes de mais nada, deve importar-nos: o juízo de Deus na situação em que nos encontramos. A opinião dos outros está, quando muito, em segundo lugar. Se alguma vez acharmos que devemos calar-nos ou omitir uma ação, deverá ser porque assim o dita a verdadeira prudência, e não a covardia e o medo de sofrer uma contrariedade. Como podemos sofrer menos que isso por Aquele que sofreu por nós a morte, e morte de Cruz?

Que enorme bem faremos aos outros se a nossa vida for coerente com os nossos princípios cristãos! Que alegria terá o Senhor quando nos vir como verdadeiros discípulos seus, que não se escondem nem se envergonham de sê-lo!

Peçamos a Nossa Senhora a firmeza que Ela teve ao pé da Cruz, junto do seu Filho, quando as circunstâncias eram tão hostis e dolorosas.

(1) Lc 14, 1-6; (2) São Cirilo de Alexandria, em *Catena aurea*, vol. VI, p. 160; (3) I. Domínguez, *El tercer Evangelio*, Rialp, Madri, 1989, p. 205; (4) São Josemaria Escrivá, *Sulco*, n. 36; (5) Karl Adam, *Jesus Cristo*, p. 13; (6) Mc 8, 38; (7) São João Crisóstomo, *Homilias sobre São Mateus*, 15, 9; (8) Santa Teresa, *Caminho de perfeição*, 7, 8; (9) São Josemaria Escrivá, *Caminho*, n. 841; (10) 1 Cor 1, 18-19; (11) cf. Rm 1, 16; (12) 2 Tm 1, 7-8.

TEMPO COMUM. TRIGÉSIMA SEMANA. SÁBADO

267. O MELHOR LUGAR

— *Os primeiros lugares.*
— Humildade de Maria.
— Frutos da humildade.

I. TODOS OS DIAS são bons para fazer uns minutos de oração junto da Virgem, mas hoje, sábado, é um dia especialmente apropriado, pois são muitos os cristãos de todas as regiões da terra que procuram que os sábados transcorram muito perto de Maria.

Aproximamo-nos dEla, no dia de hoje, para que nos ensine a progredir na virtude da humildade, fundamento de todas as outras, pois a humildade "é a porta pela qual passam as graças que Deus nos outorga; é ela que amadurece todos os nossos atos, dando-lhes valor e fazendo com que sejam agradáveis a Deus. Finalmente, constitui-nos donos do coração de Deus, até fazer dEle, por assim dizer, nosso servidor, pois Deus nunca pode resistir a um coração humilde"[1]. É tão necessária à salvação que Jesus aproveita qualquer circunstância para elogiá-la.

O Evangelho da Missa[2] diz que Jesus foi convidado para um banquete. Na mesa, como também acontece frequentemente nos nossos dias, havia lugares de honra. Os convidados, talvez atabalhoadamente, dirigiam-se para esses lugares mais considerados. Jesus observava-os. A certa altura, quando talvez a refeição estava já a ponto de terminar, num desses momentos em que a conversa se torna menos ruidosa, disse: *Quando fores convidado para umas bodas, não te sentes no primeiro lugar [...]. Mas vai tomar o último lugar, para que, quando vier o que te convidou, te diga: Amigo, vem mais para cima. Então serás muito honrado na presença de todos os comensais. Porque todo aquele que se exalta será humilhado; e aquele que se humilha será exaltado.*

Jesus ocupou provavelmente um lugar discreto ou aquele que o anfitrião lhe indicou. Ele *sabia onde estar*, e ao mesmo tempo apercebeu-se da atitude pouco elegante, mesmo humanamente, de alguns comensais. Estes, por sua vez, enganaram-se por completo, porque não souberam perceber que o melhor lugar é sempre ao lado de Jesus. Era em ocupar esse lugar, ao lado de Jesus, que deveriam porfiar. Na vida dos homens, observa-se não poucas vezes uma atitude parecida à desses comensais: quanto empenho em serem considerados e admirados, e que pouco em permanecerem perto de Deus! Nós pedimos hoje a Santa Maria, neste tempo de oração e ao longo do dia, que nos ensine a ser humildes, que é a única maneira de crescermos no amor ao seu Filho, de estarmos perto dEle. A humildade conquista o Coração de Deus.

"«*Quia respexit humilitatem ancillae suae*» — porque viu a baixeza da sua escrava...

"Cada dia me persuado mais de que a humildade autêntica é a base de todas as virtudes!

"Fala com Nossa Senhora, para que Ela nos vá adestrando em caminhar por essa senda"[3].

II. A VIRGEM MOSTRA-NOS o caminho da humildade. É uma virtude que não consiste essencialmente em reprimir os impulsos da soberba, da ambição, do egoísmo, da vaidade..., pois Nossa Senhora nunca teve nenhum desses movimentos e, no entanto, foi humilde em grau eminente. A palavra "humildade" vem do latim *humus*, terra, e significa inclinar-se para a terra. Trata-se de uma virtude que consiste fundamentalmente em inclinar-se diante de Deus e diante de tudo o que há de Deus nas criaturas[4], em reconhecer a nossa pequenez e indigência em face da grandeza do Senhor.

As almas santas "sentem uma alegria muito grande em aniquilar-se diante de Deus, em reconhecer que só Ele é grande e que, em comparação com a dEle, todas as grandezas humanas estão vazias de verdade e não são mais do que mentira"[5]. Este aniquilamento não reduz, não encurta as verdadeiras aspirações da criatura, mas enobrece-as e concede-lhes novas asas, abre-lhes horizontes mais amplos.

Quando Nossa Senhora é escolhida como Mãe de Deus, proclama-se imediatamente sua escrava[6]. E no momento em que ouve a sua prima Santa Isabel dizer-lhe que é *bendita entre as mulheres*[7], dispõe-se a servi-la. É a *cheia de graça*[8], mas guarda na sua intimidade a grandeza que lhe foi revelada. Não desvenda o mistério nem sequer a José; deixa que a Providência o faça no momento oportuno. Cheia de alegria, canta as *coisas grandes* que se realizaram nEla, mas diz que essas maravilhas cabem ao Todo-Poderoso; da sua parte, só colaborou com a sua pequenez e o seu querer[9].

"Ignorava-se a si mesma. Por isso, aos seus próprios olhos, não contava absolutamente nada. Não viveu preocupada consigo própria, mas com a vontade de Deus. Por isso pôde medir plenamente o alcance da sua baixeza e da sua condição de criatura — desamparada e segura ao mesmo tempo —, sentindo-se incapaz de tudo, mas sustentada por Deus. A consequência foi que se entregou a Deus, que viveu para Deus"[10]. Nunca buscou a sua própria glória, nem se esforçou por aparecer, nem ambicionou os primeiros lugares nos banquetes, nem quis ser considerada ou receber elogios por ser a Mãe de Jesus. Procurou unicamente a glória de Deus.

A humildade funda-se na verdade, na realidade; sobretudo numa certeza: a de que a distância que existe entre o Criador e a criatura é infinita. Quanto mais se compreende esta distância e o modo como Deus se aproxima da criatura com os seus dons, a alma, com a ajuda da graça, torna-se mais humilde e agradecida. Quanto mais alto se encontra uma criatura, mais compreende esse abismo; por isso a Virgem foi tão humilde.

Ela, a *Escrava do Senhor*, é hoje a Rainha do universo. Cumpriram-se nEla, de modo eminente, as palavras de Jesus no final da parábola: *quem se humilha*, quem ocupa o seu lugar diante de Deus e dos homens, *será exaltado*. Quem é humilde ouve Jesus dizer-lhe: *Amigo, vem mais para cima*. "Saibamos pôr-nos ao serviço de Deus sem condições, e seremos elevados a uma altura incrível; participaremos da vida íntima de Deus — seremos *como deuses!* —, mas pelo caminho regulamentar: o da humildade e da docilidade ao querer do nosso Deus e Senhor"[11].

III. A HUMILDADE FAR-NOS-Á descobrir que todas as coisas boas que existem em nós vêm de Deus, tanto no âmbito da natureza como no da graça: *Diante de ti, Senhor, a minha vida é como um nada*[12], exclama o salmista. Somente a fraqueza e o erro é que são especificamente nossos.

Ao mesmo tempo, porém, a humildade nada tem a ver com a timidez, com a pusilanimidade ou a mediocridade. Longe de apoucar-se, a alma humilde coloca-se nas mãos de Deus e enche-se de alegria e de agradecimento quando o Senhor quer fazer grandes coisas através dela. Os santos foram homens magnânimos, capazes de grandes empreendimentos para a glória de Deus. O humilde é audaz porque conta com a graça do Senhor, que tudo pode, porque recorre com frequência à oração — reza muito —, convencido da absoluta necessidade da ajuda divina. E por ser simples e nada arrogante ou autossuficiente, atrai as amizades, que são veículo para uma ação apostólica eficaz e de longo alcance.

A humildade é o fundamento de todas as virtudes, mas é-o especialmente da caridade: na medida em que nos esquecemos de nós mesmos, podemos interessar-nos verdadeiramente pelos outros e atender às suas necessidades. Ao redor destas duas virtudes encontram-se todas as outras. "Humildade e caridade são as virtudes mães — afirma São Francisco de Sales —; as outras seguem-nas como os pintinhos seguem a galinha"[13]. Em sentido contrário, a soberba, aliada ao egoísmo, é a "raiz e mãe" de todos os pecados, mesmo dos capitais[14], e o maior obstáculo que o homem pode opor à graça.

A soberba e a tristeza andam frequentemente de mãos dadas[15], enquanto a alegria é patrimônio da alma humilde. "Olhai para Maria. Jamais criatura alguma se entregou com tanta humildade aos desígnios de Deus. A humildade da *ancilla Domini* (Lc 1, 38), da escrava do Senhor, é a razão pela qual a invocamos como *causa nostrae laetitiae*, como causa da nossa alegria. Eva, depois de pecar por ter querido na sua loucura igualar-se a Deus, escondia-se do Senhor e envergonhava-se: estava triste. Maria, ao confessar-se escrava do Senhor, é feita Mãe do Verbo divino e enche-se de júbilo. Que este seu júbilo, de Mãe boa, nos contagie a todos nós: que nisto *saiamos* a Ela — a Santa Maria —, e assim nos pareceremos mais com Cristo"[16].

(1) Cura d'Ars, *Sermão para o décimo domingo depois de Pentecostes*; (2) Lc 14, 1, 7-11; (3) São Josemaria Escrivá, *Sulco*, n. 289; (4) cf. Réginald Garrigou-Lagrange, *Las tres edades de la vida interior*, vol. II, p. 670; (5) *ibid.*; (6) cf. Lc 1, 38; (7) Lc 1, 42; (8) Lc 1, 28; (9) cf. Lc 1, 47-49; (10) Federico Suárez, *A Virgem Nossa Senhora*, p. 129; (11) cf. Antonio Orozco Delclos, *Olhar para Maria*, p. 138; (12) Sl 38, 6; (13) São Francisco de Sales, *Epistolário*; (14) São Tomás de Aquino, *Suma teológica*, II-II, q. 162, aa. 7-8; (15) cf. Cassiano, *Colações*, 16; (16) São Josemaria Escrivá, *Amigos de Deus*, n. 109.

TEMPO COMUM. TRIGÉSIMO PRIMEIRO DOMINGO. CICLO A

268. UM SÓ É O VOSSO PAI

— A paternidade de Deus.
— A participação na paternidade divina.
— Apostolado e paternidade de espírito.

I. JESUS FALA ÀS MULTIDÕES e aos seus discípulos da vaidade e dos desejos de glória dos fariseus, que *fazem todas as suas obras para serem vistos pelos homens [...] e cobiçam os primeiros lugares nos banquetes, e as primeiras cadeiras nas sinagogas, e as saudações na praça, e que os homens os chamem mestres*. Mas há um só Mestre e um só Doutor, Cristo. E um só Pai, *que está nos céus*[1].

De Cristo nasce toda a sabedoria; só Ele é o "Mestre que salva, santifica e guia, que está vivo, que fala, que exige, que comove, que corrige, julga e perdoa, que caminha diariamente conosco na História; o Mestre que vem e virá na glória"[2]. O ensinamento da Igreja é o de Cristo, os mestres o são na medida em que são imagem do Mestre.

De maneira semelhante, dizemos que há um só Pai, *que está nos céus*, de quem deriva toda a paternidade no Céu e na terra: *ex quo omnis paternitas in caelis et in terra nominatur*[3]. Deus tem a plenitude da paternidade, e dela participaram os nossos pais ao dar-nos a vida, como também aqueles que de alguma maneira nos geraram para a vida da fé. São Paulo escreve aos primeiros cristãos de Corinto *como a filhos caríssimos. Pois* — diz-lhes —, *ainda que tenhais dez mil pedagogos em Cristo, não tendes muitos pais. Pois fui eu que vos gerei em Jesus Cristo por meio do Evangelho. Rogo-*

-vos, pois, que sejais meus imitadores[4]. E aqueles primeiros cristãos eram conscientes de que, ao emularem São Paulo, se convertiam em imitadores de Cristo. Viam refletido no Apóstolo o espírito do Mestre e o cuidado amoroso de Deus-Pai para com eles.

"Daí que a palavra «Pai» possa empregar-se num sentido real não só para designar a paternidade física, mas também a espiritual. Chamamos o Romano Pontífice, com toda a propriedade, «Pai comum de todos os cristãos»"[5]. E quando honramos os nossos pais e aqueles que nos geraram para a fé, damos muita glória a Deus, pois neles reflete-se a paternidade divina.

II. SÃO PAULO ESCREVE aos primeiros cristãos da Galácia com acentos de pai e de mãe, ao ter notícia das dificuldades que enfrentavam pela fé e ao experimentar a impossibilidade de atendê-los pessoalmente por encontrar-se fisicamente distante: *Filhinhos meus, por quem sinto de novo as dores do parto, até que Jesus Cristo se forme em vós*[6], como uma criança se forma no seio materno. O Apóstolo sentia dentro de si as preocupações de um pai com os seus filhos necessitados.

Na Igreja, são considerados pais aqueles que nos geraram na fé mediante a pregação e o Batismo[7]. Dessa paternidade espiritual participam os cristãos que tenham ajudado os outros — quantas vezes também com dor e fadiga! — a encontrar Cristo. É uma paternidade tanto mais plena quanto maior é a entrega a essa tarefa. Assim, Deus manifesta a sua paternidade atuando através dos cristãos "como um mestre que não só ensina os seus discípulos, mas torna-os capazes de ensinar a outros"[8].

Esta paternidade espiritual é uma parte importante do prêmio que Deus concede nesta vida aos que o seguem, por vocação divina, numa entrega plena. "Ele é generoso... Dá cem por um; e isso é verdade, mesmo nos filhos. — Muitos se privam deles pela glória de Deus, e têm milhares de filhos do seu espírito. — Filhos, como nós o somos do nosso Pai que está nos céus"[9].

Lembremo-nos de que esta missão de paternidade espiritual "implica também essa cordial *ternura e sensibilidade* de que tão eloquentemente nos fala a parábola do filho pródigo (Lc 15, 11-32), ou igualmente a da ovelha extraviada e a da dracma perdida. O amor misericordioso, portanto, é sobremaneira indispensável entre aqueles que convivem mais intimamente: entre os esposos, entre pais e filhos, entre amigos; é de igual modo indispensável na educação e na pastoral"[10].

Lembremo-nos também de que a Virgem Maria exerce a sua maternidade sobre todos os cristãos e sobre todos os homens[11]. Dela aprendemos a ter uma alma grande no trato com aqueles que continuamente procuramos levar ao seu Filho, e que de certo modo geramos para a fé. Santo Ambrósio faz "umas considerações que à primeira vista parecem atrevidas, mas que têm um sentido espiritual claro para a vida do cristão. *Segundo a carne, uma só é a Mãe de Cristo; segundo a fé, Cristo é fruto de todos nós* (Santo Ambrósio, *Expositio Evangelii secundum Lucam*, 2, 26). Se nos identificarmos com Maria, se imitarmos as suas virtudes, poderemos conseguir que Cristo nasça, pela graça, na alma de muitos que se identificarão com Ele pela ação do Espírito Santo. Se imitarmos Maria, participaremos de algum modo da sua maternidade espiritual: em silêncio, como Nossa Senhora; sem que se note, quase sem palavras, com o testemunho íntegro e coerente de uma conduta cristã, com a generosidade de repetir sem cessar um *fiat* — faça-se — que se renova como algo íntimo entre nós e Deus"[12].

III. SÃO PAULO, identificado com Cristo, tornou suas as palavras do Senhor: *Eu sou o bom pastor. O bom pastor dá a vida pelas suas ovelhas*[13]. Por isso alude emocionadamente à sua *solicitude por todas as igrejas*[14], por todos os convertidos à fé através da sua pregação. Mantê-los no caminho e ajudá-los a progredir nele era uma das suas maiores preocupações e, em algumas ocasiões, um dos seus maiores sofrimentos. *Quem está enfermo que eu não enferme? Quem se escandaliza que eu não me abrase?*[15] O Apóstolo é um modelo sempre atual para todos os pastores da Igreja na sua solicitude pelas almas que Deus lhes confiou, e também para todos os cristãos no seu apostolado constante, pois, "como pais em Cristo, devem cuidar dos fiéis que geraram espiritualmente pelo Batismo e pela pregação"[16].

O amor por aqueles que aproximamos de Cristo não é uma simples amizade, mas identifica-se com "o amor de caridade, o mesmo amor com que o Filho de Deus encarnado os ama. É por isto, e só por isto, que Cristo no-lo deu a cada um de nós, para que pudéssemos dá-lo aos outros [...]. O amor pelos nossos irmãos gera em nós o mesmo desejo que gera o do Filho: o de promover a santificação e a salvação dos outros"[17].

Isto leva-nos a amá-los mais e a ser cuidadosos em proporcionar-lhes tudo o que possa ajudá-los a caminhar para a santidade: o exemplo, a correção fraterna quando for oportuno, a palavra amável que anima, a alegria, o otimismo, o conselho que orienta nas dificuldades... E sempre deveremos oferecer-lhes a ajuda mais eficaz de todas as que lhes podemos prestar sem que o saibam: a da oração e da mortificação.

Este amor "comporta sempre uma singular disponibilidade para derramar-se sobre todos os que se encontram no raio da sua ação. No matrimônio, é uma disponibilidade que — embora deva estar aberta a todos — consiste particularmente no amor que os pais dedicam aos filhos. Na virgindade, está aberta a todos os homens, abraçados pelo amor de Cristo esposo"[18]. No celibato e na virgindade por amor a Deus, o Senhor dilata o coração do homem e da mulher para que a paternidade ou maternidade espiritual seja mais extensa e profunda. A entrega a Deus não limita de maneira nenhuma o coração humano; pelo contrário, enriquece-o e torna-o mais capaz de realizar esses sentimentos profundos de paternidade e de maternidade que o próprio Senhor colocou na natureza humana.

O zelo por aqueles sobre os quais, por circunstâncias tão diversas da vida, Deus quis que exercêssemos a nossa paternidade espiritual far-nos-á entender o desvelo com que o nosso Pai-Deus nos acompanha a cada um de nós. E além disso é um bom motivo para que nós mesmos mantenhamos intocável a nossa própria fidelidade ao Senhor, e um estímulo para que procuremos "ir à frente" no caminho da santidade, como o bom pastor.

São José é para nós um modelo de como deve ser a nossa solicitude pelos outros. Visto que o seu amor paterno "não podia deixar de influir no amor filial de Jesus e, vice-versa, o amor filial de Jesus não podia deixar de influir no amor paterno de José, haverá maneira de penetrarmos na profundidade desta relação singularíssima? As almas sensíveis aos impulsos do amor divino veem com razão em José um luminoso exemplo de vida interior"[19]. Aprendamos dele, do seu trato com Jesus, a velar com amor sempre crescente por aqueles que Deus confiou à nossa responsabilidade.

(1) Mt 23, 1-12; (2) João Paulo II, Exort. apost. *Catechesi tradendae*, 16.10.79, 9; (3) Ef 3, 15; (4) 1 Cor 4, 14-16; (5) Sagrada Bíblia, *Epístolas do cativeiro*, nota a Ef 3, 15; (6) Gl 4, 19; (7) cf. *Catecismo romano*, III, 5, n. 8; (8) São Tomás de Aquino, *Suma teológica*, I, q. 103, a. 6; (9) São Josemaria Escrivá, *Caminho*, n. 779; (10) João Paulo II, Enc. *Dives in misericordia*, 30.11.80, 14; (11) cf. Conc. Vat. II, Const. *Lumen gentium*, 61; (12) São Josemaria Escrivá, *Amigos de Deus*, n. 281; (13) Jo 10, 11; (14) 2 Cor 11, 28; (15) 2 Cor 11, 29; (16) Conc. Vat. II, Const. *Lumen gentium*, 28; (17) B. Perquin, *Abba, Padre*, Rialp, Madri, 1986, p. 328; (18) João Paulo II, Carta *Mulieris dignitatem*, 15.08.88, 21; (19) João Paulo II, Exort. apost. *Redemptoris custos*, 15.08.89, 27.

TEMPO COMUM. TRIGÉSIMO PRIMEIRO DOMINGO. CICLO B

269. AMAR COM OBRAS

— O primeiro mandamento.
— Correspondência ao amor de Deus por nós.
— Amar com obras.

I. OS TEXTOS DA MISSA mostram-nos a continuidade entre o Antigo e o Novo Testamento, e ao mesmo tempo a novidade e a perfeição do Novo. Na primeira Leitura[1], vemos enunciado com toda a clareza o primeiro mandamento: *Ouve, ó Israel, o Senhor nosso Deus é o único Senhor. Amarás o Senhor teu Deus com todo o teu coração, e com toda a tua alma, e com todas as tuas forças*. Era uma passagem muito conhecida por todos os judeus, pois repetiam-na duas vezes por dia, nas orações da manhã e da tarde.

No Evangelho[2], lemos como um doutor da Lei fez uma pergunta a Jesus com toda a retidão. Este homem tinha presenciado o diálogo de Jesus com os saduceus e admirou-se com a resposta do Senhor. Decidiu então conhecer melhor os ensinamentos do Mestre e *perguntou-lhe qual era o primeiro de todos os mandamentos*. E Jesus, apesar das duras acusações que lançará contra os fariseus e os escribas, detém-se agora diante desse homem que parece querer conhecer sinceramente a verdade. No fim do diálogo, animando-o a dar um passo mais definitivo em direção à conversão, dir-lhe-á umas palavras alentadoras: *Não estás longe do reino de Deus*. Jesus sempre se detém diante de toda a alma em que brota o menor desejo de conhecê-lo. Agora, pausadamente, repete ao seu interlocutor as palavras do texto sagrado: *Ouve, Israel: o Senhor teu Deus é um só Deus; e amarás o Senhor teu Deus com todo o teu coração...*

Este é o primeiro mandamento, resumo e culminação de todos os outros. Mas em que consiste esse amor? O Cardeal Luciani — que mais tarde seria João Paulo I —, comentando São Francisco de Sales, escrevia que "quem ama a Deus deve embarcar na sua nau, disposto a seguir a rota proposta pelos seus mandamentos, pelas diretrizes de quem o representa e pelas situações e circunstâncias que Ele permite"[3].

E evoca umas palavras da rainha Margarida, esposa de São Luís, rei da França, quando este estava a ponto de embarcar para as Cruzadas. Ela ignorava para onde o rei se dirigia, como também não tinha o menor interesse em conhecer os lugares por onde passaria. Só estava interessada num único assunto: em permanecer ao lado do rei. "Mais do que ir a um lugar, eu o sigo". "Esse rei é Deus e Margarida somos nós, se de verdade amamos a Deus", diz o Cardeal Luciani.

Que interesse pode ter estarmos num lugar ou noutro se estamos com Deus, a quem amamos sobre todas as coisas? Que nos pode importar estarmos sãos ou doentes, sermos ricos ou pobres...? "Sentir-se com Deus como uma criança nos braços de sua mãe! Que nos carregue no braço direito ou no esquerdo, pouco importa: deixemo-lo à sua vontade". Só Ele basta: o lugar onde estejamos, a dor que possamos sofrer, o êxito ou o fracasso, não só têm um valor relativo, como devem ajudar-nos a amar mais. Bem podemos seguir o conselho de Santa Teresa:

Nada te perturbe,
nada te espante,
tudo passa,
Deus não muda,
a paciência tudo alcança;
a quem tem Deus,
nada lhe falta:
só Deus basta[4].

II. *EU TE AMO, Senhor, Tu és a minha fortaleza. Meu Deus, minha rocha, meu refúgio, meu escudo, minha força salvadora, meu baluarte...*[5], rezamos com o Salmo responsorial.

Este Salmo 17 é como um *Te Deum* que Davi dirige a Javé para lhe dar graças pelas inúmeras ajudas que recebeu ao longo da sua vida[6]. O Senhor livrou-o dos seus inimigos, especialmente das mãos de Saul, deu-lhe a vitória sobre os povos pagãos, devolveu-lhe Jerusalém depois de ter tido que abandoná-la por causa da insurreição do seu filho Absalão. Davi sempre encontrou apoio e ajuda no seu Senhor. Portanto, são justos o seu reconhecimento e o seu amor: *Eu te amo, Senhor, minha fortaleza*. Ele foi sempre o seu aliado: rocha, refúgio, baluarte, escudo protetor...; foi sempre o seu amparo: *Salvou-me porque me ama*[7].

Cada um de nós pode repetir essas mesmas palavras. O que conta decisivamente na nossa vida, o que afasta todas as trevas e tristezas é saber que Deus nos ama. Esta realidade cumula o coração de esperança e de consolo: *Nisto se manifestou a caridade de Deus para conosco, em que Deus enviou o seu Filho unigênito ao mundo para que por ele tenhamos a vida. A caridade de Deus consiste nisto: em não termos sido nós que amamos a Deus, mas em que foi ele que nos amou primeiro, e enviou o seu Filho como vítima de propiciação pelos nossos pecados*[8]. A Encarnação é a revelação suprema do amor de Deus por cada um dos seus filhos. Mas esse amor preexistia a toda a manifestação desde toda a eternidade: *Eu te amei com amor eterno*[9]. É anterior a qualquer propósito criador, já que representa o núcleo mais íntimo da essência divina. São Tomás ensina que esse amor é a fonte de todas as graças que recebemos[10].

Mais ainda: para que pudéssemos amá-lo, *a caridade de Deus foi derramada em nossos corações pelo Espírito Santo, que nos foi dado*[11]. "Fomos amados — ensina Santo Agostinho — quando ainda lhe éramos desagradáveis, para que nos fosse concedido algo com que agradar-lhe"[12]. Em outro lugar, o Santo comenta: "Ouve como foste amado quando não eras amável; ouve como foste amado quando eras torpe e feio; antes, enfim, de que houvesse em ti coisa digna de amor. Foste amado primeiro para que te fizesses digno de ser amado"[13].

Como não havemos de corresponder a um amor tão grande? O Senhor pede que o amemos com o afeto do nosso coração, que cada dia pode conhecer mais e melhor esse caminho para a Trindade que é a Santíssima Humanidade de Jesus.

O Pai ama o Filho[14] e ama-nos a nós: *Amaste-os como me amaste a mim*[15]. Ama-nos tanto quanto nós amamos o Filho: *Aquele que me ama será amado por meu Pai*[16].

O amor pede também obras: confiança de filhos quando não entendemos completamente os acontecimentos; súplicas humildes todos os dias, e não só nas necessidades mais imediatas; agradecimento alegre pelos dons que recebemos; fidelidade de filhos em todas as situações... "No castelo de Deus, procuremos aceitar qualquer posto: cozinheiros ou encarregados de lavar os pratos, camareiros, cavalariços, padeiros. Se o rei quiser convocar-nos para o seu Conselho privado, ali iremos, mas sem nos entusiasmarmos muito, sabendo que a recompensa não depende do posto que ocupemos, mas da fidelidade com que sirvamos"[17].

No lugar em que nos encontramos, na situação concreta pela qual passa a nossa vida, é aí que Deus nos quer felizes, pois é nessas circunstâncias que podemos ser-lhe fiéis. Quantas vezes teremos necessidade de dizer: "Senhor, eu te amo..., mas ensina-me a amar-te!"

III. QUANDO RESTAVAM apenas umas poucas moedas no recém-fundado convento de São José de Ávila, comia-se pão duro e pouco mais, mas nunca faltavam velas para o altar, e tudo o que se destinava ao culto era escolhido e bom, dentro da penúria em que se encontravam.

Um visitante que passou por ali perguntou um pouco escandalizado: "Uma toalha perfumada para que o sacerdote seque as mãos antes da Missa?" A Madre Teresa, com o rosto inflamado de devoção, lançou a culpa sobre si mesma: "Esta imperfeição — respondeu —, as freiras adquiriram-na de mim. Mas quando me lembro de que o Senhor se queixou do fariseu por não tê-lo recebido honrosamente, quereria que tudo, desde o umbral da igreja, estivesse empapado de bálsamo"[18]. O Senhor não é indiferente a essas demonstrações sinceras de um coração que sabe amar.

Amamos a Deus cumprindo os mandamentos e os nossos deveres no meio do mundo, evitando a menor ocasião de pecado, vivendo a caridade em mil detalhes... e também nesses gestos que podem parecer pequenos, mas estão cheios de delicadeza e de carinho para com o Senhor: uma genuflexão bem feita diante do Sacrário, a pontualidade nas práticas de piedade, um olhar dirigido com carinho ao Crucifixo ou a uma imagem de Nossa Senhora... São precisamente estas expressões aparentemente pequenas que mantêm aceso esse amor ao Senhor que nunca se deve apagar.

Tudo o que fazemos pelo Senhor são insignificâncias diante da iniciativa divina. "Deus me ama... E o apóstolo João escreve: «Amemos, pois, a Deus, porque Deus nos amou primeiro». — Como se fosse pouco, Jesus dirige-se a cada um de nós, apesar das nossas inegáveis misérias, para nos perguntar como a Pedro: «Simão, filho de João, tu me amas mais do que estes?»...

"— É o momento de responder: «Senhor, Tu sabes tudo, Tu sabes que eu te amo!», acrescentando com humildade: — Ajuda-me a amar-te mais, aumenta o meu amor!"[19]

(1) Dt 6, 2-6; (2) Mc 12, 28-34; (3) cf. Albino Luciani, *Ilustríssimos senhores*, pp. 127-128; (4) Santa Teresa, *Poesias*, VI; (5) Sl 17, 2-4; 17, 51; *Salmo responsorial* da Missa do trigésimo primeiro domingo do Tempo Comum, ciclo B; (6) cf. D. de las Heras, *Comentario ascético-teológico sobre los Salmos*, Zamora, 1988, p. 61; (7) Sl 17, 17-21; (8) 1 Jo 4, 9-10; (9) Jr 31, 3; (10) São Tomás de Aquino, *Suma teológica*, I, q. 43, a. 5; (11) Rm 5, 5; (12) cf. Santo Agostinho, *Comentário ao Evangelho de São João*, 102, 5; (13) Santo Agostinho, *Sermão 142*; (14) Jo 3, 35; (15) Jo 17, 23; (16) Jo 14, 21; (17) Albino Luciani, *Ilustríssimos senhores*, p. 128; (18) cf. Marcelle Auclair, *Teresa de Ávila*, Quadrante, São Paulo, 1995, p. 155; (19) São Josemaria Escrivá, *Forja*, n. 497.

TEMPO COMUM. TRIGÉSIMO PRIMEIRO DOMINGO. CICLO C

270. ZAQUEU

— Desejos de encontrar a Cristo. Empregar os meios necessários.
— Desprendimento e generosidade de Zaqueu.
— Jesus procura-nos sempre. Esperança na nossa vida interior e no apostolado.

I. UMA VEZ MAIS os textos da Missa voltam a falar da misericórdia divina. É lógico que se evoque tanto esta inefável realidade, porque a misericórdia de Deus é uma fonte inesgotável de esperança e porque necessitamos muito da clemência divina. É necessário que nos recordem muitas vezes que o Senhor é *clemente e misericordioso*.

Na primeira Leitura[1], o Livro da Sabedoria fala-nos dessa bondade e cuidado amoroso de que Deus cerca toda a criação e especialmente o homem: *Como poderiam subsistir as coisas se não o tivesses querido? Ou de que modo se conservariam se não as tivesses chamado à existência? Perdoas a todas as criaturas porque são tuas, ó Senhor, tu que amas as almas. Oh, como é bom e suave em tudo o teu espírito, Senhor! Por isso castigas pouco a pouco os que se desencaminham, e advertes os que pecam das faltas que cometem, e os exortas para que abandonem a malícia e creiam em ti, Senhor.*

O Evangelho[2] fala-nos do encontro misericordioso de Jesus com Zaqueu. O Senhor passa por Jericó, a caminho de Jerusalém: à entrada da cidade, tem lugar a cura de um mendigo cego que com a sua fé e a sua insistência conseguiu aproximar-se de Jesus, apesar dos que queriam que se calasse. Agora, já dentro dessa cidade importante, a multidão provavelmente apinhava-se nas ruas por onde o Mestre passava. No meio dela encontra-se um homem que era chefe dos publicanos e rico, bem conhecido em Jericó pelo seu cargo.

Os publicanos eram cobradores de impostos. Roma não tinha funcionários próprios para esse ofício e confiava-o a determinadas pessoas do respectivo país, os quais por sua vez — como Zaqueu —, podiam ter empregados subalternos. O imposto era fixado pela autoridade romana e os publicanos cobravam uma sobretaxa, da qual viviam. Isto prestava-se a arbitrariedades, razão pela qual eram facilmente hostilizados pela população. No caso dos judeus, havia ainda a nota infamante de espoliarem o povo eleito em favor dos gentios[3].

São Lucas diz que Zaqueu *procurava ver Jesus para conhecê-lo, mas não podia por causa da multidão, pois era pequeno de estatura*. Mas o seu desejo é eficaz. Para conseguir realizar o seu propósito, começa por misturar-se com a multidão e depois, sem pensar no insólito da sua atitude, *correndo adiante, subiu a um sicômoro para o ver; porque havia de passar por ali*. Não se importa com o que as pessoas possam pensar ao verem um homem da sua posição começar a correr e depois subir numa árvore. É uma formidável lição para nós que, acima de tudo, queremos ver Jesus e permanecer com Ele.

Mas devemos examinar hoje a sinceridade e o vigor desses desejos: Eu quero realmente *ver Jesus*? — perguntava o Papa João Paulo II ao comentar esta passagem do Evangelho —, faço tudo o que posso para *poder vê-lo*? Este problema, depois de dois mil anos, é tão atual como naquela altura, quando Jesus atravessava as cidades e povoados da sua terra. E é atual para cada um de nós pessoalmente: quero verdadeiramente contemplá-lo, ou não será que venho evitando encontrar-me com Ele? Prefiro não vê-lo ou que Ele não me veja? E se já o vislumbro de algum modo, não será que prefiro *vê-lo de longe*, sem me aproximar muito, sem me situar claramente diante dos seus olhos..., para não ter que aceitar toda a verdade que há nEle, que provém dEle?[4]

II. QUALQUER ESFORÇO que façamos por aproximar-nos de Cristo é amplamente recompensado. *Quando Jesus chegou àquele lugar, levantando os olhos, viu-o e disse-lhe: Zaqueu, desce depressa, porque convém que eu me hospede hoje em tua casa.* Que alegria imensa! Zaqueu, que já se dava por satisfeito de vê-lo do alto de uma árvore, ouve Jesus chamá-lo pelo nome, como a um velho amigo, e, com a mesma confiança, fazer-se convidar para sua casa. "Aquele que tinha por coisa grande e inefável vê-lo passar — comenta Santo Agostinho —, mereceu imediatamente tê-lo em casa"[5]. O Mestre, que tinha lido no coração do publicano a sinceridade dos seus desejos, não quis deixar passar a ocasião. Zaqueu "descobre que é amado pessoalmente por Aquele que se apresenta como o Messias esperado, sente-se tocado no íntimo do seu espírito e abre o seu coração"[6]. Quer estar com o Mestre quanto antes: *Desceu a toda a pressa e recebeu-o alegremente.* Experimentou a alegria singular de todo aquele que se encontra com Jesus.

Zaqueu está agora com o Mestre, e com Ele tem tudo. "Não se assusta de que a acolhida de Cristo na sua própria casa possa ameaçar, por exemplo, a sua carreira profissional ou dificultar-lhe algumas ações, ligadas à sua atividade de chefe de publicanos"[7]. Pelo contrário, mostra com atos a sinceridade da sua nova vida; converte-se em mais um discípulo do Mestre: *Eis, Senhor, que dou aos pobres metade dos meus bens; e se defraudei alguém, devolver-lhe-ei o quádruplo.* Vai muito além do que a Lei de Moisés mandava restituir[8] e além disso dá aos pobres a metade da sua fortuna!

O encontro com Cristo leva-nos a ser generosos com os outros, a compartilhar imediatamente com quem está mais necessitado o muito ou pouco que temos. Zaqueu compreendeu que, para seguir o Mestre, tinha que desfazer-se dos seus bens.

"Meu Deus, vejo que não te aceitarei como meu Salvador se não te reconhecer ao mesmo tempo como Modelo.

"Já que quiseste ser pobre, dá-me amor à Santa Pobreza. O meu propósito, com a tua ajuda, é viver e morrer pobre, ainda que tenha milhões à minha disposição"[9].

III. QUANDO JESUS ENTROU na casa de Zaqueu, muitos começaram a murmurar de que se houvesse hospedado em casa de um pecador. Então o Senhor pronunciou estas consoladoras palavras, das mais belas de todo o Evangelho: *Hoje entrou a salvação nesta casa, pois este também é filho de Abraão.*

Porque o Filho do homem veio buscar e salvar o que tinha perecido. É um convite à esperança: se alguma vez o Senhor permite que passemos por dificuldades, se nos sentimos às escuras e perdidos, temos de saber que Jesus, o Bom Pastor, sairá imediatamente em nossa busca. "O Senhor escolhe um chefe de publicanos: quem poderá desesperar se ele alcançou a graça?", comenta Santo Ambrósio[10]. O Senhor nunca se esquece dos seus.

A figura de Zaqueu também deve ajudar-nos a nunca dar ninguém por perdido ou irrecuperável. Para os habitantes de Jericó, esse chefe dos publicanos estava muito longe de Deus; o Evangelista deixa entrevê-lo[11]. No entanto, desde que entrara na cidade, Jesus tinha os olhos postos nele. Por cima das aparências, Zaqueu possuía um coração generoso, que ardia em desejos de ver o Mestre. E, como São Lucas mostra a seguir, tinha uma alma preparada para o arrependimento, para a reparação, e uma reparação sobreabundante. Do mesmo modo, há muitas pessoas à nossa volta desejosas de ver Jesus e à espera de que alguém se detenha diante delas, olhe para elas com compreensão e as convide a uma vida nova.

Nunca devemos perder a esperança, nem mesmo quando parece que tudo está perdido. A misericórdia de Deus é infinita e onipotente, e supera todos os nossos juízos. Conta-se de uma mulher muito santa um episódio especialmente significativo que deixou uma profunda marca na sua alma e que nos revela graficamente o alcance da misericórdia divina. Um parente dessa pessoa pôs fim à vida atirando-se num rio do alto de uma ponte. A mulher ficou tão desconsolada e triste que nem se atrevia a rezar por ele. Certo dia, o Senhor perguntou-lhe por que não o tinha presente nas suas orações, como costumava fazer com os outros. A pessoa surpreendeu-se com as palavras de Jesus e respondeu-lhe: "Bem sabes que se lançou de uma ponte e deu cabo da vida"... E o Senhor respondeu-lhe: "Não te esqueças de que entre a ponte e a água estava Eu". Conta-se um episódio parecido da vida do Cura d'Ars[12]. Ambos põem de relevo uma mesma realidade: sempre que pensamos na bondade e na compaixão de Deus para com os seus filhos, ficamos aquém.

Não duvidemos nunca do Senhor, da sua bondade e do seu amor pelos homens, por muito extremas ou difíceis que sejam as situações em que nos encontremos ou em que se encontrem as pessoas que queremos levar até Jesus. A sua misericórdia é sempre maior do que os nossos pobres raciocínios.

(1) Sb 11, 25-26; 12, 1-2; (2) Lc 19, 1-10; (3) cf. Sagrada Bíblia, *Santos Evangelhos*, nota a Mt 5, 46; (4) cf. João Paulo II, *Homilia*, 2.11.80; (5) Santo Agostinho, *Sermão 174*, 6; (6) João Paulo II, *Homilia*, 5.11.89; (7) João Paulo II, *Homilia*, 2.11.80; (8) Ex 21, 37 e segs.; (9) São Josemaria Escrivá, *Forja*, n. 46; (10) Santo Ambrósio, *Comentário ao Evangelho de São Lucas*; (11) cf. Lc 19, 7-10; (12) Francis Trochu, *O Cura d'Ars*, Palabra, Madri, 1984, p. 619.

271. SEM ESPERAR NADA EM TROCA

— Dar e dar-se ainda que não se vejam os frutos.
— O prêmio à generosidade. Dar com alegria.
— Pôr a serviço dos outros os talentos recebidos.

I. JESUS FOI CONVIDADO para almoçar em casa de um dos fariseus importantes do lugar[1] e, uma vez mais, utiliza a imagem do banquete para nos transmitir um ensinamento valioso sobre o que devemos fazer pelos outros e o modo de levá-lo a cabo. Dirigindo-se ao que o tinha convidado, disse-lhe: *Quando deres um almoço ou jantar, não convides os teus amigos, nem os teus irmãos, nem os parentes, nem os vizinhos ricos; para que não aconteça que também eles te convidem e te paguem com isso*. A seguir, indica a quem se deve dirigir o convite: aos pobres, aos coxos, aos cegos... E dá a razão desse critério: *Serás bem-aventurado, porque esses não terão com que retribuir-te; receberás a recompensa na ressurreição dos justos*[2].

Os amigos, os parentes, os vizinhos ricos ver-se-ão obrigados a corresponder ao nosso convite com outro, ao menos do mesmo nível ou superior, e portanto o que se gastou na ceia já terá dado o seu fruto imediato. Pode tratar-se de uma obra humana reta, ou até muito boa, se a intenção for reta e os fins nobres (amizade, apostolado, estreitar os laços familiares...), mas, em si mesma, pouco se diferencia daquilo que os pagãos podem fazer. É uma maneira humana de agir: *Se amais os que vos amam, que mérito tendes? Porque os pecadores também amam quem os ama. E se fazeis bem aos que vos fazem bem, que mérito tendes? Porque os pecadores também fazem o mesmo...*[3], dirá o Senhor em outra ocasião.

A caridade do cristão vai mais longe, pois inclui e ultrapassa ao mesmo tempo o plano natural, aquilo que é meramente humano; dá por amor ao Senhor, e sem esperar nada em troca. Os pobres, os mutilados..., nada podem devolver, pois não possuem nada. Então é fácil ver Cristo nos outros. A imagem do banquete não se reduz exclusivamente aos bens materiais; é imagem de tudo o que o homem pode oferecer aos outros: consideração, alegria, otimismo, companhia, atenção...

Conta-se da vida de São Martinho que, certa noite, Cristo lhe apareceu em sonhos vestido com a metade da capa de oficial romano que poucas horas antes o Santo tinha dado a um pobre. Martinho olhou atentamente para o Senhor e reconheceu a capa. Ao mesmo tempo, ouviu Jesus dizer aos anjos que o acompanhavam, num tom de voz que nunca esqueceria: "Martinho, que é apenas um catecúmeno, cobriu-me com estas vestes". Imediatamente o Santo lembrou-se de outras palavras de Jesus: *Todas as vezes que fizestes isto a um destes meus irmãos mais pequeninos, a mim o fizestes*[4]. A visão encheu-o de paz e de alento, e pouco tempo depois administravam-lhe o Batismo[5].

Não devemos fazer o bem esperando uma recompensa nesta vida. Devemos ser generosos (no apostolado, na esmola, nas obras de misericórdia...), mas sem esperar receber nada por isso. A caridade não busca nada, a caridade *não é interesseira*[6]. Devemos dar, semear, dar-nos, ainda que não vejamos nem frutos, nem correspondência, nem agradecimento, nem benefício pessoal algum. O Senhor ensina-nos nesta parábola a dar liberalmente, sem calcular retribuição alguma. Um dia recebê-la-emos em abundância.

II. NÃO SE PERDE NADA do que levamos a cabo em benefício dos outros. Quem dá em abundância dilata e enriquece o seu coração, torna-se jovem e aumenta a capacidade de amar. O egoísmo encolhe a pessoa, limita o seu horizonte pessoal, tornando-o pobre e estreito. Quando não vemos os frutos do nosso sacrifício, nem colhemos dele agradecimento humano algum, basta-nos saber que o objeto da nossa generosidade é o próprio Cristo. Nada se perde. "Não vedes agora — comenta Santo Agostinho — a importância do bem que realizais; o lavrador, ao semear, também não tem diante dos olhos a colheita; mas confia na terra. Por que não confias tu em Deus? Chegará um dia que será o da nossa colheita. Pensa que nos encontramos agora nas fainas de semeadura; mas plantamos para colher mais tarde, conforme diz a Escritura: *Vão andando e choram, espalhando as suas sementes; quando voltarem, virão com alegria, trazendo os feixes* (Sl 125)"[7]. A caridade não desanima se não vê resultados imediatos; sabe esperar, é *paciente*.

A generosidade abre caminho à necessidade vital de dar. O coração que não sabe espalhar o bem entre os que o rodeiam, no ambiente em que vive, inutiliza-se, envelhece e morre. Quando damos, o nosso coração alegra-se e estamos em condições de compreender melhor o Senhor, que deu a sua vida em resgate por todos[8]. Quando São Paulo agradece aos Filipenses a ajuda que lhe prestaram, diz-lhes que está contente não tanto pelo benefício que recebeu, como sobretudo pelo fruto que as esmolas trarão para eles próprios: a fim de que *vão aumentando os juros da vossa conta*[9]. Por isso São Leão Magno recomenda que "quem distribui esmolas se disponha a fazê-lo com despreocupação e alegria, já que, quanto menos reserve para si, maior será o lucro que terá"[10].

São Paulo também animava os primeiros cristãos a viver a generosidade com alegria, pois *Deus ama aquele que dá com alegria*[11]. Ninguém — muito menos o Senhor — pode gostar de um serviço ou de uma esmola praticados de má vontade ou com tristeza: "Se dás o pão com tristeza — comenta Santo Agostinho —, perdeste o pão e o prêmio"[12]. Por outro lado, o Senhor entusiasma-se com a entrega de quem dá e se dá por amor, espontaneamente, sem cálculos...

III. É MUITO o que podemos dar aos outros. Podemos dar-lhes bens materiais — ainda que seja pouco, se dispomos de pouco —, tempo, companhia, cordialidade... Trata-se de pôr ao serviço dos outros os talentos que recebemos do Senhor. "Eis uma tarefa urgente: sacudir a consciência dos que creem e dos que não creem — fazer uma leva de homens de boa vontade —, com o fim de que cooperem e proporcionem os instrumentos materiais necessários para trabalhar com as almas"[13].

O Evangelho da Missa ensina-nos que a melhor recompensa que podemos receber na terra é termos dado. Com isso termina tudo. Nada devemos recordar aos outros; nada lhes deve ser exigido em troca. Ordinariamente, é melhor que os pais não recordem aos filhos o muito que fizeram por eles; nem a mulher ao marido as mil ajudas que em momentos difíceis soube prestar-lhe, os desvelos, a paciência...; nem o marido à mulher o trabalho intenso que lhe custa levar a família para a frente... Tudo fica em melhores mãos quando é anotado unicamente por Deus na história pessoal de cada um. Devemos mesmo aceitar de antemão que as boas ações que levamos a cabo sejam mal interpretadas de vez em quando:

"Vi rubor no rosto daquele homem simples, e quase lágrimas em seus olhos: prestava generosamente a sua colaboração em obras boas, com o dinheiro honesto que ele mesmo ganhava, e soube que os "bons" apodavam de bastardas as suas ações.

"Com ingenuidade de neófito nestas batalhas de Deus, sussurrava: «Estão vendo que me sacrifico... e ainda me sacrificam!»

"— Falei-lhe devagar. Beijou o meu Crucifixo, e a sua indignação natural trocou-se em paz e alegria"[14].

O Senhor manda-nos compreender os outros ainda que eles não nos compreendam (talvez não o possam fazer nesse momento, como não o podiam os indigentes convidados ao banquete, que não estavam em condições de retribuir o convite com outro convite). E devemos também amar as pessoas ainda que nos ignorem, e prestar muitos pequenos serviços ainda que em circunstâncias semelhantes no-los neguem. E tornar a vida amável aos que nos rodeiam, ainda que algumas vezes pareça que nos correspondem com a indiferença...

E tudo isso com coração grande, sem levar uma contabilidade de cada favor prestado. Quando se ouvem lamentos e queixas de alguns que — segundo dizem — passaram pela vida dando e entregando-se sem receber depois as mesmas atenções, pode-se suspeitar de que faltou algo essencial nessa entrega, pelo menos a pureza de intenção. Quem dá de olhos postos em Deus não experimenta desilusão nem cansaço, mas júbilo íntimo e uma abertura de coração que resulta de saber que Deus está contente com o que fez. "Quanto mais generoso fores — por Deus —, mais feliz serás"[15].

A nossa Mãe Santa Maria, que com o seu *faça-se* entregou o seu ser e a sua vida ao Senhor e a nós, seus filhos, ajudar-nos-á a não reservar nada para nós mesmos e a ser generosos nas mil pequenas oportunidades que se apresentam todos os dias.

(1) Cf. Lc 14, 1; (2) Lc 14, 12-14; (3) Lc 6, 32; (4) Mt 25, 40; (5) cf. P. Croiset, *Año cristiano*, Madri, 1846, vol. IV, pp. 82-83; (6) 1 Cor 13, 5; (7) Santo Agostinho, *Sermão 102*, 5; (8) cf. Mt 20, 28; (9) Fl 4, 17; (10) São Leão Magno, *Sermão 10 sobre a Quaresma*; (11) 2 Cor 9, 7; (12) Santo Agostinho, *Comentário aos Salmos*, 42, 8; (13) São Josemaria Escrivá, *Sulco*, n. 24; (14) *ibid.*, n. 28; (15) *ibid.*, n. 18.

TEMPO COMUM. TRIGÉSIMA PRIMEIRA SEMANA. TERÇA-FEIRA

272. SOLIDARIEDADE CRISTÃ

— Membros de um mesmo Corpo.
— A união na caridade.
— A união na fé. Apostolado.

I. O SENHOR QUIS associar-nos a Ele por meio de laços muito estreitos, tão estreitos como os que unem os membros de um corpo vivo. São Paulo ensina-nos numa das Leituras da Missa[1] que *embora sejamos muitos, somos um só corpo em Cristo, e todos membros uns dos outros*.

Cada cristão, conservando a sua própria vida, está inserido na Igreja por meio de vínculos vitais muito íntimos. O Corpo Místico de Cristo, a Igreja, é uma realidade imensamente mais travejada e compacta do que um corpo moral, mais sólida do que qualquer corpo humano. Uma única vida, a vida de Cristo, corre por todo o Corpo e faz com que dependamos muito uns dos outros. A menor dor é acusada pelo Corpo inteiro, e todo o Corpo trabalha na reparação de qualquer ferida.

"Reencontramos nas palavras de Paulo o eco fiel da doutrina do próprio Jesus, que revelou a unidade misteriosa dos seus discípulos com Ele e entre si, apresentando-a como imagem e prolongamento daquela arcana comunhão que une o Pai ao Filho e o Filho ao Pai no vínculo amoroso do Espírito (cf. Jo 17, 21). Trata-se da mesma unidade de que fala Jesus quando usa a imagem da videira e das varas: *Eu sou a videira, vós os sarmentos* (Jo 15, 5), uma imagem que ilumina não apenas a profunda intimidade dos discípulos com Jesus, mas também a comunhão vital dos discípulos entre si: todos são sarmentos da única Videira"[2].

Cada fiel cristão, com as suas boas obras, com o seu empenho por estar mais perto do Senhor, enriquece toda Igreja, ao mesmo tempo que faz sua a riqueza comum. "Esta é a *Comunhão dos Santos* que professamos no *Credo*: o bem de todos torna-se o bem de cada um e o bem de cada um torna-se o bem de todos"[3].

De uma maneira misteriosa mas real, com a nossa santidade pessoal contribuímos para a vida sobrenatural de todos os membros da Igreja. O cumprimento dos deveres diários, a doença, a oração..., são uma contínua fonte de méritos sobrenaturais para os nossos irmãos. "Se oras por todos, também a oração de todos te aproveitará, pois fazes parte do todo. Assim obterás um grande benefício, pois a oração de cada membro do povo torna-se mais rica com a oração dos outros"[4]. A meditação desta verdade não nos anima a viver melhor o dia de hoje, com mais amor, com mais dedicação?

II. CADA UM DE NÓS deve sentir a responsabilidade pessoal de levar seiva nova aos membros do Corpo Místico de Cristo, a toda a humanidade, mediante a oração e o exercício das virtudes. Todos os dias, "cada um sustenta os outros e os outros sustentam-no"[5]. Por isso, não são totalmente exatas essas "formas de pensar que distinguem as virtudes pessoais das virtudes sociais. Não há virtude alguma que possa fomentar o egoísmo; cada uma redunda necessariamente no bem da nossa alma e da alma dos que nos rodeiam [...]. Todos temos que sentir-nos solidários, já que, na ordem da graça, estamos unidos pelos laços sobrenaturais da Comunhão dos Santos"[6].

São Paulo, depois de indicar os diversos carismas, as graças particulares que Deus concede para o serviço aos outros, fala do grande dom comum a todos, que é a caridade. Com ela podemos semear o bem à nossa volta, *amando-vos de todo o coração uns aos outros mediante o amor fraterno, honrando cada um os outros mais do que a si próprio; diligentes no dever, fervorosos no espírito, servidores do Senhor; alegres na esperança, pacientes na tribulação; na oração instantes; compartilhando as necessidades dos santos, procurando praticar a hospitalidade.*

Talvez pensemos de vez em quando que não temos dotes excepcionais para ajudar os outros, que carecemos de meios...

No entanto, a caridade, participação no amor de Cristo pelos seus irmãos, está ao alcance de todos os que seguem o Mestre. Todos os dias damos muito e recebemos muito. A nossa vida é um intercâmbio contínuo, tanto no terreno humano como no sobrenatural. Como é grato ao Senhor ver-nos empenhados em costurar com o nosso amor e espírito de desagravo um ou outro rasgão produzido nesse tecido finíssimo que somos todos os membros da Igreja! Como se alegra quando nos vê partilhar, fazer nossas, *as necessidades dos santos!*

Não existe fraqueza nem virtude solitária. O bem e o mal têm efeitos centuplicados nos outros. Plantamos um grão de trigo na terra e brota uma espiga, boa ou má conforme a semente que tivermos lançado na terra. Se caminhamos com firmeza para Cristo, os nossos amigos correm. Se fraquejamos, talvez parem. "Todas as coisas boas e santas que um indivíduo empreende — ensina o *Catecismo romano* — repercutem em bem de todos, e a caridade é a que permite que lhes sejam proveitosas, pois esta virtude não busca o proveito próprio"[7].

Não deixemos de semear; a nossa vida é uma grande sementeira em que nada se perde. São incontáveis as oportunidades de fazermos o bem, de enriquecermos os homens, de aumentarmos o Corpo Místico de Cristo. Não deixemos de aproveitar as ocasiões, não esperemos pelas grandes oportunidades.

III. AO CRIAR-NOS, Deus fez-nos irmãos, necessitados uns dos outros na vida familiar e social. E também manteve essa complementaridade no plano sobrenatural. A Santíssima Trindade quis salvar os homens e propagar a fé por meio dos próprios homens.

Através do apostolado pessoal dos cristãos, que se encontram no mundo, nas mais variadas situações (no lar, no cabelereiro, nas lojas, no banco, no Congresso...), "a irradiação do Evangelho pode tornar-se extremamente *capilar*, chegando a tantos lugares e ambientes quantos os que estão ligados à vida quotidiana e concreta dos leigos. Trata-se, além disso, de uma irradiação *constante*, pois é inseparável da contínua coerência da vida pessoal com a fé; e também de uma irradiação particularmente *incisiva*, porque, na total partilha das condições de vida, do trabalho, das dificuldades e esperanças dos seus irmãos, os fiéis leigos podem atingir o coração dos seus vizinhos, amigos ou colegas, abrindo-o ao horizonte total, ao sentido pleno da existência: a comunhão com Deus e entre os homens"[8].

Cada membro trabalha para o melhor rendimento de todo o corpo. Acender a fé nos outros ou avivá-la se estava debaixo de cinzas é o maior bem que podemos comunicar. "Com efeito — escreve Santa Teresa —, quando na vida dos santos me acontece ler que converteram almas, isto me causa muito mais devoção, ternura e inveja do que todos os tormentos por que passaram. É esta a inclinação que me deu Nosso Senhor. Parece-me que mais preza Ele uma alma que pelas nossas indústrias e orações lhe ganhamos mediante a sua misericórdia, do que todos os serviços que lhe possamos prestar"[9].

Se com o exemplo e a palavra aproximamos os outros de Cristo, não permaneceremos indiferentes às suas necessidades corporais: tanta ignorância, tanta miséria, tanta solidão...! O trato diário com o Senhor cumulará cada vez mais o nosso coração de misericórdia e de generosidade para compartilhar o muito ou o pouco que tenhamos. Se não estiver nas nossas mãos alcançar o remédio para os males que afligem tantas pessoas à nossa volta, ao menos far-lhes-emos sentir o calor da nossa amizade, do nosso empenho em ajudá-las. Em qualquer caso, juntemos os nossos esforços aos de outros cristãos e aos dos homens de boa vontade, superando as posições partidárias que separam ou levam ao confronto.

Assim imitaremos os primeiros cristãos que, com o seu amor, e muitas vezes com os seus escassos meios materiais, assombraram o mundo pagão porque tornaram realidade o mandato de Jesus: *Dou-vos um mandamento novo: que, assim como eu vos amei, vos ameis também uns aos outros*[10].

(1) Rm 12, 5-16; *Primeira leitura* da Missa da trigésima primeira semana da terça-feira do Tempo Comum, ano I; (2) João Paulo II, Exort. apost. *Christifideles laici*, 30.12.88, 12; (3) *ibid.*, 28; (4) Santo Ambrósio, *Tratado sobre Caim e Abel*, 1; (5) São Gregório Magno, *Homilias sobre Ezequiel*, 2, 1, 5; (6) São Josemaria Escrivá, *Amigos de Deus*, n. 76; (7) *Catecismo romano*, I, 10, n. 23; (8) João Paulo II, Exort. apost. *Christifideles laici*, 28; (9) Santa Teresa, *Livro das Fundações*, 1, 7; (10) Jo 13, 34-35.

TEMPO COMUM. TRIGÉSIMA PRIMEIRA SEMANA. QUARTA-FEIRA

273. OS FRUTOS DA CRUZ

— O sentido da dor.
— Os seus frutos na vida cristã.
— Recorrer a Jesus e a Maria na doença e na contradição.

I. A CRUZ É O SÍMBOLO e o sinal do cristão porque nela se consumou a Redenção do mundo. O Senhor empregou a expressão *tomar a cruz* para indicar qual deveria ser a atitude dos seus discípulos ante a dor e a contradição. No Evangelho da Missa, Jesus diz-nos: *Aquele que não toma a sua cruz e me segue, não pode ser meu discípulo*[1]. E em outra ocasião, dirigindo-se a todos os presentes, advertiu-os: *Se alguém quer vir após mim, negue-se a si mesmo, tome a sua cruz todos os dias e siga-me*[2].

A dor, nas suas diferentes manifestações, é uma realidade universal. São Paulo compara o sofrimento às dores da mãe ao dar à luz: *Sabemos que todas as criaturas gemem e estão como que com dores de parto*[3], e a experiência nos ensina que não há ser humano algum que não sofra por um ou outro motivo. Por isso, São Pedro advertia aos primeiros cristãos na epístola que lhes dirigiu: *Caríssimos, não vos perturbeis com o fogo da tribulação que se acendeu no meio de vós para vos provar, como se vos acontecesse algo de extraordinário*[4].

É como se a dor derivasse da própria natureza humana. No entanto, a fé nos ensina que o sofrimento penetrou no mundo pelo pecado. Deus tinha preservado o homem da dor por um ato de bondade infinita. Criado num lugar de delícias, se tivesse sido fiel a Deus, teria sido levado desse paraíso terreno para o Céu para gozar eternamente da mais pura felicidade.

O pecado de Adão, transmitido aos seus descendentes, alterou os planos divinos. Com o pecado, entraram no mundo a dor e a morte. Mas o Senhor assumiu o sofrimento, não só através das privações normais de qualquer ser humano (passou fome e sede, cansou-se no trabalho...), como sobretudo da sua Paixão e Morte na Cruz, e assim converteu as dores e penas desta vida num bem imenso. Além disso, todos nós fomos chamados — mediante o sofrimento e o sacrifício voluntário — a completar no nosso corpo a Paixão de Jesus[5].

A fé nesta participação misteriosa da Cruz de Cristo dá-nos "a certeza interior de que o homem que sofre *completa o que falta aos sofrimentos de Cristo*, e de que, na dimensão espiritual da obra da Redenção serve, como Cristo, *para a salvação dos seus irmãos e irmãs*. Portanto, não só é útil aos outros, mas presta-lhes ainda um serviço insubstituível. No Corpo de Cristo [...], precisamente o sofrimento impregnado do espírito de Cristo é o mediador insubstituível e autor dos bens indispensáveis à salvação do mundo. Mais do que qualquer outra coisa, o sofrimento abre caminho à graça que transforma as almas. Mais do que qualquer outra coisa, o sofrimento torna presentes na história da humanidade as forças da Redenção"[6].

Está nas nossas mãos colaborarmos generosamente com Cristo mediante a aceitação amorosa de todos os tipos de dor: as contrariedades, as dificuldades da vida, a doença, os sofrimentos próprios e os dos outros..., que Ele permite para a nossa santificação pessoal e de toda a Igreja. A dor ganha então todo o seu sentido e converte-nos em verdadeiros colaboradores do Senhor na obra da salvação das almas: completa-se a obra da nossa santificação[7].

II. A ÁRVORE DA CRUZ está cheia de frutos. Os sofrimentos ajudam-nos a estar mais desprendidos dos bens da terra, da saúde, da riqueza e das honras... *"Deus meus et omnia!"*, meu Deus e meu tudo![8], exclamava São Francisco de Assis. Se o tivermos a Ele, todo o resto não representará grande perda. "Feliz quem pode dizer de todo o coração: meu Jesus, Tu me bastas!"[9]

As tribulações são uma excelente oportunidade para expiarmos melhor as nossas faltas e pecados da vida passada. Santo Agostinho diz que, especialmente quando sofremos, o Senhor atua como médico para curar as chagas que os pecados deixaram em nós, e emprega esses sofrimentos como remédio[10].

As nossas dificuldades e dores fazem-nos recorrer com maior prontidão e constância à misericórdia divina: *Na sua tribulação, hão de procurar-me pela manhã cedo*[11], diz o Senhor pelo profeta Oseias. E Jesus convida-nos a recorrer a Ele em todas as circunstâncias difíceis: *Vinde a mim todos os que trabalhais e estais sobrecarregados, e eu vos aliviarei*[12]. Quantas vezes experimentamos este alívio! Verdadeiramente Ele é *o nosso refúgio e a nossa fortaleza*[13] no meio de todas as tempestades da vida, é o porto a que temos de dirigir-nos pressurosamente.

As contrariedades, a doença, a dor... permitem-nos praticar muitas virtudes (a fé, a coragem, a alegria, a humildade, a identificação com a vontade divina...) e dão-nos a possibilidade de alcançarmos muitos méritos. "Ao pensares em todas as coisas da tua vida que ficarão sem valor por não as teres oferecido a Deus, deverias sentir-te avaro: ansioso por apanhar tudo, por não desaproveitar também nenhuma dor. — Porque, se a dor acompanha a criatura, o que é senão insensatez desperdiçá-la?"[14] E existem épocas na vida em que ela se apresenta abundantemente... Não deixemos que passe sem deixar frutos copiosos na alma.

A dor, enfrentada com sentido cristão, é um grande meio de santidade. A nossa vida interior precisa também das contradições e dos obstáculos para crescer. Santo Afonso Maria de Ligório afirmava que, assim como a chama se aviva em contato com o ar, assim a alma se aperfeiçoa em contato com as tribulações[15]. Até as próprias tentações ajudam a progredir no amor ao Senhor. *Deus é fiel, pois não permitirá que sejais tentados além do que podem as vossas forças, antes vos dará com a tentação a ajuda necessária para suportá-la*[16]. E a prova, suportada junto do Senhor, atrai novas graças e bênçãos.

III. SEMPRE QUE NOS VEJAMOS atribulados, procuremos Jesus, em quem sempre encontraremos consolo e ajuda. Como o salmista, também nós poderemos dizer: *Na minha tribulação, clamei ao Senhor e ele ouviu-me*[17], pois *em nós certamente não há forças suficientes para podermos resistir a essa multidão que se lança sobre nós. E como não sabemos o que fazer, não temos outro recurso senão voltar para Ti os nossos olhos*[18].

No Coração misericordioso de Jesus encontramos sempre a paz e o auxílio. É a Ele que devemos recorrer em primeiro lugar, com toda a serenidade, para não termos que ouvir as palavras que um dia dirigiu a Pedro: *Homem de pouca fé, por que duvidaste?*[19] "Oh! Valha-me Deus! — exclamava Santa Teresa —. Quando Vós, Senhor, quereis dar ânimo, que pouca impressão causam todas as contradições"[20]. Peçamos esse "ânimo" a Jesus quando tivermos de enfrentar a dor e a tribulação.

Junto do Senhor, poderemos tudo; longe dEle, não resistiremos muito: "Com tão bom amigo presente — Nosso Senhor Jesus Cristo —, com tão esforçado capitão, que em matéria de padecer foi o primeiro, tudo se pode sofrer. Serve de ajuda e dá esforço; nunca falta; é amigo verdadeiro"[21]. Com Ele, saberemos comportar-nos com alegria, e mesmo com bom humor, no meio das dificuldades, como fizeram os santos. Deixaram-nos abundantes exemplos disso.

O Senhor ensinar-nos-á também a ver as provas e penas com mais objetividade, para não darmos importância ao que realmente não a tem e para não inventarmos penas que, por falta de humildade, são mero produto da imaginação, "a louca da casa", como a chamava Santa Teresa; ou ainda para não aumentarmos o seu volume quando, com um pouco de boa vontade, podemos suportá-las sem lhes dar a categoria de drama ou de tragédia.

Ao terminarmos a nossa oração, acudimos a Nossa Senhora para que Ela nos ensine a tirar fruto de todas as dificuldades que venhamos a padecer ou pelas quais estejamos passando nestes dias. "«*Cor Mariae perdolentis, miserere nobis!*» —

invoca o Coração de Santa Maria, com ânimo e decisão de te unires à sua dor, em reparação pelos teus pecados e pelos de todos os homens de todos os tempos.

"— E pede-lhe — para cada alma — que essa sua dor aumente em nós a aversão pelo pecado, e que saibamos amar, como expiação, as contrariedades físicas ou morais de cada jornada"[22].

(1) Lc 14, 27; (2) Lc 9, 23; (3) Rm 8, 22; (4) 1 Pe 4, 12; (5) cf. Col 1, 24; (6) João Paulo II, Carta apost. *Salvifici doloris*, 11.02.84, 27; (7) cf. Adolphe Tanquerey, *La divinización del sufrimiento*, pp. 20-21; (8) São Francisco de Assis, *Opúsculos*, Pedeponti, 1739, vol. I, p. 20; (9) Santo Afonso Maria de Ligório, *Sermões abreviados*, 43; (10) cf. Santo Agostinho, *Comentário aos Salmos*, 21, 2, 4; (11) Os 6, 1; (12) Mt 11, 28; (13) Sl 45, 2; (14) São Josemaria Escrivá, *Sulco*, n. 997; (15) Santo Afonso Maria de Ligório, *Sermões abreviados*, p. 823; (16) 1 Cor 10, 13; (17) Sl 119, 1; (18) 2 Par 20, 12; (19) Mt 14, 31; (20) Santa Teresa, *Fundações*, 3, 4; (21) Santa Teresa, *Vida*, 22; (22) São Josemaria Escrivá, *Sulco*, n. 258.

TEMPO COMUM. TRIGÉSIMA PRIMEIRA SEMANA. QUINTA-FEIRA

274. AMIGO DOS PECADORES

— Os doentes é que precisam de médico. Jesus veio curar-nos.
— A ovelha perdida. A alegria de Deus ante as nossas conversões diárias.
— Jesus sai muitas vezes à nossa procura.

I. LEMOS NO EVANGELHO da Missa[1] que os publicanos e os pecadores se aproximavam de Jesus para ouvi-lo. Mas *os fariseus e os escribas murmuravam dizendo: Este recebe os pecadores e come com eles.*

Meditando na vida do Senhor, podemos ver claramente como toda ela manifesta a sua absoluta impecabilidade. Ele próprio perguntará aos que o escutam: *Quem de vós me arguirá de pecado?*[2], e "durante toda a sua vida luta contra o pecado e contra tudo o que gera o pecado, a começar por Satanás, que é o *pai da mentira*... (cf. Jo 8, 44)"[3].

Esta batalha de Jesus contra o pecado e contra as suas raízes mais profundas não o afasta do pecador. Pelo contrário, aproxima-o dos homens, de cada homem. Na sua vida terrena, Jesus costumava mostrar-se particularmente próximo dos que, aos olhos dos homens, passavam por "pecadores" ou o eram de verdade. O Evangelho assim no-lo mostra em muitas passagens, a ponto de os seus inimigos lhe terem dado o título de *amigo dos publicanos e dos pecadores*[4].

A sua vida é um contínuo aproximar-se dos que precisam da saúde da alma. Sai à procura dos que necessitam de ajuda como Zaqueu, em cuja casa se hospeda: *Zaqueu, desce depressa* — diz-lhe — *porque convém que eu me hospede hoje em tua casa*[5]. Não se afasta e até vai em busca dos que estão mais distanciados. Por isso aceita os convites e aproveita as circunstâncias da vida social para estar com aqueles que parecem não ter postas as suas esperanças no Reino de Deus. São Marcos indica que, depois do chamamento dirigido a Mateus, *estavam também à mesa com Jesus e com os seus discípulos muitos publicanos e pecadores*[6]. E quando os fariseus murmuram dessa atitude, Jesus responde-lhes: *Os sãos não têm necessidade de médico, mas os enfermos...*[7] Sentado à mesa com esses homens que parecem estar muito longe de Deus, Jesus mostra-se entranhadamente humano. Não se afasta deles; pelo contrário, procura conversar e relacionar-se com eles.

A suprema manifestação do amor de Jesus pelos que se encontravam numa situação mais crítica deu-se no momento da sua Morte por todos no Calvário. Mas nesse longo percurso até a Cruz, a sua vida foi uma manifestação contínua de interesse por cada um, que se expressava nestas palavras comovedoras: *O Filho do homem não veio para ser servido, mas para servir...*[8] Para servir a todos: aos que têm boa vontade e estão mais preparados para receber a doutrina do Reino e aos que parecem resistir à Palavra divina e ter o coração endurecido.

A meditação de hoje deve levar-nos a aumentar a nossa confiança em Jesus, tanto mais quanto maiores forem as nossas necessidades, quanto mais sentirmos a nossa fraqueza: nesses momentos, Cristo também está perto de nós. De igual forma, pediremos com confiança por aqueles que estão afastados do Senhor, que não correspondem à solicitude com que procuramos aproximá-los de Deus e até parecem afastar-se mais. "Oh!, que dura coisa Vos peço, meu Deus — exclama Santa Teresa —: que queirais a quem não Vos quer, que abrais a quem não Vos chama, que deis saúde a quem gosta de estar doente e anda procurando a doença!"[9]

II. JESUS CRISTO ANDAVA constantemente entre a turba, deixando-se assediar por ela, mesmo depois de entrada a noite[10]; muitas vezes, nem sequer lhe permitiam descansar[11]. A sua existência esteve totalmente dedicada aos seus irmãos os homens[12], com um amor tão grande que chegou a dar a vida por todos[13]. Ressuscitou para a nossa *justificação*[14]; subiu aos Céus *para nos preparar um lugar*[15]; enviou-nos o Espírito Santo *para não nos deixar orfãos*[16]. Quanto mais necessitados nos encontramos, mais atenções tem conosco. Esta misericórdia supera qualquer cálculo e medida humana; é "própria de Deus, e nela se manifesta de forma máxima a sua onipotência"[17].

O Evangelho da Missa continua com uma belíssima parábola em que se expressam os cuidados de que a misericórdia divina rodeia o pecador: *Se um de vós tem cem ovelhas e uma delas se perde, não deixa porventura as noventa e nove no campo, e vai à procura da que se extraviou, até que a encontra? E, quando a encontra, carrega-a sobre os ombros alegremente; e, ao chegar a casa, reúne os amigos e vizinhos para dizer-lhes: Congratulai-vos comigo, porque encontrei a minha ovelha que se tinha perdido*. "A suprema Misericórdia — comenta São Gregório Magno — não nos abandona nem mesmo quando nós a abandonamos"[18]. Jesus Cristo é o Bom Pastor que nunca dá por definitivamente perdida nenhuma das suas ovelhas.

O Senhor também quer expressar aqui a sua imensa alegria, a alegria de Deus, pela conversão do pecador. É um júbilo divino que ultrapassa toda a lógica humana: *Digo-vos que assim também haverá maior júbilo no céu por um pecador que faça penitência, que por noventa e nove justos que não precisem de penitência*, do mesmo modo que um capitão estima mais o soldado que na guerra, tendo voltado depois de fugir, ataca com maior valor o inimigo, do que aquele que nunca fugiu, mas também não mostrou valor algum, comenta São Gregório Magno; ou como o lavrador prefere muito mais a terra que, depois de ter produzido espinhos, dá fruto abundante, do que a terra que nunca teve espinhos, mas nunca produziu fruto abundante[19].

É a alegria de Deus quando retomamos a luta interior, talvez depois de pequenos fracassos nesses pontos em que precisamos de uma conversão: esforçar-nos por vencer as asperezas do caráter; por ser otimistas em todas as circunstâncias, sem desanimar, pois somos filhos de Deus; por aproveitar o tempo no estudo, no trabalho, começando e terminando na hora prevista, deixando de lado telefonemas inúteis ou desnecessários; por desarraigar um defeito; por ser generosos na pequena mortificação habitual... É a luta diária por evitar "extravios" que, mesmo que não sejam graves, nos afastam do Senhor.

Sempre que recomeçamos, o nosso coração cumula-se de júbilo, e o mesmo acontece com o do Mestre. Cada vez que deixamos que Ele nos encontre, somos a alegria de Deus no mundo. O Coração de Jesus "transborda de alegria quando recupera uma alma que lhe tinha escapado. Todos têm que participar da sua felicidade: os anjos e os eleitos do Céu, bem como os justos da terra"[20]. *Alegrai-vos comigo...*, diz-nos o Senhor.

Senhor — canta um antigo hino da Igreja —, *ficaste extenuado procurando-me: / Que não seja em vão fadiga tão grande!*[21]

III. *E QUANDO A ENCONTRA, carrega-a sobre os ombros alegremente...*

Jesus Cristo sai muitas vezes à nossa procura. Ele, que pode medir a maldade e a essência da ofensa a Deus em toda a sua profundidade, aproxima-se de nós; Ele conhece bem a fealdade do pecado e a sua malícia, e, no entanto, "não chega iracundo: o *Justo* oferece-nos a imagem mais comovente da misericórdia [...]. À samaritana, à mulher com seis maridos, diz simplesmente — e nela a todos os pecadores —: *Dá-me de beber* (Jo 3, 4-7). Cristo vê o que essa alma pode ser, quanta beleza se esconde nela — a imagem de Deus ali mesmo —, e que possibilidades, e até que «resto de bondade» não existe naquela vida de pecado, como uma marca inefável, mas realíssima, do que Deus quer dela"[22].

Jesus Cristo aproxima-se do pecador com respeito, com delicadeza. As suas palavras são sempre expressão do seu amor por cada alma. *Vai e não peques mais*[23], é a única coisa que dirá à mulher adúltera que estivera a ponto de ser apedrejada. *Filho, tem confiança, são-te perdoados os teus pecados*[24], dirá ao paralítico que, depois de incontáveis esforços, tinha sido levado pelos seus amigos à presença de Jesus. Momentos antes de morrer, dirá ao Bom Ladrão: *Em verdade te digo: Hoje estarás comigo no Paraíso*[25]. São palavras de perdão, de alegria e de recompensa. Se soubéssemos com que amor Cristo nos espera em cada Confissão! Se pudéssemos compreender o seu interesse em que regressemos!

A impaciência do Bom Pastor é tanta que não fica à espera de ver se a ovelha volta ao redil por conta própria, mas sai pessoalmente em busca dela. Uma vez encontrada, nenhuma outra receberá tantas atenções como ela, pois terá a honra de voltar ao redil aos ombros do pastor. Volta ao redil e "passada a surpresa, é real esse acréscimo de calor que traz ao rebanho, esse descanso merecido do pastor, e a própria calma do cão de guarda, que só de vez em quando, em sonhos, acorda assustado e vai certificar-se de que a ovelha dorme mais aconchegada ainda, se é possível, entre as outras"[26]. Os cuidados e atenções da misericórdia divina para com o pecador arrependido são esmagadores.

O seu perdão não consiste apenas em perdoar e esquecer para sempre os nossos pecados; isto já seria muito. Com a remissão das culpas, a alma também renasce para uma vida nova, ou a que já existia cresce e fortifica-se. O que antes era morte converte-se em fonte de vida; o que era terra dura transforma-se num vergel de frutos duradouros.

O Senhor mostra-nos nesta passagem evangélica todo o valor que tem para Ele uma só alma, pois está disposto a lançar mão de todos os meios para que ela não se perca; mostra também a sua infinita alegria quando alguém volta de novo à sua amizade.

(1) Lc 15, 1-10; (2) Jo 8, 46; (3) João Paulo II, *Audiência geral*, 10.02.88; (4) cf. Mt 11, 18-19; (5) cf. Lc 19, 1-10; (6) cf. Mc 2, 13-15; (7) cf. Mc 2, 17; (8) Mc 10, 45; (9) Santa Teresa, *Exclamações*, n. 8; (10) cf. Mc 3, 20; (11) cf. *ibid.*; (12) cf. Gl 2, 20; (13) cf. Jo 13, 1; (14) cf. Rm 4, 25; (15) cf. Jo 14, 2; (16) cf. Jo 14, 18; (17) São Tomás de Aquino, *Suma teológica*, II-II, q. 30, a. 4; (18) São Gregório Magno, *Homilia 36 sobre os Evangelhos*; (19) cf. São Gregório Magno, *Homilia 34 sobre os Evangelhos*, 4; (20) Georges Chevrot, *El Evangelio al aire libre*, pp. 84-85; (21) Hino *Dies irae*; (22) F. Sopenã, *La confesión*, pp. 28-29; (23) Jo 8, 11; (24) Mt 9, 2; (25) Lc 24, 43; (26) F. Sopenã, *La Confesión*, p. 36.

275. REZAR PELOS DEFUNTOS

— A ajuda às almas do Purgatório, uma verdade vivida na Igreja desde os primeiros tempos.
— Encurtar-lhes a espera para entrarem no Céu com a nossa oração e boas obras.
— As *indulgências*.

I. NESTE MÊS DE NOVEMBRO, a Igreja, como boa Mãe, multiplica os sufrágios pelas almas do Purgatório e convida-nos a meditar sobre o sentido da vida à luz do nosso último fim: a vida eterna, para a qual nos dirigimos a passos rápidos.

A liturgia recorda-nos que o nosso amor pode chegar às almas que se purificam no Purgatório, merecendo por elas e abreviando-lhes o tempo de espera. A morte não destrói a comunidade fundada pelo Senhor: aperfeiçoa-a. A união em Cristo é mais forte que a separação corporal porque o Espírito Santo é um poderoso vínculo de união entre os cristãos. O amor e a fidelidade dos que peregrinam na terra chegam a fluir até eles, levando-lhes alegria e encurtando o espaço que os separa da bem-aventurança eterna. É uma corrente de solidariedade que se produz mesmo que não adiramos a ela expressamente, e que se torna ainda mais eficaz se o fazemos conscientemente[1].

Na Liturgia das Horas[2] de hoje, lemos a narração de uma batalha que os israelitas ganharam com a ajuda divina. No dia seguinte ao da vitória, quando Judas Macabeu mandou cuidar dos corpos dos combatentes caídos na luta, descobriu-

-se que tinham morrido os que traziam entre as roupas objetos consagrados aos ídolos dos povos vizinhos. Judas Macabeu ordenou então que se fizesse uma coleta e se enviasse o produto a Jerusalém *para oferecer sacrifícios pelos pecados*. Porque — conclui o autor sagrado — *obra santa e piedosa é orar pelos defuntos [...], para que sejam absolvidos dos seus pecados*.

Inúmeros epitáfios e muitos textos testemunham que a Igreja, desde os primeiros tempos, "venerou com grande piedade a memória dos defuntos e ofereceu sufrágios por eles"[3], plenamente convencida de que podia aliviar as penas das almas do Purgatório. Pois "se os homens de Matatias expiaram com oblações os crimes daqueles que caíram no combate depois de terem agido impiamente — comenta Santo Efrém —, quanto mais os sacerdotes do Filho expiam, com santas oferendas e a oração dos seus lábios, os pecados dos defuntos!"[4]

O costume de rezar pelos defuntos arraigou-se tanto entre os primeiros cristãos que muito cedo se estabeleceu um momento fixo dentro da Missa para recomendá-los a Deus, mesmo nome por nome: *Lembrai-vos, ó Pai, dos vossos filhos e filhas N. N., que partiram desta vida, marcados com o sinal da fé. A eles, e a todos os que adormeceram no Cristo, concedei a felicidade, a luz e a paz*. E em outra Oração Eucarística podemos ler: *Lembrai-vos também dos nossos irmãos que morreram na esperança da ressurreição e de todos os que partiram desta vida: acolhei-os junto a Vós na luz da vossa face*[5]. Estas expressões empregadas na liturgia da Missa provêm muito provavelmente dos epitáfios dos sepulcros das catacumbas: "com o sinal da fé", "sono dos justos", "lugar de refrigério", são fórmulas que se encontram nos cemitérios romanos dos primeiros séculos e nas *Atas dos Mártires*[6].

Esta verdade — a de podermos interceder pelos que nos precederam —, admitida desde sempre pelo povo cristão, foi declarada solenemente como dogma de fé[7].

Nós, enquanto fazemos estes minutos de oração mental, podemos recordar essas pessoas que já morreram e que continuam unidas a nós por fortes vínculos. Vejamos hoje como é a nossa oração por eles. Não nos esqueçamos de que se trata de uma grande obra de misericórdia muito grata ao Senhor.

II. *Ó DEUS!, Tu és o meu Deus, eu te busco desde o amanhecer; a minha alma tem sede de ti, a minha carne enlanguesce junto de ti como terra árida e seca, sem água*[8]. *A minha alma tem sede de Deus, do Deus vivo: Quando irei e contemplarei a face de Deus?*[9] Esta necessidade e esta ânsia reveladas pelo autor sagrado podem ser aplicadas em toda a sua força às almas do Purgatório.

Os pecados provocam uma dupla desordem. Em primeiro lugar, a ofensa a Deus, que acarreta para a alma o que os teólogos chamam *reato de culpa*, a inimizade, o afastamento de Deus que — em caso de pecado mortal — implica um desvio radical da alma em relação ao fim para que foi criada e a torna merecedora da eterna privação de Deus. Esta culpa, no caso dos pecados cometidos depois do Batismo, é perdoada na Confissão sacramental.

Além disso, e na medida em que o pecado significa uma conversão às criaturas, provoca uma desordem que atinge o próprio pecador e que trunca a sua realização pessoal: "O pecado diminui o próprio homem, impedindo-o de conseguir a plenitude"[10]. E como pela Comunhão dos Santos todos os fiéis estão unidos entre si, esse pecado prejudica e ofende os outros: "A alma que se rebaixa pelo pecado arrasta consigo a Igreja, e, de certa maneira, o mundo inteiro"[11].

Estas consequências do pecado pessoal são o que se chama *reato* (ou resto) *de pena*, que subsiste ordinariamente mesmo depois da absolvição sacramental, e que deve ser reparado nesta vida pelo cumprimento da penitência imposta na Confissão, pela prática de obras boas ou mediante as indulgências concedidas pela Igreja.

A alma que parte deste mundo sem a suficiente reparação ou com pecados veniais e faltas de amor a Deus, deverá purificar-se no Purgatório[12], pois no Céu *não pode entrar nada contaminado*[13]. No Purgatório, as almas satisfazem pelas suas culpas e manchas sem com isso terem merecimento algum — com a morte termina o tempo de merecer —, sem experimentarem nenhum crescimento no seu amor a Deus. Por outro lado, porém, junto com uma dor inimaginável, existe também no Purgatório uma grande alegria, porque as almas ali retidas sabem-se confirmadas em graça e, portanto, destinadas à felicidade eterna.

A Igreja, ao comemorar anualmente os fiéis defuntos, lembra-se ao longo deste mês de novembro desses seus filhos que ainda não podem participar plenamente da bem-aventurança eterna e anima-nos a oferecer o Santo Sacrifício por eles — nada mais valioso pode ser oferecido ao Pai neste mundo —, ao mesmo tempo que concede especiais indulgências aplicáveis a essas almas. O Senhor quis que qualquer obra boa realizada em estado de graça pudesse ser útil e alcançasse um prêmio diante dEle; e estes méritos podem ser aplicados pelos defuntos do Purgatório a título de sufrágio, de ajuda. Assim, podemos oferecer por essa intenção a recepção dos sacramentos, especialmente a Comunhão, o terço, as doenças, a dor, as contrariedades da jornada. Sem esquecermos esse outro cabedal de que dispomos todos os dias como um grande instrumento de ajuda aos nossos irmãos defuntos: o trabalho ou o estudo, feitos com perfeição humana e sentido sobrenatural.

III. AS *INDULGÊNCIAS* — plenárias ou parciais — que podem ser aplicadas como sufrágio têm uma particular importância na ajuda que podemos prestar às almas do Purgatório; algumas até foram previstas exclusivamente em favor dos defuntos.

A Igreja concede indulgência parcial por muitas obras de piedade. Estão neste caso a oração mental, a recitação do *Angelus* ou do *Regina Coeli*; o uso de um objeto piedoso — crucifixo, terço, escapulário, medalha — abençoado por um sacerdote (se tiver sido abençoado pelo Sumo Pontífice ou por um prelado, ganha-se indulgência plenária na festa de São Pedro e São Paulo, após um ato de fé); a leitura da Sagrada Escritura; a recitação do *Lembrai-vos*; *a Comunhão espiritual*, com qualquer fórmula; todas as ladainhas; a recitação do *Adoro te devote*; a *Salve Rainha*; as orações pelo Papa; um retiro espiritual... Algumas destas práticas são ainda mais enriquecidas pela concessão — nas condições habituais: Confissão, Comunhão, oração pelo Sumo Pontífice — do benefício da *indulgência plenária*, que apaga toda a pena temporal devida pelos pecados. É o que acontece, por exemplo, com a recitação do terço em família, a prática da *Via-Sacra*, a meia hora de oração diante do Santíssimo Sacramento, a piedosa visita a um cemitério nos primeiros oito dias do mês de novembro...

Conforme ensinam São Tomás de Aquino[14] e muitos outros teólogos, as almas do Purgatório podem lembrar-se das pessoas queridas que deixaram na terra e pedir por elas, ainda que ignorem — a não ser que Deus disponha o contrário — as necessidades concretas dos que ainda vivem. Intercedem pelos seres queridos que aqui deixaram, como nós rezamos por elas mesmo sem sabermos com certeza se estão no Purgatório ou se já gozam de Deus no Céu. Não podem merecer, mas podem interceder, apresentando ao Senhor os méritos adquiridos aqui na terra. Ajudam-nos em muitas das necessidades diárias, e fazem-no "especialmente em relação aos que estiveram unidos a elas durante esta vida"[15], aos que mais as ajudaram a alcançar a salvação, aos que tinham a seu cargo nesta terra.

Não deixemos de recorrer a elas..., e sejamos generosos nos sufrágios que a liturgia nos propõe especialmente neste mês de novembro. Tendo-as muito presentes, relacionando-nos com elas nesse intercâmbio de orações, devemos chegar a poder dizer delas: "Minhas boas amigas, as almas do Purgatório..."[16]

(1) Cf. Michael Schmaus, *Teología dogmática*, Rialp, Madri, 1965, vol. II, *Los novísimos*, p. 503; (2) cf. Liturgia das Horas, *Primeira leitura*; 1 Mac 9, 1-22; (3) Conc. Vat. II, Const. *Lumen gentium*, 50; (4) Santo Efrém, *Testamentum*, 78; (5) Missal Romano, *Orações eucarísticas I e II*; (6) cf. Federico Suárez, *El sacrifício del altar*, p. 208; (7) Conc. II de Lyon, *Profissão de fé de Miguel Paleólogo*, Dz 464 (858); (8) Sl 52, 1; (9) Sl 41, 3; (10) Conc. Vat. II, Const. *Gaudium et spes*, 13; (11) João Paulo II, Exort. apost. *Reconciliatio et paenitentiae*, 2.12.84, 16; (12) Sagrada Congregação para a Doutrina da Fé, *Carta aos Bispos sobre algumas questões referentes à escatologia*, 17.05.79, 7; (13) Ap 21, 27; (14) cf. São Tomás de Aquino, *Suma teológica*, I, q. 89; (15) Michael Schmaus, *Teología dogmática*, p. 507; (16) São Josemaria Escrivá, *Caminho*, n. 571.

Tempo Comum. Trigésima Primeira Semana. Sábado

276. SERVIR UM SÓ SENHOR

— Pertencemos por inteiro a Deus.
— Unidade de vida.
— Retificar a intenção.

I. NA ANTIGUIDADE, o servo devia-se integralmente ao seu senhor. A sua atividade implicava uma dedicação tão total e absorvente que não era concebível que pudesse compartilhá-la com outro trabalho ou amo. Assim se entendem melhor as palavras de Jesus que lemos hoje no Evangelho da Missa[1]: *Nenhum servo pode servir a dois senhores, porque ou odiará um e amará o outro, ou se afeiçoará a um e desprezará o outro.* E o Senhor conclui: *Não podeis servir a Deus e às riquezas.*

Seguir Cristo significa dirigir para Ele todos os nossos atos. Não temos um tempo para Deus e outro para o estudo, para o trabalho, para os negócios: tudo é de Deus e deve ser orientado para Ele. Pertencemos inteiramente ao Senhor e orientamos para Ele toda a nossa atividade, o descanso, os amores limpos... Temos uma só vida, que se ordena para Deus com todos os atos que a compõem. "A espiritualidade não pode ser nunca entendida como um conjunto de práticas piedosas e ascéticas justapostas de qualquer maneira ao conjunto de direitos e deveres determinados pela condição da pessoa; pelo contrário, as circunstâncias pessoais, na medida em que correspondem ao querer de Deus, devem ser assumidas e vitalizadas sobrenaturalmente por um determinado modo de desenvolver a vida espiritual; desenvolvimento que deve ser alcançado precisamente em e através daquelas circunstâncias"[2].

Como o cordão mantém unidas as contas de um colar, assim o desejo de amar a Deus, a retidão de intenção, dão unidade a tudo o que fazemos. Pelo oferecimento a Deus das nossas obras, todas as nossas atividades do dia, bem como as alegrias e as penas, pertencem ao Senhor. Nada fica à margem do seu amor.

"Na nossa conduta habitual, necessitamos de uma virtude muito superior à do lendário rei Midas: ele convertia em ouro tudo quanto tocava.

"— Nós temos de converter — pelo amor — o trabalho humano da nossa jornada habitual em obra de Deus, com alcance eterno"[3].

Os afazeres diários, a serenidade perante os contratempos, a pontualidade e a ordem, o esforço que supõe cumprir o dever à risca... são a matéria que devemos transformar em ouro do amor a Deus. Tudo deve ser orientado para o Senhor, que é quem dá um valor eterno até às nossas ações mais pequenas.

II. O PROPÓSITO de vivermos como filhos de Deus deve realizar-se em primeiro lugar no âmbito do trabalho, que temos de encaminhar para Deus; na vida do lar, enchendo-a de paz e de espírito de serviço; e nas relações de amizade, que são caminho para que os outros se aproximem cada vez mais do Senhor.

Em tudo isso, a qualquer momento do dia ou da noite, devemos manter o empenho por ser, com a ajuda da graça, homens e mulheres de uma só peça, que não se comportam conforme o vento que sopra ou que relegam o trato com o Senhor para os momentos em que estão na igreja ou recolhidos em oração. Na rua, no trabalho, durante o esporte, numa reunião social, somos sempre os mesmos: filhos de Deus que amavelmente se mostram verdadeiros seguidores de Cristo: *Quer comais, quer bebais ou façais qualquer outra coisa, fazei tudo para a glória de Deus*[4], aconselhava São Paulo aos primeiros cristãos.

"Quando te sentares à mesa — comenta São Basílio a respeito desse versículo do Apóstolo —, reza. Quando comeres pão, faze-o dando graças Àquele que é generoso. Se beberes vinho, lembra-te dAquele que to concedeu para tua alegria e alívio dos teus padecimentos. Quando te vestires, dá graças

Àquele que benignamente te concedeu a roupa. Quando contemplares o céu e a beleza das estrelas, lança-te aos pés de Deus e adora Aquele que na sua Sabedoria dispôs todas essas coisas. Do mesmo modo, quando o sol sair e quando vier o ocaso, enquanto dormires ou estiveres acordado, dá graças a Deus que criou e ordenou todas estas coisas para teu proveito, a fim de que conheças, ames, louves o Criador"[5]. Todas as realidades nobres devem levar-nos ao Senhor.

Da mesma maneira que, quando amamos uma criatura da terra, amamo-la durante as vinte e quatro horas do dia, o amor a Cristo constitui a essência mais íntima do nosso ser e o que configura o nosso agir. Cristo é o nosso único Senhor, a quem procuramos servir no meio dos homens, sendo exemplares no trabalho, nos negócios, no cuidado com a natureza que é parte da Criação divina... Não teria sentido que uma pessoa que mantivesse um trato de amizade com o Senhor não se esforçasse ao mesmo tempo, e como uma consequência lógica, por ser cordial e otimista, por cumprir pontualmente as suas obrigações profissionais, por aproveitar o tempo, por realizar com perfeição as suas tarefas...

O amor a Deus, se é autêntico, reflete-se em todos os aspectos da vida. Por isso, ainda que as questões temporais tenham autonomia e não exista uma "solução católica" para os problemas sociais, políticos etc., também não existem zonas de "neutralidade", em que o cristão deixe de sê-lo e de agir como tal[6]. Por essa mesma razão ainda, o apostolado flui de maneira espontânea nos lugares onde se encontra um discípulo de Cristo, porque é consequência imediata do seu amor a Deus e, portanto, aos homens.

Vejamos habitualmente se a nossa existência vai adquirindo em qualquer coisa que façamos uma sólida unidade e coerência, que é a marca indiscutível dos que seguem verdadeiramente o Senhor.

III. OS FARISEUS QUE ESCUTAVAM o Senhor eram *avarentos* e procuravam compaginar o seu amor pelas riquezas com o serviço a Deus. Por isso *zombavam* de Jesus. Também hoje os homens procuram por vezes ridicularizar o serviço total a Deus e o desprendimento dos bens materiais, porque — como os fariseus — não só não estão dispostos a seguir por esse caminho, como nem sequer concebem que outros possam ter semelhante generosidade: pensam, talvez, que podem existir interesses ocultos nos que escolheram Jesus Cristo como seu único Senhor[7].

Jesus põe a descoberto a falsidade da aparente bondade dos fariseus: *Vós* — diz-lhes — *sois daqueles que vos dais por justificados diante dos homens, mas Deus conhece os vossos corações; porque muitas vezes o que é excelente segundo os homens é abominável diante de Deus*. O Senhor qualifica com uma palavra duríssima — *abominável* — a conduta desses homens que, faltos de unidade de vida, pareciam ser fiéis servidores de Deus, mas estavam muito longe dEle, como o demonstravam as suas obras: *Gostam de passear com longas túnicas, anelam pelas saudações nas praças, pelas primeiras cadeiras nas sinagogas, pelos primeiros assentos nos banquetes, e devoram as casas das viúvas a pretexto de longas orações...*[8] Na verdade, pouco ou nada amavam a Deus: amavam-se a si próprios.

Deus conhece os vossos corações. Estas palavras do Senhor devem servir-nos de conforto, ao mesmo tempo que nos hão de levar a repelir os movimentos interiores de vaidade e vanglória, de tal maneira que toda a nossa vida esteja orientada para a glória de Deus. Agradar a Deus deve ser o grande objetivo de todas as nossas ações. O Papa João Paulo I, quando ainda era Patriarca de Veneza, escrevia este pequeno apólogo cheio de ensinamentos:

À porta da cozinha estavam deitados os cães. João, o cozinheiro, matou um bezerro e lançou as vísceras no pátio. Os cães comeram-nas e disseram: "É um bom cozinheiro".

Pouco tempo depois, João descascava batatas e cebolas, e voltou a lançar as sobras no pátio. Os cães atiraram-se a elas, mas, torcendo o focinho, disseram: "O cozinheiro estragou-se, já não vale nada".

Mas João não se importou com esse juízo e disse: "É o amo quem tem de comer e apreciar os meus pratos, não os cães. Basta-me ser apreciado pelo meu amo"[9].

Se nos lembrarmos habitualmente de que os nossos atos são para Deus, de que é Ele o destinatário último, pouco ou nada deve importar-nos que os homens não nos entendam ou nos critiquem. E acontece então que este amor com obras a Deus se torna, ao mesmo tempo, o maior e o melhor serviço que podemos prestar aos nossos irmãos os homens.

A nossa Mãe Santa Maria ensinar-nos-á a orientar os nossos dias e as nossas horas de tal maneira que a nossa vida seja um verdadeiro serviço a Deus. "Não percas nunca de vista a mira sobrenatural. — Retifica a intenção, como se vai retificando o rumo do navio no mar alto: olhando para a estrela, olhando para Maria. E terás a certeza de chegar sempre a bom porto"[10].

(1) Lc 16, 13-14; (2) Álvaro del Portillo, *Escritos sobre el sacerdocio*, 4ª ed., Palabra, Madri, 1976, p. 113; (3) São Josemaria Escrivá, *Forja*, n. 742; (4) 1 Cor 10, 31; (5) São Basilio, *Homilia in Julitam martirem*; (6) cf. Ignacio Celaya, *Unidad de vida y plenitud cristiana*, EUNSA, Pamplona, 1985, p. 335; (7) cf. Sagrada Bíblia, *Santos Evangelhos*, nota a Lc 16, 13-14; (8) cf. Lc 20, 45-47; (9) cf. Albino Luciani, *Ilustríssimos senhores*, p. 12 e segs.; (10) São Josemaria Escrivá, *Forja*, n. 749.

TEMPO COMUM. TRIGÉSIMO SEGUNDO DOMINGO. CICLO A

277. A PARÁBOLA DAS DEZ VIRGENS

— Cristo é o *esposo* que chega.
— O *juízo particular*.
— Preparar-nos diariamente para o juízo: o exame de consciência.

I. A PARÁBOLA QUE LEMOS no Evangelho da Missa[1] refere-se a uma cena muito familiar aos ouvintes de Jesus, porque de uma maneira ou de outra todos a tinham presenciado ou protagonizado. O Senhor não se detém, por isso, em explicações secundárias. Entre os hebreus, a mulher, depois de celebrados os esponsais, permanecia ainda uns meses na casa de seus pais. Tempos depois, tinha lugar uma segunda cerimônia, em casa da esposa, mais festiva e solene, só após a qual marido e mulher se dirigiam para o novo lar. Na casa da esposa, esta esperava o marido acompanhada por outras jovens não casadas. Quando chegava o esposo, as companheiras da noiva, junto com os outros convidados, entravam com ele e, fechadas as portas, começava a festa.

A parábola e a liturgia da Missa de hoje concentram-se no esposo que chega à meia-noite, num momento inesperado, bem como na disposição em que se encontram os que participarão com ele do banquete de bodas. O esposo é Cristo, que chega a uma hora desconhecida; as virgens representam os homens que compõem a humanidade: uns permanecem vigilantes, dedicados em cheio às boas obras; outros desleixam-se e não têm azeite nas suas lâmpadas.

O período anterior é a vida; o posterior — a chegada do esposo e a festa de bodas —, a bem-aventurança eterna partilhada com Cristo[2].

A parábola centraliza-se, pois, no instante em que Deus vem ao encontro da alma: o momento da morte. Depois do Juízo, uns entrarão na bem-aventurança eterna e outros ficarão impedidos de o fazer por uma porta fechada para sempre, o que denota uma situação definitiva, como também Jesus tinha mencionado em outras ocasiões[3]. O Antigo Testamento diz a propósito da morte: *Se a árvore cair para o sul ou para o norte, em qualquer lugar onde cair, aí ficará*[4]. A morte fixa a alma para sempre nas suas boas ou más disposições.

As dez virgens tinham recebido uma missão de confiança: esperar o esposo, que podia chegar de um momento para o outro. Cinco delas concentraram-se no mais importante — a espera —, e empregaram os meios necessários para não falhar: as lâmpadas acesas com o azeite necessário. As outras cinco estiveram talvez absorvidas em muitas outras coisas, mas esqueceram-se do principal ou deixaram-no num segundo plano. Para nós, a primeira coisa na vida, o que verdadeiramente nos deve importar, é podermos entrar no banquete que o próprio Deus nos preparou. Todas as outras coisas são relativas e secundárias: o êxito, a fama, o conforto material, a saúde... Tudo isso será bom se nos ajudar a manter a lâmpada acesa com uma boa provisão de azeite, isto é, de boas obras.

Não devemos esquecer-nos do essencial, daquilo que se refere ao Senhor, para nos preocuparmos com o secundário, com o que tem menos importância e até, por vezes, nenhuma. Como costumava dizer São Josemaria Escrivá, "há esquecimentos que não são falta de memória, mas de amor"[5]; significam descuido e tibieza, apego às coisas temporais e terrenas, e desprezo, talvez não explicitamente formulado, das coisas de Deus. "Quando chegarmos à presença de Deus, perguntar-nos-ão duas coisas: se estávamos na Igreja e se trabalhávamos na Igreja. Tudo o mais não tem valor. Se fomos ricos ou pobres, se recebemos instrução ou não, se fomos felizes ou desgraçados, se estivemos doentes ou sãos, se tivemos bom nome ou mau"[6].

Examinemos na presença do Senhor o que é realmente o principal na nossa vida nestes momentos. Procuramos o

Senhor em tudo o que fazemos, ou procuramo-nos a nós mesmos? Se Cristo viesse hoje ao nosso encontro, achar-nos-ia vigilantes, esperando-o com as mãos cheias de boas obras?

II. *E À MEIA-NOITE ouviu-se um grito: Eis que vem o esposo, saí ao seu encontro.*

Imediatamente depois da morte, terá lugar o chamado juízo *particular*, em que a alma, com uma luz recebida de Deus, verá num instante e com toda a profundidade os méritos e as culpas da sua vida na terra, as suas boas obras e os seus pecados.

Que alegria nos darão então as jaculatórias que tivermos rezado ao passarmos por uma igreja, as genuflexões diante do Santíssimo Sacramento, as horas de trabalho oferecidas a Deus, o sorriso que tanto nos custou naquela tarde em que nos encontrávamos tão cansados, a prontidão com que nos arrependemos dos nossos pecados e fraquezas, os esforços por aproximar aquele amigo do sacramento da Confissão, as obras de misericórdia, a ajuda econômica e o tempo que pusemos à disposição daquela boa obra! E que dor pelas vezes em que ofendemos a Deus, pelas horas de estudo ou de trabalho que não mereceram chegar até o Senhor, as ocasiões desperdiçadas de falar de Deus naquela visita a uns amigos, naquela viagem...! Que pena por tanta falta de generosidade e de correspondência à graça! Que pena por tanta omissão!

Quem nos julgará é Cristo, *que Deus constituiu juiz dos vivos e dos mortos*[7]. São Paulo recordava esta verdade de fé aos primeiros cristãos de Corinto: *Porque é necessário que todos nós compareçamos diante do tribunal de Cristo, para que cada um receba o que é devido ao corpo, segundo fez o bem ou o mal*[8]. Sendo fiéis a Deus, todos os dias, nas pequenas coisas, utilizando as obras mais correntes para amar e servir a Cristo, não teremos receio algum de apresentar-nos diante dEle; pelo contrário, teremos uma imensa alegria e muita paz: "Porque grande consolação causará à hora da morte — escrevia Santa Teresa de Jesus — ver que seremos julgados por Aquele a quem amamos sobre todas as coisas. Poderemos partir seguras com o pleito das nossas dívidas: não será ir a terra estranha, mas à nossa própria, pois é a Pátria daquele Senhor a quem tanto amamos e que nos ama tanto"[9].

Imediatamente depois da morte, a alma entrará no banquete de bodas ou encontrar-se-á diante de umas portas fechadas para sempre. Os méritos ou a falta deles (os pecados, as omissões, as manchas que ficaram por purificar...) são para as almas — ensina São Tomás de Aquino — o que a leveza e o peso são para os corpos, que os fazem ocupar imediatamente o seu lugar[10].

Meditemos hoje sobre o estado da nossa alma e sobre o sentido que estamos dando aos nossos dias, ao trabalho... e repitamos — retificando o que não estiver de acordo com o querer de Deus — a oração que o Salmo responsorial da Missa nos propõe: *Ó Deus, Tu és o meu Deus; busco-te com solicitude; de ti está sedenta a minha alma, deseja-te a minha carne, como terra árida e ressequida, sem água*[11]. Sei bem, Senhor, que nada do que faço tem sentido se não me aproxima de Ti.

III. “HÁ ESQUECIMENTOS que não são falta de memória, mas de amor”. Quem ama não se esquece da pessoa amada. Quando o Senhor ocupa o primeiro lugar, não nos esquecemos dEle. Permanecemos em atitude vigilante, acordados, como Jesus nos pede no final da parábola: *Vigiai, pois, porque não sabeis o dia nem a hora*.

Para nos prepararmos para esse encontro com o Senhor e não termos surpresas à última hora, devemos ir adquirindo um conhecimento profundo de nós mesmos, agora que é tempo de merecimento e de perdão. Porque *se nós nos julgássemos a nós mesmos, fazendo penitência* — escreve São Paulo aos cristãos de Corinto —, *não seríamos com certeza julgados*[12]: não se descobriria, com surpresa, nada que antes não tivéssemos conhecido e reparado.

Para isso, é necessário que façamos bem o exame diário de consciência, de maneira que tenhamos diante dos olhos, sob a luz divina, os motivos últimos dos nossos pensamentos, atos e palavras, e assim possamos aplicar com prontidão os remédios oportunos. Cada dia da nossa vida é como uma página em branco que o Senhor nos concede para podermos escrever algo belo que perdure na eternidade: “Às vezes, percorro rapidamente todas as páginas escritas e faço voar também as páginas em branco, aquelas em que ainda não escrevi nada, porque ainda não chegou o momento. E sempre, misteriosamente, ficam-me algumas delas presas entre os dedos das mãos, algumas que não sei se chegarei a escrever, porque não sei quando o Senhor me porá pela última vez o livro diante dos olhos"[13].

Nós não sabemos por quanto tempo ainda poderemos rever, corrigir e retificar as páginas que já escrevemos, e todas as noites o nosso exame de consciência pessoal — valente, sincero, delicado, profundo — há de servir-nos para pedir perdão pelas coisas que nesse dia não fizemos de acordo com o querer de Deus e para saber retificá-las no dia seguinte. A consideração das verdades eternas ajudar-nos-á a ser sinceros nesse exame, sem nos enganarmos a nós mesmos, sem ocultar, dissimular ou passar por alto aquilo que nos envergonha ou que humilha a nossa soberba e a nossa vaidade.

O exame de consciência bem feito na presença do Senhor "dar-te-á um grande conhecimento de ti próprio, do teu caráter e da tua vida. Ensinar-te-á a amar a Deus e a concretizar em propósitos claros e eficazes o desejo de aproveitares bem os teus dias [...]. Meu amigo, pega em tuas mãos o livro da tua vida e folheia-o todos os dias, para que a sua leitura não te venha a surpreender no dia do juízo particular, nem te envergonhes da sua publicação no dia do juízo universal"[14]. O Senhor qualifica de *loucas* essas virgens que não souberam preparar a sua chegada. Não existe loucura maior.

Ao terminarmos este tempo de oração, recorramos a Nossa Senhora, *Rainha e Mãe de misericórdia, vida, doçura e esperança nossa*, para que nos ajude a purificar a nossa vida e a enchê-la de frutos. Recorramos também ao Anjo da Guarda, pois "acompanha-nos sempre como testemunha especialmente qualificada. Será ele quem, no teu juízo particular, recordará as delicadezas que tiveres tido com Nosso Senhor, ao longo da tua vida. Mais ainda: quando te sentires perdido pelas terríveis acusações do inimigo, o teu anjo apresentará aqueles impulsos íntimos — talvez esquecidos por ti mesmo —, aquelas manifestações de amor que tenhas dedicado a Deus Pai, a Deus Filho, a Deus Espírito Santo.

"Por isso, não esqueças nunca o teu Anjo da Guarda, e esse Príncipe do Céu não te abandonará, nem no momento decisivo"[15].

(1) Mt 25, 1-13; (2) cf. F. Prat, *Jesucristo*, Jus, México, 1946, vol. II, p. 241; (3) cf. Lc 13, 25; Mt 7, 23; (4) Ecl 11, 3; (5) cit. por Federico Suárez, *Después*, p. 121; (6) São John Henry Newman, *Sermão para o domingo de Septuagésima: o Juízo*; (7) At 10, 42; (8) 2 Cor 5, 10; (9) Santa Teresa, *Caminho de perfeição*, 40, 8; (10) São Tomás de Aquino, *Suma teológica*, supl., q. 69, a. 1; (11) Sl 62, 2; *Salmo responsorial* da Missa do trigésimo segundo domingo do Tempo Comum, ciclo A; (12) 1 Cor 11, 31; (13) Salvador Canals, *Reflexões espirituais*, p. 94; (14) *ibid.*, p. 96; (15) São Josemaria Escrivá, *Sulco*, n. 693.

TEMPO COMUM. TRIGÉSIMO SEGUNDO DOMINGO. CICLO B

278. O VALOR DA ESMOLA

— Dar não só do supérfluo, mas até daquilo que nos parece necessário.
— A esmola manifesta o nosso amor e a nossa entrega ao Senhor.
— Deus recompensa de sobra a nossa generosidade.

I. A LITURGIA DESTE DOMINGO apresenta-nos a generosidade de duas mulheres que mereceram ser louvadas por Deus. Na primeira Leitura[1], narra-se como Elias pediu de comer a uma viúva que encontrou às portas da cidade de Sarepta. Eram dias de seca e de fome, mas aquela mulher partilhou com o profeta aquilo que lhe restava, até o último punhado de farinha, e confiou nas palavras daquele homem de Deus: *A farinha que está na panela não faltará, nem diminuirá na almotolia o azeite, até ao dia em que o Senhor faça cair chuva sobre a terra.* E assim aconteceu. Essa mulher teria a honra de ser lembrada por Jesus[2].

O Evangelho da Missa apresenta-nos o Senhor sentado diante do cofre das oferendas para o Templo[3]. Observava como as pessoas depositavam ali as suas esmolas e como *muitos ricos lançavam dinheiro em abundância*. Então aproximou-se uma pobre viúva e *lançou duas pequenas moedas, que valem um quadrante*. Tratava-se de duas moedas de pouco valor. A sua importância do ponto de vista contábil era mínima, mas para Jesus foi muito grande. Enquanto a mulher partia, Jesus reuniu os seus discípulos e, apontando para ela, disse: *Na verdade vos digo que esta pobre viúva deu mais que todos os outros, porque todos os outros lançaram do que lhes sobrava; ela, porém, na sua necessidade, lançou tudo o que tinha, todo o seu sustento*. Na pessoa dessa mulher, o Senhor elogiava a generosidade das esmolas destinadas ao culto e toda a dádiva que nasce de um coração reto e generoso, decidido a dar mesmo aquilo de que necessita. Mais do que na quantia, Jesus repara nas disposições interiores que movem a agir; não olha tanto para "a quantidade que se oferece, mas para o afeto com que se oferece"[4].

A esmola, não só do supérfluo mas também do necessário, é uma obra de misericórdia gratíssima ao Senhor, que não deixa de ser recompensada. "Uma casa caritativa jamais será pobre"[5], costumava repetir o santo Cura d'Ars. Quem pratica a esmola habitualmente resume e manifesta nessa atitude muitas outras virtudes e atrai a benevolência divina. Na Sagrada Escritura, a esmola é vivamente recomendada: *Dá esmola dos teus bens* — lê-se no Livro de Tobias — *porque assim entesouras uma grande recompensa para o dia da necessidade; porque a esmola livra de todo o pecado e da morte eterna, e não deixa cair a alma nas trevas. A esmola é motivo de grande confiança diante do sumo Deus, para todos os que a dão*[6]. Se alguém não entendesse esta obrigação ou relutasse em cumpri-la, expor-se-ia a reproduzir na sua vida a triste figura daquele mau rico[7] que, preocupado somente consigo e desordenadamente apegado aos seus bens, não conseguiu ver que o Senhor tinha posto o pobre Lázaro perto dele para que o socorresse.

Com que alegria a mulher do Evangelho não voltaria para casa, depois de ter dado tudo o que tinha! Que surpresa não terá sido a sua quando, no seu encontro com Deus depois desta vida, pôde ver o olhar comprazido com que Jesus a olhou naquela manhã em que fez a sua oferta! Todos os dias esse olhar de Deus pousa nas nossas vidas.

II. A ESMOLA BROTA de um coração misericordioso que quer levar um pouco de consolo aos que padecem necessidade, ou contribuir com meios econômicos para a manutenção da Igreja e das obras boas em favor da sociedade. É uma prática que leva ao desprendimento e prepara o coração para entender melhor os planos de Deus. É uma disposição da alma que nos inclina "a ser muito generosos com Deus e com os nossos irmãos; a mexer-nos, a procurar recursos, a gastar-nos para ajudar os que passam necessidade. Não pode um cristão conformar-se com um trabalho que lhe permita ganhar o suficiente para viver ele e os seus. A sua grandeza de coração arrastá-lo-á a meter ombros para sustentar os outros, por um motivo de caridade, e também por um motivo de justiça"[8].

Os primeiros cristãos manifestaram o seu amor aos outros preocupando-se com especial esmero de atender as necessidades materiais dos seus irmãos. Nos Atos dos Apóstolos e nas Epístolas de São Paulo encontramos inúmeras referências sobre o modo de viver esta obra de misericórdia. Sugere-se até a maneira concreta de levá-la a cabo: *No primeiro dia da semana, cada um de vós ponha de parte e junte o que lhe parecer...*[9], escreve São Paulo aos cristãos de Corinto. E não davam apenas do que lhes sobrava: em muitos casos — como acontecia na Macedônia —, quiseram fazê-lo apesar de passarem por duros momentos de penúria. O Apóstolo não deixa de louvá-los, pois, *no meio de muitas tribulações com que são provados, tiveram abundância de gozo, e a sua profunda pobreza abundou em riquezas do seu bom coração; porque eu dou testemunho de que foram espontaneamente liberais, segundo as suas forças, e ainda acima das suas forças, rogando-nos muito encarecidamente a graça de poderem tomar parte neste ministério em favor dos santos*[10]. E não só contribuíram com generosidade para a coleta em favor dos cristãos de Jerusalém, *mas ainda se deram a si mesmos, primeiro ao Senhor, depois a nós pela vontade de Deus*[11].

Com esta última expressão, talvez São Paulo se refira à generosidade com que os seus colaboradores mais leais se entregaram à evangelização. Comentando a passagem, São Tomás afirma que "assim deve ser a ordem ao dar: que primeiro o homem seja aceito por Deus, porque, se não é grato a Deus, também os seus dons não serão recebidos"[12]. A esmola, em qualquer das suas formas, é expressão da nossa entrega e do nosso amor ao Senhor. Dar e dar-se não depende do muito ou do pouco que se possua, mas do amor a Deus que se tenha na alma. "A nossa humilde entrega — insignificante em si, como o azeite da viúva de Sarepta ou o óbulo da pobre viúva — torna-se aceitável aos olhos de Deus pela união com a oblação de Jesus”[13].

III. A ESMOLA ATRAI a bênção de Deus e produz frutos abundantes: cura as feridas da alma, que são os pecados[14]; é “escudo da esperança, suporte da fé, remédio do pecado; está ao alcance de quem quiser praticá-la, e é tão grande como fácil; constitui a coroa da paz sem risco algum de perseguição; é o verdadeiro e o maior dom de Deus; é necessária aos fracos e cumula de glória os fortes. Por meio dela, o cristão recebe a graça espiritual, ganha méritos diante de Cristo Juiz, e passa a ter a Deus como seu devedor”[15].

A esmola deve ser feita com pureza de intenção, olhando para Deus, como aquela viúva mencionada por Jesus no Evangelho; com generosidade, com bens que muitas vezes nos seriam necessários, mas que o são muito mais para os outros; evitando ser mesquinhos ou tacanhos “com quem tão generosamente se excedeu convosco, até se entregar totalmente, sem medida. Pensai: quanto vos custa — também economicamente — ser cristãos?”[16]

A esmola deve nascer de um coração compassivo, cheio de amor por Deus e pelos outros. Por isso, acima do valor material dos bens que se repartem, deve-se ter em conta o espírito de caridade com que se realiza a esmola, e que se manifestará pela alegria e generosidade ao praticá-la. Assim, ainda que não tenhamos muitos bens, tornaremos realidade as palavras de São Paulo que a Liturgia das Horas nos transmite hoje: *Com a virtude de Deus, somos como tristes, mas sempre alegres; como pobres, mas enriquecendo a muitos; como não tendo nada, mas possuindo tudo*[17]. Não demos nunca de má vontade ou com tristeza, *porque Deus ama aquele que dá com alegria*[18].

Deus premiará abundantemente a nossa generosidade. O que tivermos dado aos outros, em tempo, dedicação, bens materiais..., o Senhor no-lo devolverá aumentado. *E digo isto: Aquele que semeia pouco, também colherá pouco; e aquele que semeia em abundância, também colherá em abundância*[19]. Assim Deus multiplicou os poucos bens que a viúva de Sarepta pôs à disposição de Elias, e os pães e os peixes que um rapaz entregou a Jesus[20], e que talvez tivesse reservado previdentemente para aquela necessidade... “Isto diz o teu Senhor [...]:

Deste-me pouco, receberás muito; deste-me bens terrenos, devolver-tos-ei celestiais; deste-me bens temporais, recebê-los-ás eternos..."[21] Com grande verdade afirmava Santa Teresa que "ainda nesta vida paga-os Sua Majestade por tais vias que só quem goza disso é que o percebe"[22].

Peçamos a Nossa Senhora que nos conceda um coração generoso, que saiba dar e dar-se, que não seja mesquinho com o tempo, com os bens econômicos, com o esforço..., à hora de ajudar os outros. O Senhor olhará para nós com um amor compassivo, como olhou para aquela pobre mulher que se aproximou do gazofilácio do Templo.

(1) 1 Rs 17, 10-16; (2) cf. Lc 4, 25 e segs.; (3) Mc 12, 41-44; (4) São João Crisóstomo, *Homilias sobre a Epístola aos Hebreus*, 1; (5) Cura d'Ars, *Sermão sobre a esmola*; (6) Tb 4, 8-11; (7) cf. Lc 16, 19 e segs.; (8) São Josemaria Escrivá, *Amigos de Deus*, n. 126; (9) 1 Cor 16, 2; (10) 2 Cor 8, 2-4; (11) 1 Cor 2, 5; (12) São Tomás de Aquino, *Comentário à segunda Epístola de São Paulo aos Coríntios*, 2, 5; (13) João Paulo II, *Homilia em Barcelona*, 7.11.82; (14) cf. *Catecismo romano*, IV, 14, n. 23; (15) São Cipriano, *Sobre as boas obras e a esmola*, 26; (16) São Josemaria Escrivá, *Amigos de Deus*, n. 126; (17) Liturgia das Horas, *Antífona de Laudes*, 2 Cor 6, 10; (18) 2 Cor 9, 7; (19) 2 Cor 9, 6; (20) cf. Jo 6, 9; (21) Santo Agostinho, *Sermão 38*, 8; (22) Santa Teresa, *Vida*, 4, 2.

TEMPO COMUM. TRIGÉSIMO SEGUNDO DOMINGO. CICLO C

279. A DIGNIDADE DO CORPO HUMANO

— A ressurreição dos corpos declarada por Jesus.
— Os corpos devem dar glória a Deus junto com a alma.
— A nossa filiação divina, iniciada na alma pela graça, será consumada pela glorificação do corpo.

I. A LITURGIA DA MISSA deste domingo propõe à nossa consideração uma das verdades de fé enunciadas no Credo e que repetimos muitas vezes: a ressurreição dos corpos e a existência de uma vida eterna para a qual fomos criados. A primeira Leitura[1] fala-nos dos sete irmãos Macabeus que, junto com a mãe, preferiram a morte a transgredir a Lei do Senhor. Enquanto eram torturados, confessaram com firmeza a sua fé numa vida além da morte: *É melhor morrer às mãos dos homens quando se espera que o próprio Deus nos ressuscitará*.

Outras passagens do Antigo Testamento também expressam esta verdade fundamental revelada por Deus. No tempo de Jesus, tratava-se de uma crença universalmente admitida, a não ser pelo partido dos saduceus, que também não acreditavam na imortalidade da alma, na existência dos anjos e na ação da Providência divina[2]. No Evangelho da Missa[3], lemos que alguns deles se aproximaram de Jesus dispostos a colocá-lo numa situação embaraçosa. Segundo a lei do levirato[4], se um homem morria sem ter tido filhos, o irmão estava obrigado a casar-se com a viúva para deixar descendência. O caso — dizem a Jesus — aconteceu com sete irmãos sucessivamente: *Quando chegar a ressurreição, de qual deles será a mulher, pois que o foi de todos os sete?* Parecia-lhes que essa lei levava a uma situação ridícula se se sustentava a ressurreição dos corpos.

Jesus resolve a dificuldade reafirmando a ressurreição e ensinando as propriedades dos corpos ressuscitados. A vida eterna não será igual à vida presente: *Nem os homens desposarão mulheres, nem as mulheres homens [...], porquanto assemelham-se aos anjos e são filhos de Deus, visto serem filhos da ressurreição.* E, citando a Sagrada Escritura[5], ressalta o grave erro dos saduceus e argumenta: Moisés chamou ao Senhor Deus de Abraão, Deus de Isaac e Deus de Jacó, que tinham morrido há muito tempo. *Ora, Deus não é Deus de mortos mas de vivos, porque, para Ele, todos vivem.* Portanto, ainda que os justos tenham morrido quanto ao corpo, vivem com verdadeira vida em Deus, porque as suas almas são imortais e esperam a ressurreição dos corpos[6]. Os saduceus, *dali em diante, já não se atreviam a interrogá-lo.*

Nós, cristãos, professamos no Credo a nossa esperança na ressurreição do corpo e na vida eterna. Este artigo da fé "expressa o termo e o fim do desígnio de Deus" sobre o homem. "Se não existe ressurreição, todo o edifício da fé desaba, como afirma vigorosissimamente São Paulo (cf. 1 Cor 15). Se o cristão não está certo do conteúdo das palavras *vida eterna*, as promessas do Evangelho, o sentido da Criação e da Redenção desaparecem, e a própria vida terrena fica despojada de toda a esperança (cf. Hb 11, 1)"[7].

Diante da atração das coisas da terra, que por vezes podem parecer as únicas que contam, temos de considerar frequentemente que a nossa alma é imortal, e que se unirá ao nosso corpo no fim dos tempos; ambos — o homem inteiro: alma e corpo — estão destinados a uma eternidade sem fim. Tudo o que levamos a cabo neste mundo deve ser feito com o olhar posto nessa vida que nos espera, pois "pertencemos totalmente a Deus, de alma e corpo, com a carne e com os ossos, com os sentidos e com as potências"[8].

II. A MORTE, como ensina a Sagrada Escritura, não foi feita por Deus; é a pena merecida pelo pecado de Adão[9]. Cristo mostrou com a sua ressurreição o poder sobre a morte: *Mortem nostram moriendo destruxit et vita resurgendo reparavit*; morrendo, destruiu a morte, e, ressuscitando, deu-nos a vida, canta a Igreja no Prefácio pascal. Com a ressurreição de Cristo, a morte perdeu o seu aguilhão, a sua maldade, para se tornar redentora em união com a Morte de Cristo. E nEle e por Ele, os nossos corpos ressuscitarão no fim dos tempos para se unirem à alma, a qual estará dando glória a Deus desde o instante da morte, se tiver sido fiel e nada tiver a purificar.

Ressuscitar significa que volta a levantar-se aquele que caiu[10], que retorna à vida aquele que morreu, que se levanta vivo aquele que sucumbiu no pó. Desde o princípio, a Igreja pregou a ressurreição de Cristo — fundamento de toda a nossa fé — e a ressurreição dos nossos corpos, da nossa carne, "desta em que vivemos, nos movemos e somos"[11]. A alma voltará a unir-se ao corpo para o qual foi criada e do qual se separou com dor. E o Magistério da Igreja precisa: os homens "ressuscitarão com os corpos que agora possuem"[12].

Ao considerarmos que também os nossos corpos darão glória a Deus, compreendemos melhor a dignidade de cada homem e as suas características essenciais e inconfundíveis, diferentes das de qualquer outro ser da Criação. O homem não somente possui uma alma livre, "belíssima entre as obras de Deus, feita à imagem e semelhança do Criador, e imortal porque assim Deus o quis"[13], mas também um corpo que ressuscitará e que, se estiver em graça, é templo do Espírito Santo. São Paulo recordava frequentemente esta verdade gozosa aos primeiros cristãos: *Não sabeis que os vossos membros são templo do Espírito Santo, que habita em vós?*[14]

Os nossos corpos não são uma espécie de prisão que a alma abandona quando parte deste mundo, não "são um lastro que nos vemos obrigados a arrastar, mas as primícias de eternidade confiadas aos nossos cuidados"[15]. A alma e o corpo pertencem-se mutuamente de maneira natural, e Deus criou-os um para o outro. "Respeita-o — exortava São Cirilo de Jerusalém —, já que tem a grande sorte de ser templo do Espírito Santo. Não manches a tua carne [...], e, se te atreveste a fazê-lo, purifica-a agora com a penitência. Limpa-a enquanto tens tempo"[16].

III. A ALTÍSSIMA DIGNIDADE do homem já se encontra presente na sua criação, mas chega à sua plena manifestação com a Encarnação do Verbo, na qual se dá como que um desposório entre o Verbo e a carne humana[17]. "Todo o homem vem ao mundo concebido no seio materno e nasce da sua mãe, e [...] em virtude do mistério da Redenção é confiado à solicitude da Igreja. Esta solicitude afeta o homem todo, inteiro, e está centrada sobre ele de modo absolutamente particular. O objeto destes cuidados da Igreja é o homem na sua única e singular realidade humana, na qual permanece intacta a imagem e semelhança com o próprio Deus"[18].

Ensina São Tomás que a nossa filiação divina, iniciada pela ação da graça na alma, "será consumada pela glorificação do corpo [...], de forma que, assim como a nossa alma foi redimida do pecado, assim o nosso corpo será redimido da corrupção da morte"[19]. E a seguir cita as palavras de São Paulo aos Filipenses: *Nós somos cidadãos dos céus, donde também esperamos o Salvador, nosso senhor Jesus Cristo, o qual transformará o nosso corpo de miséria e o tornará semelhante ao seu corpo glorioso, em virtude do poder que tem de submeter a si todas as coisas*[20]. O Senhor transformará o nosso corpo débil e sujeito à doença, à morte e à corrupção, num corpo glorioso. Não temos o direito de desprezá-lo, como também não temos o direito de exaltá-lo como se fosse a única realidade no homem. Devemos dominá-lo mediante a mortificação porque, em consequência da desordem produzida pelo pecado original, tende sempre a atraiçoar-nos[21].

É novamente São Paulo quem nos exorta: *Fostes comprados por um grande preço. Glorificai, pois, e trazei a Deus no vosso corpo*[22]. E comenta a este respeito o Papa João Paulo II: "A pureza como virtude, quer dizer, como capacidade de *manter o corpo em santidade e respeito* (cf. 1 Ts 4, 4), aliada ao dom da piedade, como fruto da inabitação do Espírito Santo no *templo* do corpo, realiza nele uma plenitude de dignidade tão grande nas relações interpessoais, que o *próprio Deus é glorificado nele*. A pureza é glória do corpo humano diante de Deus. É a glória de Deus no corpo humano"[23].

A nossa Mãe Santa Maria, que subiu ao Céu em corpo e alma, recordar-nos-á a cada momento que o nosso corpo também foi feito para dar glória a Deus, aqui na terra e no Céu por toda a eternidade.

(1) 2 Mac 7, 1-2; 9-14; (2) cf. J. Dheilly, *Diccionario biblico*, v. *Saduceos*, p. 921; (3) Lc 20, 27-38; (4) cf. Dt 25, 5; (5) Ex 3, 2; 6; (6) cf. Sagrada Bíblia, *Santos Evangelhos*, nota a Lc 20, 27-40; (7) S. C. para a Doutrina da Fé, *Carta sobre algumas questões referentes à escatologia*, 17.05.79; (8) São Josemaria Escrivá, *Amigos de Deus*, n. 177; (9) cf. Rm 5, 12; (10) cf. São João Damasceno, *Sobre a fé ortodoxa*, 27; (11) cf. J. Ibañez-F. Mendoza, *La fe divina y católica de la Iglesia*, Magisterio Español, Madri, 1978, nn. 7, 216 e 779; (12) *ibid.*; (13) São Cirilo de Jerusalém, *Catequese*, IV, 18; (14) 1 Cor 6, 19; (15) cf. Ronald A. Knox, *El torrente oculto*, Rialp, Madri, 1956, p. 346; (16) São Cirilo de Jerusalém, *Catequese*, 25; (17) Tertuliano, *Sobre a ressurreição*, 63; (18) João Paulo II, Enc. *Redemptor hominis*, 4.03.79, 13; (19) São Tomás de Aquino, *Comentário à Epístola aos Romanos*, 8, 5; (20) Fl 3, 21; (21) cf. São Josemaria Escrivá, *Caminho*, n. 196; (22) 1 Cor 6, 20; (23) João Paulo II, *Audiência geral*, 18.03.81.

280. RESPONSÁVEIS NA CARIDADE

— As crianças e os que são como elas pela sua simplicidade e inocência. O escândalo.
— Temos sempre que influir nos outros para bem deles. Dar bom exemplo.
— Obrigação de reparar e dever de desagravar as ofensas a Deus.

I. ENCONTRAMOS poucas expressões tão fortes como as que o Senhor pronuncia no Evangelho da Missa de hoje. Jesus diz: *É inevitável que haja escândalos; mas ai daquele por quem vierem! Seria melhor para ele que lhe atassem ao pescoço uma pedra de moinho e o atirassem ao mar, do que ser causa de escândalo para um destes pequeninos*. E termina com esta advertência: *Andai com cuidado*[1].

São Mateus[2] situa a ocasião em que se pronunciaram estas palavras. Os apóstolos vinham falando entre si sobre qual deles seria o primeiro no Reino dos Céus. E Jesus, para que a lição lhes ficasse bem gravada, chamou uma criança (talvez estivesse rodeado por várias delas), trouxe-a para o meio de todos e fez-lhes ver que, se não a imitassem na sua simplicidade e inocência, não poderiam entrar no Reino.

Foi então que, tendo a criança diante de si, ficou com certeza pensativo e sério; contemplou naquela figura frágil, mas de imenso valor, muitas outras que perderiam a inocência em virtude dos escândalos. Foi como se, de repente, desse rédea solta a uma preocupação que trazia dentro de si e que desejava comunicar aos seus discípulos. Assim se explica melhor essa advertência dirigida em primeiro lugar aos que o seguem mais de perto: *Andai com cuidado*.

Escandalizar é fazer cair, ser causa de tropeço, de ruína espiritual para outra pessoa, por meio de palavras, atos ou omissões[3]. E para Jesus, os *pequeninos* são as crianças em cuja inocência se reflete de um modo muito particular a imagem de Deus. Mas são também essa imensa multidão de pessoas que nos rodeiam, simples, menos instruídas e, portanto, mais propensas a tropeçar na pedra interposta no seu caminho. Poucos pecados há tão grandes como este, pois "tende a destruir a maior obra de Deus, que é a Redenção, pela perda das almas: mata a alma do nosso próximo retirando-lhe a vida da graça, que é mais preciosa do que a vida do corpo, e é causa de uma multidão de pecados"[4].

"Que grande valor deve ter o homem aos olhos do Criador, se *mereceu ter tal e tão grande Redentor* (Hino *Exsultet* da Vigília Pascal), se *Deus deu o seu Filho*, a fim de que o homem *não morra, mas tenha a vida eterna!* (cf. Jo 3, 16)"[5]. Jamais podemos perder de vista o imenso valor de cada criatura: um valor que se deduz do preço — a morte de Cristo — pago por ela. "Cada alma é um tesouro maravilhoso; cada homem é único, insubstituível. Cada um vale todo o sangue de Cristo"[6].

II. SÃO PAULO, seguindo o exemplo do mestre, pede aos cristãos que se precavejam de todo o possível escândalo para as consciências débeis e pouco formadas: *Vede que esta liberdade que tendes não se torne ocasião de queda para os fracos*[7]. Influímos muito nos outros, e essa influência deve ser sempre para o bem de quem nos vê e escuta, em qualquer situação em que nos encontremos.

O Senhor pregou a sua doutrina mesmo quando alguns fariseus se escandalizavam[8]. Tratava-se então, como também hoje acontece com frequência, de um falso escândalo, que consistia em buscar contradições ou critérios puramente humanos para não aceitar a verdade. Quantas vezes encontramos pessoas que se "escandalizam" porque um casal foi generoso no número de filhos, aceitando com alegria todos os que Deus lhes deu, e porque assim vivem com finura as exigências da vocação cristã!...

Em não poucas ocasiões, a conduta de um cristão que deseje viver integralmente a doutrina do Senhor chocará com um ambiente pagão ou frívolo e "escandalizará" muitos. São Pedro, recordando umas palavras de Isaías, afirma que Jesus é para muitos *uma pedra de tropeço e uma rocha de escândalo*[9], como tinha profetizado Simeão à Santíssima Virgem[10]. Não devemos surpreender-nos se na nossa vida acontece algumas vezes algo de parecido.

No entanto, devemos evitar por caridade todas essas ocasiões, de per si indiferentes, que podem causar estranheza e até verdadeiro escândalo em outras pessoas menos bem formadas ou que têm uma peculiar maneira de pensar. O Senhor deu-nos exemplo disso quando mandou Pedro pagar o tributo do Templo, a que Ele não estava obrigado, para não desconcertar os cobradores[11], pois sabiam que Jesus era um israelita exemplar em todas as coisas. Não nos faltarão ocasiões de imitar o Mestre. "Não duvido da tua retidão. — Sei que ages na presença de Deus. Mas... (há um "mas"!) as tuas ações são presenciadas ou podem ser presenciadas por homens que julguem humanamente... E é preciso dar-lhes bom exemplo"[12].

Especialmente grave é o escândalo causado por pessoas que gozam de algum gênero de autoridade ou renome: pais, educadores, governantes, escritores, artistas... e os que têm a seu cargo a formação de outros. "Se as pessoas simples vivem na tibieza — comenta São João de Ávila —, fazem mal; mas o seu mal tem remédio, e só se prejudicam a si próprias; mas se os educadores são tíbios, então cumpre-se o *ai!* do Senhor [...], pois contagiam a sua tibieza a outros e até lhes apagam o fervor"[13].

As palavras do Senhor recordam-nos que devemos estar atentos às consequências das nossas palavras e ações, sem nos deixarmos levar pela inconsciência ou pela frivolidade.

"Sabes o mal que podes ocasionar jogando para longe uma pedra com os olhos vendados?

"— Também não sabes o prejuízo que podes causar, às vezes grave, quando lanças frases de murmuração, que te parecem levíssimas por teres os olhos vendados pela inconsciência ou pela exaltação"[14].

Quem é motivo de escândalo tem a obrigação, por caridade, e às vezes por justiça, de reparar o dano espiritual ou material que ocasionou. O escândalo público exige reparação pública. E mesmo nos casos em que seja impossível fazê-lo adequadamente, persiste a obrigação, sempre possível, de compensar esse mal com oração e penitência. A caridade, movida pela contrição, encontra sempre o modo adequado de reparar o mal que se causou.

Esta passagem do Evangelho pode servir-nos para dizer ao Senhor: "Perdão, Senhor, se de alguma maneira, mesmo sem o perceber, fui ocasião de tropeço para alguém!" São os pecados ocultos, dos quais também podemos pedir perdão na Confissão. Oxalá as palavras do Senhor: *Andai com cuidado*, nos ajudem a estar vigilantes e a ser prudentes.

III. DEVERIA PODER-SE DIZER de nós o mesmo que os contemporâneos disseram de Jesus: *Passou fazendo o bem...*[15] A nossa vida deve estar cheia de obras de caridade e de misericórdia, às vezes tão pequenas que não farão muito ruído: sorrir, animar, prestar com alegria pequenos serviços, desculpar prontamente os erros do próximo... Trata-se de um sinal para o mundo, pois pela caridade nos conhecerão como discípulos de Cristo[16]. É também uma referência para nós mesmos, porque, se examinarmos a nossa atitude diante dos outros, poderemos avaliar instantaneamente o nosso grau de união com Deus.

Se é próprio do escândalo quebrar e destruir, é próprio da caridade compor, unir e curar. O bom exemplo será sempre uma forma eficaz de contrabalançar o mal que, talvez sem o perceberem, muitos vão semeando pela vida. Ao mesmo tempo, prepara o terreno para um apostolado fecundo. "Não devemos esquecer nunca que somos homens que tratam com outros homens, mesmo quando queremos fazer bem às almas. Não somos anjos. E por isso a nossa fisionomia, o nosso sorriso, os nossos modos são elementos que condicionam a eficácia do nosso apostolado"[17].

Se o escândalo tende a separar as almas de Deus, a caridade mais fina há de animar-nos a levá-las a Ele, a procurar que muitos encontrem a porta do Céu. Santa Teresa dizia: "Parece-me que mais preza Deus uma alma que pelas nossas indústrias e orações lhe ganhamos mediante a sua misericórdia, do que todos os serviços que lhe possamos prestar"[18].

Nunca fiquemos de braços cruzados diante do mal. Perante essa doença moral, devemos aumentar os nossos desejos de reparação e desagravo ao Senhor, e reafirmar as nossas ânsias de apostolado. Quanto maior for o mal, maior deve ser a nossa vontade de semear o bem.

Não deixemos de pedir ao Senhor pelos que são causa de que outros se afastem do bem, e pelas almas que podem ser afetadas por essas palavras, por esse artigo, por esse programa de televisão... Santa Maria alcançar-nos-á graças especiais e o Senhor ouvirá a nossa oração. Quando no fim da vida nos apresentarmos diante dEle, esses atos de reparação e de desagravo constituirão uma boa parte do tesouro que teremos ganho aqui na terra.

(1) Lc 17, 1-3; (2) cf. Mt 18, 1-6; (3) São Tomás de Aquino, *Suma teológica*, II-II, q. 43, a. 1; (4) *Catecismo de São Pio X*, n. 418; (5) João Paulo II, Enc. *Redemptor hominis*, 4.03.79, 10; (6) São Josemaria Escrivá, *É Cristo que passa*, n. 80; (7) 1 Cor 8, 9; (8) cf. Mt 15, 12-14; (9) cf. 1 Pe 2, 8; (10) cf. Lc 2, 34; (11) cf. Mt 17, 21; (12) São Josemaria Escrivá, *Caminho*, n. 275; (13) São João de Ávila, *Sermão 55 para a Infra oitava de Corpus*; (14) São Josemaria Escrivá, *Caminho*, n. 455; (15) At 10, 38; (16) cf. Jo 13, 35; (17) Salvador Canals, *Reflexões espirituais*, p. 49; (18) Santa Teresa, *Fundações*, 1, 7.

281. SERVOS INÚTEIS

— Sem a graça santificante, não serviríamos para nada.
— O Senhor nunca nega a sua ajuda.
— Colaboradores de Deus.

I. NO EVANGELHO DA MISSA[1], o Senhor coloca-nos hoje diante da realidade da nossa vida. Se algum de vós — diz Jesus — tiver um servo que estiver lavrando a terra ou apascentando o gado, com certeza não lhe dirá quando o vir chegar a casa: *Entra logo e senta-te à mesa*. Pelo contrário, primeiro o servo servirá a refeição ao seu senhor, e só depois é que comerá. Aliás, segundo as condições daquela época, o próprio servo não esperava nenhum agradecimento pelo seu trabalho: *fez o que devia. Assim vós* — prossegue o Senhor —, *depois de terdes feito tudo o que vos foi mandado, dizei: Somos servos inúteis; fizemos o que devíamos fazer.*

Jesus não aprova a conduta daquele senhor, talvez abusiva e arbitrária, mas serve-se de uma realidade do seu tempo, conhecida por todos, para ilustrar qual deve ser a atitude da criatura em relação ao Criador. Desde a nossa chegada a este mundo até a vida eterna a que fomos destinados, tudo procede do Senhor como uma imensa dádiva. Portanto, comenta Santo Ambrósio, "não te julgues mais por seres chamado filho de Deus — deves, sim, reconhecer a graça, mas não deves esquecer a tua natureza —, nem te envaideças por teres servido fielmente, já que esse era o teu dever. O sol cumpre a sua tarefa, a lua obedece, os anjos também servem"[2]. Não havemos também nós de servir a Deus com a nossa inteligência e vontade, com todo o nosso ser?

Não devemos esquecer que fomos elevados gratuitamente, sem mérito algum da nossa parte, à dignidade de filhos de Deus; mas, por nós mesmos, não só somos servos, como *servos inúteis*, incapazes de levar a cabo o que o nosso Pai nos encomendou, se Ele não nos ajudar. A graça divina é a única coisa que pode potenciar os nossos talentos humanos para trabalharmos por Cristo, para sermos seus colaboradores e fazermos obras meritórias. A nossa capacidade não está em proporção com os frutos sobrenaturais que procuramos.

Sem a graça santificante, para nada serviríamos. Somos como o "pincel nas mãos do artista"[3]. As grandes obras que o Senhor quer realizar com a nossa vida devem ser atribuídas ao Artista, não ao pincel. A glória do quadro pertence ao pintor; o pincel, se tivesse vida própria, experimentaria a imensa felicidade de ter colaborado com um mestre tão grande, mas não cometeria a insensatez de apropriar-se do mérito.

Se formos humildes — "andar na verdade" é ser consciente de que não passamos de *servos inúteis* —, sentir-nos--emos impelidos a pedir a Deus a graça necessária para cada obra que realizamos. E além disso rejeitaremos sempre — ao menos interiormente — qualquer louvor que nos façam, e dirigi-lo-emos ao Senhor, pois qualquer coisa boa que tenha saído das nossas mãos, devemos atribuí-la em primeiro lugar a Deus, que pode "servir-se de uma vara para fazer brotar água da rocha, ou de um pouco de barro para devolver a vista aos cegos"[4]. Somos o barro que dá vista aos cegos, a vara que faz brotar uma fonte no meio do deserto..., mas é Cristo o verdadeiro autor dessas maravilhas. Que faria o barro por si próprio...? Apenas sujar.

II. O SENHOR RESSALTA na parábola da videira e dos sarmentos[5] a necessidade do influxo divino para podermos produzir frutos. Uma vez que Cristo "é a fonte e a origem de todo o apostolado da Igreja, torna-se evidente que a fecundidade do apostolado dos leigos depende da sua união vital com Cristo"[6]. *O que permanece em mim e eu nele, esse dá muito fruto, porque, sem mim, nada podeis fazer*[7], afirmou rotundamente o Senhor.

São Paulo ensina que é Deus quem opera em nós *o querer e o agir, segundo o seu beneplácito*[8]. Esta ação divina é necessária para *querer* e *executar* boas obras, muito embora esse "querer" e esse "executar" sejam do homem: a graça não substitui a tarefa da criatura, mas torna-a possível na ordem sobrenatural. Santo Agostinho compara a necessidade do auxílio divino à da luz para podermos ver[9]. É o olho que vê, mas não poderia fazê-lo se não houvesse luz. Esta incapacidade humana de realizar por si mesma obras meritórias não nos deve levar ao desalento; pelo contrário, é mais uma razão para permanecermos em contínua ação de graças ao Senhor, pois Ele está sempre pendente de enviar-nos o auxílio necessário.

A liturgia da Igreja faz-nos pedir constantemente a ajuda divina, e quando a pedimos com humildade e confiança, o Senhor nunca a nega. São Francisco de Sales ilustra esta maravilha divina com um exemplo: "Quando uma terna mãe ensina o seu filhinho a andar, ajuda-o e ampara-o quanto necessário, fazendo-o dar alguns passos nos lugares menos perigosos e mais planos, ora tomando-o pela mão e firmando-o, ora tomando-o nos braços e carregando-o. Da mesma maneira Nosso Senhor cuida continuamente dos passos dos seus filhos"[10].

Esta solicitude divina, longe de nos levar a uma atitude passiva, faz com que nos empenhemos na luta ascética, na ação apostólica, nos assuntos que temos de resolver, como se tudo dependesse exclusivamente de nós. Ao mesmo tempo, recorreremos ao Senhor como se tudo dependesse dEle. Assim fizeram os santos e nunca se viram defraudados.

III. SÃO PAULO UTILIZA a imagem das fainas do campo para ilustrar a nossa condição de instrumentos no trabalho apostólico. *Eu plantei, Apolo regou; mas foi Deus que deu o crescimento. De modo que não é nada nem o que planta, nem o que rega, mas Deus que dá o crescimento [...]. Porque nós somos cooperadores de Deus*[11].

Que maravilha podermos ser cooperadores de Deus na grande obra da Redenção! O Senhor, de certo modo, precisa de nós. Mas devemos ter presente que, mediante a sua graça, Ele é o único que pode conseguir que a semente da fé lance raízes e dê fruto nas almas: o instrumento "poderá ir lançando a semente entre lágrimas, poderá cuidar do campo sem fugir ao esforço; mas que a semente germine e chegue a dar os frutos desejados é algo que depende somente de Deus e do seu auxílio todo-poderoso. É preciso insistir em que os homens não são senão instrumentos de que Deus se serve para a salvação das almas, e é necessário procurar que esses instrumentos estejam em bom estado para que Deus possa utilizá-los"[12].

Para que o pincel seja um instrumento útil nas mãos do pintor, deve absorver bem a tinta e permitir traçar linhas grossas ou finas, tons enérgicos ou menos fortes. Deve subordinar a sua qualidade ao uso que dele queira fazer o artista, que é quem compõe o quadro, distribui as sombras e as luzes, os tons vivos e os mais tênues, quem dá profundidade e harmonia à tela até formar um conjunto coerente e vivo. Além disso, o pincel deve ter uma boa empunhadura e estar unido à mão do mestre: se não for assim, se não secundar fielmente o impulso que recebe, não haverá arte. Essas são as condições de todo o bom instrumento. Nós, que queremos sê-lo nas mãos do Senhor, mas que percebemos tantas coisas que não nos correm bem, dizemos a Jesus na nossa oração:

"«Considero, Senhor, as minhas misérias, que parecem aumentar apesar das tuas graças, sem dúvida pela minha falta de correspondência. Reconheço a ausência em mim da menor preparação para o empreendimento que pedes. E quando leio nos jornais que tantos e tantos homens de prestígio, de talento e de dinheiro falam e escrevem e organizam para defender o teu reinado..., olho para mim e vejo-me tão ignorante e tão pobre, numa palavra, tão pequeno..., que me encheria de confusão e de vergonha se não soubesse que Tu me queres assim. Ó Jesus! Por outro lado, sabes bem como coloquei a teus pés, com a maior das boas vontades, a minha ambição... Fé e Amor: Amar, Crer, Sofrer. Nisto, sim, quero ser rico e sábio, mas não mais sábio nem mais rico do que aquilo que Tu, na tua Misericórdia sem limites, tenhas determinado: porque devo pôr o meu prestígio e honra em cumprir fielmente a tua justíssima e amabilíssima Vontade»"[13].

A nossa Mãe Santa Maria, fidelíssima colaboradora do Espírito Santo na tarefa da Redenção, ensinar-nos-á a ser instrumentos eficazes do Senhor. O nosso Anjo da Guarda purificará a nossa intenção e nos recordará que somos *servos inúteis* nas mãos do Senhor.

(1) Lc 17, 7-10; (2) Santo Ambrósio, *Comentário ao Evangelho de São Lucas*; (3) cf. São Josemaria Escrivá, *Caminho*, n. 612; (4) Leão XIII, *Prática da humildade*, 45; (5) cf. Jo 15, 1 e segs.; (6) Conc. Vat. II, Decr. *Apostolicam actuositatem*, 4; (7) Jo 15, 5; (8) cf. Fl 2, 13; (9) Santo Agostinho, *Tratado sobre a natureza e a graça*, 26, 29; (10) São Francisco de Sales, *Tratado do amor de Deus*, 3, 4; (11) 1 Cor 3, 6-9; (12) São Pio X, Enc. *Haerent animo*, 4.08.08, 9; (13) São Josemaria Escrivá, *Forja*, n. 822.

TEMPO COMUM. TRIGÉSIMA SEGUNDA SEMANA. QUARTA-FEIRA

282. VIRTUDES DA CONVIVÊNCIA

— O Senhor cultivou as virtudes normais da convivência.
— Gratidão. Amizade. Respeito mútuo.
— Amabilidade. Otimismo e alegria.

I. O EVANGELHO DA MISSA de hoje[1] mostra a decepção de Jesus com uns leprosos que, curados por Ele, não voltaram para agradecer-lhe. Dos dez leprosos curados pela misericórdia de Jesus, apenas regressou um samaritano. *Não se encontrou quem voltasse e desse glória a Deus a não ser este estrangeiro?* Nota-se um certo desencanto nas palavras do Senhor. O mínimo que esses homens poderiam ter feito era agradecer um dom tão grande.

Jesus comove-se perante o reconhecimento das pessoas e dói-se do egoísta que só sabe receber. A gratidão é sinal de nobreza e constitui um dos pilares da convivência humana, pois são inumeráveis os benefícios que recebemos e também os que proporcionamos aos outros. São Beda diz que foi precisamente a gratidão que salvou o samaritano[2].

Jesus não foi indiferente aos pormenores de educação que se têm entre os homens e que expressam a qualidade e a delicadeza interior das pessoas. Assim o manifestou diante de Simão, o fariseu, que não teve com Ele as atenções exigidas habitualmente pela hospitalidade. Com a sua vida e com a sua pregação, revelou apreço pela amizade, pela amabilidade, pela temperança, pelo amor à verdade, pela compreensão, pela lealdade, pela laboriosidade... São numerosos os exemplos e parábolas que refletem o grande valor que o Senhor deu a essas virtudes. E forma os apóstolos não só nas virtudes da fé e da caridade, mas também na sinceridade e na nobreza[3], na ponderação do juízo[4] etc. Considera tão importantes essas virtudes humanas que chegará a dizer-lhes: *Se vos tenho falado das coisas terrenas e não me acreditais, como acreditareis se vos falar das celestes?*[5] Cristo, *perfeito Deus e perfeito homem*[6], dá-nos exemplo desse conjunto de qualidades bem entrelaçadas que qualquer homem deve viver nas suas relações com Deus, com os seus semelhantes e consigo próprio. Dele pôde-se proclamar: *Bene omnia fecit*[7], fez bem todas as coisas; não somente os milagres por meio dos quais manifestou a sua onipotência divina, mas também as ações que compõem a vida corrente. O mesmo se deveria poder afirmar de cada um de nós, que queremos segui-lo no meio do mundo.

II. SÃO PAULO, numa das leituras da Missa[8], exorta-nos também a viver as virtudes humanas: *Recorda-lhes* — escreve a Tito — [...] *que estejam prontos para toda a boa obra; que não falem mal de ninguém nem sejam questionadores; que sejam afáveis e mostrem uma perfeita mansidão para com todos os homens.*

Estas virtudes tornam mais grata e fácil a vida cotidiana: família, trabalho, relacionamento...; preparam a alma para estar mais perto de Deus e para viver as virtudes sobrenaturais. O cristão sabe converter os múltiplos pormenores desses hábitos humanos em outros tantos atos da virtude da caridade, ao praticá-los também por amor a Deus. A caridade transforma essas virtudes em hábitos firmes, situando-as num horizonte mais elevado.

Dentre as virtudes humanas relacionadas com a convivência diária, destaca-se a própria *gratidão*, que é a lembrança afetuosa de um benefício recebido, com o desejo de retribuí-lo de alguma maneira. Haverá ocasiões em que somente poderemos dizer *obrigado* ou coisa parecida. Mas isso basta, se soubermos pôr nessa única palavra todo o nosso sentimento e alegria.

São Tomás afirma que "a própria ordem natural requer que quem recebeu um favor responda com gratidão a quem o beneficiou"[9]. Custa muito pouco ser agradecido, e o bem que se faz é enorme: cria-se um ambiente novo, umas relações cordiais. E à medida que aumentamos a nossa capacidade de apreciar os favores e pequenos serviços que recebemos, sentimos a necessidade de ser habitualmente agradecidos: pela casa que está em ordem e limpa, por alguém ter fechado as janelas para que não entre a chuva, o calor ou o frio, pela roupa que está limpa e bem passada... E se vez por outra alguma coisa não está como esperávamos, saberemos desculpar, porque são muitos mais os aspectos que realmente funcionam bem. Não daremos importância a esses incidentes, e, se estiver ao nosso alcance, procuraremos suprir o esquecimento ou o pequeno desleixo sem que ninguém nos veja, sem querer dar uma lição: ordenar o que está fora de lugar, fechar ou abrir o que devia estar fechado ou aberto...

E agradeceremos os serviços que contratamos ou que nos são devidos: teremos uma palavra gentil para o subordinado que nos atende amavelmente, para o motorista de ônibus que espera uns instantes para que possamos alcançá-lo...

Entre as virtudes da convivência que devemos ampliar constantemente, encontra-se a nossa capacidade de amizade. Como seria formidável se pudéssemos chamar *amigos* a todas as pessoas com quem trabalhamos ou estudamos, com quem nos relacionamos, com quem convivemos diariamente! *Amigos*, e não só conhecidos, vizinhos, colegas ou companheiros... Isto implica o desenvolvimento, por amor a Deus e por amor aos homens, de uma série de qualidades humanas que fomentam e tornam possível a amizade: a compreensão, o espírito de colaboração, o otimismo, a lealdade... Amizade também dentro da própria família: entre os irmãos, com os filhos, com os pais. A amizade, quando é verdadeira, supera bem as diferenças de idade. E é condição, às vezes imprescindível, para a eficácia do apostolado.

Conta-se de Alexandre Magno que, estando para morrer, os seus mais próximos repetiam-lhe com insistência: "Alexandre, onde estão os teus tesouros?" "Os meus tesouros?", perguntava Alexandre. E respondia: "No bolso dos meus amigos". No fim da nossa vida, os nossos amigos deveriam poder dizer que partilhamos com eles sempre o melhor que tivemos.

III. OUTRA VIRTUDE que facilita ou torna possível a convivência é a *amabilidade*, virtude oposta ao gesto destemperado, ao mau humor, ao nervosismo e à precipitação..., que levam a atropelar os que nos rodeiam. Às vezes, traduz-se simplesmente numa palavra afetuosa, num pequeno elogio, num gesto animador que transmite confiança. "Uma palavra boa diz-se rapidamente; no entanto, às vezes torna-se difícil pronunciá-la. O cansaço detém-nos, as preocupações distraem-nos, um sentimento de frieza ou indiferença egoísta refreia-nos. E dessa forma passamos ao lado de pessoas para as quais, mesmo conhecendo-as, mal olhamos, e não percebemos quanto vêm sofrendo frequentemente por essa sutil e esgotadora pena que provém de se sentirem ignoradas. Bastaria uma palavra cordial, um gesto afetuoso, para que algo brotasse nelas imediatamente: um sinal de atenção e de cortesia pode ser uma rajada de ar fresco numa existência fechada, oprimida pela tristeza e pelo desalento. A saudação de Maria cumulou de alegria o coração de sua prima anciã, Isabel (cf. Lc 1, 44)"[10]. Assim devemos cumular de otimismo aqueles que convivem conosco.

Fazem parte da amabilidade: a *benignidade*, que nos leva a tratar e julgar os outros e as suas atuações de forma benigna; a *indulgência* perante os pequenos defeitos e erros dos outros, sem nos sentirmos na obrigação de os corrigir continuamente; a *educação e urbanidade* nas palavras e modos; a *simpatia*, a *cordialidade*, o *elogio oportuno*, que está longe de qualquer adulação... "O espírito de doçura é o verdadeiro espírito de Deus [...]. Podemos admoestar, sempre que o façamos com doçura. É preciso sentir indignação contra o mal e estar decidido a não transigir com ele; no entanto, é preciso conviver docemente com o próximo"[11].

Um homem que viajava por estradas intermináveis parou o seu caminhão num bar frequentado por outros caminhoneiros. Enquanto esperava que lhe servissem a refeição para continuar o seu caminho, um rapaz do bar trabalhava afanosamente diante dele, curvado, do outro lado do balcão. "Muito trabalho?", disse-lhe sorrindo o viajante. O rapaz levantou a cabeça e devolveu o sorriso. Quando, meses mais tarde, o motorista passou novamente por aquele lugar, o rapaz reconheceu-o, como se houvesse entre eles uma antiga amizade. É que as pessoas — entre as quais nos contamos — têm uma velha sede de sorrisos, uma grande necessidade de que alguém lhes contagie um pouco de alegria, de estima... Todos os dias encontramos à nossa porta uma série de pessoas com quem convivemos, trabalhamos, e que esperam um breve gesto acolhedor.

Na convivência diária, a alegria, o otimismo, o apreço... abrem muitas portas que estavam a ponto de fechar-se ao diálogo, à compreensão... Não deixemos que elas se fechem: o Senhor espera que façamos um apostolado eficaz, que comuniquemos a essas pessoas o maior dom que possuímos: a amizade com Ele.

(1) Lc 17, 11-19; (2) cf. São Beda, em *Catena aurea*, vol. VI, p. 278; (3) cf. Mt 5, 37; (4) cf. Jo 9, 1-3; (5) Jo 3, 12; (6) *Símbolo atanasiano*; (7) Mc 7, 37; (8) Tt 3, 1-7; *Primeira leitura* da Missa da quarta-feira da trigésima segunda semana do Tempo Comum, ano II; (9) São Tomás de Aquino, *Suma teológica*, II-II, q. 106, a. 3 c; (10) João Paulo II, *Homilia*, 11.02.81; (11) São Francisco de Sales, *Epistolário*, frag. 110, em *Obras seletas*, p. 744.

283. COMO UMA CIDADE AMURALHADA

— A caridade entre os primeiros cristãos.
— Fortaleza transmitida pela caridade.
— Virtudes anexas à caridade.

I. UMA DAS LEITURAS da Missa de hoje é um trecho da Epístola a Filêmon, a mais breve que São Paulo escreveu e uma das mais comoventes. É uma carta familiar enviada a um cristão de Colossos acerca de um seu escravo fugitivo, Onésimo, posteriormente convertido à fé em Roma pelo zelo do Apóstolo. É mais uma amostra, por outro lado, do espírito universal do cristianismo primitivo, que acolhia no seu seio pessoas abastadas, como Filêmon, ou escravos, como Onésimo. Assim o sublinha São João Crisóstomo: "Áquila exercia a sua profissão manual; a vendedora de púrpura dirigia a sua oficina; outro era guarda de uma prisão; outro centurião, como Cornélio; outro doente, como Timóteo; outro, Onésimo, era escravo e fugitivo; e no entanto nada disso foi obstáculo, e todos brilharam pela sua santidade: homens e mulheres, jovens e velhos, escravos e livres, soldados e civis"[1].

É possível que, a princípio, São Paulo pensasse em reter Onésimo em Roma a fim de que o ajudasse[2], mas depois mudou de parecer e decidiu devolvê-lo a Filêmon, a quem escreve para que o acolha como um irmão na fé. O tom utilizado pelo Apóstolo não é o de uma ordem, ainda que o pudesse fazer pela autoridade que tinha, mas de súplica humilde *em nome da caridade.* A súplica revela o grande coração de Paulo: *Eu, Paulo, já velho e agora prisioneiro de Cristo Jesus, suplico-te pelo meu filho Onésimo, que gerei entre cadeias, outrora inútil para ti, mas agora útil para ti e para mim. Eu to devolvo, e tu recebe-o como se fosse o meu próprio coração. Quereria retê-lo comigo, para que me servisse em teu lugar na minha prisão pelo Evangelho*[3].

Se em outro tempo o escravo fora *inútil* para o seu amo, pois fugira, agora será *útil.* O jogo de palavras empregado pelo Apóstolo prende-se com o nome Onésimo (= útil), como se quisesse dizer que, se antes Onésimo não tinha honrado o seu nome, agora sim; mais ainda, não só passava a ser útil ao Apóstolo, mas também ao próprio Filêmon, que devia recebê-lo como se se tratasse do próprio Paulo em pessoa: *Se me tens por amigo, recebe-o como a mim*[4]. "Vede Paulo escrevendo a favor de Onésimo, um escravo fugitivo — diz São João Crisóstomo —: não se envergonha de chamá-lo seu filho, suas próprias entranhas, seu irmão, seu bem-amado. Que diria eu? Jesus Cristo abaixou-se até tomar por irmãos os nossos escravos. Se são irmãos de Jesus Cristo, também o são nossos"[5].

As palavras do Apóstolo cobram toda a sua força por terem sido escritas numa época bem conhecida pelo pouco ou nenhum apreço em que se tinham os escravos. Foi sobre esse pano de fundo que se viveu a caridade, com tal vigor que se compreende que os primeiros cristãos assombrassem o mundo. Se isto foi o que fizeram os primeiros cristãos, havemos nós de excluir do nosso trato e da nossa amizade seja quem for, por razões sociais, de raça, de educação...?

Com bom humor e com um grande afeto, o Apóstolo diz a Filêmon: *Se em alguma coisa te prejudicou ou te deve alguma coisa, passa-o para a minha conta. Eu, Paulo — escrevo-o do meu próprio punho —, eu to pagarei, para não te dizer que me deves a tua própria pessoa...* Recorda-lhe que, se fossem fazer as contas a sério, o Apóstolo sairia ganhando, já que Filêmon devia a Paulo o dom mais precioso que possuía: a sua condição de cristão.

Nós temos de aprender daqueles primeiros cristãos a viver a caridade com a profundidade com que eles a levaram à prática, especialmente com os nossos irmãos na fé — este é o nosso primeiro apostolado —, para que perseverem nela, e com os que se encontram longe de Cristo, para que através do nosso afeto se aproximem dEle e o sigam.

II. *FRATER QUI ADJUVATUR a fratre quasi civitas firma*[6]. O irmão ajudado pelo seu irmão é tão forte como uma cidade amuralhada, lemos no Livro dos Provérbios. Naqueles primeiros tempos, em que se acumulavam tantas dificuldades externas, a fraternidade era a melhor defesa contra todos os inimigos. *Levai os fardos uns dos outros, e assim cumprireis a lei de Cristo*[7], exortava São Paulo aos Gálatas.

A caridade bem vivida torna-nos fortes e seguros como uma cidade amuralhada, como uma praça forte inexpugnável a todos os ataques. A nossa disposição perante os outros, quando os vemos esgotados, sobrecarregados de trabalho e de dificuldades, deve ser sempre a de ajudá-los a carregar esses fardos, muitas vezes tão pesados. Santo Inácio de Antioquia aconselhava ao seu discípulo São Policarpo: "Carrega sobre ti, como perfeito atleta de Cristo, as enfermidades de todos"[8].

Trata-se de uma responsabilidade que recai sobre todos os cristãos. Cada um de nós deve estar sempre atento às necessidades dos outros, e muito especialmente daqueles que o Senhor nos confiou. "Estes são os teus servos meus irmãos, meus senhores — escreve Santo Agostinho —, que Tu quiseste que fossem teus filhos, meus senhores, e a quem mandaste que servisse se queria viver contigo de Ti"[9]. A preocupação por ajudar os outros tirar-nos-á da excessiva preocupação por nós mesmos e dilatará o nosso coração. Nem a falta de tempo, nem o excesso de responsabilidades, nem o temor de complicar a vida poderão justificar as nossas omissões nesta virtude.

Quem vive bem a caridade adquire uma grande fortaleza à hora de enfrentar obstáculos muitas vezes semelhantes aos que afligiram os primeiros cristãos. Temos de chegar a Deus bem unidos na fé, guardando-nos uns aos outros, sem deixar que ninguém sinta a dureza da solidão nos momentos mais difíceis: "Se uma cidade se defende, e se cinge com muros fortes, e se protege por todos os lados com uma atenta vigilância, mas um só ponto fica sem defesa por negligência, por ali sem dúvida entrará o inimigo"[10]. Não excetuemos ninguém dos nossos desvelos.

Com a ajuda dos outros, seremos *cidade amuralhada, praça forte*[11], e chegaremos aonde sozinhos não poderíamos chegar, resistiremos mais e melhor às dificuldades que se apresentam no caminho, pois — como diz a Escritura — *o cordão de três fios dificilmente se quebra*[12]. A caridade é a nossa fortaleza. "«*Frater qui adjuvatur a fratre quasi civitas firma*» — O irmão ajudado por seu irmão é tão forte quanto uma cidade amuralhada.

"— Pensa um pouco e decide-te a viver a fraternidade que sempre te recomendo"[13].

III. SÃO PAULO NÃO CHEGOU a pedir diretamente a Filêmon a liberdade de Onésimo, mas insinua-lhe com grande delicadeza que lha conceda, sem tirar mérito à sua livre decisão. Faz-lhe notar a generosidade que teve com ele, para que tenha os mesmos sentimentos para com o seu escravo, agora seu irmão na fé. Acaba com estas palavras: *Sei que farás mais do que te digo*. "É a repetição do mesmo testemunho que lhe tinha manifestado no princípio da sua carta — comenta São João Crisóstomo —: *Sabendo que farás mais do que te digo*. É impossível imaginar nada mais persuasivo; nenhuma outra razão mais convincente do que esta terna estima que Paulo lhe manifesta, de modo que Filêmon não poderia resistir a esse pedido"[14]. É a delicadeza de quem sabe pedir apoiado numa profunda amizade que tem como último fundamento a fé em Cristo.

A caridade implica uma série de virtudes conexas que são ao mesmo tempo a sua manifestação, apoio e defesa: a lealdade, a gratidão, o respeito mútuo, a amizade, a deferência, a afabilidade, a delicadeza no trato... Viver bem o mandamento do Senhor exige-nos muitas vezes que dominemos o estado de ânimo, que fomentemos a serenidade, o otimismo. Pelo contrário, os tons ásperos e intemperantes, as faltas de educação, as impaciências, o juízo negativo sobre os outros, o descuido na linguagem... costumam revelar ausência de finura interior, de vida sobrenatural, de união com Deus, da qual procede a caridade com os homens. São João deixou-nos um resumo daquilo que deve ser a nossa vida: *Nisto conhecemos o amor de Deus, em que ele deu a sua vida por nós; e nós devemos também dar a vida pelos nossos irmãos*[15].

Este entregar a vida pelos outros deve ser diário, no meio do trabalho, em casa e com todas as pessoas com quem nos relacionamos. Assim cumpriremos o mandamento do Senhor: *Como eu vos amei, amai-vos também uns aos outros. Nisto conhecerão todos que sois meus discípulos, se tiverdes amor uns aos outros*[16]. Mediante este mandamento, "Jesus diferenciou os cristãos de todos os séculos dos demais homens que ainda não entraram na sua Igreja. Se nós, os cristãos, não manifestamos esta característica, acabaremos por confundir o mundo, perdendo a honra de ser considerados filhos de Deus.

"Em tal caso — como néscios —, não aproveitamos a arma talvez mais forte de que dispomos para dar testemunho de Deus no nosso ambiente, congelado pelo ateísmo paganizante, indiferente e supersticioso.

"Que o mundo possa contemplar atônito um espetáculo de concórdia fraterna e diga de nós — como dos que gloriosamente nos precederam —: *Vede como se amam!*"[17]

(1) São João Crisóstomo, *Homilias sobre São Mateus*, 43; (2) cf. Fl 13--1; (3) Fl 9-13; (4) cf. Sagrada Bíblia, *Epístolas do cativeiro*, nota a Fl 6; (5) São João Crisóstomo, *Homilia sobre a Epístola a Filêmon*, 2, 15-16; (6) Pr 18, 19; (7) Gl 6, 2; (8) Santo Inácio de Antioquia, *Epístola a São Policarpo*, 1, 3; (9) Santo Agostinho, *Confissões*, 10, 4, 6; (10) São Gregório Magno, *Moralia*, 19, 21, 33; (11) cf. Liturgia das Horas, *Domingo IV da Quaresma*, Preces das II Vésperas; (12) Eclo 4, 12; (13) São Josemaria Escrivá, *Caminho*, n. 460; (14) São João Crisóstomo, *Homilias sobre a Epístola a Filêmon*, 21; (15) 1 Jo 3, 16; (16) Jo 13, 34-35; (17) Chiara Lubich, *Meditaciones*, p. 46.

284. O SENTIDO CRISTÃO DA MORTE

— Não podemos viver de costas para esse momento supremo. Preparamo-nos dia a dia.
— A morte adquire um novo sentido com a Morte e Ressurreição de Cristo.
— Lições que a morte nos dá para a vida.

I. O EVANGELHO DA MISSA[1] fala-nos da segunda vinda de Cristo à terra, que será inesperada. *Assim como o relâmpago brilha de um extremo ao outro do céu, assim será o dia do Filho do homem*. Neste discurso do Senhor, interpõem-se diversos planos de acontecimentos, e em todos eles se insiste na súbita chegada de Jesus glorioso no fim dos tempos.

Os discípulos, levados por uma curiosidade natural, perguntam onde e como terão lugar esses acontecimentos que acabam de ouvir. O Senhor responde-lhes com um provérbio certamente conhecido por eles: *Onde quer que esteja o corpo, aí se juntarão as águias*. Jesus quer dizer que, com a mesma rapidez com que as aves de rapina se dirigem para a presa, assim será o encontro do Filho de Deus com o mundo no fim dos tempos e com cada homem no fim dos seus dias. *Porque sabeis muito bem* — escreve São Paulo aos primeiros cristãos de Tessalônica — *que o dia do Senhor virá como um ladrão durante a noite*[2]. É mais um apelo à vigilância, a fim de que não vivamos de costas para esse dia definitivo — *o dia do Senhor* — em que finalmente veremos Deus face a face.

Santo Agostinho, comentando esta passagem do Evangelho, ensina que estas coisas permanecem ocultas para que estejamos sempre preparados[3].

Em alguns ambientes, não é fácil falar da morte; parece um assunto desagradável, até de mau gosto. No entanto, é o acontecimento que ilumina toda a vida, e a Igreja convida-nos a meditá-lo: precisamente para que esse momento supremo não nos encontre desprevenidos. O modo pagão de pensar e de viver de muitas pessoas — mesmo de algumas que se dizem cristãs — leva-as a tentar apagar os sinais indicadores de que caminhamos a passos largos para um fim.

E tomam essa atitude porque ignoram o verdadeiro sentido da morte. Ao invés de considerá-la como uma "amiga" ou mesmo como uma "irmã"[4], encaram-na como uma catástrofe, a grande catástrofe que um dia deitará por terra os planos e aspirações em que concentraram todo o sentido da vida; portanto — pensam —, é preciso ignorá-la, como se não nos afetasse pessoalmente. Ao invés de vê-la como na realidade é — a *chave* da felicidade plena —, consideram-na como o *fim* do bem-estar que tanto custa conseguir aqui em baixo. Na sua falta de fé operativa e prática, ignoram que o homem continuará a existir, ainda que tenha de "mudar de casa"[5]. Como a liturgia nos recorda frequentemente, *a vida não é tirada, mas transformada*[6].

Para o cristão, a morte é o fim de uma curta peregrinação e a chegada à meta definitiva, para a qual se preparou dia a dia[7], pondo toda a alma nas tarefas cotidianas mediante as quais e através das quais conquistará o Céu. Por isso, esse momento não chegará para ele *como o ladrão na noite*, porque conta serenamente com esse encontro definitivo com o seu Senhor. Sabe bem que a morte "é uma passagem e uma mudança para a eternidade, depois de percorrer este caminho temporal"[8].

Contudo, "se alguma vez te intranquilizas com o pensamento da nossa irmã a morte — porque te vês tão pouca coisa! —, anima-te e considera: que será esse Céu que nos espera, quando toda a formosura e grandeza, toda a felicidade e Amor infinitos de Deus se derramarem sobre o pobre vaso de barro que é a criatura humana, e a saciarem eternamente, sempre com a novidade de uma ventura nova?"[9]

II. A SAGRADA ESCRITURA ensina expressamente que Deus *não fez a morte nem se alegra com a perdição dos vivos*[10]. Antes do pecado original, não existia a morte, tal e como hoje a conhecemos, com esse sentido doloroso e difícil com que tantas vezes a temos visto, talvez de perto. A rebelião do primeiro homem trouxe consigo a perda dos dons extraordinários que Deus lhe tinha concedido ao criá-lo. E assim, agora, para chegarmos à *casa do Pai*, nossa morada definitiva, temos que atravessar essa porta: é a *passagem deste mundo para o Pai*[11]. A desobediência de Adão acarretou, junto com a perda da amizade com Deus, a perda do dom gratuito da imortalidade.

Mas Jesus Cristo *destruiu a morte e iluminou a vida*[12], tirou-lhe a sua maldade essencial, o aguilhão, o veneno; e graças a Ele, adquire um novo sentido; converte-se na passagem para uma Vida nova. A vitória do Senhor transmite-se a todos os que creem nEle e participam da sua Vida. *Eu sou* — afirmou o Mestre — *a ressurreição e a vida; o que crê em mim, ainda que esteja morto, viverá; e todo o que vive e crê em mim, não morrerá eternamente*[13]. Ainda que a morte seja inimiga do homem na sua vida natural, em Cristo converte-se em "amiga" e "irmã". Ainda que o homem seja derrotado por esse inimigo, acaba por ser vencedor, porque mediante a morte adquire a plenitude da Vida.

Entende-se bem que, para uma sociedade que tem como fim quase exclusivo, ou exclusivo, os bens materiais, a morte continue a ser o fracasso total, o último inimigo que acaba de um só golpe com tudo o que deu sentido ao seu viver: prazer, glória humana, ânsia desordenada de bem-estar material... Os que têm espírito pagão continuam a viver como se Cristo não tivesse realizado a Redenção, transformando completamente o sentido da dor, do fracasso e da morte.

A morte dos pecadores é péssima[14], afirma a Sagrada Escritura; mas *aos olhos do Senhor, a morte dos seus santos é preciosa*[15]. Neste mesmo sentido, a Igreja já nos primeiros tempos celebrava o dia da morte dos mártires e dos santos como um dia de alegria; era o *dies natalis*, o dia do nascimento para uma nova Vida, para uma felicidade sem fim, o dia em que passavam a contemplar radiantes o rosto de Jesus. *Bem-aventurados os mortos que morrem no Senhor*, recorda-nos o Apocalipse. *De hoje em diante, diz o Espírito, que descansem dos seus trabalhos, porque as suas obras os acompanham*[16].

Não só eles próprios serão premiados pela sua fidelidade a Cristo, mesmo nas coisas mais pequenas — até um copo de água dado por Cristo receberá a sua recompensa[17] —, mas também, como ensina a Igreja, com eles permanecerão de algum modo "os valores da dignidade humana, da comunidade fraterna e da liberdade, todos esses bons frutos da natureza e do nosso trabalho [...], limpos contudo de toda a impureza, iluminados e transfigurados, quando Cristo entregar ao Pai o reino eterno e universal"[18]. Todas as outras coisas se perderão: voltarão à terra e ao esquecimento... *As suas boas obras os acompanham.*

III. A MORTE DÁ LIÇÕES para a vida. Ensina-nos a viver com o necessário, desprendidos dos bens que usamos, mas que dentro de um tempo teremos que deixar; levaremos conosco, para sempre, o mérito das nossas boas obras.

Ensina-nos também a aproveitar bem cada dia. *Carpe diem*[19], goza do presente, diziam os antigos; e nós, com sentido cristão, podemos dar a essas palavras uma nova orientação: aproveitemos gozosamente cada dia como se fosse o único, sabendo que nunca mais se repetirá. Hoje, no momento do exame de consciência, teremos uma grande alegria ao pensarmos nas jaculatórias, nos atos de amor ao Senhor, no trato com o Anjo da Guarda, nos favores aos outros, nos pequenos serviços, nas vitórias no cumprimento do dever, talvez na paciência..., que fomos acumulando ao longo das horas e que o Senhor converteu em joias preciosas para a eternidade. Não deixemos escapar estes dias, numerados e contados, que nos faltam para chegarmos ao fim do caminho.

A incerteza do momento do nosso encontro definitivo com Deus anima-nos a estar vigilantes, como quem aguarda a chegada do seu Senhor[20], cuidando com esmero do exame de consciência, com contrição verdadeira pelas fraquezas desse dia; aproveitando bem a Confissão frequente para limpar a alma mesmo dos pecados veniais e das faltas de amor. A lembrança da morte ajuda-nos a trabalhar com mais empenho na tarefa da santificação pessoal, vivendo *com prudência; não como insensatos, mas como circunspectos, redimindo o tempo*[21], recuperando tantos dias e tantas oportunidades perdidas. Às vezes, pode acontecer-nos o que escreveu o clássico: "Não é que tenhamos pouco tempo, é que temo-lo perdido muito"[22]. Aproveitemos o que nos resta.

Devemos desejar viver muito tempo, para prestar maiores serviços a Deus, para nos apresentarmos diante do Senhor com as mãos mais cheias..., e porque amamos a vida, que é um presente de Deus. E quando chegar o nosso encontro com o Senhor, até esses últimos instantes nos deverão servir para purificarmos a nossa vida e para nos oferecermos a Deus Pai com um ato de amor. Para esse transe, Santo Inácio escreveu: "Como em toda a vida, assim também na morte, e muito mais, deve cada um [...] esforçar-se e procurar que Deus Nosso Senhor seja nela glorificado e servido e os próximos edificados, ao menos com o exemplo da sua paciência e fortaleza, com fé viva, esperança e amor dos bens eternos..."[23] O último instante aqui na terra deve ser também para a glória de Deus.

Que alegria experimentaremos então por todo o esforço que tivermos posto em dar a vida pelo Senhor!: o trabalho oferecido, as pessoas que fomos procurando aproximar do sacramento da Confissão, os mil pequenos pormenores de serviço prestados aos que trabalhavam conosco, a alegria que transmitimos à família...

Depois de termos deixado aqui frutos que perduram até à vida eterna, partiremos. E poderemos dizer com o poeta:

O meu amor deixou a margem
e na corrente canta.
Não voltou à ribeira,
pois o seu amor era a água[24].

A água viva que é Jesus Cristo.

(1) Lc 17, 26-37; (2) 1 Ts 5, 2; (3) cf. Santo Agostinho, *Comentário ao Salmo 120*, 3; (4) cf. São Josemaria Escrivá, *Caminho*, ns. 735 e 739; (5) cf. *ibid.*, n. 744; (6) Missal Romano, *Prefácio de defuntos*; (7) cf. Candido Pozo, *Teología del más allá*, BAC, Madri, 1980, pp. 468 e segs.;

(8) São Cipriano, *Tratado sobre a mortalidade*, 22; (9) São Josemaria Escrivá, *Sulco*, n. 891; (10) Sb 1, 13; (11) Jo 13, 1; (12) 2 Tm 1, 10; (13) Jo 11, 25; (14) Sl 33, 22; (15) Sl 115, 15; (16) Ap 14, 13; (17) Mt 10, 42; (18) Conc. Vat. II, Const. *Gaudium et spes*, n. 39; (19) Horácio, *Odes*, 1, 11, 7; (20) cf. Lc 12, 35-42; (21) Ef 5, 15-16; (22) Sêneca, *De brevitate vitae*, 1, 3; (23) Santo Inácio de Loyola, *Constituições S. I.*, c. 4, n. 1; (24) B. Llorens, *Secreta fuente*, Rialp, Madri, 1948, p. 86.

285. A ORAÇÃO DE PETIÇÃO E A MISERICÓRDIA DIVINA

— A nossa confiança na oração de petição tem o seu fundamento na infinita bondade de Deus.
— Recorrer sempre à misericórdia divina.
— A intercessão da Virgem.

I. O SENHOR MOSTROU-NOS de muitas maneiras a necessidade da oração e a alegria com que acolhe as nossas preces. Ele próprio roga ao Pai para nos dar exemplo do que devemos fazer. Deus sabe bem que cada minuto da nossa existência é fruto da sua bondade, que estamos necessitados de tudo, que não temos nada. E, justamente porque nos ama com amor infinito, quer que reconheçamos a nossa dependência, pois a certeza das nossas limitações leva-nos a não nos separarmos um só instante sequer da sua proteção amorosa.

Para nos animar a esta oração de súplica, Jesus quis dar-nos todas as garantias possíveis, ao mesmo tempo que nos mostrava as condições a que devem obedecer sempre as nossas preces. O Evangelho da Missa fala-nos de uma viúva que clamava sem cessar perante um juiz iníquo; este resistia a atendê-la[1], mas, pela insistência da mulher, acabou por prestar-lhe ouvidos. Deus aparece na parábola em contraste com o juiz. *E Deus não fará justiça aos seus escolhidos que clamam a ele dia e noite, e tardará em socorrê-los?* Se esse juiz que era injusto e iníquo decidiu finalmente fazer justiça, o que não fará Aquele que é infinitamente bom, justo e misericordioso?

Este é o tema central da parábola: a misericórdia divina ante a indigência dos homens. A atitude do juiz foi desde o princípio de resistência à viúva, mas a de Deus, pelo contrário, é sempre paternal e acolhedora. Por outro lado, as razões que levaram o juiz a atender a viúva eram superficiais e pouco consistentes. Por fim *disse de si para si: Ainda que eu não tema a Deus nem respeite os homens, no entanto, visto que esta viúva me importuna, far-lhe-ei justiça, para que não continue a atormentar-me*. A "razão" de Deus, pelo contrário, é o seu amor infinito.

Jesus conclui assim a parábola: *Prestai atenção ao que diz este juiz iníquo. E Deus não fará justiça aos seus escolhidos que clamam a ele dia e noite, e tardará em socorrê-los?* Santo Agostinho comenta: "Portanto, devem estar bem confiantes os que pedem a Deus com perseverança, porque Ele é a fonte da justiça e da misericórdia"[2]. Se a constância abranda um juiz "capaz de todos os crimes, com quanto maior razão devemos prostrar-nos e rogar ao Pai das misericórdias, que é Deus?"[3]

O amor dos filhos de Deus deve expressar-se na constância e na confiança, pois "se às vezes Deus tarda em dar, encarece os seus dons, mas não os nega. A consecução de algo longamente esperado é mais doce... Pede, busca, insiste. Pedindo e buscando, obténs o crescimento necessário para alcançar o dom. Deus reserva-te o que não te quer dar imediatamente para que aprendas a desejar vivamente as coisas grandes. Portanto, *convém orar sempre e não desfalecer*"[4]. Não devemos desanimar nunca nas nossas súplicas a Deus.

"Meu Deus, ensina-me a amar! — Meu Deus, ensina-me a orar!"[5] Ambas as coisas coincidem.

II. *A ORAÇÃO PERSEVERANTE do justo pode muito*[6]. E tem tanto poder porque pedimos em nome de Jesus[7]. Ele encabeça a nossa petição e atua como Mediador diante de Deus Pai[8]; e o Espírito Santo suscita na nossa alma a súplica, quando nem sequer sabemos o que pedir. Quem tem poder de conceder pede conosco para que sejamos atendidos: que maior segurança podemos desejar? Somente a nossa incapacidade de receber limita os dons de Deus. Como quando se vai a uma fonte com um recipiente pequeno ou esburacado.

O Senhor é compassivo e misericordioso[9] com as nossas deficiências e com os nossos males. A Sagrada Escritura mostra-nos com frequência o Senhor como Deus de misericórdia, e serve-se para isso de expressões comovedoras: Ele tem *entranhas de misericórdia* e ama com *muita misericórdia*[10], como as mães... São Tomás, que insiste frequentemente em que a onipotência divina resplandece de maneira especial na misericórdia[11], ensina que ela é em Deus abundante e infinita: "Dizer que alguém é misericordioso — ensina o Santo — é como dizer que tem o coração *cheio de misérias*, isto é, que ante as misérias alheias experimenta a mesma sensação de tristeza que experimentaria se fossem dele mesmo; por essa razão, esforça-se por remediar a tristeza alheia como se fosse própria, e este é o efeito da misericórdia. Pois bem, não compete a Deus entristecer-se pela miséria de outro; mas remediar as misérias, entendendo por miséria um defeito qualquer, é o que mais compete a Deus"[12].

Em Cristo, ensina o Papa João Paulo II, a misericórdia de Deus tornou-se particularmente visível. "Ele próprio a encarna e personifica; em certo sentido, Ele próprio é a misericórdia"[13]. Conhece-nos bem e tem compaixão das nossas doenças e de tantas penas que a vida não raras vezes traz consigo... "Nós — cada um de nós — somos sempre muito interesseiros; mas Deus Nosso Senhor não se importa de que, na Santa Missa, exponhamos diante dEle todas as nossas necessidades. Quem não tem coisas que pedir? Senhor, essa doença... Senhor, esta tristeza... Senhor, aquela humilhação que não sei suportar por amor de Ti...

"Queremos o bem, a felicidade e a alegria das pessoas da nossa casa; oprime-nos o coração a sorte dos que padecem fome e sede de pão e de justiça; dos que experimentam a amargura da solidão; dos que, no fim dos seus dias, não recebem um olhar de carinho nem um gesto de ajuda.

"Mas a grande miséria que nos faz sofrer, a grande necessidade a que queremos pôr remédio é o pecado, o afastamento de Deus, o risco de que as almas se percam por toda a eternidade"[14]. O estado da alma dos que convivem conosco deve ser a nossa primeira preocupação, o pedido mais urgente que elevamos diariamente ao Senhor, certos de que nos escutará.

III. O POVO CRISTÃO sentiu-se movido, ao longo dos séculos, a apresentar as suas súplicas a Deus através de Santa Maria. Em Caná da Galileia, Nossa Senhora manifestou o seu poder de intercessão ante uma necessidade material de uns noivos que possivelmente não souberam calcular bem o número de pessoas que compareceriam à festa de bodas. O Senhor determinou que a sua *hora* fosse adiantada por um pedido de sua Mãe. "Na vida pública de Jesus — diz o Concílio Vaticano II —, a sua Mãe aparece significativamente já desde o começo, quando, para as núpcias em Caná da Galileia, movida de misericórdia, conseguiu por sua intercessão o início dos sinais de Jesus"[15]. Desde o princípio, a obra redentora de Jesus foi acompanhada pela presença de Maria. Naquela ocasião, não só se solucionou a falta de vinho como — o Evangelista menciona-o expressamente — o milagre confirmou a fé daqueles que seguiam Jesus mais de perto. *Por este modo deu Jesus princípio aos seus milagres em Caná da Galileia, e manifestou a sua glória, e os seus discípulos creram nele*[16].

A Virgem Santa Maria, sempre atenta às dificuldades e carências dos seus filhos, será o caminho por onde as nossas preces chegarão prontamente ao seu Filho. E Ela as corrigirá se estiverem um pouco desviadas. "Por que terão tanta eficácia os pedidos de Maria a Deus?", pergunta-se Santo Afonso Maria de Ligório. E responde: "As orações dos santos são orações de servos, ao passo que as orações de Maria são orações de Mãe, de onde procede a sua eficácia e caráter de autoridade; e como Jesus ama imensamente a sua Mãe, Ela não pode pedir sem ser atendida [...].

"Para conhecer bem a grande bondade de Maria, recordemo-nos do que diz o Evangelho [...]. Faltava vinho, com a consequente aflição dos esposos. Ninguém pediu a Santa Maria que intercedesse perante o seu Filho em favor dos consternados esposos. Contudo, o coração de Maria, que não pode deixar de se compadecer dos desgraçados [...], impeliu-a a encarregar-se por si mesma do ofício de intercessora e a pedir ao Filho o milagre, apesar de ninguém lho ter pedido [...]. Se a Senhora agiu assim sem que lho pedissem, o que teria feito se lhe tivessem pedido?"[17]

Hoje, um sábado que procuramos dedicar especialmente a Nossa Senhora, é uma boa ocasião para recorrermos a Ela com mais frequência e com mais amor. "Pede à tua Mãe, Maria, a José, ao teu Anjo da Guarda..., pede-lhes que falem com o Senhor, dizendo-lhe aquilo que, pela tua rudeza, não sabes expressar"[18].

(1) Lc 18, 1-8; (2) Santo Agostinho, *Catena aurea*, vol. VI, p. 295; (3) Teofilacto, *Catena aurea*, vol. VI, p. 296; (4) Santo Agostinho, *Sermão 61*, 6-7; (5) São Josemaria Escrivá, *Forja*, n. 66; (6) Tg 5, 16; (7) cf. Jo 15, 16; 16, 26; (8) cf. São Cirilo de Jerusalém, *Comentário ao Evangelho de São João*, 16, 23-24; (9) Tg 5, 11; (10) cf. Ex 34, 6; Joel 2, 13; Lc 1, 78; (11) cf. São Tomás de Aquino, *Suma teológica*, I, q. 21, a. 4; II-II, q. 30, a. 4; (12) São Tomás de Aquino, *Suma teológica*, I, q. 21, a. 3; (13) João Paulo II, Enc. *Dives in misericordia*, 30.11.80, 2; (14) São Josemaria Escrivá, *Amar a Igreja*, p. 89; (15) Conc. Vat. II, Const. *Lumen gentium*, 58; (16) Jo 2, 11; (17) Santo Afonso Maria de Ligório, *Sermões abreviados*, 48; (18) São Josemaria Escrivá, *Forja*, n. 272.

TEMPO COMUM. TRIGÉSIMO TERCEIRO DOMINGO. CICLO A

286. RENDER PARA DEUS

— Administradores dos bens recebidos.
— A vida, um serviço alegre a Deus.
— Aproveitar bem o tempo.

I. NESTAS ÚLTIMAS SEMANAS do ano litúrgico, a liturgia da Igreja continua a animar-nos a considerar as verdades eternas. Verdades que devem ser de grande proveito para a nossa alma. Lemos na segunda Leitura da Missa[1] que o Senhor *virá como um ladrão durante a noite*, inesperadamente. A morte, ainda que estejamos preparados, será sempre uma surpresa.

A vida na terra, como Jesus nos ensina no Evangelho[2], é um tempo para administrarmos a herança do Senhor e assim ganharmos o Céu. *Um homem que ia ausentar-se para longe chamou os seus servos e encarregou-os dos seus bens. E deu a um cinco talentos, a outro dois e a outro um, a cada um segundo a sua capacidade, e partiu imediatamente*. Conhecia bem os seus servos, e por isso não lhes confiou os seus bens por igual. Teria sido injusto responsabilizá-los a todos pela mesma quantia.

Passado algum tempo, o senhor voltou da sua viagem e pediu contas aos seus servidores. Os que tinham recebido cinco e dois talentos puderam devolver o dobro. Haviam aproveitado o tempo para fazer render os bens recebidos e tiveram a grande felicidade de ver a alegria do seu senhor; fizeram-se merecedores de um elogio e de um prêmio inesperado: *Está bem, servo bom e fiel* — disse o dono da herdade a cada um deles —, *já que foste fiel em poucas coisas, dar-te-ei a intendência de muitas; entra no gozo do teu senhor.*

O significado da parábola é claro. Nós somos os servos; os talentos são as condições com que Deus dotou cada um de nós (a inteligência, a capacidade de amar, de fazer os outros felizes, os bens temporais...); o tempo que dura a ausência do amo é a vida; o regresso inesperado, a morte; a prestação de contas, o juízo; entrar no gozo do senhor, o Céu. Não somos donos, mas — como o Senhor repete constantemente ao longo do Evangelho — administradores de uns bens dos quais teremos de prestar contas.

Hoje podemos examinar na presença de Deus se realmente temos mentalidade de *administradores* e não de donos absolutos, que podem dispor a seu bel-prazer do que possuem. Podemos indagar-nos sobre o uso que fazemos do nosso corpo e dos sentidos, da alma e das suas potências. Servem realmente para dar glória a Deus? Pensemos se fazemos o bem com os talentos recebidos: com os bens materiais, com a nossa capacidade de trabalho, com as amizades... O Senhor deseja ver o seu patrimônio bem administrado. O que Ele espera é proporcional àquilo que recebemos. *Porque a todo aquele a quem muito foi dado, muito lhe será pedido, e a quem muito foi entregue, muito lhe será reclamado*[3].

Está bem, servo bom e fiel, já que foste fiel em poucas coisas, diz o Senhor àquele que recebeu cinco talentos. O "muito" — cinco talentos — que recebemos nesta vida é considerado "pouco" por Deus. Entrar *no gozo do Senhor*, isso é o muito...: *Nem o olho viu, nem o ouvido ouviu, nem jamais passou pelo pensamento do homem o que Deus preparou para aqueles que o amam*[4]. Vale a pena sermos fiéis aqui, enquanto aguardamos a chegada do Senhor, aproveitando este curto espaço de tempo com sentido de responsabilidade. Que alegria quando nos apresentarmos diante dEle com as mãos cheias! Olha, Senhor — dir-lhe-emos —, procurei fazer render os talentos que me deste. Não tive outro fim a não ser a tua glória.

II. *MAS O QUE TINHA recebido um talento foi, cavou na terra e escondeu o dinheiro do seu senhor*. Quando este lhe pediu contas, tentou desculpar-se e arremeteu contra quem lhe tinha dado tudo o que possuía: *Senhor*, disse-lhe, *sei que és um homem austero, que colhes onde não semeaste e recolhes onde não espalhaste; por isso fiquei receoso e fui esconder o teu talento na terra; eis o que é teu.*

Este último servo "revela-nos como é que o homem se comporta quando não vive uma fidelidade ativa em relação a Deus. Prevalecem o medo, a autoestima, a afirmação do egoísmo que procura justificar a sua conduta com as injustas pretensões do amo, que deseja colher onde não semeou"[5]. *Servo mau e preguiçoso*, é como o senhor o chama ao ouvir as suas desculpas. Esqueceu uma verdade essencial: que "o homem foi criado para conhecer, amar e servir a Deus neste mundo e assim merecer a vida com o próprio Deus para sempre no Céu".

Quando se conhece a Deus, é fácil amá-lo e servi-lo. "Quando se ama, servir não só não é custoso nem humilhante: é um prazer. Uma pessoa que ama nunca considera uma humilhação ou indignidade servir o objeto do seu amor; nunca se sente humilhada por prestar-lhe serviços. Pois bem: o terceiro servo conhecia o seu senhor; pelo menos, tinha tantos motivos para conhecê-lo como os outros dois servidores. Contudo, é evidente que não o amava. E quando não se ama, custa muito servir"[6]. Este servo não só não gostava do seu senhor, como se atreveu a chamá-lo *homem austero*, que queria colher onde não tinha semeado. Não serviu o seu senhor porque lhe faltou amor.

O contrário da preguiça é justamente a *diligência*, uma palavra proveniente do verbo latino *diligere*, que significa amar, escolher depois de um estudo atento. O amor dá asas para servir a pessoa amada. A preguiça, fruto da falta de amor, leva a um desamor muito maior. Nesta parábola, o Senhor condena os que não desenvolvem os dons que Ele lhes deu e os que os empregam a serviço do seu comodismo pessoal, ao invés de servirem a Deus e aos seus irmãos os homens, num serviço de amor.

III. A NOSSA VIDA é breve. Por isso temos que aproveitá-la até o último instante para crescer no amor, no serviço a Deus. A Sagrada Escritura alerta-nos com frequência para a brevidade da nossa existência aqui na terra. Ela é comparada à fumaça[7], à sombra[8], à passagem das nuvens[9], ao nada[10]. Que pena se perdemos o tempo ou o empregamos mal, como se não tivesse valor!

"Que pena viver, praticando como ocupação a de matar o tempo, que é um tesouro de Deus! [...] Que tristeza não tirar proveito, autêntico rendimento, de todas as faculdades, poucas ou muitas, que Deus concedeu ao homem para que se dedique a servir as almas e a sociedade! Quando o cristão mata o seu tempo na terra, coloca-se em perigo de *matar o seu Céu*: quando por egoísmo se retrai, se esconde, se desinteressa"[11].

Aproveitar o tempo é levar a cabo o que Deus quer que façamos em cada momento. Às vezes, aproveitar uma tarde será "perdê-la" aos pés da cama de um doente ou dedicando-a a um amigo para que se prepare para uma prova. Tê-la-emos perdido para os nossos planos, muitas vezes para o nosso comodismo, mas tê-la-emos ganho para essas pessoas necessitadas de ajuda ou de consolo e para a eternidade.

Aproveitar o tempo é viver plenamente o momento presente, empenhando a cabeça e o coração naquilo que fazemos, ainda que humanamente pareça ter pouca importância, sem nos preocuparmos excessivamente com o passado nem nos inquietarmos muito com o futuro. O Senhor advertiu-nos claramente: *Não queirais andar inquietos pelo dia de amanhã. Porque o dia de amanhã cuidará de si; a cada dia basta o seu cuidado"*[12].

Viver plenamente o momento presente, de olhos postos em Deus, torna-nos mais eficazes e livra-nos de muitas ansiedades inúteis, que nada mais fazem do que paralisar-nos. Conta Santa Teresa de Ávila que ao chegar a Salamanca, acompanhada de outra freira, chamada Maria do Sacramento, para ali fundar um novo convento, encontrou uma casa desmantelada, da qual tinham desalojado uns estudantes algumas horas antes. As viajantes entraram na casa já de noite, exaustas e congeladas pelo frio. Os sinos da cidade dobravam a finados, pois era véspera do dia dos fiéis defuntos. Na escuridão, somente quebrada pela chama oscilante do candeeiro, as paredes enchiam-se de sombras inquietantes. Apesar de tudo, deitaram-se cedo sobre uns molhos de palha que tinham trazido com elas. Depois de se meterem naquelas camas improvisadas, Maria do Sacramento, cheia de grandes temores, disse à Santa:

"Madre, estou pensando que, se eu morresse agora, o que faríeis vós sozinha?"

"Aquilo, se viesse a acontecer, parecia-me coisa dura", comentava anos mais tarde a Santa; "fez-me pensar um pouco nisso e mesmo chegar a ter medo, porque os corpos mortos sempre me enfraquecem o coração, ainda que não esteja sozinha".

"E como o dobrar dos sinos ajudava, pois como disse era noite de almas, bom começo tinha o demônio para fazer-nos perder o pensamento com ninharias.

"Irmã — disse-lhe —, se isso acontecer, então pensarei no que fazer; agora deixe-me dormir"[13].

Em muitas ocasiões, quando nos assaltarem preocupações sobre acontecimentos futuros que nos roubem a paz ou o tempo, e em relação aos quais nada possamos fazer no momento presente, será muito útil dizermos, como a Santa: "Se isso acontecer, então pensarei no que fazer". Então contaremos com a graça de Deus para santificar o que Ele dispõe ou permite.

Quando uma vida chega ao seu fim, não podemos pensar só numa vela que se consumiu, mas numa tapeçaria que se acabou de tecer. Tapeçaria que nós vemos pelo avesso, cheio de fios soltos e em que só se pode observar uma figura sem contornos. O nosso Pai-Deus contemplá-la-á pelo lado certo, e sorrirá e ficará feliz com a obra acabada, resultado de termos aproveitado bem o tempo todos os dias, hora a hora, minuto a minuto.

(1) 1 Ts 5, 1-6; (2) Mt 25, 14-30; (3) Lc 12, 48; (4) 1 Cor 2, 9; (5) João Paulo II, *Homilia*, 18.11.84; (6) Federico Suárez, *Después*, p. 144; (7) cf. Sb 2, 2; (8) cf. Sl 143, 4; (9) cf. Jó 14, 2; 37, 2; Tg 1, 10; (10) cf. Sl 38, 6; (11) São Josemaria Escrivá, *Amigos de Deus*, n. 46; (12) Mt 6, 34; (13) Marcelle Auclair, *Teresa de Ávila*, Quadrante, São Paulo, 1995, pp. 202-203.

TEMPO COMUM. TRIGÉSIMO TERCEIRO DOMINGO. CICLO B

287. A SEGUNDA VINDA DE CRISTO

— O desejo de ver o rosto do Senhor.
— A sua vinda gloriosa.
— A esperança no *dia do Senhor*.

I. *EU TENHO DESÍGNIOS de paz e não de aflição, diz o Senhor. Vós me invocareis e eu vos escutarei; e recolher-vos-ei do meio de todos os povos e de todos os lugares por onde vos dispersei*[1]. São palavras de Deus que chegam até nós pelo profeta Jeremias e que são mencionadas hoje na Antífona de entrada da Missa.

Jesus Cristo cumpriu a missão que o Pai lhe confiou, mas a sua obra, de certo modo, não está ainda terminada. Voltará no fim dos tempos para concluir o que iniciou. Desde os primeiros séculos, a Igreja confessa a sua fé nesta segunda vinda gloriosa de Cristo: virá glorioso e triunfante para *julgar os vivos e os mortos*[2]. "A Sagrada Escritura — ensina o *Catecismo romano* — dá testemunho destas duas vindas do Filho de Deus. A primeira quando, pela nossa salvação, assumiu a natureza humana e se fez homem no seio da Virgem. A outra, quando vier no fim do mundo para julgar todos os homens; esta última é chamada o *dia do Senhor*"[3].

A liturgia da Missa, agora que faltam poucos dias para encerrar o ano litúrgico, recorda-nos esta verdade de fé. A primeira Leitura[4] apresenta-nos o anúncio que dela fez o profeta Daniel: *Naquele tempo levantar-se-á o arcanjo Miguel, que é o protetor dos filhos do teu povo; e virá um tempo como não houve outro desde que os povos começaram a existir.* E chegará a plenitude da salvação, com a ressurreição do corpo: *Acordarão uns para a vida perpétua, e outros para o opróbrio perpétuo.* Os sábios, os que entenderam verdadeiramente o sentido da vida aqui na terra e foram fiéis, *resplandecerão como a luz do firmamento.* O profeta anuncia a seguir a especial glória daqueles que, mediante o seu apostolado em qualquer das suas formas, contribuíram para a salvação de outros: *E os que tiverem ensinado a muitos o caminho da justiça brilharão como as estrelas por toda a eternidade.*

Os cristãos da primeira época, desejosos de ver o rosto glorioso de Cristo, repetiam a doce invocação: *Vem, Senhor Jesus!*[5] Era uma jaculatória tantas vezes repetida que nos próprios escritos primitivos[6] ficou plasmada em arameu, a língua falada por Jesus e pelos apóstolos. Hoje, traduzida para os diversos idiomas, ficou como uma das possíveis aclamações na Santa Missa, depois da Consagração.

Quando Cristo se faz presente sobre o altar, a Igreja manifesta o desejo de vê-lo glorioso. Dessa forma, "a liturgia da terra harmoniza-se com a do Céu. E agora, como em cada uma das Missas, chega ao nosso coração necessitado de consolo a resposta tranquilizadora: *Aquele que dá testemunho destas coisas diz: Sim, vou já*"[7]. E ainda que não tenha chegado o momento de estar com Ele no Céu, antecipa esse momento feliz ao vir à nossa alma, poucos instantes depois, no momento da Comunhão. "Que a invocação apaixonada da Igreja: *Vinde, Senhor Jesus* — pedia o Papa João Paulo II —, se converta no suspiro espontâneo do vosso coração, jamais satisfeito com o presente, porque tende para o "ainda não" do cumprimento prometido"[8], momento em que, com os nossos próprios corpos já gloriosos, encontraremos a plenitude em Deus.

Agora, na intimidade da nossa alma, dizemos a Jesus: *Vultum tuum, Domine, requiram*[9], procuro, Senhor, a tua face, que um dia, com a ajuda da tua graça, terei a felicidade de ver cara a cara.

II. *O SENHOR É A PORÇÃO da minha herança e o meu cálice; és tu que tens na mão a minha parte. Tenho sempre o Senhor diante de mim; com Ele à minha direita, não vacilarei.*

Portanto, alegra-se o meu coração e exulta de júbilo a minha alma, e a minha carne descansa serena: porque não abandonarás a minha alma na morada dos mortos, nem permitirás que o teu santo experimente a corrupção[10].

Este Salmo responsorial da Missa refere-se a Cristo, como se interpreta nos Atos dos Apóstolos[11]; nele está anunciada a ressurreição dos nossos corpos no fim dos tempos. Verdadeiramente, podemos dizer na intimidade do nosso coração que o Senhor *é a porção da minha herança e o meu cálice*, aquilo que me coube em sorte; *alegra-se o meu coração e exulta de júbilo a minha alma* agora e no fim dos tempos. Cristo é a grande sorte da nossa vida. Ele *está sentado à direita de Deus, à espera do tempo que falta*[12].

No fim dos tempos, lemos no Evangelho da Missa[13], *verão o Filho do homem vir sobre as nuvens, com grande poder e glória. E enviará os seus anjos, e juntará os seus escolhidos dos quatro ventos, desde a extremidade da terra até à extremidade do céu.* Se na sua Encarnação o Senhor passou oculto ou ignorado, e na sua Paixão ocultou completamente a sua divindade, no fim dos tempos virá rodeado de majestade e glória, com grandes sinais na terra e no céu, como anunciou o profeta Daniel: *O sol se escurecerá, e a lua não dará o seu resplendor; e as estrelas do céu cairão, e se comoverão as potestades que estão nos céus.* Virá como Redentor do mundo, como Rei, Juiz e Senhor do Universo, "não para ser julgado novamente — ensinam os Padres da Igreja —, mas para chamar ao seu tribunal aqueles por quem foi levado a juízo. Aquele que antes, enquanto era julgado, guardou silêncio, refrescará a memória dos malfeitores que ousaram insultá-lo quando estava na Cruz, e lhes dirá: *Fizestes isto e eu calei-me.*

"Naquele tempo, pela sua clemente providência, veio ensinar os homens com suave persuasão; nesta outra ocasião, futura, quer queiram, quer não, os homens terão de submeter-se necessariamente ao seu reinado [...]. É por isso que, na nossa profissão de fé, tal como a recebemos por tradição, dizemos que cremos que *subiu aos céus e está sentado à direita do Pai. E de novo há de vir, na sua glória, para julgar os vivos e os mortos; e o seu reino não terá fim*"[14].

E mostrar-se-á glorioso aos que lhe foram fiéis ao longo dos séculos, e também aos que o negaram ou perseguiram, ou viveram como se a sua morte na Cruz tivesse sido um acontecimento sem importância. Toda a humanidade verá como Deus Pai *o exaltou, e lhe deu um nome que está acima de todo o nome; para que, ao nome de Jesus, todo o joelho se dobre no céu, na terra e no inferno, e toda a língua confesse que o Senhor Jesus Cristo está na glória de Deus Pai*[15].

Como devemos dar por bem empregados os nossos esforços por seguir o Senhor, traduzidos nesse cúmulo de coisas pequenas, de serviços quase intranscendentes, que procuramos fazer todos os dias por Deus e que talvez ninguém veja...! Se formos fiéis, Jesus tratar-nos-á como seus amigos de sempre. Por isso, *alegra-se o meu coração e exulta de júbilo a minha alma, e a minha carne descansa serena.*

III. *INDICAR-ME-ÁS as sendas da vida, saciar-me-ás de gozo na tua presença, de alegria perpétua à tua direita*[16], continua o Salmo responsorial.

A segunda vinda de Cristo é designada frequentemente na Sagrada Escritura mediante o termo grego *parusia*, que em linguagem profana significava a entrada solene de um imperador numa cidade ou província, onde era saudado como salvador daquela terra. O momento da entrada, que sempre tinha algo de inesperado, era tido como dia de festa e, às vezes, era o ponto de partida para um novo cômputo do tempo[17]: desejava-se indicar que, com aquele acontecimento, começava uma nova era. Para nós, a chegada de Cristo será uma grande festa, pois a alma se unirá novamente ao corpo, e começará "um novo cômputo do tempo", uma nova forma de existência, onde cada um — corpo e alma — dará glória a Deus numa eternidade sem fim.

A esperança neste *dia do Senhor* foi para os primeiros cristãos um motivo para perseverarem e terem paciência diante das adversidades; São Paulo recorda-o em inúmeras ocasiões. Também nos deve ajudar a nós a guardar fidelidade ao Senhor, especialmente se alguma vez o ambiente que nos rodeia é adverso e está cheio de dificuldades. *Nós devemos, irmãos, dar sempre graças a Deus por vós* — escreve o Apóstolo aos cristãos de Tessalônica —, *como é justo, porque a vossa fé vai em grande aumento e em cada um de vós transborda a caridade mútua; de sorte que também nós mesmos nos gloriamos de vós nas igrejas de Deus, pela vossa paciência e fé no meio de todas as perseguições e tribulações que sofreis. Isto é sinal do justo juízo de Deus, que assim vos purifica para que sejais tidos por dignos do reino de Deus, pelo qual agora padeceis*[18].

O Senhor permite que numa ocasião ou noutra soframos um pouco por sermos fiéis aos seus ensinamentos, ou que nos batam à porta a doença e a dor, para que aumentemos a confiança nEle, vivamos melhor o desprendimento da honra, da saúde, do dinheiro..., para nos fazer dignos do reino que nos preparou. E também para que, no meio do mundo, recordemos que o "reino de Deus, iniciado aqui na Igreja de Cristo, não é deste mundo, cuja figura passa, e o seu crescimento próprio não pode confundir-se com o progresso da civilização, da ciência ou da técnica humanas, mas consiste em conhecer cada vez mais profundamente as riquezas insondáveis de Cristo, em esperar cada vez com mais força os bens eternos, em corresponder cada vez mais ardentemente ao amor de Deus, em dispensar cada vez mais abundantemente a graça e a santidade entre os homens"[19].

(1) Jr 29, 11-12; 14; *Antífona de entrada* da Missa do trigésimo terceiro domingo do Tempo Comum, ciclo B; (2) *Símbolo niceno-constantinopolitano*; (3) *Catecismo romano*, I, 8, n. 2; (4) Dn 12, 1-3; (5) Ap 22, 20; (6) cf. 1 Cor 16, 22; *Didaquê*, 10, 6; (7) João Paulo II, *Homilia*, 18.05.80; (8) *ibid.*; (9) Sl 26, 8; (10) Sl 15, 5; 8-9; *Salmo responsorial* da Missa do trigésimo terceiro domingo do Tempo Comum, ciclo B; (11) cf. At 2, 25-32; 13, 35; (12) Hb 10, 11-14; 18; *Segunda leitura* da Missa do trigésimo terceiro domingo do Tempo Comum, ciclo B; (13) Mc 13, 24-32; (14) São Cirilo de Jerusalém, *Catequese 15 sobre as duas vindas de Cristo*; (15) Fl 2, 9-11; (16) Sl 15, 10; *Salmo responsorial* da Missa do trigésimo terceiro domingo do Tempo Comum, ciclo B; (17) cf. Michael Schmaus, *Teología dogmática*, vol. VII; (18) 2 Ts 1, 3-5; (19) Paulo VI, *Credo do povo de Deus*, n. 27.

TEMPO COMUM. TRIGÉSIMO TERCEIRO DOMINGO. CICLO C

288. TRABALHAR ENQUANTO O SENHOR ESTÁ FORA

— A espera da vida eterna não nos exime de uma vida de trabalho intenso.
— O trabalho, um dos maiores bens do homem.
— A ocupação profissional, realizada de olhos postos em Deus, não nos afasta do nosso fim último: deve aproximar-nos dEle.

I. NESTES ÚLTIMOS DOMINGOS, a liturgia convida-nos a meditar nos últimos fins do homem, no seu destino além da morte. Na primeira Leitura de hoje[1], o profeta Malaquias fala com acentos fortes dos últimos tempos: *Porque eis que virá um dia semelhante a uma fornalha...* E Jesus recorda-nos no Evangelho da Missa[2] que devemos estar vigilantes ante a sua chegada no fim do mundo: *Vede, não sejais enganados...*

Alguns cristãos da primitiva Igreja julgaram que essa chegada gloriosa do Senhor era iminente. Pensaram que o fim dos tempos estava próximo e por isso, entre outras razões, descuraram o trabalho e andavam *muito ocupados em não fazer nada e meter-se em tudo*. Deduziram que, dada a sua precariedade, não valia a pena dedicarem-se plenamente aos assuntos terrenos. Por isso São Paulo repreende-os, como lemos na segunda Leitura da Missa[3], e recorda-lhes a vida de trabalho que levou entre eles, apesar da sua intensa dedicação ao Evangelho; volta a repetir-lhes a norma de conduta que já tinha aconselhado: *Porque, quando ainda estávamos convosco, vos declaramos que, se alguém não quer trabalhar, também não coma*. E aos que estavam entregues à ociosidade, recomenda-lhes que *comam o seu pão, trabalhando pacificamente*.

A vida é realmente muito curta e o encontro com Jesus está próximo. Isto ajuda-nos a desprender-nos dos bens que temos de utilizar e a aproveitar o tempo; mas não nos exime de maneira nenhuma de dedicar-nos plenamente à nossa profissão no seio da sociedade. Mais ainda: é com os nossos afazeres terrenos, ajudados pela graça, que temos de ganhar o Céu.

O Magistério da Igreja recorda o valor do trabalho e exorta "os cristãos, cidadãos da cidade temporal e da cidade eterna, a procurarem desempenhar fielmente as suas tarefas temporais, guiados pelo espírito do Evangelho". Para imitar Cristo, que trabalhou como artesão a maior parte da sua vida, longe de descurar as tarefas temporais, os cristãos "estão mais obrigados a cumpri-los, por causa da própria fé, de acordo com a vocação a que cada um foi chamado"[4].

Assim deve ser a nossa atuação no meio do mundo: olhar frequentemente para o Céu, para a Pátria definitiva, mas ter ao mesmo tempo os pés bem assentados sobre a terra, *trabalhar com intensidade* para dar glória a Deus, atender o melhor possível às necessidades da família e servir a sociedade a que pertencemos. *Sem um trabalho sério, feito com consciência*, é muito difícil, para não dizer impossível, santificar-se no meio do mundo.

II. A POSSIBILIDADE de trabalhar é um dos grandes bens recebidos de Deus, "é uma maravilhosa realidade que se nos impõe como uma lei inexorável a que todos, de uma maneira ou de outra, estão submetidos, ainda que alguns pretendam fugir-lhe. Aprendei-o bem: esta obrigação não surgiu como uma sequela do pecado original nem se reduz a um achado dos tempos modernos. Trata-se de um meio necessário que Deus nos confia aqui na terra, dilatando os nossos dias e fazendo-nos participar do seu poder criador, para que ganhemos o nosso sustento e simultaneamente colhamos *frutos para a vida eterna* (Jo 4, 36)"[5].

O trabalho é o meio ordinário de subsistência e o campo privilegiado para o desenvolvimento das virtudes humanas: a rijeza, a constância, o otimismo por cima das dificuldades...

A fé cristã impele-nos além disso a "comportar-nos como filhos de Deus com os filhos de Deus"[6], a viver um "espírito de caridade, de convivência, de compreensão"[7], a tirar da vida "o apego à nossa comodidade, a tentação do egoísmo, a tendência para a exaltação pessoal"[8], a "mostrar a caridade de Cristo e os seus resultados concretos de amizade, de compreensão, de afeto humano, de paz"[9]. Pelo contrário, a preguiça, a ociosidade, o trabalho mal acabado trazem graves consequências. *A ociosidade ensina muitas maldades*[10], pois impede a perfeição humana e sobrenatural do homem, debilita-lhe o caráter e abre as portas à concupiscência e a muitas tentações.

Durante séculos, muitos pensavam que, para serem bons cristãos, bastava-lhes uma vida de piedade sem conexão alguma com as suas ocupações profissionais no escritório, na Universidade, no campo... Muitos tinham, além disso, a convicção de que os afazeres temporais, os assuntos profanos em que o homem está imerso de uma forma ou de outra, eram um obstáculo para o encontro com Deus e para uma vida plenamente cristã[11]. A vida oculta de Jesus veio ensinar-nos o valor do trabalho, da unidade de vida, pois com o seu trabalho diário o Senhor estava também redimindo o mundo.

É no meio do trabalho que procuramos todos os dias *encontrar o Senhor* (pedindo-lhe ajuda, oferecendo-lhe a perfeição com que procuramos executar as tarefas que temos entre mãos, sentindo-nos participantes da Criação em tudo o que fazemos...) e *exercer a caridade* (cultivando as virtudes da convivência com os que estão ao nosso lado, prestando-lhes esses pequenos serviços que tanto se agradecem, rezando por eles e pelas suas famílias, ajudando-os a resolver os seus problemas...) Procuramos o olhar do Senhor no nosso trabalho ordinário? Procuramos que seja um olhar de alegria, pelo esmero com que trabalhamos, pelas virtudes que praticamos?

III. O TRABALHO não só não nos deve afastar do nosso último fim, dessa espera vigilante com a que a liturgia destes dias quer que nos mantenhamos alerta, como deve ser o caminho concreto para crescermos na vida cristã.

Para isso, o fiel cristão não deve esquecer que, além de ser cidadão da terra, também o é do Céu, e por isso deve comportar-se entre os outros de uma maneira digna da vocação a que foi chamado[12], sempre alegre, irrepreensível e simples, compreensivo com todos[13], bom trabalhador e bom amigo, aberto a todas as realidades autenticamente humanas. *Quanto ao mais, irmãos* — exortava São Paulo aos cristãos de Filipos —, *tudo o que é verdadeiro, tudo o que é honesto, tudo o que é justo, tudo o que é santo, tudo o que é amável, tudo o que é de bom nome, qualquer virtude, qualquer coisa digna de louvor seja isso o objeto dos vossos pensamentos*[14].

Além disso, o cristão converte o seu trabalho em oração se procura a glória de Deus e o bem dos homens naquilo que realiza, se pede ajuda ao Senhor ao começar a sua tarefa e nas dificuldades que surgem, se lhe dá graças depois de concluir um assunto, ao terminar a jornada..., *ut cuncta nostra oratio et operatio a te semper incipiat, et per te coepta finiatur...*, para que as nossas orações e trabalhos sempre comecem e acabem em Deus. O trabalho é o caminho diário para o Senhor. "Por isso, o homem não se deve limitar a fazer coisas, a construir objetos. O trabalho nasce do amor, manifesta o amor, orienta-se para o amor. Reconhecemos Deus não apenas no espetáculo da natureza, mas também na experiência do nosso próprio trabalho, do nosso esforço. O trabalho é assim oração, ação de graças, porque nos sabemos colocados na terra por Deus, amados por Ele, herdeiros das suas promessas"[15].

A profissão, meio de santidade para o cristão, é também fonte de graças para toda a Igreja, pois somos *o corpo de Cristo e membros unidos a outros membros*[16]. Quando alguém luta com espírito cristão por melhorar no seu trabalho, beneficia todos os membros do Corpo Místico na sua caminhada para o Senhor. "O suor e a fadiga, que o trabalho acarreta necessariamente na atual condição da humanidade, oferecem ao cristão e a cada homem, que foi chamado a seguir a Cristo, a possibilidade de participar no amor à obra que Cristo veio realizar (cf. Jo 17, 4). Esta obra de salvação realizou-se através do sofrimento e da morte na Cruz. Suportando a fadiga do trabalho em união com Cristo crucificado por nós, o homem colabora de certa maneira com o Filho de Deus na redenção da humanidade. Mostra-se verdadeiro discípulo de Jesus levando por sua vez a cruz de cada dia (cf. Lc 9, 23) na atividade que foi chamado a realizar"[17].

No exercício da nossa profissão, encontraremos naturalmente, sem assumir ares de mestres, inúmeras ocasiões de dar a conhecer a doutrina de Cristo: numa conversa amigável, no comentário a uma notícia que está na boca de todos, ao escutarmos a confidência de um problema pessoal ou familiar... O Anjo da Guarda, a quem tantas vezes recorremos, porá na nossa boca a palavra justa que anime, que ajude e facilite, talvez com o tempo, a aproximação mais direta de Cristo das pessoas que trabalham conosco.

Assim nós, os cristãos, esperamos a visita do Senhor: enriquecendo a alma nos nossos afazeres, ajudando os outros a pôr o olhar num fim mais transcendente. De maneira nenhuma empregando o tempo em *não fazer nada*, deixando de aproveitar os meios que o próprio Deus nos deu para ganharmos o Céu.

São José, *nosso Pai e Senhor*, há de ensinar-nos a santificar as nossas ocupações, pois ele, ensinando a Jesus a sua profissão, "aproximou o trabalho humano do mistério da Redenção"[18]. Muito perto de José, encontraremos sempre Maria.

(1) Ml 4, 1-2; (2) Lc 21, 5-19; (3) 2 Ts 3, 7-12; (4) Conc. Vat. II, Const. *Gaudium et spes*, 43; (5) São Josemaria Escrivá, *Amigos de Deus*, n. 57; (6) São Josemaria Escrivá, *É Cristo que passa*, n. 36; (7) São Josemaria Escrivá, *Entrevistas com Mons. Escrivá*, n. 35; (8) São Josemaria Escrivá, *É Cristo que passa*, n. 158; (9) *ibid.*, n. 166; (10) Eclo 33, 29; (11) cf. José Luis Illanes, *A santificação do trabalho*, Quadrante, São Paulo, 1982, pp. 31-43; (12) cf. Fl 1, 27; 3, 6; (13) cf. Fl 2, 3-4; 4, 4; 2, 15; 4, 5; (14) Fl 4, 8; (15) São Josemaria Escrivá, *É Cristo que passa*, n. 48; (16) 1 Cor 12, 27; (17) João Paulo II, Enc. *Laborem exercens*, 14.09.81, 27; (18) João Paulo II, Exort. apost. *Redemptoris custos*, 15.08.89, 22.

289. O SENHOR NUNCA NEGA A SUA GRAÇA

— Aumentar o fervor da oração nos momentos de escuridão.
— A direção espiritual, caminho normal pelo qual Deus atua na alma.
— Fé e sentido sobrenatural neste meio de crescimento interior.

I. *E SUCEDEU* — lemos no Evangelho da Missa[1] — *que, aproximando-se ele de Jericó, estava sentado à borda da estrada um cego pedindo esmola.*

Alguns Padres da Igreja dizem que este cego às portas de Jericó é imagem "de quem desconhece a claridade da luz eterna"[2]. De vez em quando, a alma pode sofrer momentos de cegueira e escuridão, o caminho claro que um dia vislumbrou pode perder os seus contornos e aquilo que antes era luz e alegria pode transformar-se em trevas e numa certa tristeza que pesa sobre o coração.

Muitas vezes, essa situação é causada pelos pecados pessoais, cujas consequências não foram totalmente drenadas, ou pela falta de correspondência à graça: "Talvez o pó que levantamos ao andar — as nossas misérias — forme uma nuvem opaca que não deixa passar a luz"[3]. Em outras ocasiões, o Senhor permite essa situação difícil para purificar a alma, para amadurecê-la na humildade e na confiança nEle.

Seja qual for a sua origem, se alguma vez nos encontramos nesse estado, que faremos? O cego de Jericó — *Bartimeu, fi-*

lho de Timeu[4] — ensina-nos: dirigir-nos ao Senhor, pedir-lhe que se compadeça de nós. Jesus Cristo ouve-nos, ainda que pareça seguir o seu caminho e deixar-nos para trás. Não está longe.

Mas é possível que nos aconteça o mesmo que a Bartimeu: *Os que iam à frente repreendiam-no para que se calasse.* Queriam barrar-lhe o acesso a Cristo. Não teremos sentido o mesmo em muitas ocasiões? "Quando queremos voltar para Deus, essas mesmas fraquezas nas quais incorremos acodem-nos ao coração, turvam-nos o entendimento, deixam-nos o ânimo confuso e quereriam apagar a voz das nossas orações"[5]. É o peso da fraqueza ou do pecado que se faz sentir.

Vejamos, contudo, o exemplo do cego: *Mas ele gritava cada vez mais alto: Filho de Davi, tem piedade de mim!* "Vede-o: aquele a quem a turba repreendia para que se calasse, levanta cada vez mais a voz; assim também nós [...]. Quanto maior for o alvoroço interior, quanto maiores forem as dificuldades que encontremos, com tanto mais força deve sair a oração do nosso coração"[6].

Jesus deteve-se quando dava a impressão de que ia prosseguir, e mandou chamar o cego. Bartimeu aproximou-se e Jesus disse-lhe: *Que queres que te faça? Que eu veja, Senhor. E Jesus disse-lhe: Vê, a tua fé te salvou. E imediatamente ele recuperou a vista e seguia-o, glorificando a Deus.*

Às vezes, pode ser-nos difícil conhecer as causas que nos levaram a essa situação penosa em que tudo parece custar-nos mais, mas não há dúvida de que conhecemos o remédio sempre eficaz: a oração. "Quando se está às escuras, com a alma cega e inquieta, temos de recorrer, como Bartimeu, à Luz. Repete, grita, insiste com mais força: «*Domine, ut videam!*» — Senhor, que eu veja!... E far-se-á dia para os teus olhos, e poderás alegrar-te com o clarão de luz que Ele te concederá"[7].

II. JESUS, SENHOR de todas as coisas, podia curar os doentes — podia realizar qualquer milagre — da maneira que julgasse mais oportuna. Curou alguns com uma só frase, com um simples gesto, à distância... Outros, por etapas, como o cego mencionado por São João[8]... Hoje, é muito frequente que dê luz às almas através de outros homens.

Quando os Magos ficaram sem saber o que fazer quando desapareceu a estrela que os tinha guiado de um lugar tão longe, fizeram o que o senso comum lhes ditava: perguntaram a quem deveria saber onde tinha nascido o rei dos judeus. Perguntaram a Herodes. "Mas nós, cristãos, não temos necessidade de perguntar a Herodes ou aos sábios da terra. Cristo deu à sua Igreja a segurança da doutrina, a corrente de graça dos Sacramentos; e cuidou de que houvesse pessoas que nos pudessem orientar, que nos conduzissem, que nos trouxessem constantemente à memória o nosso caminho [...]. Por isso, se porventura o Senhor permite que fiquemos às escuras, mesmo em coisas de pormenor; se sentimos que a nossa fé não é firme, recorramos ao bom pastor [...], àquele que — dando a vida pelos outros — quer ser, na palavra e na conduta, uma alma enamorada: talvez um pecador também, mas que confia sempre no perdão e na misericórdia de Cristo"[9].

Ordinariamente, ninguém pode guiar-se a si mesmo sem uma ajuda extraordinária de Deus. A falta de objetividade com que nos vemos a nós mesmos, as paixões... tornam difícil, para não dizer impossível, encontrar esses caminhos, às vezes pequenos, mas seguros, que nos levam pelo rumo certo. Por isso, desde há muito tempo, a Igreja, sempre Mãe, aconselhou aos seus filhos esse grande meio de progresso interior que é a direção espiritual.

Não esperemos graças extraordinárias, nos dias normais e naqueles em que mais precisamos de luz, se não quisermos utilizar os meios que o Senhor pôs ao nosso alcance. Quantas vezes Jesus espera a sinceridade e a docilidade da alma para realizar um milagre! Ele nunca nos nega a sua graça se o procuramos na oração e servindo-nos dos meios através dos quais derrama as suas graças.

Santa Teresa escrevia com a humildade dos santos: "Deveria ser muito contínua a nossa oração por esses que nos dão luz. O que seríamos sem eles, entre tempestades tão grandes como as que agora atravessa a Igreja?"[10] E São João da Cruz dizia o mesmo: "Quem quer estar só, sem arrimo e sem guia, será como uma árvore que está solitária e sem dono no campo, que por mais fruta que tenha, os caminhantes apanham-na e não chega a amadurecer.

"A árvore cultivada e rodeada dos bons cuidados do dono dá fruta no tempo esperado.

"A alma sem mestre, ainda que tenha virtude, é como um carvão aceso que está só; mais se irá esfriando do que acendendo"[11].

Não deixemos de recorrer ao Senhor servindo-nos desse meio, tanto mais aconselhável quanto maiores forem os obstáculos interiores ou externos que tentem impedir-nos de ir ao encontro de Jesus que passa ao nosso lado. Não deixemos de recorrer a esses meios normais, através dos quais o Senhor realiza milagres tão grandes.

III. A NOSSA INTENÇÃO ao procurarmos orientação na direção espiritual é a de aprender a viver conforme o querer divino. Com o próprio São Paulo, apesar do modo extraordinário com que teve início a sua vocação, Deus quis depois seguir o caminho normal, quer dizer, quis formá-lo e transmitir-lhe a sua vontade através de outras pessoas. Ananias impôs-lhe as mãos *e imediatamente caíram-lhe dos olhos umas como escamas, e recuperou a vista*[12].

Naquele que nos ajuda devemos ver o próprio Cristo, que nos ensina, ilumina, cura e dá alimento à nossa alma para que continue o seu caminho. Sem esse *sentido sobrenatural*, sem essa fé, a direção espiritual ficaria desvirtuada; converter-se-ia em algo completamente diferente: numa troca de opiniões, talvez. E torna-se uma grande ajuda e confere muita fortaleza quando o que realmente desejamos é averiguar a vontade de Deus a nosso respeito e identificar-nos com ela. Por outro lado, não devemos esquecer que não é um meio para encontrarmos solução para os nossos problemas temporais: ajuda-nos a santificá-los, nunca a organizá-los nem a resolvê-los. Não é essa a sua finalidade.

A consciência de que, através dessa pessoa que conta com uma graça especial de Deus para nos aconselhar, nos aproximamos do próprio Cristo, determinará a confiança, a delicadeza, a simplicidade e a sinceridade com que devemos servir-nos deste meio. Bartimeu aproximou-se de Jesus como quem caminha para a Luz, para a Vida, para a Verdade, para o Caminho. Assim também devemos nós fazer, porque essa pessoa é um instrumento através do qual Deus nos comunica graças semelhantes às que teríamos obtido se nos tivéssemos encontrado com Ele pelos caminhos da Palestina.

Na continuidade da direção espiritual, a alma vai-se forjando; e, pouco a pouco, com derrotas e com vitórias, vai construindo o edifício sobrenatural da santidade.

"Viste como levantaram aquele edifício de grandeza imponente? — Um tijolo, e outro. Milhares. Mas, um a um. — E sacos de cimento, um a um. E blocos de pedra, que são bem pouco ante a mole do conjunto. — E pedaços de ferro. — E operários trabalhando, dia após dia, as mesmas horas...

"Viste como levantaram aquele edifício de grandeza imponente?... — À força de pequenas coisas!"[13]

Um quadro pinta-se pincelada a pincelada, um livro escreve-se página a página, com amor paciente, e uma corda grossa, capaz de levantar grandes pesos, está tecida por um sem-número de fibras finas. Um pequeno conselho escutado na direção espiritual, e outro, e outro, que depois pomos em prática com humilde docilidade, serão esses pequenos tijolos que erguerão o edifício da nossa santidade.

Se vivermos bem a direção espiritual, sentir-nos-emos como Bartimeu, que passou a seguir Jesus *glorificando a Deus*, cheio de alegria.

(1) Lc 18, 35-43; (2) cf. São Gregório Magno, *Homilias sobre os Evangelhos*, I, 2, 2; (3) São Josemaria Escrivá, *É Cristo que passa*, n. 34; (4) Mc 10, 46-52; (5) São Gregório Magno, *Homilias sobre os Evangelhos*, I, 2, 3; (6) cf. *ibid.*, I, 2, 4; (7) São Josemaria Escrivá, *Sulco*, n. 862; (8) cf. Jo 9, 1 e segs.; (9) São Josemaria Escrivá, *É Cristo que passa*, n. 34; (10) Santa Teresa, *Vida*, 13, 10; (11) São João da Cruz, *Dichos de luz y de amor*, Apostolado de la Prensa, Madri, 1966, pp. 958-964; (12) cf. At 9, 17-18; (13) São Josemaria Escrivá, *Caminho*, n. 823.

TEMPO COMUM. TRIGÉSIMA TERCEIRA SEMANA. TERÇA-FEIRA

290. A FIDELIDADE DE ELEAZAR

— O exemplo de Eleazar.
— Obstáculos à fidelidade.
— Lealdade à palavra dada e aos compromissos adquiridos.

I. NO REINADO DE ANTÍOCO, desencadeou-se uma fortíssima perseguição contra Israel. O Templo foi profanado e introduziu-se nele o culto aos deuses gregos. Proibiu-se a celebração do sábado, e todos os meses os judeus eram obrigados a celebrar o aniversário do rei participando dos sacrifícios que se realizavam e comendo as carnes que se imolavam.

Eleazar, um venerável ancião de noventa anos, manteve-se fiel à fé dos seus pais e preferiu morrer a participar desses sacrifícios. Antigos amigos quiseram trazer-lhe alimentos permitidos para simular que tinha comido carnes sacrificadas, conforme a ordem do rei. Fazendo isso — diziam-lhe —, livrar-se-ia da morte. Mas Eleazar manteve-se fiel à vida exemplar que tinha levado desde criança: *Não é digno da minha idade* — dizia-lhes — *usar de uma tal ficção. Dela poderá resultar que muitos jovens, julgando que Eleazar, aos noventa anos, passou para a vida dos pagãos, venham também eles a cair em erro por causa desse meu fingimento e para conservar um pequeno resto de uma vida corruptível; com isso atrairia a vergonha e a execração sobre a minha velhice. E ainda que me livrasse presentemente dos suplícios dos homens, não poderia fugir à mão do Todo-Poderoso nem na vida nem depois da morte.*

Eleazar foi arrastado ao suplício e, estando a ponto de morrer, exclamou: *Senhor, tu que tens a ciência santa, sabes bem que, podendo eu livrar-me da morte, sofro no meu corpo dores acerbas; mas sinto na alma alegria em padecê-las pelo temor que te tenho*. O autor sagrado registra a exemplaridade da sua morte não só para os jovens, mas para toda a nação. Este relato[1] recorda-nos a fidelidade sem fissuras aos compromissos contraídos em relação à fé, para que sejamos leais ao Senhor também quando talvez fosse mais fácil entrarmos em concessões pela pressão de um ambiente pagão hostil ou por alguma circunstância difícil em que nos encontremos.

São João Crisóstomo chama a Eleazar "protomártir do Antigo Testamento"[2]. A sua atitude gozosa no martírio é como um prelúdio daquela alegria que Jesus preconizou aos que seriam perseguidos por causa do seu nome[3]. É o júbilo que o Senhor nos faz experimentar quando, por sermos fiéis à fé e à nossa vocação, temos de enfrentar contrariedades.

II. OS PRIMEIROS CRISTÃOS eram designados frequentemente como *fiéis*[4].

O termo nasceu em momentos de dificuldades externas, de perseguições, de calúnias e de pressão de um ambiente pagão que procurava impor a sua maneira de pensar e de viver, muito oposta à doutrina do Mestre. Ser *fiel* era manter-se firme ante esses obstáculos externos. *Sê fiel até à morte* — lê-se no Apocalipse —, *e eu te darei a coroa da vida*[5]. Já antes o apóstolo advertia: *Não temas nada do que terás que sofrer. Eis que o demônio fará encarcerar alguns de vós, a fim de serdes provados; e tereis tribulação durante dez dias*.

Isso é a vida: *dez dias*, um pouco de tempo. Como não havemos de permanecer fiéis se sofremos alguma contradição, muitas vezes pequena? Acabaremos por envergonhar-nos da nossa fé, que tem consequências práticas no modo de atuar, só porque talvez alguns nos mostrem a sua discordância? "É fácil — recordava o Papa João Paulo II — ser coerente por um dia ou por alguns dias. Difícil e importante é ser coerente toda a vida. É fácil ser coerente no momento da exaltação, difícil sê-lo à hora da tribulação. E só pode chamar-se fidelidade a uma coerência que dura toda a vida"[6].

Às vezes, os obstáculos não são externos, mas interiores. A soberba é o principal deles, e, com ela, a tibieza, que nos faz perder o impulso e a alegria no seguimento de Cristo. Noutros casos, a escuridão da alma surge como consequência da falta de vontade e da ausência de luta, ou porque Deus a permite para nos purificar. Seja qual for a causa dessas trevas, a fidelidade consistirá muitas vezes na humildade de sermos dóceis aos conselhos recebidos na direção espiritual, em mantermos um diálogo vivo com o Senhor, em permanecermos num relacionamento diário com Ele, ainda que não sintamos nenhuma alegria sensível ao fazê-lo.

"Ficaram muito gravados na minha cabeça de criança — conta São Josemaria Escrivá — aqueles sinais que, nas montanhas da minha terra, se colocavam à borda dos caminhos; chamaram-me a atenção uns paus altos, geralmente pintados de vermelho. Explicaram-me então que, quando a neve cai e cobre caminhos, sementeiras e pastos, bosques, penhascos e barrancos, essas estacas sobressaem como ponto de referência seguro, para que toda a gente saiba sempre por onde segue o caminho.

"Na vida interior, passa-se algo parecido. Há primaveras e verões, mas também chegam os invernos, dias sem sol e noites órfãs de lua. Não podemos permitir que a relação com Jesus Cristo dependa do nosso estado de humor, das alterações do nosso caráter. Essas atitudes delatam egoísmo, comodismo, e evidentemente não se compadecem com o amor.

"Por isso, nos momentos de nevasca e vendaval, umas práticas piedosas sólidas — nada sentimentais —, bem arraigadas e adaptadas às circunstâncias próprias de cada um, serão como essas estacas pintadas de vermelho, que continuam a marcar-nos o rumo, até que o Senhor decida que o sol brilhe de novo, os gelos se derretam e o coração torne a vibrar, aceso com um fogo que na realidade nunca esteve apagado: foi apenas o rescaldo oculto pela cinza de uns tempos de prova, ou de menos empenho, ou de pouco sacrifício"[7].

III. A LEALDADE DE ELEAZAR à fé dos seus pais serviu, além disso, para que muitas outras pessoas permanecessem firmes nas suas crenças e costumes. A fidelidade de um homem nunca fica isolada. São muitos os que, talvez sem o saberem expressamente, se apoiam nela. Uma das grandes alegrias que o Senhor nos fará experimentar um dia será podermos contemplar todos aqueles que permaneceram firmes na sua fé e na sua vocação por se terem apoiado na nossa sólida coerência.

A virtude humana correspondente à fidelidade é a *lealdade*, essencial à convivência entre os homens. Sem um clima de lealdade, as relações e os vínculos humanos degenerariam quando muito numa mera coexistência, com o seu cortejo inexorável de insegurança e desconfiança. A vida propriamente social não seria possível se não se desse "aquela observância dos pactos sem a qual não é possível uma tranquila convivência entre os povos"[8], feita de confiança mútua, de honestidade, de sinceridade recíproca.

Não é infrequente que na sociedade, na empresa, nos negócios..., nem sequer se ouça falar de lealdade. A mentira e a manipulação da verdade são mais uma arma que alguns utilizam com a maior desfaçatez nos meios de opinião pública, na política, nos negócios... Muitas vezes, sente-se a falta de honradez no cumprimento da palavra dada e nos compromissos livemente adquiridos. Infelizmente, vai-se mais longe: comenta-se a infidelidade conjugal como se os compromissos adquiridos diante de Deus e diante dos homens não tivessem valor algum. São coisas da vida privada, dizem; portanto, respeitemo-las. Outros, desejando aumentar as suas posses ou satisfazer os seus desejos desordenados de subir na escala social, deixam de cumprir os seus deveres familiares, sociais ou profissionais, traindo os mais nobres e santos compromissos.

Urge que nós, os cristãos — luz do mundo e sal da terra —, procuremos ser exemplo de fidelidade e de lealdade aos compromissos adquiridos. Santo Agostinho recordava aos cristãos do seu tempo: "O marido deve ser fiel à mulher, a mulher ao marido, e ambos a Deus. E os que prometestes continência, deveis cumprir o prometido, já que não vo-lo seria exigido se não o tivésseis prometido [...]. Guardai-vos de fazer trapaças nos vossos negócios. Guardai-vos da mentira e do perjúrio"[9]. São palavras que conservam plena atualidade.

Perseverando, com a ajuda do Senhor, nas coisas pequenas de cada dia, conseguiremos ouvir no fim da nossa vida, com imensa felicidade, aquelas palavras do Senhor: *Muito bem, servo bom e fiel, já que foste fiel em poucas coisas, dar-te-ei a intendência de muitas; entra no gozo do teu Senhor*[10].

(1) Mac 6, 18-31; *Primeira leitura* da Missa da terça-feira da trigésima terceira semana do Tempo Comum, ano I; (2) São João Crisóstomo, *Homilia 3 sobre os santos Macabeus*; (3) cf. Mt 5, 12; (4) At 10, 45; 2 Cor 6, 15; Ef 1, 1; (5) Ap 2, 10; (6) João Paulo II, *Homilia*, 27.01.79; (7) São Josemaria Escrivá, *Amigos de Deus*, n. 151; (8) Pio XII, *Alocução*, 24.12.40, 26; (9) Santo Agostinho, *Sermão 260*; (10) Mt 25, 21-23.

TEMPO COMUM. TRIGÉSIMA TERCEIRA SEMANA. QUARTA-FEIRA

291. QUEREMOS QUE CRISTO REINE

— Instaurar todas as coisas em Cristo.
— A não aceitação de Cristo.
— Propagar o reinado de Cristo.

I. JESUS ESTAVA PERTO de Jerusalém e isso fez muitas pessoas pensarem que estaria iminente a chegada do Reino de Deus, um reino — conforme essa falsa opinião — de caráter temporal. O Senhor, imaginavam, entraria triunfalmente na cidade depois de vencer o poder romano, e eles teriam um lugar privilegiado quando chegasse esse momento. Esses sonhos, tão afastados da realidade, eram uma prolongação da mentalidade existente em muitos círculos judeus da época. Para corrigir a fundo essa mentalidade, Jesus expôs a parábola que o Evangelho da Missa de hoje nos relata[1].

Um homem de origem nobre partiu para um país longínquo a fim de receber a investidura real. Era costume que os reis de territórios dependentes do Império Romano recebessem o poder real das mãos do Imperador, e às vezes tinham até que ir a Roma. Na parábola, este personagem ilustre deixou a administração do seu território nas mãos de dez homens da sua confiança e partiu para receber a investidura. Deu-lhes dez *minas*, um pequeno tesouro, para que o fizessem render: *Negociai com eles até eu voltar*. Esses homens cumpriram o encargo: emprestaram a juros, compraram e venderam. Trabalharam bem para o seu senhor por uma longa temporada...

Ora, é isso o que a Igreja continua a fazer desde o dia em que recebeu o imenso Dom do Espírito Santo — enviado por Cristo — e, com Ele, a infalível palavra de Deus, a força dos sacramentos, as indulgências... "Em vinte séculos, trabalhou-se muito; não me parece nem objetivo nem honesto — comentava São Josemaria Escrivá — a ânsia com que alguns querem menosprezar a tarefa dos que nos precederam. Em vinte séculos realizou-se um grande trabalho e, com frequência, realizou-se muito bem. Em certas épocas, houve desacertos, recuos, como também hoje há retrocessos, medo, timidez, ao mesmo tempo que não faltam atitudes de valentia e generosidade. Mas a família humana renova-se constantemente; em cada geração é necessário continuar com o empenho de ajudar o homem a descobrir a grandeza da sua vocação de filho de Deus, e inculcar-lhe o mandamento do amor ao Criador e ao próximo"[2]. A vida é um tempo para fazer frutificar os bens divinos.

Corresponde-nos a cada um, a cada cristão, fazer render agora o tesouro de graças que o Senhor deposita nas nossas mãos, enquanto "vivificados e congregados no seu Espírito, caminhamos para a consumação da história humana, que coincide plenamente com o seu desígnio de amor: *Restaurar todas as coisas em Cristo, as que estão nos céus e as que estão na terra* (Ef 1, 10)"[3]. Esta é a nossa tarefa até o momento em que o Senhor volte para cada um, isto é, até o momento da nossa morte: procurar com empenho que o Senhor esteja presente em todas as realidades humanas. Nada é alheio a Deus, pois todas as coisas foram criadas por Ele, e para Ele se dirigem, dentro da autonomia própria de cada uma: os negócios, a política, a família, o esporte, o ensino...

Eis que venho depressa — diz hoje o Senhor —, *e a minha recompensa está comigo, para retribuir a cada um segundo as suas obras. Eu sou o Alfa e o Ômega, o primeiro e o último, o princípio e o fim*[4]. Só nEle os nossos afazeres aqui na terra encontram o seu sentido. A Igreja inteira é depositária do tesouro de Cristo: quando cada um de nós luta por ser fiel aos seus deveres, aos compromissos que adquiriu como cidadão e como cristão, a santidade de Deus cresce no mundo.

II. ENQUANTO aqueles administradores fiéis procuravam com empenho fazer render o tesouro do seu senhor, muitos dos seus concidadãos *aborreciam-no; e enviaram atrás dele uma embaixada encarregada de dizer: Não queremos que ele reine sobre nós*. O Senhor deve ter introduzido com muita pena estas palavras no meio do relato, pois fala de Si mesmo: Ele é o homem ilustre que partiu para terras longínquas. Jesus via nos olhos de muitos fariseus um ódio crescente e a rejeição mais completa. Quanto maior era a sua bondade e maiores as provas de misericórdia que dava, mais crescia a incompreensão que se podia notar em muitos rostos. Essa rejeição tão frontal, que pouco tempo depois atingiria o seu ponto culminante na Paixão, deve ter sido muito dura para o Mestre.

O Senhor também quis aludir à recusa de que seria objeto ao longo dos séculos. Acaso é menor a que hoje se dá? São menores o ódio e a indiferença? Na literatura, na arte, na ciência..., nas famílias..., parece ouvir-se um alarido gigantesco: *Nolumus hunc regnare super nos!*, não queremos que Ele reine sobre nós! Ele, "que é o autor do universo e de cada uma das criaturas, e que não se impõe com atitudes de domínio, mas mendiga um pouco de amor, mostrando-nos em silêncio as suas mãos chagadas.

"Como é possível, então, que tantos o ignorem? Por que se ouve ainda esse protesto cruel: *Nolumus hunc regnare super nos* (Lc 19, 14), não queremos que Ele reine sobre nós? Há na terra milhões de homens que se defrontam assim com Jesus Cristo, ou melhor, com a sombra de Jesus Cristo, porque, na realidade, o verdadeiro Cristo, não o conhecem, nem viram a beleza do seu rosto, nem perceberam a maravilha da sua doutrina.

"Diante desse triste espetáculo, sinto-me inclinado a desagravar o Senhor. Ao escutar esse clamor que não cessa, e que se compõe não tanto de palavras como de obras pouco nobres, experimento a necessidade de gritar bem alto: *Oportet illum regnare!* (1 Cor 15, 25), convém que Ele reine [...]. O Senhor impeliu-me a repetir, desde há muito tempo, um grito silencioso: *Serviam!*, servirei. Que Ele nos aumente as ânsias de entrega, de fidelidade à sua chamada divina — com naturalidade, sem ostentação, sem ruído —, no meio da rua. Agradeçamos-lhe do fundo do coração. Elevemos uma oração de súditos, de filhos!, e a nossa língua e o nosso paladar experimentarão o gosto do leite e do mel, e nos saberá a favo cuidar do reino de Deus, que é um reino de liberdade, da liberdade que Ele nos conquistou (cf. Gl 4, 31)”[5].

Pôr-nos-emos a serviço de Cristo como nosso Rei e Senhor que é, como Salvador da Humanidade inteira e de cada um de nós. *Serviam!*, servirei, Senhor, é o que dizemos na intimidade da nossa oração.

III. DEPOIS DE ALGUM TEMPO, aquele senhor voltou com a investidura real e recompensou generosamente os servos que tinham trabalhado por fazer render o que haviam recebido; mas castigou duramente os que na sua ausência o tinham rejeitado, e sobretudo um dos administradores que havia perdido o tempo e não fizera render a *mina* que recebera. “O mau servo não se aplicou e nada devolveu; não honrou o seu amo e foi castigado. Glorificar a Deus é, pelo contrário, dedicar as faculdades que Ele me deu para conhecê-lo, amá-lo e servi-lo, e assim devolver-lhe todo o meu ser”[6].

Este é o fim da nossa vida: dar glória a Deus aqui na terra pelo bom uso de todas as coisas que recebemos, e depois na eternidade, com a Virgem, os anjos e os santos. Se o tivermos sempre presente, que bons administradores seremos dos dons que o Senhor nos quis dar para com eles ganharmos o Céu!

“Nunca vos arrependereis de tê-Lo amado”, costumava dizer Santo Agostinho[7]. O Senhor é bom pagador já nesta vida quando somos fiéis. Que será no Céu! Agora temos que propagar o reinado de Cristo na terra, no meio da sociedade em que nos movemos; sentir-nos permanentemente responsáveis por dilatá-lo no ambiente em que nos desenvolvemos, a começar pela nossa família: “Não abandoneis os vossos pequenos; contribuí para a salvação do vosso lar com todo o esmero”[8], aconselhava vivamente o santo bispo de Hipona.

Nestes dias, enquanto esperamos a Solenidade de Cristo Rei, podemos preparar-nos para ela repetindo algumas jaculatórias que venham a dizer: *Regnare Christum volumus!*, queremos que Cristo reine! E que esse reinado seja uma realidade em primeiro lugar na nossa inteligência, na nossa vontade, no nosso coração, em todo o nosso ser[9]. Por isso pedimos: "Meu Senhor Jesus: faz que eu sinta e secunde de tal modo a tua graça, que esvazie o meu coração..., para que o preenchas Tu, meu Amigo, meu Irmão, meu Rei, meu Deus, meu Amor!"[10]

(1) Lc 19, 11-28; (2) São Josemaria Escrivá, *É Cristo que passa*, n. 121; (3) Conc. Vat. II, Const. *Gaudium et spes*, 45; (4) Ap 22, 12-13; (5) São Josemaria Escrivá, *É Cristo que passa*, n. 179; (6) Joseph Tissot, *La vida interior*, p. 102; (7) cf. Santo Agostinho, *Sermão 51*, 2; (8) Santo Agostinho, *Sermão 94*; (9) cf. Pio XI, Enc. *Quas primas*, 11.12.25; (10) São Josemaria Escrivá, *Forja*, n. 913.

TEMPO COMUM. TRIGÉSIMA TERCEIRA SEMANA. QUINTA-FEIRA

292. AS LÁGRIMAS DE JESUS

— Jesus não permanece indiferente à sorte dos homens.
— A Santíssima Humanidade de Cristo.
— Ter os mesmos sentimentos de Jesus.

I. JESUS DESCIA pela vertente ocidental do monte das Oliveiras, dirigindo-se ao Templo. Acompanhava-o uma multidão cheia de fervor que gritava louvores ao Messias. Num dado momento, Jesus parou e contemplou a cidade de Jerusalém que se estendia aos seus pés. E ao vê-la, *chorou sobre ela*[1]. Foi um pranto inesperado, que quebrou a alegria de todos.

Naquele instante, o Senhor anteviu como anos mais tarde a cidade que tanto amava seria destruída por não ter conhecido o tempo em que Deus a visitara. O Messias percorrera as suas ruas, tinha-lhe anunciado a Boa-nova, os seus habitantes tinham visto os seus milagres..., mas continuara na mesma. *Se ao menos neste dia, que te é dado, tu conhecesses ainda o que te pode trazer a paz! Mas agora isto está encoberto aos teus olhos. Porque virão para ti dias em que os teus inimigos te cercarão de trincheiras, e te sitiarão e apertarão por todos os lados; e te arrasarão a ti e aos teus filhos, e não deixarão pedra sobre pedra: porque não conheceste o tempo da tua visita*[2].

Através destas linhas, pode-se ler a angústia que oprimia o coração do Senhor. "Mas por que Jerusalém não entendeu a graça especialíssima de conversão que lhe era oferecida naquele mesmo dia com o esplendor do triunfo de Jesus? Por que se obstinou em fechar os olhos à luz? Tivera várias ocasiões de reconhecer Jesus como o seu Messias e Redentor; esta seria a última. Se rejeitasse este derradeiro benefício, todos os males descritos na profecia cairiam irremediavelmente sobre ela. E rejeitou-o — ó dor! —, e tudo se cumpriu à letra"[3]. O Senhor encheu-se de aflição, pois Ele não permanece indiferente à sorte dos homens. A sua pena foi tão grande que os seus olhos se encheram de lágrimas.

São João menciona noutra passagem essas lágrimas de Jesus que podem ser muito consoladoras para a nossa alma. O Mestre chegara a Betânia onde tinha morrido o seu amigo Lázaro. A irmã de Lázaro, Maria, foi ao seu encontro e, quando Jesus a viu chorando, *estremeceu no seu espírito, comoveu-se e disse: Onde o pusestes? Eles responderam: Senhor, vem e vê*. Naquele momento, Jesus deu rédea solta à sua dor pela morte do amigo, e começou a chorar. Os judeus presentes exclamaram: *Vede como o amava*[4].

Jesus — perfeito Deus e homem perfeito[5] — sabe amar os seus amigos, os seus íntimos e todos os homens, pelos quais deu a vida. Este amor que revela na sua aflição é a expressão humana e sensível do afeto e da compaixão com que nos vê. E hoje, nestes minutos de oração, podemos contemplar a profundidade e a delicadeza dos seus sentimentos, e compreender como Ele não é indiferente à nossa correspondência a essa amizade e salvação que nos oferece. Quantas vezes se deixa encontrar pelos que o procuram, quantas vezes se faz encontradiço dos que não o procuram!

"O homem não pode viver sem amor. Torna-se um ser incompreensível para si próprio e a sua vida fica privada de sentido se não lhe for revelado o amor, se não se encontrar com o amor, se não o experimentar e tornar próprio, se não participar dele vivamente [...]. O homem que queira compreender-se profundamente a si próprio [...] deve — com a sua inquietação, a sua incerteza e mesmo com a sua fraqueza e pecaminosidade, com a sua vida e com a sua morte — aproximar-se de Cristo. Deve, por assim dizer, entrar nEle com tudo o que é em si mesmo, deve «apropriar-se» e assimilar toda a realidade da Encarnação e da Redenção, para encontrar-se a si mesmo. Se este processo profundo se desenvolver nele, então esse homem produzirá frutos, não somente de adoração de Deus, mas também de profunda maravilha perante si próprio. Que grande valor deve ter ele aos olhos do Criador, se *mereceu ter um tal e tão grande Redentor* (Missal Romano, Hino *Exsultet* da Vigília Pascal), se *Deus deu o seu Filho*, para que ele, o homem, *não pereça, mas tenha a vida eterna* (cf. Jo 3, 16)"[6].

Não deixemos de manifestar ao Senhor diariamente que somos conscientes desse amor que Ele tem por nós, um amor que está sempre à nossa espera.

II. A VIDA CRISTÃ consiste numa amizade crescente com Cristo, em imitá-lo, em tornar nossa a sua doutrina. Seguir Jesus não consiste em entreter-se em difíceis especulações teóricas, nem mesmo na mera luta contra o pecado, mas em amá-lo com obras e sentir-nos amados por Ele, "porque Cristo vive. Não é Cristo uma figura que passou, que existiu num tempo e que se retirou, deixando-nos uma lembrança e um exemplo maravilhosos"[7].

Ele vive agora no meio de nós: vemo-lo com os olhos da fé, falamos com Ele na oração, e Ele escuta-nos mal lhe levantamos o coração; não é indiferente às nossas alegrias e pesares, pois "pela sua Encarnação, uniu-se de algum modo a cada homem. Trabalhou com mãos humanas, pensou com inteligência humana, agiu com vontade humana, amou com coração humano. Nascido da Virgem Maria, tornou-se verdadeiramente um de nós, semelhante a nós em tudo, exceto no pecado.

"Cordeiro inocente, mereceu-nos a vida por meio do seu sangue livremente derramado. NEle Deus nos reconciliou consigo e entre nós, arrancando-nos da servidão do diabo e do pecado. De modo que cada um de nós pode dizer com o Apóstolo: *O Filho de Deus amou-me e entregou-se por mim* (Gl 2, 20)"[8], por cada um de nós, como se não houvesse outros homens na terra. A sua Santíssima Humanidade é a ponte que nos conduz a Deus Pai.

Hoje consideramos as lágrimas do Senhor por aquela cidade que tanto amou, mas que não reconheceu o momento mais decisivo da sua história: a visita do Messias e os dons que oferecia a cada um dos seus habitantes. E meditamos ao mesmo tempo nas ocasiões em que nós pessoalmente o enchemos de aflição pelos nossos pecados, e o magoamos por não termos sabido corresponder a tantas provas de amizade.

E recordamos também as ocasiões em que lhe fizemos sentir a nossa ausência, como naquele dia em que esperava que regressássemos para agradecer-lhe a cura da nossa lepra, e não o fizemos, e fomos à *nossa* vida como se nada de mais nos tivesse acontecido.

Se não amamos Jesus, não podemos segui-lo. E para amá-lo, temos de meditar com frequência as páginas do Evangelho em que Ele se mostra profundamente humano e tão próximo de tudo o que é nosso. Umas vezes, vê-lo-emos *fatigado da viagem*[9], sentado cheio de sede à borda do poço que fora de Jacó, depois de uma longa caminhada num dia de muito calor, e servindo-se dessa pausa para converter uma mulher samaritana e muitos habitantes da vizinha cidade de Sicar. Contemplá-lo-emos com fome, como no dia em que, a caminho de Jerusalém, se aproximou de uma figueira que só tinha folhas[10]; ou tão esgotado depois de uma jornada intensa de pregação que acabou por adormecer na barca sacudida por um mar revolto[11].

Para amá-lo e segui-lo, temos de contemplá-lo: a sua vida é uma inesgotável fonte de amor, que torna fácil a entrega e a generosidade no seu seguimento. E "sempre que nos cansemos — no trabalho, no estudo, na tarefa apostólica —, sempre que haja cerração no horizonte, então, os olhos em Cristo: em Jesus bom, em Jesus cansado, em Jesus faminto e sedento. Como te fazes compreender, Senhor! Como te fazes amar! Tu te mostras como nós, em tudo menos no pecado, para que saibamos palpavelmente que contigo podemos vencer as nossas más inclinações, as nossas culpas. Que importância têm o cansaço, a fome, a sede, as lágrimas!... O que importa é a luta — uma luta amável, porque o Senhor permanece sempre ao nosso lado — para cumprir a vontade do Pai que está nos céus (cf. Jo 4, 34)"[12].

III. O PRANTO DE JESUS por Jerusalém encerra um profundo mistério. O Senhor expulsou demônios, curou doentes, ressuscitou mortos, converteu publicanos e pecadores, mas em Jerusalém tropeçou com a dureza dos seus habitantes. Podemos entrever um pouco do que o seu Coração experimentou quando deparamos atualmente com a resistência de tantos que se fecham à graça, ao chamamento divino. "Por vezes, diante dessas almas adormecidas, dá uma vontade louca de gritar-lhes, de sacudi-las, de fazê-las reagir, para que saiam dessa modorra terrível em que se acham mergulhadas. É tão triste ver como andam, tateando como cegos, sem acertar com o caminho! — Como compreendo esse pranto de Jesus por Jerusalém, como fruto da sua caridade perfeita..."[13]

Nós, os cristãos, continuamos a obra do Mestre e participamos dos sentimentos do seu Coração misericordioso. Por isso, olhando para Ele, temos de aprender a amar os nossos irmãos os homens, a sofrer por eles e com eles, compreendendo as suas deficiências, sendo sempre cordiais e estando disponíveis e à espera da menor ocasião para ajudá-los. Quando poderemos dizer que este ou aquele coração se fechou definitivamente à graça, como os habitantes de Jerusalém? E sobretudo alguma vez poderemos dizer que fizemos por essas pessoas tudo o que Jesus fez por Jerusalém? Não nos queixemos da dureza dos corações, ou antes, queixemo-nos ao Senhor para que Ele tenha piedade e abrande esses corações.

E sejamos perseverantes na nossa ação apostólica. Não existe nunca nenhum *não* definitivo. Não existe para a graça divina, que pode suscitar das próprias pedras filhos de Abraão[14]. *Ninguém tem maior amor que aquele que dá a vida pelos seus amigos*[15]. Ainda não chegamos a esse grau de imitação de Cristo na sua entrega por Jerusalém, pela salvação de toda a humanidade.

Peçamos hoje à nossa Mãe Santa Maria que nos dê um coração semelhante ao do seu Filho, que nunca nos deixe permanecer indiferentes perante a sorte dos que estão diariamente em contato conosco.

(1) Lc 19, 41; (2) Lc 19, 41-44; (3) L. C. Fillion, *Vida de Nosso Senhor Jesus Cristo*, FAX, Madri, 1966, p. 173; (4) Jo 11, 33-36; (5) *Simbolo atanasiano*; (6) João Paulo II, Enc. *Redemptor hominis*, 4.03.79, 10; (7) São Josemaria Escrivá, *É Cristo que passa*, n. 102; (8) Conc. Vat. II, Const. *Gaudium et spes*, 22; (9) Jo 4, 4; (10) cf. Mc 11, 12-13; (11) Mc 4, 38; (12) São Josemaria Escrivá, *Amigos de Deus*, n. 201; (13) São Josemaria Escrivá, *Sulco*, n. 210; (14) Mt 3, 9; (15) Jo 15, 13.

293. CASA DE ORAÇÃO

— Jesus expulsa os mercadores do Templo.
— O templo, lugar de oração.
— O culto verdadeiro.

I. UMA DAS LEITURAS previstas para a Missa de hoje é uma passagem do Livro dos Macabeus[1] em que se narra que Judas e seus irmãos, depois de vencerem os inimigos, decidiram purificar e renovar o santuário do Senhor que fora profanado pelos gentios e pelos que não tinham sido fiéis à fé dos seus antepassados.

Dirigiram-se para lá cheios de alegria, *ao som de cânticos e de cítaras, de liras e de címbalos. E todo o povo se prostrou com o rosto por terra, e adoraram e levantaram a voz até ao céu, e bendisseram* a Deus.

Celebraram a dedicação do altar durante oito dias e ofereceram com grande júbilo holocaustos e sacrifícios de ação de graças e de louvor. *E adornaram a fachada do templo com coroas de ouro e com pequenos escudos; e restauraram as entradas do templo e os quartos, e puseram-lhes portas. E foi extraordinária a alegria do povo, e o opróbrio das nações foi afastado.* Judas Macabeu determinou que esse dia fosse celebrado todos os anos com grande solenidade. O povo de Deus, depois de tantos anos de opróbrio, manifestou a sua piedade e o seu amor a Deus com um júbilo transbordante.

O Evangelho da Missa[2] mostra-nos Jesus santamente indignado ao ver o estado em que se encontrava o Templo, de tal maneira que expulsou dali os que vendiam e compravam.

No Êxodo[3], Moisés tinha disposto que nenhum israelita se apresentasse diante de Deus sem nada que oferecer. Para facilitar o cumprimento dessa disposição aos que vinham de longe, montou-se no átrio do Templo um serviço de compra e venda de animais para serem sacrificados. Mas essa medida, que a princípio podia ter sido tolerável e até conveniente, degenerou de tal modo que a primitiva intenção religiosa ficou subordinada aos benefícios econômicos da turba dos comerciantes, que talvez fossem os próprios servidores do Templo. O resultado foi que o Templo passou a parecer mais uma feira de gado do que um lugar de encontro com Deus[4].

Movido pelo zelo da casa de seu Pai[5], por uma piedade que brotava do mais fundo do seu Coração, Jesus não pôde suportar aquele deplorável espetáculo e expulsou dali todos os vendilhões, com as suas mesas e animais, sublinhando a finalidade do templo com um texto de Isaías bem conhecido de todos[6]: *A minha casa é casa de oração, mas vós fizestes dela um covil de ladrões*.

O que o Senhor quis ensinar a todos e nos quer ensinar a nós é o respeito e a compostura que se deve guardar na Casa de Deus, como devem ser a nossa devoção e o nosso recolhimento nesses recintos sagrados que são as igrejas, onde se celebra o sacrifício eucarístico e onde Jesus Cristo, Deus e Homem, está realmente presente no Sacrário. "Há uma urbanidade da piedade. — Aprende-a. — Dão pena esses homens «piedosos», que não sabem assistir à Missa — ainda que a ouçam diariamente —, nem benzer-se (fazem uns estranhos trejeitos, cheios de precipitação), nem dobrar o joelho diante do Sacrário (suas genuflexões ridículas parecem um escárnio), nem inclinar reverentemente a cabeça diante de uma imagem de Nossa Senhora"[7].

II. *A MINHA CASA é casa de oração*. Quanta luz se desprende desta expressão que designa o templo como *casa de Deus*! Como tal devemos considerá-lo. Devemos entrar nele com amor, com alegria e também com um grande respeito, como convém ao lugar onde está — à nossa espera! — o próprio Deus.

Com frequência, temos notícia ou assistimos a atos e cerimônias da vida pública, acadêmica, esportiva: uma recepção, um desfile, umas Olimpíadas... E percebemos imediatamente que o protocolo e uma certa solenidade não são supérfluos. Esses detalhes, às vezes mínimos — as precedências, o modo de vestir, o ritmo pausado de andar... —, entram pelos olhos e dão ao ato uma boa parte do seu valor e do seu ser.

Também entre as pessoas, o carinho demonstra-se por meio de pequenos pormenores, atenções e cuidados. A aliança que os futuros esposos se presenteiam ou outras atenções parecidas não são em si mesmas o amor, mas não há dúvida de que o manifestam. É o rito singelo que o homem tem necessidade de observar para exprimir o mais íntimo do seu ser. O homem não é apenas corpo nem apenas alma, carece de manifestar a sua fé por meio de atos externos e sensíveis que revelem bem o que traz no seu coração. Quando se vê, por exemplo, alguém dobrar o joelho pausadamente até o chão diante do Sacrário, é fácil pensar: tem fé e ama a Deus. E esse gesto de adoração, resultado daquilo que se traz no coração, ajuda quem o faz e todos os que estão presentes a ter mais fé e mais amor. O Papa João Paulo II alude neste sentido à influência que teve nele a piedade simples e sincera de seu pai: "O mero fato de vê-lo ajoelhar-se — conta o Pontífice — teve uma decisiva influência nos meus anos de juventude"[8].

O incenso, as inclinações e genuflexões, o tom de voz adequado nas cerimônias, a dignidade da música sacra, dos paramentos e objetos sagrados, o decoro desses elementos do culto, a limpeza e cuidado com que se conservam, foram sempre manifestações de um povo que crê. O próprio esplendor dos materiais litúrgicos facilita a compreensão de que se trata sobretudo de uma homenagem a Deus. Quando se observam de perto alguns ostensórios da ourivesaria dos séculos XVI e XVII, nota-se que, quase sempre, a arte se torna mais rica e preciosa à medida que se aproxima do lugar destinado à Hostia consagrada. Às vezes, desce a pormenores que quase não se notam: o melhor da arte concentrou-se no ponto em que se diria que só Deus a pode apreciar. Este cuidado até nas coisas mais pequenas ajuda muito a reconhecer a presença do próprio Deus.

Para o Senhor, também não é indiferente que o cumprimentemos em primeiro lugar ao entrarmos numa igreja, ou que nos empenhemos em chegar pontualmente à Missa — melhor uns minutos antes —, que façamos uma genuflexão bem feita diante dEle no Sacrário, que mantenhamos uma atitude recolhida na sua presença... O templo é para nós um lugar em que prestamos culto a Deus, em que o encontramos com uma presença *verdadeira, real e substancial*?

III. GRANDE PARTE das prescrições que o Senhor comunicou a Moisés no Sinai tendiam a fixar em detalhe a dignidade de tudo o que se referia ao culto. Especificava-se como se devia construir o tabernáculo, a arca, os utensílios, o altar, como deviam ser confeccionadas as vestes sacerdotais, como deviam ser as vítimas que se ofereceriam; que festas deviam ser guardadas; que tribo e que pessoas deviam exercer as funções sacerdotais...[9]

Todas essas indicações mostram que as coisas sagradas estão ligadas de uma maneira especial à Santidade divina; com elas, o Senhor demonstra a plenitude dos seus direitos. Naquele povo, tão frequentemente tentado pelos ritos pagãos, Deus sempre procurou infundir um profundo respeito pelas coisas sagradas. Jesus Cristo sublinhou esse ensinamento com um espírito novo. Precisamente o *zelo pela casa de Deus*, pela sua honra e pela sua glória, constitui um ensinamento central do Messias, que Cristo nos transmitiu ao expulsar energicamente os vendilhões do Templo; durante a sua pregação, insistirá no respeito com que se devem tratar os dons divinos; houve ocasiões em que o fez com palavras muito fortes: *Não deis aos cães o que é santo, nem lanceis aos porcos as vossas pérolas*[10].

Atualmente, assistimos em muitos lugares a uma onda de dessacralização. São atitudes por trás das quais jaz uma concepção ateia da pessoa, para a qual "o sentido religioso, que a natureza infundiu nos homens, deve ser considerado pura ficção ou imaginação, e deve, portanto, ser totalmente arrancado dos espíritos por ser absolutamente contrário ao caráter da nossa época e ao progresso da civilização"[11].

Ao mesmo tempo, vemos crescer, mesmo entre pessoas que se chamam cultas, as práticas adivinhatórias, o culto desordenado e doentio pela estatística, pela planificação...: a incredulidade está presente em toda a parte. É que, no íntimo da sua consciência, o homem pressente a existência de Alguém que rege o universo, e que não é apreensível pela ciência. "Não têm fé. — Mas têm superstições"[12].

A Igreja recorda-nos que somente Deus é o nosso único Senhor. E quis determinar muitos detalhes e formas do culto, que são expressões da honra e do verdadeiro amor devidos a Deus. Não se limitou a ensinar que a Santa Missa é o centro de toda a Igreja e da vida de cada cristão, e a determinar a sua liturgia; quis, além disso, que as nossas igrejas fossem verdadeiras *casas de oração*. Estabeleceu que os templos estivessem abertos nos horários convenientes "para que os fiéis possam facilmente orar diante do Santíssimo Sacramento"[13]. Dispôs[14] o que foi prática constante através dos séculos: o Sacrário deve ser sólido, deve estar num lugar de destaque e ao mesmo tempo recolhido, para que os cristãos possam honrar o Santíssimo Sacramento também por meio do culto privado. Ao entrar num templo, deve-se saber com sinais claros onde está o Sacrário; por isso, prescreve-se o conopeu (o véu que deve cobri-lo normalmente), e que no altar do Sacrário arda constantemente uma lamparina com vela de cera... São detalhes que devem ser em primeiro lugar manifestações de amor e de adoração a Jesus Cristo, realmente presente, e só em segundo lugar sinais indicadores da sua presença.

Todos os fiéis, sacerdotes e leigos, devem ser "tão cuidadosos no culto e na honra a Deus que possam com razão chamar-se zelosos mais do que amantes..., para que imitem o próprio Jesus Cristo, de quem são estas palavras: *O zelo da tua casa me devora* (Jo 2, 17)"[15].

(1) Mac 4, 36-37; 52-59; *Primeira leitura* da Missa da sexta-feira da trigésima terceira semana do Tempo Comum; (2) Lc 19, 45-48; (3) cf. Ex 23, 15; (4) cf. Sagrada Bíblia, *Santos Evangelhos*, nota a Mt 21, 12--13; (5) cf. Jo 2, 17; (6) Is 56, 7; (7) São Josemaria Escrivá, *Caminho*, n. 541; (8) André Frossard, *No tengais miedo*, Plaza y Janes, Barcelona, 1982, pp. 12-13; (9) cf. Ex 25, 1 e segs.; (10) Mt 7, 6; (11) João XXIII, Enc. *Mater et magistra*, 15.05.61, 214; (12) São Josemaria Escrivá, *Caminho*, n. 587; (13) Paulo VI, Instr. *Eucharisticum mysterium*, 25.05.67; (14) *ibid.*; (15) *Catecismo romano*, III, 2, n. 27.

Tempo Comum. Trigésima Terceira Semana. Sábado

294. AMAR A CASTIDADE

— Sem a pureza, é impossível o amor.
— Castidade matrimonial e virgindade.
— Apostolado sobre esta virtude. Meios para guardá-la.

I. OS SADUCEUS, que negavam a ressurreição dos mortos, aproximaram-se de Jesus e propuseram-lhe uma questão que, na opinião deles, reduzia ao absurdo essa verdade comumente admitida pelos demais hebreus[1]. Segundo a Lei judaica[2], se um homem morria sem deixar filhos, o seu irmão era obrigado a casar-se com a viúva para suscitar descendência ao falecido. Ora bem, apresentava-se como argumento aparentemente sólido contra a ressurreição dos corpos o caso de sete irmãos que tivessem morrido sucessivamente sem deixar descendência: *Na ressurreição, de qual deles será a mulher?*

O Senhor responde reafirmando com citações da Sagrada Escritura a ressurreição dos mortos, e desfaz o argumento dos saduceus comentando as qualidades dos corpos ressuscitados. A objeção revelava uma grande ignorância acerca do poder de Deus de glorificar o corpo humano comunicando-lhe uma condição semelhante à dos anjos, os quais não necessitam da reprodução da espécie por serem imortais[3]. A atividade procriadora limita-se a uns anos dentro da vida terrena do homem, para que possa cumprir a missão de propagar a espécie e, sobretudo, aumentar o número dos eleitos no Céu. Só a vida eterna é definitiva: esta vida é uma passagem para o Céu.

Pela virtude da castidade — ou pureza —, a faculdade de gerar é governada pela razão e tem em vista a procriação e a união do homem e da mulher dentro da vida conjugal. O impulso sexual situa-se assim no âmbito da ordem querida por Deus na criação, e é nele e somente nele que deve ser satisfeito.

A virtude da castidade leva também a viver uma limpeza da mente e do coração: a evitar quaisquer pensamentos, afetos e desejos que afastem do amor de Deus, conforme a vocação de cada um[4]. Sem a castidade, é impossível o amor humano, bem como o amor a Deus. Se a pessoa renuncia ao empenho por manter essa limpeza do corpo e da alma, abandona-se à tirania dos sentidos e rebaixa-se a um nível infra-humano: "É como se o «espírito» se fosse reduzindo, empequenecendo, até ficar num pontinho... E o corpo aumenta, agiganta-se até dominar"[5]. E o homem torna-se incapaz de entender a amizade com o Senhor.

Já nos primeiros tempos, no meio de um ambiente pagão hedonista, a Igreja admoestava com firmeza os cristãos sobre "os prazeres da carne, que, como cruéis tiranos, depois de aviltarem a alma na impureza, inabilitam-na para as obras santas da virtude"[6]. A pureza prepara a alma para o amor divino e para uma fecunda dedicação apostólica.

II. A CASTIDADE não consiste somente na renúncia ao pecado. Não é algo negativo: "não olhar", "não fazer", "não desejar"... É entrega do coração a Deus, delicadeza e ternura com o Senhor, "afirmação gozosa"[7]. É virtude para todos, que deve ser vivida conforme o estado de cada um.

Dentro da vida conjugal, a castidade ensina os casados a respeitarem-se mutuamente e a amarem-se com um amor mais firme, mais delicado, mais duradouro. "O amor consegue que as relações conjugais, sem deixarem de ser carnais, se revistam, por assim dizer, da nobreza do espírito e estejam à altura da dignidade do homem. O pensamento de que a união sexual se destina a suscitar novas vidas tem um admirável poder de transfiguração, mas a união física só se enobrece verdadeiramente quando procede do amor e é expressão do amor [...].

"E quando o sexo se desvincula completamente do amor e se busca a si próprio, então o homem abandona a sua dignidade e profana também a dignidade do outro. Um amor forte e cheio de ternura é, pois, uma das melhores garantias e sobretudo uma das causas mais profundas da pureza conjugal.

"*Mas existe ainda uma causa mais alta*. A castidade, diz-nos São Paulo, é um «fruto do Espírito» (cf. Gl 5, 23), quer dizer, uma consequência do amor divino. Para a guarda da pureza no matrimônio, necessita-se não só de um amor dedicado e respeitoso pela outra pessoa, mas sobretudo de um grande amor a Deus. O cristão que procura conhecer e amar Jesus Cristo encontra nesse amor um poderoso estímulo para a sua castidade. Sabe que a pureza aproxima de modo especial de Jesus Cristo e que a proximidade de Deus, prometida aos que guardam um coração limpo (cf. Mt 5, 8), é por sua vez a principal garantia dessa limpeza"[8].

A castidade não é a primeira nem a mais importante das virtudes, nem a vida cristã pode reduzir-se à pureza, mas sem ela não há caridade, e esta, sim, é a primeira das virtudes, a que dá plenitude a todas as outras. Sem a castidade, o próprio amor humano se corrompe. Aqueles que foram chamados a servir a Deus dentro da vida matrimonial, santificam-se precisamente pelo cumprimento abnegado e fiel dos deveres conjugais, que para eles se tornam caminho certo de união com Deus.

Quanto aos que receberam a vocação para o celibato apostólico, encontram na entrega total ao Senhor e aos outros por Deus, *indiviso corde*[9], sem a mediação conjugal, a graça para viverem felizes e alcançarem uma íntima e profunda amizade com Deus. Se hoje olhamos para Nossa Senhora — e neste dia da semana, o sábado, muitos cristãos têm-na especialmente presente —, vemos que nEla se dão de modo sublime essas duas possibilidades que nas outras mulheres se excluem: a maternidade e a virgindade. Em muitas terras cristãs, chamam-na simplesmente "a Virgem", a Virgem Maria. E tratamo-la ao mesmo tempo como Mãe. Foi vontade de Deus que a sua Mãe fosse simultaneamente Virgem.

A virgindade é, pois, um valor altíssimo aos olhos de Deus, e encerra uma mensagem importante para os homens de todos os tempos: a satisfação do sexo não pertence à perfeição da pessoa. As palavras de Jesus: *Quando ressuscitarem dos mortos, nem os homens desposarão mulheres, nem as mulheres, homens...* indicam que "há uma condição de vida, sem matrimônio, na qual o homem — homem e mulher —, encontra ao mesmo tempo a plenitude da doação pessoal e a comunhão entre as pessoas, graças à glorificação de todo o seu ser na união perene com Deus. Quando o chamamento à continência *pelo reino dos Céus* encontra eco na alma humana [...], não é difícil perceber nisso uma especial sensibilidade do espírito humano, que já nas condições terrenas parece antecipar aquilo de que o homem participará na ressurreição futura"[10]. A virgindade e o celibato apostólico são aqui na terra uma antecipação do Céu.

Isto não significa que o sexo seja "uma realidade vergonhosa, mas uma dádiva divina que se orienta limpamente para a vida, para o amor e para a fecundidade. Este é o contexto, o pano de fundo em que se situa a doutrina cristã sobre a sexualidade. A nossa fé não desconhece nada das coisas belas, generosas, genuinamente humanas que há aqui em baixo"[11]. Aqueles que se entregam a Deus com todo o seu ser, sem que intervenha um amor humano no matrimônio, não o fazem, pois, "por um hipotético valor negativo do matrimônio, mas em vista do valor particular ligado a essa opção, o qual deve ser descoberto e acolhido pessoalmente como vocação própria. E por isso Cristo diz: *Quem puder compreender, compreenda* (Mt 19, 12)"[12].

O Senhor deu a cada um uma missão nesta vida; a sua felicidade consiste em cumpri-la perfeitamente, com sacrifício e alegria.

III. A CASTIDADE VIVIDA no estado próprio de cada um é uma das maiores riquezas da Igreja perante o mundo; nasce do amor e orienta-se para o amor. É um sinal de Deus na terra. A continência *pelo reino dos Céus* "assemelha a Cristo que, na obra da Redenção, fez Ele próprio esta opção *pelo reino dos Céus*"[13].

Os apóstolos, afastando-se da tradição da Antiga Aliança segundo a qual a fecundidade era considerada uma bênção, seguiram o exemplo de Cristo, convencidos de que assim o seguiam mais de perto e se preparavam melhor para levar a cabo a missão apostólica que lhes fora confiada. Pouco a pouco, foram compreendendo — recorda-nos João Paulo II — como dessa continência brota uma particular "fecundidade espiritual e sobrenatural do homem, proveniente do Espírito Santo"[14].

Atualmente, talvez muitas pessoas achem incompreensível a castidade, e muito mais o celibato apostólico e a virgindade vividos no meio do mundo. Os primeiros cristãos — que não eram pessoas consagradas, mas simples fiéis, celibatários ou casados — também tiveram que enfrentar um ambiente hostil a esta virtude. Por isso, um dos elementos muito importantes do apostolado que devemos realizar é o de valorizar a castidade e o cortejo de virtudes que a acompanham: torná-la atrativa por meio de um comportamento exemplar, e difundir amplamente a doutrina que a Igreja sempre ensinou sobre esta matéria que é decisiva para termos acesso à amizade com Deus.

Temos que esmerar-nos, por exemplo, em viver até ao pormenor as virtudes do pudor e da modéstia na maneira de vestir, no asseio pessoal, ao praticarmos esporte; negar-nos terminantemente a participar de conversas que não condizem com um cristão; repudiar os espetáculos imorais...; e sobretudo esbanjar alegria à nossa volta, mostrando assim que não somos pessoas recalcadas, reprimidas, mas vemos na castidade um valor de que resultam inúmeros frutos que nos elevam: o ar puro da liberdade, uma maior capacidade de amar, finura de alma, uma generosidade disposta a servir causas nobres...

Temos de proclamar ainda, aos quatro ventos, que a castidade é sempre possível quando se empregam os meios que a nossa Mãe a Igreja vem recomendando há séculos: o recolhimento dos sentidos — sobretudo dos olhos —, a prudência atenta para evitar as ocasiões, a moderação nos divertimentos, a temperança, o recurso habitual à oração, aos sacramentos e à penitência, a recepção frequente da Sagrada Eucaristia, a sinceridade com o confessor... e, sobretudo, um grande amor à Santíssima Virgem[15]. Nunca seremos tentados acima das nossas forças[16].

Ao terminarmos a nossa oração, recorremos a Santa Maria, *Mater pulchrae dilectionis*, Mãe do amor formoso, que sempre nos ajudará a conseguir um amor mais firme, mesmo no meio das maiores tentações.

(1) Lc 20, 27-40; (2) cf. Dt 25, 5 e segs.; (3) São Tomás de Aquino, *Comentário ao Evangelho de São Mateus*, 22, 30; (4) cf. *Catecismo romano*, III, 7, n. 6; (5) São Josemaria Escrivá, *Sulco*, n. 841; (6) Santo Ambrósio, *Tratado sobre as virgens*, 1, 3; (7) cf. São Josemaria Escrivá, *É Cristo que passa*, n. 5; (8) J. M. Martínez Doral, *La santidad de la vida conyugal*, em *Scripta theologica*, Pamplona, 1989, vol. XXI, fasc. 3, pp. 880-881; (9) cf. 1 Cor 7, 33; (10) João Paulo II, *Audiência geral*, 10.03.82; (11) São Josemaria Escrivá, *É Cristo que passa*, n. 24; (12) João Paulo II, *Audiência geral*; (13) João Paulo II, *Audiência geral*, 24.03.82; (14) *ibid.*; (15) cf. S. C. para a Doutrina da Fé, *Declaração sobre certas questões de ética sexual*, 29.12.75, 12; (16) cf. 1 Cor 10, 13.

TRIGÉSIMO QUARTO DOMINGO DO TEMPO COMUM.
NOSSO SENHOR JESUS CRISTO, REI DO UNIVERSO

295. O REINADO DE CRISTO

— Um reinado de justiça e de amor.
— Que Cristo reine em primeiro lugar na nossa inteligência, na nossa vontade, em todas as nossas ações...
— Estender o Reino de Cristo.

I. *O SENHOR SENTAR-SE-Á como rei para sempre, o Senhor abençoará o seu povo dando-lhe a paz*[1], recorda-nos uma das Antífonas da Missa.

A solenidade que celebramos hoje "é como uma síntese de todo o mistério salvífico"[2]. Com ela encerra-se o ano litúrgico: depois de termos celebrado todos os mistérios da vida do Senhor, apresenta-se agora à nossa consideração Cristo glorioso, Rei de toda a criação e das nossas almas. Ainda que as festas da Epifania, Páscoa e Ascensão sejam também festas de Cristo Rei e Senhor de todas as coisas criadas, a de hoje foi especialmente instituída para nos mostrar Jesus como único soberano de uma sociedade que parece querer viver de costas para Deus[3].

Os textos da Missa salientam o amor de Cristo-Rei, que veio estabelecer o seu reinado, não com a força de um conquistador, mas com a bondade e a mansidão do pastor: *Eis que eu mesmo irei buscar as minhas ovelhas, seguindo o seu rasto. Assim como um pastor segue o rasto do seu rebanho quando as ovelhas se encontram dispersas, assim eu seguirei o rasto das minhas ovelhas; e livrá-las-ei tirando-as de todos os lugares por onde se tenham dispersado no dia das nuvens tempestuosas e da escuridão*[4].

Foi com esta solicitude que o Senhor veio em busca dos homens dispersos e afastados de Deus pelo pecado. E como estavam feridos e doentes, curou-os e vendou-lhes as feridas. Tanto os amou que deu a vida por eles. "Como Rei, vem para revelar o amor de Deus, para ser o Mediador da Nova Aliança, o Redentor do homem. O Reino instaurado por Jesus Cristo atua como fermento e sinal de salvação a fim de construir um mundo mais justo, mais fraterno, mais solidário, inspirado nos valores evangélicos da esperança e da futura bem-aventurança a que todos estamos chamados. Por isso, no *Prefácio* da celebração eucarística de hoje, fala-se de Jesus que ofereceu ao Pai um *reino de verdade e de vida, de santidade e de graça, de justiça, de amor e de paz*"[5].

Assim é o Reino de Cristo, do qual somos chamados a participar e que somos convidados a dilatar mediante um apostolado fecundo. O Senhor deve estar presente nos nossos familiares, amigos, vizinhos, companheiros de trabalho... "Perante os que reduzem a religião a um cúmulo de negações, ou se conformam com um catolicismo de meias-tintas; perante os que querem pôr o Senhor de cara contra a parede, ou colocá-lo num canto da alma..., temos de afirmar, com as nossas palavras e com as nossas obras, que aspiramos a fazer de Cristo um autêntico Rei de todos os corações..., também dos deles"[6].

II. *OPORTET AUTEM illum regnare...,* é necessário que Ele reine...[7]

São Paulo ensina que a soberania de Cristo sobre toda a criação cumpre-se agora no tempo, mas alcançará a sua plenitude definitiva depois do Juízo universal. O Apóstolo apresenta este acontecimento, para nós misterioso, como um ato de solene homenagem ao Pai: Cristo oferecer-lhe-á toda a criação como um troféu e apresentar-lhe-á finalmente o Reino cuja realização lhe havia sido confiada até aquele momento[8]. A sua vinda gloriosa no fim dos tempos, quando tiver estabelecido *os novos céus e a nova terra*[9], representará o triunfo definitivo sobre o demônio, o pecado, a dor e a morte[10].

Entretanto, a atitude do cristão não pode ser de mera passividade em relação ao reinado de Cristo no mundo. Nós desejamos ardentemente esse reinado: *Oportet illum regnare...!* É necessário que Cristo reine em primeiro lugar na nossa inteligência, mediante o conhecimento da sua doutrina e o acatamento amoroso dessas verdades reveladas. É necessário que reine na nossa vontade, para que se identifique cada vez mais plenamente com a vontade divina. É necessário que reine no nosso coração, para que nenhum amor se anteponha ao amor a Deus. É necessário que reine no nosso corpo, templo do Espírito Santo[11]; no nosso trabalho profissional, caminho de santidade... "Como és grande, Senhor nosso Deus! Tu és quem dá à nossa vida sentido sobrenatural e eficácia divina. Tu és a causa de que, por amor do teu Filho, possamos repetir com todas as forças do nosso ser, com a alma e com o corpo: *Convém que Ele reine!*, enquanto ressoa a canção da nossa fraqueza, pois sabes que somos criaturas"[12].

A festa de hoje é como uma antecipação da segunda vinda de Cristo *em poder e majestade*, a vinda gloriosa que se apossará dos corações e secará toda a lágrima de infelicidade. Mas é, ao mesmo tempo, uma chamada e um incentivo para que todas as coisas à nossa volta se deixem impregnar pelo espírito amável de Cristo, pois "a esperança de uma nova terra, longe de atenuar, deve antes estimular a solicitude pelo aperfeiçoamento desta terra, na qual cresce o Corpo da nova família humana que já nos pode oferecer um certo esboço do novo mundo. Por isso, ainda que o progresso terreno deva ser cuidadosamente distinguido do crescimento do Reino de Cristo, no entanto o progresso terreno é de grande interesse para o Reino de Deus, na medida em que pode contribuir para organizar melhor a sociedade humana.

"Depois de termos propagado na terra — no Espírito do Senhor e por sua ordem — os valores da dignidade humana, da comunidade fraterna e da liberdade, voltaremos a encontrar todos esses bons frutos da natureza e do nosso trabalho — desta vez limpos já de toda a impureza, iluminados e transfigurados — quando Cristo entregar ao Pai o Reino eterno e universal [...]. O Reino já está misteriosamente presente aqui na terra. E quando o Senhor vier, alcançará a sua perfeição"[13]. Nós colaboramos na propagação do reinado de Jesus quando procuramos tornar mais humano e mais cristão o pequeno mundo que frequentamos diariamente.

III. JESUS RESPONDEU a Pilatos: *O meu Reino não é deste mundo...* E quando o Procurador tornou a interpelá-lo, afirmou-lhe: *Tu o dizes, eu sou rei*[14]. Não sendo deste mundo, o Reino de Cristo começa já nesta terra. O seu reinado expande-se entre os homens quando eles se sentem filhos de Deus, quando se alimentam dEle e vivem para Ele.

Cristo é um Rei que recebeu todo o poder no Céu e na terra, e governa sendo *manso e humilde de coração*[15], servindo a todos, porque *não veio para ser servido, mas para servir e dar a sua vida para a redenção de muitos*. O seu trono foi o presépio de Belém e depois a Cruz do Calvário. Sendo *o Príncipe dos reis da terra*[16], não exige outros tributos além da fé e do amor.

Um ladrão foi o primeiro a reconhecer a sua realeza: *Senhor* — dizia-lhe ele com uma fé simples e humilde —, *lembra-te de mim quando entrares no teu reino*[17]. O título que para muitos foi motivo de escândalo e de injúrias, será a salvação deste homem em quem a fé lançou raízes, quando mais oculta parecia a divindade do Salvador. O Senhor "concede sempre mais do que aquilo que lhe pedem: o ladrão só lhe pedia que se lembrasse dele; mas o Senhor disse-lhe: *Em verdade te digo: hoje estarás comigo no Paraíso*. A vida consiste em habitar com Jesus Cristo, e onde está Jesus Cristo ali está o seu Reino"[18].

Na festa de hoje, ouvimos o Senhor dizer-nos na intimidade do nosso coração: *Eu tenho sobre ti desígnios de paz e não de aflição*[19]. E fazemos o propósito de corrigir no nosso coração o que não estiver de acordo com o querer de Cristo.

Ao mesmo tempo, pedimos-lhe que nos reforce a vontade de colaborar na tarefa de estender o seu reinado ao nosso redor e em tantos lugares em que ainda não o conhecem. "Foi para isso que nós, os cristãos, fomos chamados, essa é a nossa tarefa apostólica e a preocupação que deve consumir a nossa alma: conseguir que o reino de Cristo se torne realidade, que não haja mais ódios nem crueldades, que estendamos pela terra o bálsamo forte e pacífico do amor"[20]. Que o Senhor nos faça sentir-nos verdadeiramente *comprometidos* a realizar um apostolado constante e eficaz.

Para tornarmos realidade os nossos desejos, recorremos uma vez mais a Nossa Senhora. "Maria, a Mãe santa do nosso

Rei, a Rainha do nosso coração, cuida de nós como só Ela o sabe fazer. Mãe compassiva, trono da graça: nós te pedimos que saibamos compor na nossa vida e na vida dos que nos rodeiam, verso a verso, o poema singelo da caridade, *quasi fluvium pacis* (Is 66, 12), como um rio de paz. Pois tu és um mar de inesgotável misericórdia"[21].

(1) Sl 28, 10-11; *Antífona da comunhão* da Missa do último domingo do Tempo Comum; (2) João Paulo II, *Homilia*, 20.11.83; (3) cf. Pio XI, Enc. *Quas primas*, 11.12.25; (4) Ez 34, 11-12; *Primeira leitura* da Missa do último domingo do Tempo Comum, ciclo A; (5) João Paulo II, *Alocução*, 26.11.89; (6) São Josemaria Escrivá, *Sulco*, n. 608; (7) 1 Cor 15, 25; *Segunda leitura* da Missa do último domingo do Tempo Comum, ciclo A; (8) cf. 1 Cor 15, 23-28; (9) Ap 21, 1-2; (10) cf. Sagrada Bíblia, *Epístola de São Paulo aos Coríntios*, nota a 1 Cor 15, 23-28; (11) cf. Pio XI, Enc. *Quas primas*, cit.; (12) São Josemaria Escrivá, *É Cristo que passa*, n. 181; (13) Conc. Vat. II, Const. *Gaudium et spes*, 39; (14) Jo 18, 36-37; (15) cf. Mt 11, 29; (16) Ap 1, 5; *Segunda leitura* da Missa do último domingo do Tempo Comum, ciclo B; (17) Lc 23, 42; (18) Santo Ambrósio, *Comentário ao Evangelho de São Lucas*; (19) Jr 29, 11; (20) São Josemaria Escrivá, *É Cristo que passa*, n. 183; (21) *ibid.*, n. 187.

TEMPO COMUM. TRIGÉSIMA QUARTA SEMANA. SEGUNDA-FEIRA

296. A VIÚVA POBRE

— Não devemos ter medo de ser generosos sem limites.
— Entrega sem condições. Não negar nada ao Senhor.
— Generosidade de Deus.

I. ERAM MUITAS as oferendas que se apresentavam todos os dias ao Senhor no Templo de Jerusalém. Bastantes delas correspondiam aos produtos da terra, em reconhecimento do supremo domínio divino sobre todas as coisas criadas. Consistiam em farinha e azeite, espigas ou pão cozido, que eram incensados para exprimir o desejo de que fossem agradáveis ao Senhor[1]. Parte da oferenda era queimada sobre o altar e parte era consumida pelo sacerdote no interior do Templo[2]. O *holocausto* era um sacrifício em que a vítima (um cordeiro, uma ave...), previamente sacrificada, era completamente destruída, quase sempre por meio do fogo. A palavra *holocausto* significava precisamente que a vítima era queimada totalmente. Nos tempos de Cristo, era oferecido durante a manhã e a tarde, e por isso chamava-se *sacrifício perpétuo*[3]. Era figura do que havia de vir, o sacrifício eucarístico.

Como oferenda a Deus e para o sustento do Templo, também eram depositadas esmolas num lugar bem visível, o *gazofilácio*. Certo dia, Jesus encontrava-se perto desse lugar e *observava como o povo lançava ali moedas; e muitos ricos lançavam muito*[4]. Viu também como se aproximava uma viúva pobre e lançava duas pequenas moedas[5]. São Marcos menciona até o valor dessas moedas: *um quadrante*, a quarta parte de um asse, uma quantia insignificante. No entanto, o Senhor comoveu-se com o gesto daquela mulher, pois sabia perfeitamente tudo o que representava para ela. A sua oferenda foi mais importante do que a de todos os outros porque deu *tudo o que tinha, todo o seu sustento*. Os outros desprendiam-se do que lhes sobrava, esta deu do que lhe era necessário.

Deve ter feito a oferenda com muito amor, com uma grande confiança na Providência divina, e Deus recompensou-a com certeza ainda na vida aqui na terra. "Eles ofertaram muito do muito que tinham — comenta Santo Agostinho —; ela deu tudo o que possuía. Tinha muito, pois tinha Deus no seu coração. É mais possuir Deus na alma do que ouro na arca. Quem deu mais do que essa pobre viúva que não reservou nada para si?"[6]

Esta passagem — que se lê no Evangelho da Missa de hoje — ensina-nos a não ter medo de ser generosos com Deus e com as boas obras a serviço do Senhor e dos outros, e mesmo a sacrificar aquilo que nos parece necessário para a vida. Que poucas coisas nos são realmente necessárias! Temos que oferecer a Deus tudo o que somos e temos, sem reservar nada, nem sequer uma pequena parte, para interesses clara ou disfarçadamente egoístas. Existe um antigo refrão segundo o qual conquistamos a Deus com a última moeda.

O gesto da viúva causou tanta alegria ao Senhor que sentiu necessidade de comentá-lo com os seus discípulos[7]. É a mesma alegria que o seu Coração experimenta quando nos entregamos a Ele totalmente. "O Reino de Deus não tem preço, e no entanto custa exatamente o que tens [...]. A Pedro e André, custou-lhes o abandono de uma barca e de umas redes; à viúva, duas moedinhas de prata (cf. Lc 21, 2); a outro, um copo de água fresca (cf. Mt 10, 42)...", diz São Gregório Magno[8].

II. COM A SUA PAIXÃO e Morte, o Senhor pede aos que o seguem o oferecimento a Deus Pai, não de animais, aves ou frutos do campo, como no Antigo Testamento, mas de si próprios. São Paulo recordá-lo-á aos primeiros cristãos de Roma: *Rogo-vos, pois, irmãos, pela misericórdia de Deus, que ofereçais os vossos corpos como uma hóstia viva, santa, agradável a Deus: este é o culto racional que lhe deveis*[9].

Especialmente na Santa Missa, o cristão pode e deve oferecer-se juntamente com Cristo, pois "para que a oblação — com a qual os fiéis oferecem neste Sacrifício a Vítima divina ao Pai celestial — alcance o seu pleno efeito [...], é preciso que se imolem a si próprios como hóstias [...] e, desejosos de assemelhar-se a Cristo, que sofreu tão grandes dores, se ofereçam como hóstia espiritual com o próprio Sumo e Eterno Sacerdote e por meio dEle mesmo"[10].

Esta entrega realiza-se todos os dias, e estende-se a todos os atos que compõem o nosso dia: vai desde o esmero em oferecer ao Senhor as obras do dia que começa, até o último pensamento para Ele antes de nos entregarmos ao sono. E isso com o coração sempre disponível para atender ao que o Senhor nos queira pedir, com a disposição de não lhe negar nada. A nossa entrega deve ser plena, sem condições nem exceções. Num dos escritos mais antigos da Cristandade primitiva, diz-se que, quando um homem enche de bom vinho umas talhas muito bem preparadas e deixa algumas delas meio cheias, se depois as repassa, não examina as que encheu até cima — pois sabe que o vinho ali guardado se conserva bem —, mas olha para as que estão por encher, pois teme, com razão, que se tenham azedado[11]. A mesma coisa acontece com as almas. A "meia entrega" acaba por romper a amizade com o Mestre. Só uma generosidade plena permite seguir o ritmo dos seus passos. De outra maneira, iríamos distanciando-nos cada vez mais e o Senhor não demoraria a ser uma figura longínqua e difusa. O cristão que queira ser coerente com a sua fé tem que decidir-se a pertencer a Deus sem reservas, a colocá-lo claramente no centro de todos os seus afetos e anseios.

Não tenhamos receio de pôr à disposição de Jesus tudo o que temos. Não hesitemos em dar-nos completamente. "Não vos deixeis enganar quando os hipócritas levantarem em torno de vós a dúvida sobre o direito que Deus tem de vos pedir tanto. Pelo contrário, colocai-vos na presença do Senhor sem condições, dóceis, como *o barro nas mãos do oleiro* (Jr 18, 6), e confessai-lhe rendidamente: *Deus meus et omnia!*, Tu és o meu Deus e o meu tudo"[12].

III. CONTA UMA ANTIGA LENDA oriental que todo aquele que se encontrava com o rei tinha obrigação de oferecer-lhe algum presente. Certo dia, um pobre camponês encontrou-se com o monarca, e, como não tinha nada com que presenteá-lo, recolheu um pouco de água na palma da mão e ofereceu ao soberano aquele obséquio tão simples. O rei gostou tanto da boa vontade daquele súdito que mandou — pois era um homem magnânimo — que lhe dessem como recompensa uma escudela cheia de moedas de ouro.

O Senhor, que é mais generoso do que todos os reis da terra, prometeu-nos o cêntuplo nesta vida e depois a vida eterna[13]. Ele quer que sejamos felizes nesta vida: os que o seguem com generosidade obtêm, já nesta terra, uma felicidade e uma paz que ultrapassam todas as alegrias e consolações humanas. Esta alegria é uma antecipação do Céu. Ter o Senhor perto de nós é já a melhor retribuição. Ele "é tão agradecido — escreve Santa Teresa — que não deixa sem prêmio um só levantar de olhos lembrando-nos da sua presença"[14].

Todos os dias o Senhor espera a oferenda simples dos nossos trabalhos, das pequenas dificuldades que nunca faltam, da caridade bem vivida, do tempo empregado em favor dos outros, da esmola generosa... Nesta entrega diária aos outros, "é necessário ir mais longe do que a estrita justiça, conforme a conduta exemplar da viúva que nos ensina a dar com generosidade mesmo aquilo que diz respeito às nossas necessidades. Sobretudo, devemos ter presente que Deus não mede os atos humanos pelas aparências do *quanto* foi dado. Deus mede-os pela medida dos valores interiores do *como* se põem à disposição do próximo: medida de acordo com o grau de amor com que nos damos livremente ao serviço dos irmãos"[15].

As nossas oferendas a Deus, muitas vezes aparentemente tão pequenas, chegarão melhor à presença do Senhor se as fizermos por meio de Nossa Senhora. "Esse pouco que desejes oferecer — recomenda São Bernardo —, procura depositá-lo nas mãos de Maria, graciosíssimas e digníssimas de todo o apreço, a fim de que seja oferecido ao Senhor sem sofrer repulsa por parte dEle"[16].

(1) Cf. Lv 2, 1-2; 14-15; (2) cf. Lv 6, 7-11; (3) cf. Dn 8, 11; (4) Mc 12, 41; (5) cf. Lc 21, 1-4; (6) Santo Agostinho, *Sermão 107 A*; (7) cf. Mc 12, 43; (8) São Gregório Magno, *Homilia 5 sobre os Evangelhos*; (9) Rm 12, 1; (10) Pio XII, Enc. *Mediator Dei*, 20.11.47, 25; (11) cf. Pastor de Hermas, *Mandamentos*, 13, 5, 3; (12) São Josemaria Escrivá, *Amigos de Deus*, n. 167; (13) cf. Lc 18, 28-30; (14) Santa Teresa, *Caminho de perfeição*, 23, 3; (15) João Paulo II, *Homilia*, 10.11.85; (16) São Bernardo, *Homilia na Natividade da Bem-aventurada Virgem Maria*, 18.

297. COM OS PÉS DE BARRO

— A estátua com os pés de barro.
— A experiência da nossa debilidade.
— A nossa fraqueza, ocasião para que Deus mostre o seu poder e a sua misericórdia.

I. UMA DAS LEITURAS da liturgia propõe para a Missa de hoje uma passagem do Livro de Daniel. O rei teve um sonho que lhe causou uma estranha inquietação, sem que depois se lembrasse do que tinha sonhado. Daniel, com a ajuda divina, conhece o sonho, relata-o ao rei e interpreta-o: *Tu, ó rei* — diz Daniel a Nabucodonosor —, *estavas olhando e parecia-te ver uma grande estátua. Era muito grande e de um brilho extraordinário... A cabeça da estátua era de ouro finíssimo; o peito e os braços, de prata; o ventre e as coxas, de bronze; as pernas, de ferro; e os pés, parte de ferro e parte de barro*. Então uma pedra, *sem intervirem as mãos de nenhum homem*, desprendeu-se e acertou nos pés da estátua, que ficou destruída. Tudo desmoronou: o ouro, a prata, o bronze, o ferro e o barro *ficaram reduzidos a palha que o vento leva para fora da eira no tempo do estio...* Não restou nada da estátua[1].

A interpretação do sonho refere-se à sucessiva destruição dos reinos, a começar pelo do próprio Nabucodonosor, e à chegada de um reino suscitado pelo *Deus do céu... que subsistirá para sempre*[2] e que derrubará os outros. É uma profecia acerca da chegada do Messias e do seu reinado universal. Mas a estátua pode ser entendida também como uma *imagem de cada cristão*: dotado de uma inteligência de ouro, que lhe permite conhecer a Deus; de um coração de prata, imensamente capaz de amar; e da fortaleza que lhe vem das virtudes... Mas terá sempre os pés de barro[3], e correrá o risco de cair ao chão se se esquecer dessa fragilidade de base, da qual, por outro lado, tem farta experiência.

Este conhecimento do frágil material que nos sustenta deve tornar-nos prudentes e humildes. Sabemos bem como são verdadeiras as palavras de Santo Agostinho: "Não há pecado ou crime cometido por outro homem que eu não seja capaz de cometer por causa da minha fragilidade; e, se ainda não os cometi, é porque Deus, na sua misericórdia, não o permitiu e preservou-me do mal"[4].

A experiência dos nossos erros torna-nos conscientes da instabilidade das nossas disposições pessoais e da realidade da fragilidade humana: "São muitas as tentações, muitos os tropeços que vêm ao encontro dos que querem conduzir-se de acordo com Deus"[5]. A graça e os bons desejos não extirpam completamente as relíquias do pecado, que nos inclinam para o mal.

Este conhecimento próprio terá muitas consequências para a nossa vida. Em primeiro lugar, levar-nos-á a procurar a fortaleza fora de nós mesmos, a procurá-la no Senhor. "Quando desejavas poder unicamente pelas tuas forças, Deus te fez débil, para dar-te o seu próprio poder, pois não és mais do que debilidade"[6]. Essa é a realidade. Por isso, "é necessário invocar o Senhor sem descanso, com uma fé rija e humilde: Senhor, não te fies de mim! Eu, sim, é que me fio de Ti. E ao vislumbrarmos na nossa alma o amor, a compaixão, a ternura com que Cristo Jesus nos olha — porque Ele não nos abandona —, compreenderemos em toda a sua profundidade as palavras do Apóstolo: *Virtus in infirmitate perficitur*, a virtude se fortalece na fraqueza (2 Cor 12, 9); com fé no Senhor, apesar das nossas misérias — ou melhor, com as nossas misérias —, seremos fiéis ao nosso Pai-Deus, e o poder divino brilhará, sustentando-nos no meio da nossa fraqueza"[7].

II. ENSINA A IGREJA que, apesar de termos recebido o Batismo, permanece na nossa alma a concupiscência, o *fomes peccati*, "que procede do pecado e inclina para o pecado"[8].

"Isto, que nos é conhecido pela Revelação divina — afirma o Concílio Vaticano II —, concorda com a experiência. Pois o homem, quando examina o seu coração, descobre-se também inclinado para o mal e mergulhado em múltiplos males que não podem provir do seu Criador, que é bom [...]. Por isso, toda a vida humana, individual e coletiva, apresenta-se como uma luta dramática entre o bem e o mal, entre a luz e as trevas. Muito mais ainda. O homem vê-se incapaz, por si mesmo, de debelar eficazmente os ataques do mal; e assim cada um se sente como que carregado de cadeias"[9].

Temos os pés de barro, como essa estátua de que fala o profeta Daniel, e, além disso, a experiência do pecado, das fraquezas próprias, está patente na história do mundo e na vida pessoal de todos os homens. "Ninguém se desprende de uma vez para sempre da sua fraqueza, solidão ou servidão, antes todos necessitam de Cristo exemplar, mestre, libertador, salvador, vivificador"[10]. Cada cristão é como um *vaso de barro*[11]: contém tesouros de valor incalculável, mas pela sua própria natureza pode quebrar-se com facilidade. A experiência ensina-nos que devemos afastar-nos de todas as ocasiões de pecado; é uma demonstração de sabedoria, "pois, se nelas se meterem, não há que fiar-se numa guerra onde tantos inimigos nos combatem e onde somos tão fracos para nos defendermos"[12].

Na sua infinita misericórdia, o Senhor quis que esta fragilidade fosse para nosso bem. "Deus quer que a tua miséria seja o trono da sua misericórdia, e a tua impotência a sede de todo o seu poder"[13]. Na nossa debilidade resplandece o poder divino, e é um meio, talvez insubstituível, de nos unirmos mais ao Senhor, que nunca nos deixa sozinhos. Além disso, as nossas fraquezas ensinam-nos a olhar com compreensão para os nossos irmãos que talvez estejam passando por maus momentos, pois — como vimos que diz Santo Agostinho — não há falta nem pecado de homem algum que nós não possamos cometer. E, se ainda não o cometemos, é porque a misericórdia divina nos preservou desse mal[14].

Recorramos ao Senhor, cheios de confiança: "Senhor, que não nos inquietem as nossas misérias passadas, já perdoadas, nem tampouco a possibilidade de misérias futuras; que nos abandonemos nas tuas mãos misericordiosas; que levemos à tua presença os nossos desejos de santidade e apostolado, que latejam como brasas sob as cinzas de uma aparente frieza...

"— Senhor, sei que nos escutas. Diz-lhe isso tu também"[15].

III. JOÃO PAULO I conta que certa vez perguntou a uma senhora, cheia de pessimismo pelos erros da sua vida passada, que idade tinha. Ela respondeu-lhe que tinha trinta e cinco. "Trinta e cinco! — exclamou o Pontífice —. Mas se a senhora pode viver ainda outros quarenta ou cinquenta anos e fazer muitíssimas coisas boas!" Aconselhou-a a pensar no futuro e a renovar a sua confiança em Deus. E acrescentou: "Citei-lhe então São Francisco de Sales, que falava das nossas «queridas imperfeições». E expliquei-lhe: Deus detesta as faltas, porque são faltas. Mas, por outro lado, ama-as, em certo sentido, enquanto lhe dão, a Ele, ocasião de mostrar a sua misericórdia e, a nós, de permanecermos humildes e também de compreendermos e de nos compadecermos das faltas do próximo"[16].

Se alguma vez o conhecimento das nossas fraquezas se torna mais vivo, se as tentações se encrespam, devemos ouvir como o Senhor também nos diz: *Basta-te a minha graça, porque é na fraqueza que o meu poder se manifesta por completo*. E com São Paulo poderemos dizer: *Portanto, de boa vontade me gloriarei nas minhas fraquezas, para que habite em mim o poder de Cristo. Por isso, alegro-me nas minhas enfermidades, nas afrontas, nas necessidades, nas perseguições, nas angústias por amor de Cristo; porque quando sou fraco, então sou forte*[17], com a fortaleza de Deus.

Ainda que sintamos *que temos os pés de barro*, alcançaremos uma grande confiança se considerarmos os abundantes meios sobrenaturais que o Senhor nos deixou para que vençamos. Ficou no Sacrário; deu-nos a Confissão para recuperarmos a graça perdida e para aumentarmos a resistência ao mal e a capacidade para o bem; dispôs que um anjo nos guardasse em todos os nossos caminhos; contamos com a ajuda extraordinária da Comunhão dos Santos, do exemplo de tantas pessoas que procuram comportar-se como filhos de Deus... Temos, sobretudo, a proteção de Maria, Mãe de Deus e Mãe nossa, *Refúgio dos pecadores*, nosso refúgio, a quem agora recorremos pedindo que não nos abandone.

(1) Dn 2, 31-35; (2) Dn 2, 44; (3) cf. São Josemaria Escrivá, *É Cristo que passa* n. 5; n. 181; (4) Santo Agostinho, *Confissões*, 2, 7; (5) Orígenes, *Homilias sobre o Êxodo*, 5, 3; (6) Santo Agostinho, *Confissões*, 19, 5; (7) São Josemaria Escrivá, *Amigos de Deus* n. 194; (8) Conc. de Trento, *Sec. 5*, cap. V; (9) Conc. Vat. II, Const. *Gaudium et spes*, 13; (10) Conc. Vat. II, Decr. *Ad gentes*, 8; (11) 2 Cor 4, 7; (12) Santa Teresa, *Vida*, 8, 4; (13) São Francisco de Sales, *Epistolário*, frag. 10; (14) cf. Santo Agostinho, *Confissões*, 2, 7; (15) São Josemaria Escrivá, *Forja*, n. 426; (16) João Paulo I, *Audiência geral*, 20.09.78; (17) 2 Cor 12, 9-10.

TEMPO COMUM. TRIGÉSIMA QUARTA SEMANA. QUARTA-FEIRA

298. PACIENTES NAS DIFICULDADES

— A paciência, parte da virtude da fortaleza.
— Paciência conosco, com os outros e nas contrariedades da vida corrente.
— Pacientes e constantes no apostolado.

I. OS TEXTOS DA MISSA de hoje, agora que faltam poucos dias para encerrar-se o ano litúrgico, relatam-nos uma parte do discurso do Senhor em que Ele se refere aos acontecimentos finais da história. Nesse longo discurso misturam-se diversas questões relacionadas entre si: a destruição de Jerusalém — ocorrida quarenta anos depois —, o fim do mundo e a vinda de Cristo em glória e majestade. Jesus anuncia também as perseguições que a Igreja padecerá e as tribulações dos seus discípulos. Esta é a passagem que o Evangelho da Missa nos propõe[1], e que termina com uma exortação do Senhor à paciência, à perseverança, apesar dos obstáculos que possam apresentar-se: *In patientia vestra possidebitis animas vestras*, pela vossa paciência salvareis as vossas almas.

Os apóstolos lembrar-se-iam mais tarde da advertência do Senhor: *Não é o servo maior do que o seu senhor. Se eles me perseguiram a mim, também vos hão de perseguir a vós*[2]. Mas as tribulações não escapam à Providência divina. Deus permite-as porque são ocasião de bens maiores. A Igreja enriqueceu-se no amor a Deus e sempre saiu vencedora e fortalecida de todas as adversidades, conforme as palavras do Senhor: *Haveis de ter aflições no mundo; mas tende confiança, eu venci o mundo*[3].

Neste caminhar em que consiste a vida, teremos de sofrer diversas provas: umas que hão de parecer-nos grandes, outras de pouco relevo, mas de todas elas a alma deve sair fortalecida, com a ajuda da graça. Umas virão de fora, com ataques diretos ou velados por parte dos que não compreendem a vocação cristã, de um ambiente paganizado adverso ou dos que se opõem a tudo o que se refere a Deus; outras surgirão das próprias limitações da natureza humana, que não permitem — tantas vezes! — alcançar um objetivo a não ser à custa de um empenho contínuo, de sacrifício, de tempo... Podem sobrevir dificuldades econômicas, familiares, doenças, cansaço, desalento... A paciência é necessária para que perseveremos, para que estejamos alegres por cima de qualquer circunstância. E isto só será possível se tivermos o olhar posto em Cristo, que nos anima a seguir adiante, sem obcecar-nos com o que pode tirar-nos a paz. Sabemos que, em todas as situações, a vitória é garantida.

A paciência, diz Santo Agostinho, é "a virtude pela qual suportamos os males com ânimo sereno". E acrescenta: "Não venha a acontecer que, por perdermos a serenidade da alma, abandonemos os bens que nos devem levar a conseguir outros maiores"[4]. É uma virtude que nos permite enfrentar com bom ânimo, por amor a Deus, sem queixas, os sofrimentos físicos e morais da nossa vida.

O normal será que tenhamos de exercê-la sobretudo nas coisas ordinárias, talvez em coisas que parecem triviais: um defeito que não acabamos de vencer, isto ou aquilo que não sai como quereríamos, um imprevisto, o caráter de uma pessoa com quem temos de conviver no trabalho, aglomerações no trânsito, atrasos dos meios de transporte públicos, esquecimentos... São ocasiões para crescermos na virtude da serenidade, pondo-a a serviço da caridade e fortalecendo a humildade.

II. A PACIÊNCIA é uma virtude bem diferente da mera passividade perante o sofrimento; não é um não reagir nem um simples aguentar: é parte da virtude da fortaleza, e leva a aceitar serenamente a dor e as provas da vida, grandes ou pequenas, como vindas do amor de Deus. Identificamos então a nossa vontade com a do Senhor, e isso permite-nos manter a fidelidade em qualquer circunstância e é o fundamento da grandeza de ânimo e da alegria de quem está certo de vir a receber uns bens futuros maiores[5].

Os campos em que devemos praticar esta virtude são inúmeros. Em primeiro lugar, *conosco próprios*, já que é fácil desanimarmos com os nossos próprios defeitos, sempre repetidos, sem conseguir superá-los totalmente. É necessário sabermos esperar e lutar com perseverança, convencidos de que, enquanto mantivermos o combate, estaremos amando a Deus. Normalmente, a superação de um defeito ou a aquisição de uma virtude não se consegue à custa de esforços violentos, mas de humildade, de confiança em Deus, de petição de mais graças, de uma maior docilidade. São Francisco de Sales afirmava que é necessário termos paciência com todos, mas, em primeiro lugar, conosco próprios[6].

Paciência também com as pessoas com quem nos relacionamos frequentemente, sobretudo se, por qualquer motivo, temos obrigação de ajudá-las na sua formação ou em determinadas circunstâncias... Devemos contar com os defeitos das pessoas com quem convivemos — sem esquecer que muitas vezes estão sinceramente empenhadas em superá-los —, talvez com o seu mau gênio, com as suas faltas de educação, com os seus melindres... que, sobretudo se se repetem com frequência, poderiam fazer-nos faltar à caridade, envenenar a convivência ou tornar ineficaz o nosso interesse em socorrê-las. A caridade ajudar-nos-á a saber esperar, sem deixar de corrigir quando for o momento mais indicado e oportuno. Esperar um tempo, sorrir, dar uma resposta amável a uma impertinência, são pormenores que podem fazer com que as nossas palavras cheguem ao coração das pessoas, e, de qualquer modo, sempre chegam ao Coração do Senhor, que olhará para nós com especial afeto.

Paciência com os acontecimentos que nos contrariam: a doença, a pobreza, o excessivo calor ou frio..., os diversos contratempos que se apresentam num dia normal: o telefone que não funciona ou a ligação que não se completa, a morosidade no trânsito que nos faz chegar atrasados a um encontro importante, esquecer em casa o material de trabalho, uma visita que se apresenta no momento menos oportuno... São as adversidades, talvez não muito grandes, mas que possivelmente nos levariam a reagir com falta de paz. O Senhor espera-nos nessas ocasiões: devemos enfrentá-las de ânimo tranquilo, sem "explodir", sem um gesto sequer de contrariedade ou um trejeito de desagrado. E tudo isto é manifestação do ânimo forte de um cristão que aprendeu a santificar os pequenos incidentes de um dia qualquer.

III. *CARITAS PATIENS EST*[7], a caridade está cheia de paciência. E por sua vez a paciência é o grande suporte da caridade: sem ela, a caridade não subsistiria[8]. E no apostolado, que é manifestação da caridade por excelência, a paciência torna-se uma virtude absolutamente imprescindível. O Senhor quer que tenhamos a calma do semeador que lança a sua semente no terreno por ele previamente preparado e segue o ritmo das estações, esperando o momento oportuno: sem desânimos nem impaciências, com a confiança posta naquele minúsculo rebento que acaba de brotar e que um dia será espiga madura.

Jesus dá-nos exemplo de uma paciência indizível. Das multidões que o procuram, comenta por vezes que *vendo não veem, e ouvindo não ouvem nem entendem*[9]; apesar de tudo, vemo-lo incansável na sua pregação e dedicação às pessoas, calcorreando sem parar os caminhos da Palestina. Nem sequer os Doze que o acompanham demonstram um grande aproveitamento: *Tenho ainda muitas coisas a ensinar-vos* — diz na véspera da sua partida —, *mas por agora não as podeis compreender*[10]. O Senhor conhecia bem os defeitos dos apóstolos, a sua maneira de ser, e não desanimou. Mais tarde, cada um à sua maneira, será uma testemunha fiel de Cristo e do seu Evangelho.

A paciência e a constância são imprescindíveis nesse trabalho que, em colaboração com o Espírito Santo, temos que realizar na nossa alma e na dos nossos amigos e familiares que queremos aproximar do Senhor. A paciência anda de mãos dadas com a humildade, acomoda-se ao ser das coisas e respeita o tempo e o momento de cada uma delas, sem precipitá-los; conta com as suas próprias limitações e com as dos outros. "Um cristão que viva a rija virtude da paciência, não se surpreenderá ao perceber que os que o rodeiam dão mostras de indiferença pelas coisas de Deus. Sabemos que há pessoas que guardam nas camadas subterrâneas — como acontece com os bons vinhos nas adegas — umas ânsias irreprimíveis de Deus que temos o dever de desenterrar. Acontece, no entanto, que as almas — a nossa também — têm os seus ritmos de tempo, a sua hora, aos quais devemos acomodar-nos como o lavrador se acomoda às estações e ao terreno. Não nos disse o Mestre que o Reino de Deus é semelhante a um amo que saiu a diferentes horas do dia para contratar operários para a sua vinha? (Mt 20, 1-7)"[11]. E como não havemos de ser pacientes com os outros, se o Senhor teve tanta paciência conosco e continua a tê-la?

Caritas omnia suffert, omnia credit, omnia sperat, omnia sustinet[12], a caridade tudo desculpa, tudo crê, tudo espera, tudo sofre, ensina São Paulo. Se tivermos paciência, seremos fiéis, salvaremos a nossa alma e também a de muitos outros que Nossa Senhora coloca constantemente ao nosso lado.

(1) Lc 21, 12-19; (2) Jo 15, 20; (3) Jo 16, 33; (4) Santo Agostinho, *Sobre a paciência*, 2; (5) cf. São Tomás de Aquino, *Comentário à Epístola aos Hebreus*, 10, 35; (6) cf. São Francisco de Sales, *Epistolário*, frag. 139; (7) 1 Cor 13, 4; (8) cf. São Cipriano, *Sobre o bem da paciência*, 15; (9) Mt 13, 13; (10) Jo 16, 12; (11) J. L. R. Sánchez de Alva, *El Evangelio de San Juan*, 3ª ed., Palabra, Madri, 1987, nota a 4, 1-44; (12) 1 Cor 13, 7.

299. BENDIZEI TODOS O SENHOR

— Toda a natureza louva o Senhor. O *Trium puerorum.*
— Preparação e ação de graças da Missa.
— Jesus veio visitar-nos na Comunhão. Empregar todos os meios para recebê-lo bem.

I. *ORVALHO E GEADAS, bendizei o Senhor. / Gelos e frios, bendizei o Senhor. / Luz e trevas, bendizei o Senhor...*[1]

Uma das leituras destes dias narra-nos diversas passagens do Livro de Daniel, e os Salmos responsoriais trazem-nos o belíssimo cântico chamado dos *três jovens (Trium puerorum)*, utilizado na Igreja desde a antiguidade como hino de ação de graças, introduzido na Santa Missa, e depois fora dela, para fomentar a piedade dos fiéis[2].

Quando os três jovens judeus foram condenados a morrer num forno ardente por se terem negado a adorar a estátua de ouro erigida pelo rei Nabucodonosor, oraram ao Deus de seus pais, ao Deus da Aliança, que manifestara a sua santidade e magnificência em tantos prodígios, e cantaram esse hino que soa "como uma chamada dirigida às criaturas para que proclamem a glória de Deus Criador"[3]; esta glória está sobretudo no próprio Deus; depois, mediante a obra da Criação, brota do próprio seio da Divindade e "de certo modo transfere-se para fora: para as criaturas do mundo visível e do mundo invisível, conforme o seu grau de perfeição"[4].

O hino começa com um convite a todas as criaturas para que se dirijam ao Criador: *Obras do Senhor, bendizei todas o Senhor; louvai-o e exaltai-o por todos os séculos*. Os anjos do Céu iniciam o louvor. Depois, os céus, onde está a chuva[5], e todos os corpos celestes, o sol e a lua, as estrelas, as chuvas, os ventos, o fogo e o calor, os orvalhos e as geadas, os gelos e os frios, as neves, as noites e os dias, a luz e as trevas, os relâmpagos e as nuvens são convidados a louvar o Senhor. A terra com os seus montes e outeiros, as suas fontes, os seus mares e rios, os cetáceos e peixes e tudo o que se move nas águas; as aves do céu, os rebanhos e os animais selvagens, todos são instados a bendizer o Senhor.

O homem, rei da criação, aparece em último lugar, e nesta ordem: todos os homens em geral, o povo de Israel, os sacerdotes, os ministros do Senhor, o povo judeu, os justos, os santos e humildes de coração. Por último, os próprios jovens judeus fiéis ao Senhor (Ananias, Azarias e Misael) são chamados a cantar os louvores ao Criador[6].

Para a ação de graças depois da Santa Missa, acrescentou-se há muito tempo a este cântico o Salmo 150, o último do Saltério, em que também se convocam todos os seres vivos para que bendigam o Senhor. *Laudate Dominum in sanctis eius... Louvai o Senhor no seu santuário, louvai-o no seu augusto firmamento. Louvai-o pelas suas obras grandiosas, louvai-o pela sua excelsa majestade. Louvai-o com timbales e com danças, com instrumentos de corda e com o órgão, com címbalos... Tudo o que respira louve o Senhor*.

A nossa vida cristã deve ser toda ela um vibrante cântico de louvor, cheio de adoração, ação de graças e entrega amorosa. Por isso, na ação de graças após a Comunhão, enquanto temos o Senhor do Céu e da terra no nosso coração, unimo-nos a todo o universo no seu pregão de agradecimento ao Criador.

II. TODA A NOSSA VIDA é um tempo de alegria e de louvor a Deus. Para darmos graças ao Senhor, especialmente depois de termos comungado, podemos unir-nos interiormente a todas as criaturas que, cada uma conforme o seu ser, manifestam o seu júbilo ao Senhor. "Temos que cantar desde agora — comenta Santo Agostinho —, porque o louvor a Deus será a nossa felicidade durante a eternidade e ninguém será apto para essa ocupação futura se não se exercitar louvando nas condições da vida presente. Cantemos o *Aleluia*, dizendo uns aos outros: louvai o Senhor; e assim preparamos o tempo do louvor que virá depois da ressurreição"[7]. *Louvai o Senhor...!* Unimo-nos alegremente a todos os seres da terra, e aos santos, e "com os anjos e os arcanjos, e com todos os coros celestiais, cantamos sem cessar um hino à vossa glória..."[8]

Adoro-Vos com devoção, Deus escondido[9], dizemos a Jesus na intimidade do nosso coração depois de termos comungado. Nesses momentos, temos de conter a nossa impaciência por chegar ao trabalho ou a casa, e permanecer recolhidos com Deus que nos visita. Não existe nada no mundo que seja mais importante do que prestar essa honra ao nosso Hóspede. Se formos generosos com o Senhor e passarmos sossegadamente na sua companhia esses dez minutos após a Comunhão, chegará um tempo — talvez já tenha chegado — em que esperaremos com impaciência a nova oportunidade de assistir à Santa Missa e de comungar. As pessoas que em todos os tempos estiveram perto de Deus esperaram com impaciência esse momento. Assim acontecia com São Josemaria Escrivá: durante a manhã, agradecia a Missa que tinha celebrado e, de tarde, preparava a Missa do dia seguinte. E era tal o seu amor que, mesmo durante a noite, quando o seu sono se interrompia, o seu pensamento se dirigia para a Santa Missa que ia celebrar no dia seguinte e, com o pensamento, o desejo de glorificar a Deus através daquele Sacrifício único. Assim o trabalho e os sacrifícios, as jaculatórias e as comunhões espirituais, os pormenores de caridade ao longo da jornada convertiam-se em preparação ou obséquio de ação de graças[10].

Examinemos hoje com que amor assistimos à Santa Missa e que atenção e esmero pomos nesses minutos em que estamos a sós com o Senhor. É uma delicadeza que nunca devemos deixar de ter com Ele.

III. O EVANGELHO DA MISSA[11] recorda-nos a vinda gloriosa de Cristo no fim dos tempos: *E haverá sinais no sol, na lua e nas estrelas, e na terra consternação dos povos pela confusão do bramido do mar e das ondas, mirrando-se os homens de susto na expectativa do que virá sobre todo o mundo; porque as virtudes do céu se abalarão. E então verão o Filho do homem vir sobre uma nuvem com grande poder e majestade.*

Agora, na Comunhão, o próprio *Filho do homem* chega ao nosso coração para nos fortalecer e cumular de paz. Vem como o Amigo há tanto tempo esperado. E temos que recebê-lo como o fizeram os seus amigos: com a atenção de Maria de Betânia, com a alegria com que Zaqueu o acolheu em sua casa... "Parece que esse é o modo adequado de proceder: se recebemos a visita de um amigo, de um convidado, atendemo-lo, isto é, conversamos com ele, acompanhamo-lo. Não o deixamos na sala de visitas com um jornal na mão, para que se vá entretendo até que nos convenha atendê-lo. Sem dúvida, seria de muito má educação. E se a pessoa que nos visita fosse tão importante que o simples fato de vir a nossa casa representasse uma honra muito além da nossa condição e mérito, então a desatenção não seria apenas uma falta de educação, mas uma grosseria inqualificável"[12].

Temos que tratar bem Jesus, que deseja tanto visitar-nos na nossa pobre casa. "E Sua Majestade não costuma pagar mal a hospedagem, se o atendemos bem"[13]. É uma boa ocasião de unir-nos a toda a Criação para louvar e dar graças ao Criador que, humilde, permanece sacramentalmente no nosso coração durante esses minutos.

A Igreja, sempre boa Mãe, aconselhou aos seus filhos umas orações que têm alimentado a piedade de tantos cristãos e que nos podem também ajudar a dirigir-nos a Jesus, especialmente quando nos sentimos pobres de palavras: o hino *Adoro te devote*, o *Trium puerorum*, a *Oração a Jesus Crucificado*, as *Invocações ao Santíssimo Redentor*... Se ao comungar, procuramos ter à mão algum devocionário ou um Missal dos fiéis, disporemos de uma boa ajuda para aproveitar esse tempo que tanto irá influir em todo o nosso dia. Muitas vezes, a jornada depende desses minutos junto de Jesus Sacramentado.

Não deixemos de empregar todos os meios ao nosso alcance para melhorarmos as nossas disposições antes e depois de comungar. Qualquer esforço que ponhamos é sempre amplamente recompensado.

"Quando receberes o Senhor na Eucaristia, agradece-lhe com todas as veras da tua alma essa bondade de estar contigo.

"— Não te detiveste a considerar que passaram séculos e séculos, até que viesse o Messias? Os patriarcas e os profetas pediam, com todo o povo de Israel: — A terra tem sede, Senhor, vem!

"— Oxalá seja assim a tua espera de amor"[14].

(1) Dn 3, 68 e segs.; *Salmo responsorial* da Missa da quinta-feira da trigésima quarta semana do Tempo Comum, ano I; (2) cf. A. G. Martimort, *La Iglesia en oración*, 3ª ed., Herder, Barcelona, 1987, p. 168; (3) João Paulo II, *Audiência geral*, 12.03.86; (4) *ibid.*; (5) cf. Gn 1, 7; (6) cf. B. Orchard e outros, *Verbum Dei*, vol. II, notas a Dn 3, 51-90; (7) Santo Agostinho, *Comentário aos Salmos*; (8) Missal Romano, *Prefácio da Missa*; (9) Hino *Adoro te devote*; (10) cf. Federico Suárez, *El sacrificio del altar*, p. 280; (11) Lc 21, 20-28; (12) Federico Suárez, *El sacrificio del altar*, p. 274; (13) Santa Teresa, *Caminho de perfeição*; (14) São Josemaria Escrivá, *Forja*, n. 991.

Tempo Comum. Trigésima Quarta Semana. Sexta-feira

300. UMA PALAVRA ETERNA

— Leitura do Evangelho.
— Deus fala-nos na Sagrada Escritura.
— Para tirar fruto.

I. A PONTO DE TERMINAR o ciclo litúrgico, lemos no Evangelho da Missa esta expressão do Senhor: *O céu e a terra passarão, mas as minhas palavras não passarão*[1].

As palavras de Jesus são palavras eternas, pois deram-nos a conhecer a intimidade do Pai e o caminho que devíamos seguir para chegar até Ele. Permanecerão porque foram pronunciadas por Deus para cada homem, para cada mulher que vem a este mundo. *Deus, tendo falado outrora muitas vezes e de muitos modos aos nossos pais pelos profetas, ultimamente, nestes dias, falou-nos por meio do seu Filho*[2]. "Estes dias" são também os nossos. Jesus Cristo continua a falar, e as suas palavras, por serem divinas, são sempre atuais.

Toda a Escritura anterior a Cristo adquire o seu sentido exato à luz da figura e da pregação do Senhor. Santo Agostinho, com uma expressão vigorosa, escreve que "a Lei estava prenhe de Cristo"[3]. E afirma em outro lugar: "Lede os livros proféticos sem ver Cristo neles: não há nada mais insípido, mais insosso. Mas descobri Cristo neles, e isso que ledes torna-se não só saboroso, mas embriagador"[4]. É Cristo quem descobre o profundo sentido que se contém em toda a revelação anterior: *Então abriu-lhes o entendimento para que compreendessem as Escrituras*[5].

Os judeus que se negaram a aceitar o Evangelho ficaram na situação de quem possui um cofre com um grande tesouro, mas não tem a chave para abri-lo. *Os seus espíritos* — escreve São Paulo aos cristãos de Corinto — *velaram-se, e ainda hoje o mesmo véu continua estendido sobre a leitura do Antigo Testamento, porque só em Cristo é que ele desaparece*[6], pois "a economia do Antigo Testamento estava ordenada principalmente para preparar a vinda de Cristo, redentor universal, e o seu reino messiânico [...]. Deus, que é o inspirador e autor dos livros de ambos os Testamentos, dispôs as coisas sabiamente, de tal modo que o Novo estivesse latente no Antigo e o Antigo se tornasse claro no Novo"[7]. É comovente neste sentido o diálogo entre o discípulo Filipe e o etíope, ministro de Candace, que lia o profeta Isaías. *Compreendes o que lês?*, perguntou-lhe Filipe. *Como poderei compreender se não houver alguém que mo explique?* Então, *principiando por essa passagem da Escritura, anunciou-lhe Jesus*[8]. Jesus era a peça-chave para que compreendesse.

São João Crisóstomo comenta assim esse episódio narrado pelos Atos dos Apóstolos: "Considerai como é importante não desleixar-se em ler a Escritura até mesmo numa viagem [...]. Pensem nisto aqueles que nem sequer em casa a leem; porque estão com a mulher, ou porque militam no exército ou estão preocupados com os familiares e ocupados em outros assuntos, julgam que não lhes convém fazer esse esforço por ler as divinas Escrituras [...]. Este bárbaro etíope é um exemplo para nós: para os que têm uma vida privada, para os membros do exército, para as autoridades e também para as mulheres — com maior razão se estão sempre em casa — e para os que escolheram a vida monástica. Aprendam todos que nenhuma circunstância é impedimento para a leitura divina, que é possível realizá-la não só em casa, mas na praça, em viagem, em companhia de outras pessoas ou no meio de uma ocupação. Não descuremos, rogo-vos, a leitura das Escrituras"[9].

A Igreja sempre recomendou a leitura e a meditação dos textos sagrados, principalmente do Novo Testamento, em cujas passagens encontramos sempre Cristo que vem ao nosso encontro. Uns poucos minutos diários ajudam-nos a conhecer melhor Jesus, a amá-lo mais, pois só amamos aquilo que conhecemos bem.

II. TODAS AS ESCRITURAS traçaram o caminho que Cristo devia percorrer[10], todas de certo modo anunciaram o Messias. Os profetas descreveram esse dia e desejaram vê-lo[11]. Os discípulos viriam a reconhecer em Cristo Aquele que tantas vezes e de tantas formas fora anunciado[12]. Quando São Paulo tiver que defender-se das ameaças do rei Agripa, dirá simplesmente que se limita a anunciar o cumprimento do que os profetas anunciaram[13]. Contudo, não foi Cristo que olhou para os profetas e Moisés e lhes obedeceu. Foram eles que nas suas descrições, por inspiração divina, se subordinaram ao que seria a existência do Filho de Deus na terra. Porque Moisés *escreveu de mim*[14]. E *Abraão, vosso pai, suspirou por ver o meu dia; viu-o e alegrou-se*[15].

Jesus Cristo aplica a si as antigas figuras: o templo[16], o maná[17], a pedra[18], a serpente de bronze[19]. Por isso dirá em certa ocasião: *Examinais as Escrituras porque credes ter nelas a vida eterna; e são elas que dão testemunho de mim*[20]. Quando lemos no Evangelho que o céu e a terra passarão, mas não as palavras de Cristo, isso significa de algum modo que nelas se contém toda a revelação de Deus aos homens: a anterior à sua vinda, que tem valor em tudo o que se refere a Ele, pois é nEle que se cumpre e clarifica; e a novidade que o Senhor traz aos homens, indicando-lhes claramente o caminho que devem seguir. Jesus Cristo é a plenitude da revelação de Deus aos homens. "Ao dar-nos, como nos deu, o seu Filho, que é uma Palavra sua, e não tem outra, falou-nos tudo junto e de uma vez nessa única Palavra, e não tem mais nada que falar"[21].

A Epístola aos Hebreus[22] ensina que *a palavra de Deus é viva e eficaz, e mais penetrante que espada de dois gumes; e chega até à separação da alma e do espírito, das articulações e da medula, e discerne os pensamentos e intenções do coração.* É palavra nova e expressamente dirigida a nós, se sabemos lê-la com fé. "Nos Livros sagrados, com efeito, o Pai que está nos céus vem carinhosamente ao encontro dos seus filhos para conversar com eles. E é tão grande o poder e a eficácia que se encerra na palavra de Deus, que ela constitui sustentáculo e vigor para a Igreja, e, para os seus filhos, firmeza da fé, alimento da alma, pura e perene fonte de vida espiritual"[23].

De alguma maneira, são atuais a partida e o regresso do filho pródigo, a necessidade do fermento para transformar a massa do mundo, os leprosos que ficam curados no seu encontro com Cristo. Quantas vezes não teremos pedido a Jesus luz para as nossas vidas, servindo-nos das palavras de Bartimeu: *Ut videam!*, que eu veja, Senhor! Quantas vezes não teremos recorrido à misericórdia divina com as palavras do publicano: *Tem piedade de mim, Senhor, que sou um pecador!* Como saímos reconfortados do encontro diário com Jesus na leitura do Evangelho!

III. *QUÃO DOCES SÃO as tuas palavras para o meu paladar! São-no mais que o mel para a minha boca*[24].

Às vezes — observa Ronald Knox[25] —, quando várias pessoas cantam sem acompanhamento de um instrumento musical, tende-se a baixar o tom; a voz vai caindo aos poucos. Por isso, se o coro não está acostumado a cantar sem acompanhamento musical, o diretor costuma ter escondido um diapasão que sopra brevemente de vez em quando, para lembrar a todos a nota com que devem sintonizar.

Quando a vida espiritual começa a *baixar de tom*, a enlanguescer, é necessário também um diapasão que reponha o tom. Quantas vezes a meditação de uma passagem do Evangelho, sobretudo da Paixão de Nosso Senhor, não foi como que uma enérgica chamada de atenção para fugirmos dessa vida menos heroica que queríamos levar...!

Não podemos passar as páginas do Evangelho como se fossem as de um livro qualquer. Com que amor foi guardado durante séculos, quando somente algumas comunidades cristãs tinham o privilégio de possuir uma cópia ou apenas algumas páginas! Com que piedade e reverência era lido! A sua leitura — ensina São Cipriano a respeito da oração — é alicerce sólido para edificarmos a esperança, meio para consolidarmos a fé, alimento para a caridade, guia que indica o caminho...[26] Santo Agostinho diz que os ensinamentos nele contidos "são lâmpadas colocadas num lugar escuro"[27], que sempre iluminam a nossa vida.

Para tirarmos fruto da leitura e meditação do Evangelho, "pensa que não só deves saber, mas viver o que ali se narra: obras e ditos de Cristo. Tudo, cada ponto que se relata, foi registrado, detalhe por detalhe, para que o encarnes nas circunstâncias concretas da tua existência.

"— O Senhor chamou-nos, a nós católicos, para que o seguíssemos de perto; e, nesse Texto Santo, encontras a Vida de Jesus; mas, além disso, deves encontrar a tua própria vida.

"Aprenderás a perguntar tu também, como o Apóstolo, cheio de amor: «Senhor, que queres que eu faça?...» A vontade de Deus!, ouvirás na tua alma de modo terminante.

"Pois bem, pega no Evangelho diariamente, e lê-o e vive-o como norma concreta. — Assim procederam os santos"[28].

Então poderemos dizer com o salmista: *Lâmpada para os meus passos é a tua palavra, e luz para os meus caminhos*[29].

(1) Lc 21, 33; (2) Hb 1, 1; (3) Santo Agostinho, *Sermão 196*, 1; (4) Santo Agostinho, *Comentário ao Evangelho de São João*, 9, 3; (5) Lc 24, 45; (6) 2 Cor 3, 14; (7) Conc. Vat. II, Const. *Verbum Dei*, 15 e segs.; (8) cf. At 8, 27-35; (9) São João Crisóstomo, *Homilias sobre o Gênesis*, 35; (10) cf. Lc 22, 37; (11) cf. Lc 10, 24; (12) cf. Jo 1, 41-45; (13) cf. At 26, 2; (14) Jo 5, 46; (15) Jo 8, 56; (16) Jo 2, 19; (17) cf. Jo 6, 32; (18) cf. Jo 7, 8; (19) cf. Jo 3, 14; (20) Jo 5, 39; (21) São João da Cruz, *Subida do Monte Carmelo*, II, 22; (22) Hb 4, 12; (23) Conc. Vat. II, Const. *Dei Verbum*, 2; (24) Sl 118, 103; (25) Ronald A. Knox, *Ejercicios para seglares*, 2ª ed., Rialp, Madri, 1962, p. 177; (26) cf. São Cipriano, *Tratado sobre a oração*; (27) Santo Agostinho, *Comentários sobre os Salmos*, 128; (28) São Josemaria Escrivá, *Forja*, n. 754; (29) Sl 118, 105.

TEMPO COMUM. TRIGÉSIMA QUARTA SEMANA. SÁBADO

301. A CAMINHO DA CASA DO PAI

— O desejo de alcançar o Céu.
— A "divinização" da alma, das suas potências e do corpo glorioso.
— A glória acidental.

I. *E MOSTROU-ME UM RIO de água viva, claro como cristal, que saía do trono de Deus e do Cordeiro. No meio da praça e de um lado e do outro do rio, estava a árvore da vida, que dava doze frutos, cada um no seu mês [...]. Nela estará o trono de Deus e do Cordeiro, e os seus servos o servirão. E verão a sua face; e trarão o seu nome gravado sobre as suas frontes*[1]. A Sagrada Escritura acaba onde começou: no Paraíso. E as leituras deste último dia do ano litúrgico indicam-nos o fim do nosso caminhar aqui na terra: a Casa do Pai, nossa morada definitiva.

Mediante símbolos, o Apocalipse revela-nos a realidade da vida eterna, na qual serão satisfeitos os anelos do homem: a visão de Deus e a felicidade sem fim. São João descreve-nos nesta leitura o que hão de encontrar aqueles que foram fiéis nesta vida: a água é o símbolo do Espírito Santo, que procede do Pai e do Filho e é representado por um rio que brota do trono de Deus e do Cordeiro. O nome de Deus na fronte dos eleitos significa que eles pertencem a Deus[2]. No Céu *já não haverá noite: não haverá necessidade de luz da lâmpada, nem de luz do sol, porque o Senhor Deus os alumiará, e eles reinarão pelos séculos dos séculos*[3].

A morte dos filhos de Deus será somente um passo prévio, a condição indispensável para se reunirem com seu Pai-Deus e permanecerem com Ele por toda a eternidade. Junto dEle, *já não haverá noite*. À medida que formos crescendo no sentido da filiação divina, perderemos o medo à morte, porque iremos sentindo cada vez mais intensamente o desejo de encontrar-nos com o nosso Pai, que nos espera. Esta vida é somente um caminho para Ele; "por isso, é necessário viver e trabalhar no tempo abrigando no coração a nostalgia do Céu"[4].

Muitos homens, no entanto, não têm no coração esta "nostalgia do Céu", porque se consideram satisfeitos com a sua prosperidade e conforto material e sentem-se como se estivessem em casa própria e definitiva, esquecendo que *não temos aqui morada permanente*[5] e que o nosso coração foi feito para os bens eternos. Encolheram o coração e encheram-no de coisas de pouco valor, que terão que deixar em breve.

Nós, os cristãos, amamos a vida e tudo o que nela encontramos de nobre: amizade, trabalho, alegria, amor humano. Não podemos, pois, surpreender-nos se, no momento em que tivermos que deixar este mundo, viermos a experimentar um certo temor e desassossego, pois o corpo e a alma foram criados por Deus para estarem unidos e a única experiência que temos é a deste mundo. No entanto, a fé dar-nos-á o consolo inefável de saber que *a vida não é tirada, mas transformada; e, desfeito o nosso corpo terreno, é-nos dada no céu uma morada eterna*[6]. Espera-nos a Vida.

Os filhos de Deus ficarão maravilhados ao verem na glória todas as perfeições de seu Pai, das quais tiveram apenas uma antecipação na terra. E sentir-se-ão plenamente em casa, na sua morada definitiva, no seio da Santíssima Trindade[7].

Por isso, podemos exclamar: "Mas se nós não morremos! Mudamos de casa e nada mais. Com a fé e o amor, nós os cristãos temos esta esperança; uma esperança certa. A morte não é mais do que um *até logo*. Deveríamos morrer despedindo-nos assim: até logo!"[8]

II. *OS SANTOS do Deus altíssimo receberão o reino e entrarão na sua posse por todos os séculos dos séculos*[9].

No Céu, tudo nos há de parecer inteiramente jovem e novo, de uma novidade tão impressionante que o antigo universo terá desaparecido *como um livro que se enrola*[10]. No entanto, não sentiremos estranheza. O Céu será a morada que mesmo o coração mais depravado sempre desejou no âmago do seu ser. Será a nova comunidade dos filhos de Deus, que terão alcançado por fim a plenitude da sua adoção. Estaremos com novos corações e vontades novas, com os nossos corpos transfigurados depois da ressurreição.

E esta felicidade em Deus não excluirá as relações pessoais genuínas. "No Céu há lugar para todos os amores humanos verdadeiros, autenticamente *pessoais*: o amor dos esposos, o amor entre pais e filhos, a amizade, o parentesco, a nobre camaradagem... Vamos todos caminhando pela vida e, à medida que os anos passam, são cada vez mais numerosos os seres queridos que nos esperam *do outro lado* da barreira da morte. Esta converte-se numa realidade menos temerosa, até alegre, quando vamos sendo capazes de perceber que é a porta do nosso verdadeiro *lar*, onde nos esperam aqueles *que nos precederam marcados com o sinal da fé*. O nosso *lar* comum não é um túmulo frio; é o seio de Deus"[11].

Custa-nos imaginar o que será a nossa vida no Céu, em companhia do nosso Pai-Deus, porque nesta vida os pontos de referência que podemos achar são de uma pobreza desoladora. O Antigo Testamento descreve a vida no Céu evocando a terra prometida, onde não haverá sede e cansaço, mas superabundância de bens. *Não padecerão fome, nem terão sede, e não os afligirão o calor nem o sol, porque Aquele que tem compaixão deles os governará e os levará às fontes das águas*[12]. Jesus, em quem a Revelação chega à plenitude, insiste repetidas vezes nesta felicidade perfeita e interminável. A sua mensagem é de alegria e de esperança neste mundo e naquele que está por vir.

A alma e as suas potências, bem como o corpo depois da ressurreição, ficarão como que divinizados, sem que isso suprima a diferença infinita entre a criatura e o seu Criador.

Além de contemplarem a Deus tal como é em si mesmo, os bem-aventurados conhecem em Deus, de modo perfeitíssimo, as criaturas especialmente relacionadas com eles, e deste conhecimento obtêm também uma alegria imensa. São Tomás afirma que os bem-aventurados conhecem em Cristo tudo o que diz respeito à beleza e à integridade do mundo enquanto parte do universo. Por serem membros da comunidade humana, conhecem também tudo o que foi objeto do seu carinho ou interesse na terra. E, como criaturas elevadas à ordem da graça, têm um conhecimento claro das verdades da fé relativas à salvação: a encarnação do Senhor, a maternidade divina de Maria, a Igreja, a graça e os sacramentos[13].

"Pensa como é grato a Deus Nosso Senhor o incenso que se queima em sua honra; pensa também quão pouco valem as coisas da terra que, mal começam, já acabam...

"Pelo contrário, um grande Amor te espera no Céu: sem traições, sem enganos: todo o amor, toda a beleza, toda a grandeza, toda a ciência...! E sem enjoar: saciar-te-á sem saciar"[14].

III. NO CÉU, veremos a Deus e nEle teremos uma felicidade infinita, conforme a santidade e os méritos adquiridos nesta terra. Mas a misericórdia de Deus é tão grande, é tanta a sua generosidade, que quis que os seus eleitos encontrassem também no Céu um novo motivo de felicidade nos legítimos bens criados a que o homem aspira; é o que os teólogos chamam *glória acidental*.

Incluem-se nesta bem-aventurança a companhia de Jesus Cristo, a quem veremos glorioso e que reconheceremos depois de tantos momentos de conversa com Ele na nossa oração, depois de tantas Comunhões..., a companhia da Virgem Maria, nossa Mãe, de São José, dos anjos — em particular do nosso Anjo da Guarda — e de todos os santos. Experimentaremos uma especial alegria ao encontrarmos aqueles que mais amamos na terra: pais, irmãos, parentes, amigos..., pessoas que influíram de uma maneira decisiva na nossa salvação...

Além disso, como cada homem, cada mulher, conserva a sua própria individualidade e as suas faculdades intelectuais, também seremos capazes de adquirir outros conhecimentos, servindo-nos das nossas potências[15]. Por isso, será motivo de alegria a chegada de novas almas ao Céu, o progresso espiritual das pessoas queridas que ficaram na terra, o fruto dos nossos trabalhos apostólicos ao longo da vida, a fecundidade sobrenatural das contrariedades e dificuldades enfrentadas no serviço ao Mestre... Esta *glória acidental* irá aumentando até o dia do Juízo final[16]. E depois do Juízo universal, acrescentar-se-á a tudo isso a posse do nosso corpo, ressuscitado e glorioso.

É bom e necessário fomentar a esperança do Céu: consola-nos nos momentos mais duros e ajuda-nos a manter firme a virtude da fidelidade. É tanto o que nos espera dentro de pouco tempo que se entendem muito bem as contínuas advertências do Senhor para que permaneçamos vigilantes e não nos deixemos envolver pelos assuntos da terra de tal maneira que esqueçamos os do Céu. No Evangelho da Missa[17], o último do ano litúrgico, Jesus diz-nos: *Velai, pois, para que não suceda que os vossos corações se embotem pelos excessos do comer e do beber, e pelos cuidados desta vida, e para que aquele dia não vos apanhe de surpresa... Vigiai, pois..., para que possais manter-vos de pé diante do Filho do homem.*

Pensemos com frequência nestas outras palavras do Senhor: *Vou preparar-vos um lugar*[18]. No Céu, temos a nossa casa definitiva, muito perto de Jesus e de sua Mãe Santíssima. Aqui estamos só de passagem. "E quando chegar o momento de rendermos a nossa alma a Deus, não teremos medo da morte. A morte será para nós uma mudança de casa. Virá quando Deus quiser, mas será uma libertação, o princípio da Vida com maiúscula. *Vita mutatur, non tollitur (Prefácio I de defuntos)* [...]. A vida não nos é tirada, mas transformada. Começaremos a viver de um modo novo, muito unidos à Santíssima Virgem, para adorar eternamente a Santíssima Trindade, Pai, Filho e Espírito Santo, que é o prêmio que nos está reservado"[19].

Amanhã começa o Advento, o tempo da espera e da esperança. Esperemos Jesus permanecendo muito perto de Maria.

(1) Ap 22, 1-6; *Primeira leitura* da Missa do sábado da trigésima quarta semana do Tempo Comum, ano II; (2) cf. Sagrada Bíblia, vol. XII, *Apocalipse*; (3) Ap 22, 5; (4) João Paulo II, *Alocução*, 22.10.85; (5) Hb 13, 14; (6) Missal Romano, *Prefácio de defuntos*; (7) cf. B. Perquin, *Abba, Padre*, p. 343; (8) São Josemaria Escrivá, em *Folha informativa*, n. 1, p. 5; (9) Dn 7, 18; *Primeira leitura* do sábado da trigésima quarta semana do Tempo Comum, ano I; (10) Ap 6, 14; (11) Camilo Lopez-Pardo, *Sobre la vida y la muerte*, Rialp, Madri, 1973, p. 358; (12) Is 49, 10; (13) cf. São Tomás de Aquino, *Suma teológica*, I, q. 89, a. 8; (14) São Josemaria Escrivá, *Forja*, n. 995; (15) cf. São Tomás de Aquino, *Suma teológica*, I, q. 89, ad 1, ad 3, aa. 5 e 6; III, q. 67, a. 2; (16) cf. *Catecismo romano*, I, 13, n. 8; (17) Lc 21, 34-36; (18) Jo 14, 2; (19) Álvaro del Portillo, *Homilia, 15.08.89*, em *Romana*, n. 9, 7.12.89, p. 243.

Direção geral
Renata Ferlin Sugai

Direção de aquisição
Hugo Langone

Direção editorial
Felipe Denardi

Produção editorial
Juliana Amato
Gabriela Haeitmann
Ronaldo Vasconcelos
Daniel Araújo

Capa
Gabriela Haeitmann
Karine Santos

Diagramação
Sérgio Ramalho

ESTE LIVRO ACABOU DE SE IMPRIMIR
A 31 DE JANEIRO DE 2025,
EM PAPEL IVORY SLIM 65 g/m².